lonely planet

Miami & die Keys

Regis St. Louis

REISEPLANUNG

Willkommen in Miami & auf den Keys **4**

Top 15 .... **8**

Gut zu wissen **16**

Wie wär's mit... .... **18**

Monat für Monat **23**

Reiserouten **28**

Aktivitäten **34**

Essen & Trinken wie die Einheimischen **41**

Mit Kindern reisen **49**

Miami & die Keys im Überblick **55**

REISEZIELE IN MIAMI & AUF DEN KEYS

MIAMI **59**

Stadtviertel im Überblick .. 62

Sehenswertes 64

Aktivitäten 100

Kurse & Geführte Touren 104

Feste & Events 105

Schlafen 108

Essen 121

Ausgehen & Nachtleben .. 136

Unterhaltung 141

Shoppen 144

Praktische Informationen 148

An- & Weiterreise 148

Unterwegs vor Ort 149

EVERGLADES **151**

Everglades National Park **158**

Tamiami Trail 158

Südliche Everglades 169

Biscayne National Park **175**

FLORIDA KEYS & KEY WEST **177**

Upper Keys **184**

Key Largo & Tavernier ... 184

Islamorada 188

Middle Keys **191**

Grassy Key 191

ESSEN & TRINKEN WIE DIE EINHEIMISCHEN S. 41

MUSIK S. 237

Inhalt

Marathon 192

Lower Keys 195

Big Pine Key, Bahia Honda Key & Looe Key 196

Sugarloaf Key & Boca Chica Key 198

Key West 199

Dry Tortugas National Park 217

VERSTEHEN

Miami & die Keys aktuell 220

Geschichte 223

Multikulturalismus & Kunst 233

Natur & Umwelt 243

Art-déco-Architektur .. 254

Art déco in Miami 259

PRAKTISCHE INFORMATIONEN

Allgemeine Informationen 266

Verkehrsmittel & -wege 275

Sprache 281

Register 288

Kartenlegende 295

MIAMI BEI NACHT S. 59

HURRIKAN IRMA

Am 10. September 2017 überrollte einer der stärksten je verzeichneten Hurrikane den Bundesstaat Florida und brachte Überflutungen und Zerstörung mit sich. Der Hurrikan Irma traf bei den Florida Keys als Sturm der Kategorie 4, mit einer Breite von der Größe Texas' und mit Windgeschwindigkeiten von 210 km/h auf Land. Fast 7 Mio. Menschen im Bundesstaat wurden evakuiert, es gab Stromausfälle, und der Sturm drang bis in den Norden nach Jacksonville vor. Am schlimmsten wurden jedoch die Florida Keys und die Everglades getroffen. Nachdem eine 2,5 m hohe Sturmflut den winzigen Ort Everglades City überrollt hatte, ließ sie Häuser und Geschäfte angeschlagen und schlammdurchnässt zurück. Mittlerweile hat die Katastrophenschutzbehörde FEMA betätigt, dass auf den Keys 25% der Gebäude zerstört und 65% beschädigt wurden.

Die Recherche zu diesem Band wurde vor dem Sturm durchgeführt, der Inhalt wurde kurz danach zum Druck freigegeben, als die Auswirkungen noch nicht bekannt waren. In Florida, das stark vom Tourismus abhängt, haben die meisten Städte verlauten lassen, so schnell wie möglich wieder besuchsbereit sein zu wollen. Dennoch sollten Traveller, die nach Florida und vor allem auf die Keys (www.fla-keys.com) und in die Everglades (www.nps.gov/ever), reisen, sich auf offiziellen Websites über den aktuellen Stand informieren.

Willkommen in Miami & auf den Keys

Es ist schwierig, dem Süden Floridas mit seinen sonnenverwöhnten Stränden, den verlockenden Inseln und den Feuchtgebieten mit ihrer vielfältigen Pflanzen- und Tierwelt nicht zu verfallen.

Die magische Stadt

Südflorida ist ein Reich der Träume – und Miami wird auch „Magic City" genannt. Fantasie und Innovation sind hier angesagt und spiegeln sich in Kunst, Architektur und Musik wider. Sie sind in der Extravaganz der Lincoln Rd, der flüchtigen Schönheit der Neonlichter auf dem Ocean Dr, der Skyline Miamis und dem Design aus der Mitte des 20. Jhs. auf dem N. Biscayne zu erkennen. Von den pinkfarbenen Mauern der Herrenhäuser in Coral Gables bis hin zu den sonnenverwöhnten Jachthäfen von Coconut Grove, von dem an Fabergé-Eier erinnernden Innern des Vizcaya Museums bis hin zur Gegenwartskunst in Wynwood: Am Ende wird jeder die Magie der Stadt spüren.

Essen, Trinken & Spaß

In Südflorida und auf den Keys regiert das Übermaß: Die Menschen leben Genuss und Luxus in einem fast an das alte Rom erinnernden Ausmaß – von den Pools der extravaganten Superhotels in Miami Beach, die einem Musikvideo entsprungen sein könnten, über eimerweise Bier und Garnelen auf den Florida Keys bis hin zu den Cocktails in Little Havana. Selbst die Wolkenkratzer zeugen vom Streben nach Größe und Extravaganz. Glücklicherweise haben viele Anbieter von Kulinarik und Vergnügen verstanden, dass die goldenen Zeiten nicht für immer währen, und setzen auf Nachhaltigkeit.

Begegnungen in den Everglades

Südflorida ist voller Naturschönheiten, wobei das spektakuläre Ökosystem der Everglades hervorsticht. In und an den Sümpfen, Mooren und Grasebenen lebt eine farbenfrohe Vielfalt an Tieren. Alligatoren- und Bigfoot-Jäger trinken an Krabbenbuden Bier, während Panther umherschleichen und Umweltschützer die Magie der Wildnis dokumentieren. In den Everglades zeigt sich die Natur von ihrer faszinierendsten Seite, etwa wenn ein Alligator in sumpfige Flussarme abtaucht oder Wasservögel in glitzernden Sümpfen auf Jagd gehen.

Die schräge Seite der Keys

In der südöstlichsten Ecke der USA, hier in Südflorida, treffen amerikanische Spleens und Sonderlinge aufeinander und die ungewöhnlichsten davon finden sich auf den sonnigen Florida Keys. Die Inselkette ist durch den Overseas Hwy verbunden, einen der tollsten Roadtrips abseits der Hauptrouten. Hier arbeiten Drag Queens als Kapitäne, auf den Inseln leben kleine Rehe und das tolerante Key West ist wie ein Topf voller Gold am Ende einer Regenbogenfahne. Und all dies versteckt sich zwischen schillernden Buchten und smaragdgrünen Inseln.

Warum ich Miami & die Keys liebe

Von Regis St. Louis, Autor

Südflorida hat drei Attraktionen von Weltklasse: Miami, die Everglades und die Keys. Ich bekomme nie genug davon, durch Miami Beach zu streifen, dabei die Art-déco-Meisterwerke zu bewundern und nachmittags am Strand entlang zu schlendern, wenn das goldene Licht so atemberaubend ist. Die Natur der Everglades berauscht: mit Paddeltouren auf spiegelglatten Seen und Nachtspaziergängen auf Bohlenwegen, bei denen man Alligatoren zusehen kann, wie sie durchs Wasser gleiten. Die Keys bieten etwas von allem – Mangroven, bunte Korallenriffe und eine verrückte Hauptstadt (alias Key West), in der alles möglich scheint.

Mehr zum Lonely Planet Autor gibt's auf S. 296

Oben: Overseas Hwy nach Key West (S. 180)

Miami & die Keys

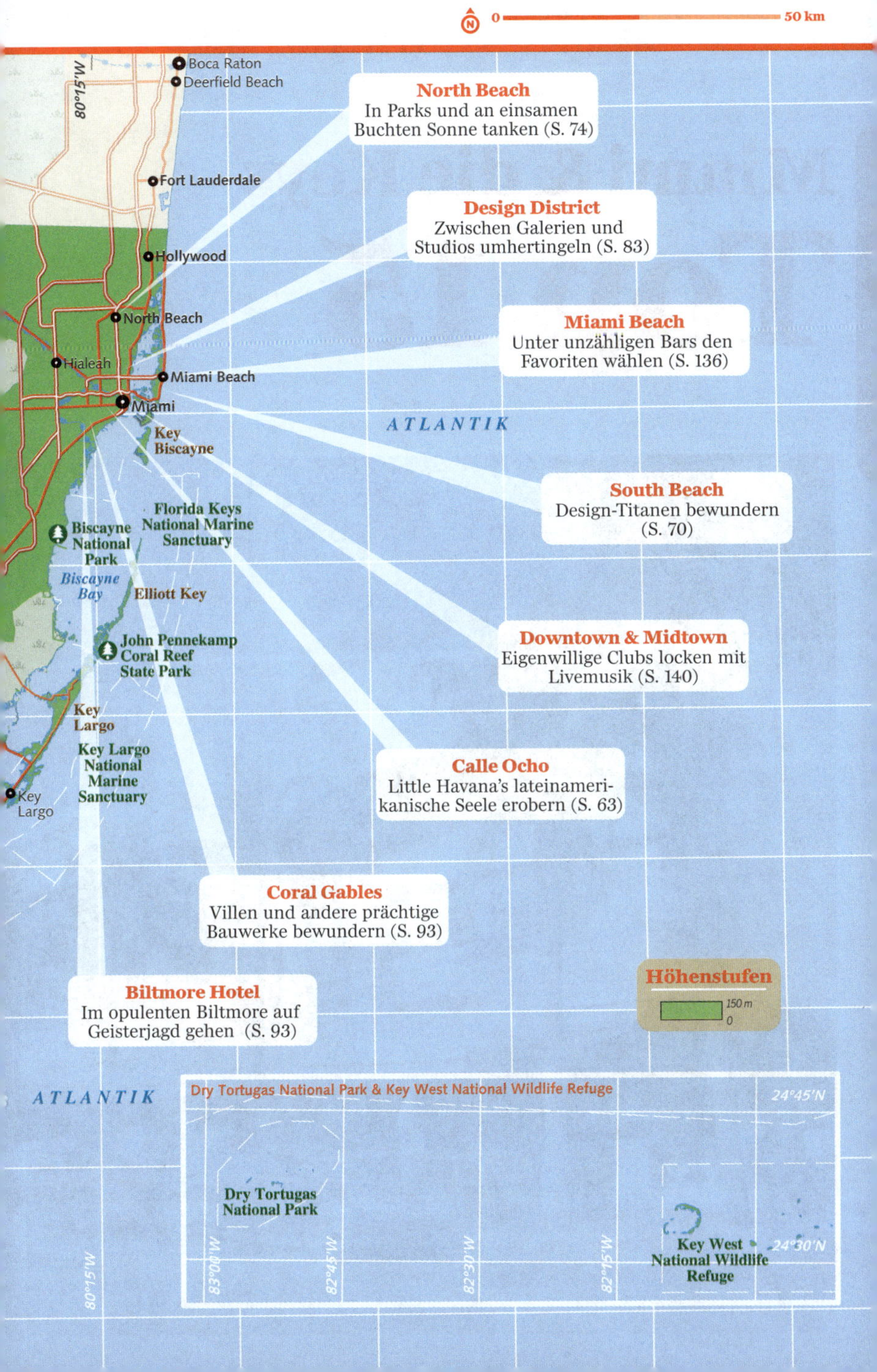
0
50 km
Boca Raton
Deerfield Beach
80°15'W
Fort Lauderdale
Hollywood
North Beach
Hialeah
Miami Beach
Miami
Key Biscayne
ATLANTIK
Florida Keys National Marine Sanctuary
Biscayne National Park
Biscayne Bay
Elliott Key
John Pennekamp Coral Reef State Park
Key Largo
Key Largo National Marine Sanctuary
Key Largo
North Beach
In Parks und an einsamen Buchten Sonne tanken (S. 74)
Design District
Zwischen Galerien und Studios umhertingeln (S. 83)
Miami Beach
Unter unzähligen Bars den Favoriten wählen (S. 136)
South Beach
Design-Titanen bewundern (S. 70)
Downtown & Midtown
Eigenwillige Clubs locken mit Livemusik (S. 140)
Calle Ocho
Little Havana's lateinamerikanische Seele erobern (S. 63)
Coral Gables
Villen und andere prächtige Bauwerke bewundern (S. 93)
Biltmore Hotel
Im opulenten Biltmore auf Geisterjagd gehen (S. 93)
Höhenstufen
150 m
0
ATLANTIK
Dry Tortugas National Park & Key West National Wildlife Refuge
24°45'N
Dry Tortugas National Park
83°00'W
82°45'W
82°30'W
82°15'W
Key West National Wildlife Refuge
24°30'N
80°15'W

Miami & die Keys
Top 15

1

Art-déco-Perlen

1 Wie alle Großstädte stehen Miami und Miami Beach für eine bestimmte Architekturrichtung (S. 70). Doch der Art-déco-Stil ist hier nicht nur markant, sondern macht Viertel wie South Beach auch absolut unverwechselbar. Die Ästhetik dieses Stils aus dem frühen 20. Jh. vereint scheinbare Gegensätze: Moderne mit einem nostalgischen Faible für die schönen Künste, schnittige Linien mit großartigen Verzierungen und dezente Farben mit kunterbunten Pastelltönen. Aber ganz gleich, welche Variante man favorisiert – die vielen schmucken Beispiele in Miami und Miami Beach suchen weltweit ihresgleichen.

Unten: Ocean Drive (S. 71), South Beach

Alligatoren in den Everglades

2 Südflorida folgt gern jedem neuen Mode-, Küchen- und Kunsttrend. Doch zugleich wird die Region von einer Art Urzeitwesen mit unglaublicher Überlebensfähigkeit bevölkert: den Alligatoren, die hier seit den Tagen der Dinosaurier leben. Überall in den Everglades lassen sich diese Raubtiere von Booten, Plattformen und Plankenstegen aus beobachten. Eine der besten Gelegenheiten hierfür bietet der Anhinga Trail (S. 172) beim Royal Palm Visitor Center.

LITTLENY/SHUTTERSTOCK ©

2

JUSTIN FOULKES/LONELY PLANET ©

3

4

Feiern in Key West

3 Key West ist allerlei auf einmal: Hochburg der Gegenkultur, südlichste Spitze der kontinentalen USA und sonniges Schwulenparadies. Aber es ist eben auch eine schwimmende Bar – zahllose Feierwütige hauen hier jedes Jahr auf den Putz. Wer ihnen nacheifern will, bewundert zuerst die Hochseilartisten und Feuerschlucker auf dem Mallory Square (S. 203), und danach empfiehlt sich der berüchtigte „Duval Crawl" als Start in eine unvergessliche Partynacht. Für den nächsten Morgen nicht zu viel planen!

Oben: Mallory Square (S. 203)

Galerien in Wynwood & im Design District

4 Miamis hippste Einwohner besuchen gelegentlich auch Clubs in South Beach, die langjährigen Favoriten der coolen Kids sind jedoch Wynwood und der benachbarte Design District (S. 83). Viele Gebäude in den beiden früheren Arbeitervierteln beherbergen heute Galerien, Ateliers und Kunst. Jeden Monat gibt es Abendvernissagen, Sprungbretter für aufstrebende Künstler. Beim Galeriebummel fließt der Wein in Strömen.

Oben: Wynwood Building

Auto- & Radtouren auf dem Overseas Highway

5 Der Hwy 1 (oder Overseas Hwy) verbindet die Keys und ist ein Highlight jedes Floridatrips: Unterwegs rollt man über viele Brücken und blickt bei spontanen Stopps entweder auf den Golf von Mexiko oder die Florida Bay. Alternativ lässt sich das Gros der Route (113 Meilen bzw. 182 km) auch per Drahtesel bewältigen, da die Straße zumeist flach und überall mit Seitenstreifen versehen ist. Zum Radeln lädt auch der Florida Keys Overseas Heritage Trail (S. 189; 75 Meilen bzw. 121 km) ein.

Köstliches Seafood

6 In der ganzen Region können Seafood-Fans eine umwerfende Auswahl fangfrischer Meeresfrüchte von Weltklasse genießen – darunter frisch geknackte Austern in Miamis Bars, frittierte Meeresschnecken in Key West oder Fischsandwiches überall auf den Keys. Die leckeren Steinkrabben (Mitte Okt.–Mitte Mai) genießt man idealerweise direkt an Ort und Stelle in einem der altmodischen Uferrestaurants von Everglades City (S. 168).

Miamis Nachtleben

7 Wer glaubt, rote Teppiche und Angeber sind alles, was Miami im Programm hat, irrt: Das örtliche Nachtleben (S. 138) ist so vielfältig wie die Einwohnerschaft der Stadt und bietet etwas für jeden Geschmack – urige Latin-Jazzclubs, Kleinbrauereien, freundliche Kneipen, stilvolle Dachlounges, einfallsreich eingerichtete Cocktailschuppen, Hinterhofbars mit Livemusik im Freien und basslastige Discos, in denen bis zum nächsten Vormittag getanzt wird. Einfach losziehen und mitfeiern! Unten: Ocean Drive am Abend (S. 71)

Sonnenbaden am North Beach

8 Bei „Fun & Sun" in Miami denken die meisten Leute zuerst und durchaus zu Recht an den großartigen South Beach. Doch wer einfach nicht auf Menschenmassen und den Wahn in puncto perfektes Aussehen steht, begibt sich besser zum North Beach: Dort warten vollauf postkartentaugliche Plätzchen wie der Haulover Beach Park (S. 75) plus ein FKK-Strand, an dem man nahtlos braun werden kann. Unten: Haulover Beach Park (S. 75)

7

8

DANIEL KORZENIEWSKI/SHUTTERSTOCK ©

YOELA/GETTY IMAGES ©

Calle Ocho

9 Little Havana (S. 89) zählt zu Miamis berühmtesten Vierteln. Hier leben aber nicht nur Kubaner: Menschen aus ganz Lateinamerika machen die Calle Ocho (alias 8th St) zu einer der buntesten und kulturell abwechslungsreichsten Hauptstraßen der USA. Spanischkenntnisse sind da zwar von Vorteil, aber nicht unbedingt nötig. Denn um Miamis multikulturellen Puls zu spüren, reicht es schon aus, ein schickes *guayabera* (kubanisches Hemd) anzuziehen und sich einen Mojito oder einen großen tropischen Fruchtsaft zu bestellen.

Die Geister der Vergangenheit im Biltmore Hotel

10 Das Biltmore (S. 93) in Coral Gables gilt als Kronjuwel unter Miamis vielen eindrucksvollen Gebäuden. Das Hotel (erb. 1925) mit dem aristokratisch klingenden Namen vereint die beiden kennzeichnendsten Elemente der Jazz-Ära: verspielte Opulenz und ehrwürdige Eleganz. Die Geister der glorreichen Vergangenheit prägen das majestätisch anmutende Gelände voller gutbetuchter Gäste. Und das buchstäblich – auf den Fluren soll es spuken!

Villen in Coral Gables

11 Aus gutem Grund heißt Coral Gables (S. 93) auch „City Beautiful". Die USA an sich, vor allem aber Miami, werden oft mit Pomp assoziiert. Coral Gables entspricht diesem Klischee und stellt es zugleich auf den Kopf. Zweifellos wirken die Anwesen teils übertrieben prachtvoll. Darunter sind aber auch schmucke Beispiele für das Mediterranean Revival, die Elemente von spanischen Villen, marokkanischen Riads und römischen Vergnügungstempeln kombinieren. Man sollte also unbedingt Miamis „Houses on the Hill" bewundern.

12

13

Paddeln in der Hell's Bay

12 Die einstigen Bewohner der Everglades (heute einer der schönsten US-Nationalparks) tauften einen Wasserlauf ihrer Heimat auf den Namen Hell's Bay. Grund hierfür war die „höllisch" schwierige Orientierung in dem verzweigten Kanalsystem. Die furchterregende Bezeichnung kann man aber getrost vergessen: Kajaktrips im kühlen Schatten der Vegetationstunnel sind einfach himmlisch und die wohl romantischste Art, die Hell's Bay (S. 174) zu erkunden.

Camping auf Bahia Honda

13 Viele glauben, dass alle Florida Keys von schönen Stränden gesäumt sind. Was aber gar nicht stimmt: An den Küsten der Eilande wuchert zumeist dichtes Mangroven- und Farngestrüpp – das ist zwar nett anzuschauen, aber nicht wirklich strandmäßig. Eine Ausnahme ist Bahia Honda Key (S. 196) mit seinem hübschen Rand aus weichem Sand. Wer rechtzeitig bucht, wird hier beim Camping von einer perfekten Meeresbrise geweckt, während der Schimmer des neuen Tages schon auf den nahen Wellen tanzt.

14

15

Nachtleben nördlich von Downtown

14 Die Bars, Kneipen und Clubs nördlich von Downtown Miami ermöglichen Partys zu jeder Jahreszeit. Zwischen dem Rand des Künstlerviertels Wynwood und der Upper East Side ist hier allerlei geboten – darunter noble Lounges voller schöner Menschen, Schwulen-Spelunken mit viel Karaoke und Livemusik in umgebauten Ateliers. Nahe dem Zentrum dieser Nightlife-Hochburg liegt das öffentliche Kunstprojekt Wynwood Walls (S. 86).

Relaxen auf Key Biscayne

15 Von Downtown Miami aus ist Key Biscayne leicht per Auto oder Rad erreichbar. Dennoch scheint das Eiland weit ab vom Großstadttrubel zu liegen und wartet mit Outdoor-Abenteuern auf: Hier kann man z. B. Spaziergänge an schönen Stränden, nette Wanderungen oder Radtouren über die gesamte Insellänge unternehmen. Beim Paddeln außerhalb des Mangrovengürtels späht man nach den Manatis vor Virginia Key. Besonders erholsam ist der Bill Baggs Cape Florida State Park (S. 96) mit malerischen Pfaden und Uferzonen.

Gut zu wissen

Weitere Infos gibt's im Abschnitt „Praktische Informationen“ (S. 265)

Währung
US-Dollar (US$)

Sprache
Englisch, Spanisch, Haitianisch in Miami

Visa
Deutschland, Österreich und die Schweiz nehmen am Visa Waiver Program teil – 90 Tage dürfen Bürger dieser Staaten ohne Visum in den USA bleiben (Achtung: ESTA erforderlich!).

Geld
Rund um die Uhr zugängliche Geldautomaten stehen überall in Miami, auf den Keys und in den Städten am Rand der Everglades zur Verfügung. Die meisten Einrichtungen nehmen auch Kreditkarten.

Handys
Hiesige SIM-Karten sind mit dem europäischen GSM-900/1800-Standard nicht kompatibel.

Zeit
Eastern Standard Time (MEZ –6 Std.)

Reisezeit

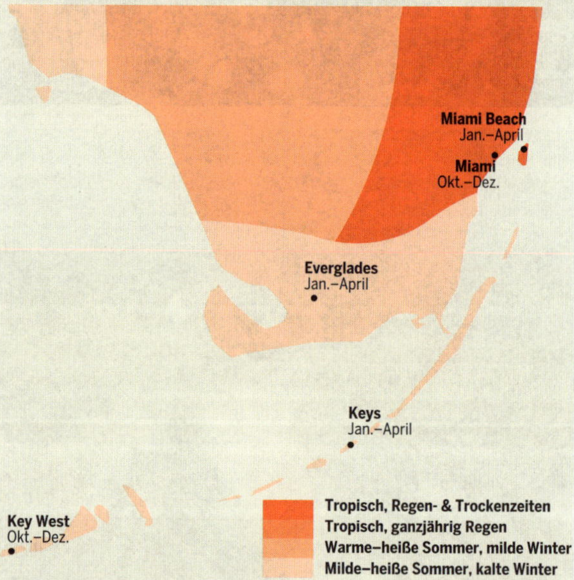

Hauptsaison
(Jan.–März)

➡ Die Winter in Südflorida sind trocken und sonnig – also quasi perfekt!

➡ Um in dieser Zeit ein Zimmer zu bekommen, muss man weit im Voraus buchen.

➡ Viele Festivals sorgen für jede Menge Spaß – und Menschenmassen.

Zwischensaison
(April–Mai & Okt.–Nov.)

➡ Das Ende des Frühlings ähnelt dem späten Winter. Ab Mai wird's feuchter.

➡ Im Oktober ist noch Hurrikan-Saison, aber je später, desto trockener ist es.

➡ Am Ende des Herbstes beginnt die Festivalsaison.

Nebensaison
(Juni–Sept.)

➡ Wahnsinnig heiß, aber die Meeresbrise kühlt.

➡ Es gibt jede Menge Moskitos, vor allem in den Everglades.

➡ Und da wären noch die Hurrikans. Zum Glück gibt es gute Frühwarnsysteme.

Infos im Internet

Everglades National Park (www.nps.gov/ever) Praktische Karten und Infos zum Park.

Visit Florida (www.visitflorida.com) Offizielle staatliche Tourismus-Website.

Florida State Parks (www.floridastateparks.org) Top-Infoquelle zu den State Parks.

Miami Herald (www.herald.com) Neues aus Miami und dem Umland.

Florida Keys & Key West (www.fla-keys.com) Infos zu den Keys.

Lonely Planet (www.lonelyplanet.com/usa/florida/south-florida-the-keys) Englischsprachig; Forum, Buchungen und mehr.

Wichtige Telefonnummern

Bei allen Anrufen, auch bei Ortsgesprächen, ist die Vorwahl mitzuwählen. Die einzige Ausnahme ist der Notruf.

Vorwahl für Miami & die Keys/Everglades	☎305, ☎786/☎239
Notruf	☎911
Miami Beach Patrol	☎305-673-7714
Hurrikan-Hotline	☎305-468-5400
Everglades National Park	☎305-242-7700

Wechselkurse

Eurozone	1 €	1,19 US$
	1 US$	0,84 €
Schweiz	1 SFr	1,02 US$
	1 US$	0,98 SFr

Aktuelle Wechselkurse sind unter www.xe.com abrufbar.

Tagesbudget

Günstig – weniger als 130 US$

- B im Schalfsaal: 30–50 US$
- Zi. im Budgethotel: 80–120 US$
- Sandwich im Deli: 6–10 US$
- Leihfahrrad: ab 15 US$/Tag
- Touren mit einem Ranger in den Everglades: gratis

Mittelteuer – 130–260 US$

- Zi. im Drei-Sterne-Hotel: 100–180 US$
- Abendessen in einem Mittelklasserestaurant: 25–40 US$/Pers.
- Leihkajak: ab 40 US$/Tag

Teuer – mehr als 260 US$

- DZ in einem schicken Boutiquehotel: ab 250 US$
- Abendessen im Spitzenklasserestaurant: 40–100 US$/Pers.
- Cocktails: 8–14 US$
- Tagesausflug zu den Dry Tortugas: ab 170 US$

Öffnungszeiten

Banken Mo–Do 8.30–16.30, Fr bis 17.30, manche auch Sa 9–12.30 Uhr

Bars In Miami: meist 17–3 (od. 5 Uhr); in Key West: 17–4 Uhr; anderswo 17–2 Uhr. Einige schließen früher, wenn nichts los ist.

Betriebe Mo–Fr 9–19 Uhr

Essen Frühstück Mo–Fr 7–10.30 Uhr; Brunch Sa & So 9–14 Uhr; Mittagessen Mo–Fr 11.30–14.30 Uhr; Abendessen 17–22 Uhr, Fr & Sa länger

Post Mo–Fr 9–17, manchmal auch Sa 9–12 Uhr

Geschäfte Mo–Sa 10–18, So 12–17 Uhr; Malls haben längere Öffnungszeiten.

Ankunft am ...

Miami International Airport Taxis nehmen einen Pauschalbetrag für die 40-minütige Fahrt nach South Beach (35 US$). Wer den Miami Beach Airport Express (Bus 150) nimmt, zahlt 2,65 US$ und kann überall in Miami Beach aussteigen. SuperShuttle hat einen Sammel-Van-Service; eine Fahrt nach South Beach schlägt mit 22 US$ zu Buche.

Key West International Airport Ein Taxi nach Old Town kostet um die 22 US$ und braucht etwa 15 Minuten. Busse von City Transit fahren zwischen 5.30 und 21 Uhr ungefähr alle 80 Minuten nach Old Town (einfache Strecke 2 US$).

Unterwegs vor Ort

Auto Die meisten Traveller in Südflorida mieten ein Auto. Mietwagen sind oft mit Sun-Pass-Transpondern ausgestattet – Geräten mit einem Guthaben, mit denen man die vielen Mautstellen der Region passieren kann.

Bus Miami hat ein verlässliches Busnetz, aber Busfahren kann eine Menge Zeit kosten. Infos gibt's unter www.miamidade.gov/transit/routes.asp.

Zu Fuß & per Rad In South Beach kann man sich zu Fuß oder mit dem **Citi Bike** (S. 279), einem Rad eines Bike-Sharing-Programm, fortbewegen, das viele Stationen hat. Viele Teile Miamis sind allerdings nicht radfahrerfreundlich. In Key West kommt man zu Fuß oder per Fahrrad prima zurecht.

Mehr zu **Verkehrsmitteln & -wegen** gibt's auf S. 275.

Wie wär's mit...

Strände

Die besten Strände Südfloridas liegen rund um Miami Beach, aber auch im Norden und Süden verstecken sich einige reizende Sandstrände. In den Keys sind Strände eher rar.

South Beach Erstklassige Möglichkeit, um Leute zu beobachten und während eines Spaziergangs bei Sonnenuntergang die kultigen Häuschen der Rettungsschwimmer zu fotografieren. (S. 64)

Bahia Honda State Park Ein windgepeitschtes, ruhiges Fleckchen Erde, das exemplarisch für die bewaldete, von der Sonne gebleichte Schönheit der Keys steht. (S. 196)

Crandon Park Ein traumhafter Strand auf Key Biscayne, einer vor der Küste gelegenen Insel, vereint Natur und Spaß. (S. 97)

Haulover Beach Park Haulover am North Beach bietet Abgeschiedenheit und Ruhe. (S. 75)

Fort Zachary Taylor State Park Ein reizender Ort in Key West zum Baden, für Yoga am Strand oder um einen schönen Sonnenuntergang zu genießen. (S. 204)

Nachtleben

In den fantastischen Clubs und Bars von Miami treffen lateinamerikanische Sinnlichkeit, europäisches Hipstertum und die amerikanische Fähigkeit, einfach Spaß zu haben, aufeinander. In den Keys gibt's jede Menge Locations, die Spaß versprechen und Traveller, Fischer und herrlich verrückte Piraten anlocken.

Wynwood In Miamis innovativsten und interessantesten Bars kommen die Künstler, Hipster und Kreativen der Stadt zusammen. (S. 83)

Die Keys Key West ist natürlich die Hochburg zum Ausgehen, die anderen Inseln der Keys haben aber auch ihre eigene, unabhängige Partyszene. (S. 177)

Key West Diese Insel der bunten Vögel am Ende des Regenbogens ist ein Garant für gute Laune. (S. 199)

South Beach Freundliche Nachbarschaftskneipen, Salsaschuppen, Bars mit kreativen Cocktails und Lounges auf Dachterrassen machen die Szene hier aus. (S. 64)

Gutes Essen

Südflorida ist ein Magnet für Einwanderer und bietet somit eine bunte Vielfalt an Restaurants, deren Wurzeln in Lateinamerika, Asien, Europa und anderen Ecken der USA liegen. Herzhafte Hausmannskost findet sich vor allem in den kleinen Ortschaften rund um die Everglades, während die Keys für eine gute Mischung aus heimischen Aromen mit internationalen Einflüssen stehen.

Little Havana Miami ist eine der besten Adressen für kubanische Küche außerhalb des echten Havanas. (S. 131)

Downtown Miami In Miamis Stadtzentrum ist die kulinarische Renaissance in vollem Gange und hat einige tolle Restaurants hervorgebracht. (S. 75)

Wynwood In einigen der schönsten Locations der Stadt kommen die ursprünglichsten Gerichte Miamis auf den Tisch. (S. 127)

North Beach Hier geht es vielleicht nicht ganz so glamourös zu wie in South Beach, dafür punktet North Beach mit großartigen Restaurants, die Gerichte der Ethno-Küche servieren. (S. 125)

Everglades Gebratener Alligator, typisches Kneipenessen und ausgezeichnete Meeresfrüchte lassen sich an einem schwülen Nachmittag hervorragend mit einem kalten Bier hinunterspülen. (S. 165)

Key West Für eine Insel dieser Größe gibt es hier eine fantastische Essensvielfalt. (S. 209)

Oben: Sänger, Green Parrot Bar (S. 214), Key West

Unten: Ahinga Trail (S. 172) in den Everglades

Landschaft

Die einzigartige tropische Landschaft Südfloridas umfasst Mangroveninseln, grüne Wälder und die großartigen Sumpfgebiete der Everglades. Alles zusammen verleiht dieser Region eine unvergleichliche natürliche Schönheit, die man nirgendwo sonst in Amerika findet.

Everglades Der „Fluss aus Gras" ist eine subtile Schönheit, die wohl jeden Besucher tief beeindruckt. Für viele sind die Everglades das Highlight eines Südflorida-Trips. (S. 151)

Crane Point Museum Dieses Museum auf der Insel Marathon bietet Wanderwege durch üppige Vegetation und ist eine tolle Einführung in die Ökologie der Florida Keys. (S. 193)

Oleta River State Park Nach einer Fahrt vorbei an den Wohnanlagen von North Miami Beach lockt die Ruhe der Natur in Form einer Kanu- oder Kajaktour. (S. 74)

Hell's Bay Mit dem Kanu geht's hinein in das von einem Dickicht aus Farnen geschützte und aus einer Reihe hübscher, kleiner Wasserläufe bestehende Herz des Sumpfgebiets. (S. 174)

10 000 Islands Um Südfloridas Zen wahrhaftig zu erleben, schlägt man sein Zelt am besten auf diesem reizenden Barrierearchipel auf. (S. 167)

Musik

Von Samba über Salsa bis zu Reggaeton hallen die Rhythmen der Karibik sowie von Mittel- und Südamerika hier in Miami in guter Gesellschaft von europäischem Techno, Indie-Rock, haitianischem Pop und heimischem Hip-Hop durch die

Nacht. Überall in den Keys gibt's auch stimmungsvolle lokale Musikkneipen und unten in Key West eine hochgeschätzte Livemusikszene.

Cubaocho Abwechslungsreiches Line-up lateinamerikanischer Bands in einer Location mit Kultstatus in Little Havana. (S. 143)

Lagniappe Zweifellos eine der besten kleinen Bars in Miami mit ein wenig Livemusik und feuchtfröhlichen Abenden im Hinterhof. (S. 139)

The Anderson Eine gut besuchte Bar etwas ab vom Schuss mit einer gut gelaunten Klientel. Am Wochenende wird hier auch Livemusik gespielt. (S. 140)

Green Parrot In der ältesten, abgefahrensten Bar von Key West übernehmen regelmäßig hervorragende Bands aus aller Welt das Zepter. (S. 214)

Churchill's Wer glaubt, in Miami gehe nicht so richtig die Post ab, der sollte einmal in diesem typischen britischen Pub vorbeischauen. (S. 140)

Sounds of Little Haiti Die einmal im Monat stattfindende Party im Little Haiti Cultural Center ist ein karibischer/kreolischer Ohrenschmaus. (S. 105)

Tiere & Pflanzen

Hier kann man Reptilien beobachten, die bereits seit 37 Mio. Jahren auf dieser Erde wandeln, angesichts einer wundervollen Vogelvielfalt ins Staunen geraten und beim Schwimmen zwischen den Korallenriffen mit tropischen Fischen auf Tuchfühlung gehen.

Anhinga Trail Bei einem Spaziergang auf diesem Bohlenweg kann man tagsüber und abends nicht nur Alligatoren, sondern auch eine außergewöhnliche Vogelwelt entdecken. (S. 172)

John Pennekamp Coral Reef State Park Die mit Abstand besten Tauchspots auf dem US-amerikanischen Kontinent. (S. 184)

Big Pine Key Unfassbar süße, winzige Rehe bewohnen die größte Insel der Keys. (S. 196)

Biscayne National Park Dieser Nationalpark befindet sich fast komplett unter Wasser und ist ein guter Ort, um Fische zu fangen oder zu beobachten. (S. 175)

Everglades City Hier starten Bootstouren durch die 10 000 Islands, bei denen man Delfine und Unmengen an Vögeln zu sehen bekommt. (S. 165)

Shoppen

In so einer mode- und kunstaffinen Stadt wie Miami locken jede Menge Einkaufsmöglichkeiten. Überall in den Keys finden sich einzigartiges Kunsthandwerk und Souvenirs, besonders in Key West.

Books & Books Der beste unabhängige Buchladen in Miami ist ein Bollwerk des guten Geschmacks und der großen Literatur. (S. 148)

Havana Collection Einfach mal in diesem Laden in Little Havana vorbeischauen und sich mit einem klassischen *guayabera*, dem coolsten Shirt Kubas, ausstatten lassen. (S. 147)

Malaquita Kreatives Geschäft in Wynwood mit einzigartigen Sachen aus Lateinamerika. (S. 146)

Salt Island Provisions In dem schicken kleinen Laden in Key West gibt's Kunstwerke und Schmuck lokaler Künstler sowie Feinschmeckersalz. (S. 216)

Rain Barrel Sculpture Gallery Regional gefertigte Keramiken, Glasarbeiten, Schnitzereien, Gemälde und vieles mehr haben diese Geschäfte in Islamorada zu bieten. (S. 189)

Nomad Tribe In Miami angesiedelter Laden mit schönen, gut designten Kleidungsstücken und Accessoires; hier wird auf Nachhaltigkeit gesetzt. (S. 145)

Kunst

Von Events wie Art Basel bis zu Veranstaltungsstätten wie dem Adrienne Arsht Center oder den persönlich anmutenden Galerien von Wynwood – Miami verdankt seine Renaissance auch der Kunst.

Adrienne Arsht Center for the Performing Arts Das Arsht Center in Miami erinnert von außen an Muschelschalen und ist ein erstklassiger Veranstaltungsort. (S. 142)

New World Center Das Konzerthaus von Miami Beach sucht seinesgleichen. Es werden sowohl unkonventionelle Stücke als auch Mainstreamproduktionen aufgeführt. (S. 64)

Studios of Key West Eine Galerie für all diejenigen, die sich für die künstlerische Ader von Key West interessieren. (S. 203)

Cubaocho In dieser Location in Little Havana ist visuelle und darstellende Kunst zu sehen – ein Zeugnis der kubanischen Kreativität in Miami. (S. 143)

Wynwood Jeden zweiten Samstag im Monat bieten die besten Galerien Miamis einen Tag der offenen Tür an. (S. 83)

Architektur

Die Architektur Südfloridas – von Art-déco bis zum

Coral Castle (S. 169), gebaut und entworfen von Edward Leedskalnin

Design District – macht die Region einzigartig in den USA.

Art Deco Historic District Das Zentrum von South Beach ist voller Hotels, Promenaden und anderer exzellenter Beispiele der Art-déco-Bewegung. (S. 70)

Freedom Tower Die Innenstadt Miamis ist bekannt für ihre Wolkenkratzer, und dieser zeitlose Turm war einer der ersten. (S. 81)

Coral Gables Die Herrenhäuser von Coral Gables decken das gesamte Spektrum ab: von mediterranen Gebäuden im Hochzeitstorten-Stil bis hin zu neo-arabischen Palästen. (S. 93)

Key West Es ist ein angenehmer Zeitvertreib, im Schatten der im französisch-karibischen und im spanischen Revival-Stil erbauten Wohnhäuser in Key West spazieren zu gehen. (S. 199)

Vizcaya Dieses märchenhafte Anwesen ist das opulenteste und übertriebenste Juwel in Miamis ohnehin schon wild funkelnder Architektur-Krone. (S. 91)

Kurioses Florida

Seien es nun das Wetter, die Alligatoren oder der Hedonismus: Florida zieht viele Exzentriker an. Deshalb sind im Folgenden einige der Favoriten aus der Kategorie „Das gibt es nur in Florida" aufgeführt.

Everglades International Hostel Der Hinterhof dieses fantastischen Hostels erinnert an die abgefahrene Kunst psychedelischer Plattencover aus den 1960er-Jahren. (S. 170)

Skunk Ape Research Headquarters Dieses „Reptilien-Museum mit Zoo" widmet sich der Jagd nach dem Bigfoot der Everglades. Worauf also warten? (S. 163)

Coral Castle Dieser Palast aus Korallen wurde von einem Letten geschaffen. Heute ist er ein Denkmal für verlorene Liebe. Warum auch nicht? (S. 169)

Robbie's Marina Wie ein Streichelzoo im Wasser – nur dass es sich hierbei eher um riesige, monströse Tarpune handelt. (S. 189)

Florida Keys History of Diving Museum Tauchliebhaber aufgepasst! Dies ist die wohl vollständigste Sammlung von Tauchutensilien in den USA. (S. 188)

Old Florida

„Old Florida" ist eigentlich ein erfundener, nostalgischer Begriff, er steht aber auch für umweltfreundliche und auf die Erhaltung der Artenvielfalt abzielende Attraktionen, für die man sich auf jeden Fall Zeit nehmen sollte.

Robert Is Here Auf diesem Bauernmarkt kann man die Vielfalt der Region kosten und sich die Erzeugnisse teilweise sogar nach Hause schicken lassen. (S. 170)

Turtle Hospital Eine echte Institution in den Keys, wo kranke und verletzte Meeresschildkröten von engagierten Freiwilligen versorgt werden. (S. 193)

Smallwood Store Die Regale dieses Museums in einem ehemaligen Handelsposten sind mit Überbleibseln längst vergangener Zeiten gefüllt. (S. 165)

Laura Quinn Wild Bird Sanctuary Diese Rettungsstation für verletzte Vögel ist schon seit Langem eine Attraktion der Keys. (S. 185)

No Name Key Auf dieser ruhigen Insel leben Mini-Rehe; außerdem gibt's hier eine der besten Pizzas der Keys. (S. 197)

Multikulturelle Begegnungen

Die Keys sind ein Knotenpunkt in der Karibik, während Miami eine der Städte mit den meisten Einwanderern in den USA ist. Vielfalt ist hier weitaus mehr als nur ein Schlagwort. Sie ist der Stoff, aus dem das soziale Gefüge Südfloridas gemacht ist. Folgende Orte und Veranstaltungen repräsentieren die tropische Weltoffenheit dieser Region:

Viernes Culturales Little Havana verwandelt sich am letzten Freitag im Monat in den Schauplatz eines kubanischen Straßenfests. (S. 109)

Goombay Festival Ende Oktober feiert Key West mit Musik, Essen und Tanz von den Bahamas ein schillerndes Fest. (S. 207)

Little Haiti Cultural Center Man kann hier z. B. mit Perlen bestickte Handtaschen aus Port-au-Prince oder Originalkunstwerke junger haitianischer Amerikaner kaufen. (S. 89)

Miccosukee Indian Village Hier in den Everglades werden den Besuchern die Traditionen der indigenen Bevölkerung Floridas nähergebracht. (S. 159)

Roasters 'n Toasters Dieses traditionsbewusste Feinkostgeschäft an der Arthur Godfrey Rd ist der wichtigste Treffpunkt der beachtlichen jüdischen Bevölkerung Miamis. (S. 125)

Monat für Monat

TOP-EVENTS

Art Basel Miami Beach Dezember

Winter Music Conference März

Carnaval Miami März

Hemingway Days Juli

Fantasy Fest Oktober

Januar

Der Beginn des neuen Jahres fällt mit dem Höhepunkt der Touristensaison zusammen. Besucher sollten sich auf schönes Wetter, viele Menschen, erhöhte Preise und jede Menge Events einstellen.

Martin Luther King Jr Day Parade

Diese Parade findet am dritten Montag im Januar statt und feiert das Erbe des berühmtesten Civil-Rights-Helden der USA. Die Parade verläuft entlang der NW 54th, von der NW 12th Ave zum Martin Luther King Jr Memorial Park. Eine karibische Note verleiht dem Ganzen einen eindeutigen Miami-Twist.

Key West Literary Seminar

Key West ist seit Langem ein Hafen für Schriftsteller, die der wirklichen Welt entkommen möchten, und die Autoren, die es von auswärts hierher verschlagen hat, haben das jährliche Key West Literary Seminar in eine der besten Literaturveranstaltungen der USA verwandelt. (S. 207)

Art Deco Weekend

Art déco ist der charakteristische Stil Miamis. Bei diesem Fest, das an einem Wochenende veranstaltet wird, finden zwischen Straßencafés und Kunst- und Antiquitätenständen Führungen zu den unzähligen Art-déco-Gebäudegruppen statt. Es gibt außerdem Konzerte und Oldtimer-Shows. (S. 105)

Miami Jewish Film Festival

Dieses internationale Filmfestival ist weit über die Grenzen Miamis bekannt. Es bietet eine super Gelegenheit, mit den Mitgliedern einer der größten jüdischen Gemeinden in den USA über Kinofilme zu plaudern. (S. 106)

Miami Marathon

Das wichtigste Lauf-Event in Südflorida ist der Miami Marathon, bei dem über 25 000 Läufer an den Start gehen und durch die Straßen entlang eines sehr hübschen Parcours joggen. Das Rennen umfasst auch einen Halbmarathon. (S. 105)

Februar

Im Februar, wenn die letzten Flüchtlinge des strengen Winters im Norden hier einfallen, finden Kunstfestivals und Straßenfeste statt. Darüber hinaus bieten die Everglades fantastische Gelegenheiten zur Naturbeobachtung.

Coconut Grove Arts Festival

Dieses Fest Ende Februar lockt mehr als 300 Künstler aus aller Welt an. Es ist eines der angesehensten Festivals seiner Art in einer Stadt, in der es an Kunstveranstaltungen nicht mangelt. (S. 106)

Original Miami Beach Antique Show

Diese Show gleicht einem Dachboden, der mit den schrulligsten und coolsten Gegenständen der Welt vollgestopft ist, verbunden mit einer archäologischen Ausgrabungsstätte. Das Event zieht rund 800 Händler aus über 20 Ländern an. (S. 106)

South Beach Wine & Food Festival

Ein Fest des gehobenen Dinierens und Weinverkostens, das im sozialen Kalender Südfloridas zu einer Institution geworden ist. Es gibt Brunch, Dinner und Barbecues und als Beilage jede Menge Stars und Sternchen. Die absolut beste Möglichkeit, um Starköche persönlich kennenzulernen. (S. 106)

März

Der Frühling bringt wärmere Temperaturen, Golf von Weltrang und Tennis-Events – und den St. Patrick's Day. Leider fallen einige Studenten in ihren Frühjahresferien unangenehm am Strand auf.

Jazz in the Gardens

Dieses Musikfestival Ende März (www.jazzinthegardens.com) feiert alten und neuen R&B, Soul, Funk und Tanzmusik. Das Festival zieht vor allem ein gediegeneres afroamerikanisches Publikum an, aber alle, die Musik im Blut haben, sind hier herzlich willkommen. Das Musikfestival findet in den Miami Gardens statt, einem Vorort gleich nördlich vom Zentrum.

Carnaval Miami

Miamis wichtigstes Latino-Festival (www.carnavalmiami.com) steigt Anfang März und dauert neun Tage. Es bietet eine Latino-Drag-Queen-Show, einen Inline-Skate-Wettbewerb, ein Domino-Turnier, das Calle Ocho Festival, die Kür der Miss Carnaval Miami und vieles mehr. (S. 106)

Spring Break

Zwischen Anfang März und Mitte April genießen Amerikas College-Studenten eine Woche Frühlingsferien. Die Studentenmassen stürmen Floridas Strände und geben sich jeder Menge Ausschweifungen hin. Fort Lauderdale im Norden ist beliebt, aber auch Miami zieht viele Studenten an.

St. Patrick's Day

Irlands Schutzheiliger wird am 17. März in ganz Florida gefeiert (d. h. jeder Vorwand, ein Glas zu heben, ist recht). Nirgendwo wird es grüner als in Miami, wo in der ganzen Stadt riesige Partys veranstaltet werden. In der *New Times* sind sie aufgelistet.

Winter Music Conference

Partyveranstalter, DJs, Produzenten und Feierwütige aus aller Welt kommen zusammen, um neue Künstler zu hören, sich über die neueste Technik zu informieren und die Nächte durchzufeiern. Wer sich für elektronische Musik interessiert, sollte das WMC (www.wmcon.com) auf keinen Fall verpassen.

Miami International Film Festival

Das zweiwöchige Miami International Film Festival, das vom Miami Dade College gefördert wird, zeigt Dokumentarfilme und Features aus der ganzen Welt. Spanischsprachige Filme sind ein wichtiger Bestandteil des Festivals. (S. 107)

Marathon Seafood Festival

Eines der größten Feste der Keys wird an einem Wochenende im März veranstaltet und lockt jede Menge Leckermäuler an. Es gibt Livemusik, eine Kunst- und Bootsshow, einen Kunst- und Kunsthandwerksmarkt, viele Veranstaltungen für Kinder und zahlreiche Stände, an denen man frische Köstlichkeiten aus dem Meer kaufen kann. (S. 194)

April

Willkommen in der Zwischensaison. In der Übergangszeit zwischen dem Winter, in dem scharenweise Menschen hierher strömen, und der Sommerhitze sind die Preise niedriger, die Temperaturen milder und die Veranstaltungen rarer.

Wynwood Life

Dieses neue Festival findet an einem Wochenende im April statt und feiert alles, was mit Wynwood zu tun hat. Es gibt Livemusik, DJs, einen großen Kunst- und Kunsthandwerksmarkt, Modeshows, Essensstände und eine Kochbühne mit Vorführungen. Eine Menge talentierte Straßenkünstler kreieren zudem Live-Installationen. (S. 107)

Miami Beach Polo World Cup

Es mag verwundern, aber Polo wird hier sehr ernst genommen, was auf die Verbindung des Sports zur Modeszene, zu den VIPs und zu den Oberschichten Europas und Südamerikas zurückzuführen ist. Die Teams kommen aus aller Welt, um die La-Martina-Trophäe zu ergattern (www.miamipolo.com).

Billboard Latin Music Awards

Der prestigeträchtige Wettbewerb zieht Ende April die Chefs der Musikindustrie sowie Musikstars und viele Latino-Fans an. Zur Veranstaltung gehören Liveauftritte von Latino-Künstlern aus der ganzen Welt. (S. 107)

Miami Beach Gay Pride

Im April hisst der Miami Beach während dieses lebhaften Wochenendfestivals stolz die Regenbogenflagge. Das Event gipfelt in einer bunten Straßenparade entlang des Ocean Dr – inklusive Boas, Glitzer und Body Painting! (S. 107)

Mai

Frühling in Südflorida bedeutet entweder angenehm gemäßigte oder aber schweißtreibende Hitze. In den Everglades beginnt die Moskitosaison jetzt so richtig.

Aqua Girl

Aqua Girl (www.aquagirl.org) ist die größte Party des Jahres für Miamis lesbische Bevölkerung und auch für eingefleischte Partygänger ein ziemlich anstrengendes Mega-Event. DJs, Jazz-Brunches, Comedy-Abende, Strandpartys, Rockkonzerte und Kunstausstellungen tragen zum Vergnügen bei.

Jazz in the Park

Ein Wochenende voller Auftritte und eine ideale Gelegenheit, Kunst, Kultur und gekühlten Weißwein zu genießen, der hervorragend zur späten Frühlingshitze Miamis passt. Im Hialeah Park Casino finden kostenlose Shows statt. (S. 100)

MiFo LGBT Film Festival

Von Ende April bis Anfang Mai findet dieses jährliche Festival mit Vorführungen in verschiedenen Kinos in South Beach und in Fort Lauderdale statt. LGBT-Besucher erwarten unterhaltsame Veranstaltungen rund um das Haupt-Event, die allgemein, nun ja, nicht so anspruchsvoll sind als dies in Miamis Szene normalerweise der Fall ist.

Miami Museum Month

Der Miami Museum Month sorgt dafür, dass sich ein Besuch in Miami den ganzen Mai über lohnt. Es ist eine ausgezeichnete Gelegenheit, Happy Hours, Sonderausstellungen und einzigartige Vorträge in einigen der besten Museen der Stadt zu erleben. (S. 107)

Sizzle

Diese Party (www.sizzlemiami.com) feiert schwule farbige Männer (obgleich alle Besucher willkommen sind!) in der ganzen Stadt und lockt wirklich jeden Mann aus dem Haus. Das Event ist als mehrtägige Party konzipiert, die von Sonnenuntergang bis Sonnenaufgang dauert. Besucher können jede Menge anrüchige Ausschweifungen auf diesem beliebten Event erwarten.

Miami Fashion Week

Das ganze Jahr über kann man in Miami viele Models erspähen, aber während der Miami Fashion Week, wenn Designer in die Stadt strömen und überall Laufstege entstehen, sind sie wirklich überall. (S. 107)

Juni

Im Juni beginnt die wirkliche Bruthitze in Miami und der Veranstaltungskalender wird dementsprechend ein bisschen leerer.

Goombay Festival Coconut Grove

Das Motto dieses Festivals heißt „Bahamas". Eines von nur wenigen Goombay-Festivals in Südflorida findet in der ersten Woche im Juni statt und feiert die Kultur der Bahamas in Coconut Grove. Auf dem Programm stehen Musik, Street-Food und *jede Menge* Tanz. (S. 107)

Juli

Jetzt ist es nicht nur heiß, sondern die Hurrikansaison hat begonnen. Dennoch eignet sich der Juli gut für einen Besuch: Es ist weniger los und die Einheimischen sind freundlicher und aufgeschlossener gegenüber Reisenden.

Independence Day Celebration

Am 4. Juli finden ein fantastisches Feuerwerk und eine Lasershow mit Livemusik statt. Das Event lockt über 100 000 Besucher in den Bayfront Park, in dem ein kühles Lüftchen weht. Die exzellente Pyrotechnikshow erhellt den Himmel über der Biscayne Bay auf seltsam romantische Weise. (S. 107)

Hemingway Days Festival

Eines des berüchtigteren jährlichen Rituale in Key West sind die Hemingway Days, eine Party, die alles rund um das Thema „Hemingway" feiert (das bedeutet sehr viel trinken, wenn schon nicht jagen). Das Highlight ist jedes Jahr der Lauf der „Ernest-Look-Crowd", also der Männer, die sich als Ernest Hemingway verkleiden. (S. 207)

August

Der August ist sehr heiß und daher auch der Monat mit den wenigsten Travellern. Die meisten Besucher fahren in die Keys, wo in der Regel kühle Meeresbrisen wehen.

Miami Spice

Während des Miami Spice's Food Month (www.Ilove miamispice.com) bieten Miamis Spitzenrestaurants Gerichte zu festen Preisen an, um Einwohner und Besucher aus ihren klimatisierten Häusern zu locken und zum Ausgehen zu animieren. Die meisten Traveller mögen dieses Festival lieber als das South Beach Wine & Food Festival im Februar, auf dem sich die Stars tummeln. (S. 107)

September

Das Wetter ist noch immer dampfig und der Herbst bringt die Studenten zurück in die Stadt – und mit ihnen jede Menge Gelage in den Universitätsvierteln, zu denen auch Coconut Grove und Coral Gables zählen.

International Ballet Festival of Miami

Während sich viele Events im Veranstaltungskalender Miamis um moderne darstellende Kunst und Musik drehen, ist das International Ballet Festival of Miami (www.internationalballet festival.org) die Hauptattraktion für die in der Stadt ziemlich aktiven Anhänger des klassischen Tanzes. (S. 108)

Womenfest

Das Womenfest gibt Frauen die Gelegenheit, in Key West ins Scheinwerferlicht der großen LGBT-Gemeinde zu treten. Es ist das Hauptereignis der lesbischen Bevölkerung der Inseln, zu dem Tausende von Besuchern aus der ganzen Welt anreisen. (S. 207)

Oktober

Während sich die Hurrikansaison dem Ende zuneigt und das Wetter wieder richtig angenehm wird, übernimmt Key West die Hauptrolle im Veranstaltungskalender. Auf dem Programm stehen nun zwei lärmende Straßenfeste.

Fantasy Fest

Das Fantasy Fest wird Ende Oktober veranstaltet und ist mit Abstand das Highlight im sozialen Kalender von Key West. Die Hemmungen werden zu Hause gelassen und gegen Body Painting, Glitzer, Federn und verrückte Festwagen eingetauscht – es ist ein wahrhaft dekadentes Fest, bei dem alle mitfeiern.(S. 206)

Goombay Festival Key West

Im Herzen des Bahama Village, einem der belebtesten karibischen Viertel im Land, bietet das Goombay Festival Ende Oktober Musik, Essen, Gesang und Tanz. Das Event findet in derselben Woche statt wie das verrückte Fantasy Fest. (S. 207)

November

Ende des Monats beginnt die Touristensaison und mit ihr kommen kühlerer Tage und mehr Menschen. Die Festivalsaison fängt mit der White Party an.

White Party

Wer homosexuell ist und Musik, Partys und anrüchige Späße liebt, sollte die White Party nicht verpassen. Dieses einwöchige Spektakel zieht Tausende von Schwulen und Lesben an, die in Clubs und an anderen Orten in der Stadt nonstop abfeiern. (S. 108)

Miami Book Fair International

Die Buchmesse von Mitte bis Ende November zählt zu den wichtigsten und meist besuchten Buchmessen in den USA. Hunderte landesweit bekannte Autoren und Verleger kommen hierher. Lateinamerikanische Autoren sind besonders stark vertreten. (S. 108)

Dezember

Die Touristensaison ist in vollem Gange. Besucher aus dem Norden buchen ihre Zimmer weit im Vor-

aus, um Sonne zu tanken und Weihnachten zu feiern.

Art Basel Miami Beach

Die Art Basel ist eine der weltweit bedeutendsten internationalen Kunstaustellungen und maßgeblich dafür verantwortlich, dass Miami Beach auf der Landkarte des internationalen Jetsets vertreten ist. Rund um Miami und Miami Beach haben Galerien geöffnet, dazu gibt es öffentliche Installationen und Partys. (S. 108)

Orange Bowl

Horden von Footballfans kommen nach Miami zum berühmtberüchtigten Orange Bowl, dem Super Bowl des Collegefootballs. Die ganze Stadt ist übersät mit jungen Leuten und in den Sportbars köchelt die Teamrivalität. (S. 108)

King Mango Strut

Jedes Jahr nach Weihnachten gibt es diese verschrobene Parade in Coconut Grove (www.kingmangostrut.org). Ein politisch aufgeladenes und unterhaltsames Event, das als Verulkung der Politik und als Ersatz für die nicht mehr stattfindende Orange Bowl Parade begann. (S. 108)

Art Miami

Auf der riesigen Messe im Dezember oder Januar werden moderne und zeitgenössische Arbeiten von mehr als 100 Galerien und internationalen Künstlern gezeigt. Das Event hat nicht den großen Namen der Art Basel, aber dennoch findet man hier einige beeindruckende Talente. (S. 108)

Reiserouten

10 TAGE Das klassische Südflorida

Bei diesem Trip erkundet man Miamis weiße Sandstrände, Seitengassen und Architekturperlen – ebenso verschiedene Stadtviertel mit lateinamerikanischem bzw. karibischem Charakter. Den Abschluss bilden einzigartige Ökosysteme: die Sümpfe und Mangroven der Everglades und Florida Keys.

Los geht's in **South Beach** (Miami), das alle Highlights Südfloridas auf einmal repräsentiert. Exklusive Hotels (z. B. Delano, Tides, Shore Club) beeindrucken hier mit ästhetischer Innovation. Danach heißt es Leute an der Lincoln Rd beobachten und den Art Deco Historic District besichtigen.

Von South Beach aus erkundet man dann vier bis fünf Tage lang die Stadtviertel von **Miami**: Little Havana hat ein lateinamerikanisches Flair, Coral Gables prunkt mit Villen und Cafés im europäischen Stil und in Wynwood und dem Design District warten Kunstgalerien, super Essen und ein pulsierendes Nachtleben. Anschließend geht's auf zum **Royal Palm Visitor Center** in den Everglades – entweder über Florida City oder westwärts entlang des Tamiami Trail. Zum Schluss reist man über **Homestead** zu den Florida Keys und verbringt in **Key West** mindestens einen Tag mit Übernachtung.

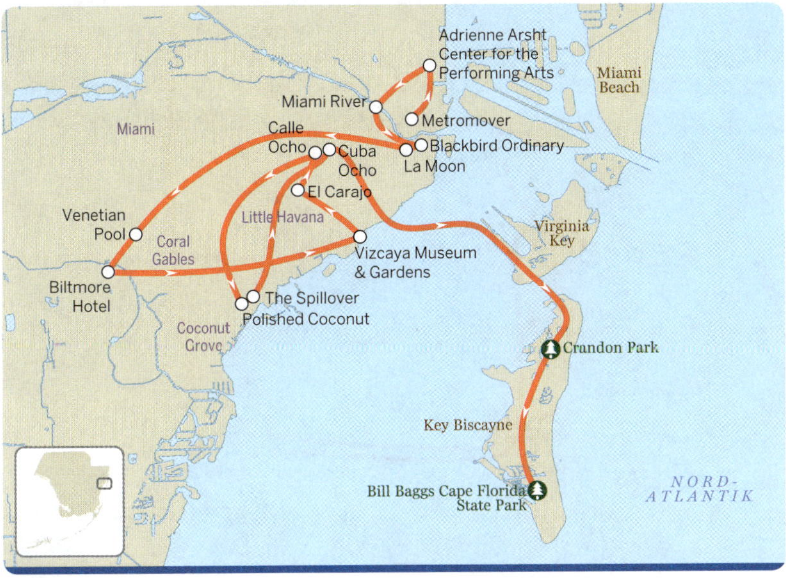

4 TAGE Von Downtown nach South Miami

Bei dieser Tour besucht man einige von Miamis interessantesten Ethno-Enklaven, erkundet wohlhabende Viertel und erlebt direkt die Opulenz, die der Stadt den Spitznamen „Magic City“ eingebracht hat.

Den Anfang macht Downtown, wo die funkelnden Prachtbauten mit Stahl- und Glaselementen die schäbigen Gassen und Billigflohmärkte überschatten. Bei einer Fahrt mit dem kostenlosen **Metromover** kann man beliebig aus- und einsteigen, um das **Adrienne Arsht Center for the Performing Arts** und andere Attraktionen in der Innenstadt zu besichtigen. Nun folgen ein Spaziergang am **Miami River** und ein Mittagessen in einem Uferrestaurant wie dem Casablanca. Abends gibt’s Drinks und Livemusik im **Blackbird Ordinary,** bevor der Tag bei kolumbianischen Snacks im **La Moon** ausklingt.

Am nächsten Morgen geht’s nach Coral Gables, wo der **Venetian Pool** (wohl das schönste öffentliche Freibad der USA), das **Biltmore Hotel** und ein Einkaufsbummel entlang der Miracle Mile Pflicht sind. Noch nicht mondän genug? Dann auf zum **Vizcaya Museum & Gardens**, das für einen Mix aus Barock, mediterranem Revival-Stil und jeder Menge Geld steht. Nach dem Bestaunen der Villen empfiehlt sich ein Abendessen in einem von Miamis besten Lokalen: dem **El Carajo** in einer alten Tankstelle (kein Witz!).

Der dritte Tag beginnt mit einem Abstecher nach Little Havana – hier sollte man die **Calle Ocho** entlangschlendern und unbedingt den Dominospielern im Máximo Gómez Park zuschauen. Danach genießt man ein kubanisches Mittagessen und durchstöbert die örtlichen Souvenir- und Zigarrenläden. Nächste Station ist Coconut Grove mit Banyan-Bäumen, dorfähnlichem Charme und attraktiven Shops wie dem **Polished Coconut**. Nach einem Abendessen mit Bier aus der Region im **The Spillover** endet der Tag in Little Havana dann mit Livemusik im **Cuba Ocho**.

Der letzte Tag auf Key Biscayne steht im Zeichen von Stränden, Sonnenbaden und Idylle – z.B. im **Bill Baggs Cape Florida State Park**. Und gibt es im turbulenten Miami tatsächlich einen ruhigen Strand? Diese Frage beantwortet zum Schluss der **Crandon Park,** der zu einem erholsamen Nachmittag mit einem Spaziergang auf dem Sand einlädt.

4 TAGE Miami Beach und North Miami

Diese Route klappert ein paar von Miamis glamourösesten Adressen und faszinierendsten Ethno-Enklaven ab. Zudem erkundet sie hippe gentrifizierte Ecken mit Kunstgalerien und Bäckereien, die ihre Produkte von Hand herstellen.

Als Ausgangsbasis dient dabei **South Beach** mit seinen hervorragenden Hotels – von dort aus zuerst das Designmuseum **Wolfsonian-FIU** besuchen, um Informationen zu den Art-déco-Gebäuden zu bekommen. Anschließend beobachtet man Leute an der **Lincoln Rd** und durchstöbert die trendigen Läden. Danach auf jeden Fall einen Stadtspaziergang mit den freundlichen Guides vom **Art Deco Welcome Center** unternehmen! Nach einem netten Abendessen im **Yardbird** geht's schließlich durch einen Geheimeingang in Form einer unechten Herrentoilette ins **Bodega**, um zu später Stunde zu feiern.

Am zweiten Tag fährt man nach **Little Haiti**, eines von Miamis buntesten und markantesten Ethno-Vierteln – es ist zwar nachts teilweise zwielichtig, aber tagsüber sicher zu erkunden. Im **Chef Creole** locken neben Ochsenschwanzsuppe auch andere haitianische Gerichte. Danach beeindruckt die Upper East Side mit Architektur im Miami-Modernist-Stil. Abends schlürft man Drinks am Pool vom **Vagabond** und feiert im **The Anderson**.

Am dritten Tag warten **Wynwood** und der **Design District**: Vor einem Bummel durch die Galerien und Läden bewundert man die **Wynwood Walls**, eine bunte Kunstinstallation aus großen, ständig wechselnden Wandbildern. Nächste Station ist die Margulies Collection at the Warehouse mit Kunstwerken, die zum Nachdenken anregen. Espresso im Panther Coffee und Tacos im Coyo Taco stärken einen für das Erkunden des Design District: Dort oben warten öffentliche Kunstinstallationen wie der Living Room, der Fly's Eye Dome und die **De La Cruz Collection,** eine von Miamis besten Privatsammlungen. Drinks und Livemusik genießt man abends im Lagniappe mit dem charmanten Hinterhof.

Am vierten Tag führt der Weg entlang der Collins Ave gen Norden nach **Mid-Beach** und **North Beach**. Unterwegs passiert man die Condo Canyons: Die endlosen Reihen von Apartment-Hochhäusern verkörpern die Macht der Immobilienwirtschaft in Miami. Mit einem Spaziergang auf der schönen Strandpromenade in Mid-Beach endet der Trip.

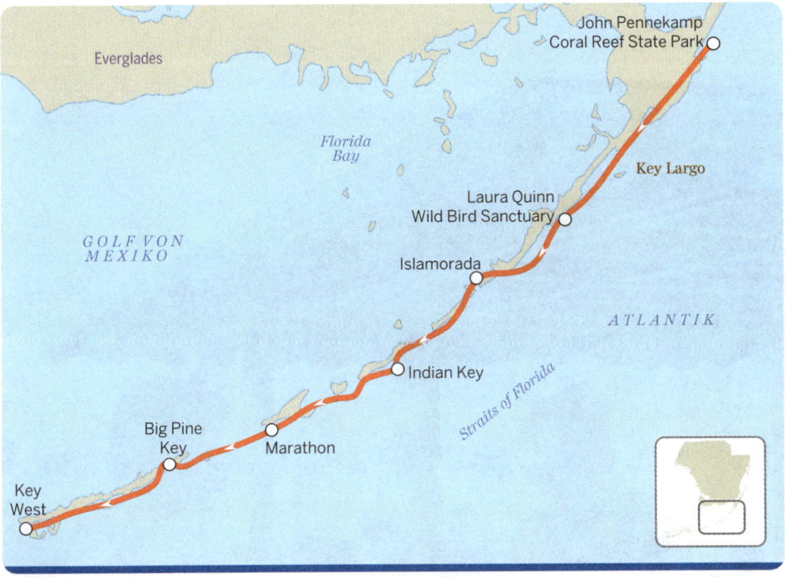

3 TAGE

Road Trip auf dem Overseas Highway

Der Overseas Highway (Hwy 1) führt von Floridas Festlandsspitze hinunter zur berühmten „Mile 0“: Key West, wo die Straße und die USA enden. Versüßt wird der kilometerlange Weg gen Süden u.a. durch ein paar von Floridas kuriosesten Attraktionen – ganz zu schweigen von der tollen Aussicht auf die Florida Bay und den Golf von Mexiko.

Um diese Aussicht genießen zu können, muss man aber zuerst die Upper Keys überqueren: Auf diesen größeren Inseln blockieren Strauchkiefer- und Mangrovenhaine den Meerblick. Auf Key Largo ganz im Norden kann man im **John Pennekamp Coral Reef State Park** tauchen, ein Mittagessen in einem Restaurant am Ufer, z.B. dem Shipwreck's Bar & Grill, genießen und verletzte Vögel im **Laura Quinn Wild Bird Sanctuary** besuchen. Dann geht's weiter nach **Islamorada,** wo der erste Tag auf den Keys mit leckeren Seafood plus Meerblick im Lazy Days endet.

Nach der Übernachtung in Islamorada füttert man am nächsten Morgen die riesigen Tarpune an Robbie's Marina und paddelt per Leihkajak durch die Mangroven oder hinaus nach **Indian Key**. Danach kommt ein stärkender Kaffee im Midway Café gerade recht.

Nächste Station ist **Marathon**, das geografische Zentrum der Keys. Das Crane Point Museum informiert hier über die einzigartigen Ökosysteme und ermöglicht zudem Waldspaziergänge. Das Turtle Hospital liefert anschließend Details zu den so beliebten wie bedrohten Schildkröten der Eilande. Nach dem Abendessen im Uferlokal Keys Fisheries gibt's dann noch Bier im Hurricane.

Am nächsten Morgen geht's über die Seven-Mile Bridge hinüber nach **Big Pine Key**, wo sich winzige Key-Weißwedelhirsche am Straßenrand tummeln. Für das Mittagessen empfiehlt sich das Square Grouper, eines der besten Restaurants südlich von Miami.

Nach einer Fahrtstunde gen Süden erreicht man schließlich **Key West**, wo sich definitiv ein längerer Aufenthalt lohnt! Hier sollte man zumindest die Sonnenuntergangs-Show auf dem Mallory Sq ansehen, nach sechszehigen Katzen im Hemingway House spähen und einen Abend im berüchtigten Green Parrot, der Mutter aller Keys-Bars, verbringen!

Oben: Cocktailbar, Mallory Square (S. 203)

Unten: Crandon Park Beach (S. 97), Key Biscayne

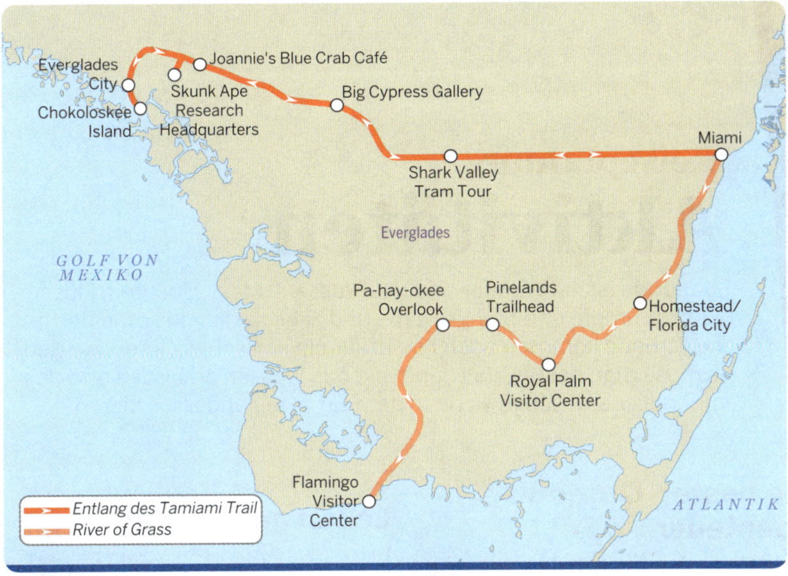

3 TAGE Entlang des Tamiami Trail

Bei dem Trip durch das Herz der Everglades erkundet man u.a. Feuchtgebiete und Zypressensümpfe voller Alligatoren per Propellerboot und nächtigt in einem Fischerdorf.

Von **Miami** aus führt der Tamiami Trail (US 41) am Startpunkt der Propellerboottouren vorbei gen Westen zum Shark Valley, wo die **Shark Valley Tram Tour** auf einem asphaltierten Pfad durch den Sumpf kurvt. Alternativ leiht man sich ein Fahrrad beim Kiosk am Eingang und fährt so auf demselben Weg zurück. In beiden Fällen erblickt man sicherlich Alligatoren und Watvögel.

In **Everglades City** steigt man ab – idealerweise nach einem Abendessen mit Steinkrabben im Camellia Street Grill. Am nächsten Tag erkundet man die 10 000 Islands bei einer Bootstour, besucht den Smallwood Store auf **Chokoloskee Island**, isst im Havana Cafe zu Mittag und besichtigt auf dem Rückweg nach Norden das Museum of the Everglades.

Bei der Rückfahrt nach Miami locken Zwischenstopps: die **Skunk Ape Research Headquarters**, das **Joanie's Blue Crab Café** zwecks Mittagessen und die **Big Cypress Gallery** mit Fotos von den Glades.

2 TAGE River of Grass

Prärien und Zypressensümpfe bilden die Kulisse für diese Tour durch die Everglades.

Von **Miami** aus geht's zuerst nach **Homestead** und **Florida City**, wo das Coral Castle von unerwiderter Liebe zeugt. Am nahegelegenen Rand des Everglades National Park findet man Robert Is Here, einen Bauernmarkt mit Streichelzoo. Nächste Station ist die Tierklinik Everglades Outpost mit exotischen Geschöpfen.

Weiter westlich folgen die Highlights des Parks: Die Plankenstege des **Royal Palm Visitor Center** überspannen Wasserwege voller Alligatoren, der **Pinelands Trail** führt durch einen Hain aus dürren Elliott-Kiefern und der **Pa-hay-okee Overlook** vermittelt einen Eindruck von der zen-mäßigen Ruhe der Glades.

Zurück in Florida City übernachtet man im Everglades International Hostel. Am nächsten Morgen geht's erneut in die Glades – entweder als Kanu-Abenteuer oder *slough slog* (Wanderung mit Waten durch einen Zypressensumpf) unter der Leitung von Rangern. Zum Schluss schaut man im **Flamingo Visitor Center** auf den Sonnenuntergang – und sieht eventuell Manatis.

Reiseplanung
Aktivitäten

Südflorida ist ein Wunderland des Wassers: Meer, Buchten, Flüsse, Moore, Sümpfe und Mangroven – und zahllose Inseln sowie herrliche Strände kommen noch hinzu. Für ein wirkliches Outdoor-Erlebnis muss man beides, das Land und das Wasser, erkunden und das empfindliche Gleichgewicht, in dem sie miteinander existieren.

Die besten Outdoor-Abenteuer

Paddeln in den Everglades

Durch das stille Wasser gleiten, vorbei an Mangroven und über spiegelglatte Seen, inmitten von üppigen Vogelkolonien.

Durch das Shark Valley radeln

Alligatoren, die sich in der Sonne aalen, und andere Bewohner der Everglades auf einer einfachen 24 km langen Radtour entdecken.

Manatis (Seekühe) vor Virginia Key erspähen

Auf einer Kajak- oder Stehpaddel-Tour durch eine mangrovengesäumte Bucht nach den weidenden Riesentieren Ausschau halten.

Wandern in den Everglades

Einen sonnigen Spaziergang entlang des tierreichen Anhinga Trail unternehmen und dann abends wieder zurückkehren, um Krokodile zu beobachten.

Schnorcheln und tauchen vor Key Largo

Die Korallenriffe und bunten Fische im John Pennekamp Coral Reef State Park bewundern.

Leben am Wasser

Die meisten Besucher kommen wegen der Strände hierher. Und das ist gut so, denn am Strand – und vor allem vor dem Strand – gibt es jede Menge zu tun! Angeln, Schwimmen, Schnorcheln, Tauchen und alle mögliche Sportarten auf Brettern. Warum nicht einfach mal abtauchen, wenn man dort ist? In Key Largo (S. 184) befindet sich das größte Korallenriffsystem Nordamerikas. Gleich nördlich davon liegt der einzige Nationalpark des Landes, der sich der Unterwasserforschung verschrieben hat.

Südflorida kann im Rennen um den niedrigsten Ort auf der topografischen Karte mit den Niederlanden konkurrieren. Daher kann man hier entweder Orte besuchen, die auf oder unterhalb des Meeresspiegels liegen, und zwar per Fahrrad, Boot oder eben im Tauchanzug. Man sollte das Wasser genießen, aber auch das Land. Sie gehören unausweichlich zusammen und sollten deshalb zusammen erkundet und erlebt werden.

Ab in die Hängematte?

In ganz Südflorida begegnet man Aushängen und Schildern mit Informationen über einheimische *hammocks* („Hängematten"). Wer das liest, denkt als Erstes: „Die Einwohner Floridas wissen wirklich, wie man sich entspannt."

Obwohl die Einwohner Floridas ihre Hängematten lieben, beziehen sich diese Aushänge und Schilder jedoch auf eine andere Art „Hängematte". Im Südosten der USA ist *hammock* ein Begriff für ein Wäldchen oder einen Hain aus Hartholzbäumen. In diesem Teil der Welt ist die Höhe unglaublich wichtig. Diese Wäldchen oder Haine wachsen in Feuchtgebieten, die normalerweise zu nass wären, um ihr Wachstum zu unterstützen. Einige extra Zentimeter Höhe sorgen jedoch dafür, dass die Bäume die Trockenheit bekommen, die sie benötigen, um höher und dichter zu wachsen. Der Pineland Trail im Everglades National Park (S. 158) ist ein hervorragendes Beispiel für einen Koniferenhain. Haine in der Everglades haben normalerweise eine auffallende Tropfenform, die durch den Wasserfluss um diese Bauminseln entsteht.

Obwohl es viele Arten von Hainen im Südosten der USA gibt, ist die Form, die man in Südflorida antrifft, der tropische Hartholzhain. Selbst in dieser Kategorie gibt es zahlreiche Unterteilungen, z.B. Haine aus felsigem Boden (im Big Cypress National Preserve; S. 162), Haine aus Inseln von Bäumen in den Everglades und Haine an Küstendämmen in den Florida Keys. In den Keys findet man außerdem Haine aus Muschelhügeln, die auf den Abfallhaufen wachsen, die von den indigenen Calusa- und Tequesta-Indianern zurückgelassen wurden. Das Crane Point Museum (S. 193) in Marathon bietet eine wunderbare Einführung in die verschiedenen Bauminseln Südfloridas, insbesondere die der Keys.

Bauminseln sind besonders anfällig für Feuer. Während der langen Trockenzeit sieht (oder riecht) man kleinere Waldbrände in der Gegend um Miami bis hinunter nach Homestead. Aber die größte Gefahr für die Bauminseln ist der Fortschritt. Das Ökosystem ist einzigartig in den USA, aber Argumente für die Erhaltung der Bäume halten Argumenten für den Bau von Hotels und Apartments sowie für Waren und Dienstleistungen, die mit diesen einhergehen, oft nicht stand.

Naturpfade & Zeltplätze

Holzstege verlaufen durch Ruhewassersümpfe, winzige Pfade winden sich durch die sprichwörtliche, von Seen und Flüssen durchsetzte Pampa und Spazierwege durch Mangroven umschließen schneeweiße Strände. Und überall gibt es Zelte, Hütten und Pavillons, in denen man unter den Sternen schlafen kann. Also: Schnell die Stiefel schnüren (oder für die einfacheren Pfade in leichte Sandalen schlüpfen) und raus ins Freie, um Floridas fantastische Outdoor-Welt zu erkunden.

Die Sümpfe Südfloridas sind zum großen Teil von 1,5 bis 3 km langen Holzstegen durchzogen. Diese sind auch für unsportliche Spaziergänger geeignet und fast durchgehend auch für Rollstuhlfahrer. In vielen staatlichen Parks findet man darüber hinaus schöne Kurzwanderwege. Die besten Pfade befinden sich im Everglades National Park (S. 158) und der Umgebung.

VORSICHTIG UND SICHER DIE NATUR ERKUNDEN

Es versteht sich von selbst, dass jede Wildnis, sogar ein Sumpf, ein fragiler Ort ist. Egal ob man wandert, mit dem Fahrrad fährt, paddelt oder schnorchelt, stets sollte man die Regel „Keine Spuren hinterlassen" befolgen. Auf der Website www.lnt.org gibt's umfassende Ratschläge. In der Praxis heißt das: Auf den gekennzeichneten Pfaden bleiben, den Müll mitnehmen und die Natur beobachten, statt sie zu pflücken oder zu verschmutzen.

Während man Floridas natürliche Schönheit bewundert, sollte man außerdem gut auf sich aufpassen, d. h. man sollte viel Wasser mitnehmen (bis zu 4 l pro Person und Tag) und stets auf Regen gefasst sein. Rucksäcke sollten mit Plastiktüten überzogen und Regenkleidung sowie ein Extraset trockene Kleidung mitgenommen werden, damit man sich nach dem nächsten Regen (und der kommt bestimmt!) umziehen kann. Reid Tillerys *Surviving the Wilds of Florida* ist ein hervorragender Führer, und seine Website Florida Adventuring (www.floridaadventuring.com) enthält alle notwendigen Infos über das Hinterland.

ETIKETTE IN DER WILDNIS

- Beim Wandern auf den gekennzeichneten Pfaden bleiben und den Müll mitnehmen.
- Keine Wildblumen pflücken, insbesondere keine Orchideen.
- Keine wilden Delfine oder Manatis (Seekühe) jagen, füttern oder berühren, sondern sie nur bewundern.
- Keine Alligatoren füttern – sie beißen.
- An Stränden niemals nistenden Meeresschildkröten oder frisch geschlüpften Jungtieren nahekommen. Nachts die örtliche „Licht aus!"-Regel befolgen (normalerweise von Mai bis Oktober).
- Beim Schnorcheln oder Tauchen niemals Korallen berühren.

Höhe & Wetter

Eine Sache, um die sich Wanderer in Florida niemals Gedanken machen müssen, ist die Steigung. Es gibt zwar einige künstliche Hänge und Hügel, mit denen Wanderwege aufgepeppt wurden, aber die sind nicht der Rede wert. Während die Geografie Wanderern daher keine Probleme bereitet, kann das Wetter ihnen manchmal übel mitspielen, vor allem in der Trockenzeit. Von November bis März sinken Regen, Temperatur, Luftfeuchtigkeit und die Zahl der Moskitos auf ein tolerierbares Maß. Im Sommer (Juni bis September) sollte man früh morgens, oder zumindest vor der Mittagszeit, loswandern, um die Mittagshitze und die fast täglichen Nachmittagsgewitter zu vermeiden.

Miami

Miami ist nicht unbedingt ein Eldorado für Camper. Der Oleta River State Park (S. 74) und der Bill Baggs Cape Florida State Park (S. 96) sind zwei Optionen für all diejenigen, die günstige Outdoor-Unterkünfte suchen.

Everglades & Umgebung

Der National Park Service betreibt sowohl einfache als auch gut erschlossene Campingplätze und hilft Travellern, die ihr Zelt im Hinterland aufschlagen wollen. Die einfachen Stellplätze haben weder fließendes Wasser noch Strom, während die gut erschlossenen Stellplätze zumindest fließendes Wasser und manchmal auch Strom haben.

Ein Favorit in der Gegend sind sogenannte *chickees* (hölzerne Plattformen, die oberhalb der Wasserlinie erbaut wurden) oder abgelegene Strände und Mangrovenufer in den 10 000 Islands (S. 167). Wer hier draußen unter den Sternen, umgeben nur von Delfinen, Vögeln und Wind, übernachtet, wähnt sich wirklich im Himmel. Die vorgelagerten Inseln im Biscayne National Park (S. 175) bieten ein ähnliches Erlebnis wie die 10 000 Islands.

Wer gerne andere Camper oder Budget-Traveller kennenlernen und seine Nächte nicht unbedingt alleine in der Wildnis verbringen möchte, sollte sich den Hinterhof des Everglades International Hostel (S. 170) ansehen, ein surrealer, künstlerisch angehauchter Garten und ein wunderbarer Ort, um sein Zelt aufzuschlagen.

Die Keys

Der **John Pennekamp Coral Reef State Park** (S. 186) und der Bahia Honda State Park (S. 198) bieten beide ausgezeichnete Campingplätze mit einer guten Mischung aus Anschluss- und Zeltplätzen. Beide Parks sind sehr beliebt, daher sollte man unbedingt im Voraus buchen. Wer sich wirklich fühlen will, als wäre er am Ende der Welt, sollte sich einen Platz im Dry Tortugas National Park (S. 217) reservieren. Hier ist man für alles selbst verantwortlich und muss alles selbst mitbringen, auch Wasser. Wie bei vielen anderen beliebten Plätzen sollte man auch hier Monate im Voraus buchen.

Kanu- & Kajakfahren

Floridas Sümpfe und Flüsse, Mündungsgebiete und Meeresarme, Lagunen und vorgelagerte Inseln lassen sich am besten mit einem Wasserfahrzeug erkunden, vorzugsweise einem zum Paddeln. Die beschauliche Ruhe, die einen zwischen Mangroven, träge dahintreibenden Alligatoren und aufgeschreckten Ibissen erwartet, ist Balsam für die Seele. Und nicht nur die Everglades eignen sich hervorragend zum Paddeln. Man sollte auch die Küsten nicht vergessen. Hier gibt es einige gute Optionen

Oben: Manati (Seekuh) (S. 248)

Unten: Kajakfahren, Everglades National Park (S. 158)

zum Kajak- und Kanufahren, sowohl in Miami als auch in der Umgebung.

Die Trockenzeit im Winter eignet sich nicht nur am besten zum Wandern, sondern auch zum Paddeln. Im Sommer sollte man sich in der Nähe von kühlen Frischwasserquellen und Badestränden aufhalten, da man beim Paddeln auf jeden Fall von ihnen träumen wird.

Paddelführer

Ein fantastischer Paddelführer, der alle Infos auf einen Blick bietet – von Informationen über die besten Paddeltouren zu Ratschlägen hinsichtlich Wetter, Ausrüstung und Proviant –, ist nach wie vor *A Paddler's Guide to the Sunshine State* (2001) von Sandy Huff.

Miami

In der magischen Stadt gibt es viele Paddeltouren, die Schwierigkeit ist nur, die Touren und vor allem ihren Startpunkt zu finden. Man muss ausdrücklich betonen: In Miami ist es einfach, ins Wasser zu gelangen, aber um wieder herauszukommen, braucht man auf jeden Fall einen Führer; es gibt starke Strömungen in den Mündungen und Kanälen.

Im Oleta River State Park (S. 74) findet man offene Gewässer, in denen man herumpaddeln kann, und Mangroventunnel, durch die man hindurchgleiten kann. Der Park liegt an der Mündung des Haulover. Ein weiterer Hotspot für Kajak- und Kanufahrer ist Key Biscayne (S. 102). Im Bill Baggs Cape Florida State Park (S. 96) beim No Name Harbor gibt es eine gute Anlegestelle und Ufermauer. Der Crandon Park (S. 97) ist beliebt bei Tagesausflüglern. Der Virginia Key verdient besondere Erwähnung; das Virginia Key Outdoor Center (S. 102) bietet Touren und alles, was man an Ausrüstung braucht. Man kann auch Kajaks oder Standup-Paddel-Boards für selbstgestrickte Abenteuer mieten. In der kleinen Bucht kann man oft Manatis erspähen.

Everglades

Von einer Kajaktour im Everglades National Park (S. 158) wird man wahrscheinlich noch seinen Enkeln erzählen. Zeitweise hat man den Eindruck, als gäbe es nichts anderes auf der Welt außer den zwei spiegelglatten Reflektionen von Wasser und Himmel. Im nächsten Moment schrumpft die enorme Weite zu einem klaustrophobischen Mangroventunnel in der Hell's Bay – nebenbei eines der schönsten Gebiete des Parks. Das Erlebnis sollte man sich auf keinen Fall entgehen lassen.

Wer das ultimative Abenteuer erleben möchte, sollte mit einem Boot den 160 km langen Wildwasserweg um die 10 000 Islands (S. 167) erkunden. Wer sich mit etwas weniger zufrieden geben möchte, kann auch Kajaks oder Kanus mieten und von der Flamingo Marina (S. 174) in den Southern Everglades eine schöne kurze oder auch ganztägige Paddeltour unternehmen. Das vom Nationalpark betriebene Flamingo Visitor Center (S. 173) bietet mehrmals die Woche kostenlose Kanutouren an.

Die Keys

Paddeln ist beliebt in den Keys, wo das Wasser blauer ist als der Himmel und wo die Sonne fast immer scheint. In Islamorada bietet Anne's Beach (S. 188) Paddeltouren vor der Küste in der Nähe von Mangrovenwäldern. Im John Pennekamp Coral Reef State Park (S. 184) kann man im Boot über die größten Korallenriffformationen des Kontinents gleiten.

Das ultimative Paddelerlebnisse in den Keys erlebt man im Indian Key Historic State Park (S. 189) und im Lignumvitae Key Botanical State Park (S. 189). Beide Parks sind nur per Boot zu erreichen. Es ist nicht schwer, zu beiden zu paddeln, aber diese zusätzliche Schwierigkeit, plus die Kombination aus Wildnis und verfallenen Ruinen am Indian Key, machen die Tour hierher zu einem magischen Erlebnis.

Tauchen & Schnorcheln

Südflorida bietet mit Abstand das beste Riff- und Wracktauchen auf dem amerikanischen Festland, und Schnorcheln ist ein ebenso magisches Erlebnis. Manchmal ist das Wasser so klar, dass es einen beunruhigt und man glaubt, man würde in der Luft schweben. Jedes Lebewesen und jeder Fisch bis hinunter zum Meeresgrund scheinen gerade so außerhalb der eigenen Reichweite zu sein, sodass, wie William Bartram einst schrieb, „die Forelle an der Nase des Alligators vorbeischwimmt und

ALTERNATIVE AKTIVITÄTEN

Wenn man damit fertig ist, an den Stränden spazieren zu gehen, inmitten von Mangroven Kajak zu fahren und an den Korallenriffen zu schnorcheln – ja, was dann? Warum nicht die Touristenpfade verlassen und in eines von Südfloridas abgefahrene Abenteuer eintauchen?

Sumpfwandern („Slough slogging") Die ältesten Hosen anziehen und die (ungeliebten) Stiefel schnüren – und ab geht's in den Schlamm. Die von Rangern geleiteten Touren (S. 159) führen auf der Suche nach Pflanzen, Tieren und sattgrüner Ruhe durch einen Zypressendom.

Paddeln bei Mondlicht Das Virginia Key Outdoor Center (S. 102) veranstaltet mehrmals im Monat unvergessliche Paddeltouren bei Vollmond (und Neumond). Man sieht einen Sonnenuntergang und mit etwas Glück biolumineszenten Plankton im Wasser.

Alligatoren bei Nacht erspähen Vielleicht hat man die Horden an Alligatoren schon bei Tag beobachtet, aber man sollte abends zum Anhinga Trail (S. 172) zurückkehren, um diese Urtiere durch das stille Wasser gleiten zu sehen. Taschenlampe nicht vergessen!

Pizza unter der Meeresoberfläche essen Am Jules' Undersea Lodge (S. 186) in Key Largo kann man eine ehemalige Forschungsstation unter Wasser besuchen – oder dort übernachten. Man muss tauchen, um hierher zu kommen – eine Pizzalieferung unter Wasser ist inbegriffen.

Sonnenbaden ohne Bräunungsstreifen Wer FKK mag, kommt im Haulover Beach Park (S. 75) in North Beach, Miami, auf seine Kosten.

Riesige Tarpune füttern Bei Robbie's Marina (S. 189) in Islamorada kann man riesige Fischschwärme füttern. Wenn die Tiere richtig hungrig sind, spritzt das Wasser, als würde es kochen.

ihm ins Gesicht lacht". In Florida befindet sich Nordamerikas größtes Korallenriffsystem; Wracktauchen ist eine ähnlich erhebende Erfahrung.

Wie erhebend? Naja, der Biscayne National Park (S. 175) hat einen eigenständigen Marinepfad für Wracktaucher entwickelt – das sagt eigentlich alles, oder? Andere Attraktionen sind der Dry Tortugas National Park (S. 217), der nach seinen vielen Meeresschildkröten benannt wurde, und das fantastische Florida Keys History of Diving Museum (S. 188) in Islamorada, das super ist, egal ob man taucht oder nicht. Und dann ist da natürlich noch der John Pennekamp Coral Reef State Park (S. 184), der die besten Tauchreviere in den südlichen 48 Bundesstaaten beherbergt. Mit Ausnahme von Biscyane befinden sich all diese Orte in den Keys.

Radfahren

Florida ist im Allgemeinen zu flach für Mountainbiker (obwohl es Ausnahmen gibt), aber es gibt viele Gelegenheiten, im offenen Gelände zu fahren. Für alle, die nicht schmutzig werden wollen, stehen zudem Hunderte Kilometer an Asphalt zur Verfügung. Ähnlich wie beim Wandern gilt: Wer's nicht gerne heiß und schwitzig mag, sollte im Sommer nicht loslegen.

Die Touren- und Stadträder hier sind hervorragend. Für Niederländer eignet sich ein klassisches Omafahrrad für einen Besuch in Miami Beach und Key West. Die Bedingungen hier, zumindest in topografischer Hinsicht, werden Niederländer generell an ihre Heimat erinnern – nur dass es hier *viel* mehr Sonne und *viel* weniger Fahrradwege gibt. Miami Beach betreibt ein Bike-Sharing-Programm, darüber hinaus kann man Fahrräder in Key West mieten – es gibt also keine Ausrede, nicht auf zwei Rädern unterwegs zu sein. Unten sind einige der schönsten Fahrradrouten Südfloridas beschrieben.

In Miami eignet sich die Promenade (S. 69) entlang des Ocean Dr perfekt für alle, die einen Blick auf Miami Beach werfen und sich dabei ein bisschen sportlich betätigen möchten. Leider verläuft die Promenade nicht den ganzen Strand entlang. Im nördlichen Teil der Collins Ave ist Vorsicht geboten: Die Straße ist die einzige wichtige Nord-Süd-Verbindung und Autofahrer geben hier ganz schön Gas. Der Oleta River State Park (S. 74) bietet über sechs km jungfräuliche Radwege, fast fünf km geteerte Wege und 16 km Mountainbike-Wege.

Radfahren ist beliebt, um die Everglades zu erkunden, aber man sollte helle Kleidung anziehen und einen Blick auf Zeit und Strecke haben, damit man sich nicht nach Sonnenuntergang auf einer einsamen Parkstraße wiederfindet. Das wäre zwar nicht gefährlich, aber zumindest beunruhigend. Eine einfache, geteerte Strecke (S. 158) durchs Shark Valley eignet sich gut zur Naturbeobachtung.

In den Keys ist Radfahren die vielleicht logischste Art und Weise, um Key West zu erkunden. Alle, die eine Herausforderung – mit gleichzeitiger Belohnung – lieben, sollten den Florida Keys Overseas Heritage Trail (S. 189) in Erwägung ziehen, der von Key Largo nach Key West verläuft. Er ist noch nicht fertig, aber neue Teilabschnitte werden ständig hinzugefügt, und im Moment sind 145 km der nach Fertigstellung insgesamt 170 km langen Strecke befahrbar.

Segeln

Wer Segeln liebt, ist in Florida richtig. Miami ist ein Eldorado für Segler, mit vielen Marinas, in denen man Jachten mieten oder liegen lassen kann. Key Biscayne ist ein besonderes Kleinod und die Marinas im schicken Coconut Grove und Brickell verwöhnen die Besatzungen der Boote. In Key West kann man auf einem Schoner mit echten Kanonen segeln, aber in den ganzen Keys gibt es unzählige Tourveranstalter.

Rauf aufs Board!

Südflorida ist kein Hotspot für Surfer. Wer hier Wellen reiten möchte, sollte Richtung Norden, mindestens bis zum Jupiter Beach, fahren. Aber Surfen ist nicht die einzige Art und Weise, in der man mit einem Board das Wasser erkunden kann. Kiteboarding und Wakeboarding werden immer populärer und bieten Anfängern die Möglichkeit, eine neue Sportart auszuprobieren.

Die Ausrüstung für Kiteboarding und Wakeboarding ist dieselbe: Das Wakeboard ist eine kleinere Version eines Surfboards. Bei beiden Sportarten wird man auf dem Wasser gezogen, bei einem Wakeboard von einem Boot und – falls das nicht offensichtlich war – bei einem Kiteboard von einem Kite. Bei jeder Variante nimmt man viel Fahrt auf und kann einige tolle Figuren hinlegen, obwohl Anfängern kaum ein Triple Maddog Overhang Bazooka Buster aus dem Stand gelingen wird (o.k., den gibt's gar nicht). Die flachen Gewässer um Key Biscayne eignen sich gut zum Kiteboarding und Wakeboarding. Hier einige Tipps:

Miami Kiteboarding (S. 104) Bietet Privatunterricht ab 150 US$ pro Stunde (Einzelunterricht). Pärchen profitieren von Rabatten.

Gator Bait Wakeboard School (☎305-282-5706; www.gatorbaitwakeboard.com; 3301 Rickenbacker Causeway, Key Biscayne) Halbe/Ganze Stunde für 90/180 US$.

Miami Watersports Complex (MWCC; ☎305-476-9253; www.aktionparks.com; Amelia Earhart Park, 401 E 65th St, Hialeah; ⏲März–Okt. 11–18 Uhr, Nov.–Feb. bis Sonnenuntergang) Bietet Cableboarding-Unterricht. Hierbei wird der Surfer von einem Überleitungskabel gezogen. Das bedeutet: kein Boot, keine Verschmutzung und weniger Lärm. 20 Min./1 Std. kosten 25/90 US$.

Reiseplanung

Essen & Trinken wie die Einheimischen

Wer sich in Südflorida an den Tisch setzt, darf sich überraschen lassen, in welcher Sprache die Speisekarte verfasst ist. Die Region hat aufgrund ihrer vielfältigen demografischen Identität eine reiche Kulinarik – und die hiesige kulinarische Szene ist paradox, aber köstlich. Eine entgrenzte Gastronomie für Menschen, die von ihrer Heimat abgeschnitten sind, und zugleich der Versuch, durch die Unmittelbarkeit des Schmeckens Verbindung zu den eigenen Wurzeln aufzunehmen.

Ein globaler Gaumen

Es ist schwierig, in Florida eine „ursprüngliche" Küche auszumachen. Traditionelle Gerichte wie Chili und frittiertes Brot, die man in den Restaurants in den Everglades bekommt, sind aus dem amerikanischen Südwesten importiert. Die ersten weißen Siedler kamen aus ganz Amerika hierher, und der amerikanische Süden und seine Gerichte, deren Einfluss in Nordflorida besonders hervorsticht, ist nur eine von vielen kulinarischen Strömungen in Miami. In den Everglades und den Keys kommt sie jedoch deutlicher zum Tragen.

Südflorida wird keineswegs nur von einer einzigen Kultur, sondern vielmehr von einem ganzen Reigen von Kulturen geprägt: z. B. der Kultur der Südstaaten, aber auch kreolische, kubanische, karibische, südamerikanische sowie jüdische, japanische, vietnamesische, nigerianische, thailändische, chinesische, spanische und anderen Elemente finden sich hier.

Nur wenige Orte auf der Welt können sich einer solchen Vielfalt an frischen Zutaten vom Land und aus dem Meer rühmen, und die Speisekarten spielen mit den verschiedenen Einflüssen. Gourmets pilgern zu gefeierten Köchen, während Leckermäulchen bizarre Delikatessen probieren können, z. B. gekochte Erdnüsse, Frosch-

Kulinarische Highlights

South Beach

Sich an einem Tisch auf der Lincoln Rd niederlassen: Tocaya Organica (S. 122) ist eine tolle Wahl.

Wynwood

Sich durch Miamis kreativste Restaurants probieren, angefangen mit Kyu (S. 129).

Little Havana

Sich im Versailles (S. 131) zu kubanischen Expats gesellen und lateinamerikanische Gerichte kosten.

Coral Gables

Im La Palme d'Or (S. 134), einem kulinarischen Juwel im Biltmore Hotel, Haute Cuisine erleben.

Die Everglades

Am Wasser frische Steinkrabben kosten, zum Beispiel im Camellia Street Grill (S. 168).

Homestead

Smoothies und Früchte im Robert Is Here (S. 170) probieren, einem der Top-Stände Floridas.

Die Keys

In den Keys großartige Meeresfrüchte genießen, etwa im Fish House (S. 187) in Key Largo.

Key West

Bei frittierten Muscheln am Mallory Square (S. 203) den Sonnenuntergang beobachten.

schenkel, Schnecken und Alligator. Shopping Malls beherbergen hin und wieder gastronomische Juwelen, während Fünf-Sterne-Hotels komplette Reinfälle sein können. Es lohnt sich, zu kosten, zu riechen, zu schmecken, zu genießen und zu schwelgen –das ist unser Ratschlag und zugleich das passende Motto für Floridas Einwohner und Küche.

Food-Trends

Südflorida im Allgemeinen und Miami im Besonderen sind allzeit trendy. Falls etwa Entenmuscheln das Trendgericht in Manhattan sind, findet man sie zweifellos innerhalb von einer Woche auf mindestens einem Dutzend Speisekarten in South Beach. Diese Attitüde ist natürlich ein zweischneidiges Schwert: Auf der einen Seite läuft man in Miami nicht Gefahr, einen kulinarischen Trend zu verpassen, auf der anderen Seite muss man darauf gefasst sein, lieblos zubereitete Gerichte zu Wucherpreisen serviert zu bekommen.

Zum Zeitpunkt der Recherche war der letzte Schrei hawaiianischer *poke* (Fischsalat aus gehacktem, rohem Fisch in Sushi-Qualität, serviert auf Salat, Reis und anderen Zutaten). Gleichzeitig kommen rustikale Esslokale, die Gerichte „von der Farm auf den Tisch" bringen, nie aus der Mode. Die Gerichte werden dort gern im Vintage-Ambiente serviert (erkennbar z.B. an abgenutzten Holzböden und Industriedesign). Asiatische und lateinamerikanische Fusion-Küche ist in Miami ebenfalls nach wie vor gefragt.

Reichtum aus dem Meer

Florida hat sich schon immer aus dem Meer ernährt, das von nahezu jedem Ort nur einen Steinwurf entfernt ist. Alles, was im Ozean schwimmt oder krabbelt, hat todsicher schon irgendein geschäftstüchtiger Einheimischer geschält, geschuppt, paniert, frittiert und auf eine Speisekarte gesetzt.

Der Zackenbarsch ist der beliebteste Fisch. Und Barschsandwichs sind für Florida, was das Käsesteak für Philadelphia und die Pizza für Manhattan sind: Ein identitätsstiftendes Gericht, und damit auch das Maß aller Dinge. Die Suche nach dem perfekt gegrillten oder frittierten Barschsandwich ist eine Leidenschaft in Florida – ebenso wie die Suche nach der cremigsten Fischsuppe.

Natürlich gibt es noch jede Menge anderer Speisefische. Beliebte Spezies sind der Schnapper (in einer Vielzahl von Varianten), die Goldmakrele und der Gelbflossenthunfisch.

Vor allem aber brilliert Floridas Küche mit Schalentieren: Rote Garnelen und Felsengarnelen sollte man unbedingt probieren, und die Blaukrabbe darf man sich auch nicht entgehen lassen. Florida ist der einzige Ort mit Blaukrabbenzuchten, deshalb sind die Tiere das ganze Jahr über frisch erhältlich. Von Oktober bis April ist die Saison für Langusten und Steinkrabben; außerhalb der Saison bekommt man nur Tiefkühlware. Floridas Langusten bestehen fast gänzlich aus dem Schwanz und sie haben keine großen Scheren wie ihre

STEINKRABBENSCHEREN

Riesige Steinkrabbenscheren sind ein fester Bestandteil auf Floridas Meeresfrüchtetellern. Doch so mancher macht sich vielleicht Gedanken bezüglich der Fangbedingungen. Die Ernte ist legal vom 15. Oktober bis zum 15. Mai; Fischer müssen jedoch immer alle eiertragenden weiblichen Krabben ins Meer zurückwerfen.

Die männlichen Krabben erwartet ein anderes Schicksal: Ihre Scheren werden abgebrochen und die Krabben, die sich nun kaum noch bewegen können, werden zurück ins Wasser befördert. Nach ungefähr drei Häutungen (dem Zeitraum, in dem eine Krabbe ihre Schale erneuert, also normalerweise ein Jahr) ist die Schere nachgewachsen, und dann kann der Vorgang wiederholt werden.

Verteidiger der Ernte sagen, dass die Praxis, die Krabben zurück ins Meer zu werfen, wenn auch mit nur einer Schere, eine nachhaltigere Fischerei gewährleistet, da die Alternative wäre, die ganze Krabbe zu behalten. Aber das Department of Fish and Wildlife schätzt, dass 28% der Krabben an der Amputation sterben; bei einer Doppel-Amputation erhöht sich die Zahl auf 47%. Diese Sterberaten können signifikant reduziert werden, wenn der Fischer genau weiß, wie die Trennung der Schere sauber durchzuführen ist.

Verwandten in Maine. Steinkrabben sind himmlisch süß und werden gedämpft mit Butter oder der allgegenwärtigen Senfsauce serviert.

Die Keys verhalfen den Schneckenmuscheln (einer gigantischen Meeresschnecke) zu Ruhm. Allerdings sind sie dort mittlerweile überfischt und die meisten werden von den Bahamas importiert. Informationen über nachhaltig gefangene Meeresfrüchte gibt es auf www.seafoodwatch.org.

Kubanische & lateinamerikanische Küche

Die kubanische Küche, einst als „exotisch" betrachtet, ist eine Mischung aus karibischen, afrikanischen und lateinamerikanischen Einflüssen. In Tampa und Miami gehört sie heute zum Alltag. In einer kubanischen *lonchería* (Snackbar) sollte man ein *pan cubano* bestellen, ein getoastetes und gebuttertes Baguette mit Schinken, Schweinefleisch, Käse, Senf und sauren Gurken.

Zu vielen kubanischen Gerichten gehören *mojo* (eine knoblauchlastige Vinaigrette, die auf Sandwichs geträufelt wird), *adobo* (eine Fleischmarinade aus Knoblauch, Salz, Kreuzkümmel, Oregano und saurem Orangensaft) und *sofrito* (eine Eintopfgrundlage aus Knoblauch, Zwiebeln und Chilischoten). Die Hauptgerichte mit Fleisch werden normalerweise mit Reis und Bohnen sowie gebratenen Kochbananen serviert.

Wegen der vielen mittel- und lateinamerikanischen Einwanderer findet man im Großraum Miami viele authentische Esslokale. So kann man haitianischen *griot* (marinierten Schweinebraten), jamaikanisches *jerk chicken* (mariniertes und über dem Holzfeuer gegrilltes Hühnchen), brasilianisches *barbecue*, mittelamerikanisches *gallo pinto* (rote Bohnen und Reis) and nicaraguanischen *tres leches* (Kuchen aus drei Sorten Milch) probieren.

Am Morgen empfiehlt sich ein kubanischer Kaffee (*café cubano* oder *cortadito*). Dieser heiße Schluck flüssigen Goldes besteht hauptsächlich aus gesüßtem Espresso. *Café con leche* ist lediglich ein *café au lait* mit anderem Mischverhältnis: zu gleichen Anteilen Kaffee und Milch.

Eine weitere kubanische Spezialität ist *guarapo* (frisch gepresster Zuckerrohrsaft). Kubanische Snackbars servieren die grünliche Flüssigkeit pur oder auf zerstoßenem Eis, zudem gehört sie in jeden echten *mojito* (zudem Rum, Zucker, Minze, Zitrone und Clubsoda). Man findet sie auch in *batidos,* einem milchigen, erfrischenden lateinamerikanischen Früchte-Smoothie.

Südstaatenküche

Geografisch gesehen befindet man sich hier unten im Süden, aber der Großteil von Südflorida ist so „südlich", dass die Bezeichnung „Southern" eigentlich kaum ausreicht. Was wir sagen wollen: Miami ist eigentlich zu international, um als „Southern" im amerikanischen Sinne bezeichnet zu werden. Daher ist die Südstaatenküche in Miami weniger präsent, obwohl ihr Einfluss in den Everglades und in den Keys durchaus zu spüren ist.

Die Küche der Südstaaten macht durch Fett und Geschmack wett, was ihr an Raffinesse fehlt. Die Standardgerichte bestehen aus einer Fleisch- oder Fischsorte (gebratenem Hühnchen, Wels, gebratenen Rippchen, paniertem Steak oder sogar Kutteln vom Schwein) – und drei Beilagen: vielleicht einer Kombination aus frittierten Maismehlbällchen, Käsegrütze, Maisbrot, Krautsalat, Kartoffelbrei, Augenbohnen, Kohlblättern oder buttrigem Mais. Zum Nachtisch gibt's eine Pekannuss-Pie – so lässt es sich leben!

In den Keys verschmelzen die Südstaaten kulinarisch mit der Karibik. Dies erklärt sich dadurch, dass die Sklaven sowohl die Küche in den USA als auch in der Karibik prägten. Und nicht nur die Südstaatenküche, sondern auch die karibische Küche ist sehr schwer – und das trifft schnell auch auf Traveller zu, die nicht darauf achten, was sie auf den Keys so alles zu sich nehmen.

Die Cracker-Küche ist Floridas rustikale Variante der Südstaatenküche, nur reptilien- und amphibienlastiger. Und dann sind da noch die cajunische und die kreolische Küche, die würzige Gumbos und Fischcremesuppen aus den benachbarten Sümpfen Louisianas beisteuern. Das berühmte Kochbuch *Cross Creek Cooker* von Marjorie Kinnan Rawlings setzte Floridas Südstaatenküche ein Denkmal.

Eistee (*Ice Tea*) ist in den Everglades und den Keys übrigens allgegenwärtig. Aber Vorsicht: *Sweet Tea* dagegen ist ein völlig anderes Südstaatengetränk, dass so süß ist, dass einem die Zunge am Gaumen kleben bleibt.

KULINARISCHE FESTIVALS IM SUNSHINE STATE

Viele kulinarische Feste in Florida haben die turbulente Atmosphäre von Volksfesten, samt Fahrgeschäften, Musik, Paraden, Schönheitswettbewerben und einigen kuriosen Veranstaltungen, die man so nur in Florida findet.

Key West Food & Wine Festival (www.keywestfoodandwinefestival.com) Key West; drei Tage, Ende Januar. Eine Wochenendparty, die das Beste an der Gastronomie von Key West feiert.

Everglades Seafood Festival (www.evergladesseafoodfestival.org) Everglades City; drei Tage, Anfang Februar. Hier gibt es neben Meeresfrüchten auch Alligator, Froschschenkel und – besonders wichtig! – Steinkrabben.

South Beach Food & Wine Festival (www.sobefest.com) Miami; vier Tage, Ende Februar. Diese vom Food Network geförderte Party ist eines des größten Food Festivals im Land.

Swamp Cabbage Festival (www.swampcabbagefestival.org) La Belle; drei Tage, Ende Februar. Auf dem Programm stehen Gürteltierrennen und die Kür der Miss Swamp Cabbage Queen.

Carnaval Miami (www.carnavalmiami.com) Miami; vierzehn Tage, Anfang März. Drag Queens streiten sich mit Inline-Skatern um Plätze an den Imbissständen in der Cuban Calle Ocho.

Grant Seafood Festival (www.grantseafoodfestival.com) Grant; Wochenende, Anfang März. Dieser kleine Ort an der Space Coast veranstaltet eine der größten Meeresfrüchtepartys in Florida.

Florida Strawberry Festival (www.flstrawberryfestival.com) Plant City; elf Tage, Anfang März. Seit 1930 strömen jährlich mehr als eine halbe Million Besucher hierher, um Erdbeeren zu pflücken, zu essen und zu feiern.

Island Fest (www.islamoradachamber.com) Islamorada; zwei Tage, Anfang April. Im Wesentlichen ein Jahrmarkt, auf dem sich alles um die Keys dreht.

Taste of Key West (www.facebook.com/TasteofKeyWest) Key West; ein Tag, Mitte April. Dutzende lokale Restaurants bauen Imbissstände entlang der Truman Promenade auf.

Isle of Eight Flags Shrimp Festival (www.shrimpfestival.com) Amelia Island; drei Tage, Anfang Mai. Bereit machen zum Entern! Piraten auf der Jagd nach Shrimps und eine Kunstshow mit Preisvergabe.

Palatka Blue Crab Festival (www.bluecrabfestival.com) Palatka; vier Tage, am Wochenende um den Memorial Day (das Wochenende vor dem letzten Montag im Mai). Hier findet die Floridameisterschaft der Fischsuppen und Gumbos statt – soooooo lecker!

Key West Lobsterfest (www.keywestlobsterfest.com) Key West; ein Wochenende, August. Feiert die Eröffnung der Langustensaison mit Meeresfrüchtegerichten und Livemusik.

Florida Seafood Festival (www.floridaseafoodfestival.com) Apalachicola; zwei Tage, Anfang November. Weit mehr als nur die obligatorischen Wettbewerbe im Austernschälen und -essen.

Florida-Spezialitäten

Auch wenn Südflorida einen überaus internationalen Gaumen hat, gibt es hier einige Gerichte schon so lange, dass sie mittlerweile gern zur heimischen Küche gezählt werden.

Kubanisches Sandwich

Das traditionelle kubanische Sandwich ist etwas Wunderbares – und vielleicht wirklich ein heimisches Gericht. Dass es von Kubanern erfunden wurde, ist allgemein anerkannt, aber wo sie es erfunden haben – ob hier oder in Tampa oder in Havanna –

wird heiß debattiert. Kubanisches Brot wird mit Butter oder Öl sowie Senf bestrichen. Danach wird es mit eingelegten Gurken, Schinken, Schweinefleisch oder Salami und Schweizer Käse belegt. Das Ganze wird in einen *plancha* (Brotgrill) gequetscht – und tadaaa: Schon ist diese Köstlichkeit von einem warmen Brot fertig.

Steinkrabben

Das erste wiederverwendete Schalentier: Der Steinkrabbe wird eine Schere abgenommen, dann wird das Tier zurück ins Meer geworfen; die Schere wächst innerhalb von 12 bis 18 Monaten nach. Die erneut gefangenen Krabben nennt man *retreads* („runderneuert"). Die Krabbenscheren sind so leicht verderblich, dass sie vor dem Verkauf grundsätzlich gekocht werden. Und die Zeit zwischen Mitte Oktober und Mitte Mai ähnelt weniger einer Steinkrabben-Saison als einer Steinkrabben-Ekstase: Joe Weiss aus Miami Beach wird als ihr Pionier gefeiert. Wer die Scheren ganz frisch probieren möchte, sollte sie in Everglades City bestellen.

Kolumbianischer Hot Dog

Der kolumbianische *perro caliente* ist ein wahrer Geniestreich. Kolumbianer haben einfach eine andere Einstellung zu Hot Dogs: Zu den Garnierungen, die wir gesehen haben, gehören: Wachteleier, Pflaumensauce, Kartoffelchips, Ananas und „Pink Sauce" (nichts Genaues weiß man nicht…). Die verrückten Kreationen sind vielleicht nicht in Südflorida erdacht worden, aber Südflorida ist der einzige Ort, an dem man sie in den USA bekommt, abgesehen vielleicht von einigen Vierteln in New York.

Alligator

Alligator schmeckt wie eine Mischung aus Fisch und Schwein. Das Fleisch stammt aus dem Schwanz und wird normalerweise in frittierten Häppchen serviert, was den zarten Geschmack des Fleisches zerstört und es zäh werden lässt. Man sollte Alligator daher nach Möglichkeit gegrillt probieren. Alligator ist gesünder als Huhn, hat genauso viel Eiweiß, aber nur halb so viel Fett und daher weniger Kalorien und Cholesterin. Alligatorfleisch stammt überwiegend von Zuchtfarmen und kann in vielen Lebensmittelgeschäften gekauft werden. Alligatorenfarmen stehen mitunter auch in der Kritik, aber sie haben keinen besseren oder schlechteren Ruf als die meisten anderen Fabrikfarmen oder Schlachthäuser.

Conch

Die Schalentiere, nach denen die Einheimischen der Keys benannt sind (*conch* bedeutet Schalentier, aber *Conch*, mit großem „C", ist ein Bewohner der Keys), sind köstlich und außerhalb von Südflorida schwierig zu bekommen. Das Fleisch ist angenehmen elastisch und wird normalerweise in karibischen Rezepten verarbeitet, z. B. als Curry oder frittiert. Egal wie: Das Fleisch ist superlecker. Das Café Solé (S. 214) in Key West ist berühmt für sein *conch carpaccio*, das oft imitiert, aber bislang nirgendwo anders so gezaubert wurde.

Arepas

Die Größe einer Stadt kann in vielerlei Hinsicht gemessen werden. An ihrem künstlerischen Leben, ihrem gesellschaftlichen Engagement, ihrer Infrastruktur. Oder eben an dem, was man zu essen bekommt, wenn man morgens um 3 Uhr so richtig Kohldampf hat. In Miami lautet die Antwort oft: *arepas* – köstliche südamerikanische Maiskuchen, die gefüllt (venezolanische Art) oder belegt (kolumbianische Art) sind – und zwar mit einer Riesenauswahl an Köstlichkeiten. Mit Käse macht man übrigens nie etwas falsch.

Froschschenkel

Froschschenkelexperten sagen, die besten kommen aus den Everglades. In jedem Fall sollte man Importware aus Indien meiden: Diese Schenkel sind nämlich kleiner und werden von besagten Experten als „geschmacklos" beurteilt. Daher sollte man sich unbedingt vorher nach dem Herkunftsort erkundigen.

Key Lime Pie

Limetten aus den Keys sind gelb und diese Farbe hat demnach auch ein echter Key Lime Pie: Eine Eiercreme aus Limettensaft, gesüßter Kondensmilch und Eigelb auf knuspriger Kekskruste, garniert mit Baiser. Kuchenstücke, die grün sind oder felsenfest aufrecht stehen, sollte man zurückgehen lassen. Die Kombination aus der Säure der Limette und der übersüßen

HANS GEEL/ SHUTTERSTOCK ©

Oben: Stand mit frittierten Schneckenmuscheln, Mallory Square (S. 203)

Unten: Traditionelles kubanisches Sandwich (S. 44)

SELBSTVERSORGUNG

Der **Epicure Market** (S. 124), ein Delikatessengeschäft an der Lincoln Rd in South Beach, hat eine wunderbare Auswahl an internationalen Käse- und Weinsorten, frischen Lebensmitteln, Backwaren und Fertiggerichten. Viele der über 25 Publix-Supermärkte in Miami sind gut sortiert. Der Whole Foods Market (S. 124) ist der größte Nobel-Supermarkt der Gegend, mit einer ausgezeichneten Obst- und Gemüseabteilung, einer guten Feinkostabteilung und einer ordentlichen Salatbar, dem größten Magneten für Vegetarier (die in den hiesigen Supermärkten ansonsten nicht gerade verwöhnt werden) oder Gesundheitsfanatiker, die obendrein auch noch eine bestimmte Marke Sojamilch oder glutenfreie Pasta suchen.

Das frischeste Picknick kann man sich auf den folgenden Farmermärkten zusammenstellen:

Lincoln Road (zwischen Washington and Meridian Aves; ⌚So 9–18.30 Uhr)

South Pointe Triangle Park (Alton Rd, zwischen 1st & 2nd Sts; ⌚Sa 9–14 Uhr)

Normandy Village Fountain (7892 Rue Vendome; ⌚Sa 9–16 Uhr)

Adrienne Arsht Center for the Performing Arts (1300 Biscayne Blvd; ⌚Mo 16–20.30 Uhr)

Brickell Center (zwischen 7th & 8th Sts unter den Metromover-Gleisen; ⌚So 11–18 Uhr)

Aventura Mall (19501 Biscayne Blvd; ⌚Mitte Feb.–Okt., zwei Wochenenden im Monat)

Coconut Grove (3300 Grand Ave at Margaret St; ⌚Sa 11–19 Uhr)

Coral Gables City Hall (405 Biltmore Way; ⌚Mitte Jan.–März Sa 8–14 Uhr)

Milch spiegelt übrigens irgendwie auch ein bisschen die Persönlichkeit der Key West Conchs wider.

Von der Farm (& aus dem Hain) auf den Tisch

Florida hat lange und hart dafür gearbeitet, eine landwirtschaftliche Institution im Lande zu werden – und ist berühmt für seine Zitrusfrüchte. Der Bundesstaat ist der größte Lieferant von Orangen, Grapefruits, Mandarinen und Limetten in den USA, von Mangos und Zuckerrohr ganz zu schweigen. Auch Bananen, Erdbeeren, Kokosnüsse, Avocados (einst „Alligatorenbirnen“ genannt) und die ganze Palette an Tropenfrüchten und Gemüse sind zu finden. Die größte landwirtschaftliche Nutzfläche liegt in Homestead; die Zitrushaine und Getreidefelder erstrecken sich bis zum Rand der Everglades.

Erst vor Kurzem – seitdem die Locavore-Bewegung in den USA an Zulauf gewinnt – hat Florida damit begonnen, verstärkt Gemüse in seiner Küche zu verwenden und dessen Frische auf dem Teller zu fördern. Floridas regionale Highlights mitsamt den süd- und lateinamerikanischen Elementen legen keinen Schwerpunkt auf Gemüse oder eine vegetarische Ernährung. Doch inzwischen werben die meisten gehobenen oder Gourmetrestaurants mit der regionalen Herkunft ihrer Zutaten und bieten auch für Vegetarier reizvolle Gerichte an.

In Miami findet man eine gute Auswahl an vegetarischen Optionen, darunter sogar einige vegane. Lustigerweise entscheiden sich die Menschen hier sowohl aus ethischen Gründen als auch aus Eitelkeit für eine vegetarische Ernährung. Hier gibt es jede Menge SUV-fahrende Fitnessverrückte, denen eine grüne Lebensweise vollkommen egal ist, die aber davon besessen sind, gut auszusehen. Außerhalb von Miami gibt es nur wenige ausschließlich vegetarische Restaurants und in vielen Lokalen in den Keys und den Everglades können Vegetarier normalerweise höchstens zwischen Eisbergsalat und Pasta wählen.

Eine typische heimische Delikatesse ist Palmherz („Sumpfkohl“) mit einem köstlichen süßen Geschmack. Das Herz der Palmettopalme, Floridas Staatsbaum, spielte für die ersten Bewohner hier eine tragende Rolle. Wenn Palmherzen frisch angeboten werden, sollte man zugreifen (aber Finger weg von Dosenware, die kommt nämlich nicht aus Florida!).

Floribische Küche

„Floribisch" ist nicht gerade ein umwerfendes Wortspiel, aber dafür beschreibt der Begriff durchaus etwas Sensationelles: Floridas verlockenden Gourmet-Mix aus fangfrischen Meeresfrüchten, tropischen Früchten und höllenscharfen Pfefferschoten, die in Gerichten mit Einflüssen aus den Küchen Nicaraguas, Salvadors, der Karibik, Haitis, der Cajuns, Kubas und sogar der Südstaaten verwendet werden. Diese Art zu kochen hat viele Bezeichnungen – „Fusion", „Nuevo Latonp", „New World", „Nouvelle Floridian" oder „Palm Tree Cuisine" – und kann alles Mögliche beinhalten: Limetten-Ceviche, Schneckenmuscheln, Paprikaschoten und Scotch-Bonnet-Chilis, aber auch gegrillten Zackenbarsch mit Mango, *adobo* (Marinade) und gebratenen Kochbananen.

Wohin zum Essen?

Südflorida bietet eine überwältigende Auswahl an Essensoptionen. Mit Ausnahme von ungezwungenen Lokalen sollte man stets im Voraus reservieren, vor allem am Wochenende. In den Top-Restaurants sollte man mindestens zwei Wochen im Voraus buchen.

Restaurants Südfloridas Restaurants reichen von einfachen Lokalen am Wasser bis hin zu glanzvollen, preisgekrönten Gourmettempeln. Auf den Tisch kommt jede erdenkliche Art von Küche.

Cafés Sind von morgens bis frühabends geöffnet und eignen sich hervorragend für ein einfaches Frühstück oder Mittagessen sowie Kaffee und Snacks.

Essensstände Wer keine Zeit hat, sollte einen Taco- oder Pizzastand oder einen Food Truck ausfindig machen.

Reiseplanung

Mit Kindern reisen

Mit Orlandos grenzenloser Kinderfreundlichkeit kann Südflorida nicht ganz mithalten – aber hey, welche Region kann das sonst schon? Dank vieler familienfreundlicher Parks, Naturpfade, Mega-Malls, Strände, Zoos, Hotels und Restaurants ist Südflorida dennoch ein guter Tipp für tolle Ferien mit dem Nachwuchs.

Miami mit Kindern

In Florida und dessen Süden warten zahllose Aktivitäten für Kinder: Alle regionalen Touristenhochburgen bieten etwas für Nachwuchs jedes Alters an. Fast alle Museen, Zoos, Sehenswürdigkeiten, Restaurants und Hotels im ganzen Bundesstaat strengen sich mittlerweile gewaltig an, um Urlauberfamilien aller Couleur zufriedenzustellen.

Das einzige echte Problem ist dabei die Qual der Wahl: Das gigantische Angebot erschwert mitunter die Planung. Zudem kann es hier durchaus vorkommen, dass ursprünglich abgespeckte Reiserouten spontan zu „Etappenrennen" ausarten, um bloß nichts auszulassen.

Highlights für Kids

Strände, Pools & Parks

South Pointe Park, South Beach (S. 69) Eisstände, weiches Gras, ein Strand und ein Mini-Erlebnisbad.

Mid-Beach Boardwalk, North Beach (S. 75) Die Promenade säumt einen familienfreundlichen Sandstrand.

Arch Creek Park, Miami (S. 99) Naturpfade und Geisterspaziergänge.

Top-Ziele für Kids

Coconut Grove

Große Malls, konventionelle Küche und Fußgängerzonen im Zentrum.

Everglades National Park

Kinderfreundliche Ausstellungen plus große Alligatoren als Highlight.

Florida Keys

Schnorcheln, Tauchen, Angeln und Bootfahren in Rundum-sorglos-Atmosphäre: super für aktiv veranlagte Familien mit älteren Kindern.

Key Biscayne

Riesiger Kinderpark in der Inselmitte, ergänzt durch familienfreundliche Naturpfade und öffentliche Strände.

Coral Gables

Noch mehr Malls, der zauberhafte Venetian Pool und Mittelklasserestaurants, die sich über kleine Gäste freuen.

Miami Beach

Bringt Kinderaugen mit der Lincoln Rd, dem South Pointe Park, den Neonschildern am Ocean Drive und dem Sandstrand zum Leuchten.

Crandon Park, Key Biscayne (S. 97) Hübscher Park mit Sand und Naturpfaden.

Venetian Pool, Coral Gables (S. 102) Eines der schönsten öffentlichen US-Freibäder.

Jacob's Aquatic Center, Key Largo (S. 186) Kleines Erlebnisbad mit vielen Planschbecken.

Bill Baggs Cape Florida State Park, Key Biscayne (S. 96) Mit Picknicktischen an einem hübschen Strand.

Village of Key Biscayne Community Center, Key Biscayne (Karte S. 98; ☎305-365-8900; www.activeislander.org; 10 Village Green Way abseits des Crandon Blvd; Tagespass Erw./Kind 9/6 US$; ⊙Gemeindezentrum Mo–Fr 6–22, Sa & So 10–20 Uhr;) Spiel- und Sportplätze plus umfangreiches Kinderprogramm.

Barnacle Historic State Park, Coconut Grove (S. 93) Naturpfade und regelmäßige familienfreundliche Freiluftkonzerte.

Fruit & Spice Park, Homestead (S. 169) Frisches Fallobst an hübsch verschlungenen Pfaden.

Biscayne National Park, Homestead (S. 175) Touren mit Glasbodenbooten oder Schnorcheltrips zu herrlichen Riffen.

John Pennekamp Coral Reef State Park, Key Largo (S. 184) Touren mit Glasbodenbooten oder Schnorcheltrips oberhalb toller Korallenriffe.

Harry Harris Park, Key Largo (S. 185) Kleiner Park, der zu den kinderfreundlichsten auf den Keys zählt.

Sombrero Beach Park, Marathon (S. 193) Superweicher Sand und ruhiges Wasser auf der einen Seite, Spielplätze auf der anderen.

Begegnungen mit Tieren

Zoo Miami, Miami (S. 97) Großer und vielfältiger Zoo mit allen tierischen Favoriten.

Marjory Stoneman Douglas Biscayne Nature Center, Key Biscayne (S. 97) Kinderfreundliche Einführung ins subtropische Südflorida (u. a. mit super Programmen zum Mitmachen).

Monkey Jungle, Miami (S. 99) Das Motto des Zoos ist Programm: „Wo sich Menschen in Käfigen befinden und Affen frei herumtollen" – toll!

Jungle Island, Miami (S. 82) Zoo mit tropischen Vögeln und exotischen Spezies wie dem Liger (Kreuzung aus Löwe und Tiger).

Everglades Outpost, Florida City (S. 169) Von Freiwilligen geleitetes Tierreservat, das eigentlich ein netter Minizoo ist.

Shark Valley, Everglades (S. 158) Park mit einer Asphaltstraße, die Touren per Fahrrad oder Besucherbahn ermöglicht; dabei lassen sich so gut wie sicher Alligatoren und Watvögel blicken.

Royal Palm Visitor Center, Everglades (S. 173) Plankenstege durch eines der schönsten Feuchtgebiete der Region.

National Key Deer Refuge, Big Pine Key (S. 197) Beherbergt niedliche, kleine Key-Weißwedelhirsche (ein Hit bei Kindern!).

Laura Quinn Wild Bird Sanctuary, Tavernier (S. 185) Volieren mit verletzten Vögeln stehen an gewundenen Pfaden.

Turtle Hospital, Marathon (S. 193) Kümmert sich mithilfe engagierter Freiwilliger um verletzte und kranke Schildkröten; Besucher sind stets sehr willkommen.

Robbie's Marina, Islamorada (S. 188) Eine Art Mix aus „Arbeitshafen" und Meeres-Streichelzoo.

Robert Is Here, Everglades (S. 170) Beliebter Bauernmarkt mit Streichelzoo; frisch gepresste Säfte bekommt man hier auch.

Kuriose Attraktionen

Metromover, Miami (S. 150) Kostenlose Hochbahn, von der aus man aus der Vogelperspektive einen Blick auf die Stadt hat.

Mallory Square, Key West (S. 203) Stark besuchter Rummel zu Sonnenuntergang.

Museen

Miami Children's Museum, Miami (S. 82) Großflächige Rollenspielwelten.

HistoryMiami, Downtown Miami (S. 77) Erfreut kleine Historiker mit gut präsentierten Ausstellungen.

Patricia and Phillip Frost Museum of Science, Downtown Miami (S. 80) Neues Museum mit vielen spaßigen und anregenden Exponaten.

Gold Coast Railroad Museum, Miami (S. 100) Ideal für Nachwuchs-Eisenbahnfans.

Florida Keys Eco-Discovery Center, Key West (S. 203) Toller und unterhaltsamer Gesamtüberblick über die Ökologie der Keys.

Crane Point Museum, Marathon (S. 193) Freiluftausstellung mit super Einführung in die Ökologie der Keys.

Vizcaya Museum & Gardens, Coconut Grove (S. 91) Märchenhaftes Anwesen, das ältere Kids mit seiner Verspieltheit fasziniert.

Oben: Angehöriger der indigenen Mikasuki schnitzt einen Kochlöffel, Miccosukee Indian Village (S. 159)

Unten: Zoo Miami (S. 98)

ROMRODPHOTO/SHUTTERSTOCK ©

Coral Castle, Homestead (S. 169) Skurrile Anlage, deren Verrücktheit den (für Kinder eventuell zu hohen) Kitschfaktor ausgleicht.

Miami-Dade Public Library, Downtown Miami (S. 82) Miamis führende Bibliothek.

Miccosukee Village, Everglades (S. 159) Indigenes Dorf, das am Tamiami Trail mit Kulturvorführungen und Alligator-Ringen aufwartet.

Reiseplanung

Alle Eltern wissen, wie wichtig eine gute Vorbereitung ist. Ein Besuch von Floridas überbuchten und heillos überfüllten Touristenzentren in der Hauptsaison macht generalstabsmäßiges Planen sogar absolut unabdingbar. So sollten insbesondere alle Reservierungen für Attraktionen, Aktivitäten und Unterkünfte unbedingt rechtzeitig im Vorfeld erledigt werden, um den Aufenthalt entspannt genießen zu können.

Allgemeine Infos und Tipps zum Reisen mit Kindern liefert der Lonely Planet Band *Travel with Children.*

Ausrüstung

Keine Panik, falls man etwas vergessen haben sollte: Von Windeln, Bekleidung und Sonnenschutzmittel bis hin zu Boogie-Boards ist in Florida alles Erdenkliche erhältlich. Wirklich wichtig sind daher nur der eigentliche Nachwuchs und dessen obligatorische Einschlafhilfen.

Dennoch empfiehlt sich folgende Ausrüstung:

- Ein faltbares Babybett und/oder eine Luftmatratze für ältere Kinder (vor allem bei Autoreisen und/oder Aufenthalten in Budgetunterkünften mit magerer Ausstattung).
- Regenklamotten und -schirme: Irgendwann regnet es in Florida garantiert!
- Badesandalen für Strände, Spielbrunnen und Wasserparks.
- Sonnenschutzmittel (hier täglich Pflicht!) und Insektenspray.
- Eine einfache Reiseapotheke zur Soforthilfe (z. B. bei unerwarteten Schnittverletzungen oder Fieberanfällen).

VERKEHRSREGELN

Floridas Gesetze schreiben für Kinder unter drei Jahren einen Kindersitz vor. Kleine Autopassagiere unter fünf Jahren bzw. 145 cm Körpergröße und/oder 36,3 kg Körpergewicht brauchen zumindest eine Sitzauflage, sofern die normalen Sicherheitsgurte nicht korrekt positioniert werden können. Autovermieter müssen Kindersitze zur Verfügung stellen (zumeist ab zzgl. 10 US$/Tag) – jedoch nur bei rechtzeitiger Reservierung! Ansonsten gibt's Kindersitze auch bei Verleihern von Babyausrüstung.

Unterkunft

Die allermeisten Hotels in Florida unterstützen Familien mit Gitter- bzw. Rollbetten (oft faltbar; teils gegen Aufpreis), Kühlschränken, Mikrowellenöfen und direkt benachbarten Zimmern oder Suiten. Am besten gleich beim Buchen nach vorhandenen Einrichtungen fragen! Große Hotels und Resorts bieten teils dieselben Extras wie Ferienwohnungen (z. B. Kochecken oder Küchen, Waschmaschinen, Pools, Grills) und dazu noch diverse Aktivitäten.

Einige Spitzenklasse-Boutiquehotels in Miami Beach und B&Bs auf den Keys zielen auf Erwachsene ab und möchten keine (sehr) jungen Gäste, dürfen diese aber andererseits auch nicht benachteiligen oder komplett ablehnen. Im Zweifelsfall sollten Eltern einfach vorab nach dem jeweils erwünschten Mindestalter fragen. Als Miamis beste Viertel für Übernachtungen mit Kindern gelten North Beach, Coconut Grove, Coral Gables und South Beach (trotz der wilden Partyszene gibt's dort die besten Bleiben der Stadt). Eine Ausnahme sind dabei nur die teuersten Hotels von South Beach, in denen generell mehr feierwütige Promis als Familien absteigen. Gute Familienunterkünfte auf den Keys findet man auf Marathon, Islamorada und Key Largo.

Essen

Die meisten mittelteuren Restaurants warten mit speziellen Kindermenüs, Hochstühlen, Malstiften und Wickeltischen in ihren Toiletten auf. Selbst günstige Lokale mit leckerer Ethno-Küche (in Südflorida allgegenwärtig) sind sehr oft gut auf kleine Gäste eingerichtet. Auch im Spitzenklassebereich sind extra Kinderportionen auf

Anfrage zumeist problemlos erhältlich. Manche Nobeladressen stehen Kids jedoch kritisch gegenüber – einfach beim Reservieren nachfragen! Eltern mit Babys oder Kleinkindern werden zu Anfang der Abendessenszeit (ca. 18 Uhr) allgemein besser bedient.

Restaurantempfehlungen für Familien:

Big Pink (S. 124)

Boater's Grill (S. 96)

11th St. Diner (S. 123)

Steve's Pizza (S. 135)

Shuckers (S. 126)

Blue Heaven (S. 211)

Keys Fisheries (S. 195)

Camellia Street Grill (S. 168)

Robert Is Here (S. 170)

Tierparks & Zoos

Manche Besucher denken, dass Disney World und die Universal Studios gleich außerhalb von Miami liegen. Tatsächlich sind es aber ein paar Stunden bis dorthin. In Südflorida gibt's nicht allzu viele Themenparks, dafür aber unglaublich viele Tierparks und Zoos. Einige davon – wie das Turtle Hospital (S. 193) und das Laura Quinn Wild Bird Sanctuary (S. 185) auf den Keys – sind nichtkommerzielle Einrichtungen, in denen sich Freiwillige um verletzte und kranke Wildtiere kümmern. Freilebende Wildtiere lassen sich z. B. prima im Royal Palm Visitor Center (S. 173) in den Everglades beobachten. Andere Optionen wie der Monkey Jungle (S. 99) oder Jungle Island (S. 82) in Miami gleichen eher einem Mix aus Zoo und Themenpark, was in vergleichsweise kindgerechterer Infrastruktur und Ausstellungsgestaltung resultiert. Unabhängig vom gewählten Ziel sind Tiere aber immer ein Hit bei Kids!

Strände

Floridas typische Familienstrände liegen direkt oder nahe an stark belebten und besuchten Geschäftszentren. Dort warten jeweils viele Wassersportmöglichkeiten, Aktivitäten, Touristen- und Lebensmittelläden – ergänzt durch mittelteure Unterkünfte und Restaurants. Der South Beach ist zweifellos der populärste Strand der Region (das Südende ist bei Familien sehr beliebt), wenn auch etwas mondäner und versnobter. Aber was soll's – schließlich ist es Florida! Eher traditionell familienorientiert sind der Mid-Beach, der North Beach und die Strände von Key Biscayne.

Die Keys sind zwar Inseln, haben aber nur wenige und obendrein kleine Strände. Nichtsdestotrotz bietet der Bahia Honda State Park (Bahia Honda Key; S. 196) sicheren Strandspaß in angenehm natürlicher Umgebung. Zudem gibt's dort ein kleines und kindgerechtes Science Center. Der Sombrero Beach (Marathon; S. 193) liegt in der Nähe eines Spielplatzes und punktet mit guten Restaurants.

KINDERBETREUUNG

Trotz Familienurlaub wollen Eltern ihre Kinder wahrscheinlich nicht ständig um sich haben, sondern beispielsweise auch mal einen romantischen Abend allein verbringen. In Miami gibt's dafür externe Babysitter-Services mit Zertifikat, die Kids direkt im Hotel oder teils auch in eigenen Zentren betreuen. Der Preis (ca. 14–25 US$/Std. zzgl. 10 US$ Anfahrtsgebühr, min. 4 Std.) hängt dabei von der Anzahl der beaufsichtigten Kinder ab. Auf den Keys muss man dagegen oft das Hotelpersonal nach örtlichen Babysittern fragen. Größere Resorts haben aber zumeist hauseigene Betreuungsservices.

Kid's Nite Out (www.kidsniteout.com)

Sittercity (www.sittercity.com)

Sunshine Babysitting (www.sunshinebabysitting.com) In ganz Florida.

Museen & Sehenswertes

Südflorida und die Keys haben allerlei tolle Attraktionen für Kids zu bieten: Neben den zahllosen Wildtieren im Everglades National Park (S. 158) und dessen Umland wartet hier tonnenweise typischer US-Kitsch. Schwer einzuordnende „Stätten" wie das Coral Castle (S. 169) in Homestead begeistern den Nachwuchs bereits mit ihrer einzigartigen Verrücktheit. Die Visitor Centers der vielen regionalen Parks haben allesamt interaktive und kinderfreundliche Ausstellungen.

Die örtlichen Kunstmuseen sind teils eher etwas für Erwachsene, können intellektuell veranlagte Kinder aber durchaus faszinieren. Ansonsten sorgen auch Institutionen wie The Bass (S. 65) für direkte und indirekte Lerneffekte.

Outdoor-Aktivitäten

Familien halten sich hier zumeist in klimatisierten Räumen auf, sollten aber Floridas unberührte Natur keinesfalls vergessen: Die Flüsse und Pfade auf dem außerordentlich flachen Terrain eignen sich super für kurze Beine. Die erhöhten Plankenstege in den Alligatorensümpfen ermöglichen perfekte Mini-Abenteuer. Die ruhigen Flüsse und Binnenbuchten sind wie gemacht für kleine und große Paddelanfänger. Es gibt zudem angenehme Plätzchen für Erstversuche im Surfen oder Schnorcheln an Korallenriffen. Man kann Meeresbewohner bei Touren mit (Glasboden-)Booten beobachten, mit Manatis schwimmen und Meeresschildkröten besuchen. Der Oleta River State Park (S. 74) und fast alle anderen State Parks auf den Keys bieten familienfreundliche Möglichkeiten zum Kajak- und Bootfahren.

Reisetipps & Babybedarf

Wer kleines Gepäck bevorzugt, kann Babyausrüstung (z. B. Hochstühle, Kinderwagen und -sitze) bei örtlichen Anbietern mieten. Andere Services liefern Babybedarf wie Windeln, Feuchttücher, Milchersatz oder andere Nahrungsmittel gegen Gebühr direkt ins Hotel. Beide Optionen erfordern jeweils rechtzeitige Reservierung (1–2 Wochen vorab).

Nützliche Reisetipps und Dienstleistungen für Familien gibt's u. a. hier:

Baby's Away (http://babysaway.com)

Babies Travel Lite (www.babiestravellite.com)

Jet Set Babies (http://jetsetbabies.com)

Miami & die Keys im Überblick

Miami

Essen
Nachtleben
Architektur

Kulinarische Erkundungen

Ob venezolanische *arepas* mit Kochbananen-Füllung, schäbige Imbissbuden wie in Mittelamerika oder italienische *osterias*, in denen es Trüffel und Pasta gibt: Miami mag günstige Ethno-Lokale genauso wie teure Nobelrestaurants mit Ethno-Küche.

Feiern in Miami

Zahlreiche Latino-Amerikaner, warme Tropennächte und dicke Geldbörsen machen Miami zur Party-Hochburg. In Coconut Grove vergnügen sich viele Studenten, während man rund um Wynwood und Downtown zu Elektro oder Trip-Hop tanzt.

Art-déco-Perlen

Die großen Wohnblocks von North Beach überschatten die Beispiele für den Miami-Modernist-Stil. South Beach ist von Art déco geprägt – unbedingt den Art Deco Historic District erkunden, einem der markantesten restaurierten Vierteln der USA.

S. 58

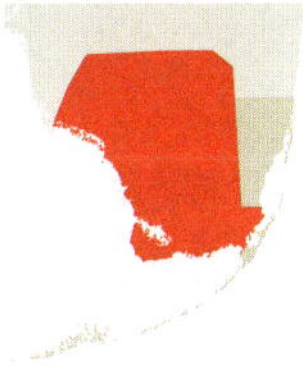

Everglades

Natur
Kuriositäten
Outdoor-Aktivitäten

Tierbeobachtungen

In den „Glades“ sind ganzjährig prima Tierbeobachtungen möglich. Während der Trockenzeit im Winter wähnt man sich jedoch im *Jurassic Park:* Neben besonders vielen Alligatoren sieht man einen kunterbunten Mix aus Watvögeln.

Schräges in Florida

Die Everglades locken Amerikas Exzentriker z. B. mit einer Krabben-Bude nahe dem kleinsten US-Postamt oder mit einer riesigen „Korallenburg“ neben einem Tierpark voller Hyänen, Wölfen und Tigern.

Paddeln in aller Frühe

Ob auf schmalen Sumpfkanälen oder auf den blaugrünen Fluten der Florida Bay: Kajaktrips bei Sonnenaufgang sind ein perfektes Erlebnis am Morgen.

S. 151

Florida Keys & Key West

Landschaft
Kunst
Essen

Mangroven & *hammocks*

Nirgendwo sonst in den USA (und teils in der übrigen Welt) findet man eine vergleichbare Natur wie in den Keys: Auf Mangroveninseln verbergen sich einmalige Palmenhaine, Kiefer- und Hartholzwälder.

Schriftsteller & Künstler

Key West ist schon lange ein Magnet für Künstler: Der aufgeschlossene, freigeistige und kreative Vibe der Insel begeisterte u. a. viele Autoren wie Hemingway oder Frost.

Fisch & Mango-Salsa

Als passionierte Hobbyangler essen die Insulaner gerne selbst gefangenen Fisch. Es gibt hier aber auch Gerichte mit tropischem Touch, die nicht aus dem Meer kommen, und den berühmten Key Lime Pie.

S. 177

Reiseziele

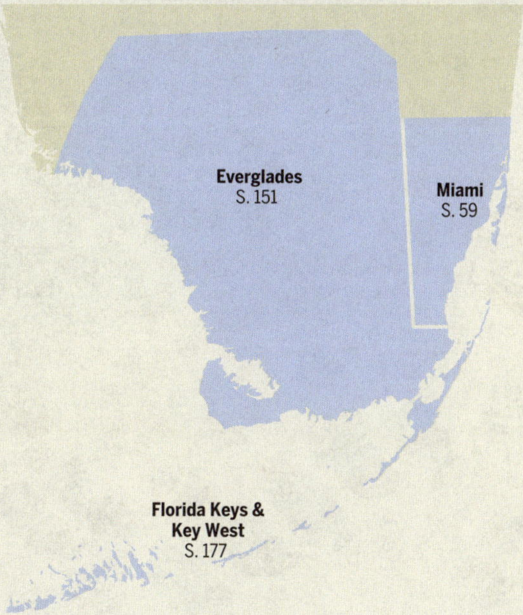

South Beach (S. 64), Miami

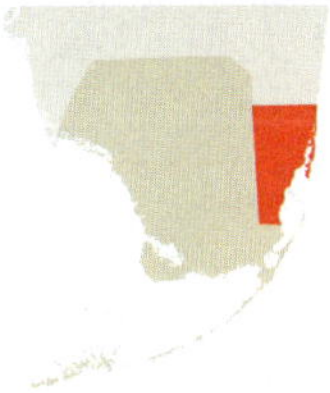

Miami

509 000 EW. / ☎ 305, 786

Inhalt ➡

Sehenswertes 64
Aktivitäten 100
Kurse & geführte Touren 104
Feste & Events 105
Schlafen 108
Essen 121
Ausgehen & Nachtleben 136
Unterhaltung 141
Shoppen 144

Gut essen

- Kyu (S. 129)
- 27 Restaurant (S. 125)
- Yardbird (S. 123)
- El Carajo (S. 132)

Schön übernachten

- Biltmore Hotel (S. 121)
- Washington Park Hotel (S. 113)
- Langford Hotel (S. 119)
- Betsy Hotel (S. 114)
- Freehand Miami (S. 117)
- EAST, Miami (S. 119)

Auf nach Miami!

Miami zeigt in seinen diversen Vierteln so viele unterschiedliche Facetten, dass man kaum glauben mag, dass sie alle in eine einzige Stadt passen. Am Tag bewundert man unglaublich fotorealistische Wandmalereien in Wynwood, verbringt den Abend mit afrokubanischem Jazz in Little Havana und trinkt zum Abschluss vielleicht noch etwas auf der Dachterrasse des neuesten Wolkenkratzers der Stadt. Bei der Fahrt durch Miami hat man immer wieder das Gefühl, plötzlich in eine andere Stadt versetzt zu sein. Drüben in Miami Beach finden sich Straßen voller architektonischer Meisterwerke des Art déco, von denen jedes einzelne seine ausgeprägte Eigenart besitzt. Nach dem Sightseeing kann man sich dann am späten Nachmittag von dem goldenen Licht am Sandstrand verzaubern lassen.

Reisezeit

Miami

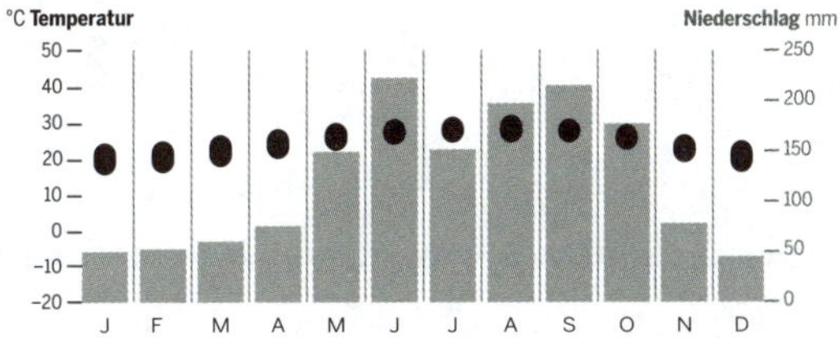

Dez.–März Warm und trocken, viele Touristen und jede Menge großer Events.

April–Juni Nicht so schwül und heiß wie im Hochsommer, aber milder und grüner als im Winter.

Juli–Okt. Die Preise purzeln. Wenn es nicht glühend heiß ist, stürmt es – es ist Hurrikan-Saison.

Highlights

1. Bei einem Spaziergang am Ocean Dr die **Art-déco-Meisterwerke** (S. 70) von South Beach bewundern
2. Im **Pérez Art Museum Miami** (S. 75) eine Ausstellung besuchen und durch den Skulpturengarten spazieren
3. In **Wynwood** S. 86) über die vielen, farbenfrohen Wandmalereien staunen
4. Auf dem Strand von **South Beach** (S. 64) den Mix der Menschen und Kulturen auf sich wirken lassen
5. Im **Vizcaya Museum & Gardens** (S. 91) die Kunstwerke und Antiquitäten bewundern und dann einen Spaziergang durch den europäischen Park machen

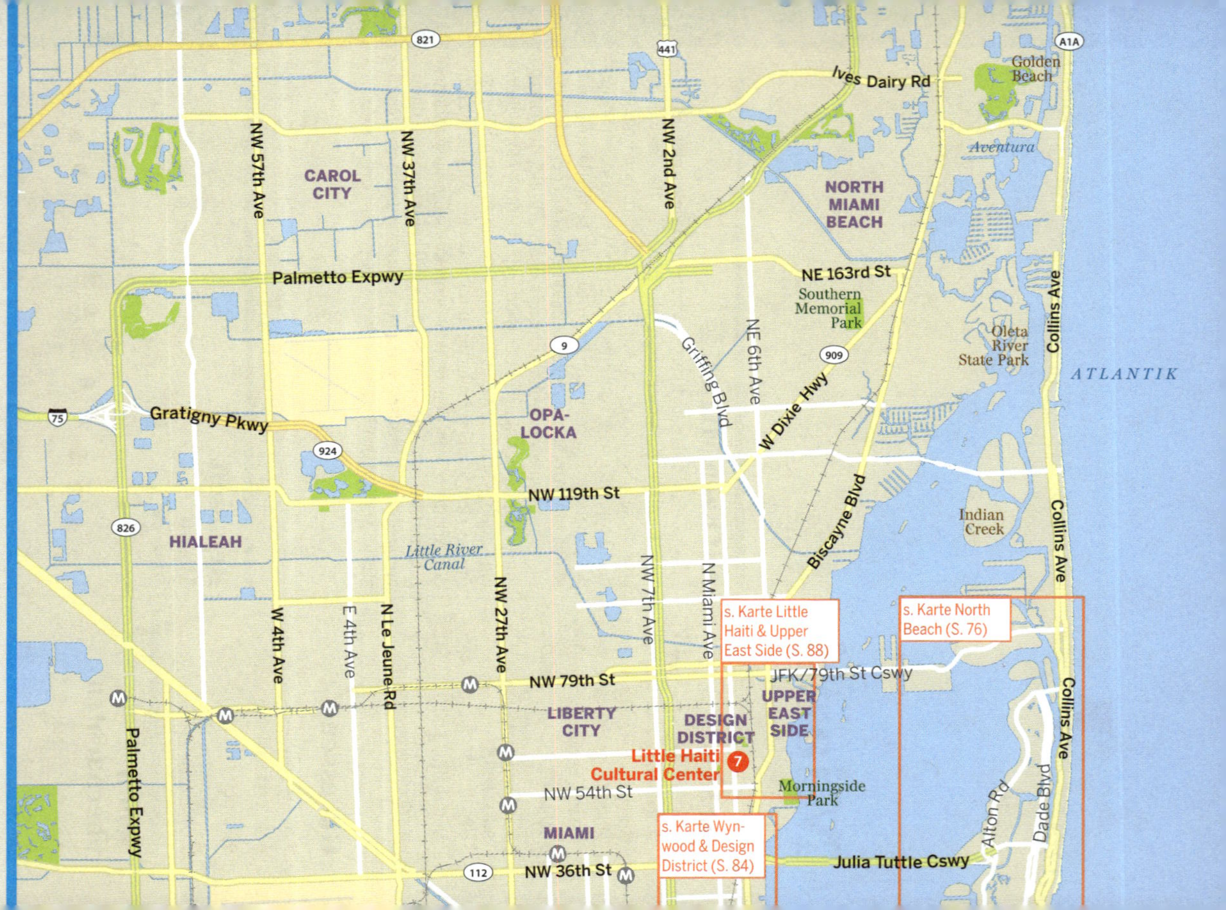

6 Auf den Wegen und Stegen des **Bill Baggs Cape Florida State Park** (S. 96) wandern, sich am Strand sonnen und das Cape Florida Lighthouse fotografieren

7 Eine Ausstellung im **Little Haiti Cultural Center** (S. 89) besuchen, insbesondere am dritten Freitag des Monats

8 Im **Wolfsonian-FIU** (S. 64) Kunsthandwerk und Design aus dem 19. und 20. Jh. bewundern

9 Im stimmungsvollen **Cubaocho** (S. 143) eine Vorstellung von Spitzenartisten aus Kuba und anderen Ländern genießen

10 In den künstlichen Grotten und Korallenklippen des meisterhaften **Venetian Pool** (S. 102) planschen

Stadtviertel im Überblick

❶ North Beach (S. 74)

Der lange Streifen aus Strand und Apartmenthäusern in North Beach zeichnet sich durch eine etwas andere Version prächtiger Dekadenz aus, als in Miami Beach zu finden ist. Statt Art déco bestimmt hier der sogenannte MiMo- (Miami Modernist-) Stil das Bild der eindrucksvollen Gebäude, die während der Boomjahre nach dem Zweiten Weltkrieg errichtet wurden. North Beach hat zwar eine niedrigere Bevölkerungsdichte (und weniger Restaurants, Bars und Läden), ist aber durchaus reizvoll – vor allem dank des schönen Strands, dessen Sand nach Ansicht der Einheimischen weißer ist als irgendwo sonst.

2 Downtown Miami (S. 75)

Downtown Miami, das internationale Finanz- und Bankenzentrum der Stadt, besteht zum einen aus schäbigen Einkaufspassagen und zum anderen – in der Gegend von Brickell – aus neuen Apartmentgebäuden und Luxushotel-Wolkenkratzern. Der träge und schmutzige Miami River teilt Downtown in eine Nord- und eine Südhälfte. Miami wird von einem oft hektischen Wachstum geprägt; Bauarbeiten sind nahezu eine Konstante, und praktisch jeden Monat kommen neue Luxus-Hochhäuser hinzu.

3 Wynwood & Design District (S. 83)

Wynwood und der Design District sind zwei der kreativsten Viertel der Stadt und zu Recht berühmt für ihre aufblühende Kunstszene. Wynwood bietet viele Galerien und großflächige Straßenkunst, die die Fassaden ehemaliger Industriebauten schmückt. Hier gibt's auch ein tolles Nachtleben und eine aufstrebende Restaurantszene. Im kleineren Design District finden sich ebenfalls Galerien und dazu gehobene Läden und unterschiedliche Bars und Restaurants.

4 Little Haiti & Upper East Side (S. 85)

In die beiden großen Viertel nördlich von Wynwood und dem Design District kommen wenige Besucher. Little Haiti wirkt in Teilen immer noch heruntergekommen, obwohl hier eine lebenssprühende Gemeinde von Haitianern lebt – im Zentrum vieler Aktivitäten steht das Little Haiti Cultural Center. Die weiter östlich gelegene Upper East Side ist vor allem bekannt für ihre modernistischen Gebäude am Biscayne Blvd. Das Gebiet ist so etwas wie Miamis neues Pionierviertel: In den letzten Jahren haben sich hier neue Restaurants, Hotels und Galerien angesiedelt.

5 Little Havana (S. 89)

Little Havanas Hauptstraße, die Calle Ocho (SW 8th St), führt nicht nur durch das Zentrum des Viertels, sondern *ist* das Zentrum. In vielerlei Hinsicht ist das Gebiet eine für die USA typische Zuwandererenklave mit Restaurants, Gemischtwarenläden und Kioske, die Telefonkarten verkaufen. Das kubanische Gepräge von Little Havana wird zwar etwas übertrieben in Szene gesetzt, trotzdem lohnt das Viertel mit der stimmungsvollen Mischung aus klappernden Dominosteinen, Zigarrenduft und Schaufenstern, aus denen Latin Jazz tönt, allemal eine Erkundung.

6 Coconut Grove (S. 90)

Coconut Grove war früher eine Hippie-Kolonie, aber heute leben hier Angehörige der Mittelschicht, die gern die Shoppingmalls besuchen, sowie College-Studenten. Das Viertel punktet mit interessanten Läden und Cafés und einem fußgängerfreundlichen, an ein Dorf erinnernden Zentrum. Die Atmosphäre ist besonders abends angenehm, wenn die Einwohner draußen an den Tischen der Bars und Restaurants sitzen. Coconut Grove grenzt an das Ufer und besitzt eine hübsche Marina und nette Grünflächen.

7 Coral Gables (S. 93)

Die hübsche Stadt Coral Gables mit ihren Gebäuden im mediterranen Stil wirkt weltenweit entfernt von Miami. Hier gibt es hübsche, von Banyan-Bäumen gesäumte Straßen und ein dorfartiges Zentrum voller Läden, Cafés und Restaurants, das sich zu Fuß erkunden lässt. Die größten Attraktionen sind das Biltmore Hotel, ein tropischer Garten und einer der schönsten Pools in den USA.

8 Key Biscayne (S. 96)

Key Biscayne und die Nachbarinsel Virginia Key sind vom Zentrum Miamis aus schnell zu erreichende Ausflugsziele. Hat man erst einmal die malerischen Dammstraßen überquert, fühlt man sich in eine ferne Tropenwelt mit prächtigen Stränden, State Parks und jeder Menge Wassersportabenteuer versetzt. Und der Blick auf die Skyline von Miami rechtfertigt alleine schon die Anfahrt.

Sehenswertes

South Beach

Das Leben in **South Beach** (Karte S. 66; Ocean Dr; 5–24 Uhr) ist ungeheuer vielfältig. Viele Frühaufsteher beginnen den Tag mit einem Lauf am Strand, gefolgt von einem Frühstück in ihrem veganen Lieblingslokal, Yoga in einem sonnigen Studio am Nachmittag und beenden ihn mit einem gesunden Abendessen oder einem Konzertbesuch im New World Center.

Für andere beginnt der Tag in den Mittagsstunden mit Kaffee und Bloody Marys in einem Lokal mit lauter Rockmusik am Ocean Dr. Dann geht's an den Strand, gefolgt von einem Schaufensterbummel an der Lincoln Rd, dem Abendessen in einem angesagten neuen Restaurant in Sunset Harbour und einem Zug durch die Lounges, Dachterrassenbars und versteckt Danceclubs überall in der Stadt.

Alle vorgefassten Ideen über South Beach greifen daher zu kurz. South Beach ist chaotisch und hedonistisch (am Ocean Dr rund um die 9th St), aber auch bodenständig und beschaulich (in SoFi, den Blocks südlich der 5th St). Kurz gesagt ist dieses aufstrebende Viertel das, was man daraus macht: In diesem einnehmenden Ambiente mit einer dynamischen Mischung von Menschen und Kulturen kann man Architektur bewundern, shoppen, gut essen, etwas trinken oder einfach nur alles auf sich wirken lassen.

★ Wolfsonian-FIU MUSEUM

(Karte S. 72; 305-531-1001; www.wolfsonian.org; 1001 Washington Ave; Erw./Kind 10/5 US$, Fr 18–21 Uhr Eintritt frei; Mo, Di & Sa 10–18, Fr bis 21, So 12–18 Uhr, Mi geschl.) Es lohnt sich, dieses erstklassige Designmuseum gleich zu Beginn des Aufenthalts zu besuchen, um die Ästhetik von Miami Beach im Kontext zu begreifen. Denn es ist eine Sache, den Reichtum, die Lockerheit und das Streben nach Schönheit in Miami Beach zu bestaunen, und etwas anderes, die Ursprünge und Ausprägungen örtlicher künstlerischer Bewegungen zu verstehen. Indem das Wolfsonian die Entwicklung der Ästhetik des Alltagslebens nachzeichnet, lässt sich begreifen, wie sich diese Trends auch äußerlich in der Architektur von SoBe manifestieren.

Art Deco Museum MUSEUM

(Karte S. 72; www.mdpl.org/welcome-center/art-deco-museum; 1001 Ocean Dr; 5 US$; Di–So 10–17, Do bis 19 Uhr) Das kleine Museum vermittelt einen sehr erhellenden Überblick über den Art-déco-Distrikt. Anhand von Videos, Fotos, Modellen und anderen Exponaten erfährt man von der Pionierarbeit Barbara Capitmans, die in den 1970er-Jahren mithalf, diese Gebäude vor der sicheren Zerstörung zu bewahren, und von ihrer Zusammenarbeit mit Leonard Horowitz, dem talentierten Künstler, der die Palette aus Pastelltönen entwickelte, die zu einem integralen Bestandteil des heute sichtbaren Designs wurde.

Das Museum behandelt daneben auch andere für Miami wichtige Architekturstile, darunter den Mediterranean-Revival-Stil (ein Beispiel ist die Villa Casa Casuarina; S. 115) und MiMo- (Miami-Modern-) Stil, der nach dem Zweiten Weltkrieg und nach dem Art déco seinen Boom erlebte und insbesondere in North Miami Beach vorherrscht.

New World Center GEBÄUDE

(Karte S. 66; 305-673-3330, Führungen 305-673-3331; www.newworldcenter.com; 500 17th St; Führung 5 US$; Führungen Di & Do 16, Fr & Sa 13 Uhr) Die von Frank Gehry entworfene Konzerthalle ragt majestätisch inmitten einer gepflegten Rasenfläche gleich oberhalb der Lincoln Rd in die Höhe. Passend zu der ätherischen Musik umhüllt die Fassade aus Glas und Stahl für Gehry typische segelartige Formen im Innern, die zu der hervorragenden Akustik und zur futuristischen Qualität dieses Konzertsaals beitragen. Das umliegende, 1 ha große Gelände bildet den passend benannten öffentlichen SoundScape Park.

Manche Veranstaltungen im Center werden nach draußen auf eine 650 m² große Projektionswand (den sogenannten „Wallcast") übertragen, die einem das Gefühl geben kann, man befände sich im tollsten Freiluftkino des Planeten. Die 35-minütige Führung reserviert man im Voraus.

SoundScape Park PARK

(Karte S. 66; www.nws.edu; 500 17th St) Der Park außerhalb des New World Center ist einer der schönsten Orte für Freiluftvorstellungen in Miami Beach. Einige Konzerte des Orchesters New World Symphony werden nach draußen auf die 650 m² große Projektionswand der von Frank Gehry entworfenen Konzerthalle übertragen.

Von Oktober bis Mai gibt es zudem wöchentlich Filmvorführungen (derzeit Mi) um 20 Uhr. Bei einem Picknick genießt man die kostenlose Vorstellung.

Holocaust Memorial DENKMAL

(Karte S. 66; www.holocaustmmb.org; Ecke Meridian Ave & Dade Blvd; ⌚9.30–22 Uhr) Dieses Holocaust-Mahnmal gehört zu den eindrucksvollsten seiner Art. Den Mittelpunkt der mit mehr als 100 Skulpturen ausgestalteten Anlage bildet ein riesiger, aufragender Arm aus oxidierter Bronze, in dessen Patina eine eintätowierte Häftlingsnummer erkennbar ist. Diese Nummer wurde im Vernichtungslager Auschwitz nicht verwendet, d. h. sie steht für alle Opfer. An den Seiten des Arms versuchen in Schrecken versetzte Familien ihre Lieben in Sicherheit zu bringen, gehen aber ihrer Ermordung entgegen; darunter sieht man Figuren von Menschen aller Altersstufen in verschiedenen Posen des Leidens.

Um das Denkmal herum berichten Dutzende Schautafeln von den Ereignissen, die zum größten Völkermord des 20. Jhs. führten, gefolgt von den Namen vieler der Ermordeten. Das Denkmal beschönigt nichts. Im Licht, das durch den Davidsstern einfällt, ist das Wort „Jude" zu erkennen, der Hinweis auf den rassistischen gelben Stern, den die Nazis der jüdischen Bevölkerung aufzwangen, und den Abstieg hinunter zum Dome of Contemplation in der Mitte flankieren zwei Menora-Skulpturen, die den Weg vom Leben zum Tod auf entsetzliche Art darstellen. Jeder, der sich diesem Denkmal stellt, wird davon berührt sein.

Das Denkmal wurde 1990 mithilfe von Holocaust-Überlebenden aus Miami Beach, örtlichen Geschäftsleuten und des Bildhauers Kenneth Treister geschaffen. Es gibt eine hervorragende kostenlose App (Holocaust Memorial Miami Beach) für iPhone oder Android mit ausführlichen Infos zu den Skulpturen, Zeugnissen von Überlebenden, interaktiven Karten und zusätzlichen Bild-, Ton- und Videodokumenten.

The Bass MUSEUM

(Karte S. 66; ☎305-673-7530; www.thebass.org; 2121 Park Ave; Erw./Kind 8/6 US$; ⌚Mi, Do, Sa & So 12–17, Fr bis 21 Uhr) Das beste Kunstmuseum in Miami Beach hat eine spielerisch futuristische Fassade mit einem frisch anmutenden Widerspiel aus klaren Linien und weißen Wandflächen, das wie eine weiße, ins Raumfahrtzeitalter versetzte orthodoxe Kirche auf einer griechischen Insel anmutet. Das Gebäude wurde 1930 von Russell Pancoast entworfen (einem Enkel von John S. Collins, nach dem die Collins Ave benannt ist). Die Sammlung ist ebenfalls eindrucksvoll; zu den ständig ausgestellten Highlights gehören religiöse und andere Werke der italienischen und nordeuropäischen Renaissance des 16. Jhs.

Das Museum wurde gerade für 12 Mio. US$ renoviert, wobei die Ausstellungsfläche um 50 % erweitert wurde. Es gibt drei neue Galerien, ein Creativity Center, einen neuen Museumsshop und ein Café. Auch der Name wurde geändert: Statt als förmliches „Bass Museum of Art" firmiert es nun unter dem schlichten Namen „The Bass", mit dem es die Einheimischen schon immer bezeichnet haben. Das Bass bildet einen Punkt im Dreieck des Collins Park Cultural Center; die beiden anderen sind das dreistöckige Miami City Ballet (S. 142) und die freundliche, einladende Miami Beach Regional Library, wo man auch kostenloses WLAN findet.

Jewish Museum of Florida-FIU MUSEUM

(Karte S. 72; ☎305-672-5044; www.jmof.fiu.edu; 301 Washington Ave; Erw./Studenten & Senioren 6/5 US$, Sa frei; ⌚Di–So 10–17 Uhr, an jüdischen Feiertagen geschl.) Das kleine Museum ist in einer orthodoxen Synagoge von 1936 untergebracht, in der Miamis erste jüdische Gemeinde ihre Gottesdienste abhielt, und würdigt den großen Anteil, den Juden an der Entwicklung Floridas hatten. So wie Miami von Kubanern wurde Miami Beach von Juden geformt und kulturell geprägt. Es gab aber Zeiten, in denen die Juden von der amerikanischen Riviera, die sie aus dem Sand geformt hatten, ausgeschlossen wurden. Das Museum erzählt davon und bietet auch einige amüsante Anekdoten, z. B. über Purim-Gewänder aus Muschelschalen.

ArtCenter/South Florida GALERIE

(Karte S. 66; ☎305-674-8278; www.artcentersf.org; 924 Lincoln Rd, 2. OG; ⌚Mo–Fr 11–19, Sa & So 12–20 Uhr) Die 1984 von einer kleinen, aber vorausschauenden Gruppe von Künstlern gegründete Einrichtung bildet das kreative Zentrum von South Beach. Neben rund 52 Künstlerateliers (von denen viele besucht werden können) bietet das ArtCenter eine Reihe interessanter Kurse und Vorträge.

Post Office ARCHITEKTUR

(Karte S. 66; 1300 Washington Ave; ⌚Mo–Fr 8–17, Sa 8.30–14 Uhr) In diesem Art-déco-Schmuckstück von 1937 sollte man unbedingt eine Postkarte abschicken. Das Postamt war das erste Renovierungsprojekt in South Beach, das sich die Denkmalschützer in den 1970er-Jahren vornahmen. Das im Stil eines reduzierten Neoklassizismus errichtete Gebäude wurde mit Mitteln der Works Progress Ad-

South Beach (11th St bis 23rd St)

ATLANTIK
South Beach
Lummus Park
Promenade
Flamingo Park
MIAMI BEACH
Old City Hall
Courtyard
Sun Trust Bank
A1A
907
Lincoln Rd
Lincoln Rd Mall
Lincoln La S
16th St
15th St
15th Tce
14th La
14th Pl
14th Ct
14th St
14th Tce
13th St
13th Tce
12th St
11th St
Ocean Dr
Ocean Ct
Collins Ave
Collins Ct
Washington Ave
Drexel Ave
Pennsylvania Ave
Española Way
Euclid Ave
Meridian Ave
Jefferson Ave
Michigan Ave
Lenox Ave
Alton Rd
Alton Ct
West Ave
Flamingo Way
Bay Rd
s. Karte South Beach (1st St bis 11th St) (S. 72)

South Beach (11th St bis 23rd St)

Sehenswertes

1	1111 Lincoln Rd	B5
2	Art Deco Historic District	F8
3	ArtCenter/South Florida	C5
4	Cardozo Hotel	F7
5	Crescent Resort	F7
6	Española Way Promenade	E6
7	Holocaust Memorial	D3
8	Maurice Gibb Memorial Park	A4
9	Miami Beach Botanical Garden	D3
10	Miami Beach Community Church	E5
11	New World Center	E4
12	SoundScape Park	E4
13	South Beach	G8
14	Temple Emanu-El	E4
15	The Bass	F2
16	The Carlyle	F8
17	World Erotic Art Museum	E8

Aktivitäten, Kurse & Touren

18	Fritz's Skate, Bike & Surf	E5
19	Glow Hot Yoga	B6
20	Green Monkey Yoga	A3
	Spa at the Setai	(siehe 36)

Schlafen

21	1 Hotel	G1
22	Aqua Hotel	F6
23	Bed & Drinks	F4
24	Betsy Hotel	F7
25	Catalina Hotel	F4
	Cavalier South Beach	(siehe 4)
26	Clay Hotel	E6
27	Delano	F4
28	Gale South Beach	F4
29	HI Miami Beach	F6
30	National Hotel	F4
31	Raleigh Hotel	F3
32	Redbury South Beach	F3
33	Rock Hostel	F7
34	Royal Palm	F6
35	Sagamore	F4
36	Setai	G2
37	Shore Club	F3
38	Surfcomber	F4
39	Tides	F8
40	Townhouse Hotel	G3
41	W Hotel	G2
42	Winter Haven Hotel	F7

Essen

43	A La Folie	E6
44	Epicure Market	B5
45	Front Porch Cafe	F6
46	Gelateria 4D	D5
47	Juvia	B5
48	La Sandwicherie	F7
49	Moshi Moshi	E6
50	Osteria del Teatro	F8
51	Panther Coffee	A3
52	Paradigm Kitchen	A3
53	Pubbelly	A3
54	Spiga	F8
55	Taquiza	F6
56	Tocaya Organica	C5
57	True Loaf	A3
58	Yardbird	B5

Ausgehen & Nachtleben

59	Abbey Brewery	B5
60	Bay Club	A3
61	Bodega	B5
62	Campton Yard	F6
63	Kill Your Idol	F6
64	Lost Weekend	F6
65	Mac's Club Deuce Bar	F7
66	Rose Bar at the Delano	F4
67	Score	F6
68	Skybar	G3
69	Sweet Liberty	F2

Unterhaltung

70	Colony Theater	B5
71	Fillmore Miami Beach	E4
72	Miami City Ballet	F1
	New World Symphony	(siehe 11)

Shoppen

	Alchemist	(siehe 1)
73	Books & Books	C5
74	Sunset Clothing Co	A3
	Taschen	(siehe 1)

ministration (WPA) finanziert, jener von Präsident Roosevelt geschaffenen Organisation, die arbeitslosen Künstlern während der Weltwirtschaftskrise zu Lohn und Brot verhalf.

Draußen sind der Weißkopfseeadler und das Türmchen mit seinen Eisengeländern und drinnen ein großes Wandgemälde sehenswert, das den Einfall der Spanier in das von Seminolen bewohnte Florida darstellt.

World Erotic Art Museum MUSEUM

(Karte S. 66; ☎305-532-9336; www.weam.com; 1205 Washington Ave; Eintritt nur für Pers. ab 18 Jahre 15 US$; ⏲Mo–Do 11–22, Fr–So bis 24 Uhr) In einem Viertel, in dem eigentlich nichts schockiert, zeigt das World Erotic Art Museum eindrucksvolle pornografische Kunst, darunter Arbeiten von Rembrandt und Picasso. Im Jahr 2005 verwandelte die 70-jährige Naomi Wilzig ihre 5000 Stücke umfassende Erotica-Sammlung in diese Attraktion von South Beach.

Das WEAM nimmt sich durchaus ernst, was auch einen Teil des Charmes dieser faszinierenden, Epochen überspannenden Sammlung ausmacht, die von antiken Sex-Handbüchern über viktorianische Peepshow-Fotos bis zu einem aufwendigen Bett mit vier phallischen Pfosten reicht, dessen Holzschnitzereien insgesamt 138 Stellungen aus dem Kamasutra zeigen. Zu den weiteren Kuriositäten zählen der mit Wolfsgesichtern beschnitzte Penisknochen eines Wals und die überdimensionierten steinernen Genitalien, die in *Uhrwerk Orange* als Mordwerkzeuge dienten.

South Pointe Park PARK

(Karte S. 72; ☎305-673-7779; 1 Washington Ave; ⏲Sonnenaufgang–22 Uhr;) Die äußerste Südspitze von Miami Beach wurde in einen hübschen Park mit gestutztem Gras, einem Strand, Blick auf den blaugrünen Ozean, einem Restaurant, einem Erfrischungsstand, einem kleinen Wasserpark für Kinder und warmen, blanken Steinwegen umgewandelt. Viele Menschen kommen, um hier abseits des Getues von South Beach das tolle Wetter und die Aussicht zu genießen.

Española Way Promenade GEBIET

(Karte S. 66; zw. 14th & 15th St) Der Española Way ist eine spanische Promenade, so „authentisch" wie in einem Themenpark à la Florida. Auf jeden Fall handelt es sich um einen hübschen, mit Kopfsteinen und Terrakotta gepflasterten Weg mit rosa und cremefarbener spanischer Architektur und vielen Restaurants, in denen man schön im Freien essen und dabei die Leute beobachten kann.

Promenade UFER

(Karte S. 72; Ocean Dr) Diese Strandpromenade erstreckt sich als wellenförmiges Band zwischen dem Strand und dem Ocean Dr von der 5th St bis zur 15th St. Der luftige, von Palmen gesäumte Weg ist eine gute Stelle zum Fotografieren und ein beliebtes Gelände für Inlineskater, Radfahrer, Volleyballspieler (an der 11th St gibt's ein Netz), Spaziergänger mit Hunden, Radaubrüder, Einheimische und Traveller.

Am angrenzenden Strand, dem Lummus Park, gibt's sechs mit bunten Blumen bemalte Rettungsschwimmerstationen. An der 11th St findet sich eine öffentliches Toilettenhäuschen, dessen Waschbecken gerne von Obdachlosen genutzt werden.

1111 Lincoln Rd ARCHITEKTUR

(Karte S. 66; www.1111lincolnroad.com; P) Das eindrucksvolle Parkhaus, der Blickfang an der Westseite der Lincoln Rd, präsentiert sich als ein geometrisches Pasticcio aus spitzen Winkeln, gewundenen Korridoren und ungewöhnlichen Ecken, das wie die luzide Fantasie eines verkaterten Pythagoras aussieht.

Das Parkhaus ist ein Werk des Schweizer Architekturbüros Herzog & de Meuron, die über ihr Gebäude sagen, es bestehe „ganz aus Muskeln ohne Verkleidung". Außer Parkplätzen gibt's in dem Gebäude Ladenflächen und Apartments.

A1A BRÜCKE

„Beachfront Avenue!" Die Dammstraße A1A ist wie der Rickenbacker Causeway nach Key Biscayne eine der großen Brücken Amerikas; sie verbindet Miami mit Miami Beach über das glitzernde, türkisblaue Wasser der Biscayne Bay.

Eine Fahrt auf dieser Straße mit heruntergelassenen Fenstern oder in einem Cabrio, mit der untergehenden Sonne im Rücken, riesigen Kreuzfahrtschiffen an der Seite, sich in der Ozeanbrise wiegenden Palmen und „Royals" von Lorde im Radio, ist ein typisches Miami-Erlebnis.

Miami Beach Community Church KIRCHE

(Karte S. 66; www.miamibeachcommunitychurch.com; 1620 Drexel Ave; ⏲Di–Fr 8–16 Uhr, Gottesdienst So 10.30 Uhr) Die an eine alte spanische Mission erinnernde Kirche gibt sich demütig, bescheiden und elegant-zurückhaltend und steht damit in einem harten, erfrischenden Gegensatz zu all den hypermodernen Gebäuden, die sich in den Art déco von South Beach hineindrängen und unterstreichen, dass das Motto hier sonst Übertreibung ist.

Temple Emanu-El SYNAGOGE

(Karte S. 66; www.tesobe.org; Washington Ave Ecke 17th St) Die 1938 erbaute konservative Synagoge ist vielleicht kein richtiger Art-déco-Tempel, fügt sich aber mit ihrer glatten,

KOSCHER IN MIAMI BEACH

Es gibt zwar keine Schtetls, aber die Arthur Godfrey Rd (41st St) und die Harding Ave zwischen der 91st St und der 96th St in Surfside sind Hochburgen der jüdischen Bevölkerung von Miami Beach. So wie die jüdischen Einwohner Miami Beach geprägt haben, hat auch der Strand sie geprägt: Man isst lox *y arroz con moros* (Lachs mit Reis und Bohnen), und orthodoxe jüdische Männer tragen zwar Kippot und ihre Frauen Kopftücher, aber viele von ihnen sind sonnengebräunt und fahren protzige SUVs.

FOTOSEARCH/GETTY IMAGES ©

HIGHLIGHTS
ART DECO HISTORIC DISTRICT

Der berühmte Art Deco Historic District von Miami Beach ist Überschwang pur: kühne Linien, launige tropische Motive und eine Farbpalette, die der Schönheit der Landschaft entspricht. Jedes der 800 Art-déco-Gebäude, die im National Register of Historic Buildings aufgeführt sind, hat seine eigene Gestaltung. Wenn man zwischen diesen restaurierten Schönheiten aus vergangener Zeit herumspaziert, kann man sich ihrem Zauber kaum entziehen.

Hintergrund

Miami Beach war lange nur eine unbebaute Landschaft mit wogenden Palmen, Strauchwerk und einer sandigen Küste. Erst im frühen 20. Jh. begannen einige findige Unternehmer, die Umwandlung der Insel in einen Urlaubsort ins Auge zu fassen. So entstanden seit den 1920er-Jahren ein paar Hotels, die auf wohlhabende Industrielle aus dem Norden ausgerichtet waren, die hier Ferien machen wollten. Und dann kam das Verhängnis: 1926 hinterließ ein Hurrikan eine Schneise der Verwüstung, die sich über die Insel und einen großen Teil des südlichen Florida zog.

Als die Zeit zum Wiederaufbau kam, erlebte Miami Beach eine spektakuläre Wiedergeburt, bei der der Art déco ins Spiel kam. Wie es der Zufall will, war dieser kühne neue Architekturstil, der 1925 bei der Pariser Exposition Internationale des Arts Décoratifs et Industriels Modernes seine glanzvolle Premiere gefeiert hatte, in den USA gerade Tagesgespräch.

In den nächsten Jahren kamen scharenweise Bauunternehmer in den Ort, und der Bauboom begann. Miami Beach wurde zum Epizentrum des neuen Stil (der seinerzeit übrigens nicht als Art déco, sondern schlicht als „Art moderne" oder als Modernismus bezeichnet wurde). Hunderte neuer Hotels wurden in den 1930er-Jahren errichtet, um die vielen Touristen der Mittelschicht unterzubringen, die in Miami Beach Sand und Sonne genießen wollten. Die goldene Ära des Art déco setzte sich fort und fand erst im Zweiten Weltkrieg ein Ende.

NICHT VERSÄUMEN

- Die augenbrauenförmigen Fenstersimse am Congress Hotel
- Die versteckten Seepferdchen an der Fassade des Cavalier Hotel
- Die nautischen Motive im Tides Hotel

PRAKTISCH & KONKRET

- Karte S. 66
- Ocean Dr

Der Stil

Der Art-deco-Architekturstil war stark dem Zeitgeist verpflichtet. Die späten 1920er- und 1930er-Jahre waren eine Ära der Erfindungen mit neuen Automobilen, stromlinienförmigen Geräten, Rundfunkantennen und Kreuzfahrtschiffen. Die Architekten reagierten auf diese Entwicklungen mit starken vertikalen und horizontalen Linien, zu denen gelegentlich Kurven und Zickzacklinien kamen. All dies schuf die Illusion von Bewegung, von einem kühnen Marsch in die Zukunft.

In Miami Beach integrierten die Architekten zudem eher ortstypische Motive wie Palmen, Flamingos und tropische Pflanzen. Auch nautische Motive in Form verspielter Darstellungen von Ozeanwellen, Sepferdchen, Seesternen und Leuchttürmen waren zu finden. Diese Ausprägung des Stils wurde „tropischer Déco" genannt.

Gleichzeitig erarbeiteten die Architekten einzigartige Lösungen für die Herausforderungen, die das Bauen in einem heißen, sonnigen Klima mit sich brachte. Augenbrauenförmige Vorsprünge über den Fenstern sorgten für Schatten (und kühlere Innentemperaturen), ohne den Ausblick zu beeinträchtigen. In einige Gebäudefassaden wurden dicke Glasbausteine integriert, die das Licht hineinließen, aber die Hitze abhielten – wesentliche Gestaltungselemente in einer Zeit, als es noch keine Klimaanlagen gab.

Die besten Gebäude am Ocean Drive

Manche der schönsten Art-déco-Gebäude von Miami Beach finden sich am Ocean Dr zwischen der 11th St und der 14th St. An diesen schön gestalteten Gebäuden, die alle ihre ausgeprägten Eigenarten haben, sieht man viele klassische Déco-Elemente. In der Nähe der 11th St präsentiert sich das **Congress Hotel** (Karte S. 72; 1052 Ocean Dr) mit einer dreistöckigen Fassade von perfekter Symmetrie, Schatten spendenden „Augenbrauen" über den Fenstern und einer langen Markise unten in der Mitte, die an die prächtigen Filmpaläste der 1930er-Jahre erinnert. Rund einen Block nördlich davon ist das **Tides** (Karte S. 66; ☎305-250-0784; www.tidessouthbeach.com; 1220 Ocean Dr; Zi. ab 340 US$; P ❄ 📶 🏊) eines der eindrucksvollsten Hotels mit nautischen Motiven, zu denen Bullaugenfenster über dem Eingang, eine Rezeption aus Key-Kalkstein (mit eingelagerten Fossilien von Meerestieren) und seltsame Pfeile im Korridor zählen, die das Spiel von Ebbe und Flut symbolisieren. Nahe der 13th St spielt das **Cavalier** (S. 112) in Form stilisierter Abbildungen von Seepferdchen mit diesem Motiv und zeichnet sich darüber hinaus durch eine von Palmen bestimmte Ikonographie aus.

TOP-TIPPS

- Früh aufbrechen – dann, wenn der Andrang nicht so groß ist und die besten Bedingungen zum Fotografieren herrschen!
- Für ein besseres Verständnis der Architektur kann man sich den Führungen anschließen, die von der Miami Design Preservation League (S. 104) veranstaltet werden.
- Zur Ergänzung des Déco-Erlebnisses sollte man sich in der Nähe die ausgezeichneten Ausstellungen im Art Deco Museum (S. 64) oder des Wolfsonian-FIU (S. 64) anschauen.
- Zur Erholung entspannt man zwischendurch mit Sandwiches, *gelato* und ausgezeichnetem Espresso im Pinocchio (S. 138).
- Zum Abschluss der Reise in die Vergangenheit gönnt man sich ein Essen im 11th St Diner (S. 123), einem umgebauten Eisenbahnwaggon der 1940er-Jahre.

South Beach (1st St bis 11th St)

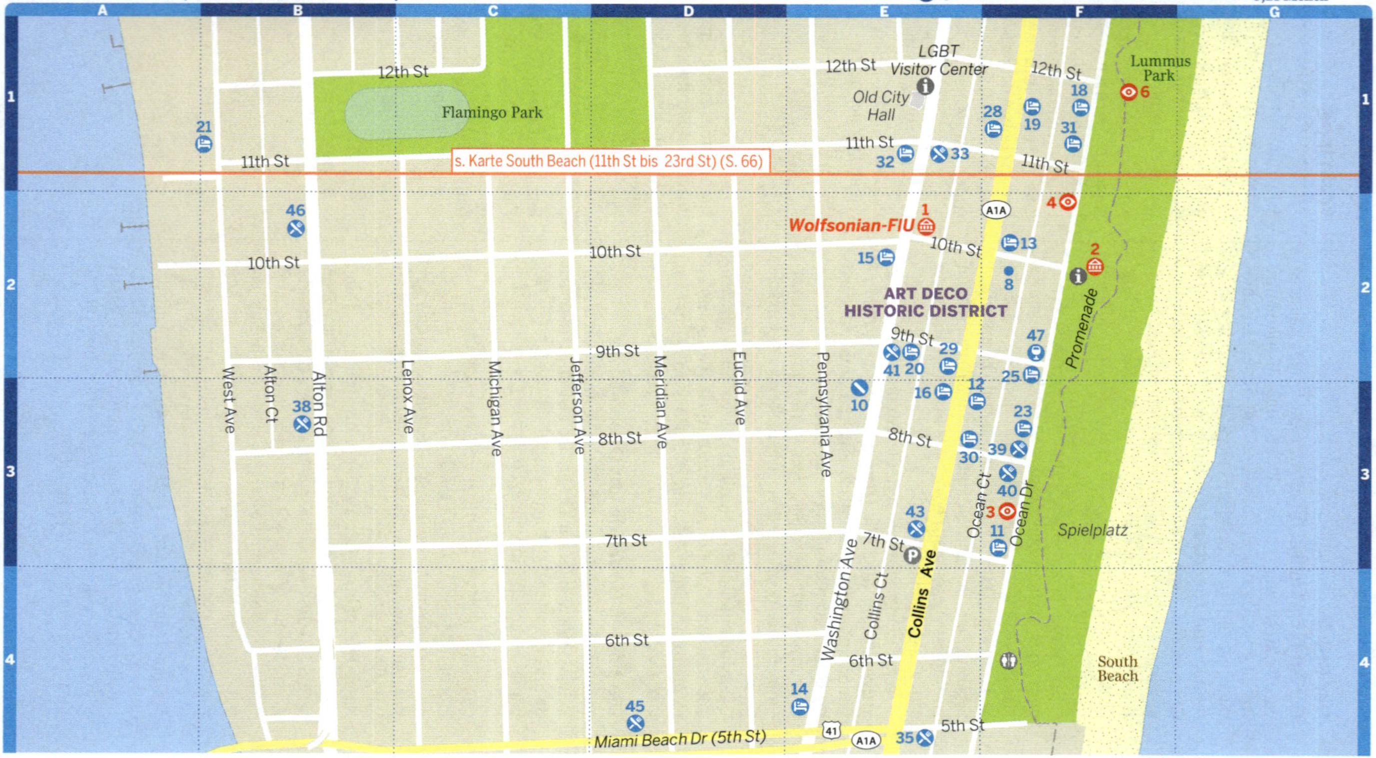

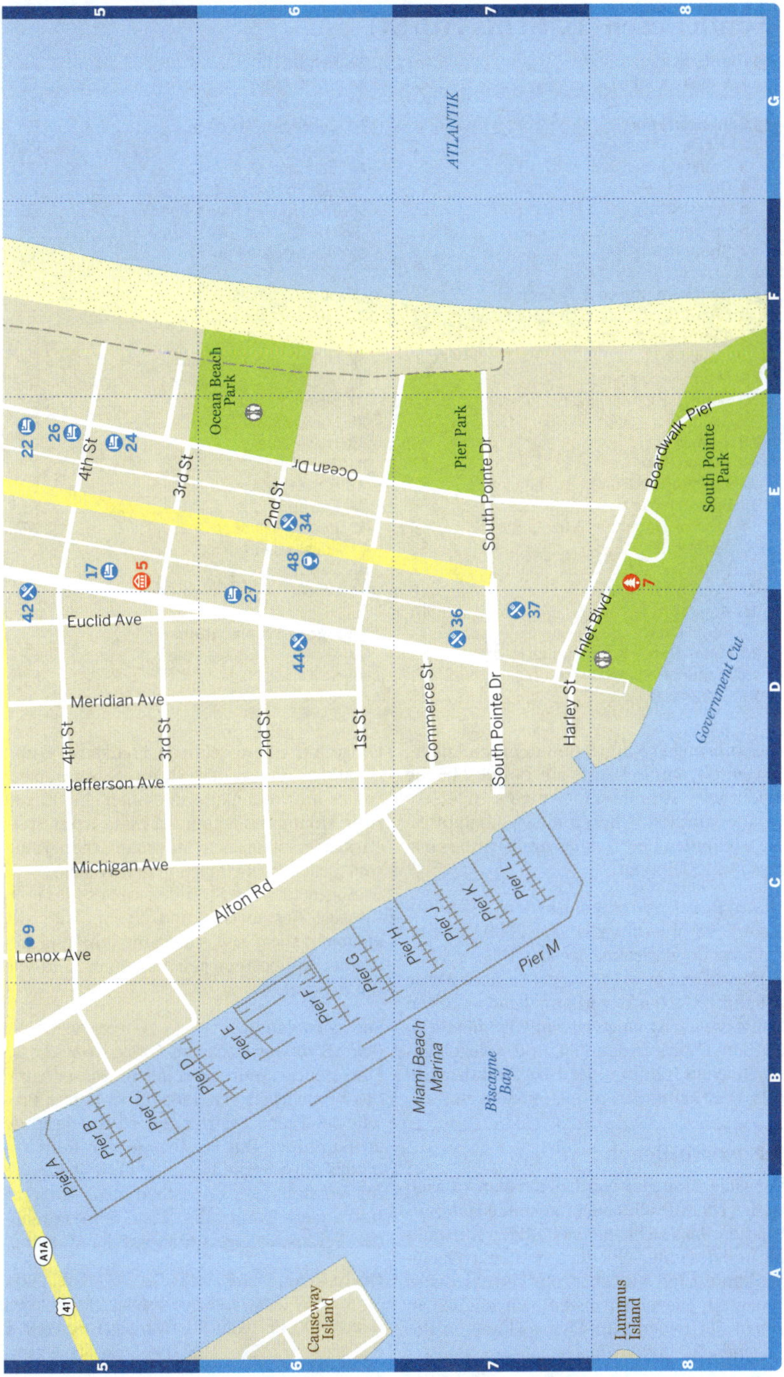
ATLANTIK
Ocean Beach Park
Pier Park
South Pointe Park
Boardwalk Pier
Ocean Dr
South Pointe Dr
Inlet Blvd
Harley St
Commerce St
1st St
2nd St
3rd St
4th St
Euclid Ave
Meridian Ave
Jefferson Ave
Michigan Ave
Lenox Ave
Alton Rd
Government Cut
Miami Beach Marina
Biscayne Bay
Pier A
Pier B
Pier C
Pier D
Pier E
Pier F
Pier G
Pier H
Pier J
Pier K
Pier L
Pier M
Causeway Island
Lummus Island
A1A
41
5
6
7
8
A
B
C
D
E
F
G
22
26
24
17
42
27
34
48
44
36
37
9
5
7

South Beach (1st St bis 11th St)

Highlights
1 Wolfsonian-FIU E2

Sehenswertes
2 Art Deco Museum F2
3 Colony Hotel F3
4 Congress Hotel F2
5 Jewish Museum of Florida-FIU E5
6 Promenade F1
7 South Pointe Park E8

Aktivitäten, Kurse & Touren
8 Bike & Roll F2
Miami Design Preservation League .... (siehe 2)
9 Miami Food Tours C5
10 South Beach Diver & Surf Center E3

Schlafen
11 Avalon Hotel F3
12 Chesterfield Hotel E3
13 Essex House Hotel F2
14 Fashion Boutique Hotel E4
15 Hotel Astor E2
16 Hotel Shelley E3
17 Hotel St. Augustine E5
18 Hotel Victor F1
19 Kent Hotel F1
20 Miami Beach International Hostel E2
21 Mondrian South Beach B1
22 Ocean Five Hotel E5
23 Pelican Hotel F3
24 Room Mate Lord Balfour E5
25 Room Mate Waldorf Towers F2
26 Sense South Beach E5
27 SoBe Hostel D6
28 Stiles Hotel F1
29 The Franklin E2
30 The Hotel of South Beach E3
31 The Villa Casa Casuarina F1
32 Washington Park Hotel E1

Essen
33 11th St Diner E1
34 Big Pink E6
35 Dirt E4
36 Joe's Stone Crab Restaurant D7
37 Lilikoi D7
38 Macchialina B3
39 News Cafe F3
40 Pinocchio F3
41 Pizza Rustica E2
42 Pizzarium E5
43 Puerto Sagua E3
44 Rosella's Kitchen D6
45 Tap Tap D4
46 Whole Foods Market B2

Ausgehen & Nachtleben
47 Mango's Tropical Café F2
48 Story E6

blasenförmigen Kuppel und dem schlanken, fast aerodynamischen Profil bestens in die moderne, stromlinienförmige Art-déco-Parade von South Beach ein. Sabbatgottesdienste finden hier freitags um 19 und samstags um 10 Uhr statt.

Miami Beach Botanical Garden GARTEN
(Karte S. 66; www.mbgarden.org; 2000 Convention Center Dr; empfohlene Spende 2 US$; ⌚Di–Sa 9–17 Uhr) Der üppige, 1,1 ha große, aber wenig bekannte Garten der Miami Beach Garden Conservancy ist eine Oase mit Palmen, blühenden Hibiskus-Bäumen und spiegelglatten Teichen inmitten des Großstadtdschungels. Hier kann man prima picknicken.

North Beach

Für viele Besucher von North Miami Beach ist das Ufer die alles beherrschende Hauptattraktion. Angesichts der vielfältigen Küstenlinie und des unterschiedlich genutzten Geländes kann „Ufer" hier aber sehr Verschiedenes bedeuten. Die einen nisten sich einfach in einem der neuen Fünf-Sterne-Hotels in der Gegend ein, andere machen lange Spaziergänge auf einem schönen Plankenweg und erkunden eines der vielen Schutzgebiete weiter im Norden, unternehmen eine Kajak- oder Mountainbiketour im Oleta River State Park oder planschen im malerischen Haulover Beach Park einfach in den Wellen.

Abgesehen von Stränden gibt es hier erstklassige Restaurants und Nachtlokale, die vielleicht sogar etwas eleganter, auf alle Fälle aber mindestens genauso teuer sind wie die in South Beach.

Faena Forum KULTURZENTRUM
(Karte S. 76; www.faena.com; Collins Ave & 33rd St) Das neue, eindrucksvolle Kulturzentrum, das zum ehrgeizigen, 1 Mrd. US$ teuren Projekt des Faena District gehört, wurde Ende 2016 eröffnet. Das kreisrunde, von Rem Koolhaas entworfene Gebäude enthält Räume für Vorstellungen, Ausstellungen, Vorträge und andere Events. Eine Liste der kommenden Veranstaltungen gibt's auf der Website.

Oleta River State Park STATE PARK
(☎305-919-1844; www.floridastateparks.org/oletariver; 3400 NE 163rd St; Fahrzeug/Fußgänger & Radfahrer 6/2 US$; ⌚8 Uhr–Sonnenuntergang;

(P 👪) Die Tequesta fuhren schon 500 v. Chr. mit Booten im Mündungsgebiet des Oleta River herum, sodass man sich mit einer Paddeltour in diesem Park in eine altehrwürdige Tradition stellt. Mit fast 400 ha ist dies der größte städtische Park im gesamten Bundesstaat und einer der besten Orte in Miami, um dem hektischen Getümmel zu entkommen. Man kann per Boot zu einer Mangroveninsel fahren, Adler beobachten oder einfach am Strand entspannen.

Vor Ort vermietet das BG Oleta River Outdoor Center (S. 101) Kajaks, Kanus, Stehpaddelbretter sowie Mountainbikes und veranstaltet Paddeltouren, Yogakurse auf Stehpaddelbrettern und andere Aktivitäten. Der Park befindet sich abseits der 163rd St NE/FL 826 in Sunny Isles, rund 8 Meilen (12,9 km) nördlich von North Miami Beach.

Fontainebleau HISTORISCHES GEBÄUDE

(Karte S. 76; www.fontainebleau.com; 4441 Collins Ave) Je weiter man auf der Collins Ave nach Norden kommt, umso prächtiger und schmuckvoller werden die Wohnanlagen und Apartmentgebäude, bis man schließlich das Gebiet mit dem Spitznamen Millionaire's Row erreicht. Das fantastischste Juwel in der glitzernden Krone ist das Hotel Fontainebleau (S. 118). Das Hotel – vor allem der Pool, der zwischenzeitlich aber renoviert wurde – waren in Brian de Palmas Klassiker *Scarface* zu sehen.

Eden Roc Renaissance HISTORISCHES GEBÄUDE

(Karte S. 76; www.nobuedenroc.com; 4525 Collins Ave) Das Eden Roc war das zweite wegweisende Resort von Morris Lapidus und ist ein schönes Beispiel des als MiMo (Miami Modern) bezeichneten Architekturstils. In den 1960er-Jahren war es ein beliebter Aufenthaltsort des Rat Pack (Sammy Davis Jr., Dean Martin, Frank Sinatra und Konsorten). Bei der umfangreichen Renovierung ist zwar einiges von Lapidus' Stil verloren gegangen, aber das Gebäude ist trotzdem immer noch ein wichtiges Stück der Architektur von Miami Beach und ein Paradebeispiel der knalligen Pracht der Millionaire's Row.

Boardwalk STRAND

(Karte S. 76; www.miamibeachboardwalk.com; 21st St–46th St) Was ist in dieser Saison als Strandkleidung angesagt? Offenbar polnische Gabardine-Mäntel aus dem 17. Jh. Inmitten von vielen knapp bekleideten Schönheiten, schwulen Joggern, herumspazierenden Touristen und Sonnenhungrigen gehen auf der Promenade von Mid-Beach viele orthodoxe Juden ihren Geschäften nach. In der Nähe liegen zahlreiche Gebäude mit Eigentumswohnungen, in denen Latinos und Juden der Mittelschicht leben, die hier ihre Hunde ausführen und mit ihren Kindern spielen und damit der Gegend eine entspannte, bodenständige Atmosphäre geben, die sich deutlich vom ununterbrochenen Glamour in South Beach unterscheidet.

Haulover Beach Park PARK

(☎305-947-3525; www.miamidade.gov/parks/haulover.asp; 10800 Collins Ave; Mo–Fri/Sa & So 5/7 US$ pro Auto; ⊙Sonnenaufgang–Sonnenuntergang; P) Wohin marschieren all diese gebräunten Männer mit Goldketten und knappen Badehosen? Wahrscheinlich zum FKK-Strand in diesem 16 ha großen Park, der durch Vegetation von den Wohnanlagen und Highways abgesetzt und gegen Einblicke geschützt ist. Man muss hier aber nicht unbedingt nackt herumlaufen, denn der größte Teil des Strands, der zu den schöneren in der Gegend gehört, ist ganz „normal", und es gibt auch ein Gebiet, wo Hunde frei laufen können. Der Park liegt an der Collins Ave rund 4,5 Meilen (7 km) nördlich der 71st St.

Downtown Miami

Die früher im Hinblick auf Sehenswürdigkeiten eher öde Downtown hat in den letzten Jahren eine bemerkenswerte Renaissance erlebt, und neue Projekte sind in Planung. Das Viertel erstreckt sich zwar über ein recht großes Gebiet, trotzdem ist dies ein Teil von Miami, in dem man kein Auto braucht: Kostenlose öffentliche Verkehrsmittel bringen einen von Ort zu Ort und Teile der Downtown lassen sich gut zu Fuß erkunden (z. B. der Bayfront Park und das Flussufer).

Man kann leicht ein paar Tage mit der Besichtigung der hiesigen Attraktionen, dem Besuch der ausgezeichneten Museen, dem Genießen der schönen Aussicht und dem Besuch von Shows in den schönen hiesigen Theatern zubringen. Das Viertel ist zudem ein Treff der Einheimischen – mit Dachbars, schicken Nachtclubs und kreativen Restaurants, deren Publikum die in der Stadt arbeitenden Angestellten genauso sind wie die gut betuchten Besitzer der hiesigen Eigentumswohnungen, die in den letzten Jahren nach Downtown gezogen sind.

★ **Pérez Art Museum Miami** MUSEUM

(PAMM; Karte S. 78; ☎305-375-3000; www.pamm.org; 1103 Biscayne Blvd; Erw./Senior & Stu-

North Beach

0 1 km
0 0,5 Meilen
A
B
C
D
1
2
3
4
5
6
7
Normandy Isle
N Shore Dr
77th St
Josh's Deli (1,6 Meilen); Daddy O Hotel (2 Meilen)
Harding Ave
Collins Ave
23
Normandy Shores Golf Course
71st St Bridge
71st St
17
S Shore Dr
Normandy Dr
5
21
Trouville Esplanade
6
Aquatic Rental Center & Sailing School (0,8 Meilen)
20
JFK/79th St Cswy
22
NORTH BAY VILLAGE
W 63rd St
7
A1A
La Gorce Country Club
Biscayne Bay
La Gorce Dr
Pine Tree Dr
Collins Ave
Alton Rd
Dade Blvd
907
2
4
Alton Rd
A1A
41st St/Arthur Godfrey Rd
19
Indian Creek Dr
9
10
Julia Tuttle Cswy
195
8
N Chase Ave
Sheridan Ave
N Bay Rd
Alton Rd
Pine Tree Dr
3
South Beach
15
11
14
Sunset Islands
Bayshore Municipal Golf Course
N Chase Ave
Collins Ave
1
W 28th St
13
12
16
18

North Beach

Sehenswertes
1 Boardwalk ... D7
2 Eden Roc Renaissance ... D5
3 Faena Forum ... D7
4 Fontainebleau ... D6

Aktivitäten, Kurse & Touren
5 Carillon Miami Wellness Resort ... D2
6 Normandy Isle Park & Pool ... B2
7 Russian & Turkish Baths ... D3

Schlafen
8 Casa Faena ... D7
9 Circa 39 ... D6
10 Croydon Hotel ... D6
Eden Roc Renaissance ... (siehe 2)
11 Faena Hotel Miami Beach ... D7
Fontainebleau ... (siehe 4)
12 Freehand Miami ... D7
13 Miami Beach Edition ... D7
14 Palms Hotel ... D7
15 Red South Beach ... D7

Essen
16 27 Restaurant ... D7
17 Cafe Prima Pasta ... D1
18 Indomania ... D7
19 Roasters' n Toasters ... C6
20 Shuckers ... A2

Ausgehen & Nachtleben
Broken Shaker ... (siehe 12)
21 Sandbar Lounge ... D2
WunderBar ... (siehe 9)

Unterhaltung
22 Chopin Foundation of the United States ... A2
23 North Beach Bandshell ... D1

dent 16/12 US$, 1. Do & 2. Sa im Monat Eintritt frei; Fr–Di 10–18, Do bis 21 Uhr, Mi geschl.; P) Das Museum bietet tolle Wechselausstellungen zur internationalen Kunst seit dem Zweiten Weltkrieg, besticht aber auch durch seine Lage und seine Fassade. Diese Kunstinstitution begründete den Museum Park, einen Landstreifen mit Blick auf die blaue Fläche der Biscayne Bay. Die Schweizer Architekten Herzog & de Meuron entwarfen das Gebäude, das in sich tropische Vegetation, Glas und Metall vereint und sich damit als ein Mix aus tropischer Vitalität und frischer Moderne präsentiert, die genau zu Miami passt.

Das Museum zeigt einige der besten Ausstellungen zeitgenössischer Kunst in der Stadt. Die Sammlung umfasst Werke aus den letzten 80 Jahren, die in alle paar Monate wechselnden Ausstellungen präsentiert werden. Sonderausstellungen und Retrospektiven locken größere Besuchermassen an (in den letzten Jahren gab es z. B. Ausstellungen des berühmten chinesischen Künstlers Ai Weiwei und des kinetischen Künstlers Julio Le Parc). Die Außenflächen werden als Skulpturengarten genutzt.

Wer bei all der zeitgenössischen Kunst eine Erholungspause braucht, findet im Museum ein erstklassiges Café. Man kann aber auch einfach in dem grünen Park abhängen oder es sich auf einem Liegestuhl bequem machen und den Blick auf das Wasser genießen.

★ HistoryMiami — MUSEUM

(Karte S. 78; ☎ 305-375-1492; www.historymiami.org; 101 W Flagler St; Erw./Kind 10/5 US$; Mo–Sa 10–17, So ab 12 Uhr;) Das südliche Florida – ein Land entflohener Sklaven, aufständischer Indianer, Gangster, Landbesetzer, Piraten, Touristen, Drogendealer und Alligatoren – hat eine besondere Geschichte, die ein besonderes Museum braucht, um sie angemessen zu erzählen – und diese sehr zu empfehlende Einrichtung im **Miami-Dade Cultural Center** widmet sich dieser Aufgabe, indem es die diversen Besiedlungswellen, von den amerikanischen Ureinwohnern bis zu den Nicaraguanern, nachzeichnet.

Die Sammlung verteilt sich auf zwei Gebäude. Zunächst besichtigt man die Dauerausstellung mit interaktiven Exponaten zum Leben der Seminolen, zu frühen Gewerbezweigen wie dem Schwammtauchen und dem Bergen der Schätze von Schiffen, die an den Riffen gescheitert waren. Näher an die Gegenwart heran führen die Ausstellungen zum Zweiten Weltkrieg (als in Miami Beach Truppen stationiert waren), zur Geschichte der Afroamerikaner und der kubanischen Flüchtlinge (wo ein selbstgebautes Boot zu sehen ist, mit dem eine gefährliche Überfahrt nach Florida durchgeführt wurde). Um zum Museum zu kommen, den Metromover bis zur Haltestelle Government Center nehmen.

★ Bayfront Park — PARK

(Karte S. 78; ☎ 305-358-7550; www.bayfrontparkmiami.com; 301 N Biscayne Blvd) Wenige Parks in den USA haben ein derart schönes Ufer (dank des türkisblauen Wassers der Biscayne Bay), aber Miami ist in dieser Hinsicht eben gesegnet. Zu den wichtigen Stätten im Park gehören zwei Veranstaltungsorte, das

Downtown Miami

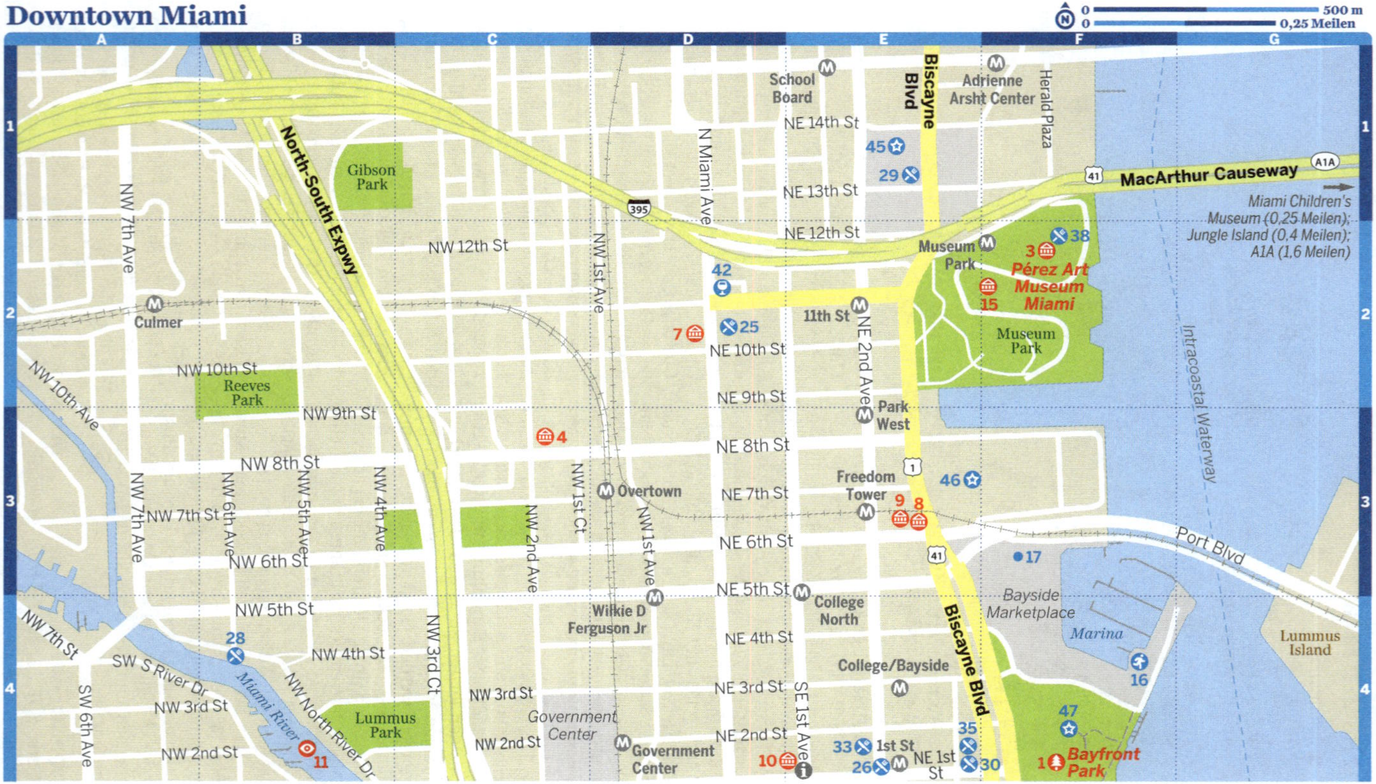

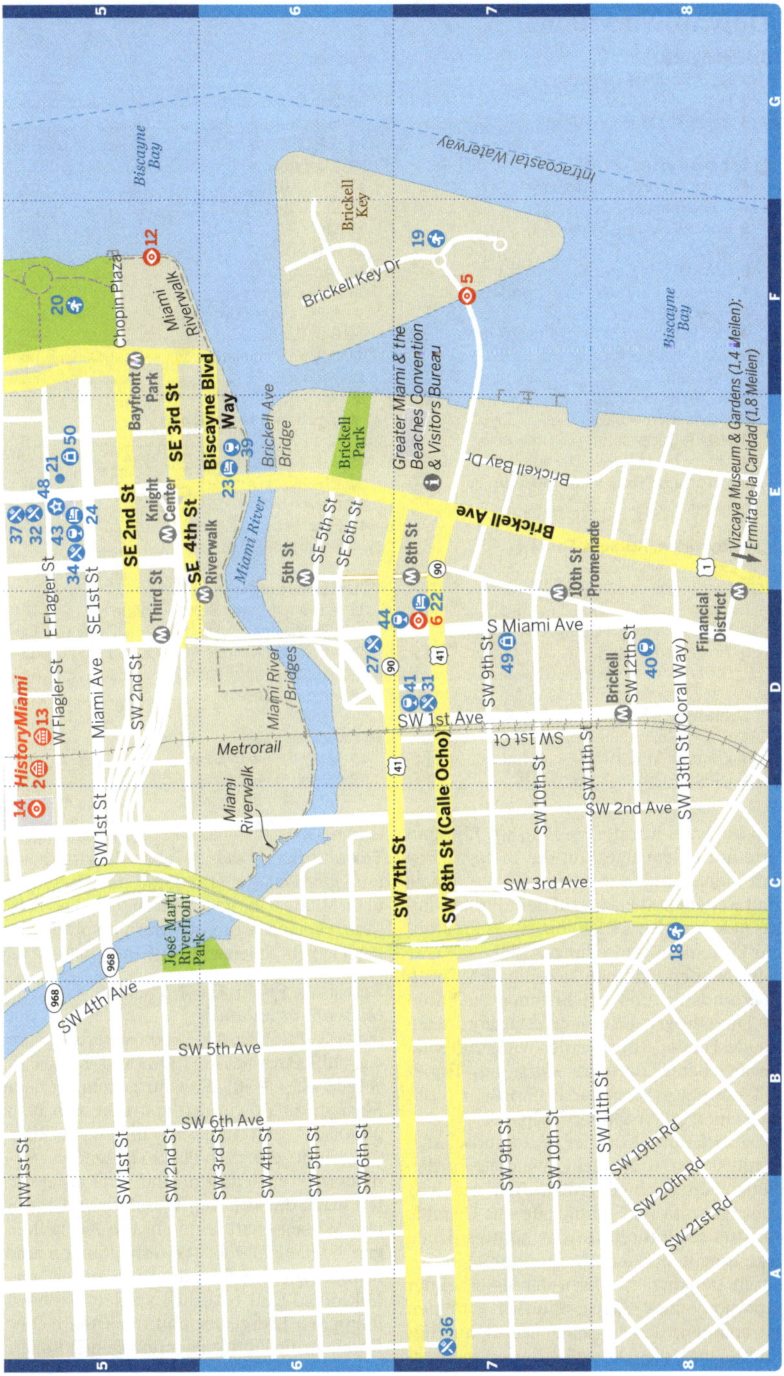
Biscayne Bay
Intracoastal Waterway
Brickell Key
Brickell Key Dr
Chopin Plaza
Miami Riverwalk
Bayfront Park
SE 2nd St
SE 3rd St
SE 4th St
Biscayne Blvd Way
Knight Center
Third St
Riverwalk
Brickell Ave Bridge
Brickell Park
Brickell Ave
Brickell Bay Dr
Greater Miami & the Beaches Convention & Visitors Bureau
Miami River
5th St
SE 5th St
SE 6th St
8th St
10th St Promenade
Financial District
Vizcaya Museum & Gardens (1,4 Meilen); Ermita de la Caridad (1,8 Meilen)
E Flagler St
SE 1st St
W Flagler St
Miami Ave
SW 2nd St
HistoryMiami
Metrorail
Miami River Bridges
Miami Riverwalk
S Miami Ave
SW 9th St
SW 1st Ave
SW 1st Ct
SW 10th St
SW 11th St
SW 12th St
Brickell
SW 13th St (Coral Way)
SW 2nd Ave
SW 3rd Ave
SW 7th St
SW 8th St (Calle Ocho)
José Martí Riverfront Park
SW 4th Ave
SW 5th Ave
SW 6th Ave
NW 1st St
SW 1st St
SW 3rd St
SW 4th St
SW 5th St
SW 6th St
SW 19th Rd
SW 20th Rd
SW 21st Rd
5
6
7
8
A
B
C
D
E
F
G
2
5
6
12
13
14
18
19
20
21
22
23
24
27
31
32
34
36
37
39
40
41
43
44
48
49
50
1
41
90
968

Downtown Miami

Highlights
1 Bayfront Park F4
2 HistoryMiami D5
3 Pérez Art Museum Miami F2

Sehenswertes
4 Black Archives Historic Lyric Theater C3
5 Brickell Avenue Bridge & Brickell Key F7
6 Brickell City Centre D7
7 Cisneros Fontanal Arts Foundation D2
8 Freedom Tower E3
9 MDC Museum of Art & Design E3
10 Miami Center for Architecture & Design E4
11 Miami River B4
12 Miami Riverwalk F5
13 Miami-Dade County Courthouse D5
14 Miami-Dade Public Library C5
15 Patricia & Phillip Frost Museum of Science F2

Aktivitäten, Kurse & Touren
16 Blue Waters II F4
17 Island Queen F3
18 Miami Yoga C8
19 Spa at Mandarin Oriental Miami F7
20 Tina Hills Pavilion F5
21 Urban Tour Host E5

Schlafen
22 EAST, Miami D7
23 Kimpton EPIC Hotel E6
24 Langford Hotel E5

Essen
25 All Day D2
26 Bali Cafe E4
27 Bonding D6
28 Casablanca B4
29 Chef Allen's Farm-to-Table Dinner E1
30 CVI.CHE105 E4
31 La Moon D7
32 Manna Life Food E5
33 NIU Kitchen E4
34 PB Station E5
35 Pollos & Jarras E4
River Oyster Bar (siehe 27)
36 San Pocho A7
37 Soya e Pomodoro E5
38 Verde F2

Ausgehen & Nachtleben
39 Area 31 E6
40 Batch Gastropub D8
41 Blackbird Ordinary D7
42 Eleven Miami D2
43 Pawnbroker E5
44 Sugar D7

Unterhaltung
45 Adrienne Arsht Center for the Performing Arts E1
46 American Airlines Arena E3
47 Klipsch Amphitheater F4
48 Olympia Theater E5

Shoppen
49 Mary Brickell Village D7
50 Supply & Advise E5

Klipsch Amphitheater (S. 143), wo Livekonzerte mit tollem Blick auf die Biscayne Bay stattfinden, und der kleinere, 200 Plätze (und weitere 800 Plätze auf dem Rasen) umfassende **Tina Hills Pavilion**, wo es im Frühjahr kostenlose Vorstellungen gibt.

Im Norden befinden sich die **JFK Torch of Friendship** und ein Brunnen zu Ehren des langjährigen US-Kongressabgeordneten Claude Pepper. Hier werden viele Aktivitäten angeboten, darunter Kurse am Trapez und kostenlose Yogakurse (S. 101); es gibt auch einen tollen Kinderspielplatz.

Der bekannte Künstler und Landschaftsarchitekt Isamu Noguchi gestaltete in den 1980er-Jahren einen großen Teil des Bayfront Park um und schmückte das Gelände mit drei Skulpturen. In der südwestlichen Ecke erhebt sich das **Challenger Memorial**, ein Denkmal zu Ehren der 1986 bei der Explosion eines Space Shuttles getöteten Astronauten, das in seiner Form auf das Shuttle und die Doppelhelix der menschlichen DNS anspielt. Der 12 m hohe **Light Tower** bezieht sich in abstrahierter Form auf japanische Laternen und das Mondlicht über Miami. Uns gefällt besonders das **Slide Mantra**, eine verdrehte Marmorspirale, die zugleich ein Spielgerät für Kinder ist.

Patricia & Phillip Frost Museum of Science
MUSEUM

(Karte S. 78; ☎305-434-9600; www.frostscience.org; 1101 Biscayne Blvd; Erw./Kind 28/20 US$; ⌚9–18 Uhr; P ♿) Das ausgedehnte neue Museum in Downtown erstreckt sich über 23 000 m² und umfasst ein dreistöckiges Aquarium, ein 250 Plätze fassendes, topmodernes Planetarium und zwei abgesetzte Flügel, die sich den Wundern von Natur und Wissenschaft widmen. Die Ausstellungen behandeln z. B. Wetterphänomen und Krabbelgetier, gefiederte Dinosaurier oder Mikroben. Und natürlich spielen die faszinierenden Everglades und die artenreichen Korallenriffe Floridas herausragende Rollen.

Die neue Einrichtung, bei deren Bau man auf Nachhaltigkeit achtete, kostete 305 Mio. US$ und wurde 2017 eröffnet.

Brickell City Centre GEBIET
(Karte S. 78; www.brickellcitycentre.com; 701 S Miami Ave; Mo–Sa 10–21.30, So 12–19 Uhr) Nach einer vierjährigen Bauzeit wurde Ende 2016 eines der angesagtesten neuen Projekte in Miami eröffnet. Der gewaltige Komplex, der über 1 Mrd. US$ verschlang, erstreckt sich über drei Blocks und umfasst glitzernde Wohntürme, modernistische Büroblocks und ein Fünf-Sterne-Hochhaushotel (das EAST, Miami; S. 119). Restaurants, Bars, ein Kino und viele Läden teurer Ketten (Ted Baker, All Saints, Kendra Scott) locken die Einwohner Miamis und auswärtige Besucher in das Zentrum.

Läden verteilen sich zu beiden Seiten der S Miami Ave zwischen der 7th und der 8th St, darunter ein großes Kaufhaus von Saks Fifth Ave. Noch im Bau befindet sich ein dreistöckiges italienisches Feinkost-Emporium mit Restaurants, Cafés, einer Bäckerei, einer Enoteca und einer Kochschule, das 2018 eröffnet werden soll.

Miami Riverwalk UFER
(Karte S. 78) Der Fußgängerweg folgt dem Nordufer des die Downtown durchquerenden Flusses und bietet einige friedliche Aussichtspunkte auf die Brücken und Wolkenkratzer der Stadt. Man beginnt den Spaziergang am Südende des Bayfront Park; unter Brücken hindurch und am Ufer entlang führt er bis zu seinem Ende gleich westlich der SW 2nd Ave Bridge.

Der Riverwalk ist ein kleiner Abschnitt des ehrgeizigen Miami River Greenway-Projekts, in dessen Verlauf ein Grünzug zu beiden Seiten des Flusses bis zu dessen Kreuzung mit dem Dolphin Expressway geschaffen werden soll.

Freedom Tower HISTORISCHES GEBÄUDE
(Karte S. 78; 600 Biscayne Blvd; 10–17 Uhr) Als kleines Teil der alten Skyline von Miami ist der reich verzierte Freedom Tower einer von zwei erhaltenen Türmen, die dem Vorbild der Giralda der Kathedrale von Sevilla nachgebildet sind. Als „Ellis Island des Südens" diente das Hochhaus in den 1960er-Jahren als Einwanderungsstation für eine halbe Million kubanischer Flüchtlinge. Das Gebäude wurde 1979 in das National Register of Historic Places eingetragen und war 32 Jahre lang auch die Zentrale der *Miami Daily News*.

Im schön restaurierten Foyer sieht man oberhalb der Fahrstühle und bis hin zu der Kassettendecke Reliefs, die Männer bei der Arbeit an den Druckerpressen zeigen. Heute befindet sich in dem Turm auch das MDC Museum of Art & Design.

Black Archives Historic Lyric Theater HISTORISCHES GEBÄUDE
(Karte S. 78; 786-708-4610; www.bahlt.org; 819 NW 2nd Ave; Museum Mo–Sa 10–18, So 12–17 Uhr) Duke Ellington und Ella Fitzgerald standen einst auf der Bühne des Lyric, das in der Zeit der offenen rassistischen Ausgrenzung von Afroamerikanern in den USA eine wichtige Station des „Chitlin' Circuit" der afroamerikanischen Livemusik- und Unterhaltungsszene war. Später verfielen das Theater und das Viertel Overtown, in dem es sich befindet. Schließlich erwarb die **Black Archives History & Research Foundation of South Florida** das Gebäude. Heute gibt es in dem Theater gelegentlich Shows, und das Archiv zeigt ausgezeichnete Ausstellungen, die dem afroamerikanischen Erbe in Miami und darüber hinaus nachspüren.

Brickell Avenue Bridge & Brickell Key INSEL
(Karte S. 78) Die über den Miami River führende Brickell Avenue Bridge zwischen der SE 4th St und der SE 5th St wurde vor mehreren Jahren erhöht und verbreitert, was den Drogendealern in ihren Schnellbooten gleich am Tag der großen Eröffnung die Flucht vor den Beamten der US-amerikanischen Drogenbehörde DEA erleichterte. Sehenswert ist die 5 m hohe Bronzestatue eines Tequesta-Kriegers und seiner Familie auf dem Pillar of History, die der aus Kuba stammende Bildhauer Manuel Carbonell geschaffen hat.

MDC Museum of Art & Design MUSEUM
(Freedom Tower; Karte S. 78; 305-237-7700; www.mdcmoad.org; 600 Biscayne Blvd) Das Miami-Dade College betreibt dieses kleine, aber gut geführte Kunstmuseum in Downtown. Zur Sammlung gehören Werke von Matisse, Picasso und Chagall; im Mittelpunkt stehen der Minimalismus, die Pop Art und die zeitgenössische lateinamerikanische Kunst. Das Gebäude, in dem das Museum residiert, ist selber ein Kunstwerk: der 78 m hohe, 1925 erbaute Freedom Tower, ein Meisterwerk des Mediterranean Revival.

Miami City Cemetery FRIEDHOF
(Karte S. 84; 1800 NE 2nd Ave; Mo–Fr 7–15.30, Sa & So 8–16.30 Uhr) Der ruhige Friedhof ist

die letzte Ruhestätte einiger der bedeutendsten Bürger von Miami-Dade und erzählt die Geschichte der Stadt in Knochen, Staub und Stein. Der Zwiespalt von Vergangenheit und Moderne zeigt sich in Form von hohen Wohnanlagen, die die Ruhestätte der verstorbenen Größen der Magic City buchstäblich in den Schatten stellen.

Die mehr als 9000 Grabstätten sind in separate Bereiche für „Weiße", „Schwarze" und „Juden" unterteilt. Hier liegen Bürgermeister, Veteranen (darunter ca. 90 Soldaten der Südstaatenarmee des amerikanischen Bürgerkriegs) und Julia Tuttle, die „Mutter" Südfloridas, die die ersten Orangenhaine kaufte und damit Siedler in das Gebiet lockte.

Miami Center for Architecture & Design — MUSEUM

(Old US Post Office; Karte S. 78; ☎305-448-7488; www.miamicad.org; 100 NE 1st Ave; ⌚Mo–Fr 10–17 Uhr) GRATIS Es ist verständlich, dass die in Miami ansässige Filiale des American Institute of Architects sich für das alte Postamt als Zentrale ihres Center for Architecture & Design entschied. Die 1912 erbaute Post war das erste staatliche Gebäude in Miami. Das Gebäude zeichnet sich durch ein niedriges Giebeldach, aufwändige Türen und reich verzierte Eingänge aus; 1937 wurde es an eine Spar- und Darlehenskasse verkauft.

Heute gibt es hier Vorträge und Events, die sich mit Architektur, Design und Stadtplanung befassen, sowie eine kleine, aber faszinierende Ausstellung zu diesen Themen. An jedem zweiten Samstag starten hier um 10 Uhr Stadtspaziergänge zu einigen historischen Gebäuden von Downtown Miami. Auf der Website erfährt man die Termine und kann reservieren.

Miami River — FLUSS

(Karte S. 78) Einen Eindruck des alten Florida vermittelt ein Spaziergang am Miami River. Die Uferpromenade führt vorbei an glitzernden Wohntürmen und verfallenen, mit Graffiti bedeckten Lagerhäusern, während auf dem spiegelglatten Wasser ein paar kleine Schlepper tuckern. Fischerboote bringen den Fang des Tages in die Stadt, z. B. zum Casablanca (S. 126), und schicke Jachten fahren in die Bucht hinaus oder kehren aus ihr zurück.

Die Brücken bieten einige schöne Aussichtspunkte, ganz besonders die Brickell Ave Bridge, wo sich in der Abenddämmerung die hellen Lichter der Stadt gegen den dunklen Himmel abzeichnen.

Miami Children's Museum — MUSEUM

(☎305-373-5437; www.miamichildrensmuseum.org; 980 MacArthur Causeway; 20 US$; ⌚10–18 Uhr; 👪) Das Museum zwischen South Beach und Downtown Miami wirkt eher wie ein überkandidelter Spielplatz, in dem Kinder alle möglichen Tätigkeiten von Erwachsenen ausprobieren – von Bankgeschäften über das Einkaufen von Nahrungsmitteln bis hin zur Pflege von Haustieren – oder auch Polizist oder Feuerwehrmann spielen.

In weiteren, die Fantasie anregenden Bereichen können Kinder Musik machen, Abenteuer unter Wasser erleben, Wände bemalen, ein kleines Schloss aus Buntglassteinen erkunden oder im Freien auf Spielplätzen herumtollen.

Jungle Island — ZOO

(☎305-400-7000; www.jungleisland.com; 1111 Parrot Jungle Trail, abseits des MacArthur Causeway; Erw./Kind/Senior 40/33/38 US$; ⌚10–17 Uhr; P 👪) Jungle Island, eine Arche mit tropischen Vögeln, Alligatoren, Orang-Utans, Schimpansen, Lemuren, einem (*Napoleon Dynamite*-Fans aufgepasst!) Liger (Kreuzung zwischen einem männlichen Löwen und einem weiblichen Tiger) und vielen weiteren Tieren, verspricht viel Spaß. Kinder werden quengeln, um hierher zu fahren, und man sollte ihnen nachgeben und sich mit ihnen auf diesen künstlichen, in sich abgeschlossenen Dschungel mit vielen Vögeln und Stallgeruch freuen.

Cisneros Fontanal Arts Foundation — MUSEUM

(CIFO; Karte S. 78; ☎305-455-3380; www.cifo.org; 1018 N Miami Ave; ⌚Do & Fr 12–18, Sa & So 10–16 Uhr) Diese Kunststiftung zeigt Werke zeitgenössischer lateinamerikanischer Künstler in einem eindrucksvollen Ausstellungsraum. Schon die Fassade verbindet postindustriellen Brutalismus mit einem lauernden natürlichen Ambiente; der intensive Einsatz von Bisazza-Fliesen sorgt für ein die Gestaltung verbindendes tropisches Motiv. Die Öffnungszeiten gelten nur während Ausstellungen, ansonsten lassen sich telefonisch Führungen vereinbaren.

Miami-Dade Public Library — BIBLIOTHEK

(Karte S. 78; ☎305-375-2665; www.mdpls.org; 101 W Flagler St; ⌚Mo–Sa 10–18 Uhr) Wer mehr über Florida (insbesondere Südflorida) erfahren will, kann in der umfangreichen Florida Collection stöbern. Erkundigen sollte man sich auch nach der Romer Photograph Collection, einem Archiv von etwa 17 500 Fotos und Drucken, die die Geschichte Miamis von den Anfängen der Stadt bis 1945 dokumentieren. Weitere Einzelheiten erfährt man vor Ort von John Shipley, dem Leiter der Florida Collection.

Miami-Dade County Courthouse HISTORISCHES GEBÄUDE
(Karte S. 78; 73 W Flagler St) Wer hier vor Gericht steht, hat den Trost, sich kostenlos eines der imposantesten Gerichtsgebäude der USA anschauen zu können. Das 28-stöckige neoklassizistische Gebäude wurde zwischen 1925 und 1929 errichtet und ist so würdevoll, dass es sicher ein Richter wäre, wenn Gebäude Menschen wären. Wissenswert: Seinerzeit dienten die obersten neun Etagen als „Sicherheitsgefängnis", aus dem allerdings mehr als 70 Häftlinge entkamen.

Wynwood & Design District

Wynwood ist in den letzten Jahren richtig bekannt geworden. Zunächst kamen die Wynwood Walls (S. 86), eine Reihe gebäudehoher Wandmalereien von führenden internationalen Straßenkünstlern. Danach entstanden die ersten Galerien, Bars und Restaurants, und aus dem Rinnsal wurde schnell ein reißender Strom. Heute finden sich in Wynwood einige der besten Cafés, Bäckereien, Tacostände und Fusionrestaurants der Stadt, zudem kreative Boutiquen, Kleinbrauereien und Cocktailbars. Man kann einige Tage allein mit der Erkundung dieses Viertels verbringen. Tagsüber kann man Galerien und Läden abklappern und zwischendurch etwas essen, doch abends zeigt sich das Viertel von seiner muntersten Seite. Dann treffen sich die Kreativen bei Kerzenscheinen in Brauereipubs und in Hinterhof-Musikschuppen.

Gleich nördlich von Wynwood liegt der elegant (und teuer) anmutende Design District. Im Haupteinkaufsviertel findet man schöne, aber extrem teure Objekte, z. B. italienische Designerstühle, russische Schränke aus der Zarenzeit oder Kandelaber im Stil Dale Chihulys. Abgesehen von Läden gibt es hier mehrere ausgezeichnete Galerien, Skulpturen im öffentlichen Raum und am Rand des Gebiets einige ansprechende Restaurants und Bars.

Zwischen Wynwood und dem Design District liegt Midtown, das im Wesentlichen ein einziges großes Einkaufsviertel mit Boutiquen, Restaurants und Bars für die Bewohner der neuen Eigentumswohnungen ist. Dieses Viertel besitzt entschieden weniger Boheme-Atmosphäre als Wynwood, lohnt aber durchaus einen Blick, wenn man schon einmal in der Gegend ist.

★ Margulies Collection at the Warehouse GALERIE
(Karte S. 84; ☎305-576-1051; www.marguliesware house.com; 591 NW 27th St; Erw./Student 10/ 5 US$; ⏲Mitte Okt.–April Di–Sa 11–16 Uhr) Die 4180 m² große Ausstellungsfläche dieser gemeinnützigen Einrichtung beherbergt eine der besten Sammlungen in Wynwood. Zum Nachdenken anregende, großformatige Installationen stehen im Zentrum des Warehouse, und man findet darunter Werke führender Künstler des 21. Jhs.

Die Wechselausstellungen greifen auf Martin Margulies' eindrucksvolle, 4000 Werke umfassende Sammlung zurück. Zu ihr gehören Skulpturen von Isamu Noguchi, George Segal, Richard Serra, Olafur Eliasson und vielen weiteren berühmten Künstlern, außerdem Klanginstallationen von Susan Philipsz und hinreißende, raumgroße Arbeiten von Anselm Kiefer.

Bakehouse Art Complex GALERIE
(BAC; Karte S. 84; ☎305-576-2828; www.bacfl.org; 561 NW 32nd St; ⏲12–17 Uhr; P) GRATIS Das Bakehouse ist eine der Schlüsselinstitutionen der Kunstszene in Wynwood und setzte noch weit vor den Wynwood Walls künstlerische Impulse. Heute beherbergt die ehemalige Bäckerei Galerien und rund 60 Ateliers. Die Werke, die man hier sieht, decken ein eindrucksvolles Spektrum ab. Auf dem Terminkalender stehen Gespräche mit Künstlern und andere Events.

De La Cruz Collection GALERIE
(Karte S. 84; ☎305-576-6112; www.delacruzcollection.org; 23 NE 41st St; ⏲Di–Sa 10–16 Uhr) GRATIS Die 2800 m² große Galerie beherbergt eine der besten Privatsammlungen Miamis und entpuppt sich auf den drei Etagen, in denen man sich kostenlos umschauen kann, als eine Schatztruhe zeitgenössischer Kunst. Ein Schwerpunkt der Sammlung von Rosa und Carlos de la Cruz, die ursprünglich aus Kuba stammen, liegt auf deutscher Malerei der Nachkriegszeit, sie umfasst darüber hinaus auch faszinierende Werke von Jim Hodges, Ana Mendieta und Felix Gonzalez-Torres.

Fly's Eye Dome SKULPTUR
(Karte S. 84; 140 NE 39th St, Palm Court) Die 2014 während der Art Basel (S. 108) installierte auffällige geodätische Kuppel Buckminster

Wynwood & Design District

Fullers wirkt außerirdisch; sie scheint in dem kleinen, spiegelnden, von schlanken, sich im Wind wiegenden Palmen umgebenen Teich zu schweben. Fuller nannte die 7,3 m hohe Raumskulptur eine „autonome Wohnmaschine", als er sie 1965 entwarf.

Palm Court HOF

(Karte S. 84; 140 NE 39th St) Im Zentrum des Design District findet sich dieser hübsche Hof, der 2014 kurz vor der Art Basel eröffnet wurde. Neben zwei Stockwerken mit Luxusläden gibt es hier die ins Auge fallende Raumskulptur Fly's Eye Dome und hohe Palmen.

Locust Projects GALERIE

(Karte S. 84; ☎305-576-8570; www.locustprojects.org; 3852 N Miami Ave; ⏲Di–Sa 10–18 Uhr) GRATIS Locust Projects ist in der Szene aufstrebender zeitgenössischer Künstler zu einem wichtigen Namen geworden. Die 1998 von Künstlern gegründete gemeinnützige Einrichtung hat im Lauf der Jahre mehr als 250 Künstler aus der Region, den ganzen USA und aus aller Welt ausgestellt. Die Galerie zeigt häufig auch eigens für diesen Ort entwickelte Installationen von Künstlern, die bereit sind, größere Risiken einzugehen, als sie in kommerzieller ausgerichteten Galerien gewünscht sind.

Wynwood & Design District

Highlights
1 Margulies Collection at the Warehouse ... A4
2 Wynwood Walls ... B5

Sehenswertes
3 Art Fusion ... C2
4 Bacardi Building ... C4
5 Bakehouse Art Complex ... A3
6 De La Cruz Collection ... C2
7 Fly's Eye Dome ... C2
8 Living Room ... B2
9 Locust Projects ... C2
10 Miami City Cemetery ... C5
Palm Court ... (siehe 7)

Schlafen
11 Fortuna House ... D4
12 Real Living Residence ... C4

Essen
13 Alter ... B5
14 Buena Vista Deli ... C1
15 Cake Thai ... B3
16 Coyo Taco ... B5
17 Della Test Kitchen ... C3
18 Enriqueta's ... C3
19 Harry's Pizzeria ... B2
20 Kush ... C5
21 Kyu ... B5
22 Lemoni Café ... C1
23 Mandolin ... C1
24 Michael's Genuine ... C2
25 Ono Poke ... C4
26 Panther Coffee ... B5
27 Salty Donut ... B4
28 SuViche ... C4
29 The Butcher Shop ... B5
Wynwood Yard ... (siehe 17)
30 Zak the Baker ... A4

Ausgehen & Nachtleben
31 Bardot ... C2
32 Boxelder ... B4
33 Concrete Beach Brewery ... A5
Coyo Taco ... (siehe 16)
34 Gramps ... B5
35 Lagniappe ... C2
36 Wood Tavern ... B5
37 Wynwood Brewing Company ... A4

Unterhaltung
38 Light Box at Goldman Warehouse ... A5
39 O Cinema Wynwood ... B3

Shoppen
40 Art by God ... C4
41 Brooklyn Vintage & Vinyl ... A3
42 Genius Jones ... C3
43 Malaquita ... B4
44 Nomad Tribe ... B5
45 Out of the Closet ... C3
46 Shinola ... B5

Art Fusion GALERIE
(Karte S. 84; www.artfusionartists.com; 3550 N Miami Ave; ⌚Mo–Sa 11–18 Uhr) GRATIS Die große Galerie in Midtown besitzt eine vielseitige Sammlung mit Werken von Künstlern aus aller Welt. Man findet hier auf 743 m² Skulpturen, Porträts, Landschaftsbilder und Arbeiten in Mischtechniken.

Living Room KUNST IM ÖFFENTLICHEN RAUM
(Karte S. 84; Ecke NW 40th St & N Miami Ave) Gerade am Eingang zum Design District mit seinen vielen Läden mit Einrichtungsgegenständen findet sich im öffentlichen Raum diese surreale Kunstinstallation eines Wohnzimmers. Der *Living Room* ist aber kein Reklamegag: Das argentinische Künstler-Ehepaar Roberto Behar und Rosario Marquardt versteht sein Werk als einen „Eingriff in den städtischen Raum", der das Verschwinden des öffentlichen Raums kritisieren will.

Bacardi Building ARCHITEKTUR
(Karte S. 84; 2100 Biscayne Blvd) GRATIS Man muss kein Rumliebhaber sein, um an der ehemaligen Firmenzentrale des weltgrößten Spirituosenproduzenten in Privatbesitz Gefallen zu finden. Das an eine Schmuckschachtel erinnernde schön dekorierte Hauptgebäude scheint über dem Boden zu schweben und wird von einem zentralen Stützpfeiler getragen. Die Fassade ist mit 2,5 cm dicken Stücken aus gehämmertem Glas bedeckt; das mesoamerikanische Muster ist einem Mosaik des deutschen Künstlers Johannes M. Dietz nachempfunden.

Little Haiti & Upper East Side

Sehenswürdigkeiten in traditionellem Sinn sind in dieser Gegend eher dünn gesät. Die meisten Einheimischen kommen, wenn es in einer der hiesigen Galerien und Kulturzentren Sonderausstellungen oder andere Events gibt. Architekturfans werden sich jedoch die „MiMo on Bibo", das historische Viertel mit Gebäuden des Miami-Modern-Stils am Biscayne Blvd, nicht entgehen lassen – dabei handelt es sich um eine ganze Reihe fotogener Bauten zwischen der 50th und der 77th St.

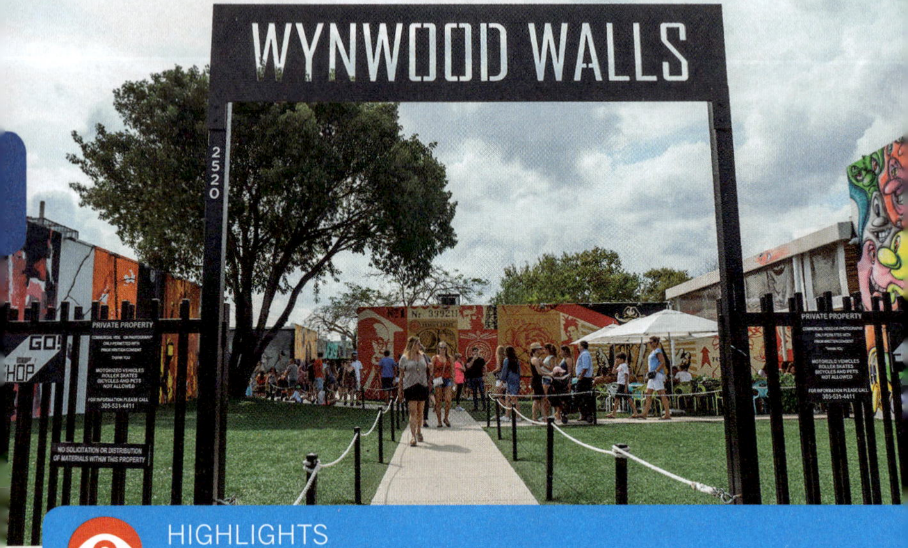

HIGHLIGHTS WYNWOOD WALLS

Der Start der Wynwood Walls zog wie ein Meteor eine Bahn am Himmel der Kunstwelt – immer mehr auffällige, farbenfrohe Malereien schmückten die Mauern eines ehemaligen Lagerhausviertels. Künstler aus aller Welt tragen zu der sich ständig verändernden Freiluftgalerie bei und verwandeln Wynwood in ein Mekka für Kunstfreunde.

Hintergrund

Zu Beginn des neuen Jahrtausends tat sich in Wynwood nicht viel. Seit den 1970er-Jahren galt Wynwood eigentlich nur als ein ausgedehntes Lagerhausviertel. Und dann kam Tony Goldman.

Goldman, dem die Wiederbelebung von South Beach (und des SoHo District in New York City) zugeschrieben wird, sah in dem heruntergekommenen Viertel ein enormes Potenzial. Zwar lebten schon Künstler in der Gegend, aber sie war dennoch öde und nachts nicht sicher. Goldman begann damit, die Grundstücke aufzukaufen. Als er sie zusammengebracht hatte, präsentierte er seinen Masterplan. Er wollte Künstler aus aller Welt einladen, um die größte und kühnste Kollektion von Straßenkunst zu schaffen, die Miami je gesehen hatte. Um die Ecke eröffnete er das erste Restaurant im Viertel, das Joeys, ein bahnbrechendes italienisches Lokal, das es auch heute noch gibt.

Goldman begann mit dem aus sechs Lagerhäusern bestehenden Komplex zwischen der 25th und der 26th St. Er nutzte die Gebäude, die wegen des Fehlens von Fenstern ideal für sein Vorhaben geeignet waren, als leere Leinwände und ließ die Künstler ihre Arbeit tun. Kunst-Superstar Jeffrey Deitch war im ersten Jahr des Projekts (2009) der Mitkurator. Die Künstler erhielten kostenlos Flugticket, Hotelunterkunft sowie alles benötigte Material und durften dann Goldmans 18 Mauerwände nach Lust und Laune bemalen. Der Plan erwies

SCHON GEWUSST?

Here Comes the Neighborhood ist ein Dokumentarfilm über die Entstehung der Wandmalereien, die Künstler und die Leute, die das Projekt verwirklichten. Der Film ist online unter www.hctn.tv zu sehen.

PRAKTISCH & KONKRET

- Karte S. 84
- www.thewynwoodwalls.com
- NW 2nd Ave zw. 25th & 26th St

sich als ein durchschlagender Erfolg. In jenem Jahr schauten sich während der Art Basel (S. 108) Tausende Besucher die Straßenkunst an, und die neuen Wynwood Walls wurden zum Stadtgespräch.

Die Kunst

Eines der wichtigsten Merkmale der Wynwood Walls ist, dass hier nichts unverändert bleibt – was wohl auch eine angemessene Metapher für den vergänglichen Charakter von Straßenkunst an sich ist. Die durchschnittliche Lebensdauer eines Wandbilds beträgt hier weniger als ein Jahr, dann wird es von einem anderen Künstler übermalt. Angesichts der herausragenden Qualität der Arbeiten ist das durchaus überraschend.

Seit dem Anfang des Projekts haben mehr als 50 Künstler aus 16 Ländern hier Wände bemalt. Zur ersten Schar der talentierten Künstler, die sich beteiligten, gehörte Shepard Fairey, dessen „Obey"-Straßen-Tags (mit dem Gesicht von André the Giant) und „Hope"-Plakate (mit dem Porträt Obamas) ihm weitreichenden Zuspruch eintrugen. Zu den weiteren berühmten Künstlern, die Werke anbrachten, gehörten die brasilianischen Zwillinge Os Gemeos, der französische Maler Invader, die japanische Künstlerin Aiko und der Portugiese Alexandre Farto (alias Vhils), der nicht malt, sondern modelliert und zuweilen sogar den Presslufthammer einsetzt, um Betonwände mit seinen realistischen Porträts zu verzieren.

Anders als viele Galeriegemälde weist die Straßenkunst immer ein kritisches Element auf und nimmt sich Themen wie Obdachlosigkeit, Polizeibrutalität, Entrechtung, den ungezügelten Materialismus und der ständig wachsenden sozialen Ungleichheit an. Es gibt aber auch fantastische Science-Fiction-Szenen, dynamische, abstrakte Farbwirbel und Farbmuster sowie schöne Porträts von vorbildlichen Persönlichkeiten. An den Wänden waren zu der einen oder anderen Zeit schon Porträts des Dalai Lama, Aung San Suu Kyis, Martin Luther Kings, Bob Marleys und auch von, ups!, Yoda zu sehen.

Museum der Straßen

Die Wynwood Walls bilden das Zentrum der Freiluftgalerie von Wynwood, sind aber inzwischen nicht mehr einzigartig. Nach Goldmans Erfolg luden auch andere Immobilienbesitzer Künstler ein, die Wände ihrer Gebäude zu bemalen. Innerhalb weniger Jahre ist das ganze Viertel zu einem gigantischen Straßenmuseum geworden – ein Museum, das hinter jeder Ecke Überraschungen und eine endlose Zahl von Fotomotiven verspricht.

TOP-TIPPS

- Früh aufbrechen, um den Massen zu entgehen!
- Wynwood Walls bietet private, online zu buchende Führungen (25 US$/Pers.) unter der Leitung von Straßenkünstlern.
- Mehr über die Straßenkunst in dem Viertel und die hiesige Galerieszene erfährt man bei einem Stadtspaziergang von Wynwood Art Walk (S. 105).
- Köstliche mexikanische Straßenküche gibt's bei Coyo Taco (S. 127).
- Den besten Filterkaffee Miamis bekommt man bei Panther Coffee (S. 128).

Little Haiti & Upper East Side

Tagsüber gibt's in dem Viertel nicht viel zu erkunden, aber abends erwacht es zum Leben. Es gibt, was den Besuchern von Miami Beach meist nicht bekannt ist, ein recht munteres Leben an der Upper East Side (mit Drinks am Pool, Indie-Rockbands etc.) und eine experimentierfreudige Restaurantszene. Will man das Viertel abseits gebahnter Pfade erkunden, macht man am besten damit den Anfang.

In Little Haiti gibt's immer noch ein größeres Problem mit Kriminalität, weswegen man hier nach Einbruch der Dunkelheit nicht herumlaufen sollte.

Little Haiti & Upper East Side

Sehenswertes
1 Little Haiti Cultural Center A5
2 Miami Ironside B1
3 Morningside Park C6

Schlafen
4 Motel Blu B1
5 New Yorker C4
6 Vagabond Hotel C2

Essen
7 Andiamo B5
8 Blue Collar C3
9 Choices C1
10 Jimmy's East Side Diner C2
11 Mina's C1
12 Phuc Yea B3

Ausgehen & Nachtleben
13 Boteco D1
14 Churchill's A6
15 The Anderson C1
16 Vagabond Pool Bar C2

Shoppen
17 Libreri Mapou A5
18 Marky's Gourmet C1
19 Sweat Records A6
20 Upper East Side Farmers Market C4

Little Haiti Cultural Center GALERIE

(Karte S. 88; ☎305-960-2969; www.littlehaiticulturalcenter.com; 212 NE 59th Tce; ⌚Di–Fr 10–21, Sa 9–16, So 11–19 Uhr) GRATIS Zu dem Zentrum gehört eine Kunstgalerie, in der oft zum Nachdenken anregende Ausstellungen haitianischer Maler, Bildhauer und Multimedia-Künstler gezeigt werden. Zudem gibt's hier Tanzkurse, Theatervorstellungen und bei besonderen Events einen karibischen Markt. Das Gebäude selbst prunkt mit bunten tropischen Farben, steilen Giebeldächern und verschnörkelten Deko-Elementen. Unbedingt anschauen sollte man sich das Wandgemälde in dem mit Palmen bepflanzten Hof.

Der Besuch lohnt sich besonders anlässlich von Sounds of Little Haiti (S. 105), einem Fest mit Musik und kulinarischen Genüssen von 18 bis 22 Uhr am dritten Freitag jedes Monats.

Miami Ironside KULTURZENTRUM

(Karte S. 88; www.miamiironside.com; 7610 NE 4th Ct) Dieses neue Kreativitätszentrum in Miami bildet eine Oase in dem ansonsten industriell geprägten Viertel Little River. Hier finden sich Kunst- und Design-Ateliers, Ausstellungsräume, Galerien und auch ein paar Restaurants und Bars. Das Gelände ist landschaftlich schön gestaltet und mit einigen faszinierenden Beispielen öffentlicher Kunst geschmückt.

Morningside Park PARK

(Karte S. 88; 750 NE 55 Tce) Der Park am Ufer ist morgens wunderschön, wenn man hier im goldenen Sonnenlicht etwas frische Luft schnappt. Mit Wanderwegen, Basketballkörben, Tennisplätzen, Sportanlagen, einem Kinderspielplatz und einem Schwimmbad (Eintritt 3 US$) ist für abwechslungsreiche Aktivitäten gesorgt.

Samstags werden Kajaks (ab 12 US$/Std.) und Stehpaddelbretter (ab 20 US$/Std.) vermietet.

PanAmerican Art Projects GALERIE

(PAAP; ☎305-573-2400; www.panamericanart.com; 6300 NW 2nd Ave; ⌚Di–Fr 10–18, Sa 12–18 Uhr) Trotz des Namens werden hier ab und zu auch Werke von Europäern gezeigt, die meisten Arbeiten stammen aber von Künstlern aus Lateinamerika, der Karibik und den USA.

Die früher in Wynwood angesiedelte Galerie zog 2016 nach Little Haiti um – ein wachsender Trend, da sich die Galerien zunehmend die Preise in dem Viertel, das sie populär machten, nicht mehr leisten können.

Little Havana

Little Havana ist ein schönes Ziel für einen entspannten Rundgang am Vor- oder Nachmittag. Das Viertel ist tagsüber (und besonders an den Wochenenden) am lebendigsten, wenn redelustige ältere Männer schnelle Dominopartien im Máximo Gómez Park spielen und die Galerien moderner Kunst vor Ort zu einem Besuch einladen. Man kann den Tag mit einem Einkaufsbummel in den Läden an der 8th St beschließen, wo es Souvenirs und Zigarren gibt, und unterwegs einen Kaffee oder einen Mojito trinken. In ein paar Stunden kann man sich bei einem entspannten Spaziergang alles anschauen, sollte aber abends wiederkommen und z. B. in einem Restaurant reservieren – hier gibt's nicht nur gute kubanische Küche – und sich danach in einem der beiden Musiktreffs von Little Havana Livebands anschauen.

★ **Máximo Gómez Park** PARK

(Karte S. 90; Ecke SW 8th St & SW 15th Ave; ⌚9–18 Uhr) Der Máximo Gómez oder „Domino“

Little Havana

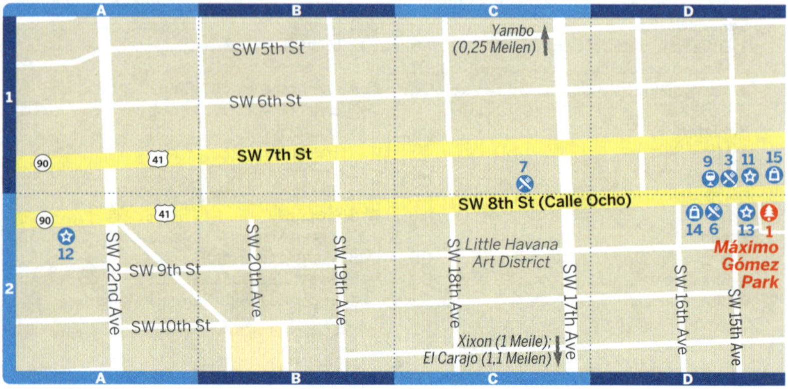

Little Havana

Highlights
1 Máximo Gómez Park D2

Sehenswertes
2 Cuban Memorial Park E2

Essen
3 Azucar D1
4 Doce Provisions F1
5 El Nuevo Siglo E1
6 Exquisito Restaurant D2
7 Lung Yai Thai Tapas C1
8 Viva Mexico F1

Ausgehen & Nachtleben
9 Ball & Chain D1
10 Los Pinareños Frutería E2

Unterhaltung
11 Cubaocho D1
12 Hoy Como Ayer A2
13 Tower Theater D2

Shoppen
14 Cuba Tobacco Cigar Co. D2
15 Guantanamera D1
16 Havana Collection E1

Park ist die stärkste Reminiszenz an das alte Kuba in Little Havana. Hier schwatzen ältere Männer bei einer Schachpartie, während nebenan die Dominosteine klappern. Mit dieser Geräuschkulisse, dem schweren Zigarrengeruch und dem sonnigen Wandbild zum Amerika-Gipfel von 1994 ist der Park einer der stimmungsvollsten (und zugegeben auch touristischsten) Orte in Miami.

Cuban Memorial Park DENKMAL
(Karte S. 90; SW 13th Ave, zw. 8th & 11th St) Der Park, der sich südlich der Calle Ocho (SW 8th St) längs der SW 13th Ave erstreckt, enthält eine Reihe von Denkmälern für berühmte Kubaner und US-Amerikaner kubanischer Herkunft. Zu den Monumenten gehören die **Eternal Torch in Honor of the 2506th Brigade** für die Exilkubaner, die bei der Invasion in der Schweinebucht ums Leben kamen, ein **Denkmal für José Martí** und eine **Madonnenstatue**, die angeblich jeden Nachmittag von einem heiligen Lichtstrahl beleuchtet wird.

Man findet hier auch eine Landkarte Kubas mit einem Zitat von José Martí. Im Mittelpunkt der Karte steht ein gewaltiger Ceiba-Baum, der von den Anhängern der Santería verehrt wird (einer synkretistischen Religion, die sich in Kuba im 18. Jh. unter afrikanischen Sklaven entwickelte).

Coconut Grove

Coconut Grove ist recht klein und lässt sich leicht zu Fuß durchqueren. Ein Nachmittagsspaziergang durch die von Bäumen gesäumten Straßen, gefolgt von einem Abendessen und Drinks, ist eine prima Art und Weise, das Viertel zu erkunden. Wer sich etwas mehr Zeit nehmen kann, sollte den kleinen Barnacle Historic State Park (S. 93) besuchen und sich am Ufer umsehen (wo man auch gut etwas essen kann).

Mehrere wichtige Stätten des Viertels liegen aber ein ganzes Stück von dessen Zentrum entfernt. Das Vizcaya Museum & Gardens, an der Bucht 2,5 Meilen (4 km)

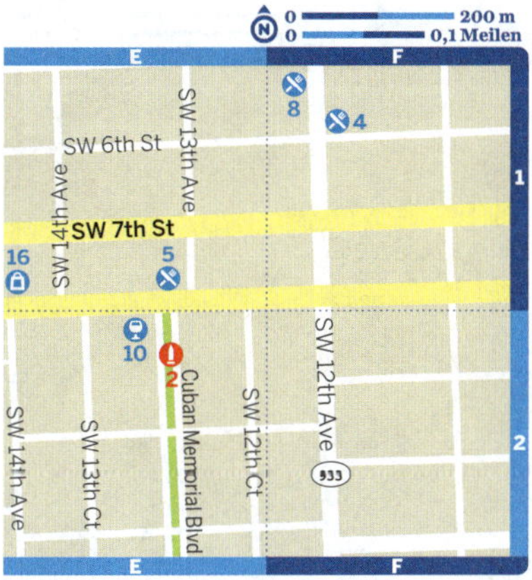

nördlich von Coconut Grove, erreicht man am besten per Auto oder Fahrrad. Wer morgens hinfährt, kommt den Massen zuvor. Südlich von Coconut Grove lohnt der üppige tropische Garten Kampong einen Besuch (zu dem man sich vorher anmelden muss), aber auch in diesem Fall braucht man ein Auto oder ein Fahrrad.

★ Vizcaya Museum & Gardens — HISTORISCHES GEBÄUDE

(☎ 305-250-9133; www.vizcayamuseum.org; 3251 S Miami Ave; Erw./Kind 6–12 Jahre/Student & Senior 18/6/12 US$; ⏱ Mi–Mo 9.30–16.30 Uhr; P) Miami wird Magic City genannt, und diese italienisch anmutende Villa – das bauliche Äquivalent eines Fabergé-Eis, ist sicher das märchenhafteste Schloss der Stadt. 1916 begründete der Industrielle James Deering eine hiesige Tradition, indem er sich diesen äußerst luxuriösen Palast errichtete. Er beschäftigte dafür 1000 Personen (10 % der Bevölkerung) und staffierte seinen Wohnsitz mit Möbeln, Wandteppichen, Gemälden und Kunsthandwerk vom 15. bis zum 19. Jh. aus; heute gibt es auf dem Anwesen Wechselausstellungen zeitgenössischer Kunst.

Die von der Renaissance inspirierte Villa ist ein Klassiker von Miamis Mediterranean-Revival-Stil. Der größte Raum im Haus ist das zwanglose Wohnzimmer, das manchmal wegen der in ihm befindlichen Werke des 14. bis 17. Jhs. als „Renaissance Hall“ bezeichnet wird. Das Musikzimmer fasziniert mit seinen schönen, aus Norditalien stammenden Wandmalereien, und der Bankettsaal zeigt mit seiner hochherrschaftlichen Einrichtung eine Pracht, wie man sie sonst nur in europäischen Schlössern findet.

Südlich des Hauses erstrecken sich Gartenanlagen, die genauso eindrucksvoll sind wie die Innenräume der Villa Vizcaya. Die sorgsam zurechtgestutzten Anlagen sind klassischen italienischen Gärten des 17. und 18. Jhs. nachempfunden und bilden einen Kontrast zu den Mangroven, die außerhalb des Anwesens wuchern. Skulpturen, Springbrunnen und mit Weinranken bewachsene Mauern geben der Anlage einen antiken Touch; von der erhöhten Terrasse (dem Garden Mound) hat man einen schönen Blick auf das ganze Grün.

Das Vizcaya Cafe vor Ort bietet kleine Snacks und Kaffee, sodass man während der Besichtigungstour bei Kräften bleibt.

Kampong — GARTEN

(☎ 305-442-7169; www.ntbg.org/tours/kampong; 4013 Douglas Rd; Erw./Kind 15/5 US$; ⏱ Führung Mo–Sa 10–15 Uhr nur nach Vereinbarung) David Fairchild, der Indiana Jones der Botanik und Gründer des Fairchild Tropical Garden, lebte zwischen seinen der Suche nach schönen und wirtschaftlich nutzbaren Pflanzen gewidmeten Reisen in „The Kampong“ (malaiisch/indonesisch für „Dorf“). Heute findet man den üppigen Garten im National Register of Historic Places, und die schönen Anlagen dienen als Forschungsstätte der gemeinnützigen Organisation National Tropical Botanical Garden. Besucher können nach Vereinbarung das Gelände in Eigenregie (1 Std.) oder geführt (20 US$, 1 Std.) erkunden.

EVA MUNROES GRAB

In einem kleinen, eingegrenzten Bereich nahe der **Coconut Grove Library** (Karte S. 92; 2875 McFarlane Rd; ⏱ Mo, Mi, Do & Sa 10–18, Di bis 20 Uhr, Fr & So geschl.) versteckt sich der schlichte Grabstein einer gewissen Eva Amelia Hewitt Munroe, die 1856 in New Jersey geboren wurde und 1882 in Miami starb. Ihr Grab ist das älteste US-amerikanische Grab im Miami-Dade County. Allerdings sind örtliche afroamerikanische Siedler schon vorher in der Gegend gestorben, deren Tod wurde aber nicht offiziell vermerkt.

Evas Ehemnann Ralph verfiel nach dem Tod seiner Frau in tiefe Depressionen, die er mit der Errichtung des Barnacle (S. 93) – heute eines der ältesten historischen Anwesen in der Gegend – zu überwinden versuchte.

Coconut Grove

Coconut Grove

Sehenswertes
1 Barnacle Historic State Park B2
2 Coconut Grove Library C2
3 Peacock Park B2

Aktivitäten, Kurse & Touren
4 Yoga by the Sea B3

Schlafen
5 Mutiny Hotel C2
6 Ritz-Carlton Coconut Grove C1
7 Sonesta Hotel & Suites Coconut Grove B2

Essen
8 Bianco Gelato B2
9 Boho B2
10 Bombay Darbar B1
11 Glass & Vine B2
12 GreenStreet Cafe B2
13 Jaguar B2
14 Last Carrot B2
15 LoKal A2
16 Lulu B2
17 The Spillover B2

Ausgehen & Nachtleben
18 Barracuda B2
19 Taurus A2
20 Tavern in the Grove B2

Shoppen
21 Bookstore in the Grove C2
22 First Flight Out B2
23 Polished Coconut B2

Peacock Park PARK
(Karte S. 92; 2820 McFarlane Rd) Der sich bis ans Ufer erstreckende Park bildet den offenen Hinterhof von Coconut Grove. Junge Familien gehen mit ihren Kindern auf den Spielplatz und schließen sich dem Treiben auf den Sportplätzen an, während Spaziergänger die tolle Aussicht an der Bucht genießen.

Ermita de la Caridad DENKMAL
(☎305-854-2404; www.ermitadelacaridad.org; 3609 S Miami Ave) Die katholische Kirche kaufte einen Teil des Uferareals, das zum Grundstück von Deerings Villa Vizcaya gehörte, und errichtete darauf einen Schrein für ihre aus Kuba geflohenen Gläubigen. Das Gebäude symbolisiert ein Leuchtfeuer und ist genau auf Kuba ausgerichtet, das 470 km direkt südlich liegt. Ein Wandgemälde stellt die kubanische Geschichte dar. Das grasbewachsene Ufergelände vor der Kirche ist ein sehr schöner Ort für ein Picknick.

Barnacle Historic State Park STATE PARK
(Karte S. 92; ☎305-442-6866; www.floridastateparks.org/thebarnacle; 3485 Main Hwy; Eintritt 2 US$, Führung durch das Haus Erw./Kind 3/1 US$; ⏲Fr–Mo 9–17 Uhr; 👪) In Zentrum von Coconut Grove steht das Pionierhaus von Ralph Munroe, einem der Gründerväter Miamis, auf einem 2 ha großen Anwesen. Das Haus kann im Rahmen einer Führung (10–14.30 Uhr alle 90 Min.) besichtigt werden; der umliegende Park ist eine schattige Oase für Spaziergänger. Im Haus gibt's häufig schöne Mondscheinkonzerte, mal Klassik mal Jazz.

Coral Gables

Coral Gables hat eine einmalige Gestalt und eine Atmosphäre, die mehr an eine alte Siedlung am Mittelmeer als an eine Stadt im Großraum von Miami denken lässt.

Das Zentrum der Stadt kann man zu Fuß erkunden; Läden, Cafés und gehobene Restaurants verteilen sich über die sogenannte Miracle Mile, einen hübschen Boulevard mitten durchs Zentrum, und die unmittelbar angrenzenden Straßen. Die großen Attraktionen liegen aber außerhalb des Zentrums: das hochragende architektonische Meisterwerk des Biltmore Hotel, der hübsche Venetian Pool und der üppige Fairchild Tropical Garden. Zum Besuch dieser Attraktionen und einiger der interessanteren Restaurants in der Gegend kommt man am besten mit dem eigenen Auto.

★ **Fairchild Tropical Garden** GARTEN
(☎305-667-1651; www.fairchildgarden.org; 10901 Old Cutler Rd; Erw./Kind/Senioren 25/12/18 US$; ⏲9.30–16.30 Uhr; 🅿👪) Wer Erholung von Miamis Trubel sucht, kann hier einen Tag im Grünen verbringen – d.h. im landesweit größten tropischen botanischen Garten. Der Schmetterlingshain, das Gewächshaus mit tropischen Pflanzen, und die ruhige Aussicht auf Marsch- und Keys-Habitate sowie die zahlreichen Kunstinstallationen von Künstlern wie Roy Lichtenstein sind allesamt eindrucksvoll. Besucher können das Gelände auf übersichtlichen Wegen erkunden oder mit der Parkbahn eine kostenlose, 45-minütige Rundfahrt über das ganze Parkgelände unternehmen (10–15, Wochenende bis 16 Uhr, stündl.).

Besonders beliebt bei den jüngsten Besuchern ist die Ausstellung **Wings of the Tropics**: Hunderte von Schmetterlingen flattern durch die Halle; ihre Flügel glitzern im Licht. Rund 40 verschiedene Arten sind vertreten, darunter auch Exoten aus Mittel- und Südamerika wie Blaue Morphofalter und Eulenfalter. Im **Vollmer Metamorphosis Lab** können Besucher erleben, wie Schmetterlinge aus den Puppen schlüpfen

An den üppig grünen Wegen im **Tropical Plant Conservatory** und im **Rare Plant House** sieht man seltene Philodendren, Orchideen, Begonien, Palmen, Rhododendren, Farne und Moose. Mit einem kleinen Fluss, Wasserfällen, Orchideen, hohen Bäumen mit Lianen und Epiphyten hoch oben im Blätterdach vermittelt der kleine **Richard H. Simons Rainforest** einen herrlichen Eindruck von der Vegetation in den Tropen.

Einfache kleine Gerichte gibt's in ein paar Cafés vor Ort, man kann sich aber auch selber Sachen für ein Picknick auf dem Gelände mitbringen.

Der Fairchild Tropical Garden liegt rund 6 Meilen (9,6 km) südlich des Zentrums von Coral Gables und ist am leichtesten per Auto oder Taxi zu erreichen. Alternativ fährt man mit der Metrorail bis South Miami und steigt dort in den Bus 57 um.

★ **Biltmore Hotel** HISTORISCHES GEBÄUDE
(Karte S. 94; ☎855-311-6903; www.biltmorehotel.com; 1200 Anastasia Ave; ⏲Führungen So 13.30 & 14.30 Uhr; 🅿) Im glanzvollsten Viertel einer der protzigsten Städte der Welt blickt das Biltmore hochmütig auf seine Nachbarn

TORE ZUR CITY BEAUTIFUL

Der Stadtentwickler George Merrick plante eine Reihe aufwendiger Eingangstore nach Coral Gables, der „City Beautiful", aber wegen der Immobilienkrise blieben viele Projekte unvollendet. Zu den sehenswerten fertiggestellten Toren, die vielfach an die Torgebäude prächtiger andalusischer Landgüter erinnern, gehören der **Country Club Prado** (Karte S. 94; Country Club Prado), der **Alhambra Entrance** (Karte S. 94; Ecke Alhambra Circle & Douglas Rd), der **Granada Entrance** (Karte S. 94; Ecke Alhambra Circle & Granada Blvd) und der **Coral Way Entrance** (Karte S. 94; Ecke Red Rd & Coral Way). Bemerkenswert ist auch der an einen maurischen Wasserturm erinnernde **Alhambra Watertower** (Karte S. 94; Alhambra Circle) an der Stelle, wo Greenway Ct und Ferdinand St auf den Alhambra Circle treffen.

Coral Gables

Coral Gables

Highlights
1 Biltmore Hotel ... C3

Sehenswertes
2 Alhambra Entrance ... F1
3 Alhambra Watertower ... B1
4 Coral Gables City Hall ... E2
5 Coral Gables Congregational Church ... C3
6 Coral Gables Museum ... A2
7 Coral Way Entrance ... A2
8 Country Club Prado ... B1
9 Granada Entrance ... C1
10 Merrick House ... C2

Aktivitäten, Kurse & Touren
11 Coral Gables Tours ... A2
12 Venetian Pool ... C2

Schlafen
Biltmore Hotel ... (siehe 1)
13 Extended Stay ... F2
14 Hotel St. Michel ... E1

Essen
15 Bulla Gastrobar ... B3
16 Caffe Abbracci ... A3
17 Frenchie's Diner ... B4
La Palme d'Or ... (siehe 1)
18 Matsuri ... A4
19 Pascal's on Ponce ... B4
20 Swine ... B3
21 Threefold ... B2

Ausgehen & Nachtleben
22 Seven Seas ... A2

Unterhaltung
23 Coral Gables Art Cinema ... A2
GableStage ... (siehe 1)

Shoppen
Books & Books ... (siehe 23)
24 Boy Meets Girl ... E4
25 Retro City Collectibles ... A3

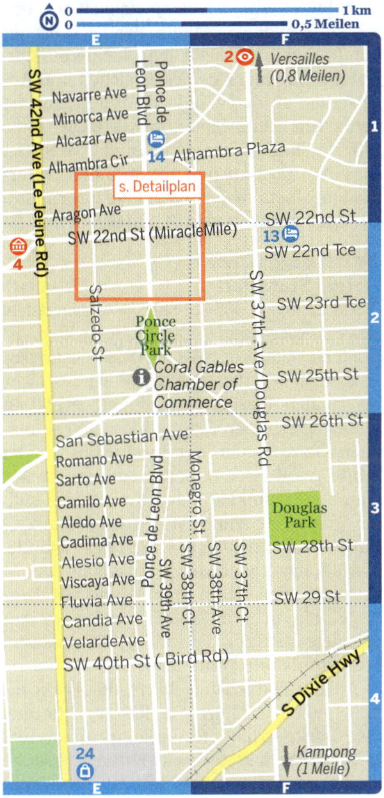

hinunter. Das Haus gehört zu den prächtigsten der Grandhotels des American Jazz Age – wäre das Gebäude ein Romanheld, dann bestimmt Jay Gatsby. Al Capone besaß hier eine Flüsterkneipe, und in der Capone Suite soll der Geist von Fats Walsh spuken, der hier ermordet wurde.

In jenen Tagen wurden Stargäste wie Judy Garland oder Magnaten wie die Vanderbilts in importierten Gondeln auf den hoteleigenen Kanälen hinter dem Haus herumgeschippert. Die Kanäle existieren zwar nicht mehr, aber es gibt hier immer noch den größten Hotelpool der Kontinentalstaaten der USA, der an den Wassergarten eines Sultans aus *Tausendundeiner Nacht* erinnert. Mit einer Tageskarte (35 US$) können auch Besucher, die nicht im Hotel übernachten, den Pool und das Fitnesscenter nutzen.

Lowe Art Museum — MUSEUM

(☎305-284-3535; www.miami.edu/lowe; 1301 Stanford Dr; Erw./Student/Kind 13/8 US$/kostenlos; ⏲Di–Sa 10–16, So 12–16 Uhr) Wie einem das Lowe auf dem Campus der University of Miami gefällt, hängt vom eigenen Kunstgeschmack ab. Freunde moderner und zeitgenössischer Kunst sind angetan; wer sich für die Kunst und Archäologie asiatischer, afrikanischer und pazifischer Kulturen interessiert, ist begeistert, und die Fans präkolumbischer und mesoamerikanischer Kunst sind hingerissen.

Sehr sehenswert ist zudem die schöne Dauerausstellung mit Kunst aus der Renaissance und dem Barock, westlicher Skulptur des 18. bis 20. Jhs. und Gemälden von Gauguin, Picasso und Monet.

Coral Gables City Hall — HISTORISCHES GEBÄUDE

(Karte S. 94; 405 Biltmore Way; ⏲Mo–Fr 8–17 Uhr) Seit seiner Eröffnung 1928 ist das prächtige Gebäude Schauplatz langweiliger Stadtratssitzungen. Es sieht aus jedem Blickwinkel eindrucksvoll aus – passend zu seiner Bedeutung als zentrales öffentliches Regierungsgebäude. Sehenswert sind Denman Finks Deckengemälde *Four Seasons* im Turm und die gerahmte, unbetitelte Unterwasserlandschaft im Flur des 2. Stockwerks.

Von Mitte Januar bis März findet hier samstags zwischen 8 und 14 Uhr ein kleiner Bauernmarkt statt.

Coral Gables Congregational Church — KIRCHE

(Karte S. 94; ☎305-448-7421; www.gablesucc.org; 3010 De Soto Blvd; ⏲wechselnde Öffnungszeiten) Der Vater des Bauunternehmers George Merrick war ein kongregationalistischer Pfarrer aus Neuengland, vielleicht spendete der Sohn deswegen das Land für die erste Kirche der Stadt. Das 1924 errichtete Gebäude mit gelben Mauern und rotem Dach erinnert aber nicht an Neuengland, sondern ist der Nachbau einer Kirche aus Costa Rica. Innen gibt es einen schönen Altarraum; stattliche Palmen zieren das Gelände.

Die Kirche ist meist geschlossen, einen Einblick erhält man aber immer während der Sonntagsgottesdienste (9 & 11 Uhr).

Merrick House — HISTORISCHES GEBÄUDE

(Karte S. 94; ☎305-460-5361; 907 Coral Way; Erw./Kind/Senior 5/1/3 US$) Es ist schon spaßig, dass dieses schlichte Wohnhaus mit nur geringen Anklängen an den mediterranen Stil, zum Ausgangspunkt des protzigen Coral Gables wurde. Als George Merricks Vater das Grundstück, ohne es gesehen zu haben, für 1100 US$ kaufte, gab es hier nichts außer Schlamm, Felsen und Guaven. Heute wird das Anwesen für Sitzungen und Empfänge genutzt, und man kann das Haus und den hübschen Bio-Garten besichtigen. Das bescheidene Familienhaus sieht noch genauso aus wie 1925 und ist mit Familienfotos, Möbeln und Kunstwerken eingerichtet.

Die aktuellen Führungstermine erfährt man telefonisch. Zum Zeitpunkt der Recherche war das Haus wegen Renovierung geschlossen.

Coral Gables Museum MUSEUM

(Karte S. 94; ☎305-603-8067; www.coralgablesmuseum.org; 285 Aragon Ave; Erw./Kind/Student 10/3/8 US$; ⌚Di–Fr 12–18, Sa 11–17, So 12–17 Uhr) Das Museum bietet eine interessante Einführung in die verrückte Geschichte der „City Beautiful" (Coral Gables). Die Sammlung umfasst historische Artefakte und Erinnerungsstücke der aufeinanderfolgenden Generationen in dem exzentrischen kleinen Ort. Das Hauptgebäude, die alte Polizei- und Feuerwehrwache (sehenswert sind die an der Fassade angebrachten Porträts von Feuerwehrleuten im Art-Déco-Stil), zeichnet sich durch einen hübschen Architekturmix aus dem Mediterranean-Revival-Stil von Coral Gables und dem modernistischen Stil aus, der in Miami Beach zur Zeit der Weltwirtschaftskrise herrschte.

Matheson Hammock Park PARK

(☎305-665-5475; www.miamidade.gov/parks/matheson-hammock.asp; 9610 Old Cutler Rd; pro Auto werktags/Wochenende 5/7 US$; ⌚Sonnenaufgang–Sonnenuntergang; P 👪) Der 255 ha große Gemeindepark ist der älteste der Stadt und einer ihrer malerischsten. Kinder können gut in dem geschützten Gezeitenbecken baden. Auf dem Gelände gibt es dichte Mangrovensümpfe und viele hungrige Waschbären; gelegentlich erblickt man auch mal einen Alligator. Der Park liegt gleich südlich von Coral Gables.

Key Biscayne

Die Auto- oder Fahrradfahrt zu den malerischen Barriereinseln rund 8 km oder 10 Minuten südöstlich von Downtown Miami beginnt man am besten morgens. Auf dem Rickenbacker Causeway gelangt man zunächst zur kleinen Virginia Key, die mit ein paar lohnenden Stätten aufwartet – winzige Strände, einen kleinen Mountainbikepark und hübsche Stellen zum Kajakfahren.

Die Straße führt weiter nach Key Biscayne. Die Insel ist gerade einmal 11 km lang und bietet einen unvergleichlichen Blick auf die Skyline von Miami. Bei der Fahrt auf der Dammstraße sieht man kleine öffentliche Strände mit Picknickbereichen und Angelstellen an den Rändern. Weiter geht die Fahrt gen Süden bis zum Bill Baggs Cape Florida State Park, einem wunderbaren Ort für einen Tagesausflug mit Stränden, Naturpfaden, einem malerischen Leuchtturm und Outdoor-Aktivitäten (z. B. Kajakverleih).

★ Bill Baggs Cape Florida State Park STATE PARK

(Karte S. 98; ☎305-361-5811; www.floridastateparks.org/capeflorida; 1200 S Crandon Blvd; 8/2 US$ pro Auto/Pers.; ⌚8 Uhr–Sonnenuntergang, Leuchtturm 9–17 Uhr; P 👪 🐾) 🍃 Wer es nicht bis zu den Florida Keys schafft, erhält in diesem Park einen Eindruck von den einmaligen Ökosystemen der Inseln. Das 200 ha große Areal ist ein Gewirr mit tropischer Fauna und dunklen Mangroven, deren halb im Wasser stehende Bäume verschlungene Luftwurzeln ausbilden. Durch das Gelände, das kilometerweit vom blassblauen Ozean gesäumt wird, führen Sand- und Plankenwege. Ein privater Stand mit Konzession vermietet Kajaks, Fahrräder, Inlineskates, Liegestühle und Sonnenschirme.

An der südlichsten Spitze des Parks erhebt sich das **Cape Florida Lighthouse**, das älteste erhaltene Gebäude in Florida. Der 1845 errichtete Backsteinturm ersetzte einen anderen, der 1836 während des Zweiten Seminolenkriegs schwer beschädigt worden war. Donnerstags bis montags werden um 10 und 13 Uhr kostenlose Führungen veranstaltet. Man kann im Park picknicken, es gibt aber auch mehrere gute Restaurants, darunter den **Boater's Grill** (Karte S. 98; ☎305-361-0080; Hauptgerichte 14–32 US$, Burger 7–10 US$; ⌚So–Do 9–20, Fr & Sa bis 22 Uhr) und das **Lighthouse Cafe** (Karte S. 98; ☎305-361-8487; ⌚9–17.30 Uhr).

Virginia Key Beach North Point Park STATE PARK

(Karte S. 98; 3801 Rickenbacker Causeway, Virginia Key; werktags/Wochenende 6/8 US$ pro Fahrzeug; ⌚7–18 Uhr) Zu dem hübschen grünen Gelände gehören mehrere kleine, aber angenehme Strände und ein paar kurze Naturpfade. Abgesehen von dem schönen Uferblick gibt es vor allem zwei Gründe zum Herkommen: Das Virginia Key Outdoor Center (S. 102), wo man Kajaks und Stehpaddelbretter mieten kann, und die **Virginia Key North Point Trails** GRATIS, ein abgezäunter Bereich, in dem man auf leichten bis schweren Trails Mountainbike fahren kann.

Das Fahren auf den Trails, die sich an der Nordspitze des Parks verstecken, ist kostenlos, man braucht aber sein eigenes Rad (und einen Helm); beides kann man auch im nahegelegenen Virginia Key Outdoor Center mieten. Aus Richtung Miami ist dies der erste Parkeingang (der zweite führt zum kleineren Historic Virginia Key Beach Park).

Historic Virginia Key Park STATE PARK

(Karte S. 98; www.virginiakeybeachpark.net; 4020 Virginia Beach Dr, Virginia Key; werktags/Wochenende 5/8 US$ pro Fahrzeug, Fahrräder & Fußgänger Eintritt frei; 7 Uhr–Sonnenuntergang;) Der eine kurze Auto- oder Fahrradfahrt von Downtown Miami entfernte Historic Virginia Key Park bietet mit einem kleinen, aber hübschen Ufergelände sowie einem Karussell und Kinderspielplätzen eine schöne Prise Natur. Gelegentlich gibt es hier Konzerte, umweltbewusste Familienpicknicks und andere Events. Zu diesem Park gelangt man aus Downtown Miami über den zweiten Parkeingang zur linken Seite (gleich nach dem Eingang zum Virginia Key Beach North Point Park).

In den düsteren Zeiten der gesetzlichen rassistischen Ausgrenzung war dieses, ursprünglich nur per Boot erreichbare Ufergelände eine offizielle Erholungsstätte für „Farbige" (zu anderen Stränden wurde Afroamerikanern der Zugang verwehrt). Der 1945 eröffnete Park war ein wichtiges Ausflugsziel der Afroamerikaner (sowie vieler „farbiger" Kubaner, Haitianer und sonstiger Lateinamerikaner), wenn sie einmal die Küste in Miami genießen wollten. Das änderte sich erst zu Beginn der 1960er-Jahre, als die „Rassentrennung" an den Stränden der Stadt aufgehoben wurde.

Marjory Stoneman Douglas Biscayne Nature Center MUSEUM

(Karte S. 98; 305-361-6767; www.biscaynenaturecenter.org; 6767 Crandon Blvd, Crandon Park; 10–16 Uhr; P) GRATIS Marjory Stoneman Douglas war eine beliebte Umweltschutzaktivistin und ist eine gute Namensgeberin für dieses kinderfreundliche Naturzentrum, das eine tolle Einführung in die einmaligen Ökosysteme Südfloridas gibt. Neben interaktiven Exponaten gibt es auch Aquarien mit Papageifischen, Meeresschnecken, Seeigeln, Tulpenschnecken und einer gruselig anzuschauenden Grünen Muräne. Vorne kann man den Strand genießen. Ein Naturpfad führt durch den Küstenwald.

Einmal im Monat veranstaltet das Zentrum von Naturkundlern geführte Wanderungen (14 US$/Pers.) durch das Seegras, bei der man die Meerestiere beobachtet. Die Wanderungen sind bei Familien sehr beliebt, deswegen vorab reservieren!

Crandon Park PARK

(Karte S. 98; 305-361-5421; www.miamidade.gov/parks/parks/crandon_beach.asp; 6747 Crandon Blvd; werktags/Wochenende 5/7 US$ pro Auto; Sonnenaufgang–Sonnenuntergang; P) Der 486 ha große Park prunkt mit dem **Crandon Park Beach**, einem prächtigen 3 km langen Sandstrand. Der größte Teil des Parks besteht aus dichtem Küstenwald und Mangrovensümpfen. Der Strand wird regelmäßig zu den besten Stränden der USA gezählt; er ist sauber, wird nur von wenigen Touristen besucht und bietet einen schönen Blick auf das blassblaue Meer. Die hübschen Hütten am südlichen Ende werden vermietet (40 US$/Tag).

Großraum Miami

Deering Estate, Cutler Bay WAHRZEICHEN

(305-235-1668; www.deeringestate.org; 16701 SW 72nd Ave; Erw./Kind unter 14 Jahre 12/7 US$; 10–17 Uhr; P) Das Deering Estate ist so etwas wie die Light-Version der Villa Vizcaya (S. 91) – was nicht verwundert, da es von Charles Deering, dem Bruder des berühmten Vizcaya-Erbauers James Deering, geschaffen wurde. Auf dem 60 ha großen Anwesen finden sich üppige tropische Vegetation, eine Fossiliengrube mit 50 000 Jahre alten Tierknochen und die Überreste von amerikanischen Ureinwohnern, die hier vor 2000 Jahren lebten. Die Führung über das Gelände (15 Uhr) ist im Preis inbegriffen. Abends gibt's häufig Jazzkonzerte.

Zoo Miami ZOO

(Metrozoo; 305-251-0400; www.zoomiami.org; 12400 SW 152nd St; Erw./Kind 22/18 US$; 10–17 Uhr) Miamis tropisches Klima sorgt dafür, dass man sich bei einem Bummel durch den Metrozoo fast wie in der Wildnis fühlt. Hier begegnet man asiatischen und afrikanischen Elefanten, seltenen Königstigern, die um einen stimmungsvollen Hindutempel schleichen, Zwergflusspferden, Andenkondoren, einem Rudel Hyänen, niedlichen Koalas, Schwarz-weißen Stummelaffen, Spitzmaulnashörnern und einem Paar aus Indonesien stammender Komodo-Warane. Mit der Safari Monorail kann man sich einen Überblick

Key Biscayne

Key Biscayne

Highlights
1 Bill Baggs Cape Florida State Park.... C6

Sehenswertes
2 Crandon Park C3
3 Historic Virginia Key Park C1
4 Marjory Stoneman Douglas Biscayne Nature Center C3
5 Village of Key Biscayne Community Center B5
6 Virginia Key Beach North Point Park...C1

Aktivitäten, Kurse & Touren
7 Crandon Golf Course...........................C3
8 Miami Kiteboarding C3

Schlafen
9 Ritz-Carlton Key Biscayne...................C5
10 Silver Sands Beach Resort C5

Essen
11 Boater's Grill C6
12 Golden Hog Gourmet B4
13 La Boulangerie Boul'Mich...................B5
14 Lighthouse Cafe C7
15 Oasis...B4

Shoppen
16 Metta Boutique B4

über den weitläufigen Zoo verschaffen; die Bahn fährt alle 20 Minuten.

Rubell Family Art Collection (Allapattah) GALERIE

(1100 NW 23rd St) Eine der wichtigsten Institutionen der Kunstszene von Miami zieht Ende 2018 – rechtzeitig zur im Dezember stattfindenden Art Basel (S. 108) – an einen neuen Standort in Allapattah um. Gegenüber dem früheren Quartier in Wynwood wird die Ausstellungsfläche des Museums beträchtlich erweitert (ca. 10 000 m²). Auf dem 1 ha großen Campus werden 40 Ausstellungssäle, ein Skulpturengarten, eine Forschungsbibliothek und ein Restaurant untergebracht.

Arch Creek Park PARK

(☎305-944-6111; www.miamidade.gov/parks/arch-creek.asp; 1855 NE 135th St; ⏲Mi–So 9–17 Uhr; P 👪) Der kompakte, niedliche Park nahe dem Oleta River umfasst ein geschütztes Habitat für tropische Hartholzbäume rund um eine hübsche natürliche Kalksteinbrücke. Naturkundler veranstalten kinderfreundliche Ökotouren über das Areal, zu dem auch ein schöner Schmetterlingsgarten gehört, und Besucher können sich das kleine, aber gut ausgestattete Museum mit Artefakten von amerikanischen Ureinwohnern und Pionieren anschauen. Der ausgezeichnete Veranstalter Miami EcoAdventures (S. 105) hat hier ebenfalls seinen Sitz. Der Park befindet sich gleich abseits des North Biscayne Blvd, 7 Meilen (11 km) nördlich des Design District.

Ancient Spanish Monastery KIRCHE

(☎305-945-1461; www.spanishmonastery.com; 16711 W Dixie Hwy; Erw./Kind 10/5 US$; ⏲Mo–Sa 10–16.30, So ab 11 Uhr; P) In North Miami Beach ein vollständig erhaltenes mittelalterliches Kloster zu entdecken, belegt einmal mehr, warum der Spitzname „Magic City" so gut passt. Das 1141 im spanischen Segovia erbaute Kloster des hl. Bernhard von Clairvaux ist ein hervorragendes Bauwerk im romanischen und frühgotischen Stil, das auf verschlungenen Wegen nach Südflorida gelangte. Die Anlage – die heute der Diözese der Episkopalkirche gehört – ist ein beliebter Ort für Trauungen, weshalb man vor der langen Anfahrt besser anrufen sollte. Das Kloster befindet sich rund 15 Meilen (24 km) nördlich von Downtown Miami.

Pinecrest Gardens PARK

(☎305-669-6990; www.pinecrest-fl.gov/gardens; 11000 SW 57th Ave; Erw./Senior/Kind 5/3/5 US$; ⏲April–Sept. 10–18 Uhr, Okt.–März bis 17 Uhr; P 👪) Als der Parrot Jungle – heute Jungle Island (S. 82) – in die große Stadt umzog, kaufte die Gemeinde Pinecrest das Gelände, um daraus einen Stadtpark zu machen. Heute ist die ruhige Oase einer der schönsten tropischen Gärten diesseits des Golfs von Mexiko mit einem prächtigen Banyanbaum als Prunkstück, Freiluftkino und Jazzkonzerten. Das kleine Schmuckstück ist zudem gänzlich untouristisch.

Monkey Jungle ZOO

(☎305-235-1611; www.monkeyjungle.com; 14805 SW 216th St; Erw./Kind/Senior 30/24/28 US$; ⏲9.30–17 Uhr, letzter Einlass 16 Uhr; P 👪) Im Monkey Jungle steht der Zoo auf dem Kopf, denn die Besucher gehen in den Käfig, und die Affen laufen frei herum. Man wandert auf eingezäunten Wegen, während um einen herum die Affen kreischen und sich von Ast zu Ast schwingen. Es stinkt ein wenig, aber ansonsten macht die Sache viel Spaß. Der Höhepunkt des Tages sind die Fütterungen, wenn Javaneraffen und Langschwanzmakaken im Teich nach Früchten und anderen Leckereien tauchen.

Museum of Contemporary Art North Miami MUSEUM
(MoCA; ☎305-893-6211; www.mocanomi.org; 770 NE 125th St; Erw./Student/Kind 5/3 US$/frei; ⌚Di–Fr & So 11–17, Sa 13–21 Uhr; P) Das Museum of Contemporary Art ist schon seit langem ein Grund für einen Abstecher in die Peripherie von North Miami. Gezeigt werden Wechselausstellungen von Werken zeitgenössischer Künstler aus der Region, den gesamten USA und dem Ausland.

Gold Coast Railroad Museum MUSEUM
(☎305-253-0063; www.gcrm.org; 12450 SW 152nd St; Erw./Kind 3–11 Jahre 8/6 US$; ⌚Mo–Fr 10–16, Sa & So ab 11 Uhr; P) Das Museum ist vor allem für Eisenbahnfans interessant. Zu sehen sind mehr als 30 alte Eisenbahnwaggons, darunter auch der Ferdinand-Magellan-Präsidentenwaggon, in dem sich US-Präsident Harry S. Truman über die Zeitung lustig machte, die die voreilig die Schlagzeile „Dewey schlägt Truman" gedruckt hatte.

An Wochenenden bietet das Museum 25-minütige Fahrten in alten Dienstwagen (6 US$) und im Führerstand (12 US$). Wer mitfahren will, sollte vorab reservieren.

Hialeah Park Casino KASINO
(www.hialeahparkcasino.com; 2200 E 4th Ave; ⌚Kasino 9–3 Uhr; P) Hialeah hat mehr von Havanna als Little Havana, denn mehr als 90 % der Einwohner sprechen Spanisch als Muttersprache. Symbol und Mittelpunkt der von exilkubanischen Arbeitern bewohnten Gemeinde ist die großartige ehemalige Rennbahn, die 2013 in ein Kasino umgewandelt wurde, in dem per Direktübertragung auch andere Rennen gezeigt werden (auf die man wetten kann).

Aktivitäten

In Miami hilft ein umfangreiches Freizeitangebot gegen Langeweile. Von Segeltörns auf dem blaugrünen Wasser über Wanderungen durchs tropische Unterholz und Yoga in den Parks bis hin zu Trapezkünsten hoch über der Stadt hat die Magic City Aktivurlaubern jede Menge zu bieten.

South Beach

Fritz's Skate, Bike & Surf SKATEBOARDFAHREN
(Karte S. 66; ☎305-532-1954; www.fritzsmiamibeach.com; 1620 Washington Ave; Fahrrad- & Skateboardverleih 10/24/69 US$ pro Std./Tag/5 Tage; ⌚Mo–Sa 10–21, So bis 20 Uhr) Fritz's vermietet Skateboards, Longboards, Inlineskates, Rollschuhe, Tretroller und Fahrräder (Cruiser, Mountainbikes, Kinderräder). Zum Skateboard gibt's die Schutzausrüstung dazu und bei Fahrrädern das Sicherheitsschloss.

Spa at the Setai SPA
(Karte S. 66; ☎855-923-7908; www.thesetaihotel.com; 101 20th St, Setai Hotel; Massage ab 180 US$/Std.; ⌚9–21 Uhr) Liebliche balinesische Oase in einem der schönsten Hotels (S. 115) in South Beach.

SoBe Surf SURFEN
(☎786-216-7703; www.sobesurf.com; Gruppen-/Einzelunterricht ab 70/120 US$) Bietet Surfunterricht in Miami Beach und in Cocoa Beach, wo es meist die besseren Wellen gibt. Der Unterricht in Miami Beach findet in der

STILTSVILLE

Am Südufer des Bill Baggs Cape Florida State Park kann man in der Ferne sieben Gebäude sehen, die auf Pfählen in der Biscayne Bay stehen. Das als Stiltsville bekannte Ensemble existiert seit den frühen 1930er-Jahren, als „Crawfish Eddie Walker" eine Hütte in den Wellen baute. Weitere Gebäude kamen im Verlauf der Jahre hinzu, und das „Dorf" diente zeitweilig als Spielhölle, als Schmuggler-Unterschlupf und in den 1960er-Jahren als ein Bikini-Club, wo Frauen im Zweiteiler kostenlose Drinks bekamen und alles erlaubt war.

Zur Blütezeit im Jahr 1960 gab es 27 „Häuser" in Stiltsville, doch Hurrikane und die Erosion forderten ihren Tribut. Heute wohnt niemand mehr in Stiltsville, man kann aber unter Leitung des renommierten Historikers Dr. Paul George eine Bootstour (S. 105) dorthin unternehmen.

Im Jahr 2003 wurde vom National Parks Service der gemeinnützige Stiltsville Trust ins Leben gerufen, dessen Ziel es ist, die Gebäude zu sanieren und einer noch nicht bestimmten Nutzung zuzuführen; mögliche Vorschläge sind ein Nationalpark Visitor Center, eine Künstlerkolonie oder ein Gemeindezentrum. Auch nach vielen Jahren ist allerdings von Fortschritten nicht viel zu sehen. Weitere Infos findet man unter www.stiltsvilletrust.org.

Regel rund um South Point statt. Buchen kann man nur telefonisch oder per E-Mail.

Green Monkey Yoga YOGA
(Karte S. 66; ☎305-397-8566; www.greenmonkey.net; 1800 Bay Rd; Kurs zum Vorbeikommen 25 US$) Das Yogastudio hat eine schöne Lage in Räumen mit großen Fenstern im obersten Stock eines Gebäudes in Sunset Harbour. Den ganzen Tag über gibt's eine große Palette an Kursen, darunter Vinyasa, Power-Yoga, Hiphop-Flow und Meditation. Wenn man sich umgeschaut hat, kann man sich nach dem Sonderangebot für neue Schüler (69 US$ für einen Monat unbegrenzten Kursbesuch) erkundigen.

Glow Hot Yoga YOGA
(Karte S. 66; ☎305-534-2727; www.glowhotyogamiami.com; 1560 Lenox Ave; Kurs zum Vorbeikommen/Woche 27/59 US$) Veranstaltet ausgezeichnete Hot-Yoga-Kurse in einem großen, makellos sauberen, einladenden Studio gleich südlich der Lincoln Rd. Es gibt auch eine Terrasse im Freien, wo man sich nach den intensiven Bikram-Yoga-Übungen entspannen kann.

North Beach

Russian & Turkish Baths MASSAGE
(Karte S. 76; ☎305-867-8316; www.russianandturkishbaths.com; 5445 Collins Ave; Anwendungen ab 40 US$; ⏲12–24 Uhr) Nur weil man eine gute Rückenmassage haben will, muss man nicht unbedingt ein schickes Spa aufsuchen, wo beruhigende Stimmungsmusik in Endlosschleife ertönt. In diesem beliebten, kleinen Labyrinth aus *banyas* (Dampfräumen) werden viele Wellness-Anwendungen geboten, und man ist unter Leuten, die so etwas ohne zusätzlichen Glamour genießen wollen.

Carillon Miami Wellness Resort SPA
(Karte S. 76; ☎866-276-2226; www.carillonhotel.com; 6801 Collins Ave, Carillon Hotel; Anwendungen 165–300 US$; ⏲8–21 Uhr) In Sachen Verwöhnen ist das 6500 m² große Spa und Wellnesscenter des Carillon kaum zu toppen. Es bietet eine ausgezeichnete Palette von Anwendungen und Fitnesskursen (Spinning, Power-Yoga, Meditation, Workouts) sowie eine schöne Aussicht auf die mächtigen Brecher.

BG Oleta River Outdoor Center WASSERSPORT
(☎786-274-7945; www.bgoletariveroutdoor.com; 3400 NE 163rd St; Kajak-/Kanuverleih 25/30 US$ pro 90 Min.; ⏲8 Uhr–1 Std. vor Sonnenuntergang; 👪) Der Anbieter im Oleta River State Park vermietet Wassersportgeräte aller Art, z. B. (Preise für 2 Std.) Einer- /Zweierkajaks (30/60 US$), Kanus (35 US$), Stehpaddelbretter (40 US$) und Fahrräder (ab 25 US$).

Der Veranstalter organisiert darüber hinaus auch Gruppentouren: morgendliche Paddeltouren am Wochenende (10 Uhr, ab 45 US$), Paddeltouren zum Sonnenuntergang (Fr, ab 35 US$), Vollmond-Paddeltouren, Stehpaddelkkurse sowie Stehpaddel-Yogakurse (So 9 Uhr, 30 US$).

Normandy Isle Park & Pool SCHWIMMEN
(Karte S. 76; ☎305-673-7750; 7030 Trouville Esplanade; Erw./Kind 10/6 US$; ⏲6.30–20.30 Uhr; 👪) Der familienfreundliche Vier-Bahnen-Pool verspricht einen netten Badeausflug. Zu bestimmten Zeiten (vor 9 & nach 19 Uhr) darf nur in Bahnen geschwommen werden, aber ansonsten können hier alle baden. Draußen gibt's einen Plansch-/Spielbereich für Kinder mit vielen interessanten Möglichkeiten.

Downtown Miami

Tina Hills Pavilion YOGA
(Karte S. 78; Biscayne Blvd, Bayfront Park) GRATIS Dieser kleine Open-Air-Pavillon bietet kostenlose Events, darunter 75 Minuten lange Yoga-Veranstaltungen für Jedermann (Mo & Mi 18 und Sa 9 Uhr).

Spa at Mandarin Oriental Miami SPA
(Karte S. 78; ☎305-913-8332; www.mandarinoriental.com/miami/luxury-spa; 500 Brickell Key Dr, Mandarin Oriental Miami; Maniküre 75 US$, Wellness-Anwendungen 175–425 US$; ⏲8.30–21.30 Uhr) Dieses Spa „sensationell" zu nennen, wäre eine Untertreibung. Bei den Behandlungen kommen Materialien wie Bambus und Reispapier zum Einsatz und zu den Angeboten gehören ayurvedische Kräuterbäder, Aromatherapie, Ölmassagen und viele andere dekadente Annehmlichkeiten.

Miami Yoga YOGA
(Karte S. 78; ☎305-856-1387; www.miamiyoga.com; 301 SW 17th Rd, Brickell; 1/5/10 Kurse 22/95/180 US$) Yoga-Fans müssen während ihres Miami-Urlaubs nicht pausieren. Das Angebot hier ist recht vielseitig: Hot-Power-Vinyasa-Yoga mit etwas von allem (Kräftigung, Stretching, Meditation) in einem gut temperierten Studio.

Blue Waters II ANGELN
(Karte S. 78; ☎305-373-5016; www.fishingmiami.net; 401 Biscayne Blvd, Bayside Marketplace, Pier

RADFAHREN IN MIAMI

Das Miami-Dade County Parks and Recreation Department bietet auf seiner Website (www.miamidade.gov/parksmasterplan/bike-trails-map.asp) eine Liste der autofreien Radwege sowie Karten, die sich herunterladen lassen. Für stressfreie Fahrten bieten sich auch die Nebenstraßen von South Beach und die schattigen Straßen von Coral Gables und Coconut Grove an. Zu den guten Radwegen gehört der **Old Cutler Bike Path**, der am Ende des Sunset Dr in Coral Gables beginnt und durch Coconut Grove zum Matheson Hammock Park und zum Fairchild Tropical Garden führt. Auf dem **Rickenbacker Causeway** gelangt man über die Brücke nach Key Biscayne – ein ausgezeichnetes Workout verbunden mit einem tollen Blick aufs Wasser. Noch etwas weiter draußen gibt's im Oleta River State Park (S. 74) eine herausfordernde hügelige Piste für Querfeldein-Abenteuer. Wer ein Fahrrad ausleihen will, wendet sich z. B. an Bike & Roll (S. 104) oder Brickell Bikes (S. 150); für kürzere Strecken bietet sich zudem das Fahrrad-Sharing-Programm Citi Bike (S. 149) an.

5) Einen spannenden Tag auf dem Wasser erlebt man, wenn man bei diesem erstklassigen Veranstalter eine Angeltour bucht. Kapitän John Barker angelt schon seit 30 Jahren in diesen Gewässern. Man kann ihn und sein Boot für vier-, sechs- oder achtstündige Ausflüge rund um Miami und Key Biscayne chartern.

Coral Gables

★Venetian Pool SCHWIMMEN

(Karte S. 94; ☎305-460-5306; www.coralgablesvenetianpool.com; 2701 De Soto Blvd; Erw./Kind Sept–Mai 15/10 US$, Juni–Aug. 20/15 US$; ⊙Di–Fr 11–17.30, Sa & So 10–16.30 Uhr, Dez.–Feb. geschl.; 👪) 1923. Tonnenweise wurden Felsen für eines der schönsten Viertel Miamis abgebaut, aber nun klafft ein hässliches Loch in der Dorfmitte. Was tun? Wie wäre es, das ganze Loch mit Wasser vollzupumpen und die Umgebung mit Mosaiken und Fliesen zu verzieren, damit die Anlage aussieht wie die Thermen eines römischen Kaisers?

Das Ergebnis ist eines der wenigen Bäder im National Register of Historic Places, ein Wunderland aus Korallenhöhlen, Wasserfällen, einer von Palmen umsäumten Insel und an Venedig erinnernde Kais. Hier kann man schwimmen und dabei in die Fußspuren (oder eher Flossenspuren) von Stars wie Esther Williams oder des Tarzan-Darstellers Johnny Weissmüller treten.

Key Biscayne

★Virginia Key Outdoor Center OUTDOOR

(VKOC; www.vkoc.net; 3801 Rickenbacker Causeway, Virginia Key; Kajak-/Fahrradverleih 1. Std. 25 US$, zusätzliche Std. je 10 US$; ⊙Mo–Fr 9–16.30, Sa & So ab 8 Uhr) Mithilfe dieses sehr empfehlenswerten Veranstalters ist man in Nullkommanichts auf dem Wasser. Man mietet ein Kajak oder ein Stehpaddelbrett und kann gleich gegenüber vom Büro ins kühle Nass eintauchen. In der kleinen, von Mangroven gesäumten Bucht (der sogenannte Lamar Lake) schwimmen Manatis. Hier kann man prima seine Paddeltour beginnen, ehe man sich weiter hinauswagt.

Ein besonderes Highlight des Centers sind die mehrmals im Monat angebotenen geführten Paddeltouren beim Sonnenuntergang oder bei Vollmond.

Außerdem kann man hier Fahrräder mieten, um die nahegelegenen Virginia Key North Point Trails (S. 96) zu bezwingen.

Miami Catamarans BOOTFAHREN

(☎305-345-4104; www.facebook.com/miamicatamarans; 3300 Rickenbacker Causeway, Virginia Key; ab 64 US$/Std.; ⊙Mo–Fr 11–18, Sa & So ab 10 Uhr) Hier ist man mit einem kleinen Hobie-Cat-Katamaran unterwegs. Für Segel-Anfänger gibt's eine einstündige Einführung (120 US$).

Crandon Golf Course GOLF

(Karte S. 98; ☎305-361-9129; www.golfcrandon.com; 6700 Crandon Blvd; 18 Löcher 200 US$, nach 14/15.30 Uhr 70/35 US$) Der Golfplatz in Key Biscayne bietet einen herrlichen Blick aufs Wasser. Eifrige Golfer halten ihn für einen der schönsten und herausforderndsten Par-72-Golfplätze in Florida.

SoSUP Key Biscayne WASSERSPORT

(☎786-301-3557; www.sosupkeybiscayne.com; 3979 Rickenbacker Causeway, Virginia Key; Fahrrad/Kajak/Stehpaddelbrett 10/20/25 US$ pro Std.; ⊙10–17 Uhr) Ein guter Anbieter für allerlei Outdoor-Akltivitäten: SoSUP vermietet Stehpaddelbretter, Kajaks, Tretboote und Fahrrä-

Stadtspaziergang Art déco in Miami Beach

START ART DECO MUSEUM
ZIEL OCEAN'S TEN
LÄNGE/DAUER 2 KM; 2–3 STD.

Ausgangspunkt ist das **1 Art Deco Museum** (S. 64) an der Kreuzung des Ocean Dr mit der 10th St. Nach der Besichtigung der Ausstellung geht's auf dem Ocean Dr nach Norden. Zwischen der 12th und der 14th St kann man drei Beispiele von Art-déco-Hotels bewundern: das schachtelförmige **2 Leslie** mit vorspringenden Sonnenblenden („Augenbrauen"), die sich um das Gebäude ziehen, das modernistische **3 Carlyle** (1250 Ocean Dr) und das anmutige **4 Cardozo Hotel** (1300 Ocean Dr) mit seinen schnittigen, abgerundeten Ecken, das von Henry Hohauser erbaut wurde und Gloria Estefan gehört. An der 14th St sollte man ins **5 Winter Haven Hotel** (S. 116) hineinschauen und die Terrazzoböden bewundern. Nach links geht's die 14th St hinunter zur Washington Ave und zum **6 US Post Office** (S. 65) an der 13th St. Im Innern des Art-déco-Baus kann man ein Wandgemälde, die Deckenkuppel und marmorne Stempeltische bestaunen. Anschließend kehrt man zum Mittagessen im **7 11th St Diner** (S. 123), einem funkelnden Pullman-Speisewagen aus Aluminium ein. Von einem Fensterplatz aus überblickt man die Avenue bis zur Ecke der 10th St und dem **8 Hotel Astor** (S. 112), das 1936 von T. Hunter Henderson entworfen wurde. Nach dem Essen lockt einen halben Block ostwärts das imposante **9 Wolfsonian-FIU** (S. 64). Heute ist in dem Gebäude ein tolles Designmuseum beheimatet. Weiter die Washington Ave entlang, dann links in die 7th St und nordwärts auf der Collins Ave gelangt man zum **10 Hotel of South Beach** (S. 117), dessen Interieur und Dachterrasse von Todd Oldham gestaltet wurden. L. Murray Dixon entwarf das Gebäude mit Déco-Turmspitze 1939 als Tiffany Hotel. Nachdem man rechts in die 9th St eingebogen ist, gelangt man nach zwei Blocks wieder zum Ocean Dr mit Art-déco-Schönheiten en masse; die Fassade am 960 Ocean Dr (mit dem mittelmäßigen **11 Ocean's Ten Restaurant**) wurde 1935 von der Art-déco-Legende Henry Hohauser entworfen.

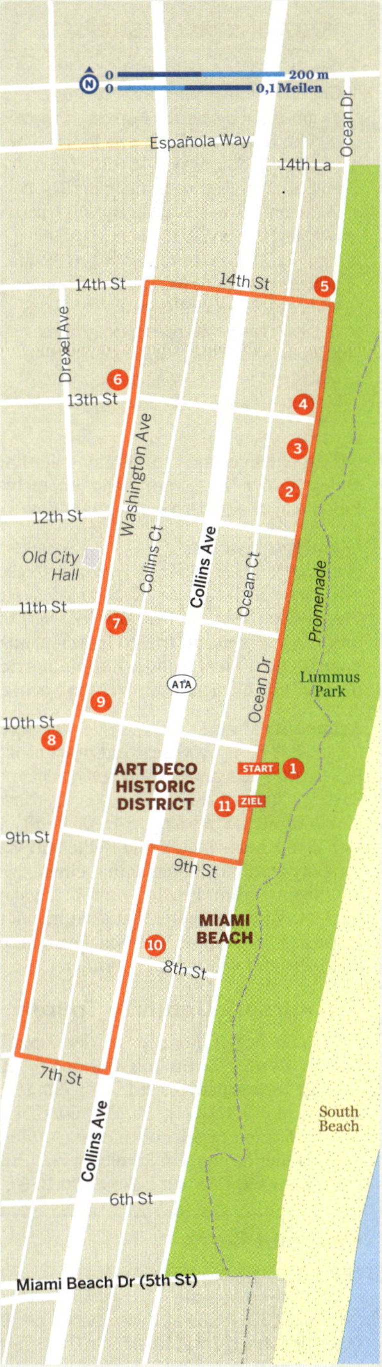

YOGA UND MEERESBRISE

Der Strand ist definitiv nicht der einzige Ort, um in Miami die Sonne zu grüßen. Es gibt auch die netten Kurse von **Yoga by the Sea** (Karte S. 92; www.thebarnacle.org; Kurs 15 US$; ⌚Mo & Mi 6.30–7.45 Uhr) im Barnacle Historic State Park (S. 93) in Coconut Grove. Wer Yoga gratis haben will, hält sich an die Yogakurse im Bayfront Park (S. 77), die dreimal pro Woche draußen am Tina Hills Pavilion am Südende des Parks stattfinden.

Die Yogastudios haben ein großes Kursangebot; man bringt seine eigene Matte mit (einige verleihen aber auch Matten für ca. 2 US$/Sitzung).

der an einem Stand am Strand. Allerdings, anders als der Name vermuten lässt, nicht in Key Biscayne, sondern auf Virginia Key.

Miami Kiteboarding WASSERSPORT
(Karte S. 98; ☎305-345-9974; www.miamikiteboarding.com; 6747 Crandon Blvd, Crandon Park; ⌚April–Sept. 10–18 Uhr, Okt.–März 9–17 Uhr) Bietet diverse Privatunterricht-Optionen, angefangen mit einer Stunde Einzelunterricht für 150 US$. Für Paare gibt's einen Nachlass.

Sailboards Miami WASSERSPORT
(☎305-892-8992; www.sailboardsmiami.com; 1 Rickenbacker Causeway; Windsurfing-Unterricht 85 US$, Surfbrett-/Kajak-/Stehpaddelbrettverleih ab 30/20/30 US$ pro Std.; ⌚Fr–Di 10–18 Uhr) Der Veranstalter bietet eine Reihe von Wassersport-Optionen. Man kann einen zweistündigen Windsurfing-Einführungskurs buchen. Wer sich bereits auskennt, mietet einfach ein Surfbrett. Auch Kajaks und Stehpaddelbretter werden hier vermietet.

Kurse & Geführte Touren

Erfahrene Segler können in der **Aquatic Rental Center & Sailing School** (☎305-751-7514; www.arcmiami.com; 1275 NE 79th St; Segelboot pro 2/3/4 Std./Tag 90/130/160/225 US$; ⌚9–21 Uhr) ein Segelboot mieten. Anfänger können hier lernen, ein Segelboot zu führen (Segelkurs 450 US$, für 2 Pers. 600 US$).

South Beach

Miami Design Preservation League STADTSPAZIERGANG
(MDPL; ☎305-672-2014; www.mdpl.org; 1001 Ocean Dr; Führung Erw./Student 25/20 US$; ⌚tgl. 10.30 & Do 18.30 Uhr) Engagierte Guides der Miami Design Preservation League erzählen bei den 90-minütigen Stadtspaziergängen die Geschichten, die hinter den Art-déco-Gebäuden von South Beach stehen. Angeboten werden auch thematische Touren zum jüdischen Miami Beach sowie zum schwulen und lesbischen Miami Beach. Einmal im Monat (1. Sa um 9.30 Uhr) gibt's auch einen Spaziergang durch den MiMo-Distrikt in North Beach. Weitere Einzelheiten stehen auf der Website.

Miami Food Tours ESSEN & TRINKEN
(Karte S. 72; ☎786-361-0991; www.miamifoodtours.com; 429 Lenox Ave; South-Beach-Tour Erw./Kind 58/35 US$, Wynwood-Tour 75/55 US$; ⌚Touren South Beach tgl. 11 & 16.30 Uhr, Wynwood Mo–Sa 10.30 Uhr) Bei den als sehr gut bewerteten Stadtspaziergängen erkundet man verschiedene Facetten der Stadt – ihre Kultur, Geschichte, Kunst und natürlich auch ihre Küche – und kehrt unterwegs in Restaurants und Cafés ein. Die Entfernungen sind nicht so groß, dass es anstrengend würde. Die Touren führen durch South Beach oder Wynwood.

Bike & Roll RADFAHREN
(Karte S. 72; ☎305-604-0001; www.bikemiami.com; 210 10th St; Fahrrad pro 2/4 Std./Tag ab 10/18/24 US$, geführte Tour 40 US$; ⌚9–19 Uhr) Der gut geführte Veranstalter hat eine große Auswahl an Rädern, darunter Cruiser ohne Gangschaltung, Hybridräder und schnelle Straßenräder. Die Angestellten sind flink, sodass man im Laden keine Wartezeit verschwenden muss. Auch geführte Radtouren werden hier angeboten (tgl. 10 Uhr).

Downtown Miami

History Miami Tours STADTSPAZIERGANG
(www.historymiami.org/city-tour; geführte Tour 30–60 US$) Der ausgezeichnete Historiker Dr. Paul George führt faszinierende Stadtspaziergänge, darunter kulturell orientierte Touren durch Little Haiti, Little Havana, Downtown oder Coral Gables in der Abenddämmerung. Hinzu kommen gelegentliche Bootsausflüge nach Stiltsville und Key Biscayne. Touren gibt's etwa einmal pro Woche. Das komplette Angebot steht auf der Website, auf der man sich auch anmelden kann.

Urban Tour Host STADTSPAZIERGANG
(Karte S. 78; ☎305-416-6868; www.miamiculturaltours.com; 25 SE 2nd Ave, Ste 1048; geführte Tour ab 20 US$) Der Veranstalter bietet eine Reihe

maßgeschneiderter Touren, auf denen man die verschiedenen Viertel Miamis näher kennenlernt. Interessant sind die Community-Kulturtouren zu Little Haiti und Little Havana, bei denen man auch Overtown, Liberty City und Allpattah besuchen kann.

Island Queen BOOTSTOUR
(Karte S. 78; ☎305-379-5119; www.islandqueencruises.com; 401 Biscayne Blvd; Erw./Kind ab 28/20 US$) Die 90-minütigen Bootstouren führen zur Millionaire's Row, zum Miami River und nach Fisher Island. Täglich gibt's viele Fahrten (11–18 Uhr stündl.).

Wynwood & Design District

Wynwood Art Walk STADTSPAZIERGANG
(☎305-814-9290; www.wynwoodartwalk.com; geführte Tour ab 29 US$) Der Wynwood Art Walk (nicht zu verwechseln mit dem gleichnamigen, einmal im Monat stattfindenden Kunst-Event) ist ein 90-minütiger geführter Stadtspaziergang, bei dem man einige der besten aktuellen Ausstellungen besucht und außerdem die Straßenkunst in dem Viertel bewundert.

Coral Gables

Coral Gables Tours OUTDOOR
(Karte S. 94; ☎305-603-8067; www.coralgablesmuseum.org/tours; 285 Aragon Ave) Das Coral Gables Museum veranstaltet im Monat verschiedene geführte Touren, darunter Stadtspaziergänge durchs Zentrum (Sa 11 Uhr, 10 US$), Führungen durch die Ausstellung im Museum (So 13 Uhr, im Eintrittspreis enthalten) und Radtouren (3. So im Monat 10 Uhr, 10 US$).

Am besten sind die zweistündigen Paddeltouren auf dem Coral Gables Waterway (letzter So im Monat 9.30 Uhr, 40 US$). Bei der malerischen Fahrt auf den künstlichen Kanälen genießt man die Kultur und erhält Informationen zur Geschichte. Wer teilnehmen will, reserviert telefonisch.

Key Biscayne

Stiltsville Boat Tour BOOTSTOUR
(☎305-379-5119; www.islandqueencruises.com/stiltsville.htm; geführte Tour 60 US$) Island Queen Cruises mit Sitz im Bayside Marketplace veranstaltet unregelmäßig (ca. einmal im Monat) dreistündige Bootstouren nach Stiltsville, die von Dr. Paul George geführt werden. Die aktuellen Termine findet man unter www.historymiami.org/city-tour.

Feste & Events

Wynwood Art Walk KUNST
(www.artcircuits.com; ⌚2. Sa im Monat 19–22 Uhr) Um in die aufblühende Kunstszene von Miami einzutauchen, schließt man sich am besten dem Wynwood Art Walk an. Das ist kein Spaziergang, sondern eher ein Fest mit vielen Events. Viele Galerien rund um Wynwood bieten dazu Sonderveranstaltungen und Ausstellungseröffnungen. Es gibt Getränke (nicht immer kostenlos), Livemusik im Viertel, Food Trucks und spezielle Märkte.

Sounds of Little Haiti KULTUR
(www.rhythmfoundation.com/series/big-night-in-little-haiti; 212 NE 59 Terrace, Little Haiti Cultural Center; ⌚3. Fr im Monat 18–22 Uhr) GRATIS Das familienfreundliche Fest am dritten Freitag jedes Monats vermittelt mit viel Musik, karibischer Küche und Aktivitäten für Kinder einen Eindruck von der karibischen Kultur.

Januar

Miami Marathon SPORT
(www.themiamimarathon.com; ⌚Ende Jan.) *Das* große Lauf-Event in Südflorida ist der Miami Marathon, bei dem mehr als 25 000 Teilnehmer auf einer malerischen Strecke durch die Straßen der Stadt laufen. Es gibt auch einen Halbmarathon.

Art Deco Weekend KULTUR
(www.artdecoweekend.com; Ocean Dr, zw. 1st St & 23rd St; Mitte Jan.) Geführte Touren, Konzer-

NICHT VERSÄUMEN

NICHT VERSÄUMEN: MIAMI ECOADVENTURES

Die Dade County Parks veranstalten eine Reihe von Touren unter der Rubrik **Miami EcoAdventures** (☎305-666-5885; www.miamidade.gov/ecoadventures; Radtour 45 US$, Kanutour 30–70 US$), darunter ausgezeichnete Radtouren auf Key Biscayne und in die Everglades. Man kann sich auch einer der sechs verschiedenen Kanutrips anschließen, z. B. auf dem Oleta River, auf dem Matheson Mangrove Trek oder die Keys hinunter nach Indian Key. Im Angebot sind auch Kajak-, Schnorchel-, Wander- und Vogelbeobachtungstouren. Die Ausflüge starten an verschiedenen Stellen; die Einzelheiten erfährt man telefonisch oder im Internet.

te, Oldtimer-Ausstellungen, Straßencafés, Kunst und Antiquitäten prägen das Bild bei diesem Wochenend-Event.

Miami Jewish Film Festival FILM
(www.miamijewishfilmfestival.com; 4200 Biscayne Blvd; ⌚Jan.) Eine tolle Gelegenheit, mit Mitgliedern der größten jüdischen Gemeinde in den USA über Filme zu plaudern.

Februar

Art Wynwood KUNST
(www.artwynwood.com; ⌚Mitte Feb.) Bei diesem Festival, das in der Regel am dritten Februar-Wochenende stattfindet, zeigen Dutzende Galerien aus Wynwood beste Stücke aus Miamis aufblühender Kunstszene. Dieses Kunstevent hat eine deutlich kommerzielle Ausrichtung: Kapitalkräftige Käufer werden nach allen Regeln der Kunst umworben. Überall im Viertel gibt es Wandmalereien und Installationen.

Coconut Grove Arts Festival KULTUR
(www.coconutgroveartsfest.com; Bayshore Dr, Coconut Grove; ⌚Ende Feb.) Das dreitägige Festival ist eines der prestigeträchtigsten Kunst-Events im Land, bei dem Werke von mehr als 350 bildenden Künstlern gezeigt werden. Dazu gibt's Konzerte, Tanz- und Theatervorstellungen, eine kulinarische Komponente (mit Koch-Vorführungen) und ein globales Dorf mit Essen aus aller Welt.

South Beach Wine & Food Festival ESSEN & TRINKEN
(www.sobefest.com; ⌚Ende Feb.) Das fünftägige Fest des gehobenen Dinierens und Weinschlürfens soll das kulinarische Image Südfloridas fördern. Es gibt Koch-Vorführungen, Brunches, Dinners und Barbecues, bei denen sich Stars blicken lassen, außerdem Weinverkostungen, Cocktails und Knabbereien zur Happy Hour.

Original Miami Beach Antique Show MESSE
(www.originalmiamibeachantiqueshow.com; Miami Beach Convention Center; ⌚Feb.) Die Messe mit mehr als 800 Händlern aus 20 Ländern ist eine der größten ihrer Art in den USA. Sie erstreckt sich über vier Tage im Februar.

März

Carnaval Miami KARNEVAL
(Calle Ocho Festival; www.carnavalmiami.com; ⌚März) Eines der größten Ereignisse im Festival-Kalender von Little Havana ist dieses herausragende lateinamerikanische Fest, das das Gebiet Anfang März neun Tage lang in Beschlag nimmt: Dazu gehören eine Latino-Drag-Queen-Show, ein Inlineskating-Wettbewerb, ein Domino-Turnier, das riesige Calle-Ocho-Straßenfest, die Wahl der Miss Carnaval Miami und vieles mehr.

Ultra Music Festival MUSIK
(www.ultramusicfestival.com; Bayfront Park, 301 N Biscayne Blvd) Ende März versammeln sich tanzbegeisterte Massen zu einer dreitägigen Party im Bayfront Park. Top-DJs aus aller Welt fliegen ein, um auf acht verschiedenen, über den ganzen Park verteilten Bühnen Electronica aufzulegen. Es gibt Light-Shows und wilde Kostüme; leistungsstarke Anlagen sorgen dafür, dass die dröhnenden Bässe überall in der Stadt zu hören sind.

Man sollte seine Tickets früh buchen: Mehr als 150 000 Besucher werden erwartet, und das Event ist immer ausverkauft.

HIBISCUS ISLAND, PALM ISLAND & STAR ISLAND

Neben der A1A liegen in der Biscayne Bay Hibiscus Island, Palm Island und Star Island – kleine schwimmende Primrose Hills von ausgeprägter Exklusivität. Viele Berühmtheiten leben dort nicht, sondern einfach nur reiche Leute – aber immerhin wohnt Gloria Estefan auf Star Island, und Al Capone lebte kurz auf Palm Island, wo er auch starb. In den 1970er- und 1980er-Jahren war eine Villa auf Star Island die Zentrale der Ethiopian Zion Coptic Church, einer Rastafari-Sekte, die schließlich überführt wurde, Marihuana im großen Stil in die USA geschmuggelt zu haben. Der Vorfall löste einen Medienzirkus aus, der sich auf die Beschuldigungen gegen die Sekte und auf die Streitigkeiten der langhaarigen, bärtigen, weißen Rastas mit ihren aristokratischen Nachbarn auf Star Island konzentrierte, die darüber klagten, dass ständig Cannabis-Schwaden vom Gelände der EZCC herüberwehten.

Heute werden die Zufahrten zu den Inseln von Wachtposten gesichert, aber die Straßen sind öffentlich. Wer höflich fragt, kann den Posten passieren. Star Island besteht aus kaum mehr als einer elliptischen Straße, die von Königspalmen, gestutzten Hecken und dekorativen Toren zu Häusern gesäumt wird, die von der Straße aus nicht zu sehen sind.

INSIDERWISSEN

SCHON GEWUSST: MIAMI CRITICAL MASS

Wer am Monatsende zu Beginn des Wochenendes in Miami unterwegs ist, erblickt vielleicht ganze Pulks von Radfahrern und ein paar Skateboarder, Rollschuhfahrer und Leute, die mit anderen motorlosen Gefährten unterwegs sind. Was hat das zu bedeuten?

Das Event heißt Miami Critical Mass, wird von der Miami Bike Scene (www.themiamibikescene.com) veranstaltet und soll das Bewusstsein für das Vorhandensein von Radlern im Straßenverkehr schärfen und indirekt für einen Ausbau der Fahrrad-Infrastruktur in der Stadt werben. Jeder kann mitmachen; das Event startet am Government Center bei HistoryMiami (S. 77) um 18.30 Uhr am letzten Freitag im Monat.

Die Abfahrt zu der 19 bis 29 km langen Fahrt ist um 19.15 Uhr. Die Durchschnittsgeschwindigkeit liegt bei nicht sehr anstrengenden 12 Meilen/h (19 km/h), und man soll bei der Fahrt zusammenbleiben (also nicht hinterherzockeln, aber auch nicht schneller fahren als die Schrittmacher). Das Event ist eine lustige Sache und eine gute Gelegenheit, örtliche Radler kennenzulernen.

Miami International Film Festival FILM
(www.miamifilmfestival.com; ⌚März) Das zehntägige, vom Miami-Dade College geförderte Festival zeigt Spielfilme und Dokumentationen aus aller Welt. Mehr als ein halbes Dutzend Kinos in der gesamten Stadt sind beteiligt.

Calle Ocho Festival KULTUR
(Carnaval Miami; www.carnavalmiami.com; ⌚März) Das große Straßenfest im März ist der Höhepunkt des Carnaval Miami (S. 106), einer zehntägigen Feier der lateinamerikanischen Kultur.

April

Miami Beach Gay Pride UMZUG
(www.miamibeachgaypride.com; ⌚April) Im April flattern bei dem munteren Fest ein Wochenende lang die Regenbogenfahnen über Miami Beach. Den Höhepunkt bildet der mit Federboas, Glitzer und Körperbemalung prunkende Umzug über den Ocean Dr.

Outshine Film Festival FILM
(www.mifofilm.com; ⌚April) Kurz-, Spiel- und Dokumentarfilme mit LGBT-Schwerpunkt stehen zehn Tage lang in diversen Kinos von South Beach auf dem Programm. Mehr als 65 Filme werden vorgestellt, darunter viele Weltpremieren.

Billboard Latin Music Awards MUSIK
(www.billboardevents.com; ⌚Ende April) Der prestigeträchtige Wettbewerb lockt die Bosse der Musikindustrie, Musikstars und die Fans von Latino-Musik in die Stadt.

Wynwood Life MUSIK
(www.wynwoodlife.com; ⌚April) Das an einem Wochenende im April stattfindende, recht neue Festival feiert Wynwood mit Livemusik und DJs, einem großen Kunsthandwerksmarkt, Modenschauen, Food Trucks, einer kulinarischen Bühne (für Kochvorführungen) und einer Schar talentierter Straßenkünstler, die während des Fests Live-Installationen darbieten.

Mai, Juni & Juli

Miami Museum Month KULTUR
(www.miamimuseummonth.com; ⌚Mai) Das Event, das den ganzen Mai ausfüllt, ist eine prima Gelegenheit, sich die besten Museen der Stadt bei vergünstigtem Eintritt und begleitet von Sonderausstellungen und Vorträgen anzuschauen.

Miami Fashion Week KULTUR
(www.miamifashionweek.com; Miami Beach Convention Center; ⌚Mai oder Juni) Wenn sich die Modeschöpfer in Miami Beach treffen, sind Models so häufig wie die Fische im Wasser, und die ganze Stadt wird zum Laufsteg.

Goombay Festival KULTUR
(www.goombayfestivalcoconutgrove.com; ⌚Juni/Juli) Das riesige Fest im Juni oder Juli feiert die Kultur der Bahamas.

Independence Day Celebration KULTUR
(Bayfront Park; ⌚4. Juli) Zum Nationalfeiertag versammeln sich mehr als 100 000 Menschen zu ausgezeichnetem Feuerwerk, einer Lasershow und Livemusik im luftigen Bayfront Park (S. 77).

August & September

Miami Spice Restaurant Month ESSEN & TRINKEN
(www.facebook.com/ilovemiamispice; ⌚Aug.–Sept.) Spitzenrestaurants rund um Miami locken die Leute während der Hitzewelle mit Drei-Gänge-Mittagsmenüs und Abendme-

TOP-EVENTS IN MIAMI

Art Basel Miami Beach (S. 108), Dez.

Art Deco Weekend (S. 105), Jan.

Coconut Grove Arts Festival (S. 106), Feb.

Carnaval Miami (S. 106), März

Ultra Music Festival (S. 106), März

nüs. Die Preise liegen um die 25 US$ für ein Mittag- und um die 40 US$ für ein Abendessen. Reservieren erforderlich!

International Ballet Festival TANZ
(www.internationalballetfestival.org; ⌚Aug.–Sept.) Einige der wichtigsten Tanztalente aus aller Welt treten an verschiedenen Orten in der Stadt auf. Die Vorstellungen verteilen sich über mehrere Wochenenden im August und September.

November

Miami Book Fair International KULTUR
(www.miamibookfair.com; 401 NE 2nd Ave; ⌚Nov.) Die Buchmesse findet Mitte bis Ende November statt und gehört zu den wichtigsten und bestbesuchten ihrer Art in den USA. Zu ihr kommen Hunderte landesweit bekannte Autoren, Hunderte Verleger und Hunderttausende Besucher.

White Party MUSIK
(www.whiteparty.org; ⌚Nov.) Wer schwul ist und dieses Festival nicht besucht, verpasst etwas. Zu dem einwöchigen Spektakel kommen mehr als 15 000 Schwule und Lesben, die nonstop in den Clubs und Treffs der Stadt abfeiern.

Dezember

Design Miami KUNST
(www.designmiami.com; ⌚Anfang Dez.) Die hochgehandelte Messe im Zusammenhang mit der Art Basel (s. unten) zieht Top-Designer von Weltrang und ihre erlesene Entourage an. Die Vorträge und Präsentationen zum Thema Design finden hauptsächlich im Miami Beach Convention Center statt.

Art Basel Miami Beach KUNST
(www.artbasel.com/miami-beach; ⌚Anfang Dez.) Eine der weltweit bedeutendsten internationalen Kunstausstellungen bietet Exponate von mehr als 250 Galerien und eine Menge trendiger Partys. Auch wer kein millionenschwerer Sammler ist, kann bei diesem viertägigen Fest viel entdecken und genießen. Es gibt Kunstinstallationen im Freien überall in der Stadt, Sonderausstellungen in vielen Galerien vor Ort, Freiluftkino und vieles mehr.

King Mango Strut UMZUG
(www.kingmangostrut.org; Main Ave & Grand Ave, Coconut Grove; ⌚Dez.) Seit 1982 zieht diese schräge Parade direkt nach Weihnachten durch Coconut Grove. Der politisch aufgeladene Spaß begann als Veräppelung aktueller Ereignisse und Parodie auf die inzwischen nicht mehr existierende Orange Bowl Parade.

Art Miami KUNST
(www.art-miami.com; ⌚Dez.) Bei der riesigen Messe zeigen mehr als 100 Galerien moderne und zeitgenössische Werke internationaler Künstler.

Orange Bowl SPORT
(www.orangebowl.org; Hard Rock Stadium, 347 Don Shula Dr, Miami Gardens) Scharenweise strömen Football-Fans zum Super Bowl des College-Football nach Miami. Das Spiel findet Ende Dezember (meist am 30. oder 31.12.) oder auch in den ersten Januartagen statt.

Schlafen

Miami hat einige verlockende Unterkünfte – die für manche Traveller ein Hauptgrund sind, die Stadt zu besuchen. South Beach steht dabei mit seinen Boutiquehotels in hübschen Art-déco-Gebäuden ganz im Fokus, aber es gibt noch viel mehr Optionen in Miami – von Wolkenkratzern mit weiter Aussicht und Annehmlichkeiten jeder Art in Downtown bis zu charmanten historischen Unterkünften in Coral Gables, Coconut Grove und anderen, weniger touristischen Vierteln.

South Beach

SoBe Hostel HOSTEL $
(Karte S. 72; ☎305-534-6669; www.sobe-hostel.com; 235 Washington Ave; B 22–52 US$; ❄@📶) Das große, mehrsprachige Hostel an einem ruhigen Ende von SoFi (dem Gebiet südlich der 5th St in South Beach) hat einen geselligen Gemeinschaftsbereich und spartanische Zimmer. Das Personal ist freundlich und die (bis 5 Uhr) geöffnete Bar ein toller Ort, um andere Traveller kennenzulernen. Frühstück und Abendessen sind im Preis inbegriffen.

Jede Menge Aktivitäten sind im Angebot – von Volleyball über Mojito-Abende und Sportfernsehen bis hin zu Kneipenbummeln.

HI Miami Beach HOSTEL $
(Karte S. 66; ☎305-787-3122; www.hi-miamibeach.com/contact; 1506 Collins Ave; B 30–50 US$; 📶) Die verlässliche Budget-Herberge von Hostelling International bietet freundliches Personal, gepflegte Zimmer und jede Menge Aktivitäten, insbesondere in Hinblick auf das Nachtleben. Es gibt eine Küche und eine Terrasse und gleich im Erdgeschoss mit die besten Tacos in Miami. Das Haus hat eine tolle Lage: Der Stand ist nur einen kurzen Spaziergang entfernt.

Rock Hostel HOSTEL $
(Karte S. 66; ☎305-763-8146; www.miamirockhostel.com; 1351 Collins Ave; B 30–50 US$; ❄📶) Das Partyvolk kann gleich in diesem munteren, gut geführten Hostel wenige Minuten vom Strand entfernt einchecken. Es hat recht schlichte Schlafsäle mit sechs bis zehn Betten (darunter auch Frauen vorbehaltene), dazu aber auch unzählige Aktivitäten wie abendliche Ausflüge zu den Bars und Clubs. Die SoCal Cantina vor Ort bietet leckere Tacos und tropische Cocktails. Von der kleinen Terrasse vorne blickt man auf den Bürgersteig.

Bed & Drinks HOSTEL $
(Karte S. 66; ☎786-230-1234; http://bedsndrinks.com; 1676 James Ave; B/DZ ab 29/154 US$) Das Hostel setzt ganz auf die Massen, welche auf den Sex-Appeal aus sind, ist aber nur ein paar Blocks vom Strand entfernt, sodass die Reklame auch funktioniert. Die Zimmer sind teils durchschnittlich, teils etwas unter dem Durchschnitt, aber den jungen, partyversessenen Gästen ist das überwiegend egal, zumal freundliches Personal, eine muntere Bar vor Ort und abendliche Ausflüge in die Clubs der Stadt die Nachteile wieder wett machen.

Aqua Hotel BOUTIQUEHOTEL $
(Karte S. 66; ☎305-538-4361; www.aquamiami.com; 1530 Collins Ave; Zi. 110–200 US$; P❄📶) Von außen wird das Hotel mit marineblauen Farben seinem Namen gerecht, während die Zimmer einen frischen weißen Anstrich, Holzböden und ein paar Kunstwerke haben. Einen Pool gibt es nicht, aber in dem kleinen Hinterhof kann man dem Lärm der Collins Ave entgehen.

Miami Beach International Hostel HOSTEL $
(Karte S. 72; ☎305-534-0268; www.hostelmiamibeach.com; 236 9th St; B/Zi. ab 34/150 US$; ❄@📶) Umfangreiche Renovierungsarbeiten haben das verlässliche alte Hostel in eine Art Boutique-Unterkunft mit Schlafsälen verwandelt. Mit buntem Putz, Marmordetails, Dekor im Art-déco- und Neon-Stil und schicken, sauberen Zimmern ist das Haus ein gutes Standquartier in South Beach. Es herrscht eine partyaffine, gesellige Stimmung – wer das nicht mag, ist hier falsch.

Townhouse Hotel BOUTIQUEHOTEL $$
(Karte S. 66; ☎305-534-3800; www.townhousehotel.com; 150 20th St an der Collins Ave; Zi. 200–400 US$; ❄📶) Mit einer coolen weißen Lobby und Iglu-artigen Zimmern mit ein paar scharlachroten Akzenten gibt sich das Townhouse stilvoll minimalistisch. Das Hotel hat eine einladende, etwas schrullige Atmosphäre – wer braucht schon Pfefferminz auf dem Kopfkissen, wenn man hier auch Wasserbälle gestellt bekommt?

Es gibt eine fröhliche Lounge auf dem Dach (18–24 Uhr), eine muntere Ramen- und Burger-Bar im Erdgeschoss (bis 4 Uhr) und eine Theke für Kaffee und Gebäck (7–13 Uhr) im Foyer. Ein Pool fehlt, aber die Gäste können den des nahegelegenen Raleigh Hotel (S. 116) benutzen.

Fashion Boutique Hotel BOUTIQUEHOTEL $$
(Karte S. 72; ☎786-398-4408; www.fashionhaushotel.com; 534 Washington Ave; Zi. ab 179 US$; P❄📶🏊) Das günstige Hotel in einem ruhigeren Teil von South Beach ist etwas theatralisch aufgemacht. Die 48 gut ausgestatteten Zimmer haben rubinrote Decken und Tagesdecken, hellgraue Wände und dicke, geraffte Vorhänge. Der Hauptakzent ist die riesige Fotowand über dem Bett. Hier blickt ein Model in die Kamera und späht so etwas voyeuristisch in das ruhige Zimmer hinein.

KULTURFREITAGE

Der Little Havana Arts District ist vielleicht nicht mit Wynwood zu vergleichen, bildet aber doch einen energiegeladenen Streifen von Galerien und Ateliers (an der 8th St zw. SW 15th Ave & SW 17th Ave). Die beste Zeit für einen Besuch sind die **Viernes Culturales** (Kulturfreitage; www.viernesculturales.org; 🕘letzter Freitag im Monat 19–23 Uhr). Das sind keine Kunstspaziergänge mit einem Glas Wein, sondern kleine Karnevalsfeten mit Musik, alten Männern in traditionellen *guayaberas* (kubanischen Hemden), die die Sterne ansingen, und Galerien, die Sonderausstellungen zeigen.

ENTSPANNUNG PUR

Es gibt viele Möglichkeiten, in Miami einen entspannten Tag zu erleben: vom Sonnen an einem Inselstrand bis hin zu einem ziellosen Spaziergang durch die Viertel der Stadt.

SOUTH BEACH SHOPPING

Die Fußgängerzone der **Lincoln Road** ist ein toller Ort für einen entspannten Bummel. Die von Palmen und Springbrunnen gesäumte Promenade ist ein Augenschmaus mit farbenfrohen Läden, Freiluftrestaurants und einem breiten Querschnitt der Einwohner Miamis.

EIN TAG AM POOL

Wenn die See zu rau ist oder man eine Strandpause einlegen will, lohnt sich der Weg zu Miamis hübschen Swimmingpools. Der **Venetian Pool** (S. 102) ist ein Wasser-Wunderland mit kleinen Wasserfällen und einer Mini-Insel. Man kann auch einen Tag im **Biltmore Hotel** (S. 93) verbringen, wo der riesige Pool und diverse Restaurants locken.

SPAZIERGANG IN WYNWOOD

Bei einem Spaziergang in **Wynwood** (S. 83) lernt man Miami von seiner kreativsten Seite kennen. Hier gibt's Galerien, Indie-Läden und viele Cafés und Restaurants, vor allem an der NW 2nd Ave nahe den **Wynwood Walls** (S. 86).

INSEL-REFUGIUM

Nur eine kurze Autofahrt südlich von Miami bestricht **Key Biscayne** (S. 96) mit schönen Stränden, einem interaktiven Naturzentrum für Kinder und einem Park an der Südspitze der Insel. Im **Bill Baggs Cape Florida State Park** (S. 96) kann man auf malerischen Naturpfaden wandern, einen Leuchtturm besichtigen und dann am Strand entspannen.

2

1. Lincoln Road **2.** Venetian Pool **3.** Wynwood
4. Cape Florida Lighthouse, Bill Baggs State Park

4

Catalina Hotel BOUTIQUEHOTEL $$
(Karte S. 66; ☎ 305-674-1160; www.catalinahotel.com; 1732 Collins Ave; Zi. ab 220 US$; P ❄ 📶 🏊) Das Catalina ist ein hübsches Beispiel für ein Art-déco-Mittelklassehotel. Neben den verspielt minimalistischen Zimmern überzeugt vor allem die Atmosphäre – hier nimmt man sich nicht allzu ernst, und entsprechend gut gelaunt sind Mitarbeiter und Gäste. Besonders ansprechend ist der Pool, der sich hinter dem Hauptgebäude mit der schneeweißen Fassade versteckt und von schattenspendenden Bambusbäumen umgeben ist.

Clay Hotel HOTEL $$
(Karte S. 66; ☎ 305-250-0759; www.clayhotel.com; 1438 Washington Ave; Zi. 140–250 US$; ❄ 📶) Ein Hotel kann nur gewinnen, wenn es in einer 100 Jahre alten Villa im spanischen Stil residiert. Die Zimmer sind sauber und komfortabel, gewiss nicht spartanisch, aber auch nicht protzig und verteilen sich labyrinthisch über die angrenzenden Gebäude. Wer nicht allzu viel ausgeben kann, aber nicht im Schlafsaal eines Hostels übernachten will, ist hier genau richtig. Das ist übrigens auch eines der Häuser in Miami, wo Al Capone einmal übernachtet hat.

Chesterfield Hotel BOUTIQUEHOTEL $$
(Karte S. 72; ☎ 877-762-3477; www.thechesterfieldhotel.com; 855 Collins Ave; Zi. ab 215 US$; P ❄ 📶) Vorhänge mit Zebrastreifenmuster und Sitzkissen sorgen in dem kleinen Foyer für abgefahrene Hiphop-Stimmung; bei Sonnenuntergang gibt's in der Safari Bar im Haus eine coole Happy Hour. Die Zimmer haben tropisch anmutende Farben, schneeweiße Betten und dunkle Holzmöbel. Die schöne Aussicht von der Dachterrasse sollte man sich nicht entgehen lassen.

Stiles Hotel BOUTIQUEHOTEL $$
(Karte S. 72; ☎ 844-289-8145; www.thestileshotel.com; 1120 Collins Ave; Zi. 170–340 US$; P ❄ 📶 🏊) Das Stiles verdient Lob für seine (relativ) günstigen Preise, freundliches Personal und attraktive Zimmer. Letztere sind in sandigen Erdfarben gehalten und haben Bodenbeläge aus Naturfasern, modulare Nachttischlampen und Verdunkelungsvorhänge. Im Hof mit drei kleinen Whirlpools kann man prima entspannen.

Room Mate Lord Balfour BOUTIQUEHOTEL $$
(Karte S. 72; ☎ 305-673-0401; www.lordbalfourmiami.com; 350 Ocean Dr; Zi. 150–340 US$; P ❄ 📶) Warum sollte man ein Hotel nicht nach einem weniger bekannten und als nicht besonders befähigt erachteten britischen Premierminister benennen? Abgesehen von dem merkwürdigen Namen hat das Lord Balfour die üblichen minimalistischen Zimmer mit etwas Pop Art, für die Miami Beach bekannt ist. Die Zimmer haben Holzböden, große Fenster, Regenduschen und jeweils hinter dem Bett ein großes Wandbild eines stark tätowierten Mädchens mit wallenden Haaren.

Der Foyer-/Barbereich ist ein echtes Schmuckstück mit Retro-Verzierungen, Pop Art und schwungvollen Linien, die vorn hinaus auf die Terrasse führen, wo man einen schönen Blick auf diesen friedlichen Abschnitt des Ocean Dr hat.

Cavalier South Beach BOUTIQUEHOTEL $$
(☎ 305-673-1199; www.cavaliersouthbeach.com; 1320 Ocean Dr; Zi. ab 240 US$) Das Äußere spielt ein wenig mit dem tropisch-maritimen Thema in Form einer Seepferdchen-artigen Verzierung in der Mitte der Fassade und Palmstämmen auf beiden Seiten. Drinnen zeigt sich das Hotel nach der Renovierung von 2015 für diese Gegend untypisch mit warmen Holztönen, unverputzten Backsteinwänden, Marmorbädern, launigen Gemälden in satten Farben und umfassender High-Tech-Ausstattung (darunter 50-Zoll-Smart-TVs).

Hotel Astor BOUTIQUE HOTEL $$
(Karte S. 72; ☎ 305-531-8081; www.hotelastor.com; 956 Washington Ave; Zi./Suite ab 220/375 US$; P ❄ 📶 🏊) Das Astor strebt nach Retro-Schick, übertreibt es damit aber nicht. Das Foyer ist sehr elegant, geprägt von eingetopften Palmen, geraden Linien und einem Marmorboden mit geometrischen Mustern, der vorbei an der geselligen Bar bis hinaus zum winzigen Pool verläuft, an dem eine einzige, kunstvoll platzierte Palme Schatten spendet. Die rosafarbenen Zimmer sind entspannend und gut ausgestattet.

Es gibt ansprechende Orte für einen Cocktail, darunter eine muntere, an den Glamour der 1920er-Jahre erinnernde Bar inklusive Liegesesseln mit Leopardenmuster.

Kent Hotel BOUTIQUEHOTEL $$
(Karte S. 72; ☎ 305-604-5068; www.thekenthotel.com; 1131 Collins Ave; Zi. 120–290 US$; P ❄ 📶) Das 1936 erbaute Kent hat eine klassische Art-déco-Fassade mit auffälligen vertikalen und horizontalen Linien, die Passanten zu einem näheren Blick einladen. Die Zimmer sind klein und ziemlich schachtelartig und zeigen ein modernes grau-weißes Farbsche-

ma. An den Wochenenden kann es abends recht laut werden.

Das Restaurant auf der Terrasse (Limetree Lounge) ist ein nettes Extra mit Plätzen im Freien vor der kleinen strohgedeckten Bar.

Hotel St. Augustine BOUTIQUEHOTEL **$$**
(Karte S. 72; ☎305-532-0570; www.hotelstaugustine.com; 347 Washington Ave; Zi. 210–345 US$; P ❄) Holz, das heller ist als Barbies Haar, warme Farben und ein klares, ansprechendes Art-déco-Design machen das Hotel zu einem der besseren Angebote in SoFi. Der freundliche, familiäre Service trägt dazu ebenfalls bei, genauso wie die verglasten Duschen, die sich auf Knopfdruck in eine private Sauna verwandeln.

Leider ist aber manchmal das Alter des Hotels erkennbar; manche Zimmer könnten eine Renovierung vertragen.

Hotel Shelley BOUTIQUEHOTEL **$$**
(Karte S. 72; ☎305-531-3341; www.hotelshelley.com; 844 Collins Ave; Zi. ab 170 US$; ❄) Diese Art-déco-Schönheit ist wahrlich kein Mauerblümchen. Die Fassade in Weiß und Lavendel will beachtet sein, und die muntere Lobby/Lounge ist mit ihrem Terrakottaboden, den spinnenartigen Kandelabern und den Wänden voller alter Fotos eine echte Augenweide. Die Zimmer sind angemessen stilvoll, teilweise aber recht klein.

Die kostenlosen Drinks am Abend (19–20 Uhr) sind ein nettes Extra.

Room Mate Waldorf Towers BOUTIQUEHOTEL **$$**
(Karte S. 72; ☎786-439-1600; www.room-matehotels.com; 860 Ocean Dr; Zi. 190–440 US$;) Das Hotel hat ein makellos weißes Foyer und stilvolle Zimmer, die mit hellen Farben, Design-Ausstattung und (bei einigen) Meerblick denen der meisten anderen Boutiquehotels am Ocean Dr ähneln. Die eigentlichen Hingucker sind hier aber die stromlinienförmige Fassade und die Kuppel auf dem Dach. Das Gebäude wurde von der Art-déco-Legende Lawrence Murray Dixon entworfen und sollte die Ecke am Ocean Dr wie ein Leuchtturm markieren.

Ocean Five Hotel BOUTIQUEHOTEL **$$**
(Karte S. 72; ☎305-532-7093; www.oceanfive.com; 436 Ocean Dr; Zi./Suite ab 210/270 US$; P ❄) Das Boutiquehotel ist ein Art-déco-Gebäude in freundlichen Farben mit gemütlichen, ruhigen Zimmern, die in ihrer Gestaltung – weiße und blassgelbe Farben, Böden aus italienischem Travertin und beruhigende Fotos von Meereslandschaften an den Wänden – an gepflegte Hütten erinnern. Das Hotel ist nicht übertrieben schick und hat ein für South Beach insgesamt gutes Preis-Leistungs-Verhältnis.

★ 1 Hotel HOTEL **$$$**
(Karte S. 66; ☎866-615-1111; www.1hotels.com/south-beach; 2341 Collins Ave; Zi. ab 400 US$; ❄) Das 1 Hotel ist eines der Spitzenhotels der USA; seine mehr als 400 prächtigen Zimmer sind luxuriös und bieten auch umweltbewusste Details wie aus Baumstümpfen gefertigte Couch-/Schreibtische, maßgefertigte Hanfmatratzen, Einbauwände aus Treibholz und Wasserfilter (die Plastikflaschen überflüssig machen). Hinzu kommen eindrucksvolle Gemeinschaftsbereiche mit vier Pools, darunter einem Erwachsenen vorbehaltenen Infinity Pool auf dem Dach.

Das von dem preisgekrönten Koch Tom Colicchio geführte Restaurant serviert Gerichte mit regionalen, farmfrischen Zutaten. Die Liste der Annehmlichkeiten ist lang: Dazu gehören ein üppiges Spa, ein 1300 m² großes Fitnesscenter (mit vielen Kursangeboten), Wassersportaktivitäten, ein Kinderclub und natürlich der direkte Zugang zum feinen Sandstrand von South Beach.

★ Washington Park Hotel BOUTIQUEHOTEL **$$$**
(Karte S. 72; ☎305-421-6265; www.wphsouthbeach.com; 1050 Washington Ave; Zi. 250–500 US$; ❄) In toller Lage zwei Blocks vom Strand verteilt sich das Washington Park auf fünf schön restaurierte Art-déco-Gebäude hinter einem Pool und einem von Palmen gesäumten Hof. Die Zimmer haben Klasse: ein zurückhaltendes Farbschema, künstlich gealterte Holzlaminatböden und elegante Details wie Kugellampen am Bett und Schreibtische aus Holz und Schmiedeeisen.

Die Stimmung ist fröhlich und eingeladen. Es gibt Boccia im Hof, Cocktails im Employees Only (eine New Yorker Bar, die hier 2017 eröffnet wurde) und stilvolle grüne Martone-Fahrräder, mit denen man in der Stadt herumfahren kann.

★ Surfcomber HOTEL **$$$**
(Karte S. 66; ☎305-532-7715; www.surfcomber.com; 1717 Collins Ave; Zi. 250–480 US$; P ❄) Das Surfcomber zeigt eine klassische Art-déco-Fassade mit dynamischen Linien und schattenspendenden „Augenbrauen",

die sich zickzackförmig über die Fassade verteilen. Das Innere wirkt für die meisten Gäste überraschend. Die Zimmer sind zweifellos reizvoll: Die eleganten Linien stehen im Einklang mit der Art-déco-Ästhetik, während die kräftigen Farben ganz zeitgenössisch sind.

Kräftige Farben, dekorative Holzelemente, verspielte tropische Themen und Oberlichter prägen das Foyer und das angrenzende Restaurant. Die Terrasse an der Collins Ave verbindet Innen und Außen. Geht man um das Haus herum, bietet sich ein betörender Anblick: Man sieht den riesigen, sonnigen, von Palmen eingefassten Pool und dahinter den schönen Ozean. Der Strand ist nur wenige Schritte entfernt.

★ Pelican Hotel — BOUTIQUEHOTEL $$$

(Karte S. 72; 305-673-3373; www.pelicanhotel.com; 826 Ocean Dr; Zi. 260–420 US$;) Als die Besitzer der Jeansfirma Diesel 1999 das Pelican kauften, schauten sie sich auf Flohmärkten nach den richtigen Zutaten für ihr verrücktes Experiment um, bei dem sie 29 hippe Themenzimmer voller fantastischer Details schufen.

Vom Cowboy-Hipster-Schick des „High Corral, OK Chaparral" bis zu den dschungelhaften Neon-Tigerstreifen im „Me Tarzan, You Vain" sind die einzelnen Zimmer zwar komplett unterschiedlich, aber luxuriös ausgestattet, u. a. mit hochwertigen Tonanlagen und erstklassigen Armaturen.

★ Betsy Hotel — BOUTIQUEHOTEL $$$

(Karte S. 66; 844-862-3157; www.thebetsyhotel.com; 1440 Ocean Dr; Zi. ab 310 US$; P) Das Betsy ist eines der besten Hotels von South Beach und atmet mit seinem ausgezeichneten Service und erstklassigen Annehmlichkeiten echte Klasse. Das historische Juwel hat zwei Flügel, deren Zimmer teils kolonial, teils im Art-déco-Stil gestaltet sind. Nicht versäumen sollte man den Blick vom daliesken „Orb", der die beiden Gebäude verbindet.

Zu den netten Extras gehören Orchideen in den Zimmern, ein rund um die Uhr geöffnetes Fitnesscenter, zwei Pools und die eher sonderbaren Badezimmerspiegel mit eingebauten LCD-TVs.

Gale South Beach — HOTEL $$$

(Karte S. 66; 305-673-0199; www.galehotel.com; 1690 Collins Ave; Zi. 220–410 US$; P) Die Fassade des Gale ist die bewundernswerte Nachschöpfung der klassisch-schachtelförmigen Art-déco-Ästhetik im monumentalen Maßstab eines modernen SoBe-Super-Resorts. Die Verschmelzung von Klassisch und Protzig setzt sich auch innen fort, wo man helle Zimmer in einem schönen Farbschema, klare Linien und eine retro-schicke Atmosphäre antrifft, die vom Modernismus der 1950er-Jahre inspiriert ist.

Der elegante Pool auf dem Dach ist zwar recht klein, liegt aber den ganzen Tag über in der Sonne. Die Bar und das Restaurant sind eine große Attraktion auch für Besucher, die nicht in dem Hotel wohnen.

Royal Palm — HOTEL $$$

(Karte S. 66; 305-604-5700; www.royalpalmsouthbeach.com; 1545 Collins Ave; Zi./Suite ab 260/510 US$; P) Selbst das tropische Aquarium verströmt mit seinen eleganten Kurven und verchromten Details einen Hauch von Art-déco-Flair und erst recht die stromlinienförmige, minzgrün akzentuierte Bar. Insgesamt ist dies eines der auffälligsten Beispiele für das in South Beach beliebte Art-déco-Motiv, ein Gebäude wie ein Kreuzfahrtschiff wirken zu lassen. Dieses Thema setzt sich auch in den luxuriösen Zimmern fort, die schneeweiß mit subtilen blaugrünen Farbakzenten gestaltet sind.

Wie andere große Anwesen zwischen dem Strand und der Collins Ave prunkt auch das Royal Palm mit einer Unmenge von Annehmlichkeiten, darunter zwei Pools und gute Bars sowie Restaurants, zu den das Byblos mit seiner empfehlenswerten griechischen Küche zählt.

Standard — BOUTIQUEHOTEL $$$

(305-673-1717; www.standardhotels.com/miami; 40 Island Ave; Zi./Suite ab 240/510 US$; P) Das auf den Kopf gestellte „Standard"-Schild am alten Lido-Gebäude auf Belle Island (zwischen South Beach und Downtown Miami) verrät, wo sich dieses Hotel befindet, das alles andere als „Standard" ist. Die Boutique-Bleibe, ein glamourös gewordenes Motel der 1950er-Jahre, punktet mit einer Reihe von Wellness-Anwendungen, schriller Hipness und South-Beach-Attraktivität.

Die Zimmer bieten erhöhte weiße Betten, Wellness-Regenduschen und hauchdünne Vorhänge, die sich zu einem Hof voller irdischer Freuden öffnen, zu denen ein beheizter Hammam gehört.

The Franklin — BOUTIQUEHOTEL $$$

(Karte S. 72; 305-432-7061; www.franklinsouthbeach.com; 860 Collins Ave; Zi. 240–490 US$;) Das Franklin ist ein wunderschön restauriertes klassisches Art-déco-Hotel von 1934 mit modernen, an Lofts erinnernden Zimmern mit polierten Betonböden, schicken weißen Flächen, guten natürlichen Lichtverhältnissen und Pop Art an den Wänden. Die Zimmer sind geräumig, alle verfügen über eine willkommene Mini-Küche (mit Kaffeemaschine).

Weitere Pluspunkte sind der freundliche Service und die tolle Lage gleich um die Ecke vom Strand, aber abseits der Hektik des Ocean Dr.

Redbury South Beach BOUTIQUEHOTEL **$$$**
(Karte S. 66; ☎855-220-1776; www.theredbury.com/southbeach; 1776 Collins Ave; Zi. 250–700 US$; ❄📶🏊) Das Redbury tanzt aus der Reihe der nahezu identischen minimalistischen Zimmer von South Beach. Hier werden Anleihen bei der gesamten Kunst des 20. Jhs. gemacht und man setzt auf lustigen, aber entspannten Komfort (mit gestreiften Teppichen, italienischer Bettwäsche und Plattenspielern im Zimmer – Vinylscheiben bekommt man auf Anfrage).

Der Pool auf dem Dach lädt zum Entspannen ein, das Foyer gibt sich ostasiatisch-exotisch, und gleich vor dem Eingang befindet sich ein riesiger, ornamentaler Käfig.

W Hotel RESORT **$$$**
(Karte S. 66; ☎305-938-3000; www.wsouthbeach.com; 2201 Collins Ave; Zi. ab 440 US$; P❄📶🏊) Im South-Beach-Außenposten der W Hotels gibt's eine erstaunliche Vielfalt an Zimmern, die die markeneigene Mischung aus Luxus und Stil auf großartige Weise verkörpern. In den „spektakulären Studios" spiegeln sich die Tafeln aus Cipollino in den Glasflächen, und die „Oasis"-Suite empfängt so viel Licht, dass man den Eindruck hat, die Sonne ginge direkt im Zimmer auf.

Die Bars, Restaurants, Clubs und der in den Komplex eingebaute Pool gehören zu den besten hier am Strand.

Setai BOUTIQUEHOTEL **$$$**
(Karte S. 66; ☎305-520-6000; www.thesetaihotel.com; 2001 Collins Ave; Zi. ab 745 US$; P❄📶🏊) In einem Art-déco-Gebäude vermischt das hinreißende Interieur des Setai Elemente südostasiatischer Tempelarchitektur mit zeitgenössischem Luxus. Die geräumigen Zimmer sind mit schokoladenbraunem Teakholz vertäfelt und prunken mit schnittigen Linien und chinesischen und Khmer-Verzierungen. Hinzu kommen exquisite Annehmlichkeiten in Form eines himmlischen Spas, dreier von Palmen umsäumter Pools, eines Spitzenrestaurants und der großartigen Lage am Strand.

TOP-HOTELPOOLS

In Miami findet man einige der schönsten Hotelpools in der Region – und dabei geht es mehr darum, zu sehen und gesehen zu werden als ums Schwimmen. Die meisten Pools sind zugleich Bars, Lounges oder sogar Clubs. Manche Hotels erlauben nur ihren Gästen, am Pool abzuhängen, wer aber einen Drink an der Poolbar kauft, sollte willkommen sein.

- Delano Hotel (S. 116)
- Shore Club (S. 117)
- Kimpton EPIC Hotel (S. 119)
- Biltmore Hotel (S. 121)
- Raleigh Hotel (S. 116)
- Fontainebleau (S. 118)

Sagamore BOUTIQUEHOTEL **$$$**
(Karte S. 66; ☎305-535-8088; www.sagamorehotel.com; 1671 Collins Ave; Zi. 270–455 US$; P❄📶🏊) In diesem Hotel mit Ausstellungssaal verschwimmen die Grenzen zwischen Innenarchitektur, Kunst und konventioneller Hotelästhetik. Fast alle Räume in dem Hotel, von den Foyers bis zu den Zimmern, sind dank eines talentierten Kurators und einer eindrucksvollen Reihe Beiträge liefernder Künstler zugleich eine Kunstgalerie. Die Zimmer zeigen mattweiße und beige Farbtöne, schicke Design-Akzente und künstlerische Fotografien.

The Villa Casa Casuarina RESORT **$$$**
(Karte S. 72; ☎786-485-2200; www.vmmiamibeach.com; 1116 Ocean Dr; Zi. 750–1400 US$; P❄📶🏊) Die atemberaubende Villa, das ehemalige Heim der Mode-Legende Gianni Versace, wurde in eines der exklusivsten Resorts von South Beach verwandelt. Wer hier übernachtet, fühlt sich unweigerlich wie ein Fürst. Es gibt einen von Mosaiken gesäumten Pool, der scheinbar aus dem antiken Rom stammt, und mit Marmor ausgekleidete Korridore. Die Zimmer sind üppig mit alten Möbeln ausstaffiert und mit lebenssprühenden Wandmalereien verziert.

Sense South Beach BOUTIQUEHOTEL **$$$**
(Karte S. 72; ☎305-538-5529; www.sensebeachhouse.com; 400 Ocean Dr; Zi. ab 280 US$; P❄📶🏊) Das Boutiquehotel mit seinen 18 Zim-

mern ist äußerst stimmungsvoll: Die glatten, weißen Wände verschwinden hinter dem tollen Blick auf das Meer am South Beach, die Holzpaneele bilden scharfe Kanten, die nicht einschüchternd, sondern einladend wirken. In den Zimmern kontrastieren jeweils zwei Farben (Weiß mit Blaugrau oder mit Sandfarben). Die geometrisch geformten Lampen und schlanken Möbel runden das zeitgenössische Erscheinungsbild ab.

Essex House Hotel BOUTIQUEHOTEL **$$$**

(Karte S. 72; 305-534-2700; www.clevelander.com; 1001 Collins Ave; Zi. 246–600 US$;) Betrachtet man das Foyer, eines der besterhaltenen Interieurs im Art-déco-Distrikt, fühlt man sich in die Zeit zurückversetzt, als Gangster in South Beach ein und aus gingen. Das Hotel besitzt hilfsbereites Personal, Zimmer in gedämpften Farben und eine Seitenveranda mit Rattanmöbeln, von der aus man gut die Leute beobachten kann.

Das Essex liegt zwar nahe beim Strand, ist aber ruhiger als die großen Hotels an diesem Streifen von South Beach. Der hiesige Pool ist klein, aber die Gäste können auch den des größeren, belebteren Clevelander gleich um die Ecke benutzen.

Inn at the Fisher Island Club RESORT **$$$**

(305-535-6000; www.fisherislandclub.com; Zi. 700–4050 US$; P) Das Luxus-Inselresort ist eine der exklusivsten Adressen Floridas und hat schöne Unterkünfte, deren Preise allerdings etwas überzogen sind. Die Einrichtungen sind allerdings von Weltklasse: Es gibt ein erstklassiges Spa, einen Golfplatz, Tennisplätze (Sandplatz, Rasenplatz & Hartplatz), ein Fitnesscenter mit Kursen (u. a. Yoga, CrossFit & Spinning) sowie ein halbes Dutzend Restaurants (vom feinen Speisen in einer restaurierten Villa aus den 1930er-Jahren bis zum Dinieren unter freiem Himmel am Meer).

Erwähnenswert sind natürlich noch der hübsche Strand (dessen weißer Sand von den Bahamas importiert wurde) und der Meerwasserpool.

National Hotel HOTEL **$$$**

(Karte S. 66; 305-532-2311; www.nationalhotel.com; 1677 Collins Ave; Zi. 280–490 US$, Suite ab 600 US$; P) Das National ist mit dem an einen Glockenturm erinnernden Aufsatz und der schlanken, aber betonten Fassade eine klassische Art-déco-Ikone. Die Zimmer mit ihren Mahagonimöbeln machen einen zeitlos-eleganten Eindruck. Das Foyer und die Korridore sind mit Kunst geschmückt und aus den Lautsprechern dringt die leidenschaftliche Musik Rachmaninows. Draußen lockt ein hübscher Infinity Pool.

Die dekadenten Cabana-Suiten sind ungeheuer luxuriös und prunken mit ungehindertem Zugang zum Pool, eigenen Terrassen und tropischen Gartenanlagen.

Delano BOUTIQUEHOTEL **$$$**

(Karte S. 66; 305-672-2000; www.delano-hotel.com; 1685 Collins Ave; Zi. ab 360 US$; P) Das Delano wurde in den 1990er-Jahren eröffnet und setzte sich in South Beach gleich an die Spitze. Das Foyer des Hotels erinnert an eine protzige Theaterkulisse und ist der Inbegriff des South-Beach-Luxus. Die Zimmer sind weiß und hell, geprägt von langen, glatten Linien, spiegelnden Oberflächen und modernen Annehmlichkeiten der Spitzenklasse. Der Poolbereich erinnert an den Hof eines Disney-Prinzessinnenschlosses; ein riesiges Schachspiel ist integriert.

Mondrian South Beach RESORT **$$$**

(Karte S. 72; 305-514-1500; www.mondrian-miami.com; 1100 West Ave; Zi./Suite ab 350/475 US$; P) Die Morgan Hotel Group beauftragte den niederländischen Stardesigner Marcel Wanders mit dem Entwurf dieses spektakulären Hotels. Mit Säulen in Form riesiger Tischbeine, einer „schwebenden" Treppe und einer herrlichen Aussicht auf die Bucht aus den deckenhohen Fenstern zeigt sich das Haus vom Dornröschenschloss-Motiv inspiriert. Oben setzt sich die Gestaltung launig in den Zimmern fort. Man findet hier Delfter Fliesen, die aber keine Windmühlen, sondern Strandszenen zeigen, und Regenduschen in Kandelaberform.

Winter Haven Hotel BOUTIQUEHOTEL **$$$**

(Karte S. 66; 305-531-5571; www.winterhavenhotelsobe.com; 1400 Ocean Dr; Zi. 265–390 US$; P) Al Capone übernachtete hier gern – vielleicht gefielen ihm die Art-déco-Deckenlampen im Foyer mit ihren klaren, retro-futuristischen Linien und prächtig gotischen Proportionen und die hinreißenden, orientalisch anmutenden Spiegel. Die Zimmer sind in beigen, weißen und neutralen Farbtönen mit Holzdetails gestaltet und zeigen eine beruhigende, wenn auch recht konventionelle Ästhetik.

Im Erdgeschoss gibt's ein gutes italienisches Restaurant mit Plätzen im Freien.

Raleigh Hotel BOUTIQUEHOTEL **$$$**

(Karte S. 66; 305-534-6300; www.raleighhotel.com; 1775 Collins Ave; Zi./Suite ab 335/520 US$;

(P ❄ 📶 🏊) Während alle anderen auf topaktuelle Modernisierung setzten, bemühte man sich im Raleigh darum, alles in den Glanz der Vorkriegszeit zurückzuversetzen und war damit auch äußerst erfolgreich. Promi-Hotelier André Balazs ist es gelungen, das Ambiente eines altmodisch-eleganten Herrenclubs in Tabakfarbe und dunklem Holz nachzuerschaffen, in das modernes Design und aktuelle Annehmlichkeiten passend eingefügt sind. Der hinreißende Swimmingpool, in dem schon Hollywood-Schauspielerin Esther Williams schwamm, lädt zu einem Bad ein.

Shore Club BOUTIQUEHOTEL **$$$**
(Karte S. 66; ☎305-695-3100; www.shoreclub.com; 1901 Collins Ave; Zi. ab 250 US$; P ❄ @ 🏊) In begehrenswerter Lage an einem schönen Strandabschnitt in South Beach bietet der Shore Club luftige, recht schlicht möblierte Zimmer mit ein paar Farbtupfern in der ansonsten rein weißen Gestaltung. Es gibt einige ansprechende Bereiche zum Entspannen und Genießen, darunter die **Skybar** (Karte S. 66; Mo–Mi 16–2, Do–Sa bis 3 Uhr), die dem Namen widersprechend im Erdgeschoss liegt, wo man in einem Gartenambiente einen Drink nehmen kann.

Hotel Victor BOUTIQUEHOTEL **$$$**
(Karte S. 72; ☎305-779-8700; www.hotelvictorsouthbeach.com; 1144 Ocean Dr; Zi. 260–700 US$; P ❄ 📶 🏊) Das am Ocean Dr gelegene Hotel Victor präsentiert sich in einem lockeren Stil. Das Foyer besitzt viele elegante Art-déco-Details, ein altes Flamingo-Wandbild und schöne mit Tinte auf Zeitungspapier gemalte Promi-Porträts von Gregory Auerbach. Die Zimmer sind komfortabel und klassisch eingerichtet; die besten haben Terrassen mit Meerblick. Der Pool ist an heißen Tagen ein tolles Refugium.

The Hotel of South Beach BOUTIQUEHOTEL **$$$**
(Karte S. 72; ☎305-531-2222; www.thehotelofsouthbeach.com; 801 Collins Ave; Zi. 265–440 US$; P ❄ 📶 🏊) Das Hotel hat Stil, was nicht verwundert, weil Todd Oldham die Zimmer kühn und schön gestaltete. Mit einer Themenpalette aus „Sand, Meer und Himmel" wird die Möblierung verschönt – dem gleichen Zweck dienen auch die handgearbeiteten Mosaik-Griffe und die Waschbecken aus gebürstetem Stahl. Das Hotel punktet mit einem schönen Pool auf dem Dach, der im Schatten des schönen Art-déco-Turmaufsatzes steht.

North Beach

★ Croydon Hotel BOUTIQUEHOTEL **$$**
(Karte S. 76; ☎305-938-1145; www.hotelcroydonmiamibeach.com; 3720 Collins Ave; Zi. ab 190 US$; ❄ 📶 🏊) Das Croydon punktet mit hellen, klassisch eingerichteten Zimmern mit dunklen Holzböden, luxuriösen Betten und modernen Badezimmern mit Produkten von CO Bigelow. Das Restaurant im Erdgeschoss hat aufwändig gemusterte Keramikböden und bietet gutes Essen. Die von Palmen umsäumte Terrasse rund um den Swimmingpool zeichnet sich durch ein frisches, modernes Design aus.

Es gibt auch einen Strandservice – obwohl das Hotel einen Block vom Strand entfernt ist.

★ Freehand Miami BOUTIQUEHOTEL **$$**
(Karte S. 76; ☎305-531-2727; www.thefreehand.com; 2727 Indian Creek Dr; B 35–55 US$, Zi. 160–250 US$; ❄ 📶 🏊) Das Freehand ist die brillante Neuschöpfung des alten Indian Creek Hotel, eines Klassikers der Szene von Miami Beach. Die Zimmer sind sonnig und attraktiv mit örtlicher Kunst und Holzdetails gestaltet. Die mit Antiquitäten bestückten Gemeinschaftsbereiche sind aber der eigentliche Grund, hier abzusteigen; ganz besonders der hübsche Poolbereich und der Hof mit einer der besten Bars vor Ort.

Für die Hostelgäste gibt's Schlafsaalbetten, und die Privatzimmer sind recht ansprechend.

Daddy O Hotel BOUTIQUEHOTEL **$$**
(☎305-868-4141; www.daddyohotel.com; 9660 E Bay Harbor Dr; Zi. 170–290 US$; P ❄ 📶) Die fröhliche, hippe Unterkunft wirkt von außen wie ein großes B&B, das für MTV- und Apple-Angestellte gestaltet wurde. Diese Atmosphäre prägt auch das Foyer und die Zimmer, in denen coole, klare Linien und kräftige Farben dominieren und die mit guten Extras wie Flachbild-TVs, Keurig-Kaffeemaschinen und Einbauschränken ausgestattet sind. Gäste haben direkten Zugang zum Fitnesscenter.

Circa 39 BOUTIQUEHOTEL **$$**
(Karte S. 76; ☎305-538-4900; www.circa39.com; 3900 Collins Ave; Zi. 180–290 US$; P ❄ 📶 🏊) Wer den Stil von South Beach, aber nicht das Getue der Leute dort liebt, ist im Circa genau richtig. Das Foyer wartet mit Formschalensitzen und einer schrillen Deko auf, und das Personal tut alles, damit sich die

Gäste wohlfühlen. Die schicken (aber sehr kleinen) Zimmer präsentieren sich in tropischen Limettengrün und Erdtönen und sind auch für sehr anspruchsvolle Design-Fans attraktiv.

Red South Beach BOUTIQUEHOTEL **$$**

(Karte S. 76; ☎ 305-531-7742; www.redsouthbeach.com; 3010 Collins Ave; Zi. 165–400 US$; ❄📶🏊) Rot ist hier tatsächlich angesagt – von den Kissen auf den schicken Stühlen im Foyer über die Lichter, die rund um den Marmorpool tanzen, bis hin zu den blutroten Kopfstücken und Wänden, die einen in den kleinen, aber schönen Zimmern warm einhüllen. Abends ist der Pool-/Barkomplex ein prima Ort, um sich zu entspannen und andere Gäste kennenzulernen.

Faena Hotel Miami Beach HOTEL **$$$**

(Karte S. 76; ☎ 305-534-8800; www.faena.com/miami-beach; 3201 Collins Ave; Zi. ab 525 US$; ❄📶🏊) Das Hotel gehört zu den Neuzugängen in Miami Beach, die besonders von sich reden machen. Es prunkt drinnen und draußen mit üppigen, kunstvoll entworfenen Räumen. Die Zimmer mit ihrem dunkelrot-blaugrünen Farbschema sind schön und launig: Stoffe mit Tiermustern, Korallen und Muscheln bringen ein dekoratives Moment hinein, die Teppiche sind maßgefertigt, und Fenstersitze (oder Terrassen) sorgen dafür, dass man die Aussicht genießen kann. Alle Zimmer haben Butler-Service.

Vergoldete Säulen und exquisite tropische Wandmalereien schmücken das Foyer, in dem sich hinten ein hübscher Pool befindet – nur wenige Schritte entfernt von einem mit Gold überzogenen Skelett eines Wollhaarmammuts, das von dem britischen Künstler Damien Hirst geschaffen wurde. Es gibt zwei tolle Restaurants (sowie ein weiteres am Pool); das riesige Spa nimmt eine ganze Hoteletage ein. Hinzu kommen üppige Bars und ein Theater mit 150 Plätzen, das von prächtigen alten europäischen Theatersälen inspiriert ist.

Miami Beach Edition HOTEL **$$$**

(Karte S. 76; ☎ 786-257-4500; www.editionhotels.com/miami-beach; 2901 Collins Ave; DZ ab 420 US$; ❄📶🏊) Das letzte Projekt von Design-Guru Ian Schrager in Miami ist die prächtige Aufmöbelung eines Mid-Beach-Klassikers aus den 1950er-Jahren. Das Hotel mit 294 Zimmern (inkl. 28 Bungalows) ist extrem luxuriös. Die kunstvoll gestaltete Lobby und die minimalistischen Zimmer bewahren den Stil der Mitte des vergangenen Jahrhunderts.

Highlights sind der Pool mit den hängenden Gärten, das üppige Spa, ein Spitzenrestaurant (das Matador von Jean-Georges), ein ans Studio 54 erinnernder Nachtclub (namens Basement Miami) und eine Eislaufbahn im Haus.

Fontainebleau RESORT **$$$**

(Karte S. 76; ☎ 305-535-3283; www.fontainebleau.com; 4441 Collins Ave; Zi. ab 360 US$; P❄📶🏊🐾) Das prächtige Fontainebleau wurde 1954 eröffnet und war ein Tummelplatz von Promis. Im Zuge zahlreicher Renovierung sind Strand-Cabanas, eine Shoppingmall, ein phantastischer Swimmingpool und einer der besten Nachtclubs Miamis hinzugekommen. Die Zimmer sind überraschend bunt und freundlich – wir hätten hier eher kantige Coolness erwartet, und so war die sonnige Lockerheit dieser Unterkünfte eine willkommene Überraschung.

Eden Roc Renaissance RESORT **$$$**

(Karte S. 76; ☎ 305-531-0000; www.nobuedenroc.com; 4525 Collins Ave; Zi. ab 360 US$; P❄📶🏊🐾) Die riesige Lobby ist von der Hochblüte der Miami-Beach-Coolness der Rat-Pack-Ära inspiriert, und von den Zimmern im Ocean Tower hat man einen schönen Blick über den Intracoastal Waterway. Alle Zimmer zeichnen sich durch ein schönes, ätherisch anmutendes Design und schicke, moderne Ausstattung aus. Die Lage an einem unberührten Abschnitt von Mid-Beach ist die Hauptatrraktion.

Hinzu kommen hinreißende Einrichtungen: drei Swimmingpools, zwei Whirlpools, ein großes Spa, ein rund um die Uhr geöffnetes Fitnesscenter und der Zugang zu einigen ausgezeichneten Restaurants.

Casa Faena HOTEL **$$$**

(Karte S. 76; ☎ 305-604-8485; www.faena.com/casa-faena; 3500 Collins Ave; Zi. ab 275 US$; ❄) Der zum wachsenden Faena-Imperium in Mid-Beach gehörende, mediterran gestaltete Palast von 1928 wirkt mit seinem steingepflasterten, honigfarbenen Hof, Wandmalereien und schimmernden Steinböden wie die (amerikanisierte) Version einer toskanischen Villa. Die sonnigen Zimmer sind von altmodischer Eleganz, einige haben eigene Terrassen. Das Personal ist sehr aufmerksam.

Palms Hotel HOTEL **$$$**

(Karte S. 76; ☎ 305-534-0505; www.thepalmshotel.com; 3025 Collins Ave; Zi./Suite ab 270/460 US$; P❄@📶🏊) Das Foyer dieses Hotels wirkt zugleich imposant und komfortabel:

Die riesigen, sich langsam drehenden Rattan-Ventilatoren an der hohen Decke erwecken den Eindruck einer zum Tagungszentrum aufgeblasenen kolonialen Villa. Die Zimmer oben sind sehr schön, wenn auch mit ihrer tabakbraunen Färbung und dem Bodenbelag in Orange und Braun eher maskulin. Zu den durchdachten Extras gehören hochwertige Matratzen, iPod-Anschlüsse, Kaffeemaschinen und Hygieneartikel von Aveda.

Downtown Miami

Langford Hotel HISTORISCHES HOTEL **$$**
(Karte S. 78; 305-250-0782; www.langfordhotelmiami.com; 121 SE 1st St; Zi. ab 180 US$;) Das in einem schön restaurierten Beaux-Arts-Wolkenkratzer von 1925 residierende Langford wurde 2016 mit viel Trara eröffnet. Die 126 Zimmer verbinden mit eleganten Armaturen und Details wie weißen Eichenböden sowie verglasten Regenduschen Komfort und Nostalgie. Man sieht jede Menge durchdachte Design-Elemente. Auf dem Dach gibt's eine Bar und im Erdgeschoss ein Restaurant.

EAST, Miami HOTEL **$$$**
(Karte S. 78; 305-712-7000; www.east-miami.com; 788 Brickell Plaza; Zi. ab 260 US$;) Das zum wachsenden Brickell-City-Centre-Projekt gehörende kosmopolitische Hotel hat 352 geräumige, hübsch möblierte Zimmer und Suiten mit viel Stil. Hier hat man (abgesehen vom 20 Fahrtminuten entfernten Strand) alles zur Hand: Pools, ein topmodernes Fitnesscenter, ein ausgezeichnetes uruguayisches Grillrestaurant und eine tropisch inspirierte Bar auf dem Dach.

Kimpton EPIC Hotel HOTEL **$$$**
(Karte S. 78; 305-424-5226; www.epichotel.com; 270 Biscayne Blvd Way; Zi. 285–550 US$, Suite ab 605 US$;) Das riesige Kimpton ist eine der attraktiveren Optionen in Downtown und es bietet eine Coolness, die es mit jedem Hotel in Miami Beach aufnehmen kann. Besonders bemerkenswert sind der Freiluftpool und die Sonnenterrasse mit dem prächtigen weiten Ausblick auf Brickell und die umliegenden Apartmenthaus-Schluchten.

Die Zimmer sind mit Designerschick möbliert, und manche bieten einen ähnlich schönen Blick auf den Großraum von Miami-Dade. Das gesamte Hotel versprüht jugendlichen Schwung, der in anderen Kettenhotels in Downtown fehlt.

Wynwood & Design District

Real Living Residence APARTMENTS **$$$**
(Karte S. 84; 877-707-0461; www.rlmiami.com; 2700 N Miami Ave, Eingang an der N 28th St; Apt. 250–350 US$;) In kurzer Gehentfernung zu den Galerien und Restaurants von Wynwood bietet diese moderne Anlage elf Einraumapartments in minimalistischem Design mit polierten Betonböden, hohen Decken und hochwertigen Möbeln. Die besten (und teuersten) Apartments sind recht geräumig und bieten (in dem einen Raum) einen Wohn- und Essbereich. Alle haben kleine Einbauküchen, Waschmaschine/Trockner, Satelliten-TV und einen kostenlosen Parkplatz.

Fortuna House APARTMENTS **$**
(Karte S. 84; 954-232-4705; www.fortunahouse.com; 432 NE 26th St; 90–190 US$;) Angesichts der sparsam gesäten Unterkünfte in der Nähe von Wynwood ist das Fortuna House eine günstige Bleibe zur Erkundung der Galerien und Bars des Viertels – wenn auch immer noch rund 1,5 km (gut 20 Gehminuten) entfernt vom Zentrum des Geschehens in Wynwood. Die Wohnungen befinden sich in einem attraktiven, aber ältlichen dreistöckigen Gebäude an einer ruhigen Straße. Sie sind klein und sparsam eingerichtet, aber für einen kurzen Aufenthalt keine schlechte Wahl.

Little Haiti & Upper East Side

New Yorker HOTEL **$**
(Karte S. 88; 305-759-5823; www.hotelnewyorkermiami.com; 6500 Biscayne Blvd; Zi. ab 105 US$;) Das aus den 1950er-Jahren stammende New Yorker hat eine ins Auge fallende Gestaltung, die genau in den architektonisch reizvollen MiMo-Distrikt passt. Das Hotel wurde 2009 renoviert und bietet komfortable Zimmer mit Pop Art, geometrischen Mustern und kräftigen Farben. Es ist nicht schick, aber die Preise sind fair.

Es gibt auch einen kleinen Hof und einen Pool. Ein Nachteil ist die vorn gelegene laute Straße, aber das Personal stellt dankenswerterweise kostenlose Ohrstöpsel bereit.

Motel Blu MOTEL **$**
(Karte S. 88; 305-757-8451; www.motelblu.com; 7700 Biscayne Blvd; Zi. 85–190 US$;) Das oberhalb von Miamis Little River gelegene Blu wirkt von außen unscheinbar, bietet drinnen aber schlichte Motelzimmer

MIMO ON BIBO

Die niedliche Formulierung steht für „Miami Modern on Biscayne Boulevard" und bezieht sich auf den Architekturstil der Gebäude am North Biscayne Blvd jenseits der 55th St. Insbesondere gibt's hier ein paar großartige Motels mit hübschen Neonreklamen aus der Rat-Pack-Ära der 1950er-Jahre, die Besucher anlocken. Die Gegend wurde lange vernachlässigt, und einige der Anlagen sind recht zwielichtig. Der nördliche Abschnitt des BiBo wird aber rapide gentrifiziert, und geschäftstüchtige Motelbesitzer schönen ihre Betriebe auf, um die Hipster, Künstler und Schwulen anzulocken, die es in die Gegend zieht. Es gibt hier bereits spannende Restaurants, und auch die Unterkünfte werden interessanter. Die folgenden Hotels bieten alle South-Beach-Komfort zum halben Preis:

- Vagabond Hotel (S. 120)
- New Yorker (S. 119)
- Motel Blu (S. 119)

mit allen modernen Annehmlichkeiten. Die Zimmer sind komfortabel und in Pastellfarben gehalten.

Vagabond Hotel BOUTIQUEHOTEL **$$**
(Karte S. 88; ☎305-400-8420; www.thevagabondhotel.com; 7301 Biscayne Blvd; Zi. 170–275 US$; P ❄ ☜ ≋) Eine Ikone im MiMo-Distrikt: Das Vagabond ist ein Motel und Restaurant von 1953, in dem Frank Sinatra und andere Mitglieder des Rat Pack gern abhingen. Heute ist daraus ein Boutiquehotel geworden, das aber mit schicken Zimmern im Retro-Stil, einem fotogenen Restaurant (Hauptgerichte 18–25 US$) und einem landschaftlich schön gestalteten Pool mit einem plätschernden Springbrunnen nichts von seinem alten Reiz verloren hat.

Am Pool befindet sich eine tolle Bar (S. 140), die einen Besuch lohnt, auch wenn man nicht hier wohnt.

Coconut Grove

Sonesta Hotel & Suites Coconut Grove HOTEL **$$**
(Karte S. 92; ☎305-529-2828; www.sonesta.com/coconutgrove; 2889 McFarlane Rd; Zi. 230–420 US$, Suite 305–680 US$; P ❄ ☜ ≋) Der Ableger der Luxushotelkette in Coconut Grove beherbergt Zimmer im typischen South-Beach-Stil fast ganz in Weiß mit ein paar Farbtupfern. Annehmlichkeiten wie Flachbild-TVs und Mini-Einbauküchen sorgen für zusätzlichen Luxus in dem erstaunlich hippen Kasten. Auf dem Dach des Gebäudes wartet ein wundervoller Swimmingpool samt Terrasse.

Außerdem gibt's hier ein Fitnesscenter und zwei Squash-Plätze.

Mutiny Hotel HOTEL **$$**
(Karte S. 92; ☎305-441-2100; www.providentresorts.com/mutiny-hotel; 2951 S Bayshore Dr; Suite mit 1 Schlafzi. 170–320 US$, mit 2 Schlafzi. 400–600 US$; P ❄ ☜ ≋) Das kleine Luxushotel an der Bucht verfügt über Suiten mit je einem oder zwei Schlafzimmern und Balkon, aufmerksames Personal, hochwertige Bettwäsche, schicke Ausstattung, viele Extras und einen kleinen beheizten Pool samt Whirlpool. Das Hotel liegt zwar an einer stark befahrenen Straße, drinnen ist aber vom Verkehrslärm nichts zu hören. Von der Anlage hat man einen hübschen Blick aufs Wasser.

Palmeiras Beach Club at Grove Isle RESORT **$$$**
(☎305-858-8300; www.groveisle.com; 4 Grove Isle Dr; Zi. 232–520 US$; P ❄ ☜ ≋) Das Inselparadies Grove Isle liegt vor der Küste von Coconut Grove. Das auffällige Boutiquehotel besitzt koloniale Eleganz, tropische Gärten, ein hübsches Spa, einen dekadenten Pool, eine herrliche Aussicht auf die Biscayne Bay bei Sonnenuntergang, jede Menge Annehmlichkeiten und natürlich die Exklusivität eines vom Wasser umgebenen Luxustempels.

Ritz-Carlton Coconut Grove RESORT **$$$**
(Karte S. 92; ☎305-644-4680; www.ritzcarlton.com; 3300 SW 27th Ave; Zi. 310–440 US$; P ❄ ☜ ≋ 🐾) Dieses Hotel, eines von mehreren der Ritz-Carlton-Kette in Miami, liegt an der Bucht und bietet makellose Zimmer und Butler für alle Bedürfnisse vom Einkaufen bis zum Ausführen des Hundes. Man kann am beheizten Pool abhängen oder schwimmen und sich in dem großen Spa verwöhnen lassen.

Coral Gables

Hotel St. Michel HOTEL **$$**
(Karte S. 94; ☎305-444-1666; www.hotelstmichel.com; 162 Alcazar Ave; Zi. 162–282 US$;

(P ❄ Wi-Fi) Das im Jahr 1926 erbaute Hotel besitzt Klasse und zeichnet sich durch ein elegantes Stilgefühl aus, das eher zu Europa als zu Südflorida zu gehören scheint. Durch die kürzlichen Renovierungen sind die Zimmer heller und raffinierter geworden, ohne dass der historische Charme verloren gegangen ist.

Der Weg zu einem guten Essen ist nicht weit, denn 2017 wurde auf dem Gelände ein ausgezeichnetes neues italienisches Restaurant eröffnet und in Gehweite finden sich im Zentrum von Coral Gables weitere ansprechende Lokale.

Extended Stay HOTEL $

(Karte S. 94; ☎305-443-7444; www.extendedstayamerica.com; 3640 22nd St; Zi. ab 125 US$; P ❄ Wi-Fi 🐾) Dies ist zwar ein Kettenhotel, aber es bietet geräumige, moderne Zimmer mit einem ordentlichen Preis-Leistungs-Verhältnis in Gehentfernung zu den Attraktionen und Restaurants von Coral Gables.

Die Zimmer bekommen viel Licht und sind mit kleinen Einbauküchen ausgestattet.

★ **Biltmore Hotel** HISTORISCHES HOTEL $$$

(Karte S. 94; ☎855-311-6903; www.biltmorehotel.com; 1200 Anastasia Ave; Zi./Suite ab 409/560 US$; P ❄ Wi-Fi Pool) Manche Standardzimmer im Biltmore sind zwar klein, aber immerhin genießt man den ganzen Luxus des Hotels. Das Gelände ist so riesig, dass man eine Woche braucht, um alles zu erkunden, was hier geboten wird. Sehr empfehlenswert ist es, ein Buch in der opulenten, romanisch-orientalisch aufgemachten Lobby zu lesen, sich unter den gewaltigen Säulen zu sonnen oder im größten Hotelpool der kontinentalen USA eine Runde zu schwimmen.

Key Biscayne

Silver Sands Beach Resort RESORT $$

(Karte S. 98; ☎305-361-5441; www.silversandskeybiscayne.net; 301 Ocean Dr; Zi. 169–189 US$, Cottage 329–349 US$; P ❄ Wi-Fi Pool) Das einstöckige Silver Sands wirkt mit seinen Stuckverzierungen richtig tropisch-niedlich. Wie das kleine eigenständige Resort im Old-Florida-Stil dem Druck der Kettenkonkurrenz standhalten konnte, ist ein Rätsel. Auf jeden Fall aber ist es ein freundlicher, gemütlicher Ort für alle, die anheimelnden, persönlichen Service schätzen, und der sonnige Hof, der Gartenbereich und der Freiluftpool sind schöne Extras.

Ritz-Carlton Key Biscayne RESORT $$$

(Karte S. 98; ☎305-365-4500; www.ritzcarlton.com; 455 Grand Bay Dr; Zi./Suite ab 391/625 US$; P ❄ Wi-Fi Pool) Viele Ritz-Carlton-Filialen wirken ziemlich gleich, aber das Haus der Kette in Key Biscayne ist durchaus eindrucksvoll. Vier riesige Säulen, die aussehen, als stammten sie aus einer Filmkulisse von Cecil B. DeMille, schmücken die gewölbte, prächtige Lobby. Die plätschernden Brunnen, der Ausblick auf die Bucht und die ganze Marmorpracht erinnern nicht an ein Kettenhotel, sondern den Glamour des frühen 20. Jhs. Die Zimmer sind so ausgezeichnet wie die Einrichtungen.

Essen

Miami ist ein großer Schmelztiegel der Einwanderung und saugt kulinarische Trends gerne auf. Dementsprechend findet man eine gute Mischung aus günstigen Ethno-Lokalen und exklusiven Spitzenrestaurants, in touristischen Gebieten wie Miami Beach allerdings auch viele schlechte und überteuerte Läden. Die besten neuen kulinarischen Adressen findet man in Downtown, in Wynwood und an der Upper East Side; Coral Gables besitzt tolle renommierte Restaurants.

South Beach

Dirt CAFÉ $

(Karte S. 72; www.dirteatclean.com; 232 5th St; Hauptgerichte 12–15 US$; ⏰9–21 Uhr) Das stilvolle, sonnige Café lockt einen munteren Querschnitt der Leute aus South Beach an, die hier guten Kaffee und leckere, gesunde Gerichte genießen. Besonders beliebt sind u. a. vegane Wraps mit gebratenen Pilzen und Rote Beete, Hummus mit weißen Bohnen und „Schalen“ mit gedünstetem Kohl, Kichererbsen und anderen guten Sachen.

Suppen, Toast mit Avocado-Püree, Craft-Bier und Wein runden das Angebot. Man kann draußen vor dem Lokal sitzen.

Panther Coffee CAFÉ $

(Karte S. 66; www.panthercoffee.com; 1875 Purdy Ave, Sunset Harbour; Kaffee 3–6 US$; ⏰7–21 Uhr) Das Panther hat den besten Kaffee in Miami Beach, allerdings ist die Lage für Strandgänger nicht ideal. Man findet hier die gleiche altmodisch-elegante Atmosphäre wie in der Filiale in Wynwood und Plätze im Freien, außerdem aber auch Gebäck aus dem nahegelegenen True Loaf.

Taquiza MEXIKANISCH $
(Karte S. 66; ☎305-748-6099; www.taquizamiami.com; 1506 Collins Ave; Tacos 3,50–5 US$; ⊙So–Do 8–24, Fr & Sa bis 2 Uhr) Unter den Fans von Straßenkost in Miami genießt das Taquiza einen erstklassigen Ruf. Die Imbisstheke mit ein paar Tischen im Freien liefert hervorragende Tacos mit Steak, Schweinefleisch oder Shrimps sowie vegetarische Tacos (aber keine mit Fisch) auf Tortillas aus blauem Mais. Die Tortillas sind klein, also gleich ein paar bestellen!

Zur Abwechslung kann man auch *chapulines* (Heuschrecken) probieren. Das Ganze lässt sich dann gut mit einem Craft-Bier hinunterspülen.

Tocaya Organica MEXIKANISCH $
(Karte S. 66; ☎305-909-0799; www.tocayaorganica.com; 920 Lincoln Rd; Hauptgerichte 11–16 US$; ⊙Mo–Do 11–24, Fr–So bis 2 Uhr; ✎) Neben einem plätschernden Brunnen an der Lincoln Rd serviert das Tocaya köstliche modern-mexikanische Kost mit vielen gesunden und vegetarischen Optionen. Man kann sich aus den Salaten, Tacos und vegetarischen Schüsseln selber sein Menü zusammenstellen, mit Mahi-Mahi, vegetarischen Würstchen oder gegrillten Steaks Proteine und Käse dazugeben und das Ganze genießen.

Kreative Drinks (z. B. „Adios Felisha" mit Brombeersaft und Tequila sowie einem Eis am Stiel), eine gute Kinderkarte und schmackhafte Vorspeisen runden das Angebot ab.

True Loaf BÄCKEREI $
(Karte S. 66; ☎786-216-7207; 1894 Bay Rd, Sunset Harbour; Gebäck 3–5 US$; ⊙Mo–Sa 7–18, So ab 8 Uhr) Die beste Bäckerei in South Beach ist dieser kleine Laden mit tollen Croissants, Beerentorten und *kouign amman* (Butterkuchen auf bretonische Art). Da es im Laden keine Plätze gibt, nimmt man den Einkauf einfach mit und marschiert um die Ecke zum am Ufer gelegenen **Maurice Gibb Memorial Park** (Karte S. 66; 18th St & Purdy Ave, Sunset Harbour) – auf dem Weg holt man sich noch einen Kaffee im Panther Coffee (S. 121).

Pizzarium PIZZA $
(Karte S. 72; ☎786-452-7261; www.pizzarium.us; 540 Washington Ave; Stück ca. 4 US$; ⊙So–Do 11–22, Fr & Sa bis 23 Uhr) Ein ausgezeichneter Laden für ein schnelles Stück Pizza: Hier gibt's köstliche, mächtig belegte Pizzas nach römischer Art. Man setzt sich an einen Tisch auf dem Bürgersteig und schaut sich das Treiben auf der Straße an.

Paradigm Kitchen MODERN-AMERIKANISCH $
(Karte S. 66; ☎786-453-2488; www.paradigmkitchen.com; 1834 Bay Rd; Hauptgerichte 9–17 US$; ⊙Mo–Do 8–21, Fr bis 17, Sa & So 9–15 Uhr; 📶) Das Paradigm Kitchen gehört zu der wachsenden Zahl von Restaurants in Sunset Harbour und hat mit seinen leckeren und nahrhaften, weitgehend pflanzlichen Frühstücks- und Mittagsgerichten eine treue Stammkundschaft gewonnen. Toast mit Avocado-Püree, gebratene Gemüse-Dosas, würzige Lamm-Wraps und Schüsseln mit herzhaftem grünem Gemüse gehören zu den vielen Hits.

Man bestellt an der Theke. In dem schön gestalteten, aber entspannten Ambiente kann man gut in den Tag starten (oder in den Abend).

Moshi Moshi JAPANISCH $
(Karte S. 66; ☎305-531-4674; www.moshimoshi.us; 1448 Washington Ave; Hauptgerichte 10–15 US$, Sushi ab 4 US$; ⊙12–5 Uhr; 📶) Das bekannteste Sushi-Restaurant in South Beach serviert perfekte hervorragend schmeckende Sushi-Rollen, Daikon-Salate und dampfende Nudelsuppen. Die Preise sind fair, und der Laden bleibt so lange auf, dass man zusammen mit den anderen Partyfans auch noch um 3 Uhr etwas bekommt, wenn der plötzliche Heißhunger einsetzt.

Puerto Sagua KUBANISCH $
(Karte S. 72; ☎305-673-1115; 700 Collins Ave; Hauptgerichte 8–18 US$; ⊙7.30–2 Uhr) Inmitten der schicken Leute von South Beach existiert eine kaum sichtbare Gemeinde älterer kubanischer Arbeiter und Bauarbeiter – und die versammeln sich offenkundig hier zum Essen. Das Puerto Sagua beweist, dass Kubaner locker mit typischen US-Diners mithalten können, zumal beliebte Gerichte wie *picadillo* (gewürztes Hackfleisch mit Reis, Bohnen und Kochbananen) hier in riesigen Portionen aufgetischt werden.

Der kubanische Kaffee ist echt stark und nichts für Leute mit Herzproblemen.

La Sandwicherie SANDWICHES $
(Karte S. 66; ☎305-532-8934; www.lasandwicherie.com; 229 14th St; Hauptgerichte 6–11 US$; ⊙So–Do 8–5, Fr & Sa bis 6 Uhr; ✎) Das Lokal, das etwa so lang ist wie ein Güterwaggon, schließt nur wenige Stunden am Tag und macht einen sensationellen Umsatz mit sättigenden Baguette-Sandwiches zu günstigen Preisen. Die Zutaten sind ganz klassisch: Roastbeef, Räucherlachs, Avocado sowie Kombinationen wie Prosciutto mit

Mozzarella; man kann sich aber auch selbst einen Belag für ein leckeres Mahl zusammenstellen.

Sitzen kann man nur auf einigen Hockern draußen an der Theke. Es spricht aber nichts dagegen, sich etwas zu holen und es zum Strand mitzunehmen.

11th St Diner DINER **$**
(Karte S. 72; ☎305-534-6373; www.eleventhstreetdiner.com; 1065 Washington Ave; Hauptgerichte 10–20 US$; ⏲So–Mi 7–24, Do–Sa 24 Std.) Man kann die Art-déco-Wahrzeichen nicht nur besichtigen, sondern hier auch in einem speisen: Der Pullman-Speisewagen wurde aus Wilkes-Barre, Pennsylvania, herangeschafft und könnte amerikanischer kaum sein. Das Essen ist so klassisch wie die Umgebung; zu den Hits gehören Frühstück rund um die Uhr, gebratener Truthahn, Rippchen und Käsemakkaroni.

Wenn es einen Diner gibt, in dem man Edward Hoppers *Nighthawks* nachstellen könnte, dann ist es dieser hier.

A La Folie FRANZÖSISCH **$**
(Karte S. 66; ☎305-538-4484; www.alafoliecafe.com; 516 Española Way; Hauptgerichte 10–17 US$; ⏲9–24 Uhr; 📶) Es ist nicht schwer, sich für dieses charmante französische Café am Rand des malerischen Española Way zu begeistern. Hier kann man Entenconfit-Salat, eine leckere Zwiebelsuppe und herzhafte *galettes* (Buchweizenpfannkuchen) genießen und sich zum Nachtisch süße Crêpes – z. B. „Normande" (mit karamellisierten Äpfeln und Calvados-Sahnesauce) – gönnen.

Die von Weinranken umrahmten Plätze draußen sind ein friedliches Ambiente und versprechen eine schöne Erholungspause vom Trubel des Ocean Dr.

Gelateria 4D EISCREME **$**
(Karte S. 66; ☎305-538-5755; 670 Lincoln Rd; 2/3 Kugeln 6/8 US$; ⏲So–Do 9–24, Fr & Sa bis 1.30 Uhr) Es ist heiß. Man war den ganzen Tag auf den Beinen. Da braucht man ein Eis und zwar sofort. Im 4D gibt's cremiges Sahneeis europäischer Art, und nach dem Andrang zu schließen ist es das beliebteste in South Beach.

News Cafe AMERIKANISCH **$**
(Karte S. 72; www.newscafe.com; 800 Ocean Dr; Hauptgerichte 11–19 US$; ⏲24 Std.; 📶) Das News Cafe ist ein Wahrzeichen am Ocean Dr, das Tausende von Travellern anlockt. Das Essen ist unserer Meinung nach ziemlich langweilig, aber man kann hier gut Leute beobachten. Also nimmt man Platz, labt sich an den durchaus überdurchschnittlichen, aber nicht sehr einfallsreichen Speisen und genießt das anthropologische Schauspiel, das am South Beach vor einem, ob auf Skates oder zu Fuß, abrollt.

Pizza Rustica PIZZA **$**
(Karte S. 72; ☎305-674-8244; www.pizza-rustica.com; 863 Washington Ave; Stück 4–6 US$, Hauptgerichte 9–20 US$; ⏲11–6 Uhr) Eine der beliebtesten Pizzerias in South Beach bietet gleich mehrere Filialen um den Bedarf an knusprigen Pizzas nach römischer Art zu stillen. Die Beläge sind teilweise durchaus exotisch und ein Pizzastück kann durchaus als eine Mahlzeit durchgehen – mit Sicherheit nach einer durchzechten Nacht (daher auch die langen Öffnungszeiten).

★ **Yardbird** SÜDSTAATENKÜCHE **$$**
(Karte S. 66; ☎305-538-5220; www.runchickenrun.com/miami; 1600 Lenox Ave; Hauptgerichte 18–38 US$; ⏲Mo–Fr 11–24, Sa & So ab 8.30 Uhr; 📶) Das Yardbird hat sich mit seiner köstlichen gehobenen Südstaatenküche eine treue Anhängerschaft erworben. Das Lokal serviert feine Shrimps mit Maisgrütze, Schweinerippchen auf St.-Louis-Art, kräftig angebratene Okraschoten und Biscuits mit geräucherter Rinderbrust, ist aber vor allem bekannt für das hervorragende Menü aus Brathähnchen, gewürzter Wassermelone und Waffeln mit Bourbon-Ahornsirup.

Das Ambiente ist charmant: Der schäbig schicke Innenraum zeichnet sich durch künstlich gealtertes Holz, verputzte weiße Backsteinpfeiler, Korblampen und große Fenster aus, durch die man das Geschehen auf der Straße beobachten kann.

★ **Pubbelly** FUSION **$$**
(Karte S. 66; ☎305-532-7555; www.pubbellyboys.com/miami/pubbelly; 1418 20th St; Teller zum Teilen 11–24 US$, Hauptgerichte 19–30 US$; ⏲Di–Do & So 18–24, Fr & Sa bis 1 Uhr; 📶) Die Küche dieses Restaurants ist köstlich, aber schwer auf den Punkt zu bringen, weil sie das Beste aus Asien, Nord- und Lateinamerika vereint. Hier erhält man beispielsweise Risotto mit schwarzen Trüffeln, Schweinebauchklöße oder leckeres Kimchi mit Meeresfrüchten und gebratenem Reis. Prima sind auch die hausgemachten Cocktails.

Lilikoi CAFÉ **$$**
(Karte S. 72; ☎305-763-8692; www.lilikoiorganicliving.com; 500 S Pointe Dr; Hauptgerichte 12–20 US$; ⏲Mo–Mi 8–19, Do–So bis 20.30

SELBSTVERSORGER

Wer sich von kubanischen Sandwiches, Promi-Restaurants und farmfrischer Feinschmeckerküche losreißen kann, findet in Miami ein ordentliches Angebot von Läden für Selbstversorger, die frische Produkte und jede Menge diverser Zutaten verkaufen.

Im **Epicure Market** (Karte S. 66; ☎305-672-1861; www.epicuremarket.com; 1656 Alton Rd; Hauptgerichte 8–18 US$; ⏲9–20 Uhr), einem Delikatessengeschäft gleich abseits der Lincoln Rd in South Beach, findet man ein schönes Sortiment internationaler Käsesorten und Weine, Obst und Gemüse, Backwaren und fertig zubereitete Gerichte. Viele der mehr als 25 Publix-Supermärkte in Miami haben ein hochwertiges Angebot und der **Whole Foods Market** (Karte S. 72; ☎305-938-2800; www.wholefoodsmarket.com; 1020 Alton Rd; ⏲8–23 Uhr) ist der größte Laden für hochwertige Lebensmittel vor Ort. Er bietet ausgezeichnetes Obst und Gemüse, recht gute Delikatessen und eine mittelmäßige Salattheke; der wichtigste Pluspunkt ist, dass Vegetarier (die sonst in den Märkten hierzulande ziemlich vernachlässigt werden) und Gesundheitsbewusste hier die von ihnen gesuchte Sojamilch oder glutenfreie Pasta finden.

Uhr; ✎) Am ruhigeren südlichen Ende von South Beach liefert dieses entspannte Café mit Plätzen drinnen und draußen gesunde Gerichte, darunter viele Bio- und vegetarische Optionen. Hier startet man mit großen Schalen voll Müsli und Acai-Beeren, mit Bagels und Räucherlachs oder am Wochenende mit Eggs Benedict in den Tag und verweilt mittags etwas länger bei Caesar Salad, Pilz-Risottos oder Falafels.

Rosella's Kitchen ITALIENISCH **$$**

(Karte S. 72; ☎305-397-8852; www.rossellassobe.com; 110 Washington Ave; Hauptgerichte mittags 12–18 US$, abends 16–29 US$; ⏲Di–Fr 8–23, Sa & So ab 9 Uhr; ✎) Die gut zubereiteten italienischen Gerichte machen das Lokal morgens, mittags und abends zu einer beliebten Adresse in SoFi (für „South of Fifth St"). Die Tische draußen auf dem Bürgersteig sind ein schöner Ort für gute, sorgfältig zubereitete italienische Küche, z. B. knuspriger Prosciutto mit Mozzarella-Panini, Krebsfleisch mit Feta und Spaghetti mit Muscheln. Abends kommen noch gegrillter Wolfsbarsch und Filet Mignon hinzu.

Big Pink DINER **$$**

(Karte S. 72; ☎305-532-4700; 157 Collins Ave; Hauptgerichte 13–26 US$; ⏲So–Mi 8–24, Do bis 2, Fr & Sa bis 5 Uhr) Im Big Pink gibt's amerikanische Hausmannskost, serviert mit Lebensfreude und ein wenig Skurrilität. Das Essen ist den ganzen Tag über lecker, dazu gehören beispielsweise Pulled Pork aus Carolina und gut zubereitete Reuben-Sandwiches. Die Inneneinrichtung liegt irgendwo zwischen einem Tanzlokal der 1950er-Jahre und einem South-Beach-Club. Die Gäste sitzen an langen Gemeinschaftstischen.

Spiga ITALIENISCH **$$**

(Karte S. 66; ☎305-534-0079; www.spigarestaurant.com; 1228 Collins Ave; Hauptgerichte 16–32 US$; ⏲18–24 Uhr) Das kleine romantische Lokal ist ideal, um sich im Kerzenschein verliebt anzuschauen und sich dann auf ausgezeichnete traditionelle italienische Gerichte wie Linguine mit Muscheln oder Roter Schnapper mit Kalamata-Oliven, Tomaten und Kapern zu stürzen.

Front Porch Cafe AMERIKANISCH **$$**

(Karte S. 66; ☎305-531-8300; www.frontporchoceandrive.com; 1458 Ocean Dr; Hauptgerichte 10–25 US$; ⏲7–23 Uhr; ✎) Auf der offenen Veranda gleich oberhalb des Gedränges der Sightseeing-Menge gibt's seit 1990 (und dann ist für South Beach eine halbe Ewigkeit) ausgezeichnete Salate, Sandwiches und dergleichen. Das Frühstück im Front Porch ist zu Recht beliebt, die Armen Ritter mit Challa sind lecker, genauso wie die lockeren Omelettes, die Eggs Benedict und der starke Kaffee.

Tap Tap HAITIANISCH **$$**

(Karte S. 72; ☎305-672-2898; www.taptapmiamibeach.com; 819 5th St; Hauptgerichte 15–35 US$; ⏲12–23 Uhr) In Haiti sind *tap-taps* bunt angemalte Pickups, die als Sammeltaxis fahren. Das tropisch-psychedelische Farbschema dieser Fahrzeuge ist die Vorlage für das Dekor dieses beliebten haitianischen Speiselokals. Die Gerichte sind eine glückliche Mischung aus westafrikanischen, französischen und karibischen Einflüssen. Es gibt z. B. würzige Kürbissuppe, Schnapper in einer Schnecken-Zitronensauce, geschmortes Rindfleisch mit Okra oder Meeresschnecken von den Turks- und Caicosinseln.

Macchialina ITALIENISCH $$$
(Karte S. 72; ☎305-534-2124; www.macchialina.com; 820 Alton Rd; Hauptgerichte 23–32 US$) Die muntere italienische Trattoria hat alle Zutaten für einen tollen Ausgehabend: prima Service, perfekt zubereitete Gerichte und ein rustikal-schickes Interieur mit unverputzten Backsteinwänden und klobigen Holztischen (sowie Tische draußen vor der Tür).

Joe's Stone Crab Restaurant AMERIKANISCH $$$
(Karte S. 72; ☎305-673-0365; www.joesstonecrab.com; 11 Washington Ave; Hauptgerichte mittags 14–30 US$, abends 19–60 US$; ⏲Di–Sa 11.30–14.30, tgl. 17–22 Uhr) Die Warteschlange ist lang, und die Preise für die berühmten Gerichte können heftig sein. Fein aufgebretzelt kann man in Miamis berühmtestem Restaurant (das schon seit 1913 existiert) köstliche, frische Steinkrabben genießen.

Juvia FUSION $$$
(Karte S. 66; ☎305-763-8272; www.juviamiami.com; 1111 Lincoln Rd, Zugang über den Aufzug an der Lenox Ave; Hauptgerichte 27–46 US$; ⏲tgl. 18–23 & Sa & So 12–15 Uhr) Das Juvia mixt die Küchen, die sich in Miamis kulinarischer Welt behauptet haben: die französische, die lateinamerikanische und die japanische. Der chilenische Seebarsch wird mit Aubergine und Ahornsirup-Glasur serviert, zu den Muscheln gibt's Okraschoten und Austernpilze. Der große, schöne und eindrucksvolle Speisesaal mit Freiluftterrasse oben im 1111 Lincoln Rd (S. 69) ist ein Inbegriff von South-Beach-Glamour.

Osteria del Teatro ITALIENISCH $$$
(Karte S. 66; ☎305-538-7850; www.osteriadelteatro.miami; 1200 Collins Ave; Hauptgerichte 28–40 US$; ⏲So–Do 18–23, Fr & Sa bis 24 Uhr) Es gibt wenige Dinge, auf die man schwören kann, aber die norditalienische Küche in der Osteria del Teatro, einem der besten italienischen Restaurants im Großraum Miami, gehört gewiss dazu. Man lässt sich von den freundlichen italienischen Kellnern seinen Platz anweisen und bei den erstklassigen Gerichten beraten. Auf der Karte stehen verführerische Speisen wie Polenta mit Wildpilzen, Linguine mit Tintenfisch und Roter Schnapper aus der Region.

North Beach

Roasters 'n Toasters DELI $
(Karte S. 76; ☎305-531-7691; www.roastersntoasters.com; 525 Arthur Godfrey Rd; Hauptgerichte 10–18 US$; ⏲6.30–15.30 Uhr) Gemessen an dem Ansturm und den zufriedenen Gesichtern der Kunden scheint das Roasters 'n Toasters den hohen Ansprüchen der großen jüdischen Gemeinde von Miami Beach voll und ganz zu genügen. Die Gäste lassen sich saftiges Fleisch, frisches Brot, knusprige Bagels und warme *latkes* schmecken. Die Sliders (Mini-Sandwiches) werden mit *challa*-Brot zubereitet, eine nette, schmackhafte Neuerung.

Josh's Deli DELI $
(☎305-397-8494; www.joshsdeli.com; 9517 Harding Ave; Sandwiches 14–16 US$; ⏲8.30–15.30 Uhr) Das Josh's im Herzen des jüdischen Miami steht für Schlichtheit und serviert mittags köstliche Pastrami-Sandwiches mit dicken Scheiben hier im Haus geräucherten Fleischs und Matzensuppe sowie Arme Ritter aus *challa*-Brot, Eier und hier im Haus geräucherten Lachs zum Frühstück. Das Lokal ist ein authentisches Stück Mid-Beach-Kultur.

★ **27 Restaurant** FUSION $$
(Karte S. 76; ☎786-476-7020; www.freehandhotels.com/miami/27-restaurant; 2727 Indian Creek Dr; Hauptgerichte 17–28 US$; ⏲Mo–Sa 18.30–2, So 11–16 & 18.30–2 Uhr; 🍸) Dieses neue Restaurant befindet sich auf dem Gelände des sehr geschätzten Broken Shaker (S. 137), einer der beliebtesten Cocktailbars von Miami Beach. Das Ambiente ist so hinreißend wie die Bar: Es erinnert mit abgewetzten Holzdielen, Tischen im Kerzenschein, diversen Räumen voller Kunst und Schnickschnack sowie einer hübschen Terrasse an ein altes Cottage in den Tropen. Die Küche ist ausgezeichnet und bietet Gerichte aus aller Welt.

Cafe Prima Pasta ITALIENISCH $$
(Karte S. 76; ☎305-867-0106; www.cafeprimapasta.com; 414 71st St; Hauptgerichte 17–26 US$; ⏲Mo–Sa 17–23.30, So 16–23 Uhr) Wir wissen nicht, was in diesem argentinisch-italienischen Restaurant besser ist: die zu Recht hochgelobte Pasta oder die an Buenos Aires erinnernde aufgeheizte Stimmung. Auf der kleinen, sorgsam zusammengestellten Karte kann man nichts falsch machen. Man findet z. B. *gnocchi formaggi*, gebackenen Wolfsbarsch und Tintenfisch-Linguine mit Meeresfrüchten in einer Hummersauce.

Indomania INDONESISCH $$
(Karte S. 76; ☎305-535-6332; www.indomaniarestaurant.com; 131 26th St; Hauptgerichte

18–32 US$; ⌚Mo–So 17.30–22.30 & Sa & So 12–16 Uhr) In Miami gibt's viele Restaurants mit an den westlichen Geschmack angepasster asiatischer Küche, aber das Indomania beugt sich diesem Trend nicht, sondern liefert authentisch zubereitete Gerichte aus dem größten Land Südostasiens. Die Speisen spiegeln die Vielfalt Indonesiens wider, von geschmortem Rindfleisch in würziger Kokossauce bis hin zur mächtigen *rijsttafel,* einem Büffet aus kleinen, vorspeisenartigen Gerichten aus den verschiedenen kulinarischen Regionen des Landes.

Shuckers AMERIKANISCH **$$**
(Karte S. 76; ☎305-866-1570; www.shuckersbarandgrill.com; 1819 79th St Causeway; Hauptgerichte 12–27 US$; ⌚11–1 Uhr; 📶) Mit dem ausgezeichneten Ausblick vom 79th St Causeway über das Wasser hat das Shuckers so ziemlich die beste Lage weit und breit. Zu essen gibt's gute Kneipenkost wie Burger, Bratfisch und dergleichen. Die in verschiedenen leckeren Saucen marinierten, frittierten und erneut gegrillten Chicken Wings sind berühmt.

Downtown Miami

Manna Life Food VEGAN **$**
(Karte S. 78; ☎786-717-5060; www.mannalifefood.com; 80 NE 2nd Ave; Hauptgerichte 8–12 US$; ⌚Mo–Fr 10–19, Sa 11–16 Uhr) Das luftige, stilvolle Restaurant begeistert seine Gäste mit seinen pflanzlichen Superfood-Gerichten. Die sättigenden „Life Bowls", *arepas* (Maiskuchen) und „Noritos" (Burritos aber nicht in Tortillas, sondern im Algenwickel) sind voll mit aromatischen Zutaten wie rotem Quinoa, gebackenem Tofu, gebratenem Gemüse, braunem Reis und Rohkost-Falafel.

All Day CAFÉ **$**
(Karte S. 78; www.alldaymia.com; 1035 N Miami Ave; Kaffee 3,50 US$, Frühstück 10–14 US$; ⌚Mo–Fr 7–19, Sa & So ab 9 Uhr; 📶) Das All Day ist eines der besten Lokale in Downtown für einen Kaffee oder ein Frühstück – egal zu welcher Tageszeit. Schlanke, skandinavisch anmutende Stühle, Holz- und Marmortische sowie der Françoise-Hardy-Soundtrack sorgen für entspannte Stimmung.

Bali Cafe INDONESISCH **$**
(Karte S. 78; ☎305-358-5751; 109 NE 2nd Ave; Hauptgerichte 10–16 US$; ⌚tgl. 11–16, Mo–Fr 18–22 Uhr; 🖉) Den einfachen Geschmack von Sushi und die kräftigen Gewürze indonesischer Gerichte harmonisch zu verbinden, scheint schwierig, gelingt aber prima in diesem tropischen Ladenlokal. Als Vorspeise wählt man ein paar würzige Thunfischrollen, gefolgt von *soto betawi* – Rindfleischsuppe mit Kokosmilch, Ingwer und Schalotten.

La Moon KOLUMBIANISCH **$**
(Karte S. 78; ☎305-860-6209; www.lamoonrestaurant.com; 97 SW 8th St; Hauptgerichte 7–17 US$; ⌚So & Di–Do 10–24, Fr & Sa bis 6 Uhr) Nichts ist nach einer langen Partynacht so gut wie ein kolumbianischer Hotdog mit Ei und Kartoffeln oder ein *arepa* (Maiskuchen), gefüllt mit Steak und Käse. Diese Delikatessen der Straßenküche gibt's hier am Wochenende bis in die Morgenstunden, und zudem liegt das Lokal in praktischer Nähe zu Bars wie dem Blackbird Ordinary (S. 138).

★ **Casablanca** SEAFOOD **$$**
(Karte S. 78; www.casablancaseafood.com; 400 N River Dr; Hauptgerichte 15–34 US$; ⌚So–Do 11–22, Fr & Sa bis 23 Uhr) Die Meeresfrüchte im Casablanca über dem Miami River gehören zu den besten der Stadt. Das Ambiente – mit Tischen auf einer langen Holzterrasse direkt über dem Wasser und darüber fliegenden Möwen – ist sehr reizvoll, aber der frische Fisch ist das eigentliche Highlight.

Verde AMERIKANISCH **$$**
(Karte S. 78; ☎786-345-5697; www.pamm.org/dining; 1103 Biscayne Blvd, Pérez Art Museum Miami; Hauptgerichte 13–19 US$; ⌚Fr–Di 11–17, Do bis 21 Uhr, Mi geschl.; 🖉) Das Verde im Pérez Art Museum Miami (S. 75) ist vor Ort für seine schmackhaften marktfrischen Gerichte und sein tolles Ambiente – mit Plätzen auf einer Freiluftterrasse mit Blick auf die Bucht – äußerst beliebt. Zu den verführerischen Gerichten gehören knusprige Mahimahi-Tacos, Pizzas mit Kürbisblüten und Ziegenkäse sowie gegrillter Endiviensalat.

River Oyster Bar SEAFOOD **$$**
(Karte S. 78; ☎305-530-1915; www.therivermiami.com; 650 S Miami Ave; Hauptgerichte 16–32 US$; ⌚Mo–Do 12–22.30, Fr bis 24, Sa 16.30–24, So bis 21.30 Uhr) Ein paar Schritte vom Miami River entfernt serviert dieses muntere kleine Restaurant mit Klasse ausgezeichnete Meeresfrüchte. Beginnen kann man mit den frischen Austern und Ceviche, bevor es mit gegrilltem roten Schnapper oder Gelbflossenthun weitergeht. Dekadent ist die große Meeresfrüchteplatte (125 US$) mit den besten kulinarischen Schätzen aus Neptuns Reich.

NIU Kitchen SPANISCH $$

(Karte S. 78; ☎786-542-5070; www.niukitchen.com; 134 NE 2nd Ave; Teller zum Teilen 14–25 US$; ⌚Mo–Fr 12–15.30 & 18–22, Sa 13–16 & 18–23, So 18–22 Uhr; ✎) Das NIU ist ein stilvolles Restaurant von Wohnzimmergröße mit köstlicher zeitgenössischer spanischer Küche. Hier wird ein kulinarisches Feuerwerk geboten: Die komplexen Gerichte zum Teilen tragen abgekürzte katalanische Namen wie *ous* (pochierte Eier, Kartoffelbrei mit Trüffeln, *jamon iberico* und schwarze Trüffel oder *toninya* (geräucherter Thunfisch, grüne Guindilla-Chilis und Pinienkerne). Zum Essen gibt's guten Wein.

PB Station MODERN-AMERIKANISCH $$

(Karte S. 78; ☎305-420-2205; http://pbstation.com; 121 SE 1st St, Langford Hotel; Hauptgerichte 20–57 US$; ⌚Mo–Sa 11.30–15 & 18–23 Uhr) Das kreative Team des beliebten Pubbelly (S. 123) in Sunset Harbour brachte sein preisgekröntes Rezept 2016 auch nach Downtown Miami. Das Restaurant im Erdgeschoss des Langford Hotel (S. 119) strahlt mit seiner gewölbten Decke, den Kugellampen und den gut gekleideten Kellnern klassische altmodische Eleganz aus. Zu den kulinarischen Highlights gehören Bistro-Klassiker wie gegrilltes Knochenmark, französische Zwiebelsuppe und gegrillter Tintenfisch.

CVI.CHE 105 PERUANISCH $$

(Karte S. 78; ☎305-577-3454; www.ceviche105.com; 105 NE 3rd Ave; ⌚So–Do 12–22, Fr & Sa bis 23 Uhr) Juan Chipocos stets populäres peruanisches Lokal in Downtown präsentiert sich mit Weiß als vorherrschendem Gestaltungselement. Die fein angerichteten Speisen wie *ceviche*, *lomo saltado* (mariniertes Steak) und *arroz con mariscos* (Reis mit Meeresfrüchten) eignen sich ideal zum Teilen, besonders wenn man sich dazu eine Runde Pisco Fuegos (mit Jalapeño gewürzter Pisco) oder andere peruanische Cocktailspezialitäten gönnt.

Soya e Pomodoro ITALIENISCH $$

(Karte S. 78; ☎305-381-9511; www.soyaepomodoro.com; 120 NE 1st St; Hauptgerichte mittags 11–18 US$, abends 16–26 US$; ⌚Mo–Fr 11.30–16.30, Mi–Sa 19–23.30 Uhr) Das Lokal wirkt wie ein unkonventionelles Refugium für italienische Künstler und Filmemacher, die hier unter alten Plakaten, Regenbogen-Malereien und skurrilem Wandschmuck frische Pasta verdrücken. Zur Stimmung tragen Latino-Livejazz (Do 21–24 Uhr), Lesungen und andere Kunstevents bei, die hier an manchen Abenden stattfinden.

Bonding FUSION $$

(Karte S. 78; ☎786-409-4796; www.bondingmiami.com; 638 S Miami Ave; Hauptgerichte 16–30 US$; ⌚Mo–Fr 12–23, Sa bis 24, So 17–24 Uhr; ✎) Im Bonding kommen Gerichte verschiedener asiatischer Küchen, darunter der thailändischen, japanischen und koreanischen, zusammen. Das Hühnchen wird kundig mit Chili und Basilikum gewürzt, das rote Curry ist lecker und scharf, und die Sushi-Rollen erhalten mit Zutaten wie Mango-Salsa und würziger Mayonnaise einen Südflorida-Kick. Die Bar hat unter der Theke auch ausgezeichneten Sake auf Lager.

Pollos & Jarras PERUANISCH $

(Karte S. 78; www.pollosyjarras.com; 115 NE 3rd Ave; ⌚So–Do 12–22, Fr & Sa bis 23 Uhr) Das gefeierte Team, das auch das CVI.CHE105 betreibt, führt gleich nebenan dieses fröhliche Lokal mit Freiluftpatio. Der Schwerpunkt liegt hier nicht auf Meeresfrüchten, sondern auf Fleisch, und zwar auf ausgezeichneten Grillhähnchen, doch gibt's auch andere unverkennbare Gerichte, darunter auch *ceviche*.

Wynwood & Design District

Wynwood Yard FOOD TRUCKS $

(Karte S. 84; www.thewynwoodyard.com; 56 NW 29th St; Hauptgerichte 7–14 US$; ⌚Di–Do 12–23, Fr–So bis 1 Uhr; 📶✎) 🌿 Das unbebaute Gelände des Wynwood Yard ist eine städtische Oase für Leute, die unter freiem Himmel zwanglos etwas essen und trinken wollen. Rund ein Dutzend Food Trucks parken hier, die u. a. Gourmet-Käsemakkaroni, Schnitzel, scharfe Tacos und Desserts anbieten. Es gibt auch eine Bar und oft Livemusik.

Einer der Stützpfeiler des Yard ist die **Della Test Kitchen** (Karte S. 84; ☎305-351-2961; www.dellabowls.com; 56 NW 29th St, Wynwood Yard; Hauptgerichte 11–14 US$; ⌚Di–So 12–22 Uhr; ✎), die schmackhafte vegane Gerichte verkauft und sogar auf dem Gelände selbst Gemüse anbaut. Livemusik gibt's in der Regel mittwochs bis samstags ab 21 und sonntags ab 14 Uhr. Die Termine weiterer Events, darunter Verkostungen, Pilates- und Yogakurse sowie Kunst-Workshops für Kinder, stehen auf der Website.

Coyo Taco MEXIKANISCH $

(Karte S. 84; ☎305-573-8228; www.coyo-taco.com; 2300 NW 2nd Ave; Hauptgerichte 7–12 US$;

(Mo–Sa 11–2, So bis 23 Uhr;) Wer in Wynwood Heißhunger auf Tacos bekommt, ist hier genau richtig. Tags und nachts gibt's hier Warteschlangen, aber die schön zubereiteten Tacos lohnen das Warten. Neben den üblichen Variationen mit Steak, gegrilltem Fisch und gebratenem Schweinefleisch gibt's auch kreative Abwandlungen mit gegrilltem Tintenfisch, marinierten Pilzen oder knuspriger Ente.

Kush AMERIKANISCH $
(Karte S. 84; 305-576-4500; www.kushwynwood.com; 2003 N Miami Ave; Hauptgerichte 13–15 US$; So–Di 12–23, Mi–Sa bis 24 Uhr;) Gourmetburger mit Craft-Bier ist das simple, aber überzeugende Rezept in diesem munteren Lokal mit Bar am südlichen Rand von Wynwood. Die saftigen Burger mit heißen Pastrami, Florida-Avocados und anderen dekadenten Gerichte werden durch feine Fassbiere von Sixpoint und Funky Buddha ergänzt. Es gibt auch tolle vegetarische Optionen, darunter einen hausgemachten Burger mit schwarzen Bohnen und veganes Jambalaya.

SuViche FUSION $
(Karte S. 84; 305-501-5010; www.suviche.com; 2751 N Miami Ave; *ceviche* 8–14 US$; 12–23 Uhr) Das nach einer Seite offene SuViche ist ein toller Ort, um in den Abend zu starten. Plaudernde Paare sitzen bei guter Musik auf Schaukelstühlen unter Graffiti-Malereien. Auf der Karte stehen peruanische Gerichte (darunter ein halbes Dutzend *ceviche*-Varianten) sowie Sushi. Zu trinken gibt's kreative *macerados* (Cocktails mit Pisco).

Salty Donut DONUTS $
(Karte S. 84; 305-925-8126; www.saltydonut.com; 50 NW 23rd St; Donuts 3–6 US$; Di–So 8–18 Uhr;) Obwohl „handwerklich gebackene Donuts" etwas prätentiös klingt, kann niemand die Qualität dieser Schöpfungen mit saisonalen Zutaten leugnen – diese Donuts sind die wahrscheinlich besten in Südflorida. Neben typischen Varianten (z. B. mit Schinken und Ahornsirup, Guaven und Käse, Salz und brauner Butter) gibt's auch wechselnde Highlights (z. B. mit Pistazien und weißer Schokolade oder mit Erdbeeren und Zitronencreme).

Panther Coffee CAFÉ $
(Karte S. 84; 305-677-3952; www.panthercoffee.com; 2390 NW 2nd Ave; Kaffee 3–6 US$; Mo–Sa 7–21, So ab 8 Uhr;) Miamis bestes eigenständiges Café setzt auf sortenreinen Kaffee in kleinen Chargen, der perfekt geröstet wird. Abgesehen von würzigem, nach Kundenwunsch mit einer Chemex aufgebrühtem Kaffee (oder Latte) gibt's auch Kleinbrauereibiere, Weine und Süßwaren. Von der vorderen Terrasse aus kann man prima die Leute beobachten.

Buena Vista Deli CAFÉ $
(Karte S. 84; 305-576-3945; www.buenavistadeli.com; 4590 NE 2nd Ave; Hauptgerichte 8–15 US$; 7–21 Uhr) Trotz des uninspirierten Namens ist das Franzosen gehörende Buena Vista Deli ein charmantes Café Pariser Art, das zu jeder Tageszeit einen Besuch lohnt. Morgens gibt's frische Croissants und andere verführerische Backwaren, später dann Quiches in großen Stücken, große Salate und herzhafte Sandwiches und dazu Wein, Bier und guten Kaffee.

Enriqueta's LATEINAMERIKANISCH $
(Karte S. 84; 305-573-4681; 186 NE 29th St; Hauptgerichte 6–9 US$; Mo–Fr 6–15.45, Sa bis 14 Uhr) Einstmals bestimmten Puertorikaner, und nicht Installationskünstler, die Szene in Wynwood. Einen Eindruck von jener Ära gewinnt man in dieser Gaststätte, dessen lateinamerikanisches Diner-Ambiente so eindrucksvoll ist wie der starke, heiße *cortadito* (Espresso mit Milch), den es an der Theke gibt. Ein saftiges kubanisches Sandwich stärkt für den örtlichen Galeriebummel.

Ono Poke HAWAIIANISCH $
(Karte S. 84; 786-618-5366; www.onopokeshop.com; 2320 N Miami Ave; Hauptgerichte 10–16 US$; Mo–Sa 12–20, So bis 18 Uhr) Das beliebte kleine Lokal ist seit seiner Eröffnung im Jahr 2016 ein Renner. Der Schlüssel zum Erfolg besteht in der Ausführung: Die Gäste stellen sich ihre eigene *poke*-Schale mit lecker-frischem Sushi-Fisch, Grüngemüse, Reis und Beilagen (Ingwer, Gurke, Frühlingszwiebeln) zusammen, dazu gibt's kreative Extras (Wasabi-Erbsen) und Saucen nach Wahl. So entsteht ein köstliches, nahrhaftes, aber erfrischend unkompliziertes Mahl.

Lemoni Café CAFÉ $
(Karte S. 84; 305-571-5080; www.mylemonicafe.com; 4600 NE 2nd Ave; Hauptgerichte 10–18 US$; Mo–Sa 11–22.30, So bis 18 Uhr;) Das Lemoni ist ein kleines, schummrig beleuchtetes Café mit einer kreativen, mediterran inspirierten Karte, auf der Panini, Salate und Vorspeisen (u. a. Hummus, Bruschetta und marokkanisch gewürzte Auberginen) stehen. Beim Brunch am Wochenende (Sa

bis 14, So bis 17 Uhr) gibt's gut zubereitete Arme Ritter und Blaubeer-Pfannkuchen. In dem Lokal im hübschen Viertel Buena Vista kann man nett draußen auf dem Bürgersteig mittags oder abends etwas essen.

★ Kyu FUSION **$$**
(Karte S. 84; ☎ 786-577-0150; www.kyumiami.com; 251 NW 25th St; Teller zum Teilen 17–38 US$; ⏲ Mo–Sa 12–23.30, So 11–22.30, Bar Fr & Sa bis 1 Uhr; ✎) Das Kyu, eines der besten neuen Restaurants in Wynwood, verzaubert Einheimische und Gastro-Kritiker gleichermaßen mit seinen kreativen, asiatisch inspirierten Gerichten, die überwiegend auf der offenen Flamme eines mit Holz befeuerten Grills zubereitet werden. Der von Stimmengewirr erfüllte, industrielle Raum wirkt dank kunstvoller Ausleuchtung und Holzelementen (Tische und Stühle sowie der Brennholzstapel für den Grill) warm und freundlich.

Cake Thai THAI **$$**
(Karte S. 84; ☎ 305-573-5082; www.cakethaimiami.com; 180 NW 29th St; Hauptgerichte 16–25 US$; ⏲ Di–So 12–24 Uhr; ✎) Wenn die plötzliche Lust auf thailändisches Essen kommt, brauchen die Einwohner von Wynwood nicht mehr den langen Weg bis zur Ecke 79th St und Biscayne (wo das Cake Thai seinen ursprünglichen Sitz hatte) anzutreten. Heute finden sie thailändische Küche direkt in ihrem Hinterhof – kundig kulinarisch zubereitet von Chefkoch Phuket Thongsodchaveondee (der als „Cake" bekannt ist).

Michael's Genuine MODERN-AMERIKANISCH **$$**
(Karte S. 84; ☎ 305-573-5550; www.michaelsgenuine.com; 130 NE 40th St; Hauptgerichte mittags 16–26 US$, abends 19–44 US$; ⏲ Mo–Sa 11.30–23, So bis 22 Uhr) Das munterste Plätzchen im Design District ist diese alteingesessene gehobene Schenke, die ausgezeichneten Service mit gut zubereiteten Gerichten aus dem Holzofen, großen Salaten und einer verführerischen Rohfischtheke (u. a. mit Austern und Steinkrabben) kombiniert. Das Michael's lockt eine gut gekleidete Kundschaft an, und meistens ist der Laden voll besetzt. Man kann auch draußen an dem mit Pflanzen begrenzten Fußgängerweg speisen.

Zak the Baker DELI **$$**
(Karte S. 84; ☎ 786-347-7100; www.zakthebaker.com; 405 NW 26th St; Sandwiches 14–18 US$; ⏲ So–Fr 8–17 Uhr) Miamis beliebtester koscherer Deli wird für seine köstlichen (aber teureren) Sandwichs bewundert – zu empfehlen sind das Sandwich mit geschmortem, von Hand geschnittenem Corned Beef oder das mit Räucherlachs. Morgens gibt's auch Kartoffel-*latkes* und Eier.

Butcher Shop AMERIKANISCH **$$**
(Karte S. 84; ☎ 305-846-9120; www.butchershopmiami.com/tbs; 165 NW 23rd St; Hauptgerichte 13–34 US$; ⏲ So–Do 11–23, Fr & Sa bis 2 Uhr) Dieses Lokal in Wynwood heißt aus gutem Grund Butcher Shop, da hier Fleisch – von Rib-Eye-Steaks mit Knochen über geräucherte Würstchen bis zu Wurstwaren – ganz eindeutig im Mittelpunkt steht. Auch Bier-Fans kommen auf ihre Kosten, da zu der Metzgerei auch ein Biergarten gehört, indem es abends ziemlich munter zugeht.

Harry's Pizzeria PIZZA **$$**
(Karte S. 84; ☎ 786-275-4963; www.harryspizzeria.com; 3918 N Miami Ave; Pizzas 13–17 US$, Hauptgerichte 16–21 US$; ⏲ So–Do 11.30–22, Fr & Sa bis 24 Uhr; ✎) Ein schlichtes, aber ausgiebiges kulinarisches Erlebnis erwartet Pizza- und Pie-Liebhaber hier im Design District. Das Lokal mit einer winziger Küche und Speisesaal serviert scheinbar einfache Holzofenpizzas mit kreativen Zutaten (z. B. langsam gegartes Schweinefleisch oder Kohl und karamellisierte Zwiebeln). Zusammen mit unbedingt lohnenden Vorspeisen wie Polenta-Fritten ergibt sich ein tolles, preiswertes Mahl.

Neben Pizza gehören in der Pfanne gebratener Mahimahi und im Ofen gebratenes Hähnchen mit Fenchelsalat zu den Highlights.

ABENDESSEN AUF DEM MONTAGSMARKT

Am Montagabend kann man ein köstliches vegetarisches Fünf-Gänge-Menü genießen, das ganz familiär draußen an Tischen vor dem Arsht Center serviert wird. Das kreative, ausgezeichnete und günstige Menü bezieht seine Inspiration von dem am gleichen Tag abgehaltenen Farmers Market. **Chef Allen's Farm-to-Table Dinner** (Karte S. 78; ☎ 786-405-1745; 1300 Biscayne Blvd; Abendessen 25 US$, mit passendem Wein 40 US$; ⏲ Mo 18.30 Uhr; ✎) ist ein Rennern bei den Einheimischen und insbesondere bei den Vegetariern unter ihnen. Vorher anrufen und einen Platz reservieren!

Mandolin GRIECHISCH $$
(Karte S. 84; ☎305-749-9140; www.mandolinmiami.com; 4312 NE 2nd Ave; Hauptgerichte 18–34 US$; ⊙12–23 Uhr;) Wer einen Tisch im Mandolin bucht, lässt sich auf eine kurze Rundreise durch die Ägäis ein. Die griechische Küche enttäuscht nicht, gleichgültig ob man sich für den Seebarsch mit Zitronensaft und Olivenöl, das Lamm-Kebab mit würzigem Joghurt oder für Meze wie geräucherte Aubergine und gegrillten Tintenfisch entscheidet.

★Alter MODERN-AMERIKANISCH $$$
(Karte S. 84; ☎305-573-5996; www.altermiami.com; 223 NW 23rd St; 5-/7-Gänge-Menü 69/89 US$; ⊙Di–So 19–23 Uhr) Das neue, von Gastrokritikern hochgelobte Restaurant bringt mit seinem preisgekrönten jungen Chefkoch Brad Kilgore kreative Spitzen-Cuisine nach Wynwood. Auf der sich immer wieder ändernden Karte stehen saisonal inspirierte Gerichte mit asiatischen und europäischen Akzenten, die die hochwertigen Zutaten, die Florida an Land und im Meer zu bieten hat, bestens zur Geltung bringen. Vorab reservieren!

Little Haiti & Upper East Side

★Phuc Yea VIETNAMESISCH $
(Karte S. 88; ☎305-602-3710; www.phucyea.com; 7100 Biscayne Blvd; ⊙Di–Sa 18–24, So 11.30–15.30 & 18–21 Uhr) Dem kecken Namen entsprechend reißt das Phuc Yea mit seinen überzeugenden, leckeren vietnamesischen Gerichten, die in einem von Graffiti übersäten Hiphop-Ambiente serviert werden, Grenzen ein. Man kann den Zauber des Phuc (was „Segen und Wohlstand" bedeutet) genießen, indem man sich auf die vietnamesischen Frühlingsrollen mit Hummer, das Fisch-Curry, die würzigen Hähnchenflügel und die anderen tollen Gerichte zum Teilen stürzt.

An der Rohkosttheke vorn gibt's Sushi, frische Austern und kreative Cocktails (Happy Hour 17–19 Uhr). Man kann auch draußen in dem mit Papierlaternen geschmückten Garten sitzen.

Chef Creole HAITIANISCH $
(☎305-754-2223; www.chefcreole.com; 200 NW 54th St; Hauptgerichte 7–20 US$; ⊙Mo–Sa 11–22 Uhr) Wer preiswertes karibisches Essen sucht, ist in dieser ausgezeichneten Imbissbude am Rand von Little Haiti genau richtig. Man bestellt gebratene Muscheln, Ochsenschwanz oder Fisch, packt Reis und Bohnen als Beilagen dazu und wird richtig satt. Man genießt sein Essen in der Nähe an Picknicktischen, während aus den blechernen Lautsprechern haitianische Musik dröhnt, als wäre man direkt auf der Karibikinsel.

Der Service ist nicht unbedingt schnell – im Chef Creole herrscht gemächliches Inseltempo.

Jimmy's East Side Diner DINER $
(Karte S. 88; ☎305-754-3692; 7201 Biscayne Blvd; Hauptgerichte 7–13 US$; ⊙6.30–16 Uhr) Der klassische (und, wie an den ausgehängten Regenbogenflaggen zu erkennen, sehr schwulenfreundliche) Diner serviert tolles preiswertes Frühstück mit Omelettes, Armen Rittern und Pfannkuchen und später Truthahn-Sandwiches und Burger.

Der Diner spielte eine Hauptrolle in der Schlussszene von Barry Jenkins' eindrucksvollem Film *Moonlight*, der 2017 mit dem Oscar für den besten Film ausgezeichnet wurde.

Choices VEGETARISCH $
(Karte S. 88; ☎786-408-9122; www.choicescafemiami-ues.com; 646 NE 79th St; Hauptgerichte 10–17 US$; ⊙Mo–Fr 8–21, Sa 9–21, So bis 20 Uhr;) Wenn veganes Essen schmeckt, fällt unweigerlich die Bemerkung, dass man das Fleisch nicht vermissen würde. Dieser Gemeinplatz trifft hier wirklich zu. Mit cleveren Kombinationen von Zutaten wie Walnuss-„Fleisch" und Daiya-Käse wird das Restaurant mit seinen Burgern, Tacos und Pizzas – die allesamt lecker und 100 % vegan sind, seinem Namen voll gerecht.

★Mina's MEDITERRAN $$
(Karte S. 88; ☎786-391-0300; www.minasmiami.com; 749 NE 79th St; Hauptgerichte 16–30 US$, Teller zum Teilen 6–16 US$; ⊙Di–Do 17–22, Fr bis 23, Sa 12–23, So 11–21 Uhr;) Hohe Decken, alte Reiseplakate und freundliche Stimmung bilden die Kulisse für ein denkwürdiges Mahl im Mina's. Die mediterranen Gerichte mit Vorspeisen wie sahnigem Hummus, erfrischenden Dolma, *spanakopita* (mit Spinat gefüllten Teigtaschen) und leckeren gebratenen Calamari eignen sich prima zum Teilen.

Andiamo PIZZA $$
(Karte S. 88; ☎305-762-5751; www.andiamopizzamiami.com; 5600 Biscayne Blvd; Pizza 12–20 US$; ⊙So–Do 11–23, Fr & Sa bis 24 Uhr;) In einer umgebauten früheren Reifenwerkstatt liefert das Andiamo aus dem in der Mitte aufgebauten Backsteinofen Pizzas mit dünnem Boden, die zu den besten in Miami gehören.

Bei mehr als 30 verschiedenen Sorten hat man eine große Auswahl. In dem munteren Ambiente – Tische im Freien mit Tiki-Fackeln und bei großen Sportereignissen aufgebauten Großleinwänden – kann man gut in den Abend starten.

Blue Collar AMERIKANISCH **$$**
(Karte S. 88; ☎305-756-0366; www.bluecollarmiami.com; 6730 Biscayne Blvd; Hauptgerichte 16–27 US$; ⊙tgl. 11.30–15.30, So–Do 18–22, Fr & Sa bis 23 Uhr; P ✎ 👪) Seinem Namen entsprechend verzichtet das Blue Collar auf alles Getue und serviert im Interieur eines klassischen Cafés der 1960er-Jahre perfekt zubereitete einfache amerikanische Kost. Beginnen kann man mit Shrimps und Maisgrütze oder Makkaroni mit vier Käsesorten, bevor es mit gebratener Regenbogenforelle, geräucherten Rippchen oder leckerer Jambalaya weitergeht. Die gute Auswahl vegetarischer Gerichte hält auch die bei Laune, die kein Fleisch mögen.

Little Havana

★Versailles KUBANISCH **$**
(☎305-444-0240; www.versaillesrestaurant.com; 3555 SW 8th St; Hauptgerichte 6–21 US$; ⊙Mo–Do 8–1, Fr & Sa bis 2.30, So 9–1 Uhr) Das Versailles ist eine Institution und ein Stützpfeiler der kubanischen Gastronomie in Miami. Nach der ausgezeichneten Suppe mit schwarzen Bohnen oder der gebratenen Yucca gibt's zum Hauptgang herzhafte Fleisch- oder Meeresfrüchteteller. Ältere Kubaner und die lateinamerikanische politische Elite der Stadt kommen gern her, sodass man hier eine gute Chance hat, prominenten Mitgliedern der lateinamerikanischen Gemeinde Miamis zu begegnen.

Lung Yai Thai Tapas THAI **$**
(Karte S. 90; ☎786-334-6262; 1731 SW 8th St; Hauptgerichte 10–15 US$; ⊙12–15 & 17–24 Uhr) Ein sicherer Hinweis auf die sich ändernden Zeiten ist dieses kleine Juwel in Little Havana mit wirklich leckerer thailändischer Küche. Chefkoch Bas bietet kulinarische Leckerbissen, die sich gut zum Teilen eignen. Ob perfekt gewürzte gebratene Hähnchenflügel, zarter Entensalat oder wundervolles *kaho soi gai* (ein reichhaltiges Nudel-Curry) – bei der Bestellung kann man nichts falsch machen.

El Nuevo Siglo LATEINAMERIKANISCH **$**
(Karte S. 90; 1305 SW 8th St; Hauptgerichte 8–12 US$; ⊙7–20 Uhr) Versteckt im gleichnamigen Supermarkt lockt das El Nuevo Siglo mit ausgezeichneten Gerichten zu kleinen Preisen örtliche Feinschmecker herbei, die sich an dem schlichten Ambiente nicht stören. Man setzt sich an die glänzende schwarze Theke und knabbert gebratenes Fleisch, gebratene Yucca, scharfe kubanisch Sandwiches, gegrillten Schapper mit Reis, Bohnen und Kochbananen oder andere Angebote des Tages.

Viva Mexico MEXIKANISCH **$**
(Karte S. 90; ☎786-350-6360; 502 SW 12th Ave; Tacos 2 US$; ⊙Di–Do 11–21, Fr & Sa bis 23, So bis 18 Uhr) Mit die besten Tacos in Little Havana gibt's an der geschäftigen 12th Ave. Freundliche Serviererinnen geben an der Theke für Essen zum Mitnehmen herrlich mit Steak, Kaldaunen, Wurst und anderen Fleischwaren belegte Tacos aus. Es gibt ein paar Tische im Freien, ansonsten nimmt man die Tacos einfach mit.

Vegetarier sind hier aber definitiv an der falschen Adresse.

Yambo LATEINAMERIKANISCH **$**
(1643 SW 1st St; Hauptgerichte 5–12 US$; ⊙24 Std.) Wer mitten in der Nacht ein wenig angegetrunken ist, kann das Yambo ansteuern – wenn er ein Taxi nimmt oder sich ein Freund findet, der bereit ist, bis nach Little Havana hinauszufahren. Nachts macht der Laden mächtigen Umsatz mit Schüsseln oder Schachteln zum Mitnehmen, die bis zum Bersten mit saftigen Scheiben *carne asada* (gegrilltem Rindfleisch), Reis, Bohnen und süßen gebratenen Kochbananen gefüllt sind.

San Pocho KOLUMBIANISCH **$**
(Karte S. 78; ☎305-854-5954; www.sanpocho.com; 901 SW 8th St; Hauptgerichte 9–15 US$; ⊙Mo–Do 7–20, Fr–So bis 21 Uhr) Für einen kurzen Abstecher nach Kolumbien bietet sich das freundliche, stets gut besuchte San Pocho an. Fleisch steht im Zentrum: Auf der Karte finden sich herzhafte Platten wie *bandeja paisa* (gegrilltes Steak, Reis, Bohnen, gebratene Kochbananen, ein Ei, *arepa* und gebratene Schweinekruste). Daneben gibt's auch *mondongo* (Kuddelsuppe) sowie kolumbianische Tamales und typische Beilagen wie *arepas* (Maisküchlein).

Azucar EISCREME **$**
(Karte S. 90; ☎305-381-0369; www.azucaricecream.com; 1503 SW 8th St; Eiscreme 4–6 US$; ⊙Mo–Mi 11–21, Do–Sa bis 23, So bis 22 Uhr) Einer der (dank der riesigen Eiswaffel an der Fas-

sade) erkennbarsten Snack-Läden in Little Havana ist diese Eisdiele, die köstliches Eis wie von der *abuela* (Oma) liefert. Bei Dutzenden verführerischen Sorten (z. B. Weintraube, *dulce de leche*, Guave, Mango, Zimt, Jackfrucht oder Zitrone-Basilikum) fällt die Auswahl schwer.

Exquisito Restaurant KUBANISCH **$**
(Karte S. 90; ☎305-643-0227; www.elexquisitomiami.com; 1510 SW 8th St; Hauptgerichte 9–13 US$; ⌚7–23 Uhr) Dieses Lokal im Zentrum von Little Havana hat hervorragende kubanische Küche zu bieten. Der Schweinebraten wartet mit einer würzigen Zitrusnote auf, und das *ropa vieja* (gewürztes Rinderhack) ist wunderbar reichhaltig und sättigend. Selbst die üblichen Beilagen wie Bohnen, Reis und gebratene Kochbananen sind schmackhafter zubereitet als anderswo. Und zu allem Überfluss sind die Preise extrem günstig.

★ **El Carajo** SPANISCH **$$**
(☎305-856-2424; www.el-carajo.com; 2465 SW 17th Avenue; Tapas 5–15 US$; ⌚Mo–Mi 12–22, Do–Sa bis 23, So 11–22 Uhr; 🍷) Hinter der Tankstelle. Es ist ja Mode, Restaurants an unscheinbaren Orten zu verstecken, aber muss es wirklich die Citgo-Tankstelle an der SW 17th Ave sein? Hinter dem Motoröl geht's in einen andalusischen Weinkeller. Man sollte versuchen, nicht zu verdattert zu wirken, zumal das Essen absolut unglaublich ist.

Die Datteln im Schinkenmantel sind pure Dekadenz, und die luftigen Tortillas (dicke spanische Omelettes) haben genau den richtigen Biss. Nicht versäumen sollte man die mit etwas Salz und Olivenöl perfekt gebratenen Sardinen.

Doce Provisions MODERN-AMERIKANISCH **$$**
(Karte S. 90; ☎786-452-0161; www.doceprovisions.com; 541 SW 12th Ave; Hauptgerichte 11–25 US$; ⌚Mo–Do 12–15.30 & 17–22, Fr 12–15.30 & 17–23, Sa 12–23, So 11–21 Uhr) Eine Abwechslung zu den lateinamerikanischen Lokalen alter Schule verspricht das Doce Provisions, das von der Stimmung her eher an Wynwood als an Little Havana erinnert. In dem stilvollen Industrie-Interieur gibt's kreative amerikanische Gerichte – Käsemakkaroni mit Garnelen, Brathähnchen mit panierten Kochbananen, Burger mit Rippchen und Trüffel-Fritten – sowie örtliche Craft-Biere.

Der Sonntagsbrunch (11–15 Uhr) ist zu Recht beliebt.

Xixón SPANISCH **$$**
(☎305-854-9350; www.xixonspanishrestaurant.com; 2101 SW 22nd St; Tapas 7–16 US$; ⌚Mo–Do 11–22, Fr & Sa bis 23, So 12–17 Uhr; 🍷) Es braucht Einiges, um sich in der dichten Tapas-Szene von Miami auszuzeichnen: Brot mit knuspriger Kruste und weichem Inneren, leckerer gebratener *bacalao* (Kabeljau) und in Knoblauch gegarte heiße Garnelen und Aale sichern dem Xixón seinen Status als Top-Tapas-Adresse. Die *bocatas* (Sandwiches) mit üppigem Serrano-Schinken und salzigem Manchego-Käse sind toll für ein Picknick.

Coconut Grove

Bianco Gelato EISCREME **$**
(Karte S. 92; ☎786-717-5315; 3137 Commodore Plaza; Eiscreme 3,50–7 US$) Gerade bei den jüngsten Einwohnern von Coconut Grove ist dieser Laden ungeheuer beliebt. Das Bianco liefert hervorragendes Eis aus Bio-Milch und rein natürlichen Zutaten. Die Sorten wechseln ständig, zu den aktuellen Hits gehören Guave mit Käse, Avocado mit karamellisierten Nüssen, Haselnuss und Schokolade.

Last Carrot VEGETARISCH **$**
(Karte S. 92; ☎305-445-0805; 3133 Grand Ave; Hauptgerichte 6–8 US$; ⌚Mo–Sa 10.30–18, So 11–16.30 Uhr; 🍷👪) Seit den 1970er-Jahren macht das Last Carrot inmitten des alten Grove-Ambientes guten Umsatz mit frischen Säften, leckeren Pita-Sandwiches, frittierten Avocado, vegetarischen Burgern und seinen berühmten Spinat-Aufläufen. Dass sich das Lokal neben dem massiven CocoWalk halten kann, spricht für die Qualität des Essens und die Gemütlichkeit des Ambientes.

Coral Bagels DELI **$**
(☎305-854-0336; 2750 SW 26th Ave; Hauptgerichte 7–11 US$; ⌚Mo–Fr 6.30–15, Sa & So 7–16 Uhr; P🍷) Das muntere kleine Deli liegt zwar etwas außerhalb (1,6 km nördlich vom Zentrum von Coconut Grove), ist aber mit richtigen Bagels, reichhaltigen Omelettes und dekadenten Kartoffelpuffern mit Apfelsauce und Sauerrahm trotzdem ein prima Ort, um in den Tag zu starten. Man kommt nur mit Mühe auf einen zweistelligen Zahlbetrag, und geht trotzdem satt und zufrieden.

LoKal AMERIKANISCH **$**
(Karte S. 92; ☎305-442-3377; 3190 Commodore Plaza; Burger 14–16 US$; ⌚So–Di 12–22, Mi–Sa bis 23 Uhr; ❄🍷👪) 🌿 Das kleine Lokal in Coconut Grove zeichnet sich durch zwei Dinge aus: gute Burger und Craft-Bier. Erstere

gibt's in mehreren Varianten, alle mit ausgezeichnetem Rindfleisch (abgesehen von der Version mit Hafer und braunem Reis). Im Zweifel entscheidet man sich für „Frita" mit Rindfleisch, Guavensauce, geschmolzenem Greyerzer und knusprigem Speck.

Spillover MODERN-AMERIKANISCH **$$**
(Karte S. 92; ☎ 305-456-5723; www.spillovermiami.com; 2911 Grand Ave; Hauptgerichte 13–25 US$; ⏲ So–Di 11.30–22, Mi–Sa bis 23 Uhr; 📶🍸) Versteckt in einer Fußgängerzone nahe dem CocoWalk serviert das Spillover regionale Meeresfrüchte und kreative Bistro-Gerichte in einem bezaubernden altmodischen Ambiente (gusseiserne Hocker und recycelte Türen rund um die Theke, Personal mit Hosenträgern, Jazz aus der Anlage). Man bekommt Crab-Cakes, Fish and Chips und Reuben-Sandwiches mit Hummer, die förmlich im Mund zergehen.

Boho MEDITERRAN **$$**
(Karte S. 92; ☎ 305-549-8614; 3433 Main Hwy; Hauptgerichte 19–26 US$, Pizzas 12–17 US$; ⏲ Mo–Fr 12–23, Sa & So ab 10 Uhr) Das bezaubernde, von Griechen geführte Lokal trägt zur kulinarischen Renaissance von Coconut Grove mit fantastischen mediterranen Gerichten wie zart mariniertem Tintenfisch, sahnigem Risotto, mit Trüffelöl zubereiteten dünnbodigen Pizzas und pikanten Quinoa- und Rote-Beete-Salaten bei. Das Ambiente lädt mit Dschungel-Tapeten, Panoramafenstern und entspannter Stimmung zu längerem Verweilen bei einem ausgiebigen Mahl ein.

Es gibt auch Tische draußen auf dem Bürgersteig – gut, um die Leute auf der Straße zu beobachten.

Glass & Vine MODERN-AMERIKANISCH **$$**
(Karte S. 92; www.glassandvine.com; 2820 McFarlane Rd; Hauptgerichte mittags 9–14 US$, abends 17–32 US$; ⏲ So–Do 11.30–15.30 & 17.30–22, Fr & Sa bis 23 Uhr) Das Freiluftambiente dieses weinseligen Lokals am Rand des Peacock Park ist kaum zu übertreffen. Mittags gibt's z. B. Taboulé und Shrimp-Sandwiches, abends geschmorten Blumenkohl und Muscheln. Dazu finden sich auf der ausführlichen Karte die passenden Weine und Cocktails. Der Wochenendbrunch ist ausgezeichnet.

Bombay Darbar INDISCH **$$**
(Karte S. 92; ☎ 305-444-7272; 2901 Florida Ave; Hauptgerichte 15–23 US$; ⏲ Do–So 12–15, Mi–Mo 18–22 Uhr, Di geschl.; 🍸) Indisches Essen ist im von lateinamerikanischer Küche geprägten Miami selten und noch rarer in Coconut Grove – wodurch das Bombay Darbar erst recht zu einem kulinarischen Juwel wird. Das von einem Ehepaar aus Mumbai geführte gehobene, aber freundliche Restaurant trifft mit bestens zubereiteten Tandur-Gerichten und Tikkas, begleitet von dampfend heißem Naan und geschmacksintensiven Samosas genau den richtigen Ton.

Lulu MODERN-AMERIKANISCH **$$**
(Karte S. 92; ☎ 305-447-5858; 3105 Commodore Plaza; Hauptgerichte mittags 12–19 US$, abends 15–29 US$; ⏲ So–Do 11.30–22.30, Fr & Sa bis 23.30 Uhr; 🍸) Für seine sorgfältig zubereiteten Bistro-Gerichte, die man am besten draußen an den Tischen genießt, verwendet das Lulu regionale Bio-Zutaten. Man kann sich ein Mahl aus den schmackhaften Vorspeisen wie gerösteten Datteln, toskanischem Hummus oder Thunfisch-Tartar zusammenstellen oder sich für größere Platten mit Tacos mit langsam gegartem Schweinefleisch und gebratenen, von Tauchern geernteten Muscheln entscheiden.

GreenStreet Cafe AMERIKANISCH **$$**
(Karte S. 92; ☎ 305-567-0662; www.greenstreetcafe.net; 3468 Main Hwy; Hauptgerichte 15–29 US$; ⏲ So–Di 7.30–1, Mi–Sa bis 3 Uhr) Kaum ein Straßenlokal ist beliebter als dieses, wo sich bei Sonnenuntergang die Jungen und Geselligen von Coconut Grove versammeln. Und auch das Essen ist besonders lecker: Die gehobene Kneipenkost reicht von gebratenem Gemüse über Ziegenkäse-Lasagne und Endiviensalat bis zu schwarz gebratenem Mahimahi und geschmorten Rippchen mit Polenta.

Jaguar LATEINAMERIKANISCH **$$**
(Karte S. 92; ☎ 305-444-0216; www.jaguarhg.com; 3067 Grand Ave; Hauptgerichte mittags 15 US$, abends 22–33 US$; ⏲ Mo–Sa 11.30–23, So 11–22 Uhr) Die Karte umspannt ganz Lateinamerika, aber praktisch alle Gäste kommen wegen der *ceviche*-Theke. Man wählt aus sechs Arten von *ceviche* (rohen, marinierten Meeresfrüchten) – von Thunfisch mit Ingwer bis zu Umberfischen mit Zitronensaft – und stellt sich sein eigenes Mahl zusammen. Das ist neu und macht Spaß, zumal das *ceviche* hervorragend ist.

Coral Gables

Threefold CAFÉ **$$**
(Karte S. 94; ☎ 305-704-8007; 141 Giralda Ave; Hauptgerichte 13–19 US$; ⏲ 8–16.30 Uhr; 📶🍸)

Das Café, das in Coral Gables am meisten von sich reden macht, ist ein brummendes, charmantes, von Australiern geführtes Lokal, das neben perfektem Espresso (und einem guten Flat White) auch kreative Frühstücks- und Mittagsgerichte zu bieten hat. Hier startet man mit Waffeln und Beerenkompott, einem Toast mit Avocadopüree und Feta oder auch einer langsam gegarten Lammhachse mit Spiegelei in den Tag.

Bulla Gastrobar SPANISCH **$$**
(Karte S. 94; ☎305-441-0107; www.bullagastrobar.com; 2500 Ponce de Leon Blvd; kleine Gerichte 7–19 US$; ⌚So–Do 12–22, Fr & Sa bis 24 Uhr; ✎) Mit den fröhlichen Gästen, die unter Geplauder köstliche Tapas verdrücken, erinnert das Ambiente dieses stilvollen Lokals an eine muntere Schenke in Madrid. *Patatas bravas* (gewürzte Kartoffeln), *huevos „bulla"* (Eier, Serrano-Schinken und Trüffelöl) sowie iberische Schinken-Kroketten sorgen dafür, dass hier den ganzen Abend Betrieb herrscht.

Frenchie's Diner FRANZÖSISCH **$$**
(Karte S. 94; ☎305-442-4554; www.frenchiesdiner.com; 2618 Galiano St; Hauptgerichte mittags 14–24 US$, abends 24–34 US$; ⌚Di–Sa 11–15 & 18–22 Uhr) Das in einer Seitenstraße versteckte Lokal ist leicht zu übersehen. Drinnen herrscht die Atmosphäre eines altmodischen amerikanischen Diners mit schwarzweißem Schachbrettboden, einer großen Kreidetafel, auf der die Gerichte stehen, und Spiegeln und alten Drucken an den Wänden. Die Küche setzt hingegen ganz auf französische Bistro-Klassiker.

Matsuri JAPANISCH **$$**
(Karte S. 94; ☎305-663-1615; 5759 Bird Rd; Hauptgerichte 12–19 US$, Mittagsmenü 10 US$; ⌚Di–Fr 11.30–14.30, Di–Sa 17.30–22.30 Uhr) Das Matsuri versteckt sich in einem unscheinbaren Einkaufszentrum und ist stets voller japanischer Gäste, die kein Ambiente, sondern Gerichte ihrer einheimischen Küche genießen wollen – auch wenn es sich bei ihnen vielfach um japanischstämmige Südamerikaner handelt, die *unagi* (Aal) auf Spanisch bestellen. Der würzige *toro* (Thunfisch) mit Frühlingszwiebeln, die gegrillte Makrele mit Meersalz und das riesige Angebot an rohem Fisch sind allesamt *oishii* (köstlich).

Swine SÜDSTAATENKÜCHE **$$$**
(Karte S. 94; ☎786-360-6433; 2415 Ponce de Leon Blvd; Hauptgerichte 20–38 US$, Teller zum Teilen 10–25 US$; ⌚So–Do 10–22, Fr & Sa bis 24 Uhr) Mit diesem stilvollen Lokal nahe der Miracle Mile kommen rustikales geräuchertes Schweinefleisch und kunstvoll gemixte Cocktails nach Coral Gables. Betrachtet man das Interieur aus unverputzten Backsteinwänden, vielen herabhängenden Glühbirnen und Elementen aus wiederverwertetem Holz könnte man denken, auf dem Weg nach Brooklyn falsch abgebogen zu sein.

Pascal's on Ponce FRANZÖSISCH **$$$**
(Karte S. 94; ☎305-444-2024; www.pascalmiami.com; 2611 Ponce de Leon Blvd; Hauptgerichte mittags 22–31 US$, abends 31–45 US$; ⌚Mo–Fr 11.30–14.30, Mo–Do 18–22, Fr & Sa bis 23 Uhr) Muscheln mit Rinderrippe, knuspriges Enten-Confit mit einem Frikassee aus Wildpilzen und andere Klassiker der französischen Küche sorgen für ein gehobenes Diner. Das Pascal's ist ein Favorit unter den Feinschmeckern von Coral Gables, die auf ein kulinarisches Niveau setzen, das allen Moden widerstanden hat. An der Karte und der Atmosphäre ändert sich daher hier nur wenig, und das ist gerade das Gute.

La Palme d'Or FRANZÖSISCH **$$$**
(Karte S. 94; ☎305-913-3200; 1200 Anastasia Ave, Biltmore Hotel; 6-Gänge-Verkostungsmenü 115 US$; ⌚Di–Sa 18.30–22.30 Uhr) Das gerühmte Palme d'Or ist das kulinarische Gegenstück zu der Jazz-Age-Opulenz, in der sich das Restaurant eingenistet hat. Mit weißen Handschuhen, europäischer Klasse und einem US-amerikanisch aufmerksamen Service verwirklicht das elegante Restaurant, ohne einen Gedanken an Hipness zu verschwenden, eine Raffinesse, von der ein Dutzend Restaurants in South Beach nur träumen können.

Caffe Abbracci ITALIENISCH **$$$**
(Karte S. 94; ☎305-441-0700; www.caffeabbracci.com; 318 Aragon Ave; Hauptgerichte 19–45 US$; ⌚Mo–Fr 11.30–15.30, tgl. 18–23 Uhr) Ein idealer Augenblick stellt sich in Coral Gables leicht ein. Die einfachen Zutaten dafür sind: man selbst, sein geliebter Partner, ein schwüler Abend in Miami, köstliche Pasta und ein Glas Rotwein an einem Tisch auf dem Bürgersteig im Abbracci – einem der besten italienischen Restaurants in Coral Gables.

Key Biscayne

Oasis KUBANISCH **$**
(Karte S. 98; ☎305-361-9009; 19 Harbor Dr; Hauptgerichte 8–12 US$; ⌚8–21 Uhr) Das ausgezeichnete kubanische Café hat einen Kun-

FOOD TRUCKS

Food Trucks sind in Miami schwer angesagt. Es gibt viel zu viele, um sie hier aufzulisten. Einen guten Eindruck von den gehobenen Imbissbuden auf vier Rädern bekommt man im Wynwood Yard (S. 127) mit einigen ausgezeichneten Food Trucks, einer Bar, Livemusik und vielen Tischen unter freiem Himmel.

Wer am letzten Freitag im Monat vor Ort ist und über ein Auto verfügt, kann zur **Food Truck Invasion** hinunterfahren. Ein ganzes Geschwader von Food Trucks aus Miami zieht am letzten Freitag des Monats von 18 bis 23 Uhr in den Tropical Park (7900 SW 40th St), der einige Kilometer südwestlich von Coral Gables liegt. Ansonsten sind im Folgenden einige Favoriten aufgelistet, mittels der jeweiligen Twitter-ID kann man deren Standort ausfindig machen:

Purple People Eatery (www.purpleppleatery.com; Hauptgerichte 6–12 US$) Panierte Goldmakrele, Käsemakkaroni mit Kräuterkruste und Gourmet-Bisonburger.

Della Test Kitchen (S. 127) Im Wynwood Yard, sehr zu empfehlen für Vegetarier.

MsCheezious (www.twitter.com/MsCheezious; Sandwiches 7–10 US$;) Hier werden seltene Käsesorten (z. B. Ziegenkäse, Blauschimmelkäse und Gouda) sehr effektvoll mit Prosciutto, Pulled Pork und Pesto kombiniert.

denstamm von einfachen armen Arbeitern bis zur städtischen Elite, und bei starkem kubanischen Kaffee fallen schnell die sozioökonomischen Schranken. Zu essen gibt's dekadente kubanische Sandwiches mit viel Fleisch und Platten mit Schweinefleisch, Reis, Bohnen und Kochbananen nach Hausmannsart. Zum Abschluss trinkt man einen superstarken Kaffee.

La Boulangerie Boul'Mich CAFÉ **$**
(Karte S. 98; www.laboulangerieusa.com; 328 Crandon Blvd; Hauptgerichte 12–15 US$, Gebäck 3–6 US$; Mo–Sa 7.30–20, So 8–15 Uhr;) Die nette Bäckerei französischen Stils liefert leckere Quiches, sättigende Empanadas mit Gemüse oder Fleisch, himmlisches Gebäck und natürlich perfekte Buttercroissants. Hier kann man auch gut frühstücken (Obstplatte, Omelettes, Eggs Benedict) oder zu Mittag essen (Sandwiches mit Prosciutto und Mozzarella, Gnocchi mit vier Käsesorten, Quinoa-Salate).

Das Café befindet sich zwar in einem Einkaufskomplex, bietet aber eine elegant-altmodische Atmosphäre und auch ein paar Tische draußen vor der Tür.

Golden Hog Gourmet SUPERMARKT **$**
(Karte S. 98; 91 Harbor Dr; Hauptgerichte 8–15 US$; Mo–Sa 8–20, So bis 18.30 Uhr) Der Supermarkt in einem kleinen Einkaufszentrum ist der beste Ort in Key Biscayne, um sich vor dem Besuch des Strands oder der State Parks mit Picknickzutaten einzudecken. Neben gutem Käse, Backwaren, leckeren Aufstrichen und frischem Obst findet man hier diverse Theken, wo man Sandwiches zum Mitnehmen, die Suppe des Tages und fertig zubereitete Gerichte (im Ofen gerösteter Lachs, Paella, grüne Bohnen) erstehen kann.

Großraum Miami

Fritanga Montelimar NICARAGUANISCH **$**
(305-388-8841; 15722 SW 72nd St; Hauptgerichte 8–14 US$; 9–23 Uhr) Eine *fritanga* ist ein nicaraguanisches Café, und wer noch nie in einem gegessen hat, sei gewarnt: Hier scheut man nicht vor großen Portionen zurück. Das beliebte Lokal mitten in Kendall, serviert gegrilltes Schweinefleisch, Hühner-Eintopf, zartes Rindfleisch und andere leckere Speisen auf Styropor-Tellern, die unter dem Gewicht der Bohnen und des Reises fast zerbrechen.

Lots of Lox DELI **$$**
(305-252-2010; www.originallotsoflox.com; 14995 S Dixie Hwy; Hauptgerichte morgens 7–16 US$, mittags 12–16 US$, abends 15–19 US$; Mo–Fr 7–21, Sa & So bis 16 Uhr) Wer würde glauben, dass man in einer Stadt, in der vor allem im mittleren Miami Beach kein Mangel an Delis herrscht, mit die beste Leber auf Roggenbrot ausgerechnet in diesem unscheinbaren Laden weit draußen in Palmetto Bay zu finden ist? Das Lokal ist munter, freundlich und ein echtes Stück Miami alter Schule.

Steve's Pizza PIZZA **$$**
(305-891-0202; www.facebook.com/stevespizzanorthmiami; 12101 Biscayne Blvd; Stück 4 US$, Piz-

za 12–23 US$; ⌚Mo–Do 11–3, Fr & Sa bis 4, So bis 2 Uhr) Viele Pizzaketten buhlen in South Beach um Reisende, fragt man einen Einwohner von Miami Beach aber nach der besten Pizza, wird man wahrscheinlich auf Steve's verwiesen. Hier gibt's Pizza nach New Yorker Art mit dünnem Boden und sorgsam von Hand mit guten Zutaten belegt.

Neue Filialen des Steve's werden auch anderswo in Miami eröffnet, immer in entschieden untouristischen Gebieten, sodass der Eindruck des Authentischen gewahrt bleibt. Das Flaggschiff der Kette befindet sich in South Miami; die hier aufgelistete nähere Filiale in North Miami versorgt Nachtschwärmer und liegt rund 6 Meilen (9,6 km; 15 Fahrtminuten) nördlich vom Design District.

Ausgehen & Nachtleben

Zu viele Leute glauben, dass man für Miamis Nachtleben reich, attraktiv und/oder ein Angeber sein muss, aber das trifft höchstens auf einem kleinen Teil der Szene in South Beach zu. Tatsächlich besitzt Miami eine immense Vielfalt an Bars, von versifften Kneipen bis hin zu schönen, aber entspannten Lounges und Nachtclubs.

South Beach

★Sweet Liberty BAR
(Karte S. 66; www.mysweetliberty.com; 237 20th St; ⌚Mo–Sa 16–5, So ab 12 Uhr) Der beliebte Treff von Einheimischen nahe dem Collins Park hat alle Zutaten für einen netten Ausgehabend: freundliche, lockere Barkeeper, die ausgezeichnete Cocktails mixen (der Mint Julep ist empfehlenswert), tolle Happy-Hour-Sonderangebote (z. B. Austern für 0,75 US$) und ein relaxtes, unprätentiöses Publikum. Der riesige Raum zeichnet sich durch flackernde Kerzen und eine lange Holztheke aus; gelegentlich sorgt eine Band für Stimmung.

Im Sweet Liberty gibt's auch ordentliches Essen (6–31 US$), von Krabbentoast und Blumenkohl-Nachos bis hin zu Sandwiches mit Rinderbrust und Risotto mit Rote Beete und Farro.

★Bodega COCKTAILBAR
(Karte S. 66; ☎305-704-2145; www.bodegasouthbeach.com; 1220 16th St; ⌚12–5 Uhr) Das Bodega wirkt wie ein typischer mexikanischer Hipster-Treff. Aus einem umgebauten Airstream-Wohnwagen wird die partylustige Menge mit köstlichen Tacos (3–5 US$) versorgt. Doch rechts hinter der blauen Dixiklo-Tür verbirgt sich eine echte Bar, eine große Trinkhöhle mit Glamour alter Schule. An den Wochenenden wird man anstehen müssen, um hineinzukommen.

Angelaufene Spiegel, Ledersofas, Wände voller Graffiti, Kronleuchter in Geweihform und skurrile Porträts von berühmten Figuren (mit Augenklappe), hervorragende Cocktails und ein lockeres Publikum bilden die Bühne für einen denkwürdigen Abend. Wer früh kommt, vermeidet langes Schlangestehen.

★Mango's Tropical Café BAR
(Karte S. 72; ☎305-673-4422; www.mangostropicalcafe.com; 900 Ocean Dr; 10 US$; ⌚11.45–5 Uhr) Latino-begeisterte Einheimische und Besucher aus entlegenen Ecken des Globus sorgen in der berühmten Bar am Ocean Dr für eine bunte Mischung. Jeder Abend ist ein echtes Fest mit ausgelassener Stimmung und viel Entertainment: spärlich bekleidete Angestellte tanzen auf der Theke, geben Michael-Jackson-Imitationen zum Besten, schwingen die Federboas und zeigen erstaunliche Salsa-Schritte.

Für kitschige gute Laune ist gesorgt, und außerdem gibt's hinten noch eine kleine Tanzfläche mit einer Bühne, auf der Latin-Bands blechern aufspielen und die Leute zum Tanzen animieren. Wie in anderen Bars am Ocean Dr sind die Drinks lächerlich überteuert (ca. 10 US$ für ein Bier und 20 US$ für einen Cocktail).

Bay Club COCKTAILBAR
(Karte S. 66; ☎305-695-4441; 1930 Bay Rd; ⌚17–2 Uhr) Das tolle kleine Nachtlokal in Sunset Harbour besitzt ein schummrig-altmodisches Ambiente mit roten Bänken, alten Tapeten, Holzvertäfelungen und alten Kronleuchtern. Ein guter Ort für Dates mit kundig gemixten Cocktails und gelegentlicher Livemusik (Jazz-Gitarre und andere, nicht aufdringliche Töne).

Kill Your Idol BAR
(Karte S. 66; ☎305-672-1852; www.killyouridol.com; 222 Española Way; ⌚20–5 Uhr) Das Kill Your Idol ist eine Kneipe, aber mit Graffiti und Wandregalen voller Schnickschnack, Drag-Shows am Montag und DJs, die tanzbare Musik auflegen, durchaus sehr reizvoll. Das entspannte Publikum ist eine gute Mischung aus Einheimischen und Besuchern. Die Bar ist klein, und daher am Wochenende proppevoll.

Rose Bar at the Delano BAR
(Karte S. 66; ☎305-674-5752; www.delano-hotel.com; 1685 Collins Ave, Delano Hotel; ⌚12–2 Uhr) Die ultraschicke Rose Bar in diesem eleganten Ian-Schrager-Objekt ist ein Ort für die Schönen (oder Leute mit einem gesunden Ego). Für das Privileg, hier zu sein, muss man bezahlen – man hat aber seinen Spaß.

Die Poolbar hinten im Delano (S. 116) ist ein weiterer Pluspunkt: Wenn man sieht, wie das Personal einen schmiedeeisernen Tisch im flachen Ende des Pools aufstellt, wird man seine Vorstellungen von Opulenz noch mal überdenken.

Campton Yard BIERGARTEN
(Karte S. 66; 1500 Collins Ave, Hall Hotel; ⌚Mo–Fr 17–24, Sa & So ab 12 Uhr) Der mit Kieseln bestreute Hinterhof mit einem hohen Banyan-Baum lockt ein jugendliches Publikum an, das unter den Lichterketten einen lustig-entspannten Abend erleben will. Es gibt Spiele (Giant Jenga und Connect 4, Pingpong, Cornhole), Craft-Bier, Picknicktische und einen angenehmen Verzicht auf Prätentionen. Man erreicht die Hinterhof-Oase durch das Hall Hotel.

Story CLUB
(Karte S. 72; ☎305-479-4426; www.storymiami.com; 136 Collins Ave; ⌚Do–So 23–5 Uhr) Das Story bietet ein echtes Megaclub-Erlebnis. Einige der besten DJs aus aller Welt (überwiegend EDM), legen in diesem Club auf, und die Party dauert die ganze Nacht. Es gibt eine recht große Tanzfläche, auf der es am Wochenende trotzdem voll wird. Eindrucksvoll aufbrezeln, denn es kann schwierig werden, hineinzukommen!

Score SCHWULENBAR
(Karte S. 66; ☎305-535-1111; www.scorebar.net; 1437 Washington Ave; ⌚Do–So 22–5 Uhr) Schnurrbärtige Muskelmänner drehen sich auf der Bühne, viele Männer im Publikum, die ein Hemd als überflüssig empfinden – an der sexuellen Orientierung der Kundschaft kommt kein Zweifel auf. Der Laden ist immer noch eine der besten und dekadentesten Schwulenbars in South Beach.

Lost Weekend BAR
(Karte S. 66; ☎305-672-1707; www.sub-culture.org/lost-weekend-miami; 218 Española Way; ⌚12–5 Uhr) Das Weekend ist eine schmuddelige, verschwitzte Kneipe mit Billardtischen, billiger Einrichtung und – hurra! – *Golden-Tee-* und *Big-Buck-Hunter*-Spielautomaten. Das Lokal ist beliebt bei Kellnern, Küchenpersonal und Barkeepern aus der Nachbarschaft.

Abbey Brewery KLEINBRAUEREI
(Karte S. 66; www.abbeybrewinginc.com; 1115 16th St; ⌚13–5 Uhr) Die älteste Brauereikneipe von South Beach befindet sich am untouristischen Ende des Ortsteils nahe der Alton Rd. Das Publikum in dem freundlichen, gut besuchten Laden lauscht alten Hits (Grunge, New Wave der 1980er-Jahre) und schluckt ausgezeichnete Kleinbrauereibiere wie Father Theo's Stout oder Immaculate IPA.

Mac's Club Deuce Bar BAR
(Karte S. 66; ☎305-531-6200; www.macsclubdeuce.com; 222 14th St; ⌚8–5 Uhr) Die älteste Bar in Miami Beach (seit 1926) ist eine echte Nachbarschaftskneipe und eine Hype-freie Zone. Hier ist es unverblümt schäbig, was ja durchaus sehr erfrischend sein kann. Das Publikum ist bunt gemischt von Transgender-Ladies bis zu Bauarbeitern. Etwas Anmache, ein paar raue Worte, aber alle amüsieren sich.

North Beach

★Broken Shaker BAR
(Karte S. 76; ☎305-531-2727; www.freehandhotels.com/miami/broken-shaker; 2727 Indian Creek Dr, Freehand Miami Hotel; ⌚Mo–Fr 18–3, Sa & So 14–3 Uhr) Craft-Cocktails sind in Miami angesagt, und in Sachen kundiges Mixen ist das Broken Shaker ganz vorn mit dabei, weil Barkeeper-Experten dieses Lokal hinten im Freehand Miami Hotel (S. 117) leiten. Die Bar mit ausgezeichneten Drinks und schönen Menschen besteht aus einer winzigen Nische drinnen und einem mit Pflanzen besetzten großen Hof draußen.

Sandbar Lounge BAR
(Karte S. 76; ☎305-865-1752; 6752 Collins Ave; ⌚16–5 Uhr) Sand gibt es hier reichlich – er bedeckt den Fußboden. Der Strand ist zwar einen Block entfernt, aber das Sandbar ist eine örtliche Institution im schönen Gegensatz zu den vielen gehobenen Bars in Miami Beach. Hier erwarten einen eine einladende Stimmung, Sportfernsehen, eine lustige Jukebox und tolle Sonderangebote zur Happy Hour.

WunderBar LOUNGE
(Karte S. 76; ☎305-503-1120; www.circa39.com/wunderbar; 3900 Collins Ave, Circa39; ⌚So–Do 11–23, Fr & Sa bis 24 Uhr) Versteckt hinten in

KAFFEE IN SOUTH BEACH

Die Kaffee-Szene hat im Großraum Miami in den letzten Jahren einen mächtigen Sprung nach vorn gemacht, obwohl sich das Angebot in Miami Beach immer noch in Grenzen hält. Die kleinen kubanischen Stehcafés zählen nicht mit, weil man sich dort nicht hinsetzen kann, um ein Buch zu lesen oder am Laptop zu arbeiten. Wer Spanisch kann, hört hier allerdings den neuesten Klatsch. Ein paar ordentliche Optionen hat aber auch Miami Beach zu bieten.

Panther Coffee (S. 128) Die Kette aus Wynwood hat eine tolle neue Filiale in Sunset Harbour geöffnet.

Pinocchio (Karte S. 72; ☎305-672-3535; 760 Ocean Dr, Eingang an der 8th St; Hauptgerichte 7–11 US$; ⏲8–18 Uhr) Gleich abseits des Ocean Dr serviert dieses charmente italienische Lokal ausgezeichneten Espresso. Es gibt hier nur ein paar Plätze.

A La Folie (S. 123) Ein sehr französisches Café, in dem die Bedienung einen tollen Akzent hat. Aber ja, wir hätte gern „se moka".

Dirt (S. 121) Das gesundheitsbewusste Café hat guten Espresso.

Lilikoi (S. 123) Der beste Ort in SoFi für einen Muntermacher.

der stimmungsvollen Frontlobby des Circa 39 (S. 117) bietet dieser Designertraum einer Bar eine einladende, freundliche Atmosphäre. Wer vor Ort ist, sollte unbedingt auf einen Drink hereinschauen, bevor man sich auf der anderen Straßenseite am Strand ins kühle Nass begibt.

Downtown Miami

★ Blackbird Ordinary BAR

(Karte S. 78; ☎305-671-3307; www.blackbirdordinary.com; 729 SW 1st Ave; ⏲Mo–Fr 15–5, Sa & So 17–5 Uhr) Das Blackbird ist alles andere als gewöhnlich, sondern vielmehr eine ausgezeichnete Bar mit tollen Cocktails (der London Sparrow mit Gin, Cayenne-Pfeffer, Zitronensaft und Passionsfrucht mundet prima) und einem riesigen Hof. Das einzig Gewöhnliche hier ist, dass alle für einen lustigen und prätentionsfreien Abend willkommen sind.

Hier erlebt man oft hervorragende Bands, und an ruhigen Abenden bleibt immer der Billardtisch. Dienstag ist Ladies Night – dann sind die Getränke für Frauen bis 1.30 Uhr frei.

Eleven Miami CLUB

(E11EVEN; Karte S. 78; ☎305-570-4803; www.11miami.com; 29 NE 11th St; ⏲24 Std.) Seit der Eröffnung im Jahr 2014 ist das Eleven Miami einer der Spitzenclubs in Downtown. Hier gibt's viel fürs Auge (und damit ist nicht nur das attraktive Publikum gemeint): Go-Go-Tänzerinnen, Luftakrobaten und striptease-artige Darbietungen, dazu eine hochmoderne Musikanlage, Laserlichter und Videowände. Top-DJs versetzen die Besucher in Ekstase.

Sugar LOUNGE

(Karte S. 78; 788 Brickell Plaza, EAST, Miami Hotel, 40. OG; ⏲Mo–Do 16–1, Fr & Sa bis 3, So bis 24 Uhr) Eine der derzeit angesagtesten Bars der Stadt befindet sich im 40. Stock des Hotels EAST, Miami (S. 119). Sie als Dachterrassenbar zu bezeichnen, trifft die Sache nicht wirklich. Es handelt sich eher schon um eine grüne Oase. Von der großen Freiluftterrasse voller Pflanzen und Bäume hat man einen weiten Blick über die Stadt und auf Key Biscayne.

Batch Gastropub BAR

(Karte S. 78; www.batchmiami.com; 30 SW 12th St; ⏲So–Do 12–3, Fr & Sa bis 4 Uhr) Dieser Gastropub in Brickell zieht eine recht zugeknöpfte Kundschaft an. Aber wenn man sich nicht an den langen Hosen und dem Sportfernsehen stört, hat das Batch durchaus seinen Reiz: eine erstklassige Auswahl an Craft-Bieren und Fizzes (Cocktails mit Kohlensäure) vom Fass, kreative Cocktails und eine Menge toller Snacks (Trüffel-Fritten, Zackenbarsch-Tacos, Burger mit Rinderbrust, Pizzas mit Wildpilzen).

Während der Happy Hour (werktags 17–20 Uhr) gibt's bei Essen und Trinken gute Sonderangebote.

Area 31 DACHBAR

(Karte S. 78; www.area31restaurant.com; 270 Biscayne Blvd Way, Klimpton Epic Hotel; ⏲So–Do 17–23, Fr & Sa bis 24 Uhr) Die brummende Freiluftbar auf dem Dach des Kimpton EPIC Hotel (S. 119) lockt zunächst das Happy-Hour-Feierabend-Publikum an. Später steigt die Partylaune. Der Ausblick über den Fluss und auf die Wolkenkratzer von Downtown ist hinreißend.

Pawnbroker DACHBAR
(Karte S. 78; ☎305-420-2200; www.pawnbrokermiami.com; 121 SE 1st St, Langford Hotel; ⌚Mo–Do 17–24, Fr & Sa bis 2, So 16–22 Uhr) Oben in der Penthouse-Etage des Langford Hotel (S. 119) genießt man den weiten Blick auf Downtown, erstklassige Cocktails und die einladende, gar nicht hochnäsige Atmosphäre. Während der Happy Hour (werktags 17–19 Uhr) erlebt man den Sonnenuntergang – der Andrang ist so groß, dass man besser möglichst früh kommt, um einen guten Platz zu ergattern.

Wynwood & Design District

★**Lagniappe** BAR
(Karte S. 84; ☎305-576-0108; www.lagniappehouse.com; 3425 NE 2nd Ave; ⌚So–Do 19–2, Fr & Sa bis 3 Uhr) Ein Hauch von New Orleans in Miami: Das Lagniappe hat vorn eine altmodische Bar mit viel Kunst, abgewetzten alten Möbeln und verwitterten Wänden. Die Stimmung ist genau richtig: Es gibt tolle Livemusik (tgl. 21–24 Uhr), entspannte Gäste und hinten einen großen Garten mit Palmen und Lichterketten.

Bardot CLUB
(Karte S. 84; ☎305-576-5570; www.bardotmiami.com; 3456 N Miami Ave; ⌚Di & Mi 20–3, Do–Sa bis 5 Uhr) Wer in der Stadt ist, sollte sich unbedingt das Interieur des Bardot anschauen. Hier findet man schicke alte französische Poster und Möbel (samt einem Billardtisch), die aus einem Privatclub zu stammen scheinen, der tagsüber von Millionären frequentiert und abends zum Schauplatz dekadenter Exzesse wird. Der Eingang scheint sich an der N Miami Ave zu befinden, liegt tatsächlich aber auf einem Parkplatz hinter dem Gebäude.

Boxelder BAR
(Karte S. 84; ☎305-942-7769; www.bxldr.com; 2817 NW 2nd Ave; ⌚Mo 16–24, Di–Do 13–24, Fr & Sa bis 2, So bis 22 Uhr) Das lange, schmale Lokal ist eine Bier-Walhalla mit einer brillanten Auswahl von Bieren aus aller Welt, auch wenn bei den 20 wechselnden Fassbieren Gerstensaft aus Südflorida den Vorrang erhält. Es gibt aber auch mehr als 100 verschiedene Flaschenbiere. Die freundliche, bodenständige Atmosphäre sorgt dafür, dass die Gäste gern wiederkommen.

Wynwood Brewing Company KLEINBRAUEREI
(Karte S. 84; ☎305-982-8732; www.wynwoodbrewing.com; 565 NW 24th St; ⌚So & Mo 12–22, Di–Sa bis 24 Uhr) Die Bierszene hat sich in Miami zwar insgesamt deutlich zum Positiven hin entwickelt, aber dieses warm beleuchtete Lokal, das die erste Kleinbrauerei in Wynwood war, ist immer noch das beste. Der Familienbetrieb mit 15 Fässern hat freundliches und kundiges Personal, das ganze Jahr über ausgezeichnete Biere (darunter ein helles Ale, ein robustes Porter und ein spitzenmäßiges IPA) und saisonale Spezialitäten. Draußen steht immer ein Food Truck.

KLEINBRAUEREIEN & BIERBARS

Mit der Entstehung einer wachsenden Zahl von Craft-Bier-Brauereien ist die Kleinbrauerei-Renaissance in Miami in vollem Gang. In diesen Bierlokalen in Miami gibt's kreative Biere und ein nachbarschaftliches Ambiente. Manche bieten neben ihren eigenen Brauwerken im Wechsel auch Biere andere Produzenten (meist aus Südflorida) vom Fass an. In den meisten Kleinbrauerei gibt's auch was zu essen, manchmal arbeitet das Lokal auch mit draußen geparkten Food Trucks zusammen.

Wynwood ist das Zentrum der Bierszene; hier gibt's ein paar Brauereien, außerdem Bierbars und Restaurants mit Bier. Angesichts der rasant steigenden Grundstückspreise in dem Viertel, verlegen viele Brauereien ihre Geschäfte weiter in den Westen von Miami.

Hier ein paar gute Bieradressen:

- Boxelder
- Concrete Beach Brewery (S. 140)
- Wynwood Brewing Company
- Abbey Brewery (S. 137)

Wood Tavern BAR
(Karte S. 84; ☎305-748-2828; www.woodtavernmiami.com; 2531 NW 2nd Ave; ⏰Di–Sa 17–3, So 15–24 Uhr) Viele neue Bars in Miami wollen zwanglos und cool sein, aber das Wood gehört zu den wenigen, denen es gelingt, die ideale Mischung von Atmosphäre und Ästhetik tatsächlich zu verwirklichen. Die angebotenen Speisen sind günstig, das Biersortiment ist ausgezeichnet und das Publikum freundlich – hier stimmt alles.

Gramps BAR
(Karte S. 84; ☎786-752-6693; www.gramps.com; 176 NW 24th St; ⏰So–Mi 11–1, Do–Sa bis 3 Uhr) Im freundlichen und unprätentiösen „Opa" ist immer etwas los: Livemusik und DJs (Fr & Sa), Quiz und Bingo (Di & Mi) oder Karaoke (Do). Der eigentliche Trumpf ist aber der große Hinterhof, in dem man unter freiem Himmel prima essen und zechen kann.

Coyo Taco BAR
(Karte S. 84; www.coyo-taco.com; 2300 NW 2nd Ave; ⏰So–Mi 17–24, Do–Sa bis 3 Uhr) Geheime Bars, die sich hinter Tacoständen verstecken, sind in Miami derzeit schwer angesagt. Um diese zu finden, geht man ins Coyo Taco, den Flur hinunter an den Toiletten vorbei und durch eine unbezeichnete Tür. Drinnen findet man einen schummrig beleuchteten, eleganten Raum mit einem aufwendigen Keramikfliesenboden, einem langen Holztresen und einer DJ-Kanzel; blecherne Latino-Rhythmen und afrokubanischer Funk bilden die Musikkulisse.

Concrete Beach Brewery BRAUEREI
(Karte S. 84; ☎305-796-2727; www.concretebeachbrewery.com; 325 NW 24th St; ⏰Mo–Do 17–23, Fr bis 1, Sa & So ab 13 Uhr) Die tolle kleine Nachbarschaftsbrauerei hat einen abgeschlossenen Hof, auf dem man bei hopfigen IPAs, Weizenbier mit Zitrusnote, leichten Pilsners und saisonalen Spezialitäten (wie dem Miami Gras mit Wacholder, das es typischerweise ab Februar gibt) verweilen kann. Besonders munter geht es hier nicht immer zu, aber Bierkenner kommen in jedem Fall auf ihre Kosten.

Little Haiti & Upper East Side

Vagabond Pool Bar BAR
(Karte S. 88; ☎305-400-8420; www.vagabondkitchenandbar.com; 7301 Biscayne Blvd; ⏰So–Do 17–23, Fr & Sa bis 24 Uhr) Mit perfekt gemixten Cocktails und Barkeeper-Profis, die den Gästen die Hand schütteln und sich vorstellen, ist die Bar hinter dem Vagabond Hotel ein toller Ort, um in den Abend zu starten. Die Außenterrasse mit Blick auf den von Palmen gesäumten Pool und das bunt gemischte Publikum passen gut zu den gebotenen Elixieren wie etwa „Lost in Smoke" (aus Mezcal, Amaro, Amaretto & Bitterorange).

The Anderson BAR
(Karte S. 88; www.theandersonmiami.com; 709 NE 79th St; ⏰So–Do 17–2, Fr & Sa bis 4 Uhr) Diese tolle Nachbarschaftsbar hat einen schummrig beleuchteten Innenraum mit roten Sofas, Stoffen mit Tiermotiven, Dschungeltapete und glitzernder Jukebox. Mehr tropisches Ambiente gibt's hinten auf der Terrasse, wo man seine Zehen im Sand vergraben kann (auch wenn der Ozean nicht direkt vor einem liegt).

Churchill's BAR
(Karte S. 88; ☎305-757-1807; www.churchillspub.com; 5501 NE 2nd Ave; ⏰So–Do 15–3, Fr & Sa bis 5 Uhr) Der Briten gehörende Pub inmitten eines Geländes, das sich durchaus auch in Port-au-Prince befinden könnte, ist seit 1979 eine Ikone der Stadt. Es gibt hier viel Livemusik – vor allem Punk, Indie und noch mehr Punk. Und zwar keinen faden Neo-Punk, sondern mehr Richtung Ramones oder Sex Pistols.

Boteco BAR
(Karte S. 88; ☎305-757-7735; www.botecomiami.com; 916 NE 79th St; ⏰12–24 Uhr) Wer die *cidade maravilhosa* (will sagen Rio de Janeiro) vermisst, kann im Boteco am Freitagabend die größte Versammlung von brasilianischen Expats in Miami erleben. Die *Cariocas* (Einwohner Rios) und ihre Landsleute hören hier Samba und Bossa Nova und diskutieren darüber, wo es in der Stadt die besten Caipirinhas gibt.

Little Havana

Ball & Chain BAR
(Karte S. 90; www.ballandchainmiami.com; 1513 SW 8th Street; ⏰Mo–Mi 12–24, Do–Sa bis 3, So 14–22 Uhr) Das Ball & Chain hat im Lauf der Jahre mehrere Inkarnationen erlebt. 1935, als die 8th St noch jüdisch und nicht lateinamerikanisch geprägt war, war es ein Jazzlokal von der Art, in der Billie Holiday auftrat. Damit war es 1957 vorbei, aber das neue Ball & Chain ist immer noch der Musik und der guten Laune gewidmet. Heute gibt's hier vor allem lateinamerikanische Musik und tropische Cocktails.

DACHTERRASSENBARS

Miamis Wolkenkratzer sind ein prima Standort für die vielen Dachterrassenbars, die sich über die Stadt verteilen. Viele von ihnen befinden sich in den Spitzenklassehotels von Miami Beach und Downtown. Der Ausblick ist natürlich die Hauptattraktion. Und er kann auch himmlisch sein, gleichgültig ob man die Biscayne Bay oder den funkelnden Strand unter sich erblickt. Obwohl sich die Bars in Hotels befinden, sind einige auch bei Einheimischen beliebt. Und auch hier kann es eine echte Szene geben – mit DJs, gut gekleideten Massen und (vor allem zu Spitzenzeiten am Wochenende) restriktiven Türstehern. Wer die Aussicht und nicht die Party genießen will, kommt möglichst früh. Ideal ist die Happy hour – man erlebt einen schönen Sonnenuntergang, und das Hineinkommen in die Bar ist in der Regel auch kein Problem. Hier einige unserer Favoriten:

- Townhouse Hotel (S. 109)
- Pawnbroker (S. 139)
- Sugar (S. 138)
- Area 31 (S. 138)

Los Pinareños Frutería SAFTBAR
(Karte S. 90; 1334 SW 8th St; Snacks & Getränke 3–6 US$; ⌚Mo–Sa 7–18, So bis 15 Uhr) An einem schwülen Nachmittag in Miami ist nichts erfrischender als ein kühles Glas frischer Saft (oder ein Smoothie) von diesem beliebten Obst- und Gemüsestand. Besonders lecker sind Mischungen wie „Abuelo" (Zuckerrohrsaft, Ananas und Limone). Auch das aromatische Obst lohnt sich.

Coconut Grove

Barracuda BAR
(Karte S. 92; ☎305-918-9013; 3035 Fuller St; ⌚Di–So 12–3, Mo ab 18 Uhr) Coconut Grove hat seinen Anteil an Kneipen und unprätentiösen Bars, und das Barracuda gehört mit einer guten Jukebox, einem Billardtisch, Dart und Sportereignissen auf diversen Monitoren zu den besten. Hierher kann man sich gut von der glitzernden Shopping-Kulisse der Stadt flüchten, zumal der Innenraum mit wiederverwertetem Holz eines alten Shrimp-Kahns aus Florida dekoriert ist.

Taurus BAR
(Karte S. 92; ☎305-529-6523; 3540 Main Hwy; ⌚Mo–Fr 16–3, Sa & So ab 13 Uhr) Die älteste Bar in Coconut Grove punktet mit Holzvertäfelung, rauchigen Lederstühlen, rund 100 verschiedenen Bieren und gastlicher Stimmung – eine der besten Nachbarschaftsbars in Miami!

Tavern in the Grove BAR
(Karte S. 92; ☎305-447-3884; 3416 Main Hwy; ⌚Mo–Sa 15–3, So ab 12 Uhr) Dieser enge Schwitzkasten ist bei Studenten der University of Miami ungeheuer beliebt. Werktags ist das Lokal eher eine Nachbarschaftskneipe.

Coral Gables

Seven Seas BAR
(Karte S. 94; ☎305-266-6071; 2200 SW 57th Ave; ⌚So–Mi 12–1, Do–Sa bis 2 Uhr) Das Seven Seas ist eine echte Nachbarschaftskneipe. In dem nautisch aufgemachten Ambiente drängen sich Studierende der University of Miami, kubanische Arbeiter, Schwule, Heteros, Lesben und alle möglichen anderen Leute. Hier gibt's das beste Karaoke in Miami (Di, Do & Sa) sowie Quizabende (Mo).

Titanic Brewing Company KLEINBRAUEREI
(☎305-668-1742; www.titanicbrewery.com; 5813 Ponce de Leon Blvd; ⌚So–Do 11.30–1, Fr & Sa bis 2 Uhr) Tagsüber ist das Titanic ein typisch amerikanischer Brewpub, abends aber ein beliebter Treff für Studenten der University of Miami. Das Bier der Brauerei ist sehr erfrischend, insbesondere das White Star IPA. Dazu gibt's gute Kneipenkost, darunter Hühnerflügel mit Sriracha-Sauce und frittierte Maisküchlein mit Krebsfleisch.

☆ Unterhaltung

Miamis künstlerische Meriten sind auch aus der Ferne unübersehbar. Eine bessere kreative Basis kann man sich kaum wünschen. Da gibt's die einheimischen Talente aus den Südstaaten, die in Miami überwinternden älteren Leute, die die Aufmerksamkeit und Finanzkraft der Galerien aus dem Nordosten der USA mitbringen, und jede Menge Einwanderer aus allen Teilen des amerikanischen Doppelkontinents. Daraus ergibt sich ein toller Nährboden für Livemusik, Theater und Tanz – mit viel Spielraum für Experimente.

☆ South Beach

New World Symphony KLASSISCHE MUSIK
(NWS; Karte S. 66; ☎305-673-3330; www.nws.edu; 500 17th St) Im New World Center (S. 64), einer originellen, strahlend weißen Explosion aus kubistischen Linien und geometrischen Kurven vor dem blauen Himmel Miamis, tritt von Oktober bis Mai das renommierte New World Symphony auf. Das zu Recht gerühmte Orchester bietet Absolventen angesehener Musikschulen ein drei- bis vierjähriges Ausbildungsprogramm an.

Colony Theater DARSTELLENDE KUNST
(Karte S. 66; ☎305-674-1040, Theaterkasse 800-211-1414; www.colonymb.org; 1040 Lincoln Rd) Das Colony ist ein echtes Art-déco-Juwel mit klassischer Markise und Zinnen im Inka-Stil – einer jener Paläste, in denen sich Gangster *Hamlet* anschauen würden. Heute ist dieser Tempel eine wichtige Bühne der darstellenden Kunst, von Comedy und gelegentlichen Musicals bis hin zu Sprechtheater, Off-Broadway-Produktionen und Ballettabenden. Außerdem gibt's hier auch Filmvorstellungen und kleinere Filmfestivals.

Miami City Ballet TANZ
(Karte S. 66; ☎305-929-7000; www.miamicity ballet.org; 2200 Liberty Ave) Das 1985 gegründete Ensemble hat seinen Sitz in einem schönen dreistöckigen Gebäude, das von dem berühmten hiesigen Architekturbüro Arquitectonica entworfen wurde. Durch die großen Glaswände der Fassade können Passanten den Tänzern bei den Proben zuschauen. Da fühlt man sich fast wie in einer Szene aus *Fame*, nur dass das Wetter besser ist und die Leute nicht ständig anfangen zu singen.

Fillmore Miami Beach DARSTELLENDE KUNST
(Karte S. 66; ☎305-673-7300; www.fillmoremb.com; 1700 Washington Ave) Das 1951 errichtete Theater in South Beach ist die erste Wahl für Broadwayshows auf Tour, Orchesterkonzerte und andere große musikalische Events. Das Haus hat 2700 Plätze und eine ausgezeichnete Akustik. In den 1960er-Jahren wurde hier Jackie Gleasons langjährige Fernsehshow aufgezeichnet, aber heute ist das Angebot bunter gemischt: An einem Abend gibt's katalanischen Pop oder Indie-Rock, am nächsten einen Auftritt des Comedian Bill Maher oder einer überdrehten Vaudeville-Truppe.

☆ North Beach

North Beach Bandshell LIVEMUSIK
(Karte S. 76; www.northbeachbandshell.com; 7275 Collins Ave) Auf der Freiluftbühne gibt's das ganze Jahr hindurch ausgezeichnete Konzerte, Tanz-, Theater- und Opernaufführungen. Manche Events sind kostenlos. Getragen wird die Bühne von der gemeinnützigen Rhythm Foundation; das weitreichende Programm ist global ausgerichtet und bietet viele familienfreundliche Veranstaltungen. Was gerade ansteht, erfährt man auf der Website.

Chopin Foundation of the United States KLASSISCHE MUSIK
(Karte S. 76; ☎305-868-0624; www.chopin.org; 1440 JFK/79th St Causeway) Die US-amerikanische Organisation hält für Chopin-Fans tolle Events bereit: das Chopin Festival, eine kostenlose monatliche Konzertreihe und die National Chopin Piano Competition, einen internationalen Pianistenwettbewerb, der alle fünf Jahre in Miami stattfindet.

☆ Downtown Miami

★ Adrienne Arsht Center for the Performing Arts DARSTELLENDE KUNST
(Karte S. 78; ☎305-949-6722; www.arshtcenter.org; 1300 Biscayne Blvd; ⌚Theaterkasse Mo–Fr 10–18 Uhr & 2 Std. vor Veranstaltungsbeginn) Die prächtige Spielstätte schlägt Besucher in den Bann und verzaubert sie. In diesem Zentrum finden die größten Kulturveranstaltungen Miamis statt – irgendein Event sollte man bei seinem Besuch der Stadt hier unbedingt erleben. Das Zentrum verfügt über eine eigene Metromover-Haltestelle.

Das schöne Veranstaltungszentrum ist ein Glanzpunkt und eine wichtige Komponente der Auffrischung der Downtown. Der von César Pelli (dem Architekten der Petronas Towers in Kuala Lumpur) entworfene Komplex besteht aus zwei Hauptflügeln, die miteinander über eine schmale Fußgängerbrücke verbunden sind.

In den Theatersälen hat man den Eindruck, sie wären vom Meer und dem Wind geformt: die abgerundeten Balkone steigen spiralförmig an und erinnern an eine geöffnete Muschel. Versteckt hinter der eindrucksvollen Innenarchitektur sorgt topmoderne Hightech dafür, dass kein Geräusch von außen eindringt, sodass beste akustische Bedingungen für die mehr als 300 Veranstaltungen, die jedes Jahr hier stattfinden, gewährleistet sind.

Klipsch Amphitheater LIVEMUSIK
(Karte S. 78; www.klipsch.com/klipsch-amphitheater-at-bayfront-park; 301 N Biscayne Blvd, Bayfront Park) Im Bayfront Park in Downtown Miami bietet das Klipsch Amphitheater das ganze Jahr über eine bunte Palette von Konzerten. Das Freiluftambiente an der Biscayne Bay ist nahezu unübertrefflich.

American Airlines Arena STADION
(Karte S. 78; ☎786-777-1000; www.aaarena.com; 601 N Biscayne Blvd) Die an ein riesiges, am Rand der Biscayne Bay gelandetes Raumschiff erinnernde Arena ist seit 2000 die Spielstätte des städtischen NBA-Teams **Miami Heat**. Drinnen befindet sich das **Waterfront Theater**, Floridas größte Bühne, auf der das ganze Jahr Konzerte, Broadwayshows und dergleichen zu sehen sind.

Olympia Theater DARSTELLENDE KUNST
(Karte S. 78; ☎305-374-2444; www.olympiatheater.org; 174 E Flagler St) Der elegant renovierte Filmpalast aus den 1920er-Jahren bietet eine bunte Palette von Veranstaltungen, darunter Filmfestivals, Sinfoniekonzerte, Ballettaufführungen und Shows auf Tour. Die Akustik ist ausgezeichnet.

Miami liebt das Moderne, aber das Olympia Theater im Gusman Center for the Performing Arts ist von klassischer Schönheit. Eine himmelblaue Decke mit 246 funkelnden Sternen und aufgemalten Wolken erhebt sich hinreißend über dem mit klassischen antiken Skulpturen und Verzierungen im Stil der Wiener Oper geschmückten Saal. Der Filmpalast öffnete 1925 seine Pforten.

☆ Wynwood & Design District

O Cinema Wynwood KINO
(Karte S. 84; ☎305-571-9970; www.o-cinema.org; 90 NW 29th St) Das hochgeschätzte gemeinnützige Kino in Wynwood zeigt Indie-, ausländische und Dokumentarfilme. Hier sieht man anspruchsvolle Filmwerke, die nirgendwo sonst in der Stadt auf die Leinwand kommen.

Light Box at Goldman Warehouse DARSTELLENDE KUNST
(Karte S. 84; ☎305-576-4350; www.miamilightproject.com; 404 NW 26th St) Das Miami Light Project, eine gemeinnützige Kulturstiftung, bietet in diesem intimen Theater eine bunte Palette an innovativem Theater-, Tanz- und Musikveranstaltungen sowie Filmvorführungen. In dieser Stätte in Wynwood hat man Gelegenheit, avantgardistische Werke von Künstlern zu entdecken, von denen man möglicherweise noch nie gehört hatte. Die Stiftung fördert vor allem Ensembles aus Südflorida.

☆ Little Havana

★ **Cubaocho** LIVEKONZERTE
(Karte S. 90; ☎305-285-5880; www.cubaocho.com; 1465 SW 8th St; ⏲Di–Do 11–22, Fr & Sa bis 3 Uhr) Dieses Juwel des Little Havana Art District ist für seine Konzerte mit ausgezeichneten Bands aus der gesamten spanischsprachigen Welt bekannt. Die Institution ist aber zugleich auch ein Gemeindezentrum, eine Kunstgalerie und eine Forschungsstelle für alles Kubanische. Das Innere erinnert an eine alte Zigarrenbar in Havanna, aber die Wände sind mit Kunst geschmückt, die an die klassische Vergangenheit der kubanischen Kunst anknüpft und in die avantgardistische Zukunft weist.

Neben vielen Konzerten gibt es hier auch Filmvorstellungen, Theateraufführungen, Lesungen und weitere Events.

ART WALKS: NACHTLEBEN & KUNST

Bier und Wein fließen (allerdings nicht immer kostenlos) in Strömen, es gibt tolle Kunst, ein munteres Publikum und weder Grundpreis noch Türsteher – das ist die wundervolle Welt, in der Kunst und Nachtleben zusammenkommen. Die Art Walks in Wynwood und im Design District sind die beste Möglichkeit, sich ein alternatives Stück von Miamis Kultur abzuschneiden. Man muss nur beachten, dass viele Galerien in Wynwood eine kurze Autofahrt voneinander entfernt sind (im Design District geht's auch zu Fuß). Die Art Walks (S. 105) finden am zweiten Samstag jeden Monats zwischen 19 und 22 Uhr (bei manchen Galerien auch bis 23 Uhr) statt; anschließend strömen noch viele Besucher ins Wood Tavern (S. 140) oder Bardot (S. 139). Infos zu den teilnehmenden Galerien findet man unter www.artofmiami.com/maps/art-walks.

Tower Theater KINO

(Karte S. 90; ☎305-237-2463; www.towertheatermiami.com; 1508 SW 8th St) Das renovierte Wahrzeichen von 1926 hat eine stolze Art-déco-Fassade. Der alte Filmpalast wurde mit Unterstützung des Miami-Dade Community College innen renoviert. Zu seiner Glanzzeit war das Gebäude der Mittelpunkt des geselligen Lebens in Little Havana; der Film schuf eine Brücke zwischen den Einwanderern und der amerikanischen Volkskultur. Heute werden hier häufig Independent-Produktionen und spanischsprachige Filme gezeigt (manchmal kommt beides zusammen).

Hoy Como Ayer LIVEMUSIK

(Karte S. 90; ☎305-541-2631; www.hoycomoayer.us; 2212 SW 8th St; ⏲Do–Sa 20.30–4 Uhr) In diesem kubanischen Brennpunkt mit authentischer Musik, schlichter Holzverkleidung und kleiner Tanzfläche sorgen erstklassige Mojitos und Zuwanderer aus Havanna für Stimmung. Jeden Abend gibt's *son* (einen Salsa-artigen Tanz aus Oriente, Kuba), *bolero* (einen spanischen Tanz im ¾-Takt) und moderne kubanische Rhythmen.

☆ Coral Gables

Coral Gables Art Cinema KINO

(Karte S. 94; ☎786-385-9689; www.gablescinema.com; 260 Aragon Ave) Mitten im Zentrum der Downtown von Coral Gables befindet sich eines der besten Arthouse-Kinos in Miami. In dem modernen, 144 Besucher fassenden Saal werden Independent- und ausländische Filme gezeigt. In der Mitternachtsvorstellung am Samstag gibt's im Rahmen der After-Hours-Filmreihe kultige Klassiker im originalen 35-mm-Format.

GableStage THEATER

(Karte S. 94; ☎305-445-1119; www.gablestage.org; 1200 Anastasia Ave; Karten 48–65 US$) Das 1979 als Florida Shakespeare Theatre gegründete und heute auf dem Gelände des Biltmore Hotels in Coral Gables untergebrachte Theater zeigt noch immer gelegentlich Shakespeare-Stücke, vor allem aber zeitgenössische und klassische Stücke.

MIAMIS KLEINE KINOS

Angesichts eines Publikums aus aller Welt gibt's in Miami viele faszinierende ausländische Filme, Indie-Produktionen und Dokumentarfilme zu sehen. Die Stadt hat viele anspruchsvolle Kinos, die neben Hollywood-Streifen auch solche Filme vorführen. Hier unsere Favoriten:

- O Cinema Wynwood (S. 143)
- Tower Theater (S. 144)
- Coral Gables Art Cinema (S. 144)

☆ Großraum Miami

Miami Symphony Orchestra KLASSISCHE MUSIK

(☎305-275-5666; www.themiso.org; Karten 20–50 US$) Miamis geliebtes städtisches Sinfonieorchester hat viele Fans. Die Konzerte der jährlichen Konzertreihe mit weltberühmten Solisten finden teilweise im Adrienne Arsht Center for the Performing Arts (S. 142) und teilweise im Fillmore Miami Beach (S. 142) statt. Die Spielzeit dauert von November bis Mai.

Ifé-Ilé Afro-Cuban Dance TANZ

(☎786-704-8609; www.ife-ile.org) Das Ifé-Ilé ist eine gemeinnützige Organisation, die mittels Tanz zur kulturellen Verständigung beitragen will. Die Genres sind sehr vielfältig: traditionelle afrokubanische Tänze, Mambo, Rumba, Conga, *chancleta, son,* Salsa und rituelle Tänze gehören mit dazu. Das Hauptevent ist das afrokubanische Tanzfestival im August.

Hard Rock Stadium FOOTBALL

(☎305-943-8000; www.hardrockstadium.com; 347 Don Shula Dr, Miami Gardens; Tickets ab 35 US$) Das kürzlich renovierte (und umbenannte) ehemalige Sun Life Stadium ist die Heimspielstätte der Miami Dolphins. Die „Dol-Fans" stehen begeistert hinter ihrem Team, auch es seit 1985 keinen Super Bowl mehr gewinnen konnte. Die Spiele sind äußerst gut besucht, und die Dolphins Meister darin, die Hoffnungen der Fans zu wecken, aber nie ganz zu erfüllen.

University of Miami Hurricanes SPORT

(☎800-462-2637; www.hurricanesports.com; Tickets 25–70 US$) Die Hurricanes waren einst die unbestrittenen Titanen des Uni-Footballs, aber seit 2004 ging es langsam abwärts. Ein Stadionbesuch inmitten der begeisterten Fans verspricht trotzdem viel Spaß. Die Saison dauert von August bis Dezember.

Shoppen

Versuchungen gibt's viele in Miami. Einkaufslustige finden hier Spitzenmode, Designer-Sonnenbrillen, Second-Hand-Klamotten, Bücher, Schallplatten, lateinamerikanisches Kunsthandwerk, Kunst, Delikatessen und vieles mehr. Es gibt auch große, klimatisierte Einkaufszentren, in die man sich bei anstrengendem Wetter zurückziehen kann. Gleichgültig, wo man auf Shoppingtour geht, überall findet man unterwegs gute Restaurants, denn das Essen gehört zum Einkaufserlebnis hier einfach mit dazu.

South Beach

Taschen BÜCHER

(Karte S. 66; ☎305-538-6185; www.taschen.com; 1111 Lincoln Rd; ⊙Mo–Do 11–21, Fr & Sa bis 22, So 12–21 Uhr) Der Laden bietet eine einladende, gut bestückte Kollektion an Kunst-, Foto-, Design- und Hochglanzbänden, mit denen das eigene Heim gleich viel schicker aussieht. Zu den lohnenden Bänden zählen David Hockneys farbenprächtige Kunstbände, die immer zu Gesprächen anregende *New Erotic Photography* und Sebastião Salgados prächtig fotografierte, von Menschen erfüllte Landschaften.

Books & Books BÜCHER

(Karte S. 66; ☎305-532-3222; www.booksandbooks.com; 927 Lincoln Rd; ⊙So–Do 10–23, Fr & Sa bis 24 Uhr) Der fantastische unabhängige Buchladen hat ein ausgezeichnetes Sortiment neuer Belletristik, schöne Kunst- und Fotobände, preisgekrönter Kinderbücher und vieles mehr. Der Laden verteilt sich über mehrere, elegant eingerichtete Räume, die zum endlosen Stöbern einladen. Vorn gibt's ein gutes Restaurant und ein Café.

Sunset Clothing Co MODE & ACCESSOIRES

(Karte S. 66; www.facebook.com/SunsetClothingCo; 1895 Purdy Ave; ⊙Mo–Sa 10–20, So 11–18 Uhr) Die tolle kleine Boutique für Damen- und Herrenmode verkauft stilvolle Klamotten, die nicht billig sind, aber auch kein Vermögen kosten. Man findet schöne langärmelige Hemden, T-Shirts aus weicher Baumwolle, Segeltuch-Schnürschuhe, passende Jeans (darunter auch klassische Levis), warme Pullover und andere Freizeitkleidung. Das Personal ist freundlich und hilfsbereit.

Alchemist MODE & ACCESSOIRES

(Karte S. 66; ☎305-531-4653; 1111 Lincoln Rd; ⊙10–22 Uhr) Die gehobene Boutique in einem der auffälligsten Gebäude an der Lincoln Rd hat ein großes Sortiment künstlerischer Objekte, darunter Suppendosen-Leuchten à la Warhol, schwere vergoldete Korkenzieher, Beats-Kopfhörer von Dr. Dre und verspiegelte kreisrunde Sonnenbrillen, mit denen man am Strand bestimmt auffällt. Die angebotene Kleidung ist ziemlich avantgardistisch und scheint direkt vom Laufsteg zu kommen.

Downtown Miami

Mary Brickell Village EINKAUFSZENTRUM

(Karte S. 78; ☎305-381-6130; www.marybrickellvillage.com; 901 S Miami Ave; ⊙Mo–Sa 10–21, So 12–18 Uhr) Dieser offene Shopping- und Gastronomiekomplex trägt mit einer ganzen Reihe von Boutiquen, Freiluftrestaurants, Cafés und Bars zur Wiederbelebung des Viertels Brickell bei. Das Zentrum mitten im Finanzviertel lockt die neuen Bewohner der Eigentumswohnungen in der Gegend magisch an.

Supply & Advise KLEIDUNG

(Karte S. 78; www.supplyandadvise.com; 223 SE 1st St; ⊙Mo–Sa 11–19 Uhr) Der Laden in einem historischen Gebäude aus den 1920er-Jahren bringt mit robuster, hochwertiger und schön geschneiderter Kleidung sowie Schuhen und Accessoires eine gehörige Prise Herrenmode nach Downtown Miami. Die meisten angebotenen Stücke stammen aus den USA. Es gibt hier auch einen Friseursalon mit alten Stühlen und nostalgischer Aura.

Wynwood & Design District

Nomad Tribe KLEIDUNG

(Karte S. 84; ☎305-364-5193; www.nomadtribeshop.com; 2301 NW 2nd Ave; ⊙12–20 Uhr) Diese Boutique punktet damit, dass sie nur nachhaltig und nach ethischen Standards produzierte Ware verkauft. Man findet hier u. a. clever gestalteten Schmuck aus Miami von Kathe Cuervo, Socken der Firma Osom (aus wiederverwerteten Stoffen), ökologisch produzierte T-Shirts von Thinking MU und Kaffee und Kerzen von THX (die 100 % des Gewinns an gemeinnützige Organisationen spenden).

Brooklyn Vintage & Vinyl MUSIK

(Karte S. 84; www.facebook.com/brooklynvintageandvinyl; 3454 NW 7th Ave; ⊙Di–Sa 12–21 Uhr) Obwohl der Plattenladen am Rand von Wynwood erst Ende 2016 eröffnet wurde, hat er sich bereits ein treues Publikum erobert. Er bietet hauptsächlich Schallplatten (sowie ein paar MCs und T-Shirts). Rund 5000 Platten sind vorrätig. Das Personal hat gute Tipps in Sachen neuer Musik.

Shinola MODE & ACCESSOIRES

(Karte S. 84; ☎ 786-374-2994; www.shinola.com; 2399 NW 2nd Ave; Mo–Sa 11–19, So 12–18 Uhr;) Der schicke kleine Laden der in Detroit ansässigen Firma Shinola beweist, dass die heimische Produktion in den USA nicht tot ist. Shinola macht schön gestaltete Uhren, Geldbörsen, Tagebücher, Stifte, Fahrräder und sogar Plattenspieler in kleiner Auflage. Die Preise sind teilweise sehr hoch, die Produkte aber auch von höchster Qualität.

Art by God GESCHENKE & SOUVENIRS

(Karte S. 84; ☎ 305-573-3011; www.artbygod.com; 60 NE 27th St; Mo–Fr 10–17, Sa 11–16 Uhr) Das größere Warenhaus voller Relikte der Vergangenheit ist ein Ausflug ins Abenteuer. Die Fossilien, Mineralien und Halbedelsteine verblassen neben den ins Auge fallenden Attraktionen: prächtig ausgestopften Giraffen, Löwen, Bären und Zebras.

Daneben gibt's auch Nashornköpfe, Dinosaurierknochen (sogar das Horn eines Triceratops!) und trepanierte Schädel amerikanischer Ureinwohner aus präkolumbischer Zeit.

Out of the Closet SECOND HAND

(Karte S. 84; ☎ 305-764-3773; www.outofthecloset.org; 2900 Biscayne Blvd; Mo–Sa 10–19, So bis 18 Uhr) Schätze und Krempel aller Art hat dieser große Second-Hand-Laden am geschäftigen Biscayne Blvd zu bieten: Damen- und Herrenmode, Accessoires, Bücher, CDs, Schallplatten, Haushaltswaren und mehr. Das freundliche Personal hilft gern beim Stöbern. Der Laden unterstützt die AIDS Healthcare Foundation und bietet kostenlose HIV-Tests an.

Malaquita KUNSTHANDWERK

(Karte S. 84; www.malaquitadesign.com; 2613 NW 2nd Ave; 11–19 Uhr) Der künstlerisch gestaltete Laden hat Ware, die man nirgendwo sonst findet, darunter schöne, mundgeblasene Vasen, bestickte Kleidung, mittelamerikanische Wandteppiche, bunt bemalte Schalen, handgeflochtene Körbe aus Palmfasern und andere Objekte aus fairem Handel. Manche Stücke stammen von indigenen Kunsthandwerkern aus Mexiko.

Genius Jones SPIELZEUG

(Karte S. 84; ☎ 305-571-2000; www.geniusjones.com; 2800 NE 2nd Ave; Mo–Sa 10–19, So 12–18 Uhr) Hochwertiges Spielzeug, Puppen und Kleidung für Babys und Kleinkinder hat dieser Laden zu bieten; außerdem Fatboy-Sitzsäcke, Rennautos und Bugaboo-Sportwagen. Es gibt also vieles, was Kinder brauchen oder gern hätten.

Little Haiti & Upper East Side

Sweat Records MUSIK

(Karte S. 88; ☎ 786-693-9309; www.sweatrecordsmiami.com; 5505 NE 2nd Ave; Mo–Sa 12–22, So bis 17 Uhr) DerLaden ist der Inbegriff eines unabhängigen Plattenladens: Man findet abgefahrene Kunst und Graffiti an den Wänden, verrücktes japanisches Spielzeug, tätowiertes Personal mit dicken Brillen, die über LPs und EPs diskutieren, von denen man noch nie gehört hat, und natürlich auch Kaffee und vegane Snacks.

Marky's Gourmet ESSEN & TRINKEN

(Karte S. 88; ☎ 305-758-9288; www.markys.com; 687 NE 79th St; Mo–Fr 9–19, Sa 10–18, So bis 17 Uhr) Der Laden, der seit 1983 gut im Geschäft ist, ist in Miami eine Institution bei Russen, Russophilen und Leuten, die einfach nur die globale Cuisine erkunden wollen. Kundige Gourmets kommen von weither, um sich hier mit Käse, Oliven, Wurst europäischer Art, Wein, Kuchen, Tees, Marmelade, Schokolade, Kaviar und vielem mehr einzudecken. Das Personal ist nicht besonders freundlich und bedient wie zu Sowjetzeiten.

Upper East Side Farmers Market MARKT

(Karte S. 88; Ecke Biscayne Blvd & 66th St, Legion Park; Sa 9–14 Uhr) Eine Prise Lokalkolorit schnuppern kann man auf dem kleinen Farmers Market, der jeden Samstag im Legion Park in der Upper East Side stattfindet. Hier kann man mit Farmern, die köstliches Obst und Gemüse anbieten, sprechen und sich mit Brot, Crackern, Gebäck, Käse, Marmelade, Honig und frischen Säften eindecken. Es gibt mithin alles für ein tolles Picknick. Der Markt findet das ganze Jahr statt.

Libreri Mapou BÜCHER

(Karte S. 88; ☎ 305-757-9922; www.librerimapou.com; 5919 NE 2nd Ave; Fr, Sa & Mo–Mi 12–19, So bis 17 Uhr, Do geschl.) Der haitianische Buchladen ist auf Bücher und Zeitschriften in englischer, französischer und kreolischer Sprache spezialisiert.

Little Havana

Guantanamera ZIGARREN

(Karte S. 90; www.guantanameracigars.com; 1465 SW 8th St; So–Do 10.30–20, Fr & Sa bis 24 Uhr) Der Laden in zentraler Lage in Little Havana verkauft hochwertige, handgerollte Zigarren

DIE BOTANICAS VON LITTLE HAITI

Bei einem Besuch in Little Haiti fallen einem Läden mit dem Schild „Botanica" ins Auge. Das sind keine Geschäfte für Blumen und Pflanzen, sondern Voodoo-Läden. Die *botanicas* sind die vielleicht „fremdländischste" Attraktion in Little Haiti. In den Schaufenstern wird den Passanten Hilfe in Liebesfragen, bei der Arbeit und manchmal auch bei Einwanderungsproblemen versprochen – aber drinnen sitzen ganz sicher weder Eheberater noch Beamte der Einwanderungsbehörde. Wer als Ausländer in einen solchen Laden kommt, wird vielleicht komisch angeguckt, ist aber in der Regel willkommen, solange er oder sie sich höflich, aufgeschlossen und respektvoll verhält.

Ehe man sich umschaut, sollte man die Klischees über Puppen, in die man Nadeln steckt, vergessen. Wie viele traditionelle Religionen spricht der Voodoo Alltagsobjekten übernatürliche Wirkungen zu und beruft sich auf Mächte, die sich von einer alles umgreifenden Gottheit sowohl unterscheiden wie auch ein Teil von ihr sind. So sieht man hier Jesus-Schreine direkt neben den Altären traditioneller Voodoo-Gottheiten. Bemerkenswert sind die großen Statuen von Figuren, die wie Menschen ausschauen, aber tatsächlich *loa* (ausgesprochen: Iwa) symbolisieren – vermittelnde Geistwesen, die in der religiösen Hierarchie des Voodoo einen eigenen Pantheon unterhalb Gottes bilden. Vor dem Verlassen des Ladens wirft man eine Münze in die Spendenschale eines *loa*, am besten in die von Papa Legba, dem Hüter der Wegkreuzungen und damit auch Schutzherrn der Reisenden.

und starken kubanischen Kaffee. Das Geschäft ist stimmungsvoll: Man kann auf eine Zigarre, einen Drink (es gibt eine Bar) und nettes Geplauder vorbeikommen. An den meisten Abenden gibt's hier auch Livemusik. Von den Schaukelstühlen vorn im Laden kann man gut die Leute beobachten.

Havana Collection KLEIDUNG
(Karte S. 90; ☎786-717-7474; 1421 SW 8th St; ⌚10–18 Uhr) Eines der besten und schönsten Sortimente an *guayaberas* (kubanischen Hemden) in Miami findet sich in diesem Laden. Die Preise sind hoch (rund 85 US$/Hemd), aber man kann sicher sein, ein langlebiges, hochwertiges Produkt erstanden zu haben.

Cuba Tobacco Cigar Co. ZIGARREN
(Karte S. 90; www.cubatobaccocigarco.com; 1528 SW 8th St; ⌚10–17 Uhr) Die Familie Bellos produziert schon seit mehr als 100 Jahren hochwertige Zigarren. In dem kleinen, einladenden Geschäft kann man zuschauen, wie die Zigarren von Hand gerollt werden und ein paar rauchbare Souvenirs für Zuhause kaufen.

Coconut Grove

Polished Coconut MODE & ACCESSOIRES
(Karte S. 92; 3444 Main Hwy; ⌚Mo–Sa 11–18, So 12–17 Uhr) Der schmucke Laden im Zentrum von Coconut Grove bietet hübsche Accessoires und Heimdekor, gefertigt aus farbenfrohen mittel- und südamerikanischen Textilien. Man findet hier Handtaschen, Umhängetaschen, Gürtel, Sonnenhüte, Kissen, Bettdecken und Tischläufer von Kunsthandwerkern, die sich von traditionellen indigenen Entwürfen inspirieren lassen.

First Flight Out MODE & ACCESSOIRES
(Karte S. 92; www.thefirstflightout.com; 3015 Grand Ave, CocoWalk; ⌚Mo–Do 11–22, Fr–So bis 23 Uhr) Der Laden im Einkaufszentrum CocoWalk verkauft altes Pan-Am-Zubehör wie Ledertaschen, Kofferanhänger, T-Shirts und Passhüllen mit dem berühmten Logo aus einer vergangenen Ära des Reisens. Man findet hier außerdem Badeanzüge, Oberhemden, Sommerkleider und weitere Kleidung für Männer und Frauen, die auch den Travellern von heute stehen.

Bookstore in the Grove BÜCHER
(Karte S. 92; ☎305-483-2855; www.thebookstoreinthegrove.com; 3390 Mary St; ⌚Mo–Do 7–20, Fr & Sa bis 21, So 8–20 Uhr) Der unabhängige Buchladen von Coconut Grove bietet neben viel Literatur auch ein tolles Café mit Frühstück den ganzen Tag, ein paar ausgezeichneten Empanadas und sogar Drinks-Sonderangeboten zur Happy Hour.

Coral Gables

Retro City Collectibles MUSIK
(Karte S. 94; ☎786-879-4407; 277 Miracle Mile, 2. OG; ⌚Mo–Do 17–21, Sa & So 12–19 Uhr) Der

zugekramte kleine Laden im Obergeschoss ist ein lustiger Ort zum Stöbern, in dem man auf allerlei typisch US-amerikanische Sammlerstücke stößt. Hier findet man Comic-Bücher, Platten, Baseballkarten, Pez-Spender, alte Filmplakate und Actionfiguren (Star Wars, Star Trek, Dr. Who etc.).

Books & Books BÜCHER
(Karte S. 94; ☎305-442-4408; 265 Aragon Ave; ⌚So–Do 9–23, Fr & Sa bis 24 Uhr) Der beste unabhängige Buchladen in Südflorida ist ein riesiges Literatur-Kaufhaus. Hier finden oft Lesungen statt, und man kann hier auch einfach abhängen, zumal es vorn ein gutes Restaurant gibt, in dem man auf einer mediterran anmutenden Terrasse speisen kann.

Weitere Filialen gibt's an der Lincoln Rd und in den Bal Harbour Shops.

Boy Meets Girl KINDERKLEIDUNG
(Karte S. 94; ☎305-445-9668; www.bmgkids.com; 358 San Lorenzo Ave, Village of Merrick Park; ⌚Mo–Sa 10–21, So 12–19 Uhr) Fantastisch exklusive und nicht gerade preiswerte Kinderkleidung. Für Kinder jenseits der Pubertät findet man hier nichts, aber die Kleinen kann man hier modisch herausputzen, ohne dass sie selber es merken.

Key Biscayne

Metta Boutique GESCHENKE & SOUVENIRS
(Karte S. 98; ☎305-763-8230; 200 Crandon Blvd; ⌚Mo–Sa 10–18 Uhr) Der kecke Laden bringt etwas Nachhaltigkeit nach Miami. Alle Produkte – Kleidung, Tagebücher, Accessoires, Geschenkartikel und Nippes – sind bio, nachhaltig und/oder Fair Trade.

Praktische Informationen

Art Deco Welcome Center (Karte S. 72; ☎305-672-2014; www.mdpl.org; 1001 Ocean Dr, South Beach; ⌚Fr–Mi 9.30–17, Do bis 19 Uhr) Das von der Miami Design Preservation League (MDPL) geführte Zentrum hat tonnenweise Informationsmaterial zum Art-déco-Distrikt und organisiert ausgezeichnete Stadtspaziergänge. An das Zentrum ist ein **Museum** (S. 64) angeschlossen, das einen tollen Überblick über die Architektur des Viertels vermittelt.

Greater Miami & the Beaches Convention & Visitors Bureau (Karte S. 78; ☎305-539-3000; www.miamiandbeaches.com; 701 Brickell Ave, 27. OG; ⌚Mo–Fr 8.30–18 Uhr) Das Büro in einem seltsam einschüchternden Wolkenkratzer hat Unmengen Infos zu Miami und aktuelle Infos zu anstehenden Events und Kulturangeboten.

LGBT Visitor Center (Karte S. 72; ☎305-397-8914; www.gogaymiami.com; 1130 Washington Ave; ⌚Mo–Fr 9–18, Sa & So 11–16 Uhr) Eine ausgezeichnete Quelle für Infos zum LGBT-Miami: Das freundliche Zentrum hat bergeweise Empfehlungen von Sehenswürdigkeiten, Restaurants, zum Nachtleben und zur Kultur auf Lager. Es gibt hier auch Treffen und andere Veranstaltungen.

Auf der Website stehen Hotels mit dem Pink-Flamingo-Zertifikat, das für Häuser vergeben wird, die sich der schwullesbischen Gemeinde gegenüber besonders aufgeschlossen zeigen.

Mount Sinai Medical Center (☎305-674-2121, emergency room 305-674-2200; www.msmc.com; 4300 Alton Rd; ⌚24 Std.) Die beste Notfallstation in der Gegend. Aber Achtung: Am Ende muss man zahlen, und die Behandlungsgebühren sind hoch.

An- & Weiterreise

Die meisten Traveller kommen per Flugzeug nach Miami, obwohl man auch mit dem Auto, Bus oder sogar Zug anreisen kann. Miami ist ein wichtiges internationales Luftkreuz mit Flügen in viele Städte der USA, Lateinamerikas und Europas. Die meisten Flugzeuge landen auf dem Miami International Airport (MIA), viele aber auch auf dem Fort Lauderdale-Hollywood International Airport (FLL). Die Anflugzeit beträgt ca. 3½ Stunden aus New York City, 5 Stunden aus Los Angeles und 10 Stunden aus Berlin.

Flüge, Touren und Bahntickets kann man online unter www.lonelyplanet.com/bookings buchen.

BUS

Greyhound (www.greyhound.com) ist der wichtigste Anbieter im Busfernverkehr. **Megabus** (www.us.megabus.com; Miami International Center, 3801 NW 21st St) bietet Verbindungen nach Tampa und Orlando.

Greyhounds **Hauptbusbahnhof** (☎305-871-1810; 3801 NW 21st) befindet sich nahe dem Flughafen, weitere Busse fahren von den unternehmenseigenen Busbahnhöfen **Cutler Bay** (Cutler Bay; ☎305-296-9072; 10801 Caribbean Blvd) und **North Miami** (☎305-688-7277; 16000 NW 7th Ave).

Bei sehr langen Strecken (z. B. über mehrere US-Bundesstaaten) können Billig-Flugtickets günstiger sein als die Busfahrkarte. Auf kürzeren Strecken ist es manchmal günstiger, ein Auto zu mieten. Andererseit sind verbilligte Bustickets (sogar zum halbenPreis) online erhältlich, sofern man 7 bis 14 Tage vor der Fahrt bucht.

FLUGZEUG

Miami International Airport

Der 6 Meilen (9,6 km) westlich der Downtown gelegene geschäftige **Miami International Airport**

(MIA; ☎305-876-7000; www.miami-airport.com; 2100 NW 42nd Ave) umfasst drei Terminals und fertigt jedes Jahr mehr als 40 Mio. Passagiere ab. Rund 60 Fluglinien fliegen Miami an. Der hufeisenförmige Flughafen ist rund um die Uhr geöffnet. In zwei Hallen (zwischen B und C sowie in G) gibt's Gepäckaufbewahrungen; die Preise richten sich nach der Größe des Gepäckstücks.

Vom Miami International Airport fahren Taxis zu Festpreisen, deren Höhe vom Ziel abhängt (22 US$ nach Downtown, Coconut Grove oder Coral Gables, 35 US$ nach South Beach & 44 US$ nach Key Biscayne). Nach South Beach braucht man bei durchschnittlicher Verkehrsdichte ca. 40 und nach Downtown ca. 25 Minuten.

Einige Hotels bieten kostenlose Shuttles.

Metro-Busse fahren von der Miami Airport Station (die mit Elektrozügen mit dem Flughafen verbunden ist) in die gesamte Stadt, die Fahrt kostet 2,25 US$. Der Miami Beach Airport Express (Bus 150) kostet 2,65 US$ und hält überall in Miami Beach, von der 41st St bis hinunter zur Südspitze.

Eine weitere Möglichkeit ist der **SuperShuttle** (☎305-871-8210; www.supershuttle.com); die Fahrt mit dem Kleinbus nach South Beach kostet rund 22 US$ und sollte unbedingt am Vortag gebucht werden.

Megabus (S. 148) bietet Busverbindungen nach Orlando und Tampa. Die Busse starten von einer Haltestelle nahe dem Flughafen.

Fort Lauderdale-Hollywood International Airport

Der rund 26 Meilen (42 km) nördlich von Downtown Miami gelegene **Fort Lauderdale-Hollywood International Airport** (FLL; ☎866-435-9355; www.broward.org/airport; 320 Terminal Dr) ist ein praktischer Flughafen für Ziele in Florida.

SCHIFF/FÄHRE

Zwar wird man kaum einen Dampfer zur Überquerung des Atlantiks nehmen, man kann aber durchaus mit einem Kreuzfahrtschiff in Miami ankommen, denn immerhin gilt der **Port of Miami** (☎305-347-5515; www.miamidade.gov/portmiami), den pro Jahr rund 5 Mio. Passagiere nutzen, als Kreuzfahrt-Hauptstadt der Welt. Der Hafen liegt am Rand von Downtown Miami; Taxis und öffentliche Busse zu anderen Stellen in der Gegend findet man am nahegelegenen Biscayne Blvd.

ZUG

Der Hauptbahnhof der **Amtrak** (☎305-835-1222; www.amtrak.com; 8303 NW 37th Ave, West Little River) in Miami liegt rund 9 Meilen (14,4 km) nordwestlich der Downtown und verbindet die Stadt auf der bis nach New York City reichenden Silver Service Line mit anderen Städten in Florida (darunter Orlando und Jacksonville). Die Fahrtzeit zwischen New York und Miami beträgt 27 bis 31 Stunden. Der Amtrak-Bahnhof Miami ist per Tri-Rail mit Downtown Miami verbunden und verfügt über eine Gepäckaufbewahrung.

ℹ Unterwegs vor Ort

Von/zu den Flughäfen

Miami International Airport Taxis fahren die 40-minütige Strecke nach South Beach zum Festpreis von 35 US$. Der Miami Beach Airport Express (Bus 150) kostet 2,65 US$ und hält überall in Miami Beach, von der 41st St bis hinunter zur Südspitze. Die Fahrt im Kleinbus von SuperShuttle kostet rund 22 US$ nach South Beach.

Fort Lauderdale-Hollywood International Airport GO Airport Shuttle betreibt Kleinbusse nach Miami; die Fahrt nach South Beach kostet rund 25 US$. Die Taxifahrt (mit Taxameter) kostet rund 75 US$ nach South Beach und 65 US$ nach Downtown.

Bus

Miamis örtliches Busunternehmen **Metrobus** (☎305-891-3131; www.miamidade.gov/transit/routes.asp; Tickets 2,25 US$) verfügt zwar über ein umfangreiches Liniennetz, aber die Abdeckung ist ziemlich lückenhaft. Jede Buslinie hat einen eigenen Fahrplan; die meisten werden zwischen 5.30 und 23 Uhr bedient, einige fahren auch rund um die Uhr. Die Fahrt kostet 2,25 US$ und muss passend bar (mit Münzen oder Scheinen und Münzen) oder mit einer Easy Card (erhältlich an Metrorail-Bahnhöfen und in einigen Läden und Drogerien) bezahlt werden. Ein übersichtlicher Linienplan ist online erhältlich. Achtung: Wer umsteigt, muss als Barzahler jedes Mal neu bezahlen, während das Umsteigen mit Easy Card kostenlos geht.

Fahrrad

Citi Bike (☎305-532-9494; www.citibikemiami.com; Ausleihe 4,50/6,50/10/18/24 US$ pro 30 Min. /1/2/4 Std./Tag) ist ein Fahrrad-Sharing-Programm mit vielen Kiosken in Miami und Miami Beach. Miami ist flach, aber der Verkehr kann schrecklich (dicht und schnell) sein, außerdem kann von einer Fahrradkultur und von Respekt für Radfahrer als Verkehrsteilnehmer einstweilen noch nicht die Rede sein. Kostenlose Karten mit den Standorten der Verleihstellen gibt's an einigen Kiosken sowie online. Eine praktische iPhone-App verrät, wo sich die nächstgelegenen Verleihstationen befinden.

Für längere Fahrten sind die klobigen Citi Bikes (ohne Schutzhelm, Schloss und mit nur drei Gängen) nicht gerade ideal.

Weitere Fahrradverleiher:

Bike & Roll (S. 104) Veranstaltet auch Radtouren.

Brickell Bikes (☎305-373-3633; www.brickellbikes.com; 70 SW 12th St; Fahrrad 20/25 US$ pro 4/8 Std.; ⏲Mo–Fr 10–19, Sa bis 18 Uhr)

Miami Trolleys

Ein neues kostenloses Verkehrsmittel ist auf den Straßen von u. a. Miami, Miami Beach, Coconut Grove, Little Havana und Coral Gables unterwegs: Die als Straßenbahnen (www.miamigov.com/trolley) aufgemachten orangefarbenen und grünen Busse mit Elektro-Hybrid-Antrieb fahren auf zahlreichen Linien und sollen die Leute innerhalb des jeweiligen Viertels, aber nicht von einem Viertel zum anderen befördern.

Für Traveller sind folgende Linien besonders nützlich:

Biscayne Fährt auf dem Biscayne Blvd. Praktisch für die Fahrt von Brickell nach Downtown und bis an den Rand von Wynwood.

Brickell Verbindet die Gegend von Brickell (im Innenstadtbereich südlich des Miami River) mit dem Vizcaya Museum & Gardens.

Coral Way Fährt von Downtown Miami (Start nahe dem Freedom Tower) bis ins Zentrum von Coral Gables.

Wynwood Fährt quer durch die Stadt vom Adrienne Arsht Center for the Performing Arts auf der NW 2nd Ave durch Wynwood bis zur 29th St.

Miami Beach Trolleys

Miami Beach verfügt über Trolleys (www.miamibeachfl.gov/transportation), die auf vier verschiedenen Strecken von 8 bis 24 Uhr (auf einigen Strecken Mo–Sa ab 6 Uhr) alle 10 bis 15 Minuten fahren:

Alton-West Loop Fährt zwischen der 6th St und der Lincoln Rd nordwärts auf der Alton Rd und südwärts auf der West Ave.

Collins Link Fährt auf der Collins Ave zwischen der 37th St und der 73rd St. Richtung Süden kann man den Trolley an der Abbott Ave und dem Indian Creek Dr nehmen.

Middle Beach Loop Fährt zwischen der 20th und der 44th St nordwärts auf der Collins Ave und südwärts auf dem Indian Creek Dr (mit Schlenkern zur Lincoln Rd).

North Beach Loop Fährt zwischen der 65th und der 88th St.

Zug

Der **Metromover** (☎305-891-3131; www.miamidade.gov/transit/metromover.asp; ⏲So–Do 5–24, Fr & Sa bis 2 Uhr), der Bus, Einschienenbahn und Zug in einem ist, ist praktisch, um in Downtown Miami voranzukommen. Besuchern bietet sich ein toller Blick auf die Stadt und eine kostenlose Rundfahrt durch die Gegend.

Metrorail (www.miamidade.gov/transit/metrorail.asp; einfache Strecke 2,25 US$) ist eine 34 km lange Bahnstrecke, die als Hochbahn von Hialeah über Downtown Miami agen Süden bis nach Kendall/Dadeland führt. Die Züge fahren von 6 bis 24 Uhr alle 5 bis 15 Minuten. Der Preis für eine einfache Fahrt beträgt 2,25 US$. Man verwendet zum Bezahlen entweder die aufladbare Easy Card oder das einmalige Easy Ticket, das man aus den Automaten in den Metrorail-Bahnhöfen ziehen kann.

Die regionalen Doppelstock-Pendlerzüge von **Tri-Rail** (☎800-874-7245; www.tri-rail.com) fahren auf einer 114 km langen Strecke durch die Landkreise Dade, Broward und Palm Beach. Es gilt ein Zonentarif; die kürzeste Strecke kostet hin und zurück 4,40 US$, die teuerste Strecke ist die zwischen MIA und West Palm Beach (hin & zurück 11,55 US$). In den Zügen werden keine Tickets verkauft, man muss seinen Fahrschein vor dem Einsteigen lösen. Alle Züge und Bahnhöfe sind behindertengerecht. Eine Liste der Bahnhöfe findet man auf der Tri-Rail-Website.

Everglades

78 000 EW. / ☎305, 736, 239

Inhalt ➡

Everglades National Park 158
Tamiami Trail 158
Südliche Everglades ...169
Biscayne National Park 175

Gut essen

- Havana Cafe (S. 168)
- Robert is Here (S. 170)
- Joanie's Blue Crab Café (S. 165)
- Schnebly Redland's Winery (S. 169)
- Camellia Street Grill (S. 168)
- Oyster House (S. 168)

Schön übernachten

- Ivey House Bed & Breakfast (S. 167)
- Everglades International Hostel (S. 170)
- Outdoor Resorts of Chokoloskee (S. 167)
- Flamingo Campground (S. 174)
- Swamp Cottage (S. 164)

Auf in die Everglades!

Keine andere Wildnis in Amerika ist so wie die Everglades. Das von den Ureinwohnern „Fluss aus Gras" genannte Gebiet ist nicht einfach nur ein Feuchtgebiet, ein Sumpf, ein See, ein Fluss, eine Prärie oder eine Graslandschaft, nein – es ist *all* das. Weite Horizonte, Sonnenuntergänge, die sich über das gesamte Blickfeld erstrecken und eine gesunde Population an Reptilien aus der Dinosaurier-Ära mit ihren aufgerissenen Rachen prägen diese einzigartige Landschaft.

Wer beobachtet, wie Amerikanische Schlangenhalsvögel ihre Flügel ausbreiten, ehe sie sich in die Tiefe stürzen, oder wie der Amerikanische Graureiher mit langsamen Flügelschlägen über sein Reich gleitet, oder wie das Sonnenlicht auf unberührtem Sauergras schimmert, während die Sonne hinter Zypressen versinkt, bekommt eine Vorstellung von der stillen Pracht dieses Parks. In einem Land, wo natürliche Schönheit sonst an ihrem dramatischen Potential gemessen wird, geht das Leben in den Everglades ruhig seinen Gang.

Reisezeit

Everglades City

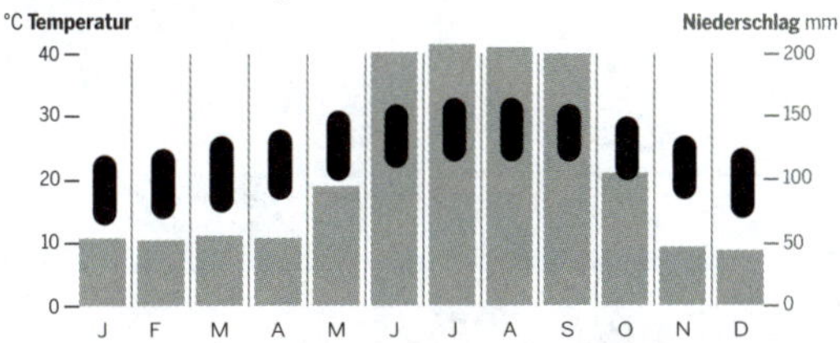

Dez.–März Trocken: vom Wasser aus kann man gut Tiere beobachten, Kajakfahren ist oft schwierig.

April–Juni Schon recht heiß, aber ein guter Mix aus Wasser-Aktivitäten und Tierbeobachtung ist möglich.

Juli–Nov. Sehr heiß, viele Insekten und (außer im Okt. und Nov.) die Gefahr von Hurrikanen.

Highlights

1 Am **Anhinga Trail** (S. 172) bei Tag und Nacht Alligatoren sehen und Wasservögel beobachten

2 Bei **Flamingo** (S. 155) an der Marina ein Kajak oder Kanu ausleihen und auf den von Mangroven gesäumten Wasserstraßen herumpaddeln

3 Vom eigenen Autodach aus den Sonnenuntergang über der Zufahrtsstraße zum **Pa-hay-okee Overlook** (S. 174) betrachten

4 Auf einem **slough slog** (S. 159) inmitten von Orchideen, Vögeln und Zypressen durch den Matsch wandern

5 Im **Museum of the Everglades** (S. 165) alles über die faszinierende Besiedlung der Everglades erfahren

6 Im **Everglades Outpost** (S. 169) exotische Tiere sehen, die aus Notlagen gerettet wurden

7 Auf einer Tram- oder Fahrradtour im **Shark Valley** (S. 158) Alligatoren und Vögel beobachten

8 Mit dem Kanu oder Kajak zwischen den **10 000 Islands** (S. 167) herumschippern

9 Eine Fahrt auf der **Loop Road** (S. 163) durch faszinierende Feuchtgebiete machen

AUF IN DIE WILDNIS: DIE EVERGLADES

Es sind die Everglades, die Südflorida so einzigartig machen. Dieses ökologische Wunderland ist die größte subtropische Wildnis der USA. Hier leben unzählige gefährdete und seltene Arten, darunter die Stars der Show, die Alligatoren. Dies ist nicht nur ein Feuchtgebiet, ein Sumpf, ein See, ein Fluss oder eine Graslandschaft, nein – es ist alles zugleich und eine Landschaft der weiten Horizonte und der tollen Sonnenuntergänge.

1 Südöstliche Everglades

Das Abenteuer beginnt am **Ernest Coe Visitor Center** (S. 174), das hervorragende Ausstellungen von Museumsqualität zeigt und jede Menge Infos zu Aktivitäten im Park hat. Am besten informiert man sich vorher über das Programm der von Rangern geführten Aktivitäten, die meistens im 4 Meilen (6,4 km) entfernten **Royal Palm Visitor Center** (S. 173)

2–3 Tage; 170 Meilen/274 km

Toll für ... Naturfreunde; Familien

Beste Reisezeit: Dez.–April

beginnen. Hier lockt auch der kurze **Anhinga Trail** (S. 172) mit erstaunlichen Möglichkeiten, wilde Tiere zu beobachten.

Tiefer im Parks gestatten mehrere Trails und Aussichtspunkte einen Blick in den Park aus nächster Nähe, z. B. der **Pa-hay-okee Overlook** (S. 174), eine erhöhte Plattform mit Aussicht auf eine der malerischsten Kurven des „Flusses aus Gras", und der anspruchsvolle **Christian Point Trail**, der durch Mangrovenwald, Prärie und Laubwäldchen bis an den Rand der Florida Bay führt.

Weiterfahrt > Man fährt auf der SR 9336 nach Südwesten, vorbei an marschiger Prärie, weißen, kahlen Sumpfzypressen und dunklen Mahagoniwäldchen. Das Flamingo Visitor Center liegt 34 Meilen (55 km) südlich von Royal Palm.

2 Flamingo

Es ist eine lange Fahrt, doch als Belohnung wartet die Gelegenheit, mit dem Kanu ins brackige Herz des Sumpfes aufzubrechen. Das **Flamingo Visitor Center** (S. 173) hat eine Karte mit den örtlichen Kanustrecken wie dem **Nine Mile Pond**, einem 8,9 km langen Rundkurs, der in die Florida Bay führt. Die **Flamingo Marina** (☎239-695-3101; ⏲Geschäft Mo–Fr 7–17.30, Sa & So ab 6 Uhr) verleiht Kanus und Kajaks und bringt einen für eine zusätzliche Gebühr an die Startpunkte diverser Wasserwege. An der Marina ruhig etwas rumtrödeln, vielleicht tauchen ja Manatis auf, zudem ist hier die Wahrscheinlichkeit hoch, das seltene Spitzkrokodil zu sehen.

Weiterfahrt > Zurück geht's auf demselben Weg – das ist der einzige Weg hinaus. 6 Meilen (9,6 km) hinter dem Ernest Coe Visitor Center nimmt man die Tower Rd nach Norden, kommt an Robert Is Here vorbei und dann nach Homestead.

3 Homestead & Florida City

Zu jedem guten Road Trip gehört auch eine verrückte Attraktion, und Homestead ist nicht nur ein guter Ausgangspunkt für Aktivitäten im südöstlichen Teil der Everglades, sondern wartet auch mit dem **Coral Castle** (S. 169) auf. Das ist allerdings kein Schloss, sondern ein Denkmal für die unerwiderte Liebe und für alles, was Südflorida an Bizarrem aufzuweisen hat.

Ein Litauer, der vor dem Traualtar stehengelassen worden war, verarbeitete im frühen 20. Jh. seine Trauer, indem er aus mehr als 1000 t Korallengestein einen Skulpturengarden baute. Er tat dies ganz allein, im Dunkel der Nacht (weil es kühler war), ohne Maschinen – was Coral Castle einem mysteriösen Hauch verleiht. Auf jeden Fall ist es eine beeindruckende technische Leistung.

Weiterfahrt > Man fährt auf der FL 997/177th Ave 20 Meilen (32 km) nach Norden, bis man auf den Tamiami Trail (US 41) stößt. Shark Valley liegt 18 Meilen (29 km) weiter westlich. Im Kanal, der parallel zur Straße verläuft, kann man nach Alligatoren schauen (natürlich nur die Beifahrer).

4 Shark Valley

Wer Alligatoren sehen will, wird im **Shark Valley** (S. 158) nicht enttäuscht werden. Auf der zweistündigen **Tram-Tour** (S. 158), die einem 15 Meilen (24 km) langen asphaltierten Weg folgt, kann man sich zurücklehnen und die Landschaft genießen. In den Wintermonaten wimmelt es hier von Alligatoren.

Während der luftigen Tour kommentieren kompetente Ranger die Fahrt und geben einen faszinierenden Überblick über die Everglades und ihre Bewohner. Auf halbem Weg wird eine Pause eingelegt, damit die Fahrgäste einen 15 m hohen Aussichtsturm besteigen können, einen deplatziert wirkenden Betonbau, von dem sich aber ein spektakuläres Panorama des Parks bietet.

Weiterfahrt > Beim Verlassen des Nationalparks biegt man links auf den Tamiami Trail ab und fährt dann sofort wieder ab. Das Miccosukee Village liegt gleich vor dem Parkeingang.

5 Miccosukee Village

Das Miccosukee Village ist zwar weniger ein idyllisches kleines Dorf der Ureinwohner als eine Ansammlung kommerzieller Einrichtungen, bietet aber dennoch einen Einblick in das Leben der amerikanischen Ureinwohner in den Everglades. Das Herzstück des Dorfes bildet das **Miccosukee Indian Museum**

TOP-TIPPS

Traumfotos Alligatoren sonnen sich im Shark Valley.

Ideal für Familien Milchshakes und ein Streichelzoo bei Robert Is Here.

(S. 159), das nur 800 m die Straße hoch vom Shark Valley liegt.

Das informative und unterhaltsame Freiluftmuseum präsentiert die Kultur der Miccosukee. Dazu dienen Führungen in traditionellen Wohnhäusern, ein Kunsthandwerksgeschäfts, Tanz- und Musikvorführungen und Alligatoren-Shows, bei denen Stammesmitglieder mit einem Alligator wrestlen und dabei Interessantes über die Tiere erzählen. Danach können die Besucher Fotos von sich mit einem kleine Alligator machen lassen.

Auf der anderen Straßenseite beginnt eine **Sumpfbootfahrt**, die auch einen Stopp an einem über 100 Jahre alten Lagerplatz der Miccosukee beinhaltet.

Weiterfahrt > Die Weiterfahrt nach Westen auf dem Tamiami Trail führt vorbei an Bäumen, Bäumen und noch mehr Bäumen. Nach etwa 20 Minuten taucht links die Big Cypress Gallery auf.

6 Big Cypress Gallery

Wer von der Schönheit der Everglades überwältigt ist, der sollte auch die **Big Cypress Gallery** (S. 163) besuchen, die sensationelle Schwarz-Weiß-Fotografien von Clyde Butcher zeigt. Seit 40 Jahren fängt der Fotograf das Wesen der Everglades ein, und wer seine riesigen Drucke betrachtet, beginnt, die Everglades mit ganz neuen Augen zu sehen.

Weiterfahrt > Das Oasis Visitor Center liegt weniger als 800 m westlich der Big Cypress Gallery auf der rechten Seite.

7 Big Cypress Preserve

Nördlich vom Tamiami Trail stößt man auf dieses riesige, unentwickelte Schutzgebiet, dass eine unverzichtbare Rolle im Ökosystem der Everglades spielt. Es ist 2950 km² groß – so groß, dass man gar nicht weiß, wo man anfangen soll. Einen guten Überblick erhält man im **Oasis Visitor Center** (S. 165), das neben Karten für Wanderwege auch Exponate für Kinder und einen gern von Alligatoren besuchten Wassergraben im Freien hat.

Etwas weiter den Tamiami Trail entlang, aber immer noch im Schutzgebiet, liegt der **Kirby Storter Boardwalk**, ein kurzer, erhöhter Plankenweg durch einen alten Zypressenhain voller Orchideen und Bromeliengewächsen – und vielleicht verbirgt sich hier auch so manches Tier, bei dessen Anblick man dankbar ist, dass der Weg erhöht ist.

Weiterfahrt > Einfach immer geradeaus: Der nächste Stopp liegt 16 Meilen (25,7 km) westlich vom Oasis Visitor Center (und 8 Meilen/12,9 km hinter dem Kirby Storter Boardwalk).

8 Ochopee

Im winzigen Ochopee sind die **Skunk Ape Research Headquarters** (S. 163) zu Hause, die sich das augenzwinkerndes Ziel gesetzt haben, den Skunk Ape zu finden, Bigfoots Pendant im Südosten der USA. Im Souvenirladen gibt's alles rund um den „Stinktier-Affen", und dahinter ist sogar ein Zoo mit Reptilien und Vögeln, der von einem echten Florida-Exzentriker geleitet wird. Wenn man hier ist, sollte man auch gleich bei **Everglades Adventure Tours** (S. 164) vorbeischauen, deren private Touren in die Everglades zu den besten überhaupt gehören. Die Guides sind witzige Einheimische, die bestens über die Gegend Bescheid wissen.

In Ochopee ist auch das **kleinste Postamt der USA**, ein lustiges Gebäude mit eingeschränkten Öffnungszeiten (Wer will darin auch länger als ein paar Stunden am Tag sitzen?). Eine gute Gelegenheit, um ein Foto zu schießen und seine Postkarten aufzugeben.

Weiterfahrt > Nur gut 4 Meilen (6,4 km) westlich vom Postamt biegt man links auf die CR29 ab und fährt 3 Meilen (4,8 km) bis zur eher beschaulichen „Stadt" Everglades City.

9 Everglades City

Eine der besten Möglichkeiten, den Frieden der Everglades zu erleben, ist es, durch das Wasserstraßennetz zu paddeln, das den nordwestlichen Teil des Parks begrenzt. Die einsamen, aber üppig grünen, tropischen und mysteriösen **10 000 Islands** bestehen aus vielen (aber sicher keinen 10 000) Inseln und einem Mangrovensumpf, der die südwestlichste Grenze Floridas umrahmt.

Die meisten Inseln säumen schmale, schneeweißen Sandstrände, aber das Wasser ist brackig und die meiste Zeit sehr flach. Es ist sicher nicht Tahiti, aber auf jeden Fall sehr faszinierend. Der **Wilderness Waterway**, ein 99 Meilen (160 km) langer Wasserweg zwischen Everglades City und Flamingo, ist die längste Kanustrecke in dieser Gegend. Beim **Gulf Coast Visitor Center** (S. 166) kann man nach Leihkanus und Bootstouren fragen.

CHUCK WAGNER/SHUTTERSTOCK ©

Oben Alligatoren, Big Cypress Preserve

Unten Postamt Ochopee

EVERGLADES NATIONAL PARK

Die riesige Wildnis des Everglades National Park (☎305-242-7700; www.nps.gov/ever; 40001 SR-9336, Homestead; Parkpass 25 US$/Fahrzeug; ⌚Visitor Center 9–17 Uhr; 👪), die 6070 km² umfasst, ist einer der größten Naturschätze Amerikas. Der Park, in dem es viel zu sehen und zu tun gibt, ist einer der Hauptmagneten für Besucher Süd-Floridas. Man kann Alligatoren beobachten, die sich in der Mittagshitze sonnen, während in den nahen Gewässern Reiher geduldig auf Beute warten, man kann in geheimnisvollen Mangrovenkanälen und auf friedlichen Seen kajakfahren oder inmitten hoher Zypressen auf einem derben *slough slog* durchs knietiefe Wasser waten.

Plankenwege laden zu Spaziergängen ein – bei Sonnenaufgang, wenn die Vögel allmählich ihren Gesang anstimmen, oder im Mondschein, wenn die Alligatoren auf der Suche nach Nahrung geschmeidig durch enge Kanäle schwimmen. Besucher können im Hinterland zelten, Fahrradtouren machen oder an von Rangern geführten Aktivitäten teilnehmen, bei denen die Magie der Everglades lebendig wird.

Die große Frage ist: Wo soll man anfangen? Im Park gibt es drei Haupteingänge und drei Hauptbereiche: einen am südöstlichen Rand nahe Homestead und Florida City (Abschnitt Ernest Coe), einen zweiten an der zentralen Nordseite am Tamiami Trail (Abschnitt Shark Valley) und einen dritten an der Nordwestküste (Abschnitt Gulf Coast) hinter Everglades City. Die Parkbereiche Shark Valley und Gulf Coast liegen geografisch hintereinander, doch der Abschnitt Ernest Coe liegt komplett abseits. Der Parkpass (25 US$/Fahrzeuge, 8 US$/Fahrrad) gilt an sieben aufeinanderfolgenden Tagen für den gesamten Park.

Tamiami Trail

Die Calle Ocho in Miamis Little Havana bildet das östliche Ende des Tamiami Trail (US 41), der durch die Everglades bis zum Golf von Mexiko führt. Also auf nach Westen, nur ein paar Dutzend Kilometer die US 41 entlang – und schon ist man Welten entfernt von der Hitze der Großstadt. Der Weg führt weiter zum Nordrand des Parks, vorbei an langgestreckten Auenwäldern, Spielhallen, Anbietern von Touren mit Sumpfbuggys (*swamp buggies*), Straßenimbissen und anderen Einrichtungen à la Old Florida.

Weiter Richtung Westen tauchen Felder und Kiefernwälder sowie Reklametafeln für Touren durch die Sümpfe auf. Touren mit Sumpfbooten (*airboats*) sind eine traditionelle Art, die Everglades zu sehen (und eine Tour mit einem abgedrehten Skynyrd-Fan mit Tattoos und Tarnklamotten hat schon etwas für sich), es gibt aber auch andere Möglichkeiten, den Park zu erkunden.

Sehenswertes

Shark Valley PARK

(☎305-221-8776; www.nps.gov/ever/planyourvisit/svdirections.htm; 36000 SW 8th St, N 25°45.27.60', W 80°46.01.01'; Auto/Fahrradfahrer/Fußgänger 25/8/8 US$; ⌚9–17 Uhr; P 👪) Shark Valley klingt wie der Name des Hauptquartiers des Bösewichts in einem James-Bond-Film, doch tatsächlich ist es ein Stück Land, das dem National Park Service gehört und mit informativen Schildern und kenntnisreichen Rangern aufwartet. Shark Valley befindet sich in der mit Zypressen und Laubbäumen bewachsenen Flusslandschaft der Everglades, einem dschungelartigeren Abschnitt des Nationalparks als die grasbewachsenen Ebenen und Wälder rund um das Ernest Coe Visitor Center.

Ein 15 Meilen (24 km) langer **asphaltierter Weg** führt vorbei an kleinen Bächen, tropischem Wald und *borrow pits* (von Menschen gemachte Gruben, in denen sich heute Alligatoren, Schildkröten und Vögel sonnen). Der flache Weg ist ideal zum Radfahren – Fahrräder kann man am Eingang für 9 US$ pro Stunde ausleihen. Unbedingt Trinkwasser mitnehmen.

Wer keine Lust hat, sich zu verausgaben, wählt einfach die beliebteste und leichtetest Art, die Everglades zu erleben: die zweistündige **Tramtour** (☎305-221-8455; www.sharkvalleytramtours.com; Erw./Kind unter 12 Jahren/Senior 25/19/12,75 US$; ⌚Abfahrt Mai–Dez. 9.30, 11, 14, 16 Uhr, Jan.–April stündl. zur vollen Stunde), die den gesamten 24 km langen Weg entlang führt. Wer nur Zeit für eine Aktivität in den Everglades hat, sollte sich für diese Tour entscheiden, denn die Führer wissen viel und sind witzig, und mit hoher Wahrscheinlichkeit sieht man Alligatoren, die sich auf der Straße sonnen. Auf halbem Weg steht der 15 m hohe **Shark Valley Observation Tower**, ein hässlicher Betonturm, von dem sich aber eine überwältigend schöne Aussicht über den Park bietet.

Am Parkeingang führt der einfache **Bobcat Boardwalk Trail** (800 m) in einer Runde durch ein dichtes Wäldchen mit Tropenbäumen und endet dann direkt auf dem Shark-Valley-Parkplatz. Ein kleines Stück weiter beginnt der **Otter Cave Trail** (400 m), der zu einem Kalksteinabsatz führt, der vom Regenwasser wie ein Schweizer Käse durchlöchert wurde. In den Löchern leben jetzt Tiere (die man wahrscheinlich nicht zu sehen bekommt), oben auf dem Absatz lebten einst amerikanische Ureinwohner.

Fakahatchee Strand Preserve PARK

(☎239-695-4593; www.floridastateparks.org/takahatcheestrand; 137 Coastline Dr, Copeland; Auto/Fußgänger/Fahrradfahrer 3/2/2 US$; ⏲8 Uhr–Sonnenuntergang; P 👪) Der Fakahatchee Strand hat nicht nur einen tollen Namen, sondern beherbergt auch ein 32 auf 8 km großes Mündungsfeuchtgebiet, das direkt aus den *Jurassic-Park*-Filmen stammen könnte. Über dieses feuchte, wilde Fantasyland, in dem noch immer Panther im schwarzen Wasser ihre Beute jagen, führt ein 600 m langer Plankenweg. Obwohl man wahrscheinlich keinen Panther zu Gesicht bekommen wird, sieht man dafür viele verschiedene Orchideen, Vögel sowie Reptilien, angefangen von winzigen Skinken bis zu grinsenden Alligatoren.

Miccosukee Indian Village MUSEUM

(☎305-552-8365; www.miccosukee.com; Hwy 41, Mile 70; Erw./Kind/Kind bis einschließlich 5 Jahren 12/6 US$/frei; ⏲9–17 Uhr; P 👪) Dieses „Indianerdorf" gleich westlich der Abzweigung nach Shark Valley ist ein informatives Freiluftmuseum. Es präsentiert die Kultur der Miccosukee auf Führungen durch ein traditionelles Wohnhaus, in einem Kunsthandwerksgeschäft, bei Tanz- und Musikvorführungen und auf einer *airboat*-Fahrt (20 US$ extra) in ein Dorf mit *chickee*-Hütten (Hütten auf erhöhten Holzplattformen über dem Wasser). Außerdem gibt's eine Alligatoren-Wrestling-Show. Das Ganze ist zum Glück respektvoller als es klingt, eigentlich wird das ikonenhafte Tier sogar recht natürlich vorgestellt.

Miccosukee Resort & Casino KASINO

(☎305-222-4600; www.miccosukee.com; 500 SW 177th Ave) Hier gipfelt die lange Geschichte der Ureinwohner des Landes in… Spielautomaten. Und zwar vielen Spielautomaten und komatösen Spielern, die sie mit Quarter-Münzen füttern. Immerhin verdie-

DIE BESTEN KOSTENLOSEN AKTIVITÄTEN IM PARK

Die 25 US$ Eintritt für den Everglades National Park mögen einem heftig vorkommen, doch wenn man an den vielen kostenlosen, von Rangern geführten Aktivitäten teilnimmt, ist der Park eigentlich günstig. Für besonders beliebte Aktivitäten (Kanufahren, Radfahren) sollte man bis zu eine Woche im Voraus reservieren. Einige Highlights:

Slough slog Raus aus dem Getümmel und hinein in die Wildnis: Diese faszinierende, 1–2 Meilen lange Wanderung, bei der man auch durch matschiges, feuchtes Gelände watet, führt in einen Zypressenhain. Lange Hosen, Socken und Schnürschuhe, die nass werden können, anziehen. Treffpunkt ist das Royal Palm Visitor Center.

Starlight Walk Während der Abendwanderung auf dem Anhinga Trail (S. 172) kann man nach Alligatoren und anderen Tieren Ausschau halten. Taschenlampe mitbringen.

Fahrradtour Zweieinhalbstündige Fahradtour durch die Everglades. Räder und Helme werden bereitgestellt. Start ist am Ernest Coe Visitor Center.

Kanufahrt in die Wildnis Dreistündige Paddeltour am Vormittag, die durch einige der atemberaubendsten Landschaften der Everglades führt. Startet am Flamingo Visitor Center und am Gulf Coast Visitor Center.

Early Bird Walk Morgendliche Wanderung, bei der man nach den gefiederten Bewohnern der Everglades Ausschau hält und mehr über sie erfährt. Treffpunkt ist das Flamingo Visitor Center.

Glades Glimpses Bei einem Vortrag, den Ranger täglich im Royal Palm Visitor Center und im Shark Valley Visitor Center halten (in der Regel 13.30–14 Uhr), erfahren die Besucher etwas über die Wunder der Everglades.

DIE EVERGLADES: EIN ÜBERBLICK

Man neigt schnell dazu, die Everglades für einen Sumpf zu halten, doch ein passenderer Begriff wäre wohl „Grasebene". Unterm Strich bestehen sie aus Grasland, das den größten Teil des Jahres überflutet ist: Wer während der Trockenzeit (Winter) kommt, könnte die Everglades leicht für „Everfields" halten.

Doch wo kommt all das Wasser her? Schaut man sich den Norden Floridas auf einer Karte an, sieht man den Lake Okeechobee und die vielen kleinen Seen und Flüsse rings um Kissimmee. Floridas unter dem Meeresspiegel liegende Spitze, die nicht nur der tiefstgelegene, sondern auch der südlichste Teil des Bundesstaates ist, in den Golf von Mexiko ein. Das aus Zentralflorida abfließende Wasser strömt in Flüssen die Halbinsel hinunter, über und durch die Everglades und schließlich in die Florida Bay. Diese sehr langsamen Wassermassen sorgen dafür, dass die so ruhig wirkende Landschaft in Wirklichkeit ständig in Bewegung ist. Kein Wunder, dass die Calusa-Indianer das Gebiet Pa-hay-okee (grasbewachsenes Wasser) nannten. Die berühmte Umweltschützerin Marjory Stoneman Douglas (1890–1998) bezeichnete die Everglades als *River of Grass*, Fluss aus Gras. In ihrem gleichnamigen Buch berichtet sie, dass Gerard de Brahm, ein Kartograph der Kolonialzeit, die Region „River Glades" nannte, woraus auf späteren englischen Landkarten „Ever Glades" wurde.

Was geschieht, wenn nährstoffreiches Wasser langsam über einen Sandsteinsockel fließt? Das ökologische Gegenstück zu einer schweißtreibenden Orgie. Auf Zellebene breitet sich auf erstaunliche Weise organisches Material aus: Es bildet Klumpen, Algen-Betten, Nährstoffe und das allgegenwärtige Periphyton (ein Gemisch aus Algen, Bakterien und sonstigen Substraten aus zerfallenen Stoffen). Periphyton ist nicht gerade schön Im Wasser ähnelt es Streifen von Erbrochenem, im getrockneten Zustand erinnert es an Nilpferdkot. Doch man sollte sich freuen, wenn man es sieht, denn in der komplizierten Ökologie der Everglades bildet es die Grundlage für unzählige Organismen. Die kleinste Höhenveränderung ändert auch den Fluss des Wassers und damit auch den Inhalt dieser Nährstoffsuppe – und schließlich die Landschaft selbst: All die Zypressenhaine und Tropenwald-*hammocks* (*hammock* ist die in Florida übliche Bezeichnung für ein Wäldchen aus in der Regel tropischen oder subtropischen Laubbäumen) sind Gebiete, in denen ein Höhenunterschied von einigen wenigen Zentimetern nach oben oder nach unten zu einem völlig anderen Biosystem führen kann.

Der Kampf um die grünen Grassy Waters

Jahrtausendelang waren die Everglades eine unberührte Wildnis. Selbst die amerikanischen Ureinwohner machten um die Gegend einen Bogen – die „einheimischen" Seminolen und Miccosukee siedelten hier nur, weil sie vor Krieg und Vertreibung aus anderen Teilen des Landes geflohen waren. Doch nachdem sich europäische Siedler in Florida niedergelassen hatten, erkannten einige Pioniere das Potential der wirtschaftlichen Entwicklung der „Grassy Waters".

Rinderzüchter und Zuckerrohranbauer, die von den trüben Gewässern und dem subtropischen Klima Floridas (ideal für Zuckerrohr) angelockt wurden, drängten die Regierung erfolgreich, ihnen Land zur Verfügung zu stellen. 1905 tat Floridas Gouverneuer Napoleon Bonaparte Broward den ersten Spatenstich zum Bau der Umleitung des Caloosahatchee River in den Lake Okeechobee. Hunderte Kanäle wurden durch die Everglades bis zur Küste gegraben, um Land „zurückzuerobern", der Abfluss des Wassers der Seen wurde durch zahlreiche Deiche eingeschränkt. Gebiete, die bisher unbewohnbar gewesen waren, wurden nun in Agrarland verwandelt.

Unglücklicherweise braucht aber der *River of Grass* den Caloosahatchee zum Überleben. Und die Everglades sind nicht nur eine malerische Landschaft, um Vögel zu beobachten, sie sind auch ein Schutzwall gegen Hurrikane und eine Art Wasserfilter. Wie das? Die Feuchtgebiete filtern Schadstoffe aus dem Florida Aquifer (der Erdschicht, die Florida mit Frischwasser versorgt). Und auch dann, wenn das Ackerland das Fließschema nicht veränderte, so gelangte von dort mit Dünger belastetes Schmutzwasser in die Gewässer. Das Ergebnis: eine regelrechte biologische Orgie mit zahlreichen Teilnehmern. Das Wachstum von Bakterien und schließlich auch Pflanzen explodierte geradezu und störte das fragile Gleichgewicht der Ressourcen, das für das Überleben der Everglades von entscheidender Bedeutung ist.

Dann erschien Marjory Stoneman Douglas auf der Bildfläche. Ihr gebührt die Ehre, die Erhaltung der Everglades – heute ein Dauerthema – im Alleingang auf die Tagesordnung gesetzt zu haben.

Trotz der unermüdlichen Bemühungen von Douglas und anderen Umweltschützern ist der Florida Aquifer heute ernsthaft von Verschmutzung und Austrocknung bedroht. Die Zahl der nistenden Watvögel ist seit den 1930er-Jahren um 90 bis 95 % zurückzugegangen. Gegenwärtig gelten mehr als 60 der im Park vertretenen Pflanzen- und Tierarten als bedroht oder gefährdet.

Die Um- und Ableitung von Wasser aus den Everglades und die Gewässerverschmutzung sind die Hauptursachen der Umweltzerstörung der Region. Das fragile Ökosystem liegt in unmittelbarer Nachbarschaft zu einem der am schnellsten wachsenden Stadtgebiete der USA. Das derzeitige Kanalisationssystem in Südflorida wurde für die Bedürfnisse von 2 Mio. Menschen angelegt, doch 2010 hatte die Einwohnerzahl bereits die 6 Mio.-Grenze überschritten. Hinzu kommt, dass Miami weder nach Norden wachsen kann, da sich dort Fort Lauderdale befindet, noch nach Süden, wo Homestead liegt, doch es kann sich nach Westen ausdehnen, direkt in die Everglades hinein.

Menschen sind nicht die einzigen Feinde der Everglades, auch die Natur hat große Schäden verursacht. Während des Hurrikans Wilma 2005 wurden sechs künstlich angelegte Überflutungsgebiete, die dazu dienten, dem Wasserkreislauf überschüssige Nährstoffe zu entziehen, schwer beschädigt. Ohne diese natürlichen Filtersysteme sind die Everglades sehr viele anfälliger für schädliche Nährstoffanreicherung und externe Schadstoffverschmutzung. Auch Lauffeuer hinterlassen jedes Jahr immer größere Schneisen der Verwüstung in ganz Florida. 2016 gingen etwa 1600 ha Land in der Nähe des Long Pine Key in Flammen auf.

Die Restaurierung der Everglades

Die Anstrengungen zur Rettung der Everglades begannen in den späten 1920er-Jahren, wichen aber während der Weltwirtschaftskrise wichtigeren Problemen. 1926 und 1928 führten zwei große Hurrikane dazu, dass der Lake Okeechobee über die Ufer trat – in den nachfolgenden Überflutungen starben Hunderte Menschen. Das Army Corps of Engineers war bei der Eindämmung des Sees sehr erfolgreich – leider etwas zu erfolgreich, denn die Everglades waren nun von ihrer Quelle, der Kissimmee-Wasserscheide, praktisch abgeschnitten.

Derweil begannen Umweltschützer, Land zu spenden, das zu einem Schutzgebiet werden sollte. Den Anfang machte ein 2,6 km^2 großes Gelände, das ein Garden Club spendete. 1947, im Jahr, in dem Marjory Stoneman Douglas' Buch *The Everglades: River of Grass* veröffentlicht wurde, wurden die Everglades zum Nationalpark erklärt.

Mit der Eindämmung des Sees durch das Army Corps und der daraus resultierenden Trockenlegung der Feuchtgebiete waren große Teile des Inlands von Floridas bewohnbar gemacht worden. Doch die Umweltprobleme, die durch die Umleitung des natürlichen Wasserflusses entstanden, sowie die stetig wachsende Bevölkerung drohen nun die ganze Region unbewohnbar zu machen. So gelangen täglich im Durchschnitt etwa 3,8 Mrd. l Wasser aus der Kanalisation ins Meer. Gleichzeitig fließt unbehandeltes Abwasser in den natürlichen Wasserkreislauf. So verschwindet das saubere Wasser aus dem Wasserkreislauf, während Südfloridas Bevölkerung mit jedem Tag wächst.

Hier kommt der **Comprehensive Everglades Restoration Plan** (CERP; www.evergladesrestoration.gov) ins Spiel. Er soll alle Probleme der Everglades an der Wurzel anpacken: Es geht ums Wasser – woher es kommt, wie es umgeleitet wird und wie man es sauber halten kann. Der Plan ist, den Zufluss vom Kissimmee River wiederherzustellen , das verbleibende Land der Everglades in den natürlichen Zustand vor der Urbarmachung zurückzuversetzen, ohne den Schutz vor Überflutungen aufzugeben, die Bevölkerung Südfloridas mit Frischwasser zu versorgen und ausgewählte Regionen vor der Zersiedelung zu schützen. Das klingt großartig, doch politische Auseinandersetzungen haben die Umsetzung des CERP erheblich verzögert. Die Kosten des Projekts sind im Lauf der Jahre gestiegen, und durch bürokratische Hürden und politisches Geplänkel der Bundesregierung und der Regierung Floridas kam es zu immer neuen Verzögerungen.

Um noch eine Abkürzung ins Gespräch zu werfen: Ein Hauptbestandteil des CERP ist das **Central Everglades Planning Project** (CEPP), ein seltener Fall eines öffentlichen Bauprojekts, das sowohl von Umweltschützern als auch von der Industrie unterstützt wird. Ziel des CEPP ist es, verschmutztes Wasser aus dem landwirtschaftlich genutzten Kernland Floridas zu reinigen und in die Everglades umzuleiten. Der *River of Grass* würde wieder frisches Wasser erhalten und giftige Abwässer würden nicht länger ins Meer fließen. 2016 gab es eine gute Neuigkeit für die Everglades: Der amerikanische Kongress bewilligte im Rahmen seines *Water Infrastructure Improvements for the Nation Act* 976 Mio. US$ für die Finanzierung des CEPP.

Die Restaurierung der Everglades ist eines der größten und ambitionierten Umweltwiederherstellungsprojekte in der Geschichte der USA. Es bringt die Bedürfnisse der Farmer, Fischer, Stadtbewohner, der Landesregierung und der Umweltschützer unter ein Dach. Der Erfolg oder Misserfolg des Programms wird entscheidende Bedeutung für die Zukunft der Umweltbewegung in den USA haben.

nen daran die Miccosukee und Seminolen, also nur zu!

Praktische Informationen

Shark Valley Visitor Center (☎305-221-8776; www.nps.gov/ever/planyourvisit/svdirections.htm; Nationalpark-Eintritt Auto/Fahrradfahrer/Fußgänger 25/8/8 US$; ⌚9–17 Uhr) Eine gute Anlaufstelle, um sich über die Everglades zu informieren, z. B. über Wege, Tierbeobachtung und kostenlose, von Rangern geführte Aktivitäten.

An- & Weiterreise

Der Tamiami Trail (US 41) beginnt in Miami. Man benötigt ein Auto, um auf dieser Straße in die Everglades zu kommen. Der Eingang zum Shark Valley befindet sich etwa 40 Meilen (64 km) westlich von Downtown Miami.

Big Cypress & Ochopee

Der schönere Teil des Tamiami Trail wird auf beiden Seiten von hohen, mit Moos bewachsenen Zypressen gesäumt und bietet einen endlosen Blick auf die sanfte Prärie, die in der Regenzeit überflutet wird und sich dann in einen sumpfigen „Fluss aus Gras" verwandelt.

Sehenswertes & Aktivitäten

Big Cypress National Preserve PARK
(☎239-695-4758; www.nps.gov/bicy; 33000 Tamiami Trail E; ⌚24 Std.; P 🚻) GRATIS Das 2950 km² große Big Cypress Preserve (der Name des Parks bezieht sich auf dessen Ausdehnung und nicht auf die Größe der Bäume) ist das Ergebnis eines Kompromisses zwischen Umweltschützern, Rinderzüchtern und Öl- und Gas-Unternehmen. Das Gebiet ist ein wichtiger Bestandteil des Ökosystems der Everglades: Der Regen, der die Prärien und Feuchtgebiete des Schutzgebietes überflutet, wird von den Everglades gefiltert und fließt langsam ab. Etwa 45% des Zypressensumpfes (der eigentlich aus Mangroveninseln, Laubwaldhainen, Orchideen, Elliott-Kiefern, Grasebenen und Marschen besteht) stehen unter Naturschutz.

Die hohen kahlen Zypressen sind infolge der Holzfällerei in der Vergangenheit fast vollständig verschwunden, doch die kleineren Aufrechten Zwerg-Sumpfzypressen verleihen der Gegend eine ganz eigene, undramatische Schönheit. Das hilfsbereite Oasis Visitor Center (S. 165), das etwa 20 Meilen (32 km) westlich von Shark Valley liegt, hat tolle Ausstellungen für Kinder und einen Wassergraben, der bei Alligatoren beliebt ist.

Ah-Tah-Thi-Ki Seminole Indian Museum MUSEUM
(☎877-902-1113; www.ahtahthiki.com; Big Cypress Seminole Indian Reservation, 34725 West Boundary Rd, Clewiston; Erw./Kind/Senior 10/7,50/7,50 US$; ⌚9–17 Uhr) Wer mehr über die Ureinwohner Floridas erfahren möchte, sollte das Ah-Tah-Thi-Ki Seminole Indian Museum besuchen, das 17 Meilen (11 km) nördlich der I-75 liegt. Die großartigen, informativen Ausstellungen zum Leben, der Geschichte und der aktuellen Situation der Seminolen wurden durch Einnahmen aus dem Glücksspiel finanziert, die den Hauptteil des Betriebs-

budgets von mehreren Millionen US-Dollar ausmachen.

Das Museum befindet sich in einem Zypressenwäldchen, durch den ein Naturlehrpfad auf einem Plankenweg führt – von Anfang an gelingt ihm also eine gute Mischung aus Naturerlebnis und Bildung. In der Dauerausstellung befinden sich mehrere Dioramen mit lebensgroßen Figuren, die Szenen aus dem traditionellen Leben der Seminolen darstellen. Die Sonderausstellungen setzen mehr auf wissenschaftliche Fundierung (in der Vergangenheit befasste sich z. B. eine von ihnen ausführlich mit der Wirtschaftsstruktur der Everglades). Zum Museumskomplex gehören auch der Nachbau eines Dorf und eines Zeremonienplatzes. Das Museum legt Wert darauf, kein kitschiger Ureinwohner-Themenpark zu sein, und der Seminolen-Stamm hat Erstaunliches geleistet, um dieses Ziel zu erreichen.

Kirby Storter Roadside Park — NATURSCHUTZGEBIET

(www.nps.gov/bicy/planyourvisit/kirby-storter-roadside-park.htm; ⏲24 Std.) GRATIS Dieser erhöhte Plankenweg ist zwar nur kurz (hin & zurück 1,6 km), führt aber zu einem schönen Aussichtspunkt, von dem man oft zahlreichen Vogelarten (z. B. Ibisse und Rotschulterbussarde) inmitten hoher Zypressen und Feigenbäume sieht – und natürlich Alligatoren.

Big Cypress Gallery — GALERIE

(☎239-695-2428; www.clydebutcher.com; 52388 Tamiami Trail; ⏲10–17 Uhr; P) Diese Galerie zeigt die Werke des US-amerikanischen Fotografen Clyde Batcher, der in der großen Tradition von Ansel Adams steht. Seine riesigen Schwarz-Weiß-Bilder verleihen den Sümpfen eine neue Dimension. Butcher hat in den trüben Gewässern eine ruhige Spiritualität gefunden. Die vielen herrlichen Drucke sind eine wunderbare Erinnerung an die Everglades (obwohl sie nicht gerade billig sind).

Die Galerie bietet auch private, 1½-stündige Touren durch den Morast an, doch die hohen Preise (ab 380 US$ für 4 Pers.) schrecken die meisten Interessenten ab, zumal der National Park Service kostenlose Touren durch die Sümpfe anbietet, die am Royal Palm Visitor Center starten.

Skunk Ape Research Headquarters — PARK

(☎239-695-2275; www.skunkape.info; 40904 Tamiami Trail E; Erw./Kind 12/6 US$; ⏲9–17 Uhr; P) Eine derartige Attraktion am Straßenrand gibt es nur in Florida! Sie widmet sich der Suche nach dem sogenannten Skunk Ape, einer Art Bigfoot des Südostens. Wir haben den „Stinktier-Affen" (ein großes Gorillamännchen, das angeblich zum Himmel stinkt) allerdings nicht gesehen. Dafür gibt's hier aber einen kitschigen Souvenirladen und im hinteren Teil des Komplexes einen Zoo mit Reptilien und Vögeln, der von einem echten Florida-Exzentriker geleitet wird, der sich auch schon mal nur so zum Spaß einen Albinopython um den Hals wickelt.

Kinder werden sich in dem Zoo prächtig amüsieren: Hier leben winzige Alligatoren und (ungiftige) Schlangen, die man in die Hand nehmen darf, sowie verschiedene große Vögel, darunter ein blau-goldener Ara namens Patches und ein kreischender Kaka-

ABSEITS DER ÜBLICHEN PFADE

ABSTECHER: LOOP ROAD

An der 24 Meilen (39 km) lange Loop Rd, die vom Tamiami Trail (Hwy 41) abzweigt, befinden sich einige einzigartige Stätten. Nummer Eins: Die Häuser der **Miccosukee**, die mithilfe der Einnahmen aus dem Glücksspiel teilweise erheblich ausgebaut wurden. Neben einigen traditionellen Hütten im *chickee*-Stil stehen hier auch Trailer mit massiven Anbauten, die größer als die ursprünglichen Trailer sind, und vor allen scheinen funkelnde, nagelneue Pick-up-Trucks zu parken. Nummer Zwei: Tolle Haltebuchten mit Blick in den überfluteten Wald, in dem Reiher wie Flugsaurier in den Bäumen hocken und darunter Alligatoren lauern. Nummer Drei: Häuser mit großen Konföderierten-Fahnen und Schildern mit der Aufschrift „Stay off my property" („Betreten verboten") – sie gehören genauso zur Landschaft wie die Sümpfe. Und Nummer Vier: der kurze, wunderbar dschungelartige **Tree Snail Hammock Nature Trail**. Die Kiesstraße ist zwar nicht asphaltiert, aber in gutem Zustand und auch für Fahrzeuge ohne Allradantrieb befahrbar. Wie ihr Name verspricht, kehrt die Straße am Ende direkt auf den Tamiami Trail zurück, die entspannte Rundfahrt dauert vielleicht ein, zwei Stunden.

du. Zudem gibt's einen 6,7 m langen Tigerpython und ein paar Schildkröten.

Ochopee DORF

(38000 Tamiami Trail E, N°25.54.4.64', W°81.17.50.42'; ⌚Mo–Fr 8–10 & 12–16, Sa 10–11.30 Uhr) Die Fahrt führt ins winzige Dörfchen Ochopee (ungefähr 4 Einwohner)…stopp! …Moment mal…schon vorbeigefahren, wenden! Dann anhalten und die Kamera zücken: Ochopee rühmt sich, das kleineste **Postamt** des Landes zu besitzen. Es befindet sich in einem früheren Geräteschuppen vor einer weiten Parkkulisse. Ein freundlicher Postbeamter posiert geduldig für Schnappschüsse.

Florida National Scenic Trail WANDERN

(☎850-523-8501; www.fs.usda.gov/fnst) 31 Meilen (50 km) des Florida National Scenic Trail verlaufen im Big Cypress National Preserve. Vom südlichen Endpunkt, den man über die Loop Rd erreicht, führt der Trail ca. 13,5 km Richtung Norden bis zur US41. Er ist flach, aber anstrengend zu gehen: Höchstwahrscheinlich muss man durch Wasser waten und sich den Weg an mehreren *solution holes* (Dolinen) vorbei und durch dichte Laubwäldchen suchen.

Schatten gibt es nur selten, dafür aber jede Menge Insekten. Entlang des Wegs liegen mehrere schlichte Campingplätze mit Brunnen; eine Karte und die erforderliche kostenlose Wandergenehmigung (*hiking permit*) bekommt man beim Oasis Visitor Center (S. 165). Die meisten Campingplätze sind kostenlos und man muss sich auch nicht vorher anmelden. Der Campingplatz Monument Lake (S. 165) hat Wasser und Toiletten.

Geführte Touren

Everglades Adventure Tours GEFÜHRTE TOUREN

(EAT; ☎800-504-6554; www.evergladesadventuretours.com; 40904 Tamiami Trail E; 2-stündige Kanu-/Stechkahn-Tour pro Pers. 89/109 US$) Schon allein die Tatsache, dass die Leute von EAT dasselbe Hauptquartier haben wie die von Skunk Ape, macht sie sofort sympathisch. Noch besser ist, dass ihre privaten Touren durch die Everglades zu den besten überhaupt gehören. Die Sumpfwanderungen, „Safaris“, nächtlichen Touren und die Ausflüge, bei denen das Kanu oder Skiff durchs Wasser gestakt wird, werden von echt witzigen Guides mit fantastischem Wissen über die „Grassy Waters“ geführt – ein Hochgenuss.

EAT betreibt einen Campingplatz am Skunk Ape Headquarter (S. 163), die Übernachtung kostet 25 US$ (30 US$ mit Strom). Auf dem ganzen Platz gibt's WLAN.

Schlafen & Essen

Swamp Cottage COTTAGE $$

(☎239-695-2428; www.clydebutcher.com/big-cypress/vacation-rentals; 52388 Tamiami Trail; Cottage 250–350 US$; P 📶) Wer so dicht wie möglich an die Sümpfe heran möchte, ohne auf Komfort zu verzichten, kann hier hin-

SUMPFBOOTE & SUMPFBUGGIES

Sumpfboote (*airboats*) sind Skiffs mit flachem Boden, die von starken Propellern angetrieben werden. Wie umweltschädlich sie sind, ist nicht genau bekannt, doch eines steht fest: Gut für die Umwelt sind sie auf keinen Fall, und darum sind sie im Park auch nicht erlaubt. Sumpfbuggies (*swamp buggies*) sind riesige Buggys mit Ballonreifen, die auch durch Feuchtgebiete fahren können, allerdings hinterlassen sie Fahrspuren und schaden der Natur.

Sumpfboot- und Sumpfbuggy-Touren werden überall entlang des US Hwy 41 (Tamiami Trail) angeboten. Man sollte es sich aber zweimal überlegen, ob man eine solche „Natur"-Tour unternehmen möchte. Die laut surrenden Propellerboote und die Sumpf-Jeeps werden der stillen Erhabenheit der Everglades irgendwie nicht wirklich gerecht. Andererseits sind viele Touristen in den Everglades (logischerweise) an der Umwelt interessiert und verlangen auch Touren mit Informationen über die Ökologie. Die können die Führer der Sumpfboottouren auch bieten, schließlich hängt ihr Lebensunterhalt vom Schutz der Everglades ab und sie kennen sich auch bestens im Hinterland aus. Wir empfehlen die Touren von **Coopertown** (☎305-226-6048; www.coopertownairboats.com; 22700 SW 8th St; Erw./Kind 23/11 US$; ⌚9–17 Uhr; 👪), einem der ersten Anbieter vom Sumpfboot-Touren, wenn man auf der US 41 nach Westen fährt. Das Erlebnis ist allerdings etwas touristischer als ein Besuch des Nationalparks.

ter der Big Cypress Gallery (S. 163) mitten in üppiger Vegetation in einem Bungalow oder einem Cottage mit zwei Schlafzimmern wohnen. Die Unterkünfte sind sehr komfortabel, wenn nicht gar luxuriös ausgestattet, und es ist überaus gemütlich. Doch die Hauptattraktion ist, dass direkt vor der Tür eine der großartigsten amerikanischen Landschaften wartet.

Monument Lake CAMPING **$**
(www.recreation.gov; 50215 Tamiami Trail E; Stellplatz Zelt/Wohnmobil pro Nacht 24/28 US$; ⌚15. Aug.–15. April) Die zehn Zeltstellplätze (und 26 Wohnmobilstellplätze) auf diesem schönen Campingplatz im Big Cypress National Preserve muss man Monate im Voraus reservieren. Der See sieht zwar sehr einladend aus, darin schwimmen kann man aber nicht (schließlich leben hier Alligatoren).

Joanie's Blue Crab Café AMERIKANISCH **$$**
(☎239-695-2682; www.joaniesbluecrabcafe.com; 39395 Tamiami Trail E; Hauptgerichte 12–17 US$; ⌚Do–Di 11–17 Uhr, saisonal geschl., vorher anrufen, ob das Café geöffnet hat; 🎵) Diese großartige Bude östlich von Ochopee, die mit offenen Dachsparren, lackierten Picknicktischen und Alligatoren-Kitsch aufwartet, serviert sättigendes Essen nach dem Motto „alles gebraten" auf Papiertellern. Unbedingt probieren: die Krabbenkuchen. Samstags und sonntags spielen ab 12.30 Uhr Livemusiker, ansonsten ertönt Rockabilly aus der Jukebox.

Praktische Informationen

Big Cypress Swamp Welcome Center (☎239-695-4758; www.nps.gov/bicy/planyourvisit/big-cypress-swamp-welcome-center.htm; 33000 Tamiami Trail E; ⌚9–16.30 Uhr) Dieses große Visitor Center etwa 2,5 Meilen (4 km) östlich der Abzweigung nach Everglades City ist besonders für Kinder geeignet, die hier in einem kleinen Naturzentrum Tonaufnahmen verschiedener Sumpfbewohner lauschen können. Von der Aussichtsplattform mit Blick auf einen Kanal sieht man manchmal Manatis. Außerdem kann man sich hier gut über das Schutzgebiet informieren.

Oasis Visitor Center (☎239-695-1201; www.nps.gov/bicy; 52105 Tamiami Trail E; ⌚9–16.30 Uhr; 👪) Dieses Visitor Center bietet interaktive Ausstellungen und Informationen über Wanderungen in den Big Cypress National Preserve in der Nähe. Die Plattform über einem kleinen Wassergraben ist ein hervorragender Ort, um Alligatoren zu sehen, besonders in der Trockenzeit (Dez.–Mai).

An- & Weiterreise

Das Oasis Visitor Center befindet sich etwa 20 Meilen (32 km) westlich vom Shark-Valley-Eingang. Alle oben genannten Einrichtungen liegen am Tamiami Trail (US 41). Öffentliche Verkehrsmittel fahren nicht hierher.

Everglades City & Chokoloskee Island

Am Rand der Chokoloskee Bay stößt man auf ein altes Fischerdorf mit erhöht gebauten Häusern, türkisblauem Wasser und wie zufällig hingestreuten smaragdgrünen Mangroveninseln. Das Wort „City" ist schon sehr ehrgeizig für diesen Ort, doch in dem freundlichen Dorf kann man gut ein, zwei Tage verbringen. Hier locken nicht nur einige faszinierende Reminiszenzen an die Vergangenheit, darunter ein tolles regionales Museum, sondern auch köstliche Meeresfrüchte.

Der Hwy 29 führt durch die Stadt auf die kleine, friedliche Wohninsel Chokoloskee, von der sich ein schöner Blick auf die wasserreiche Wildnis der 10 000 Islands bietet. In Everglades City wie auch in Chokoloskee kann man Bootstouren arrangieren, um dieses fast unberührte Gebiet zu erkunden.

Sehenswertes

★**Museum of the Everglades** MUSEUM
(☎239-695-0008; www.evergladesmuseum.org; 105 W Broadway, Everglades City; ⌚Mo–Sa 9–16 Uhr; P) GRATIS Dieses kleine Museum, das eine kulturelle Abwechslung zu so viel Natur bietet, sollte man auf keinen Fall verpassen. Es befindet sich im früheren Waschhaus der Stadt und wird von freundlichen Freiwilligen betrieben, die unglaublich gut über die Geschichte der Region Bescheid wissen. Die Sammlung widmet sich der Besiedlung der Gegend von den frühen Pionieren im 19. Jh. über die Blütezeit in den 1920er-Jahren bis zu den tragischen Momenten (Hurrikan Donna zerstörte die Stadt 1960) und der darauffolgenden Verwandlung in das ruhige Nest, das die Stadt heute ist.

Smallwood Store MUSEUM
(☎239-695-2989; www.smallwoodstore.com; 360 Mamie St, Chokoloskee; Erw./Kind 5 US$/frei; ⌚Dez.–April 10–17 Uhr, Mai–Nov. 11–17 Uhr) Das Holzgebäude auf dem Pier mit Blick auf die Chokoloskee Bay wurde 1906 erbaut, als ein Pionier namens Ted Smallwood diesen rustikalen Handelsposten mit Postamt und Gemischtwarenladen eröffnete. Die Regale

sind mit Antiquitäten und historischen Gegenständen gefüllt, daneben werden Ereignisse und Persönlichkeiten aus den wilden Zeiten als entlegene Insel am Ende der Welt beschrieben.

Geführte Touren

Everglades Adventures KANUFAHREN
(☎877-567-0679; www.evergladesadventures.com; 107 Camellia St, Everglades City; 3/4-stündige Tour ab 89/99 US$, Kanu-/Kajakverleih ab 35/49 US$ pro Tag) Um einen echten Eindruck von den Everglades zu bekommen, gibt es nichts Besseres als eine Bootsfahrt. Dieser sehr empfehlenswerte Anbieter veranstaltet eine ganze Palette halbtägiger Kajaktouren, von Paddeltouren durch die Morgendämmerung bis zu Exkursionen in die Mangroven, die erst in der Dunkelheit unter den funkelnden Sternen enden.

Smallwood Store Boat Tour BOOTFAHREN
(☎239-695-0016; www.smallwoodstoreboattour.com; 360 Mamie St, Chokoloskee; 1-stündige Tour 40 US$;) Von einer Anlegestelle unterhalb des Smallwood Store starten die Bootstouren dieses kleinen, familiengeführten Anbieters. Sie führen in die wasserreiche Wildnis der 10 000 Islands. Unterwegs begegnet man unzähligen Vögeln und mit hoher Wahrscheinlichkeit auch einigen Tümmlern, die gern im Kielwasser der Boote schwimmen.

Gulf Coast Visitor Center BOOTFAHREN
(☎239-695-2591; www.evergladesnationalparkboattoursgulfcoast.com; 815 Oyster Bar Lane, abseits des Hwy 29; Kanu/Einerkajak/Zweierkajak 38/45/55 US$ pro Tag; ⌚Mitte April–Mitte Nov. 9–16.30 Uhr, Mitte Nov.–Mitte April ab 8 Uhr;) Die nordwestlichste Rangerstation des Everglades National Park ist Ausgangspunkt für Touren in das Gebiet der 10 000 Islands. Die Bootstouren, die knapp zwei Stunden dauern, beginnen unten im Jachthafen und führen entweder in die Mangrovenwildnis (Erw./Kind 48/25 US$) oder hinaus zu den grünen Inseln (38/20 US$), wo mit etwas

DIE HÜTERIN DER GLADES

Selbst in einem Staat, der für seine Bilderstürmer bekannt ist, kann niemand Marjory Stoneman Douglas das Wasser reichen – nicht nur, was ihre Schrullen angeht, sondern auch ihre Tatkraft. Mit nicht nachlassender, unerschütterlicher Energie focht sie einen der längsten Kämpfe um den Umweltschutz in der Geschichte der USA aus.

Die 1890 geborene Douglas zog nach dem Scheitern ihrer ersten Ehe nach Florida. Sie arbeitete für den *Miami Herald* und veröffentlichte schließlich als freie Schriftstellerin Kurzgeschichten, die sowohl wegen ihrer literarischen Qualität als auch wegen ihrer progressiven Themen bemerkenswert waren. *Plumes* (1930) und *Wings* (1931), beide in der *Saturday Evening Post* veröffentlicht, griffen das Thema der Vogelwilderei in den Everglades auf, die damals noch unglaublich weit verbreitet war (die Federn schmückten Damenhüte).

In den 1940er-Jahren erhielt Douglas den Auftrag, für die Serie Rivers of America etwas über den Miami River zu schreiben, verwarf die Idee aber schnell wieder und porträtierte stattdessen in ihrem Klassiker *The Everglades: River of Grass* die Everglades. Wie alle ihre Werke fiel auch dieses sowohl durch die gründliche Recherche als auch durch den Reichtum ihrer lyrischen Sprache auf.

Die erste Auflage von *River of Grass* war im Handumdrehen ausverkauft, und in der öffentlichen Wahrnehmung verwandelten sich die Everglades von einem „widerwärtigen Sumpf" in ein „Nationalheiligtum". Douglas wurde zunehmend zu einer Anwältin für Umweltfragen, Frauenrechte und Rassengleichheit und kämpfte z. B. für die Schaffung einer grundlegenden Infrastruktur in Miamis Overtown.

Heute erinnert man sich an sie als beliebteste Umweltschützerin Floridas. Immer tadellos gekleidet mit Handschuhen, Kleid, Perlen und weichem Strohhut, besiegte sie Bauunternehmer, Politiker und die ihr verhasstesten Gegner, Zuckerrohrfarmer, allein mit der Kraft ihrer Worte. Sie kämpfte unermüdlich weiter und hielt zuverlässig Reden und Vorträge, bis sie 1998 im Alter von 108 Jahren starb.

Heute scheint praktisch jede Umwelteinrichtung Floridas nach Douglas benannt zu sein, doch wäre sie noch am Leben, wären ihr diese Ehrungen wohl herzlich egal. Sie wäre vollauf damit beschäftigt, sich ins CERP-Büro einzunisten, um sicherzugehen, dass alles wie geplant vorangeht.

10 000 ISLANDS

Eine der schönsten Möglichkeiten, die friedliche Atmosphäre der Everglades zu erleben – die zugleich verlassen, aber auch üppig, tropisch und faszinierend wirken –, ist eine Paddeltour durch das Netz der Wasserwege am Rand des nordwestlichen Abschnitts des Parks. Die **10 000 Islands** bestehen aus vielen (wenn auch keinesfalls 10 000) winzigen Inseln und einem Mangrovensumpf an der südwestlichsten Grenze Floridas.

Der **Wilderness Waterway**, ein 160 km langer Wasserweg zwischen Everglades City und Flamingo, ist die längste Kanustrecke in der Gegend, in der Nähe von Flamingo gibt's aber auch noch kürzere. Die meisten Inseln säumen schmale, schneeweiße Sandstrände, allerdings ist das Wasser brackig und die meiste Zeit sehr flach. Das hier ist zwar nicht Tahiti, aber auf jeden Fall sehr faszinierend. Man kann bis zu einer Woche auf seiner ganz privaten Insel campen.

Wer gut navigieren kann und sich penibel an die Gezeitentabellen und nautischen Karten der National Oceanic & Atmospheric Administration (NOAA) hält, wird sich bestens im Gebiet der 10 000 Islands zurechtfinden. Wenn man gegen die Gezeiten fährt, wird man sich die Tour aber mit Sicherheit verderben. Das Gulf Coast Visitor Center (S. 166) verkauft nautische Karten und verteilt kostenlose Gezeitentabellen. Man kann die nautischen Karten auch schon vor der Ankunft erwerben: einfach unter ☎ 305-247-1216 anrufen und nach den Karten 11430, 11432 und 11433 fragen.

Glück Delfine neben dem Boot in die Höhe springen.

Im Jachthafen sollte man auf Manatis achten. Viel Spaß macht es auch, Kajak oder Kanu zu fahren; die Boote kann man am Jachthafen ausleihen. Man sollte aber auf jeden Fall eine Karte mitnehmen, die man im Visitor Center bekommt. Für Bootsfahrten benötigt man die Seekarten 11430 und 11432 der NOAA.

Feste & Events

Everglades Seafood Festival ESSEN & TRINKEN
(www.evergladesseafoodfestival.org; Feb.) Bei diesem dreitägigen Fest in Everglades City wird ausgiebig geschlemmt, außerdem gibt es Fahrgeschäfte für Kinder und Livemusik. Im Mittelpunkt stehen aber die herrlichen Meeresfrüchte: Große Steinkrabben, *conch fritters* (frittierte Schnecken), Krabbenkuchen, Kokos-Garnelen, Muscheln und Tintenfisch. Daneben gibt's auch gebratene Alligatoren, Froschschenkel, Pulled Pork vom Grill und Key Lime Pie am Spieß!

Schlafen

Outdoor Resorts of Chokoloskee MOTEL $
(☎ 239-695-2881; www.outdoorresortsofchokoloskee.com; 150 Smallwood Dr, Chokoloskee; Zi. 119 US$;) Wegen seiner vielen Einrichtungen , darunter mehrere Pools, ein beheizter Whirlpool, Tennis- und Shuffleboard-Plätze, ein Fitnesscenter und Bootsverleih, ist dieses Motel am nördlichen Ende von Chokoloskee Island sehr beliebt. Das Preis-Leistungs-Verhältnis stimmt. Die recht einfachen Zimmer im Motelstil haben Miniküchen und eine Terrasse auf der Rückseite mit Blick über den Jachthafen.

Parkway Motel & Marina MOTEL $
(☎ 239-695-3261; www.parkwaymotelandmarina.com; 1180 Chokoloskee Dr, Chokoloskee; Zi. 110–150 US$; P) Ein freundliches Paar betreibt diese Unterkunft ganz im Stil einer traditionellen Florida-Lodge: nette kleine Zimmer und ein gemütliches Apartment in einem einstöckigen Motelgebäude. Es befindet sich an einem friedlichen Fleckchen auf der Insel Chokoloskee. Die Besitzer Bill und Greci wissen unwahrscheinlich viel über die Region.

Everglades City Motel MOTEL $$
(☎ 239-695-4224; www.evergladescitymotel.com; 310 Collier Ave, Everglades City; Zi. 150–250 US$; P) Dieses Motel bietet mit seinen großen, renovierten Zimmern, die mit allen modernen Annehmlichkeiten ausgestattet sind (etwa Flachbild-TV, Kühlschrank, Kaffeebereiter), und den freundlichen Mitarbeitern, bei denen man Bootstouren buchen kann, ein gutes Preis-Leistungs-Verhältnis für alle, die etwas Zeit in der Nähe der 10 000 Islands verbringen möchten.

Ivey House Bed & Breakfast B&B $$
(☎ 877-567-0679; www.iveyhouse.com; 107 Camellia St, Everglades City; Gasthaus 100–180 US$, Lodge 90–100 US$, Cottage 180–230 US$; P) Das freundliche, familiengeführte tropische Gästehaus bietet zahlreiche gut aus-

gestattete Unterkünfte: helle, geräumige Zimmer im Gasthaus mit Blick auf einen hübschen Hof, preiswertere Zimmer in der Lodge (mit Gemeinschaftsbad) und ein freistehendes Cottage mit zwei Schlafzimmern, Küche und Terrasse mit Insektenschutz. Im schönen Pool (im Winter überdacht) kann man ganzjährig eine Runde schwimmen.

Dies ist ein ausgezeichneter Ort, um Touren (S. 166) in die Natur zu buchen, von Tagestouren mit dem Paddelboot bis zu sechstägigen Paketen inklusive Übernachtung, Ausflügen und einigen Mahlzeiten.

Essen

Sweet Mayberry's CAFÉ $

(☎239-695-0092; www.sweetmayberryscafe.com; 207 W Broadway Ave, Everglades City; Salate & Wraps 10–12 US$; ⌚Di–Sa 9–16 Uhr; 📶🖉) Das beste Café der Stadt (nicht, dass es allzuviel Konkurrenz gäbe) ist locker und charmant. Die freundlichen Angestellten bereiten Frühstücksbagel, leckere hausgemachte Wraps, köstliche Desserts (Tipp: der Möhrenkuchen) und gute Espressos zu. Man schnappt sich einen Stuhl auf der Terrasse vor dem Café und macht es sich gemütlich.

Triad Seafood Cafe SEAFOOD $

(☎239-695-0722; www.triadseafoodmarketcafe.com; 401 School Dr, Everglades City; Hauptgerichte 10–17 US$, Steinkrabbenmahlzeiten 26–44 US$; ⌚So–Do 10.30–18, Fr & Sa bis 19 Uhr) Das Triad ist für seine Steinkrabbenscheren berühmt, serviert aber auch alle Arten von anderen Meeresfrüchten, die man an Picknicktischen über dem Wasser verputzt. Wer den freundlichen Besitzer mit seiner Fähigkeit, Krabben (oder zumindest ihre Scheren) zu verdrücken, beeindrucken kann, dem wird die zweifelhafte Ehre zuteil, auf der Vielfraß-Tafel verewigt zu werden.

★ **Havana Cafe** LATEINAMERIKANISCH $$

(☎239-695-2214; www.havanacafeoftheeverglades.com; 191 Smallwood Dr, Chokoloskee; Hauptgerichte mittags 10–19 US$, abends 22–30 US$; ⌚Mo–Do 7–15, Fr & Sa bis 20 Uhr, Mitte April–Mitte Okt. geschl.) Das Havana Cafe ist nah und fern für sein köstlich zubereitetes Seafood mit lateinamerikanischer Note bekannt. Beliebte Mittagsgerichte sind Steinkrabben-Enchiladas, geschwärzter Zackenbarsch mit Reis und Bohnen und ein dekadentes kubanisches Sandwich. Hübsch sind auch die Tische im Freien zwischen Palmen und leuchtendbunten Bougainvillea, ganz zu schweigen vom freundlichen Service.

Freitag und Samstag, wenn die Feinschmecker aus der Stadt kommen, um Steinkrabben zu schlemmen, geht ohne Reservierung gar nichts. Die erstaunlich gute Meeresfrüchte-Paella und die Meeresfrüchte-Pasta muss man im Voraus bestellen; beide kosten 50 US$, reichen aber mindestens für zwei Personen.

★ **Camellia Street Grill** SEAFOOD $$

(☎239-695-2003; 202 Camellia St, Everglades City; Hauptgerichte 13–26 US$; ⌚12–21 Uhr; 🖉) Das Camelia ist ein legeres, scheunenartiges Restaurant, in dem Lichterketten an den Dachsparren befestigt sind und maritimer Krimskrams die Wände schmückt. Hier werden bodenständige Meeresfrüchte serviert. Am besten kommt man vor Sonnenuntergang, um die schöne Aussicht von der Terrasse am Wasser zu genießen. In der Saison sollte man sich die zarten Steinkrabbenscheren nicht entgehen lassen.

Ansonsten gibt's Körbe mit gebratenem Seewolf, Zackenbarsch und Shrimps, aber auch herzhafte Platten mit gegrillten Meeresfrüchten, Barbecue-Rippchen und Shrimps & Grits sowie Krabbenkuchen-Sandwiches, Fisch-Tacos und hausgemachte vegetarische Wraps.

Oyster House SEAFOOD $$

(☎239-695-2073; www.oysterhouserestaurant.com; 901 Copeland Ave, Everglades City; Hauptgerichte mittags 12–18 US$, abends 19–30 US$; ⌚So–Do 11–21, Fr & Sa bis 22 Uhr; 🖉👪) Neben hervorragenden, für die Everglades typischen Meeresfrüchtegerichten (Austern, Krabben, Zakchenbarsch, Offiziersbarsch, Hummer) tischt dieses gut besuchte, familiengeführte Restaurant auch Alligatorengerichte (Tacos, Jambalaya, Platten mit gebratenem Fleisch) und Einfacheres (Burger, gebratene Meeresfrüchte) sowie großartige Desserts auf. Das Innere erinnert an eine rustikale Hütte und ist mit altem Schnickschnack und ausgestopften Tieren dekoriert, so dass man sich fühlt, als wäre man tief in den Wäldern.

Praktische Informationen

Everglades Area Chamber of Commerce

(☎239-695-3941; Ecke US Hwy 41 & Hwy 29; ⌚9–16 Uhr) Hier bekommt man allgemeine Informationen über die Region.

An- & Weiterreise

In dieser Gegend fahren keine öffentlichen Verkehrsmittel. Die 85 Meilen (137 km) lange

Autofahrt von Miami nach Westen ist recht unkompliziert und dauert bei guten Verkehrsbedingungen etwa 1¾ Stunden.

Südliche Everglades

Wer von Miami aus nach Süden fährt, gelangt ins Herz des Parks und zu den schönsten Aussichten auf die Everglades. Zudem laden hier zahlreiche Seitenpfade und kanugängige Bäche zu eindrücklichen Abstechern ein. Man kommt auf dieser Route durch einige der friedlichsten und schönsten Landschaften des Parks. Und wer die ausgetretenen Pfade verlassen möchte und das insektengeplage, sumpfige Herz des Feuchtgebiets hautnah erleben möchte, hat von hier besseren Zugang zu einem Netz von Wanderwegen im Inneren des Parks.

Homestead & Florida City

Homestead und das benachbarte Florida City, 2 Meilen (3,2 km) weiter südlich wirken auf den ersten Blick nicht besonders attraktiv. Sie gehören noch zu den immer weiter wuchernden Randgebieten von South Miami und wirken wie eine endlose Kette von riesigen Einkaufszentren, Fast-Food-Lokalen, Autohändlern und Tankstellen. Doch hinter der Fassade verbirgt sich vieles, das zunächst nicht sichtbar ist: merkwürdige Kuriositäten wie ein „Schloss", das ein verliebter Einwanderer im Alleingang gebaut hat, ein Tierschutzzentrum für exotische Tierarten, eine Weinkellerei, die landwirtschaftliche Produkte Floridas präsentiert (Tipp: um Trauben geht es hier nicht), eine florierende Kleinbrauerei und einer der besten Farm-Verkaufsstände des ganzen Landes. Und natürlich sind die Städte sehr gute Ausgangspunkte für Expeditionen in den großartigen Everglades National Park.

Sehenswertes & Aktivitäten

★ Coral Castle SCHLOSS

(☎305-248-6345; www.coralcastle.com; 28655 S Dixie Hwy; Erw./Senior/Kind 18/15/8 US$; ⏲So–Do 8–18, Fr & Sa bis 20 Uhr) „Hier werden sie außergewöhnliche Errungenschaften sehen", kündigt die Inschrift auf der grob behauenen Steinmauer an, doch das ist eine Untertreibung. Es gibt einfach keinen großartigeren Tempel für alles Bizarre und Verrückte in Südflorida als dieses Bauwerk. Der Legende nach wurde ein Lette am Traualtar stehen gelassen, ging daraufhin in die USA und zog nach Florida. Dort meißelte er in der Dunkelheit der Nacht von Hand unbeobachtet dieses Denkmal für die unerwiderte Liebe.

Die von einer Steinmauer eingefasste Anlage enthält einen „Thronsaal", eine Sonnenuhr, eine steinernen Einfriedung (gedacht als Rückzugsbereich für das Kind, das das Paar nie haben würde), eine Art Teleskop, das exakt auf den Polarstern ausgerichtet ist, und ein drehbares Felsentor, das sich leicht mit einer Hand öffnen lässt. Noch unglaublicher: All dies baute ein einziger, kleiner Mann, der nur 1,52 m große und 45 kg schwere Edward Leedskalnin, ganz allein ohne große Maschinen. Er arbeitete nur mit Flaschenzügen, Handwerkzeugen und anderen improvisierten Hilfsmittel und benötigte 28 Jahre, um diese grandiose steinerne Meisterwerk zu vollenden.

Schnebly Redland's Winery WEINKELLEREI

(☎305-242-1224; www.schneblywinery.com; 30205 SW 217th Ave; Weinverkostung/Führungen 13/8 US$; ⏲Mo–Do 10–17, Fr & Sa bis 23, So 12–17 Uhr) Die Schnebly Redland's Winery versteckt sich an einer ruhigen Landstraße westlich von Homestead und ist die südlichste Weinkellerei der USA. Angesichts des Klimas wachsen hier weder Malbec noch Pinot Noir oder Zinfandel: Hier wird Obstwein hergestellt, z. B. aus Mango, Maracuja, Litschi, Avocado, Kokosnuss und anderen tropischen Früchten. Die Weine schmecken erstaunlich gut.

Everglades Outpost TIERHEIM

(☎305-562-8000; www.evergladesoutpost.org; 35601 SW 192nd Ave; Erw./Kind 12/8 US$; ⏲Mo, Di & Fr 10–17.30 Uhr, Mi & Do nach Vereinbarung) Der Everglades Outpost nimmt Wildtiere auf, die von illegalen Händlern beschlagnahmt, vor Vernachlässigung und Misshandlung gerettet oder von überforderten Besitzern abgegeben wurden, und füttert und versorgt sie. Zu den Bewohnern des Outpost gehören ein Lemur, Wölfe, ein Schwarzbär, Zebras, Kobras, Alligatoren und ein Paar majestätischer Tiger (einer davon wurde von einer Stripteasetänzerin gebracht, die das Tier eigentlich in ihre Tanznummer einbauen wollte). Mit dem Eintrittsgeld unterstützt man die Arbeit der Einrichtung.

Fruit & Spice Park PARK

(☎305-247-5727; www.redlandfruitandspice.com; 24801 SW 187th Ave, Homestead; Erw./Kind/

Kind unter 6 Jahren 8/2 US$/frei; ⌚9–17 Uhr; P) In dem 14 ha großen öffentlichen Park am Rand der Everglades wachsen all jene tropischen Früchte, in deren Genuss man normalerweise nur kommt, wenn man einen Durchfall riskiert. Der Park ist in „Kontinente" (Afrika, Asien usw.) unterteilt. Auf einem ruhigen Spaziergang kommt man an insgesamt etwa 500 verschiedenen Obst-, Gewürz- und Nusssorten vorbei. Leider darf man nichts pflücken, aber man kann alles essen, was heruntergefallen ist (am meisten lässt sich morgens sammeln).

Downtown Homestead VIERTEL

(☎305-323-6564; www.homesteadmainst.org; Krome Ave) Bei einem Bummel entlang der fast schon malerischen Hauptstraße Homesteads, die eigentlich nur ein paar Blocks der Krome Ave nördlich und südlich von der **Historic Town Hall** (☎305-242-4463; www.townhallmuseum.org; 41 N Krome Ave; ⌚Di–Sa 13–17 Uhr) umfasst, kann man einen recht unterhaltsamen halben Tag verbringen. Von September bis April findet in der Stadt jeden Monat im **Losner Park** (gegenüber der Historic Town Hall) ein großes Event statt, darunter Konzerte, kulinarische Festivals, Feiertagsparaden und mehr. Ein guter Versuch, dem Zentrum Homesteads mehr Charakter zu geben.

Garls Coastal Kayaking Everglades KAJAKFAHREN

(www.garlscoastalkayaking.com; 19200 SW 344th St; Einer-/Zweierkajak pro Tag 40/55 US$, halb-/ganztägige Tour 125/150 US$) Dieser Anbieter mit Sitz auf dem Gelände des Obststandes Robert Is Here (s. rechte Spalte) veranstaltet oft empfohlene Exkursionen in die Everglades. Eine Ganztagstour beginnt mit einer Wanderung (durch ziemlich sumpfiges Gelände in der üppigen Landschaft der Zypressenhaine), gefolgt von einer Kajaktour in den Mangroven und in der Florida Bay, und – wenn noch Zeit bleibt – einer Nachtwanderung.

Wer auf eigene Faust losziehen will, kann hier Kajaks und weitere Ausrüstung wie Zelte, Schlafsäcke und Angelzubehör ausleihen.

Schlafen

★ **Everglades International Hostel** HOSTEL $

(☎305-248-1122; www.evergladeshostel.com; 20 SW 2nd Ave, Florida City; Camping 18 US$/Pers., B 30 US$, DZ 61–75 US$, Suite 125–225 US$; P ❄ 📶 ≋) Das freundliche Hostel befindet sich in einer unordentlichen, aber freundlichen Pension aus den 1930er-Jahren und bietet preiswerte Schlafsäle, Privatzimmer und „halb-private" Zimmer (separate Zimmer in einem Schlafsaal ohne eigenes Bad). Am schönsten ist der kreativ gestaltete Garten hinterm Haus.

Dort gibt es ein Baumhaus, einen kleinen Felsenteich samt Wasserfall, einen Beduinenpavillon, der auch als Tanzzelt fungiert, einen Gartenpavillon, ein offenes Zelt-„Schlafzimmer" und einen Ofen, der an eine Kaulquappe erinnert. Man muss es gesehen haben, um es zu glauben. Und das Beste: Überall kann man sich für 15 US$ hinhauen! Am schönsten ist die Übernachtung im Baumhaus! Ganz nebenbei sind die Gäste unkonventionelle, offene Menschen aus aller Welt, die einen auf Anhieb fürs Reisen begeistern. Das Hostel bietet auch hervorragende Touren in die Everglades an.

Hotel Redland HOTEL $

(☎305-246-1904; www.hotelredland.com; 5 S Flagler Ave, Homestead; Zi. 110–150 US$; ❄ 📶) Das Hotel Redland befindet sich am Rand der hübschen Downtown von Homestead in einem 1904 erbauen Gebäude. Dank seiner liebenswürdigen Gastgeber ist es freundlich und gemütlich. Die zwölf Zimmer sind komfortabel, aber auf charmante, großmütterliche Art veraltet (Quilts als Überdecken, geblümte Vorhänge und alte Fotos oder gerahmte Bilder an der Wand).

Essen & Ausgehen

★ **Robert Is Here** MARKT $

(☎305-246-1592; www.robertishere.com; 19200 SW 344th St, Homestead; Säfte 7–9 US$; ⌚8–19 Uhr) 🌿 Das Roberts ist mehr als ein Farm-Verkaufsstand, es ist eine Institution. Dies ist Old Florida von seiner schönsten, kitschigsten Seite, zu Hause in den Everglades und der Landwirtschaft ringsum. Hier findet man jede Menge exotisches Obst aus Florida, das es nirgendwo sonst gibt, darunter Schwarze Sapote, Karambole (Sternfrucht), Tamarinde, Zimtapfel, Longan und Passionsfrucht. Die Säfte sind fantastisch.

Außerdem gibt's einen Streichelzoo und einen Wasserspielplatz für die Kleinen (Handtuch mitbringen), am Wochenende Livemusik sowie hausgemachte Konserven und Soßen. Robert selbst ist übrigens jeden Tag hier, arbeitet an der Theke und kann viel über die köstlichen tropischen Früchte erzählen.

CAMPEN IN FREIER WILDBAHN

Es gibt drei Arten von **Campingplätzen im Hinterland** (☎239-695-2945, 239-695-3311; www.nps.gov/ever/planyourvisit/backcamp.htm; Genehmigung Nov.–April 15 US$, Mai–Okt. frei, plus 2 US$/Nacht & Person): Plätze am Strand (*beach sites*, auf Muschelstränden an der Küste und auf den 10 000 Islands; Plätze an Land (*ground sites*, im Prinzip Aufschüttungen aus Erde über den Mangroven); und *chickees*, hölzerne Plattformen über dem Wasser, auf denen man frei stehende Zelte (ohne Heringe) aufbauen kann. Die *chickees* haben Toiletten und bieten eine höchst kultivierte Campingerfahrung. Wer auf einer derartigen Plattform über dem Wasser übernachtet, fühlt sich so heiter und friedlich wie in einem treibenden Ruderboot. An den Landcampingplätzen werden Insekten in der Regel am ehesten zur Qual.

Eine Warnung: Wer mit dem Boot unterwegs ist und eine Insel sieht, die sich scheinbar zum Campen eignet, aber kein ausgewiesener Campingplatz ist, sollte Vorsicht walten lassen: Möglicherweise steht man beim Gezeitenwechsel im Wasser!

Einige Tipps zum Campen im Hinterland:

- Nahrungsmittel in gut tragbaren, vor Waschbären geschützten Behälter lagern (in Ausrüstungsgeschäften erhältlich).
- Allen Abfall mindestens 25 cm tief vergraben – das kann manchmal wegen der harten Grasnarbe schwierig sein.
- Zum Kochen einen Campingkocher benutzen. Offene Feuer sind nur an den Stellplätzen am Strand erlaubt, und auch dort darf man nur Fallholz oder Treibholz verbrennen.

Gator Grill AMERIKANISCH $
(☎786-243-0620; 36650 SW 192nd Ave; Hauptgerichte 9–16 US$; ⏲11–18.30 Uhr) Der Gator Grill, eine weiße Hütte mit Picknicktischen, liegt günstig, um vor oder nach dem Besuch des Everglades National Park einzukehren. Hier gibt's Alligatorengerichte aller Art: Alligatoren-Tacos, Alligatoren-Pfanne, Alligatoren-Kebabs und auch einfach gebratenes Alligatorenfleisch in einem Korb serviert.

Rosita's MEXIKANISCH $
(☎305-246-3114; www.rositasrestaurantfl.com; 199 W Palm Dr, Florida City; Hauptgerichte 8–12 US$; ⏲8.30–21 Uhr) Die vielen Mexikaner, die hier essen, sind ein Beleg dafür, wie fantastisch die Tacos und Burritos sind. Alle sind freundlich und die Mariachi-Musik sorgt für eine festliche Atmosphäre.

Miami Brewing Company BRAUEREI
(☎305-242-1224; www.miamibrewing.org; 30205 SW 217th Ave; ⏲So–Do 12–17, Fr & Sa bis 23 Uhr) In diesem riesigen Verkostungsraum im Stil einer Lagerhalle gibt's großartige Craft-Biere. Die Brauer haben Biere wie das Mango-Weizenbier Shark Bait, das Kokos-Blond-Ale Big Rod und das Indian Pale Ale Vice mit Zitrusnote mit kräftigen Florida-Akzenten versehen. An Spieltagen werden die Großbildschirme eingeschaltet, außerdem gibt's einen Billardtische, Picknicktische und am Wochenende Livemusik (oder DJs).

Die Brauerei hat auch Saisonbiere im Angebot, z. B. Kürbisbier, würziges Winter-Ale und ein cremiges Stour mit einem Hauch von französischer Vanille. Sie befindet sich im selben Komplex (und hat dieselben Besitzer) wie die Schnebly Redland's Winery (S. 169).

ℹ Praktische Informationen

Tropical Everglades Visitor Association (160 N 1st St, Florida City; ⏲Mo–Sa 8–17, So 10–14 Uhr) In diesem Visitor Center gleich abseits des Dixie Hwy in Florida City, gibt's die besten Infos in der Gegend zu Aktivitäten, Sehenswürdigkeiten, Unterkünften und Restaurants.

Chamber of Commerce (☎305-247-2332; www.southdadechamber.org; 455 N Flagler Ave, Homestead; ⏲Mo–Fr 9–17 Uhr) Hier bekommt man Infos zur Region.

ℹ An- & Weiterreise

Homestead betreibt am Wochenende einen kostenlosen **Trolleybus-Service** (☎305-224-4457; www.cityofhomestead.com; ⏲Dez.–April Sa & So), der Besucher vom Losner Park (in Downtown Homestead) hinaus zum **Royal Palm Visitor Center** (S. 173) im Everglades National Park bringt sowie zwischen dem Losner Park und dem Biscayne National Park (S. 175) pendelt. Die aktuellen Fahrzeiten kann man telefonisch erfragen.

PYTHONS, ALLIGATOREN & KROKODILE – OH MEIN GOTT!

Alligatoren

Alligatoren sind im gesamten Park verbreitet, im Gebiet der 10 000 Islands gibt es aber weniger, da sie salziges Meerwasser eher meiden. Wenn man einen Alligator sieht, wird dieser wahrscheinlich nicht reagieren, es sei denn, man verhält sich offenkundig bedrohlich oder bringt das Boot zwischen den Alligator und seine Jungen. Wenn ein Alligator ein lautes fauchendes Geräusch macht, sollte man möglichst schnell das Weite suchen. Damit signalisiert er anderen Alligatoren, dass ein Jungtier in Gefahr ist. Und schließlich sollte man Alligatoren niemals füttern – das ist nicht nur dumm, sondern auch verboten!

Krokodile

Krokodile kommen seltener im Park vor, sie bevorzugen Küsten- und Salzwasserhabitate. Sie sind aggressiver als Alligatoren, daher gelten dieselben Regeln. In den USA leben nur noch einige Hundert von ihnen, daher sind sie eine gefährdete Art.

Pumas

Der Florida-Puma ist sehr stark gefährdet, und obwohl er das offizielle Tier des Bundesstaates ist, gibt es keine Garantie, dass er in der Wildnis überleben wird. Gegenwärtig leben schätzungsweise 120 bis 230 Pumas in freier Wildbahn. Das ist zwar seit den 1980er-Jahren, als es nur 20 bis 30 waren, ein Anstieg, aber sicher kein Grund zum Feiern. Wie so oft ist der Mensch am Verschwinden dieses Raubtiers Schuld. Die großflächige Einschränkung des Lebensraums (etwa durch den Bau von Dämmen) ist der Hauptgrund für den Rückgang der Pumapopulation. In der Vergangenheit gab es nur dürftige Zahlen zum Bestand der Pumas, gleichzeitig wurden Bauprojekte genehmigt, die das Überleben der Art gefährdeten. Umweltgruppen sehen einen Zusammenhang zwischen der schlechten Informationspolitik und finanziellen Interessenkonflikten. Zuchtgruppen, die sich aus einem Männchen und zwei bis fünf Weibchen zusammensetzen, benötigen ein Gelände von über 500 km², und das führt dazu, dass die Pumas oft ihren gefährlichsten Feinden über den Weg laufen: den Autofahrern. 2016 wurden etwa 31 Pumas bei Verkehrsunfällen getötet.

Mit viel Glück sieht man vielleicht einen Florida-Puma. Die prächtigen braunen Raubkatzen sind extrem scheu und bewohnen nur noch 5 % ihrer einstigen Lebensraums. Viele leben relativ konzentriert im **Big Cypress National Preserve** (S. 162).

Auf dem Highway in die südlichen Everglades

Hinter Homestead und Florida City geht die flache, eintönige Agrarlandschaft in eine abwechslungsreichere, wildere Landschaft mit Kiefern und Zypressen über. Nach einigen Meilen Richtung Westen erreicht man die Zufahrtstraße zu den südlichen Everglades. An dieser Straße liegen zahlreiche Attraktionen, darunter kurze Naturlehrpfade mit tollen Möglichkeiten, Wildtiere zu beobachten, zum Kanufahren geeignete schmale Wasserstraßen und malerische Teiche und Seen. Die Straße endet in Flamingo, wo man Bootstouren hinaus in die Florida Bay unternehmen, eine Küstenwanderung machen oder einfach abhängen kann. Die 38 Meilen (61 km) lange Fahrt vom Parkeingang (nahe dem Ernest Coe Visitor Center) nach Flamingo dauert knapp eine Stunde, doch in diesem Teil des Nationalparks könnte man viele Tage mit Aktivitäten wie Wandern, Nachtwanderungen und Kanufahren zubringen.

Sehenswertes & Aktivitäten

★ **Anhinga Trail** NATURSCHUTZGEBIET

(24 Std.) Wer nur eine Wanderung in den Everglades machen will, sollte sich auf jeden Fall für den Anhinga Trail entscheiden. Alligatoren sonnen sich am Ufer, Amerikanische Schlangenhalsvögel (*anhinga*) stürzen sich auf ihre Beute und Watvögel stolzieren hochmütig durchs Schilf. Auf diesem kurzen Weg (1,3 km) kann man die Tiere im Royal Palm Visitor Center aus nächster Nähe sehen. Es gibt mehrere Aussichtspunkte, von denen man tagsüber manchmal Dutzende übereinandergestapelte Alligatoren beobachten kann.

Abends kommt man wieder (unbedingt eine Taschenlampe mitbringen), um zu sehen, wie Alligatoren durch die Wasserwege schwimmen – manchmal direkt neben ei-

Wetter

Im Sommer kommt es häufiger zu Gewittern als im Winter. Doch im Sommer machen einem die Insekten das Leben derart zur Hölle, dass man sich ohnehin möglichst wenig draußen aufhält. Bei extrem gefährlichem Wetter suchen Ranger nach registrierten Campern, doch normalerweise tun sie dies nur, wenn sie erfahren haben, dass jemand vermisst wird. Wer campen will, sollte Freunde oder Verwandte bitten, die Ranger zu informieren, wenn man sich nicht am vereinbarten Tag bei ihnen meldet.

Insekten

Man kann gar nicht genug davor warnen, was für eine Plage die Mücken und *no-see-ums* (winzige Gnitzen, die beißen) in den Everglades sind – sie sind das mit Abstand ärgerlichste Problem des Parks. In den meisten Nationalparks weisen Warnschilder auf die Feuergefahr hin, in den Everglades zeigen die Warntafeln stattdessen den Grad der Mückenplage an (die aktuelle Lage erfährt man auch telefonisch unter ☎305-242-7700). Im Sommer und Herbst steht dort immer *extremely high*. In der Sekunde, in der man die Autotür öffnet, wird man auch schon attackiert. Der einzige Schutz sind Insektenmittel mit 100 % DEET oder besser noch ein teurer Netzanzug.

Schlangen

In den Everglades leben vier Arten von Giftschlangen: die Diamant-Klapperschlange *(Crotalus adamanteus)*, die Zwergklapperschlange *(Sistrurus miliarius)*, die Wassermokassinotter *(Agkistrodon piscivorus conanti)*, die auf der Wasseroberfläche schwimmt, und die Korallenotter *(Micrurus fulvius)*. Man sollte lange, dicke Socken und Schnürstiefel tragen – und den Schlangen auf jeden Fall fernbleiben. Ach, und übrigens tummeln sich mittlerweile auch Tigerpythons im Wasser. Privatbesitzer, die sich Pythons angeschafft haben und mit ihnen nicht klargekommen sind, haben die Schlangen im Sumpf ausgesetzt, wo sie sich so gut an ihre neue Umgebung angepasst haben, wie man das von einer tropischen Schlange im subtropischen Wald erwarten würde. Der Python ist eine invasive Art, die die natürliche Ordnung hier ziemlich durcheinanderbringt. 2017 stolperte ein Reporter der *Palm Beach Post* gleich abseits der Loop Rd sogar über einen großen Python, der einen kompletten Alligator verspeiste, und filmte das Ganze.

nem. Der Park bietet regelmäßig von Rangern geführte Nachtwanderungen auf dem Plankenweg an, man kann sie aber auch jederzeit auf eigene Faust unternehmen. Der Anblick der funkelnden Augen eines Alligators, der im Wasser nach Beute Ausschau hält, im Schein einer Taschenlampe ist ein unvergessliches Erlebnis.

Flamingo Visitor Center VISITOR CENTER
(☎239-695-2945; www.nps.gov/ever; State Rd 9336; ⌚Nov.–Mitte April 8–16:30 Uhr) Das Flamingo Visitor Center liegt am Ende der State Rd 9336 und schaut auf einen Jachthafen und die wasserreiche Wildnis dahinter. Hauptattraktion ist die Erkundung der Wasserwege per Boot – entweder auf einer Bootstour oder mit einem gemieteten Kajak oder Kanu. Beides kann man bei der Flamingo Marina (S. 174), einen kurzen Fußweg vom Visitor Center entfernt, arrangieren. Man sollte unbedingt etwas Zeit am Ufer verbringen, denn dort sieht man häufig Manatis, Alligatoren und sogar die seltenen Spitzkrokodile.

Wer lieber an Land bleibt, kann den **Coastal Prairie Trail** (einfache Strecke 12 km) oder den kürzeren, landschaftlich reizvollen **Bayshore Loop Trail** (3,2 km) entlangwandern, beide erreicht man, indem man über den Campingplatz geht. Auch auf dem 800 m langen Weg, der den nahen Eco Pond umrundet, kann man nach Vögeln (und Alligatoren) Ausschau halten.

Royal Palm Visitor Center PARK
(☎305-242-7700; www.nps.gov/ever; State Rd 9336; ⌚9–16.15 Uhr) 4 Meilen (6,5 km) hinter dem Ernest Coe Visitor Center bietet Royal Palm den bequemsten Zugang zu den Everglades in dieser Gegend. Die Wanderung auf den beiden Wanderwegen, dem Anhinga Trail und dem **Gumbo Limbo** (benannt nach dem Weißgummibau, der auch „Tourist Tree" genannt wird, weil sich seine Rinde wie die Haut eines britischen Touris-

WANDERN IN GROSSARTIGER LANDSCHAFT

Die State Rd 9336 führt mitten durch das Zentrum des Parks, vorbei an weiten Flächen marschiger Prärie, an weißen, kahlen Zypressen und an dunklen Mahagoniwäldchen. Unterwegs laden viele Wanderwege zu einem kurzen Abstecher ein. Die im Folgenden genannten sind alle 800 m lang. Der **Mahogany Hammock** führt zu einer „Insel" aus Tropenbäumen, die auf der nassen Prärie schwimmt. Auf dem **Pinelands** geht es durch einen Hain mit den seltenen dürren Sumpfkiefern und einen Palmettopalmenwald. Weiter hinten geht es zum **Pa-hay-okee Overlook**, einer erhöhten Plattform mit Blick auf eine der malerischsten Biegungen des „Fluss aus Gras". Der **West Lake Trail** führt durch den größten geschützten Mangrovenwald in der nördlichen Hemisphäre. Weiter unten lockt eine 2,9 km lange Wanderung von gut zwei Stunden zum **Christian Point**. Der spektakuläre Weg führt durch mehrere Everglades-Landschaftstypen: durch tropischen Wald, vorbei an hohen weißen Zypressen und über eine Reihe von Schlickwattflächen (die an grauen, wolkigen Tagen besonders reizvoll sind) und endet mit einem dramatischen Blick auf die windgepeitschten Ufer der Florida Bay.

ten mit Sonnenbrand schält), dauert jeweils etwa eine Stunde und lässt Besucher eine ganz Palette von Tierarten der Everglades aus nächster Nähe erleben.

Ernest Coe Visitor Center VISITOR CENTER
(☎305-242-7700; www.nps.gov/ever; 40001 State Rd 9336; ⏲Mitte April–Mitte Dez. 9–17 Uhr, Mitte Dez.–Mitte April ab 8 Uhr) Das freundliche Visitor Center in der Nähe des Eingangs zum Everglades National Park zeigt einige tolle Exponate, darunter ein Diorama „typischer" Einwohner Floridas (der Fischer könnte glatt Bandmitglied bei ZZ Top werden).

Bootsverleih & Bootstouren der Flamingo Marina BOOTFAHREN
(☎239-696-3101; www.evergladesnationalpark boattoursflamingo.com; Touren Erw./Kind 38/18 US$, Kanuverleih 2/4/8 Std. 20/28/38 US$, Kajakverleih halber/ganzer Tag 35/45 US$; ⏲Jachthafen 7–19, Sa & So ab 6 Uhr) In der entlegensten Ecke des Parks liegt ein kleiner Jachthafen, von dem aus Bootstouren ins Hinterland starten und wo man Boote ausleihen kann. Wegen der isolierten Lage wird das Gebiet bei schlechtem Wetter gesperrt. Wer hier ein Kajak oder Kanu ausleiht, ist bei der Erkundung der Kanäle und Inseln der Florida Bay weitgehend auf sich allein gestellt.

Hell's Bay Canoe Trail KAJAKFAHREN
Ungeachtet des furchterregenden Namens (und der schrecklichen Mücken) kann man hier wunderbar Kajak fahren. „Höllisch schwierig, reinzukommen, und höllisch schwierig, wieder rauszukommen", sagte ein alter Einheimischer über diese Stelle. Ist man aber erst auf dem Wasser, taucht man in eine märchenhafte Welt ein: ein feines Netz aus Mangrovenbächen, Inselchen aus Sauergras und wandernden Schlammbänken. Das Gestrüpp bildet einen grünen Tunnel, und der einzige Geruch ist der nach Meersalz und dem dunklen, organischen Atem des Sumpfes.

Entlang der Strecke gibt es drei *chickees*. Wer dort zelten will, benötigt eine Genehmigung (*backcountry permits*), die man bei den Visitor Centers des Parks bekommt. Wer ohne Boot hier ist, kann in Flamingo eines ausleihen.

Schlafen

National Park Service Campsites CAMPING $
(NPS; www.nps.gov/ever/planyourvisit/camping.htm; Stellplatz 20 US$) Im ganzen Park verteilen sich vom NSP betrieben Campingplätze. Sie sind in der Regel sehr einfach, haben aber Duschen und Toiletten. Je nach Jahreszeit ist das kalte Wasser eine Abhärtung oder eine Wohltat. In den Informationsbüros des NSP und auf der Website des Nationalparks findet man eine Karte mit allen Stellplätzen des National Park Service.

Es gibt auch Zeltstellplätze im Hinterland (2 US$/Nacht). Für diese benötigt man ebenfalls eine Genehmigung und muss sie im Visitor Center reservieren, ehe man aufbricht. In der Nebensaison (Mai–Okt.) sind diese Stellplätze kostenlos. Man erreicht sie nur mit dem Kanu oder Kajak, lediglich ein Stellplatz ist von Flamingo aus zu Fuß erreichbar.

Flamingo Campground CAMPING $
(☎877-444-6777; www.nps.gov/ever/planyourvisit/flamcamp.htm; Stellplatz mit/ohne Strom 20/30 US$) Am Flamingo Visitor Center gibt's

über 200 Stellplätze, einige davon mit Stromanschlüssen. Wer den Wohnmobilen entkommen will, bucht einen nur zu Fuß zugänglichen Stellplatz. Die neun Stellplätze am Ufer sollte man rechtzeitig im Voraus reservieren (über www.reserveamerica.com).

Long Pine Key Campground CAMPING $
(☎305-242-7700; www.nps.gov/ever/planyourvisit/longpinecamp.htm; Stellplatz 20 US$; ⏲Mitte Juni–Mitte Nov. geschl.) Der Platz mit 108 Stellplätzen gleich westlich vom Royal Palm Visitor Center eignet sich besonders für Wohnmobile. Die Stellplätze werden nach der Reihenfolge des Eintreffens vergeben, Reservierungen sind nicht möglich.

BISCAYNE NATIONAL PARK

Gleich östlich der Everglades liegt der Biscayne National Park (☎305-230-1144, Bootstour 786-335-3644; www.nps.gov/bisc; 9700 SW 328th St; Bootstour Erw./Kind 35/25 US$; ⏲7–17.30 Uhr) bzw. die 5% davon, die sich nicht unter der Wasseroberfläche befinden. Tatsächlich erstreckt sich hier vor der Küste Floridas ein Teil des drittgrößten Riffs der Welt. Zudem gibt's im Park Mangrovenwälder und die nördlichsten der Florida Keys.

Der Besuch des Biscayne National Park, der ein wenig im Schatten der Everglades steht, erfordert etwas mehr Planung, doch diese Mühe lohnt sich. Die nur mit einem Boot erreichbaren Keys vor der Küste bieten Campingplätze inmitten unberührter Natur. Die beste Zeit für den Besuch des Parks sind der Sommer und der Herbst, denn dann ist das Wasser ruhig und man kann gut schnorcheln. Hier finden sich einige der schönsten Riffe und Schnorchelspots der USA, abgesehen von Hawaii und dem nahe gelegenen Key Largo.

Zum Glück kann man diesen einzigartigen, 777 km² großen Park gut erkunden, entweder individuell mit einem Kanu oder auf einer Bootstour.

Miami liegt zwar gleich um die Ecke, doch der Park wirkt, als sei er Welten entfernt. Er umfasst einen aufregenden Streifen artenreicher Korallenriffe und wimmelt nur so vor Tieren. Um sie aus der Nähe zu sehen, muss man aber mit dem Boot aufs Wasser oder besser noch mit Schnorchel und Maske unter Wasser. Manatis, Delfine und Meeresschildkröten sind nur einige der vielen Bewohner dieses vielfältigen Ökosystems.

Außerdem leben hier über 500 Arten von Riff-Fischen. Über dem Wasser findet man neotropische Wasservögel und Zugvögel.

Die beste Einführung in dieses Gebiet bietet eine Bootstour mit einem Parkranger, der einen Überblick über die Natur und die Geschichte der Gegend gibt. Die dreistündigen Touren beginnen an ausgewählten Donnerstagen, Freitagen und Samstagen einoder zweimal täglich am Dante Fascell Visitor Center (S. 176). Telefonisch kann man die Zeit erfragen und einen Platz reservieren.

Sehenswertes & Aktivitäten

NEC-FLO Paddlesports KAJAKFAHREN
(☎305-390-0393; www.necflo.com; Biscayne National Park, 9700 SW 328th St; ⏲Mi–So 9–17 Uhr) Dieser Anbieter verleiht an seinem Standort im Biscayne National Park Kajaks. Man kann sich hier auch nach Bootstouren erkundigen.

Maritime Heritage Trail TAUCHEN
Der Maritime Heritage Trail ist einer von nur wenigen derartigen Trails in den USA. Wer schon immer mal ein gesunkenes Schiff erkunden wollte, dem bietet sich hier die vielleicht beste Gelegenheit im gesamten Land, denn innerhalb des Parkgeländes befinden sich sechs Schiffswracks. Besucher des Trails werden mit Booten zu den Wracks gebracht und können dort schwimmen und inmitten von Fischschwärmen die alten Schiffe erkunden.

Auf den Schiffen gibt es sogar wasserfeste Infokarten zu den Stätten. Drei der Wracks sind für Taucher geeignet, die anderen, besonders die *Mandalay*, ein schöner Schoner mit zwei Masten, der 1966 sank, können beim Schnorcheln erkundet werden. In Miami veranstalten Anbieter wie das **South Beach Diver & Surf Center** (☎305-531-6110; www.southbeachdivers.com; 850 Washington Ave; Tauchtour mit 2 Flaschen ohne/mit Ausrüstung ab 90/140 US$, Surfboardverleih 4 Std./ganzer Tag 30/35 US$; ⏲Mo–Sa 9–19, So 10–18 Uhr) Exkursionen hierher.

Geführte Touren

Biscayne National Park Sailing BOOTFAHREN
(☎561-281-2689; www.biscaynenationalparksailing.com; 2½-/6-stündige Bootsfahrt pro Pers. 59/149 US$) Eine der schönsten Möglichkeiten, den Biscayne National Park zu erleben, sind diese Segelboottouren, die am Convoy Point beginnen. Die ganztägigen Segeltörns

starten um 10 Uhr, es geht die Bay entlang mit einer Pause auf dem Boca Chita Key oder Adams Key, gefolgt vom Mittagessen (25 US$ extra, man kann aber auch sein eigenes Essen mitbringen); danach kann man einem friedlichen Fleckchen schnorcheln oder stehpaddeln und ist gegen 16 Uhr wieder zurück.

Die Tour ist zwar relativ teuer, doch viele Teilnehmer sind hellauf begeistert. Mindestens zwei, höchsten sechs Teilnehmer.

Schlafen & Essen

Einfache Campingplätze (Stellplatz 25 US$/ Nacht, Mai–Sept. frei) gibt es auf Elliott Key und auf Boca Chita Key, man erreicht sie aber nur per Boot. Winzige Gnitzen, *No-see-ums* genannt, sind hier eine echte Plage, ihre Bisse sind sehr unangenehm. Unbedingt dafür sorgen, dass das Zelt noch nicht einmal winzige Löcher hat, durch die die Plagegeister hineingelangen könnten.

Im Park gibt es kein Essen, im Homestead Bayfront Park, das auch einen Jachthafen hat, befindet sich aber ein Freiluftrestaurant. Mehr Restaurants (und Geschäfte, um Vorräte zu kaufen) findet man im etwa 9 Meilen (14 km) westlich vom Park gelegenen Florida City.

Praktische Informationen

Dante Fascell Visitor Center (☎305-230-1144; www.nps.gov/bisc; 9700 SW 328th St; ⊙9–17 Uhr) Das Visitor Center am Convoy Point zeigt einen hervorragenden einführenden Film, der einen guten Überblick über den Park gibt, und hat Karten, Infos und tolle von Rangern geführte Aktivitäten im Programm. Das Gelände rings um das Center ist an Wochenenden und Feiertagen ein beliebter Picknickplatz, besonders für Familien aus Homestead. Es zeigt auch einheimische Kunstwerke. Hier starten die Bootstouren des Nationalparks.

An- & Weiterreise

Um herzukommen, fährt man von Homestead aus ca. 9 Meilen (14,4 km) auf der SW 328th St (North Canal Dr) nach Osten; der Weg ist ziemlich gut ausgeschildert und führt in ein großes, flaches Gebiet grün-goldener Felder und Marschen.

Florida Keys & Key West

77 482 EW. / ☎305, 786

Inhalt ➡

Key Largo & Tavernier 184
Islamorada 188
Grassy Key 191
Marathon 192
Big Pine Key, Bahia Honda Key & Looe Key 196
Sugarloaf Key & Boca Chica Key 198
Key West 199
Dry Tortugas National Park 217

Gut essen

- Lazy Days (S. 190)
- Square Grouper (S. 199)
- Keys Fisheries (S. 195)
- Key Largo Conch House (S. 187)
- No Name Pub (S. 198)

Schön übernachten

- Kona Kai Resort (S. 186)
- Seascape Motel (S. 194)
- Bay Harbor Lodge (S. 186)
- Deer Run Bed & Breakfast (S. 198)
- Mermaid & the Alligator (S. 208)

Auf zu den Keys & nach Key West!

Wenn schon Florida ein bisschen anders ist als die übrige USA, dann sind die Keys erst recht anders als der Rest von Florida. Hierher flüchten Leute, die mit dem Alltag auf dem Festland nichts anfangen können. Und was finden sie hier? Rund 113 Inseln und dazu noch Sandbänke und dichte, dunkelgrüne Mangrovenhaine, über denen die weiß glühende Sonne zu schmelzen scheint, lange Wattgebiete mit herrlich weichem Boden und bei Flut überspülten Sandzungen, Wasser, so blaugrün wie ein Türkis aus Arizona, und Leute, die oft ebenfalls Freaks und liebenswerte Sonderlinge sind.

Key West steht bis heute unter dem Motto *One Human Family*. Hier herrscht eine Toleranz, bei der alles erlaubt und das Leben eine Party (oder zumindest der Kater am Tag danach) ist. Vor der vom Sonnenuntergang geküssten Veranda im Bahamas-Stil breitet sich die pastellfarbene Landschaft aus, und eine kühle Meeresbrise hängt in der Luft. Willkommen am Ende der USA.

Reisezeit

Key West

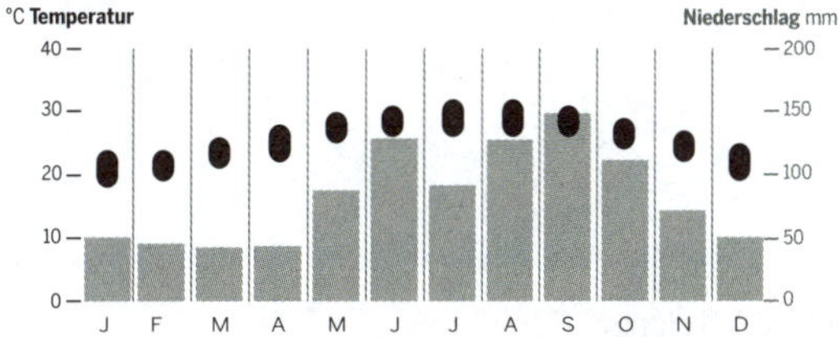

Dez.–März Trockenes, sonniges Spitzenwetter, höchste Unterkunftspreise.

April–Juni Die Meeresbrise macht die Sommerhitze erträglich, die Preise sinken stark.

Juli–Nov. Etwas Regen (und eventuell sogar ein paar Hurrikane), aber auch viele Festivals.

Highlights

1 Während die Sonne im Meer versinkt das ausgelassene Treiben auf dem **Mallory Square** (S. 203) beobachten

2 An den kunterbunten Riffen des **John Pennekamp Coral Reef State Park** (S. 184) tauchen

3 Zum gespenstischen, einsamen und wunderschönen **Indian Key Historic State Park** (S. 189) hinauspaddeln

4 Beim **Fantasy Fest** (S. 206) im lila-grünen Krokodilskostüm durch die Straßen von Key West ziehen

5 Im **Hemingway House** (S. 203) Papas sechszehige

Katzen hinter den Ohren kraulen

6 Einen netten Spaziergang durch das von Hammocks und Kiefernwäldchen umgebene **Crane Point Museum** (S. 193) unternehmen

7 An **Robbie's Marina** (S. 189) die riesigen, im Kreis schwimmenden Tarpune füttern

8 Einen Tagesausflug zu den Inseln samt Abstecher zum **Dry Tortugas National Park** (S. 217) machen

DER OVERSEAS HIGHWAY NACH KEY WEST

Die Fahrt über die Florida Keys vermittelt einem das Gefühl, dem Festland völlig entkommen zu sein – fast schon wie bei einer Flugreise. Alles steht unter dem Motto: „Tu, was Du willst!" Abseits vom Highway locken Bikerbars, Meeresfrüchtegrills und herrliche Strände, die man ansteuern kann, wann immer es einen gelüstet.

1 John Pennekamp State Park

Die Florida Keys geizen nicht mit ihrer Meerespracht. Eines der ersten Dinge, die man am Overseas Hwy entdeckt, ist der **John Pennekamp Coral Reef State Park** (S. 184), der erste Unterwasserpark der USA.

Unter der Wasseroberfläche liegt ein echter Schatz: ein ausgedehntes, lebendiges Korallenriff, Heimat von Meerestieren aller Art.

3–5 Tage; 102 Meilen/164 km

Toll für ... Freiluftaktivitäten; Essen

Beste Reisezeit: Dez.–April

Man weiß nie, was genau einen unter Wasser erwartet – außer natürlich dieser großartigen Sehenswürdigkeit: die oft fotografierte, 1,8 t schwere Bronzesstatue *Christ of the Deep*.

Wer das Riff näher erkunden will, kann die beliebte 2½-stündige Tour in einem Glasbodenboot mitmachen. Von dem 20 m langen Katamaran lassen sich die filigranen Weichkorallen, die bunten Fischschwärme, die gefährlich aussehenden Barrakudas und die riesigen Schildkröten beobachten.

Möglich sind auch Schnorchel- und Tauchtouren mit zwei Sauerstoffflaschen. Wer will, zieht auf eigene Faust los, mietet ein Kanu (20 US$/Std.) oder Kajak (12/30 US$ pro Std./halber Tag) und paddelt durch das 4,8 km lange Netz von Wasserwegen. Infos zu Reservierungen und Fahrplänen erhält man bei der Parkverwaltung.

Weiterfahrt > Es gilt die Devise: immer weiter auf dem Overseas Hwy gen Südwesten. Die erste Etappe ist kurz. Der Park und Key Largo schließen praktisch direkt aneinander an.

2 Key Largo

Auf den ersten Blick wirkt Key Largo (wie sowohl die Stadt als auch die Insel heißt) schon etwas enttäuschend – vor allem wegen der romantischen Vorstellungen, die man aufgrund der Pop-Kultur-Bezüge von Humphrey Bogart bis hin zu den Beach Boys vielleicht im Kopf hatte.

Bei der Fahrt auf die Inseln wirkt Key Largo zunächst wie eine Linie aus niedrigen Wäldchen und Häuserzeilen. Aber das ist nur der Blick vom Highway. In den Nebenstraßen lassen sich nette kleine Bars und umgebaute Plantagenhäuser im lokaltypischen Stil entdecken. Dabei offenbart sich auch die Eigenwilligkeit der Insel.

Da von Pop-Kultur die Rede ist – die **African Queen** (S. 185) aus dem gleichnamigen Film von 1951 mit Humphrey Bogart und Katherine Hepburn wurde restauriert und wird für Kanalrundfahrten mit oder ohne Abendessen angeboten. So kann man an Bord des winzigen Dampfboots den Film nacherleben und darf vielleicht sogar mal ans Steuer.

Weiterfahrt > Es geht weiter nach Süden zum nächsten Halt auf Islamorada, das eigentlich nicht nur eine Insel, sondern eine ganze Inselkette ist. Hier lichten sich die Bäume, und man fühlt sich endlich auf den Inseln angekommen.

3 Islamorada

Auf Islamorada fühlt man sich endlich auf den Inseln angekommen. Hier hat man einen unverstellten Blick auf Meer und Himmel, die im Blau ineinander übergehen. Nahe dem Meilenmarker (MM) 73,5 kann man am sandigen **Anne's Beach** (S. 188) in himmelblauem, ruhigem Wasser neben einem tunnelartigen Hartholzwäldchen hervorragend baden. Kinder lieben das Watt, in dem man so schön stecken bleibt.

Die Straße hinunter gelangt man zur **Robbie's Marina** (S. 189), einer Mischung aus Touristenshop, Angelpier und Bootstourbetreiber. Von hier aus kann man mit einem Kajak zum unberührten tropischen Regenwald auf Lignumvitae Key paddeln, die historischen Ruinen von Indian Key erkunden oder auf einem Boot eine Angelpartie machen. Vor der Abreise einen Blick auf den furchterregenden Tarpun werfen!

Weiterfahrt > Zur nächsten Station gelangt man nicht auf dem Landweg. Wie viele der Keys sind auch diese zwei nur per Boot erreichbar. Man kann ein Kanu oder Kajak mieten oder ein Boot von Robbie's Marina chartern.

4 Indian Key & Lignumvitae Key

Mit einer Boots- oder Paddeltour geht's hinaus zu diesen einsamen Inseln, die im National Register of Historic Places verzeichnet sind und einen Eindruck davon vermitteln, wie Florida vor all den Autos, Wohnanlagen und billigen Souvenir-Shirts ausgesehen hat.

Indian Key (S. 189) wirkt mit seinen Ruinen einer Siedlung aus dem 19. Jh. wie eine Geisterinsel. In den 1830er-Jahren war dies ein pulsierendes Städtchen mit einem Lagerhaus, Docks, Straßen, einem Hotel und rund 40 bis 50 ständigen Einwohnern. Im Zweiten Seminolenkrieg wurde die Siedlung bei

TOP-TIPPS

Unverzichtbares Foto Meilenmarker 0: Das Foto ist der Beweis, dass man es nach Key West geschafft hat.

Schnorchelspot Am Riff und im klaren Wasser im Pennekamp State Park.

einem Angriff amerikanischer Ureinwohner zerstört, und die Grundmauern sind alles, was noch übrig ist. Es ist eine merkwürdig heitere und zugleich unheimliche Erfahrung, zwischen den Ruinen herumzulaufen und in vollkommener Abgeschiedenheit zu paddeln.

Auf der Buchtseite liegt der einsame **Lignumvitae Key Botanical State Park** (S. 189) mit unberührten Tropenwäldern und dem 1919 erbauten Matheson House. Wer die unbebaute Insel besuchen will, sollte sich in eine Wolke aus Insektenspray hüllen, ein langärmliges Shirt anziehen und an einer der Wochenendführungen teilnehmen.

Weiterfahrt > Von Robbie's Marina fährt man eine halbe Stunde bis Marathon, das auf halbem Wege zwischen Key Largo und Key West liegt.

5 Marathon

Marathon liegt auf halber Strecke zwischen Key Largo und Key West und ist ein guter Stopp, wenn man die Inseln mit dem Auto abklappert. Abgesehen von Key West ist dies wohl die am besten erschlossene Insel der Keys – will sagen: Es gibt hier Einkaufszentren und mehrere tausend Einwohner.

Als Zwischenhalt, um sich die Beine zu vertreten, bietet sich das **Crane Point Museum** (S. 193) an, ein Naturzentrum mit Wanderwegen durch Hartholzwäldchen und Wildtierexponaten für Kinder, darunter auch „Streichelbecken". Wer endlich mal ins Wasser springen will – der **Sombrero Beach** (S. 193) ist ein wundervoller Park mit schattigen Picknickplätzen, besseren sanitären Anlagen, als man erwarten würde, und einer Spiellandschaft für die Kids. Einer der wenigen Strände auf den Keys mit weißem Sand und ohne Mangroven.

Weiterfahrt > Die Seven Mile Bridge beginnt gleich hinter Marathon und ist wirklich fast (aber nicht ganz) sieben Meilen (11 km) lang.

6 Seven Mile Bridge

Tief einatmen! Denn beim Anblick der Seven Mile Bridge vor dem Horizont stockt einem unwillkürlich der Atem. In Florida gibt's jede Menge atemberaubende Dammstraßen, aber keine ist länger als diese Schönheit über dem Golf von Mexiko. Zweifellos ist dies eine der denkwürdigsten Straßen überhaupt!

Parallel zur Straße liegt die **Old Seven Mile Bridge**. Die von Hurrikanen gebeutelte alte Bahn- und Autostraße wird inzwischen nicht mehr genutzt. Unterhalb der alten Brücke liegt etwa 2 Meilen (3 km) vom Festland entfernt **Pigeon Key** (S. 193), ein National Historic District. Mit der Fähre gelangt man rüber zur Insel, wo man sich in der Siedlung der Bahnarbeiter, die im frühen 20. Jh. an der Bahntrasse des Immobilienmoguls Henry Flagler tätig waren, umschauen kann. Man kann aber auch einfach nur zum Schnorcheln und Sonnenbaden am Strand herkommen.

Weiterfahrt > Ein paar Kilometer, nachdem die Brücke wieder das Land berührt hat, liegt links der Zugang zum Bahia Honda State Park.

7 Bahia Honda State Park

Dieser Park mit seinem langen, weißen (mit Seetang übersäten) Sandstrand ist hier die größte Attraktion. In Bezug auf die Strände der Keys ist dieser wohl der beste natürliche Sandstrand – ihn aber als besten Strand der USA zu bezeichnen, wäre definitiv zu viel des Guten (obwohl Condé Nast dies 1992 getan hat). Touristen machen lieber einen Spaziergang auf der alten Bahia Honda Rail Bridge, von der sich ein hübscher Blick auf die umliegenden Inseln bietet. Man kann auch die Naturlehrpfade (und die Schmetterlinge!) erkunden und sich im Wissenschaftszentrum umschauen, wo die hilfsbereiten Parkangestellten einem alles über Steinkrebse, Feuerwürmer, Pfeilschwanzkrebse und Rippenquallen erzählen.

Die **Parkverwaltung** (S. 197) bietet täglich 1½-stündige Schnorcheltrips (9.30 & 13.30 Uhr, Erw./Kind 30/25 US$). In der Hauptsaison sollte man vorher besser reservieren.

Weiterfahrt > Die nächste Station liegt 17 Meilen (27 km) entfernt und erfordert eine Wegbeschreibung. Auf Sugarloaf Key nahe dem MM 17 am Schild zum Sugarloaf Airport rechts abbiegen und dann die rechte Weggabelung nehmen.

8 Sugarloaf Key

Wie wär's mit einem skurrilen Intermezzo? Gleich abseits vom Highway (nur etwa 1 Min. entfernt) findet man **Perky's Bat Tower**, den gescheiterten Traum eines Immobilienun-

MATT MUNRO/LONELY PLANET ©

Hemingway House (S. 203)

ternehmers aus den 1920er-Jahren. Um die lästigen Moskitos aus dem geplanten Ferienparadies fernzuhalten, importierte Richter Perky eine Kolonie von Fledermäusen, weil er gehört hatte, dass diese Moskitos fressen würden, und setzte sie in den eigens dafür gebauten 10 m hohen Turm, der aussieht wie ein von den Azteken inspirierter Feuerwachturm. Natürlich machten die Fledermäuse sofort die Mücke und kehrten nie mehr zurück – und die Moskitos lebten glücklich weiter. Der Turm ist somit der einzige Rest eines Bauprojekts, das nie realisiert wurde.

Weiterfahrt > Schon aufgeregt? Nur noch eine halbe Stunde bis zum Ende der Straße und bis Key West. Oder ist es der Anfang der Straße? Theoretisch beginnt der US1 nämlich in Key West mit dem Mile Marker Zero (MM 0). In der Stadt weiter geradeaus bis zur Küste fahren – dort liegt das Zentrum der Old Town.

9 Key West

Key West blickt auf eine lange, bunte Geschichte voller Piraten, versunkener Schätze, literarischer Legenden und vielen Geistern zurück. Ein Besuch im **Hemingway Home and Museum** (S. 203) ist Pflicht, zumal Papa der inoffizielle Schutzheilige von Key West ist. Alle halbe Stunde gibt's eine Führung, bei der die bärtigen Guides Geschichten über Hemingway, seine Frauen und seine berühmten sechszehigen Katzen erzählen.

Wer Geistergeschichten liebt, ist in Key West genau richtig. Vielleicht findet man ja bei der **Key West Ghost & Mysteries Tour** (S. 206) heraus, dass es sogar in der eigenen Pension spukt. Und man erfährt von den gruseligen Eskapaden der spukenden Kinderpuppe Robert, die inzwischen in **East Martello** (S. 205) einsitzt.

In den Keys befindet sich das einzige lebendige Korallen-Barriereriff der USA, weshalb man hier hervorragend schnorcheln kann. Das Wasser ist warm und klar, der weiße Sand sorgt für ideale Bedingungen, und die quirlige Fischwelt ist nur eine halbstündige Bootsfahrt von der Insel entfernt.

Bei Sonnenuntergang füllt sich der **Mallory Square** (S. 203) zur Sunset Celebration mit Menschenmassen. Bei dem allabendlichen Fest kommen Jongleure, Feuerschlucker und Straßenkünstler aller Art zusammen. Am Ende des Tages zieht es Bargänger ins **Green Parrot** (S. 214), das einen tollen Eindruck des alten Key West liefert. Die angeblich älteste Bar auf der Insel ist zugleich einer der besten Orte in der Stadt, wo man Livebands erleben kann.

An- & Weiterreise

Schon die Anreise kann ein Traum sein – oder ein frustrierender Albtraum. Es geht von einem winzigen tropischen Eiland mit Sandbänken und Mangroven zum nächsten, und zwar über eine der grandiosesten Straßen der Welt: dem Overseas Hwy (US Hwy 1). An guten Tagen ist die Fahrt auf dem Overseas Hwy mit heruntergekurbelten Fenstern, dem Fahrtwind im Gesicht, der Florida Bay auf der einen und dem Atlantik auf der anderen Seite eine Offenbarung. An schlechten Tagen jedoch zockelt man hinter einem Typen auf einer altersschwachen Harley her.

Greyhound (www.greyhound.com) bedient alle Ziele auf den Keys, die am US Hwy 1 liegen. Die Busse starten in Downtown Miami und Key West. Auf dem Overseas Hwy kann man die Busse auch per Handzeichen anhalten. Wer mit dem Flugzeug in Fort Lauderdale oder Miami landet, kommt mit dem Tür-zu-Tür-Service des **Keys Shuttle** (☎888-765-9997; www.keysshuttle.com) zu den meisten Keys (Upper und Middle Keys/Lower Keys/Key West 70/80/90 US$). Mindestens einen Tag im Voraus reservieren.

Unterwegs vor Ort

Key West Transit (☎305-600-1455; www.kwtransit.com; Tageskarte 4–8 US$) betreibt einen Pendlerbus zwischen Key West und Marathon; er fährt neunmal am Tag und kostet nur 4 US$. In Marathon hat man Anschluss an den vom Dade County betriebenen 301 **Dade-Monroe Express** (2,65 US$), der zehnmal am Tag zwischen Marathon und Florida City verkehrt; den genauen Fahrplan gibt's unter www.miamidade.gov/transit. Die Strecke wird auch in umgekehrter Richtung angeboten, sodass man von Florida City bis Key West ganz einfach mit öffentlichen Bussen fahren kann – allerdings dauert die Fahrt einen ganzen langen Tag.

UPPER KEYS

Hier ist man wirklich schon auf den Inseln!

Bei der Ankunft ist das allerdings erst mal schwer zu glauben: Die mächtigen Mangrovenwälder entlang der Küstenlinie Südfloridas erstrecken sich wie ein holzig-wurzeliger Sumpfteppich bis nach Key Largo hinein. Dadurch ist das Eiland kaum vom Festland zu unterscheiden. Weiter südlich entspricht die Gegend dann eher einer schönen Inselkette – hier geben die Mangroven immer mehr den Blick auf die Straße und den Ozean frei, bis man sich urplötzlich komplett von Wasser umgeben auf Islamorada wiederfindet. Wer den starken Verkehr auf der US 1 umgehen will, kann auf die weniger befahrene FL 997 und die Card Sound Rd zur FL 905 (Maut 1 US$), die am Alabama Jack's (S. 188) vorbeiführt, ausweichen.

Key Largo & Tavernier

Ungelogen: Der erste Eindruck von der Insel Key Largo und der gleichnamigen Stadt ist keine Offenbarung – zumal die größten Sehenswürdigkeiten hier unter Wasser liegen. Bei der Fahrt auf die Inseln sieht man von Key Largo nur einen langen Streifen niedriger Waldflächen und Häuserzeilen. Doch das ist nur der Blick vom Highway: An den Nebenstraßen lassen sich nette kleine Bars und umgebaute Plantagenhäuser im lokaltypischen Stil entdecken. Dabei zeigt sich die Eigenart der Insel deutlicher.

Das 53 km lange Key Largo beginnt am Mile Marker (MM) 106 und ist die längste Insel der Keys. Ihre artenreiche Unterwasserwelt ist dank der größten regionalen Konzentration von Tauchspots komplett zugänglich. Das Städtchen Tavernier (MM 93) liegt gleich südlich der Stadt Key Largo.

Sehenswertes

John Pennekamp Coral Reef State Park STATE PARK
(☎305-451-6300; www.pennekamppark.com; Meile 102,6 oceanside; Auto mit 1/2 Pers. 4,50/9 US$, Radfahrer bzw. Fußgänger 2,50 US$; ⏲8 Uhr–Sonnenuntergang, Aquarium bis 17 Uhr; P 👪)
Dieser State Park ist schon deshalb etwas Besonderes, weil er der erste Unterwasserpark in den USA ist. Er umfasst 69 ha Land- und 195 km² (das wären 19 500 ha) Wasserfläche: Der Großteil des Schutzgebiets liegt also im Ozean. Bevor man aber ins Wasser springt, sollte man sich die hübschen Strände und die Naturlehrpfade anschauen.

Der **Mangrove Trail** ist ein schöner Plankenweg. Hier erfährt man alles über diese allzu oft verschmähte Baumart, die ein wahrer Überlebenskünstler ist: Die häufig im Wasser stehenden Bäume haben lange Wurzeln, mit denen sie – fast wie durch einen Schnorchel – atmen. Auf dem Programm stehen auch abendliche Lagerfeuer und Diskussionsrunden mit Rangern.

In dem gut geführten und informativen Visitor Center gibt's auch ein kleines Meerwasser-**Aquarium**, das mit Dokus erste Kenntnisse der hiesigen Unterwasserwelt vermittelt. Wer aber wirklich einen Blick ins Meer werfen will, sollte eine 2½-stündige **Tour im Glasbodenboot** (Erw./Kind 24/17 US$) buchen. Man fährt in 11,60 m langen, sicheren und modernen Katamaranen hinaus aufs Meer, wo man die Chance hat, filigrane Weichkorallen, bunte Fischschwärme, bedrohlich aussehende Barrakudas und große, aber graziös anmutende Meeresschildkröten zu bewundern. Außerdem können interessierte Taucher einen Blick auf die 2,60 m hohe und 1,8 t schwere Bronzestatue *Christ of the Abyss* werfen, die eine Nachbildung einer ähnlichen Jesus-Statue vor der italienischen Mittelmeerküste bei Genua ist.

Wer noch tiefer in die Unterwasserwelt vordringen will, kann an einer **Schnorchel-** (Erw./Kind 30/25 US$) oder **Tauchtour** (Chartertrip 6 Pers. 500 US$ zzgl. Ausrüstungsverleih) teilnehmen. Wer auf eigene Faust losziehen will, kann mit einem Kanu (20 US$/Std.), Kajak (ab 12/30 US$ pro Std./halber Tag) oder Stehpaddelbrett (ab 25/40 US$ pro Std./halber Tag) durch ein 4,8 km langes Netz von Wasserwegen paddeln. Infos zum Bootsverleih erhält man telefonisch.

Mehr über das hiesige Riff erfährt man unter www.southeastfloridareefs.net.

Caribbean Club Bar FILM-DREHORT

(☎ 305-451-4466; www.caribbeanclubkl.com; Meile 104 bayside; ⌚ 7–4 Uhr) Film- und vor allem Bogie-Fans sind hier genau richtig! Die Bar des Caribbean Club ist nämlich der einzige Drehort des Films *Gangster in Key Largo* mit Humphrey Bogart und Lauren Bacall in Key Largo (alle anderen Inselmotive sind nur Hollywood-Kulissen). Also einfach reinschauen und die Drinks, die Livemusik (Do–So abends), eine Prise Alt-Florida-Nostalgie und den tollen Sonnenuntergang von der hinteren Terrasse aus genießen.

Und wenn das noch nicht reicht, dann kann man sich noch die echte *African Queen* aus dem gleichnamigen Film ansehen, die 8 km weiter südlich am Kanalufer neben dem Holiday Inn am MM 100 angedockt ist, falls sie nicht gerade auf Tour ist – einfach nur ums Holiday Inn gehen, dann sieht man sie schon.

Laura Quinn Wild Bird Sanctuary NATURSCHUTZGEBIET

(☎ 305-852-4486; www.keepthemflying.org; 93600 Overseas Hwy, Mile 93,6; Spende erbeten; ⌚ Sonnenaufgang–Sonnenuntergang; P 👪) 🍃 In dem 2,8 ha großen Vogelschutzgebiet wird eine Vielzahl an verletzten Vögeln wieder aufgepäppelt. Ein Plankenweg führt durch diverse Volieren, wo man mehr über die hiesigen Dauergäste erfährt, die nicht ausgewildert werden können. Hier findet man Maskentölpel, Virginia-Uhus, Grünreiher, Braunpelikane, Ohrenscharben und viele andere Vogelarten. Geht man den Weg weiter, erreicht man einen hübschen Aussichtspunkt mit Blick auf die Florida Bay sowie einen Teich für Schreitvögel.

Dieselbe Organisation betreibt auch eine Vogelklinik gleich südlich am Haupt-Highway. Falls man einen verletzten Vogel oder einen anderen Notfall in Verbindung mit den Piepmätzen melden will, ist dies die richtige Adresse.

Harry Harris Park PARK

(50 East Beach Rd, Meile 92,6, Tavernier; Mo–Fr Eintritt frei, Sa, So & Feiertage 5 US$; ⌚ 7.30 Uhr–Sonnenuntergang; 👪 🐾) Der kleine Park eignet sich prima für Familien mit Kindern: Es gibt einen kleinen Spielplatz, Picknicktische, Grillstellen, Basketballplätze und Ballspielfelder und darüber hinaus einen schönen weißen Sandstrand an einer warmen Lagune mit exzellenten Bademöglichkeiten – eine echte Seltenheit auf den Keys.

Aktivitäten & Geführte Touren

Key Largo Bike and Adventure Tours RADFAHREN

(☎ 305-395-1551; www.keylargobike.com; 2-Tagestour ab 500 US$) Der Veranstalter bietet eine Reihe von Radtouren an, darunter einen Zweitagestrip von Key Largo nach Key West. Wer lieber auf eigene Faust losradelt, kann sich hier ein Fahrrad ausleihen (und es dann hier in Key Largo oder in Miami oder Key West wieder zurückgeben).

Key Largo Princess BOOTFAHREN

(☎ 305-451-4655; Key Largo Holiday Inn, 99701 Overseas Hwy; Erw./Kind ab 35/20 US$; ⌚ Bootstour 10, 13 & 16 Uhr; 👪) Bei einer Tour in einem Glasbodenboot hat man die Gelegenheit, die Schönheit der Unterwasserwelt der Keys zu bestaunen. Die Touren in diesen 23 m langen Booten für 129 Personen sind bei Familien sehr beliebt. Man sieht viele bunte Korallen, Seefächer, Haie, tropische Fische und manchmal sogar eine vorbeischwimmende Meeresschildkröte.

Auf dem Boot gibt's auch Snacks und Getränke.

African Queen BOOTFAHREN

(☎ 305-451-8080; www.africanqueenflkeys.com; Key Largo Holiday Inn, 99701 Overseas Hwy; Kanalrundfahrt ohne/mit Abendessen 49/89 US$) Das Dampfboot aus dem gleichnamigen Film von

1951 mit Humphrey Bogart und Katherine Hepburn wurde in all seiner früheren Pracht restauriert und steht jetzt für Rundfahrten auf dem Kanal mit oder ohne Abendessen zur Verfügung. Wer sich besser benimmt als die von Hepburn gespielte Dame, darf vielleicht mal die Kapitänsmütze aufsetzen.

Jacob's Aquatics Center WASSERPARK
(☎305-453-7946; http://jacobsaquaticcenter.org; 320 Laguna Ave, Meile 99,6; Erw./Kind/Student/Fam. werktags 10/6/8/25 US$, Wochenende 12/8/10/30 US$; ⌚Mai–Sept. 10–19 Uhr, Okt.–April bis 18 Uhr; 👪) Dieser Komplex bietet alle Arten von Wasserspaß. Es gibt ein Becken mit acht Bahnen, in dem man seine Runden schwimmen oder einfach etwas umherpaddelm kann, ein Therapiebecken mit behindertengerechtem Zugang sowie Kurse in Wassergymnastik. Kinder freuen sich über einen kleinen Aquapark mit Wasserrutschen, Spielplatz und natürlich Planschbecken.

Garl's Coastal Kayaking ÖKOTOUR
(☎305-393-3223; www.garlscoastalkayaking.com; Tour 4 Std. Erw./Kind 75/50 US$, Kajakverleih Einer/Zweier 40/55 US$ pro Tag) 🍃 Exzellenter Ökotourveranstalter, der die Teilnehmer mit Kajak und Kanu in die Everglades und zu den Mangroveninseln der Florida Bay bringt. Verleiht auch Ausrüstung zu vernünftigen Preisen.

Schlafen

John Pennekamp Coral Reef State Park CAMPEN $
(☎800-326-3521; www.reserveamerica.com; 102601 Overseas Hwy; Stellplatz Zelt/Wohnmobil 38,50 US$; P) Wer hier zeltet oder im Wohnmobil übernachtet, darf sich auch außerhalb der Öffnungszeiten im State Park aufhalten. Allerdings sollte man weit vorab reservieren, zumal die 47 Stellplätze schnell ausgebucht sind. Wohlerzogene Haustiere sind willkommen.

Bay Harbor Lodge MOTEL $$
(☎305-852-5695; www.bayharborkeylargo.com; 97702 Overseas Hwy, bayside; Zi. 150–300 US$; ❄📶🏊) Dieses üppige, 1 ha große Anwesen hat seinen eigenen Strand, einen beheizten Pool und einen tropischen, von Vogelgesang erfüllten Garten. Die Zimmer sind sauber und komfortabel, wenn auch etwas altbacken, aber der Service ist freundlich und die hausgemachten Scones (die's zum Frühstück gibt) sind himmlisch! Gutes Preis-Leistungs-Verhältnis.

Hilton Key Largo Resort HOTEL $$
(☎305-852-5553; www.keylargoresort.com; Meile 102 bayside; Zi./Suite ab 200/280 US$; P📶🏊) Dieses Hilton hat viel Charakter. Beim Abhängen in den sauberen, blau-weiß eingerichteten Designerzimmern mit Balkon und Blick aufs Wasser scheinen sich die Gäste komplett zu entspannen. Auf dem riesigen Grundstück gibt's sogar einen künstlichen Wasserfall, der einen Pool speist, und gleich angrenzend einen ziemlich großen privaten weißen Sandstrand. Die besten Preise gibt's bei Onlinebuchungen.

Kona Kai Resort HOTEL $$$
(☎305-852-7200; www.konakairesort.com; Meile 97,8 bayside; Zi. 300–440 US$; P📶🏊) Dieses Refugium gehört wohl zu den ganz wenigen Botanischen Gärten, die ein Hotel in ihr Gelände integriert haben – oder ist es eher andersrum? Wie auch immer, das Kona Kai direkt vor einem friedlichen Strand ist auf jeden Fall großartig. Die 13 luftigen Zimmer und Suiten (mit voll ausgestatteter Küche) sind hell und komfortabel mit viel Sonnenlicht und attraktivem, modernem Design.

Dove Creek Lodge HOTEL $$$
(☎305-852-6200; www.dovecreeklodge.com; 147 Seaside Ave; Zi. 230–380 US$; P📶🏊) Das vor dem Atlantik gelegene Hotel von mittlerer Größe bietet helle Zimmer in Zitrustönen und ist eine familienfreundliche Bleibe mit altmodischer Resort-Atmosphäre. Bucht auch Touren und Ausflüge in die Gegend.

Jules' Undersea Lodge HOTEL $$$
(☎305-451-2353; www.jul.com; 51 Shoreland Dr, Mile 103,2 oceanside; EZ/DZ/3BZ 675/800/1050 US$) Man hört so Einiges über den geplanten Bau von Unterwasserhotels in Dubai und auf den Fidschi-Inseln, doch zur Zeit unserer Recherchen war das Jules' noch immer der einzige Ort außerhalb eines U-Boots, wo man zusammen mit seiner besseren Hälfte dem „Fünf-Faden-Club" (diese Tiefenangabe ist keine Übertreibung) beitreten kann. Die frühere Forschungsstation wurde in ein herrlich kitschiges Keys-Motel umgewandelt – nur eben unter Wasser.

Neben den zwei privaten Gästezimmern gibt's hier noch Gemeinschaftsräume, eine Küche mit Essbereich, eine Nasszelle mit Warmwasserduschen und einen Ausrüstungslagerraum. Telefone und eine Gegensprechanlage ermöglichen den Kontakt zur Oberwelt. Gäste müssen mindestens zehn Jahre alt sein und tauchen, um hierher zu kommen. Zudem herrscht striktes Alkohol-

DIE FLORIDA KEYS MIT KINDERN

Folgende Attraktionen halten Kinder bei Laune:

Florida Keys Eco-Discovery Center (S. 203) Gibt einen umfassenden Einblick in die Natur der Region.

Glasbodenboottouren im John Pennekamp Coral Reef State Park (S. 184) Das Fenster zur Unterwasserwelt.

Key West Butterfly & Nature Conservatory (S. 205) Viele hübsche Schmetterlinge.

Turtle Hospital (S. 193) Hier erfährt man alles über die gefährdeten Schildkröten.

Conch Tour Train (S. 206) Kitschige, abgedroschene, aber unterhaltsame Tour.

Key West Ghost & Mysteries Tour (S. 206) Der Gruselfaktor der Geistertouren hält sich im Rahmen, aber kleinere Kinder könnten sich trotzdem etwas fürchten.

Key-Hirsche beobachten (S. 197) Kids sind ganz verrückt nach diesen süßen kleinwüchsigen Hirschen.

Key West Cemetery (S. 204) Angesichts der oft makabren Grabsteine kann man unter die Gruftis gehen.

Robbie's Marina (S. 189) Der Bootshafen bietet alle möglichen Aktivitäten, darunter das allseits beliebte Füttern von Tarpunen (riesigen Fischen).

und Rauchverbot. Wer nur mal vorbeischauen will, kann an einer dreistündigen Tour (mit Pizza!) für 150 US$ teilnehmen.

Essen & Ausgehen

Harriette's AMERIKANISCH $

(☎305-852-8689; 95710 Overseas Hwy, bayside; Hauptgerichte 7–14 US$; ⌚6–15 Uhr) Das nette, kleine Lokal ist weit und breit für seine süchtig machenden Key-Lime-Muffins (so groß, dass man sie mit Messer und Gabel essen muss) berühmt. Es gibt hier typisch amerikanische Kost – Pfannkuchen, Schinken und Eier und himmlisch fluffige Biscuits fürs Frühstück, das im Übrigen die beste Zeit für einen Besuch ist. Früh herkommen, um den Menschenmassen zu entgehen.

DJ's Diner AMERIKANISCH $

(☎305-451-2999; 99411 Overseas Hwy; Hauptgerichte 8–15 US$; ⌚7–15 Uhr; P 📶 👪) Hier begrüßt ein Wandbild mit Humphrey Bogart, James Dean *und* Marilyn Monroe die Gäste – und das ist so typisch amerikanisch wie das Ambiente mit den vinylbezogenen Sitzecken. Neben Diner-Klassikern in üppigen Portionen ist vor allem das Frühstück mit fluffigen Omeletts, Eggs Benedict und Waffeln (u.a. mit eine Key-Lime-Variante) ein Renner.

Fish House SEAFOOD $$

(☎305-451-4665; www.fishhouse.com; Mile 102,4 oceanside; Hauptgerichte mittags 12–21 US$, abends 21–30 US$; ⌚11.30–22 Uhr; P 👪) Das Fish House steht – getreu seinem Namen – für frischen Fisch, der von den örtlichen Fischern geliefert und hier hervorragend zubereitet (frittiert, gegrillt, mariniert, gebraten oder auf Holzkohle gegrillt) wird. Weil nur frischer Fisch auf den Tisch kommt, wechselt das Angebot täglich, je nachdem, was gefangen wurde.

Shipwreck's Bar & Grill AMERIKANISCH $$

(45 Garden Cove Dr, oceanside; Hauptgerichte 13–23 US$; ⌚11.30–22 Uhr) Das bei den Einheimischen sehr beliebte Shipwreck's mit seiner luftigen, offenen Terrasse liegt gleich abseits vom Weg und ist bis unter die Decke mit Schifffahrtszeug vollgestopft und mit Dollarscheinen tapeziert. Man sitzt an Picknicktischen über dem Wasser und genießt Fisch-Sandwichs, Shrimps, Muschelfleischkroketten oder eine hervorragende gebratene *Mahi Mahi* (Makrele). Es ist zwar eine Kaschemme, doch man bekommt viel für sein Geld.

Key Largo Conch House FUSION $$

(☎305-453-4844; www.keylargoconchhouse.com; Meile 100,2 oceanside; Hauptgerichte mittags 9–16 US$, abends 16–30 US$; ⌚8–22 Uhr; P 📶 🌱 👪) Die innovative Küche serviert aufgepeppte lokale Klassiker wie *Mahi Mahi* (Makrele) in Kokos-Macadamia-Kruste und/oder Muschel-Hummer-Ceviche. Das Restaurant befindet sich in einem restaurierten alten Herrenhaus, das von einer Veranda im *Vom Winde verweht*-Stil umgeben ist –

herrlich, wie sich die alte Architektur in die örtliche Tropenflora einfügt.

Mrs. Mac's Kitchen AMERIKANISCH **$$**
(☎305-451-3722; www.mrsmacskitchen.com; Mile 99,4 bayside; Hauptgerichte früh & mittags 9–16 US$, abends 16–30 US$; ⌚Mo–Sa 7–21.30 Uhr; P 👪) Wenn Applebee's die Wände mit Autokennzeichen pflastert, ist das kitschig. Doch wenn Mrs. Mac's das tut, wirkt es gemütlich – wohl wegen des freundlichen, persönlichen Services und des leckeren Frühstücks. Das Essen lockt Einheimische, Touristen, deren Hunde und so ziemlich jeden auf der Insel an. Es ist zwar nicht gerade kalorienarm, schmeckt aber genau deshalb so gut.

Alabama Jack's BAR
(58000 Card Sound Rd; ⌚11–19 Uhr) Hier bekommt man einen guten ersten Eindruck von den Keys: Erschöpfte Fischer, Leute vom Festland und Harley-Fahrer schütten sich an einer Mangrovenbucht zu. Hier geht das Südflorida im Stil Miamis in den ländlich geprägten amerikanischen Süden über. Und wer sich für wilde Natur interessiert, lernt hier vielleicht die seltene Spezies *Jacksonvillia Redneckus* mit der Vokuhila-Frisur kennen.

Alle schwärmen von den hiesigen Muschelfleischkroketten. Dass hier abends geschlossen ist, liegt übrigens an den für Florida typischen allabendlichen Moskitoangriffen. Am Wochenende stehen von 14 bis 17 Uhr Country-Bands auf der Bühne. Der Laden liegt unmittelbar vor der Mautstelle an der Card Sound Bridge.

ℹ Praktische Informationen

Mariners Hospital (☎305-434-3000; www.baptisthealth.net; Meile 91,5 bayside, Tavernier; ⌚24 Std.) Das beste Krankenhaus in der Gegend mit einer rund um die Uhr geöffneten Notaufnahme. Für Taucher gibt's hier die einzige Überdruckkammer auf den Keys.

ℹ An- & Weiterreise

Der Greyhound-Bus hält zweimal am Tag auf der Fahrt zwischen Miami und Key West am MM 99,6 oceanside.

Islamorada

☎305 / 6600 EW.

Islamorada (*ei-la-mu-ra-da*) wird auch „The Village of Islands" genannt. Das klingt nicht nur nett, das ist es auch. Diese kleine Perlenkette aus den Inseln Plantation, Upper und Lower Matecumbe, Shell und Lignumvitae (*lignum-wai-ti*) schimmert ganz bezaubernd im Wasser. Hier weichen die struppigen Mangroven dem endlosen Horizont aus Meer und Himmel in einer Blau-in-Blau-Spiegelung. Islamorada erstreckt sich über rund 32 km von MM 90 bis MM 74.

Sehenswertes

★**Florida Keys History of Diving Museum** MUSEUM
(☎305-664-9737; www.divingmuseum.org; Meile 83; Erw./Kind 12/6 US$; ⌚10–17 Uhr; P 👪) Dank des riesigen Bilds von Walhaien an der Seitenwand ist das Tauchmuseum nicht zu übersehen. Das Museum nimmt seine Besucher mit auf eine Reise in die Unterwasserwelt, umgreift 4000 Jahre und hat so faszinierende Exponate wie Klingerts Kupferkessel von 1797, einen skurrilen Raum über Jules Vernes Kapitän Nemo, massive Tauchanzüge und eine hervorragende Sammlung von Tauchhelmen aus aller Welt. Die fantasievollen Galerien spiegeln die charmante Skurrilität der Keys wider.

Windley Key Fossil Reef Geological State Site STATE PARK
(☎305-664-2540; www.floridastateparks.org/windleykey; Meile 85,5 oceanside; Eintritt/Führung 2,50/2 US$; ⌚Do–Mo 8–17 Uhr) Für den Bau seiner Bahnlinie über die Inseln musste Henry Flagler ein paar große Brocken aus den Keys heraushauen. Das beste Zeugnis dieser Anstrengungen ist dieser zum State Park umgewandelte ehemalige Steinbruch. Vor der 2,50 m langen Steinbruchwand mit eingebetteten Fossilien von Hirn- und Hirschgeweihkorallen liegen noch allerlei Gerätschaften herum. Die Besucher bekommen einen interessanten (und seltenen) Einblick in die Korallenschichten, aus denen sich die Keys gebildet haben.

Verschiedene kurze Wanderwege führen durch das tropische Hartholzwäldchen, die einen schönen Einblick in die ungestümere Seite der Keys gewähren. Am besten borgt man sich von der Touristeninformation kostenlos einen Wegeplan. Von Dezember bis April bieten Ranger Führungen (Fr–So 10 & 14 Uhr, 2,50 US$/Pers.) an.

Anne's Beach STRAND
(Meile 73,5 oceanside; 👪) Dieser schmale Sandstreifen gehört zu den schönsten Stränden in der Region. Er grenzt an sonnendurchflutete Marschen sowie Wald- und Feucht-

FLORIDA KEYS OVERSEAS HERITAGE TRAIL

Eine der besten Arten, die Keys zu erkunden, ist mit dem Fahrrad. Das flache Gelände und die Meeresbrise sind ideal zum Radeln, und auf dem **Florida Keys Overseas Heritage Trail** (☎305-853-3571; www.floridastateparks.org/trail/Florida-Keys) bieten sich unterwegs hervorragende Aussichtspunkte. Nach seiner Fertigstellung wird der Trail alle Inseln von Key Largo bis Key West miteinander verbinden. Derzeit sind 90 Meilen (145 km) von insgesamt 106 Meilen (170 km) fertig.

Wer jetzt schon über die Keys radeln will, kann dies streckenweise auf dem Trail tun (wobei es schwierig sein kann, den Abschnitten zu folgen). Dort, wo der Trail noch nicht fertig ist, kann man auf den Seitenstreifen des Highways ausweichen, falls einen der mit 80 km/h vorbeirauschende Verkehr nicht nervös macht. Besonders haarig ist das Radeln auf der Seven-Mile Bridge; die Taxis in Marathon haben Fahrradträger, wenn man sich den Stress ersparen will.

Zweitägige Radtouren zwischen Key Largo und Key West kann man bei Key Largo Bike and Adventure Tours (S. 185) buchen, die eine Reihe von Touren anbieten.

gebiete. Eine Wanderung durch das Watt macht Kindern immer viel Spaß.

Rain Barrel Sculpture Gallery KUNSTZENTRUM
(☎305-852-8935; 86700 Overseas Hwy; ⏲9–17 Uhr) Ist der riesige Hummer zu sehen, ist man an der richtigen Adresse. Das Rain Barrel ist Islamoradas Künstlerkolonie und vollgestopft mit touristischem Souvenirkitsch, inselbezogener Kunst, Töpferwaren, Glasarbeiten, Holzschnitzereien und vielen anderen faszinierenden Dingen.

Man kann hier gut einen Bummel durch die verschiedenen Ateliers und Galerien machen und zumindest ein paar Fotos mit der riesigen Hummerfigur schießen.

Indian Key Historic State Park INSEL
(☎305-664-2540; www.floridastateparks.org/indiankey; Meile 78,5 oceanside; 2,50 US$; ⏲8 Uhr–Sonnenuntergang) Diese ruhige Insel war einst ein florierendes Städtchen mit einem Lagerhaus, Docks, Straßen, einem Hotel und etwa 40 bis 50 ständigen Einwohnern. Heute ist von der historischen Stätte wenig übrig – nur Grundmauern, ein paar Zisternen und ein überwuchertes Durcheinander. Wer der Insel einen Besuch abstatten will, braucht ein Boot oder ein Kajak. Robbie's Marina vermietet Kajaks, mit denen man hierher paddeln kann – das dauert hin und zurück je etwa eine halbe Stunde (bei ruhiger See).

Lignumvitae Key Botanical State Park INSEL
(☎305-664-2540; www.floridastateparks.org/lignumvitaekey; Zugang/Führung 2,50/2 US$; ⏲Do–Mo 8–17 Uhr, Führung Dez.–April Fr–So 10 & 14 Uhr) Die 113 ha große, nur per Boot zugängliche Insel aus unberührtem Tropenwald ist gleichzeitig die Heimat von Abermillionen von Moskitos. Offizielle Hauptattraktion ist das **Matheson House** von 1919 mit einem Windrad und einer Zisterne. Die echte Sensation besteht aber in dem tollen Gefühl der absoluten Abgeschiedenheit. Von Dezember bis April werden geführte Spaziergänge (1¼ Std., Fr–So 10 & 14 Uhr) angeboten. Hierher geht's nur mit einem Leihkajak von Robbie's Marina (eine Paddeltour von ca. 1 Std.).

Aktivitäten

★Robbie's Marina BOOTFAHREN
(☎305-664-8070; www.robbies.com; Meile 77,5 bayside; Kajak- & Stehpaddelbrettverleih 45–80 US$; ⏲9–20 Uhr; 👪) Robbie's Marina ist mehr als nur ein Bootssteg: Der mit Treibholz verkleidete Komplex ist zugleich auch Flohmarkt, kitschiger Touristenshop, Netzgehege für Tarpune (verdammt große Fische) und Ausgangspunkt für Angeltouren. Natürlich gibt's hier auch einen Bootsverleih und Tourveranstalter. Der beste Grund für einen Besuch ist aber, dass man hier dem Chaos entfliehen und mit einem geliehenen Kajak friedlich durch die nahe gelegenen Mangroven, Wäldchen und Lagunen paddeln kann.

Man kann auch einen Schnorcheltrip (38 US$) buchen und eine sanfte Fahrt in einem Happy-Cat-Boot zu den Korallenriffs machen. Wer nicht aufs Wasser hinaus will, kann vom Dock aus die ungewöhnlich großen Tarpune füttern (3,40 US$/Eimer, Zuschauen 2 US$). Es gibt auch ein „Partyboot" (Halbtags-/Abendtour 40/45 US$), auf dem es aber weniger ums Gelage als ums Angeln geht.

Schlafen

Conch On Inn MOTEL $

(☎305-852-9309; www.conchoninn.com; 103 Caloosa St, Mile 89.5; Zi. 100–180 US$; P 📶) Das bei betagten „Snowbirds" (Winterurlaubern aus dem Norden der USA) beliebte Motel hat einfache, aber heiter gestrichene Zimmer, die sauber, komfortabel und gut ausgestattet sind. Auf der Terrasse am Wasser lässt es sich gut entspannen und Manatis beobachten (es wurden schon 14 auf einmal gesichtet).

Ragged Edge Resort RESORT $$

(☎305-852-5389; www.ragged-edge.com; 243 Treasure Harbor Rd; Apt. 100–260 US$; P ❄ 📶 🏊) Der ungezwungene, beliebte Apartmentkomplex mit friedlicher Atmosphäre liegt fern des unerträglichen Verkehrs. Die freundlichen Inhaber vermieten zehn ruhige Apartments. Die größeren Einraumwohnungen haben verglaste Veranden. Es gibt hier zwar keinen Strand, aber man kann vom Dock aus ins Wasser springen und im beheizten Pool schwimmen.

Lime Tree Bay Resort Motel MOTEL $$

(☎305-664-4740; www.limetreebayresort.com; Meile 68,5 bayside; Zi. 180–360 US$; ❄ 📶 🏊) Jede Menge Hängematten und Liegestühle sorgen dafür, dass die Gäste in diesem 1 ha großen Refugium aus erster Reihe die spektakulären Sonnenuntergänge genießen können. Die Zimmer sind komfortabel eingerichtet, und die besten unter ihnen haben Balkone mit Blick aufs Wasser. Zu den umfangreichen Extras gehören auch ein Tennisplatz, Fahrräder, Kajaks und Stehpaddelbretter.

Casa Morada HOTEL $$$

(☎305-664-0044; www.casamorada.com; 136 Madeira Rd, abseits von Mile 82,2; Suite mit Frühstück 430–680 US$; P ❄ 📶 🏊) Moderner Schick hat Einzug in Islamorada gehalten, aber die dörfliche Atmosphäre wurde nicht verdrängt. Mit einem Steinkreis, einem Süßwasserpool, einer künstlichen Lagune und einer dem *Wallpaper*-Magazin würdigen Bar mit Blick auf die Florida Bay fügt dieses Boutiquehotel der Conch-Coolness vielmehr einen willkommenen Schuss Eleganz hinzu. Es gibt also gute Gründe für eine Reservierung und einen Sundowner am Tresen!

Angeboten werden zudem Yoga am Pier, private Segeltörns in einem 9 m langen Skipjack-Fischerboot sowie Kajak- und Stehpaddeltouren.

Essen

Bad Boy Burrito MEXIKANISCH $

(☎305-509-7782; www.badboyburrito.com/islamorada; 103 Mastic St, Meile 81,8 bayside; Hauptgerichte 8–15 US$; ⏲Mo–Sa 10–18 Uhr; 🌱) Versteckt auf einer winzigen Plaza mit gurgelndem Springbrunnen, Orchideen und wogenden Palmen verköstigt das Lokal seine Gäste mit hervorragenden Fisch-Tacos und den namensgebenden Burritos mit hochwertigen Zutaten (Kronfleisch, Entenconfit, Zucchini und Kürbis) und allen möglichen Beilagen (Krautsalat, Chipotle-Mayo, hausgemachte Salsa). Dazu gibt's noch Hibiskus-Tee, Pommes und Guacamole.

Midway Cafe CAFÉ $

(☎305-664-2622; www.midwaycafecoffeebar.com; 80499 Overseas Hwy; Hauptgerichte 7–10 US$; ⏲Mo–Sa 7–15, So bis 14 Uhr; P 📶 👪) Das Café ist mit allen möglichen herzerwärmenden Kunstwerken ausstaffiert, die ein Kaffeehaus nur aufbringen kann. Die netten Betreiber rösten ihren Kaffee selbst und bereiten auch die leckeren Backwaren zu. Darüber hinaus gibt's noch schmackhafte Sandwichs, Salate, Wraps und Omeletts. Hier ist man fast schon auf den Middle Keys: Und das sollte man mit einer guten Tasse Kaffee feiern – am besten auf dem winzigen Hof neben dem Café.

Bob's Bunz CAFÉ $

(www.bobsbunz.com; Mile 81.6 bayside; Hauptgerichte 8–15 US$; ⏲6–14 Uhr; P 🌱) Der Service dieses Cafés ist auf typisch amerikanische Art freundlich und dynamisch und das Essen ist gut, günstig und sättigend. Der Key Lime Pie ist ein regionaler Klassiker. Doch auch die anderen Leckereien mit Keys-Limetten sind sehr empfehlenswert. Also genau die richtige Adresse für einen Souvenir-Pie!

★ **Lazy Days** SEAFOOD $$

(☎305-664-5256; www.lazydaysislamorada.com; 79867 Overseas Hwy, oceanside; Hauptgerichte 18–34 US$; 🌱 👪) Das Lazy Days ist eine der kulinarischen Ikonen Islamoradas und hat vor allem wegen seiner frischen Meeresfrüchteplatten einen erstklassigen Ruf. Wie wär's mit einer Muschelsuppe mit einem Schuss Sherry (wird gebracht), gefolgt von einem dekadenten Lippfisch Poseidon (mit Shrimps, Muscheln und Key-Lime-Butter) oder einer Meeresfrüchteplatte (halber Hummer, Shrimps, Fisch des Tages und andere Delikatessen)?

Bayside Gourmet AMERIKANISCH $$
(www.baysidegourmet.com; Meile 82,7 bayside; Hauptgerichte früh 8–10 US$, mittags & abends 10–22 US$; Mo–Sa 6–21.30, So bis 14 Uhr) Das schicke, moderne, aber sehr freundliche Deli-Restaurant wird von einer Familie betrieben und hat mit der durchschnittlichen Meeresfrüchtebude auf den Keys wenig gemein. Auf der abwechslungsreichen Karte findet sich für jeden Geschmack etwas, von Pfannkuchen und Frühstücks-Burritos bis hin zu Zackenbarsch-Sandwichs, Lasagne und leckerer Pizza mit dünnem Boden.

Beach Cafe at Morada Bay AMERIKANISCH $$$
(305 664 0604; www.moradabay.com/the-beach-cafe; Meile 81,6 bayside; Hauptgerichte mittags 15–22 US$, abends 22–39 US$; So–Do 11.30–22, Fr & Sa bis 23 Uhr; P) Das Beach Cafe hat viel zu bieten – eine entspannte karibische Atmosphäre, einen schneeweißen Sandstrand, abendliche Fackelbeleuchtung, Tapas und frische Meeresfrüchte. Für Kinder gibt's hier sogar einen Raum zum Herumtoben. Und für Erwachsene steigt jeden Monat eine Vollmondparty mit Livemusik, Spezialcocktails und Beach Barbecue.

Ausgehen & Nachtleben

Florida Keys Brewing Co. KLEINBRAUEREI
(305-916-5206; www.floridakeysbrewingco.com; 200 Morada Way, Meile 81,6; 12–22 Uhr) Eine von zwei Kleinbrauereien in Islamorada, aber diese hier sollte man nicht versäumen. Der Laden braut hervorragendes Bier. Also heißt es: auf ein paar Bier und einen Plausch mit einem der Braumeister in die gute Schankstube!

Morada Bay BAR
(305-664-0604; www.moradabay.com; Meile 81,6 bayside; 17–24 Uhr) Hier gibt's nicht nur erstklassiges Essen, sondern jeden Monat auch eine wilde Vollmondparty, die das gesamte Partyvolk der Keys anlockt. Der ganze Spaß beginnt gegen 21 Uhr und dauert so lange, bis der letzte Gast weg ist (Termine s. Website).

Shoppen

Old Road Gallery KUNST & KUNSTHANDWERK
(305-852-8935; Meile 88,8 oceanside; 10–17 Uhr) Die Galerie zeigt die Keys von ihrer kreativsten Seite und hat sich vor allem auf Töpferwaren, Gemälde und Skulpturen spezialisiert. Nachdem man sich im Laden umgesehen hat, kann man einen Bummel über das bewaldete Grundstück machen, das mit kleinen, sorgsam platzierten Kunstwerken bestückt ist. Einzigartiges Souvenir-Shopping!

An- & Weiterreise

Der Greyhound-Bus mit Halt am Burger King am MM 82,5 oceanside fährt zweimal am Tag nach Key West und Miami.

MIDDLE KEYS

In diesem Abschnitt der Keys werden die Wasserflächen größer und die Brücken beeindruckender. Hier befindet sich auch die berühmte Seven Mile Bridge, eine der weltweit längsten Brückenstraßen und eine natürliche Trennlinie zwischen den Middle und den Lower Keys. Man überquert hier Inseln wie Conch Key und Duck Key, das grüne, ruhige Grassy Key sowie Key Vaca mit Marathon, der zweitgrößten und inseltypischsten Gemeinde der Keys.

Grassy Key

Sehenswertes

Curry Hammock State Park STATE PARK
(305-289-2690; www.floridastateparks.org/curryhammock; Meile 56,2 bayside; Auto/Radfahrer 5/2 US$; 8 Uhr–Sonnenuntergang; P) Wie die meisten Naturschutzgebiete in den Keys ist dieser kleine, aber reizende Park mit netten Rangern ein prima Ort, um tropische Hartholz- und Mangrovenhaine zu bewundern. Ein 2,4 km langer Wanderweg führt durch beide Habitate. Man kann auch ein Kajak (Einer/Zweier 2 Std. 18/22 US$) oder ein Stehpaddelbrett (2 Std. 22 US$) leihen. Für 36 US$ pro Nacht kann man auch im Park campen – auf den Stellplätzen gibt's Toiletten und Stromanschlüsse.

Schlafen & Essen

Rainbow Bend HOTEL $$$
(800-929-1505; www.rainbowbend.com; Meile 58 oceanside; Zi. 220–460 US$; P) Die großen rosafarbenen Hütten bieten charmanten Keys-Kitsch vom Feinsten. Die Apartments und Suiten sind hell, die Tiki-Hütten schattig, und der Ozean liegt gleich vor der Tür. Gäste können kostenlos einen halben Tag lang die Bend's Boston Whalers (Motorboote), Kajaks und Kanus benutzen. Das Dekor ist schon ein wenig altmodisch, aber die tolle Lage am Strand macht das wett.

KEY LIME PIE

Viele Restaurants behaupten, den wahrhaftigen, echten Key Lime Pie (Limettenkuchen) zu servieren, aber keiner weiß, wer diesen köstlichen Kuchen wirklich erfunden hat. Die Art der Kruste ist unterschiedlich, und es ist auch umstritten, ob auf dem Kuchen Baiser zu sein hat oder nicht. Zumindest die Farbe des Key Lime Pie steht nicht zur Debatte: Restaurants mit grünem Key Lime Pie kann man getrost meiden, denn Key-Limetten sind gelb, nicht grün! Die grüne Farbe kommt von beigefügter Lebensmittelfarbe – angeblich würden die Touristen erwarten, dass Limettenkuchen grün ist. Nein, danke!

Hawk's Cay Resort RESORT **$$$**
(☎305-743-7000; www.hawkscay.com; 61 Hawk's Cay Blvd, Duck Key, abseits von Mile 61 oceanside; Zi. 390–700 US$; P ᯤ ≋) Das Cay ist ein riesiges Luxusresort mit seidig-eleganten Zimmern und hübsch eingerichteten Reihenhäusern. Hinzu kommen unzählige Angebote für Aktivitäten auf der Insel. Am besorgniserregendsten ist allerdings das „Dolphin Connection Program“, bei dem Gäste mit Delfinen interagieren und schwimmen können. Tierschutzorganisationen zufolge schadet Delfinen die Haltung in geschlossenen Wasserbecken, und die Interaktion mit Menschen ist ebenfalls nicht artgerecht (S. 193).

Grassy Key Outpost AMERIKANISCH **$$**
(☎305-743-7373; www.grassykeyoutpost.com; 58152 Overseas Hwy; Hauptgerichte 10–29 US$; ⌚8–21 Uhr, Markt bis 22 Uhr; P ✍) Das interessante Outpost ist Markt und Restaurant zugleich und schafft in Bezug auf Atmosphäre und Essen den Spagat zwischen Nobelküche und regionaltypischer Zwanglosigkeit. Die Küche ist von einem gewissen Südstaatenflair geprägt: Die Shrimps mit Grütze sind reichhaltig und rauchig, und die dekadenten Käse-Makkaroni sind bergeweise mit Hummer belegt.

SS Wreck Galley & Grill AMERIKANISCH **$$**
(☎305-517-6484; www.wreckgalleygrill.com; Mile 59 bayside; Hauptgerichte 10–26 US$; ⌚Di–So 11–21.30 Uhr; P) Ein echter Lokaltreff: In diesem Keys-Klassiker laben sich Fischer an Bier und Chicken Wings. Daneben plaudern Inselpolitiker über relevante Themen (also über das Angeln). Das Essen ist hervorragend: Hier gibt's ein paar der besten Grillburger der Keys sowie exzellente Tagesspezialitäten.

Marathon

☎305, 786 / 8625 EW.

Marathon liegt auf halber Strecke zwischen Key Largo und Key West und eignet sich bestens als Zwischenstopp, wenn man mit dem Auto die Inseln abklappert. Es ist nach Key West die wohl am stärksten erschlossene Insel – will sagen: Es gibt hier ein paar große Einkaufszentren und mehr als 8000 Einwohner. Aber auch hierhin zieht es Leute vom Festland, die es sich gut gehen lassen, angeln und das eine oder andere Gläschen kippen. Marathon ist familienfreundlicher als Key West, aber Schwulen gegenüber nicht gerade aufgeschlossen.

Sehenswertes

Florida Keys Aquarium Encounters AQUARIUM
(☎305-407-3262; www.floridakeysaquariumencounters.com; 11710 Overseas Hwy, Meile 53,1 bayside; Erw./Kind 20/15 US$, Interaktion mit Tieren ab 30 US$; ⌚9–17 Uhr; 👪) Der Besuch in diesem kleinen, interaktiven Aquarium beginnt mit einer kostenlosen 20-minütigen Führung durch ein paar faszinierende marine Ökosysteme. Hier erwarten einen auch ein paar besondere Erlebnisse: Man kann z. B. in einem Korallenriff-Aquarium oder in der mit tropischen Fischen gefüllten Lagune schnorcheln. Umstrittener sind die „Tierbegegnungen“ und die „Streichelbecken“, wo man in flachen Gewässern lebende Meerestiere und Stachelrochen (deren Stachel entfernt wurde) anfassen kann. Der Stress des Umgangs mit Menschen kann sich nachteilig auf das Wohl der Meerestiere auswirken.

Zu den hiesigen Ökosystemen gehören auch ein von Mangroven gesäumtes Bassin voller Tarpune, ein Gezeitenbecken mit Großen Fechterschnecken und Pfeilschwanzkrebsen sowie ein Korallenriffbassin mit rund 760 000 l Wasser, in dem sich Muränen, Zackenbarsche und verschiedene Haiarten tummeln.

Man kann hier auch faszinierende Feuerfische, eine Papua-Weichschildkröte, noch nicht vollständig ausgewachsene Alligatoren und diverse Fischarten aus den Everglades sowie Schmuckreiher und Blaureiher beobachten.

Crane Point Museum
MUSEUM

(☎305-743-9100; www.cranepoint.net; Meile 50,5 bayside; Erw./Kind 15/10 US$; ⏲Mo–Sa 9–17, So ab 12 Uhr; P 👪 🐾) 🍃 Das Museum gehört zu den schönsten Orten auf der Insel. Hier sollte man unbedingt Halt machen und den Duft der Rosen, der Kiefern und der Palmenwäldchen genießen. Diese urwaldartige Palmenart sieht aus, als hätte sie gigantische japanische Fächer als Blätter, und wächst nur zwischen MM 47 und 60. Hier findet sich auch das restaurierte Adderly House, ein gut erhaltenes Beispiel für eine Hütte, in der einst Einwanderer aus den Bahamas lebten (und im Sommer vor Hitze fast umgekommen sein müssen). Außerdem kann man das 25,5 ha große, schöne grüne Grundstück (auf einem 2,8 km langen Wegenetz) erkunden.

Pigeon Key National Historic District
INSEL

(☎305-743-5999; www.pigeonkey.net; Meile 47 oceanside; Erw./Kind 12/9 US$; ⏲Führungen 10, 12 & 14 Uhr) Jahrelang lebten auf der 2 Meilen (3,2 km) westlich von Marathon, quasi unter der Old Seven Mile Bridge gelegenen winzigen Pigeon Key die Bahn- und Wartungsarbeiter, die die Bahntrasse zwischen den Keys bauten. Heute kann man die Gebäude in diesem National Historic District besichtigen oder einfach nur am Strand relaxen bzw. im Meer schnorcheln. Die Fähren starten an dem knallroten Schuppen auf Knight's Key (in Richtung Süden nach Pigeon links der Seven Mile Bridge).

Die Abfahrtszeiten der Fähre sollte man sich telefonisch bestätigen lassen; die letzte Fähre zurück fährt um 16 Uhr.

Sombrero Beach
STRAND

(Sombrero Beach Rd, abseits von Mile 50 oceanside; ⏲7.30 Uhr–Sonnenuntergang; P 👪 🐾) Einer der wenigen Strände in den Keys, die statt der üblichen Mangroven schönen weißen Sand haben. Man kann sich prima im Sand ausstrecken und im Meer schwimmen. Und es gibt hier sogar einen kleinen Spielplatz.

Turtle Hospital
TIERKLINIK

(☎305-743-2552; www.theturtlehospital.org; 2396 Overseas Hwy; Erw./Kind 22/11 US$; ⏲8.30–18 Uhr; P 👪) 🍃 Ob krank, von den Schrauben der Motorboote gestreift, mit den Flossen in Angelschnüren verheddert oder Opfer irgendeiner anderen Gefahr – auf den Keys landen verletzte Meeresschildkröten hoffentlich in dieser Schildkrötenklinik mit Motel. Man sollte Tiere zwar nicht vermenschlichen, aber diese Schildkröten sind einfach zu niedlich! Es macht einen traurig, sie verletzt oder krank zu sehen – aber gleichzeitig auch froh, dass sie hier so sorgsam umhegt werden. Die Führungen (9–16 Uhr immer zur vollen Stunde) sind lehrreich und unterhaltsam zugleich.

DELFINE IN GEFANGENSCHAFT

Aquarien und Meeresparks sind beliebte Ziele in Florida, vor allem solche, die Shows mit Delfinen und anderen Meeressäugern im Programm haben. Einige bieten sogar direkte Interaktionen mit Delfinen an. Es ist zwar ein tolles Fotomotiv und auf jeden Fall ein unvergessliches Erlebnis, an einem Seil von Flipper durch ein Schwimmbecken gezogen zu werden, aber es ist moralisch bedenklich – wenn nicht gar verwerflich.

Die harte Realität des Lebens der Delfine in Gefangenschaft bleibt Besuchern verborgen. Delfine sind sehr intelligente Tiere. Die Haltung in einer künstlich geschaffenen Umgebung behindert das natürliche Verhalten der Tiere, ihre Kommunikation untereinander, ihren Jagdtrieb, ihr Spielverhalten und die Paarung. Der Stress der Gefangenschaft führt zu vermehrten Krankheiten und Verhaltensauffälligkeiten. Daher leben Delfine in Gefangenschaft oft viel kürzer als in der freien Natur. Die Tiere, die „freiwillig" in Gefangenschaft bleiben, tun dies oft einfach nur, um in der Nähe des Futters zu sein.

Da immer mehr Menschen begreifen, dass Meeressäuger in Gefangenschaft Schaden nehmen, stellen viele Aquarien in den USA ihre Delfinprogramme ein. So gab das Baltimore Aquarium bekannt, bis 2020 seine Delfine auszuwildern und für diejenigen, die in der Freiheit nicht überleben können, ein Meeresschutzgebiet aufzubauen. Im Moment jedenfalls scheint keines der Aquarien in Florida dem Beispiel zu folgen. Weitere Infos über Meerestiere in Gefangenschaft erhält man von der World Animal Protection (www.worldanimalprotection.us.org), der Whale and Dolphin Conservation (www.whales.org/issues/swimming-with-dolphins) und der World Cetacean Alliance (www.worldcetaceanalliance.org).

Aktivitäten

Wheels-2-Go KAJAKFAHREN
(☎305-289-4279; http://wheels-2-go.com; 5994 Overseas Hwy; Glasbodenkajak/Fahrrad 40/15 US$ pro Tag, Einer/Zweier-Kajak 30/50 US$ pro Tag; ⏱9–17 Uhr) Freundlicher Kajak- und Fahrradverleih. Die Angestellten können einem die besten Stellen zum Kajakfahren in den Mangroventunneln zeigen, wo man auch hervorragend Vögel beobachten kann.

Marathon Kayak KAJAKFAHREN
(☎305-395-0355; www.marathonkayak.com; Tour 3 Std. 70 US$) Organisiert geführte Ökotouren durch die Mangroven sowie zu Sonnenuntergang und verleiht außerdem auch Boote. Sehr zu empfehlen ist die dreistündige Paddeltour durch den Wald aus Roten Mangroven.

Tilden's Scuba Center TAUCHEN
(☎305-743-7255; www.tildensscubacenter.com; 4650 Overseas Hwy; Schnorchel-/Tauchtrip 60/70 US$, Tauchausrüstung 120 US$) Dieser kundige und respektable Anbieter veranstaltet diverse Schnorchel- und Tauchausflüge durch nahe gelegene Abschnitte des Korallenriffs. Er organisiert aber auch Trips zum Speerfischen.

Feste & Events

Marathon Seafood Festival ESSEN & TRINKEN
(www.marathonseafoodfestival.com; ⏱Mitte März) Dieses kulinarische Event in Marathon ist eines der größten Feste auf den Keys. Es gibt Livemusik, eine Kunst- und Bootsshow, einen Markt für Kunst und Kunsthandwerk und jede Menge Vergnügung für die Kids (mit Fahrgeschäften und Spielen). Und natürlich gibt's auch Meeresfrüchte – an den vielen Buden, die frische Delikatessen aus dem Ozean verkaufen.

Schlafen

Seascape Motel & Marina MOTEL $$
(☎305-743-6212; www.seascapemotelandmarina.com; 1075 75th St Ocean E, zw. Meile 51 & 52; Zi. 250–450 US$; P❄📶🏊) Der unaufdringliche Luxus dieses erstklassigen B&B zeigt sich in den zwölf Zimmern mit unterschiedlicher Gestaltung – vom altmodischen Cottage-Stil bis hin zum schicken Boutique-Ambiente. Gästen stehen zudem ein Pool direkt am Meer, Kajaks und Stehpaddelbretter zur Verfügung. Die abgeschiedene Lage lässt einen alles andere vergessen. Nachmittags werden Wein und Snacks gratis serviert.

Ranch House Motel MOTEL $$
(☎305-743-2217; 7251 Overseas Hwy; Zi. 110–200 US$; ❄📶) Das familienbetriebene Motel gleich abseits vom Highway hat eines der besten Preis-Leistungs-Verhältnisse auf den Keys. Die Inhaber tun alles dafür, dass ihre Gäste sich hier wie zu Hause fühlen.

Die Zimmer sind sauber und gepflegt, auch wenn sie in den 1970er-Jahren steckengeblieben zu sein scheinen: Die holzvertäfelten Wände und geblümten Vorhänge lassen ein wenig Keys-Nostalgie aufkommen, während gute Betten, Kühlschränke, Mikrowellen, Kaffeebecher und an die Wand montierte TV-Geräte für modernes Wohlbefinden sorgen.

Tropical Cottages COTTAGES $$
(☎305-743-6048; www.tropicalcottages.net; 243 61st St; Cottage 130–200 US$; P❄📶🐾) Die hübschen, individuell gestalteten Hütten in Pastelltönen sind eine gute Option, vor allem, wenn man in einer größeren Gruppe unterwegs ist. Sie sind zwar nicht besonders schick, dafür aber gemütlich und komfortabel. Und sie bieten etwas Privatsphäre und ein Flair, das irgendwie an das alte Florida erinnert. Es gibt hier eine kleine Tiki-Bar, an der man bei erfrischenden Cocktails relaxen kann.

Sea Dell Motel MOTEL $$
(☎305-743-5161; www.seadellmotel.com; 5000 Overseas Hwy; Zi. 130–210 US$; P❄📶🏊) Das Sea Dell ist ein Keys-Klassiker mit hellen, niedrigen Zimmern in Pastelltönen und geblümten Bettdecken. Die Quartiere sind mehr oder weniger kleine Apartments mit eigenen Eingängen, in denen auch Familien Platz finden. Nach einem Tag unterwegs kann man sich an dem kleinen Pool erholen.

Tranquility Bay RESORT $$$
(☎305-289-0667; www.tranquilitybay.com; Meile 48,5 bayside; Zi. 340–700 US$; P❄📶🏊) Wer ernsthaft auf mehr Luxus aus ist, sollte in diesem riesigen Resort absteigen. Die vornehmen Reihenhäuser mit hochwertiger Bettwäsche sind ganz in mondänem Weiß gehalten. Auf dem sehr weitläufigen Gelände warten obendrein viele Aktivitäten. Die Betreiber wollen offenbar wirklich nicht, dass die Gäste wieder abreisen.

Essen

Wooden Spoon AMERIKANISCH $
(7007 Overseas Hwy; Hauptgerichte 5–12 US$; ⏱5.30–13.30 Uhr; P) Das beste Frühstück

der ganzen Gegend wird von reizenden Südstaatlerinnen serviert, die echte Experten für Diner-Kost sind. Die fluffigen Biscuits ertrinken fast in der dickflüssigen köstlichen Sauce, und die Maisgrütze ist garantiert die buttrigste und lockerste, die man je auf dem Teller hatte.

★ Keys Fisheries SEAFOOD **$$**
(☎866-743-4353; www.keysfisheries.com; 3502 Louisa St; Hauptgerichte 12–27 US$; ⏰11–21 Uhr; P 👪) Das Reuben-Sandwich mit Hummerfleisch ist bereits eine Legende: süß, prall gefüllt, sahnig und so lecker, dass einem schon beim Gedanken daran das Wasser im Munde zusammenläuft. Aber auch mit den anderen hervorragenden Meeresfrüchtegerichten mit Gemüsebeilage kann man nichts falsch machen. Da direkt an einem bewirtschafteten Hafen gefuttert wird, ist mit einer (erträglichen) Belästigung durch Möwen zu rechnen.

Sunset Grille AMERIKANISCH **$$**
(☎305-396-7235; www.sunsetgrille7milebridge.com; 7 Knights Key Blvd, Meile 47 oceanside; Hauptgerichte mittags 10–16 US$, abends 19–30 US$; 👪) Das riesige festliche Restaurant mit Blick auf die Seven Mile Bridge hat eine unschlagbare Lage (es heißt nicht umsonst Sunset) und ein großes Angebot an Gaumenfreuden in Form von Meeresfrüchten und Grillfleisch, Rohkost, Sushi und vielen kinderfreundlichen Optionen. Es gibt hier auch einen hübschen (im Winter beheizten), kostenlosen Swimmingpool.

Burdines Waterfront AMERIKANISCH **$$**
(www.burdineswaterfront.com; 1200 Oceanview Ave, Ende der 15th St, Mile 48 oceanside; Hauptgerichte 10–18 US$; ⏰12–21 Uhr; 👪) Einen Einblick in das alte Marathon erhält man hier im Oberstock dieses Schuppens am Wasser. In dem bei Einheimischen sehr beliebten Treff kann man an der strohgedeckten Bar oder an Picknicktischen mit luftigem Blick aufs Meer hinaus Platz nehmen und die herzerwärmende Hausmannskost (Räucherfisch-Sandwichs, schwarze Bohnen mit Reis, handgeschnittene Pommes, Shrimps und Steinkrabbensuppe) genießen.

Ausgehen & Nachtleben

★ Hurricane BAR
(☎305-743-2200; Mile 49,5 bayside; ⏰11–24 Uhr) Einheimische, Touristen, verrückte Fischer und Rednecks genießen hier Jägerbomben und die zahlreichen, immer guten Liveauftritte. Mit den kecken Angestellten und den starken Drinks ist dies eine der besten Bars auf dem Weg nach Key West, die definitiv einen Besuch lohnt.

Island Fish Company BAR
(☎305-743-4191; Mile 54 bayside; ⏰11.30–22 Uhr) Auf dieser von der Meeresbrise geküssten Tiki-Insel mit Blick auf die Florida Bay mixen die freundlichen Angestellten starke Cocktails. Beim Plausch mit dem Barkeeper und einem guten Trinkgeld bleibt das Glas immer gut gefüllt. Die entspannte Atmosphäre direkt am Wasser ist genau das, was die Keys ausmacht. Hübsche Sonnenuntergänge und hervorragende Meeresfrüchtegerichte erhöhen den Reiz der Bar zusätzlich.

Brass Monkey BAR
(☎305-743-4028; 5561 Overseas Hwy, oceanside; ⏰10–4 Uhr) Als Colonel Kurtz im Film *Apocalypse Now* „das Grauen, das Grauen" flüsterte, dachte er wohl an seine durchzechte Nacht in dieser schäbigen Kneipe, in der sich Marathons Kellner und Barkeeper nach Feierabend treffen. Bei billigen Drinks, freundlichen Einheimischen und allabendlicher Livemusik kann man hier aber viel Spaß haben.

Unterhaltung

Marathon Cinema & Community Theater THEATER
(☎Kino 305-743-0288, Theater 305-743-0994; www.marathontheater.org; 5101 Overseas Hwy) Gutes, altmodisches Theater, wo neben Theater auch Filme auf dem Programm stehen. Fürs Publikum gibt's große Liegesitze (mit noch größeren Getränkehaltern).

Praktische Informationen

Fishermen's Hospital (☎305-743-5533; www.fishermenshospital.org; 3301 Overseas Hwy; ⏰24 Std.) Hat eine große Notaufnahme sowie eine Ambulanz für weniger schwere Fälle.

An- & Weiterreise

Flugzeuge landen auf dem **Marathon Airport** (☎305-289-6060; Mile 50,5 bayside). Die Busse von Greyhound halten am Flughafen. Regelmäßig fahren auch von **Key West Transit** (S. 184) betriebene Busse nach Key West.

LOWER KEYS

In den Lower Keys begegnet man überwinternden Gästen aus dem Norden und ein-

NATURWUNDER AUF DEN KEYS

Man könnte den Keys in Bezug auf die Natur ein wenig Langeweile unterstellen. Die Landschaft ist nicht besonders aufregend (abgesehen von der tollen Aussicht auf den Ozean vom Overseas Hwy aus), überall nichts als niedriger Bewuchs.

Aber man sollte keine voreiligen Schlüsse ziehen! Die Keys gehören zu den einzigartigsten, sensibelsten Lebensräumen in den USA. Die Ökosysteme hier unterscheiden sich nur minimal. Wer aber einmal den Unterschied zwischen niedrigwüchsigem Wäldchen (*hammock*) und Feuchtgebiet verstanden hat, sieht die Inseln aus einer ganz neuen Perspektive. Die besten Einführungen in die Natur der Keys findet man im Crane Point Museum (S. 193) und im Florida Keys Eco-Discovery Center (S. 203).

Die Mangroven sind es wert, genauer betrachtet zu werden: Sie sind die interessantesten, wenn nicht gar die optisch fesselndsten Habitate der Inseln. Sie wachsen auf den flachen Riffen, die die Keys umgeben und Florida diesen tollen smaragdgrünen Ton verleihen, und sehen aus wie unzählige Spinnenbeine, die aus dem Wasser ragen. Zwischen den Wurzeln der Mangroven verfangen sich Sedimente – so entstehen neue Fleckchen Land, auf denen dann die Tiki-Barstühle stehen können. Das heißt also: Ohne Mangroven kein Jimmy Buffett.

Die drei verschiedenen Mangrovenarten sind allesamt kleine Wunder der Anpassung. Die Roten Mangroven wachsen direkt am Wasser und haben Luft- bzw. Stelzwurzeln, die ihnen das „Atmen" ermöglichen, selbst wenn die Bäume im Wasser stehen. Die weiter landeinwärts wachsenden Schwarzen Mangroven überleben dank ihrer schnorchelartigen Atemwurzeln (Pneumatophoren). Diese ähneln schwammartigen Stielen, die aus dem schlammigen Boden herausragen und den Baum mit Frischluft versorgen. Am weitesten landeinwärts stehen die Weißen Mangroven, die das durch Luft und Wasser aufgenommene Salz quasi ausschwitzen, um sich am Leben zu erhalten.

Es gibt noch eine erwähnenswerte Baumart, die zwar keine Mangrove, aber genauso interessant ist: der Gujak, der in den USA nur auf den Keys vorkommt. Sein Saft wurde lange Zeit zur Behandlung von Syphilis verwendet – daher auch der lateinische Name *lignum vitae* (Lebensholz).

heimischen „Conchs". Einige Familien leben bereits seit Generationen hier, und irgendwie herrscht hier mehr Inselatmosphäre als an anderen Abschnitten des Overseas Hwy. Es ist schon seltsam: Die Inseln werden auf dem Weg gen Süden immer einsamer, ländlicher und charakteristischer, bis man plötzlich im vergleichsweise kosmopolitischen, vielfältigen und freigeistigen Key West angekommen ist.

Neben den Menschen ist die Natur der größte Trumpf der Lower Keys. Hier finden sich der schönste State Park der Keys und eine der seltensten Tierarten. Mit einem Boot kann man durch malerische, unberührte Mangrovenwälder paddeln.

Big Pine Key, BahiaHonda Key & Looe Key

Auf Big Pine gibt's endlos lange, ruhige Straßen, umherstreifende Key-Weißwedelhirsche (S. 204) und Leute, die in Key West arbeiten, aber hier wohnen, um den dortigen astronomisch hohen Immobilienpreisen zu entgehen. Bahia Honda hat den beliebtesten Sandstrand überhaupt, und die Korallenriffe von Looe sind ein Paradies für Taucher.

Sehenswertes

★ Bahia Honda State Park STATE PARK

(☎305-872-3210; www.bahiahondapark.com; Meile 37; Auto 4–8 US$, Radfahrer & Fußgänger 2,50 US$; ⏲8 Uhr–Sonnenuntergang; 👪) Der Park mit seinem langen weißen (manchmal mit Seetang überzogenen) Sandstrand, der von den Einheimischen Sandspur Beach genannt wird, ist die größte hiesige Attraktion. Dies ist der wohl beste naturbelassene Sandstrand der Keys. Ein Spaziergang über die alte **Bahia Honda Rail Bridge** eröffnet einen hübschen Blick auf die umliegenden Inseln. Ein sonniger Nachmittag lässt sich prima mit einem Kajak-Abenteuer (ab 12/36 US$ pro Std./halber Tag) füllen.

Man kann auch die Naturlehrpfade erkunden und sich im Wissenschaftszentrum umschauen, wo die hilfsbereiten Parkangestellten einem alles Wissenswerte über Steinkrebse, Borstenwürmer, Pfeilschwanzkrebse und Rippenquallen erzählen. Die Parkverwaltung bietet täglich 1½-stündige Schnorcheltrips um 9.30 und 13.30 Uhr (Erw./Kind 30/25 US$) an. In der Hauptsaison sollte man vorab reservieren!

No Name Key INSEL
Auf diese Insel mit tollem Namen verirren sich nur wenige Touristen, weil sie vorwiegend Wohngebiet ist. Dabei gehört sie zu den verlässlichsten Orten, um Key-Weißwedelhirsche beobachten zu können. Vom Overseas Hwy geht's weiter auf den Watson Blvd, dann rechts abbiegen und nach links in den Wilder Blvd, die Bogie Bridge überqueren, und schon ist man auf No Name.

National Key Deer Refuge Headquarters NATURSCHUTZGEBIET
(305-872-0774; www.fws.gov/refuge/National_Key_Deer_Refuge; Big Pine Shopping Center, Meile 30,5 bayside; Mo–Fr 9–16, Sa & So 10–15 Uhr;) Was ist niedlicher als Bambi? Genau, ein Mini-Bambi! Wir stellen vor: den Key-Weißwedelhirsch, eine gefährdete Unterart des Weißwedelhirschs, die vorwiegend auf Big Pine und No Name Key vorkommt. Die Leute hier sind eine unglaublich nützliche Quelle an Infos über die Hirsche und überhaupt zu den Keys. Das Schutzgebiet erstreckt sich über mehrere Inseln, aber die öffentlich zugänglichen Bereiche beschränken sich auf Big Pine und No Name.

Die Parkverwaltung kümmert sich auch um das **Great White Heron National Wildlife Refuge**, ein 809 km² großes Gebiet, das offenes Meer und Mangroveninseln nördlich der Hauptinseln umfasst und nur per Boot zu erreichen ist. Es gibt keinerlei touristische Infrastruktur, um hierher zu gelangen. Man kann sich aber in der Verwaltung eine Seekarte und Infos zu den Reihern besorgen.

Blue Hole SEE
(abseits von Meile 30,5) Der kleine Teich (in einem ehemaligen Steinbruch) ist heute der größte Süßwassersee auf den Keys. Das will zwar nicht viel heißen, aber der See ist ein hübsches kleines, blaues (naja, vielleicht eher algengrünes) Wasserloch, umgeben von einem kurzen Wanderweg mit Infotafeln. Im Wasser tummeln sich Schildkröten, Fische und Stelzvögel. Nach weiteren 400 m entlang derselben Straße erreicht man den etwa 1,5 km langen **Watson's Nature Trail** sowie das kleine Wäldchen **Watson's Hammock**.

Looe Key National Marine Sanctuary PARK
(305-809-4700; www.floridakeys.noaa.gov) Looe (sprich *lu*) Key liegt fünf Seemeilen (ca. 9 km) vor der Küste von Big Pine. Es ist keine echte Key-Insel, sondern ein Riff, das zum Florida Keys National Marine Sanctuary gehört. Das etwa 9600 km² große Gebiet wird von der National Oceanic & Atmospheric Administration verwaltet. Das Riff kann nur im Rahmen einer speziell arrangierten Charter-Bootsfahrt besucht werden. Am besten wendet man sich an einen der Tauchveranstalter auf den Keys; das naheliegendste ist das Looe Key Dive Center (S. 197).

Big Pine Flea Market MARKT
(www.bigpinefleamarket.com; Mile 30,5 oceanside; Sa & So 8–14 Uhr, Aug. & Sept. geschl.; P) GRATIS Dieser Markt lockt wohl mehr Leute von den ganzen Keys an als der Gottesdienst der hiesigen Kirchen. Es gibt Unmengen an Kunsthandwerk, Vintage-Klamotten, Handtaschen, Sonnenbrillen, Souvenir-T-Shirts, Strandtüchern, Holzschnitzereien, Windspielen und Handwerkszeug – nicht zu vergessen all die Ausrüstungen aus zweiter Hand für einen Angeltrip.

Aktivitäten

Serenity Eco Therapy WASSERSPORT
(305-432-1401; www.serenityecoguides.com; Strand-Yoga ab 12 US$, Stehpaddelkurs 2 Std. 85 US$;) Wer Lust auf Yoga und/oder Stehpaddeln hat oder auch nur mal etwas Neues ausprobieren will, sollte einen Kurs bei Serenity belegen. Dieser Anbieter veranstaltet spezielle Kurse, die Yoga und Stehpaddeln auf dem Wasser vereinen sowie Yoga am Strand, Meditation und Paddeln bei Sonnenuntergang. Die meisten Kurse finden im Bahia Honda State Park statt.

Old Wooden Bridge Marina BOOTFAHREN
(305-872-2241; 1791 Bogie Dr; Einer-/Zweierkajakfahrt 2 Std. 25/35 US$, Radverleih halber/ganzer Tag 15/20 US$; So–Do 8–17, Fr & Sa bis 18 Uhr) Am Fuße der Brücke hinüber zur No Name Key kann man an dieser kleinen Holzhütte am Hafen Kajaks und Fahrräder für den ganzen Tag mieten (und bekommt im Laden auch noch so wichtiges wie Bier). Dies ist eine hübsche Gegend, die sich zu erkunden lohnt – sei es auf dem Wasser oder mit dem Rad.

Looe Key Dive Center TAUCHEN
(305-872-2215; www.diveflakeys.com; Schnorcheln/Tauchen ab 40/70 US$) Der im gleich-

namigen Resort untergebrachte Tauchveranstalter auf Ramrod Key bietet empfehlenswerte Tagesausflüge nach Looe Key mit Start am Morgen (8 Uhr) und am Nachmittag (12.45 Uhr). Eine Tauchtour mit zwei Flaschen zu zwei Spots kostet 70 US$ zuzüglich Ausrüstung für Sporttaucher, 40 US$ zuzüglich Ausrüstung für Schnorchler und 25 US$ für Mitfahrer, die bloß zuschauen wollen.

Schlafen

★Bahia Honda State Park Campground CAMPEN $
(☎800-326-3521; www.reserveamerica.com; Meile 37, Bahia Honda Key; Stellplatz/Hütte 40/160 US$; P 📶) Auf Bahia Honda befindet sich der beste Campingplatz der Keys. Es gibt nichts Schöneres, als unter freiem Himmel aufzuwachen und morgens ins Meer zu springen (zugegeben, die Sandfliegen trüben das Bild vom Paradies gehörig!). Der Park hat sechs Hütten für jeweils bis zu sechs Personen und 80 Stellplätze in der Nähe des Strands. Unbedingt Monate im Voraus reservieren!

Barnacle Bed & Breakfast B&B $$
(☎305-872-3298; www.thebarnacle.net; 1557 Long Beach Dr, Big Pine Key; Zi. 220–290 US$; P ❄ 📶) Das Barnacle empfängt seine Gäste mit einem Atrium, das eine frische Meeresbrise verheißt. An Pool, Whirlpool und Hängematten vorbei geht's zu den individuell gestalteten Zimmern, die alle ein herrlich verrücktes Design zeigen. Tropischer Schnickschnack und große Fenster, die viel Sonne hereinlassen, gehören dazu. Fürs Essen empfiehlt sich die Terrasse mit Meerblick.

★Deer Run Bed & Breakfast B&B $$$
(☎305-872-2015; www.deerrunfloridabb.com; 1997 Long Beach Dr, Big Pine Key, abseits von Meile 33 oceanside; Zi. 300–480 US$; P ❄ 📶 🏊) Das staatlich zertifizierte Deer Run ist Ökolodge und vegetarisches B&B in einem und befindet sich abgeschieden an einem hübschen Abschnitt des Long Beach Dr. Das Ganze ist ein Garten skurriler Freuden mit Krimskrams, Straßenschildern und vier einfachen, aber gemütlichen Zimmern. Während die Gäste mit dem Boot hinausfahren oder im beheizten Pool entspannen, bereiten die hilfsbereiten Inhaber leckere vegetarische Mahlzeiten zu.

Essen & Ausgehen

No Name Pub PIZZA $
(☎305-872-9115; www.nonamepub.com; N Watson Blvd, Big Pine Key, abseits von Mile 30,5 bayside; Hauptgerichte 10–21 US$; ⏲11–22 Uhr; P) Das No Name ist eines jener Lokale im Nirgendwo, die jeder zu kennen scheint. Trotz der einsamen Lage strömen die Leute von überall her zu diesem Schuppen, um ihre Dollarscheine an die Wand zu pinnen, Bier aus lokaler Produktion zu trinken, ein wenig Classic Rock zu hören und ausgezeichnete Pizza, Burger und Kneipenkost zu genießen.

Good Food Conspiracy VEGETARISCH $
(☎305-872-3945; Big Pine Key, Mile 30 oceanside; Sandwiches 8–14 US$; ⏲Mo–Sa 9.30–19, So 11–17 Uhr; P 🌶) Wer auf gesunde Ernährung achtet, kann aufatmen: In dem freundlichen kleinen Reformhaus für Makrobiotisches und Bioprodukte gibt's Grünzeug, Sprossen, Kräuter und Tofu – eben all das, wovon man auf der langen Fahrt auf dem mit Frittenbuden gesäumten Overseas Hwy geträumt hat. Hier gibt's auch eine Theke mit guten Sandwichs und frisch gepressten Säften, wo man auch geschmolzene Avocado, frische Salate, Veggie-Burger, hausgemachte Suppe und Obst-Smoothies bekommt.

Kiki's Sandbar BAR
(☎305-872-4500; www.kikissandbar.com; 183 Barry Ave, Mile 28,3 bayside; ⏲8–24 Uhr) In Bezug auf Drinks mit Ausblick ist das Kiki's nicht zu toppen! Man kann an der Bar ein Schwätzchen halten, bei Sonnenuntergang ein wenig relaxen, von den Picknicktischen auf dem Rasen vor dem Ufer in die Sterne gucken oder – noch besser – bis zum Pier laufen, wo es nachts bei Mondschein ganz zauberhaft ist.

An- & Weiterreise

Greyhound (www.greyhound.com) hat täglich zwei Busse, die auf dem Weg zwischen Miami und Key West (einfach ab 9 US$) auch auf Big Pine Key halten.

Key West Transit (S. 184) betreibt zwischen Key West und Marathon mit Halt auf Big Pine Key (einfach 4 US$) neun Busse am Tag.

Sugarloaf Key & Boca Chica Key

Das letzte Stück vor dem Heiligen Gral (Key West) hat nicht viel zu bieten – nur Brücken über hübsche blaugrüne und türkisfarbene Gewässer, ein paar gute Restaurants und eine Attraktion am Straßenrand, die ganz im Zeichen von Fledermäusen steht.

Dieser unterste Abschnitt der Keys reicht vom MM 20 bis zum Anfang von Key West.

Sehenswertes

Sheriff's Animal Farm ZOO

(Monroe County Sheriff's Office Animal Farm; ☎305-293-7300; 5501 College Rd, Stock Island; ⏲2. & 4. So im Monat 13–15 Uhr oder nach Vereinbarung; P 🚻) GRATIS Unmittelbar vor Key West sollte man einen Stopp in dieser Farm nahe dem Sheriffbüro und der Jugendstrafanstalt des Monroe County einlegen (das ist kein Scherz). Die Farm fungiert als Heim für Tiere aus der Gegend, die abgegeben oder ausgesetzt worden sind. Kinder haben hier immer viel Freude (bei telefonischer Voranmeldung führt Farmerin Jeanne Selander einen liebend gern herum).

Sugarloaf Key Bat Tower WAHRZEICHEN

(Sugarloaf Key, Meile 17) Dieser Holzturm sieht aus wie ein von den Azteken abgekupferter Feuerwachturm, ist aber eigentlich das Werk eines durchgeknallten Immobilienunternehmers. In den 1920er-Jahren hatte Richter C. Perky die tolle Idee, diese Gegend in ein Ferienparadies zu verwandeln. Es gab nur ein Problem: Moskitos. Seine Lösung? Er baute einen mehr als 10 m hohen Turm für Fledermäuse, die – so hatte er gehört – die lästigen Biester fressen würden. Also importierte er eine Kolonie von Fledermäusen und setzte sie in den Turm. Aber diese machten sich sofort aus dem Staub und überließen den Turm seinem Schicksal.

Der Turm ist in schlechter Verfassung und kann auch nicht bestiegen werden.

Schlafen

Sugarloaf Lodge MOTEL $$

(☎305-745-3211; www.sugarloaflodge.net; Sugarloaf Key, Meile 17; Zi. 150–240 US$; P ❄ 📶 🏊) Die 55 Zimmer im Motelstil sind nichts Besonderes, punkten aber allesamt mit Traumblick auf die Bucht vom Balkon oder dem Patio (im 1. Stock) aus. Auf dem Gelände gibt's auch ein Restaurant, eine Tiki-Bar, einen Bootshafen und eine Landebahn, wo man zum Fallschirmspringen abheben oder Touren mit einem Wasserflugzeug machen kann. Freundlicher Service.

Essen & Ausgehen

Baby's Coffee CAFÉ $

(☎305-744-9866; Meile 15 oceanside; ⏲Mo–Sa 6.30–20, So 7–17 Uhr) Dieses richtig coole Kaffeehaus mit eigener Rösterei verkauft Tüten mit den aromatischen Bohnen und daneben auch tolle Kaffeegetränke (heiß und kalt), die viele Einheimische für die besten auf den Keys halten. Neben leckeren Backwaren bis hin zu Obst-Smoothies bekommt man hier noch andere lebenswichtige Dinge.

Mangrove Mama's KARIBISCH $$

(☎305-745-3030; www.mangrovemamas20.com; Mile 20 bayside; Mittagessen 10–15 US$, Abendessen 15–29 US$; ⏲8–22 Uhr; P 🚻) Das groovige Lokal am Straßenrand serviert Meeresfrüchte auf karibische Art wie Kokos-Shrimps, Eber-Lippfisch in Kochbananenkruste und Sandwichs mit Muschelfleisch. Das Ganze genießt man am besten auf dem Hinterhof zu Livemusik (tgl. ab 17.30 Uhr).

Square Grouper MODERN-AMERIKANISCH $$$

(☎305-745-8880; www.squaregrouperbarandgrill.com/menu; Mile 22,5 oceanside, Cudjoe Key; Hauptgerichte 22–39 US$; ⏲Di–Sa 11–14.30 & 17–22 Uhr; 🍸) Das Square Grouper ist eines der Restaurants auf den Keys, über die am meisten geredet wird. Und mit seinen frischen Zutaten aus der Region, den innovativen Rezepten und der aufmerksamen Bedienung in dem eleganten und dennoch bescheidenen Speiseraum macht es alles richtig. Zu den Highlights gehören Tacos mit frischem Fisch, Thunfisch mit Sesamkruste und reichhaltiger Meeresfrüchte-Eintopf, aber auch die Tagesgerichte sind ihr Geld wert.

Vorab reservieren. Vor oder nach dem Essen empfiehlt sich ein Drink in der Lounge My New Joint im oberen Stock.

★ **My New Joint** COCKTAILBAR

(☎305-745-8880; www.mynewjoint420lounge.com; Mile 22,5, Cudjoe Key; ⏲Mo–Sa 16.20–24 Uhr) Die große Lounge mit warmer Beleuchtung bringt eine gute Portion Stil in die Lower Keys. Es gibt kunstvolle Cocktails, exzellente Fassbiere (darunter auch regionale Sorten), hervorragende Tapas und Austern und an den meisten Abenden Livemusik (ab 19 oder 20 Uhr). Zum Knabbern gibt's selbstgeräucherten Fisch, gegrillten Rosenkohl, gedämpfte Teigtaschen mit Weichschalenkrabben und andere Feinkost zum Teilen.

An- & Weiterreise

Key West Transit (S. 184) schickt neun Busse am Tag von Key West nach Marathon mit Halt in Boca Chica und auf Sugarloaf Key (4 US$).

KEY WEST

☎305, 786 / 26 000 EW.

Key West ist die entlegenste, schrillste und exzentrischste Insel der Keys, aber auch die

Key West

A
B
C
D
1
2
3
4
5
6
7
Key West Bight
Land's End Marina
Golf von Mexiko
Historic Seaport
Schooner Wharf
Mallory Square
Front St
Key West Chamber of Commerce
Greene St
Dey St
Caroline St
William St
Elizabeth St
Ann St
ATLANTIK
Museum of Art & History at the Custom House
Eaton St
Nancy Forrester's Secret Garden
Whitehead St
Duval St
Pier B
Truman Annex
Bahama St
Fleming St
Emma St
BAHAMA VILLAGE
Whitehead St
Submarine Basin
Angela St
Petronia St
Thomas St
East Quay Rd
Olivia St
Angela St
Dekaib Ave
Fort St
Emma St
Julia St
Howe St
Harry S. Truman US Naval Reservation
Fort Zachary Taylor State Historic Site
Whitehead Spit
1
2
3
4
5
6
7
11
12
13
14
15
16
19
20
21
22
23
24
27
28
32
33
34
36
37
39
41
44
45
46
48
51
57
58
59
60
61
62
63
64
65
66
67
68
69
70
71
73
74
75
76
77
78
79
80
81

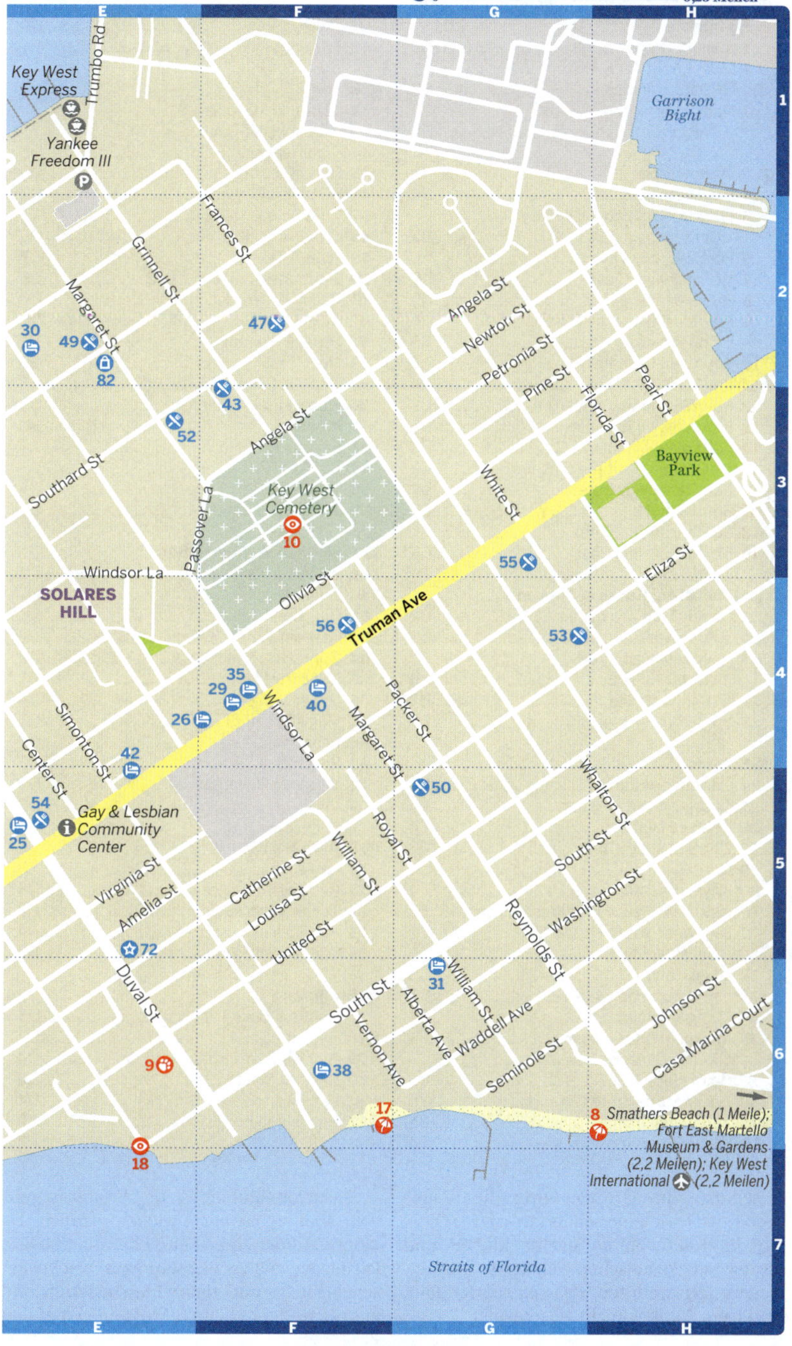
0 500 m
0 0,25 Meilen
Key West Express
Yankee Freedom III
Trumbo Rd
Garrison Bight
Frances St
Grinnell St
Margaret St
Angela St
Newton St
Petronia St
Pine St
Florida St
Pearl St
Bayview Park
Southard St
Key West Cemetery
Passover La
Windsor La
SOLARES HILL
Olivia St
Truman Ave
White St
Eliza St
Windsor La
Margaret St
Packer St
Simonton St
Center St
Whalton St
Gay & Lesbian Community Center
Royal St
William St
Catherine St
Virginia St
Amelia St
Louisa St
United St
South St
Washington St
Reynolds St
Duval St
South St
William St
Vernon Ave
Alberta Ave
Waddell Ave
Seminole St
Johnson St
Casa Marina Court
Smathers Beach (1 Meile); Fort East Martello Museum & Gardens (2,2 Meilen); Key West International (2,2 Meilen)
Straits of Florida

Key West

Highlights
1 Mallory Square B2
2 Museum of Art & History at the Custom House B2
3 Nancy Forrester's Secret Garden D3

Sehenswertes
4 Duval Street D4
5 Florida Keys Eco-Discovery Center B5
6 Fort Zachary Taylor A6
7 Hemingway House D5
8 Higgs Beach H6
9 Key West Butterfly & Nature Conservatory E6
10 Key West Cemetery F3
11 Key West Distilling D4
12 Key West First Legal Rum C2
13 Key West Lighthouse D5
14 Little White House B3
15 Mel Fisher Maritime Museum C3
16 San Carlos Institute D4
17 South Beach F6
18 Southernmost Point E6
19 Studios of Key West D3

Aktivitäten, Kurse & Touren
20 Conch Tour Train C2
21 Jolly Rover D2
Key West Ghost & Mysteries Tour .... (siehe 65)
22 Old Town Trolley Tours B2
23 Yoga on the Beach B7

Schlafen
24 Caribbean House D5
25 Casablanca Key West E5
26 Chelsea House F4
27 Curry Mansion Inn C2
28 Gardens Hotel D4
29 Key Lime Inn F4
30 Key West Bed & Breakfast E2
31 Key West Youth Hostel & Seashell Motel G6
32 L'Habitation C3
33 Lighthouse Court Inn D5
34 Mango Tree Inn D3
35 Mermaid & the Alligator F4
36 Old Town Manor C3
37 Saint Hotel C3
38 Santa Maria Suites Resort F6
39 Seascape Tropical Inn D5
40 Silver Palms Inn F4
41 Tropical Inn D4
42 Truman Hotel E5

Essen
43 5 Brothers Grocery & Sandwich Shop F3
44 Blue Heaven D5
45 Blue Macaw D5
46 BO's Fish Wagon D2
47 Café Solé F2
48 Croissants de France D5
49 Date & Thyme E2
50 El Siboney G5
51 Garbo's Grill C3
Glazed Donuts .... (siehe 74)
52 Mangia Mangia E3
53 Mo's Restaurant G4
54 Nine One Five E5
55 Pierogi Polish Market G3
Point5 .... (siehe 54)
56 Seven Fish F4
57 Six Toed Cat D5
58 The Café D4
59 Thirsty Mermaid D3

Ausgehen & Nachtleben
60 801 Bourbon Bar D4
61 Aqua D4
62 Bourbon St Pub D4
63 Captain Tony's Saloon C2
64 Conch Republic D2
65 Garden of Eden C3
66 Green Parrot D4
67 Hog's Breath C2
68 Pilar Bar C3
69 Porch C3
70 Vinos on Duval D5
71 Vivez Joyeux D5

Unterhaltung
72 La Te Da E5
73 Red Barn Theatre C3
74 Tropic Cinema C3
75 Virgilio's D4
76 Waterfront Playhouse B2

Shoppen
77 Books & Books D3
78 Kermit's D2
79 Key West Dream Collection D4
80 Leather Master D4
81 Petronia Island Store D4
82 Salt Island Provisions E2

fesselndste. Im Grunde wirkt die 18 km² große Insel wie eine schöne tropische Oase, wo die Kaktusblüten nachts blühen und die typisch karibischen Häuser so traurig-romantisch anmuten, dass es schwer fällt, bei ihrem Anblick nicht zu seufzen.

Selbstverständlich ist Key West sehr reizvoll, aber es ist auch widersprüchlich. Da gibt es auf der einen Seite Literaturfestivals, karibische Villen, Restaurants mit tropischer Küche und teure Kunstgalerien und auf der anderen Seite S-M-Paraden, auf den

Bürgersteig kübelnde Collegestudenten und schmuddelige Bars voller abgewrackter Typen. Hier findet jeder das, was er sucht.

Wie in den anderen Teilen der Keys spielt die Natur hier eine führende Rolle. Allein schon der atemberaubende Sonnenuntergang ist Grund genug für das allabendliche Gelage am Mallory Sq.

Sehenswertes

★ Mallory Square — PLATZ

(www.mallorysquare.com; 👪) All die Energien, Subkulturen und Macken des Keys-Alltags kommen bei dieser von Fackeln beleuchteten, familienfreundlichen (aber spielerisch schrillen) und vom Sonnenuntergang bereicherten Straßenparty zusammen. Das Resultat dieser ungezügelten Kräfte auf dem Mallory Sq ist eines der tollsten Schauspiele auf Erden. Das Fest beginnt, wenn die Sonne untergeht. Es ist der Startschuss für den ausbrechenden Wahnsinn. Hunde balancieren auf einem Drahtseil, Männer speien Feuer und britische Akrobaten schlagen Purzelbäume und klopfen freche Sprüche.

★ Museum of Art & History at the Custom House — MUSEUM

(☎305-295-6616; www.kwahs.com; 281 Front St; Erw./Kind 10/5 US$; ⊙9.30–16.30 Uhr) Wer etwas über die Geschichte von Key West erfahren will, sollte dieses hervorragende Museum am Ende der Straße besuchen. Zu den Highlights gehören Fotografien und Archivaufnahmen vom Bau des ehrgeizigen Overseas Hwy (und dem Hurrikan, bei dem 400 Menschen ums Leben kamen), ein Modell der unglückseligen USS *Maine* (die im Spanisch-Amerikanischen Krieg gesunken ist), Material zur Rolle der Marine in Key West (als dem einstigen größten Arbeitgeber auf der Insel) und Ausstellungsstücke zu den „Strandräubern“, die ihr Glück mit der Plünderung von Schätzen gesunkener Schiffe gemacht haben.

★ Nancy Forrester's Secret Garden — GARTEN

(www.nancyforrester.com; 518 Elizabeth St; Erw./Kind 10/5 US$; ⊙10–15 Uhr; 👪) Die Aktionskünstlerin Nancy ist eine feste Größe in der Keys-Gemeinde. In ihrer Hinterhof-Oase plappern gerettete Papageien und Sittiche auf die Gäste ein. Um 10 Uhr gibt Nancy einen Überblick über die intelligenten und seltenen Vögel. Zu anderen Zeiten beantwortet Nancy gern Fragen und gewährt einen Einblick in das Leben der Papageien. Ein toller Ort für Kids, die oft ganz beeindruckt sind von der Interaktion mit den Vögeln.

Wer ein Musikinstrument spielt, kann es gern mitbringen und im Hof spielen. Die Vögel scheinen vor allem Flöten zu mögen.

Duval Street — STRASSE

Die Einwohner von Key West hegen eine Hass-Liebe zur berühmtesten Straße der Stadt (wenn nicht gar der Keys). Die Hauptstraße von Key Wests Old Town ist eine wundersame Meile aus Kneipen, Kitsch und furchtbarem Benehmen. Aber dennoch ist es hier sehr spaßig! Der „Duval Crawl“ gehört zu den wildesten Kneipentouren der USA. Die Mischung aus Neon-Drinks, Travestieshows, kitschigen T-Shirts, Kinos, Kunstateliers und Boutiquen wirkt eher charmant als abstoßend.

Hemingway House — HAUS

(☎305-294-1136; www.hemingwayhome.com; 907 Whitehead St; Erw./Kind 14/6 US$; ⊙9–17 Uhr) Ernest Hemingway, Key Wests absoluter Lieblingsbürger, lebte von 1931 bis 1940 in diesem prächtigen Haus im spanischen Kolonialstil. „Papa“ ließ sich hier mit Ehefrau Nr. 2, einer Moderedakteurin der *Vogue* und (ehemaligen) Freundin von Ehefrau Nr. 1, nieder (und brannte später mit Ehefrau Nr. 3 durch). In diesem Haus entstanden *Das kurze glückliche Leben von Francis Macomber* und *Die grünen Hügel Afrikas*. Die vielen Nachkommen von Hemingways sechszehiger Katze herrschen heute quasi über das Gelände.

Florida Keys Eco-Discovery Center — MUSEUM

(☎305-809-4750; http://eco-discovery.com/ecokw.html; 35 East Quay Rd; ⊙Di–Sa 9–16 Uhr; P 👪) GRATIS Das rund 557 m² große Center ist einer der besten Orte in den Keys, um mehr über die außerordentliche Meereswelt Südfloridas zu erfahren. Den Anfang macht ein 20-minütiger Film mit schönen Aufnahmen vom Leben in den Riffen, den Hartholz-Wäldchen, den Seegraswiesen und Mangroven. Weiter geht's mit der Ausstellung zum Leben über dem Meeresspiegel, bevor man dann einen Blick auf die Meerestiere in den kleinen Aquarien in der Abteilung „Lebendiges Riff“ wirft.

Studios of Key West — GALERIE

(TSKW; ☎305-296-0458; www.tskw.org; 533 Eaton St; ⊙Di–Sa 10–16 Uhr) GRATIS Die gemeinnützige Organisation präsentiert etwa ein Dutzend Künstlerateliers in einem dreistö-

KEY-WEISSWEDELHIRSCH

Es gibt zwar keine Garantie, aber in den Seitenstraßen von Big Pine Key stehen die Chancen gut, einen Key-Weißwedelhirsch zu sehen. Die auf den Keys heimische Hirschart erreicht kaum die Größe eines großen Hundes. Die Hirsche lebten einst auf dem Festland und strandeten dann auf den Keys. Wegen des begrenzten Nahrungsangebots auf den Inseln schrumpften die folgenden Generationen und brachten statt großer Würfe nur noch einzelne Kälber zur Welt. Auf große Herden der niedlichen Zwerghirsche wird man wohl kaum treffen, man kann aber mit genug Ausdauer und Geduld leicht ein paar der kleinen Paarhufer erspähen. Tatsächlich sind sie so häufig hier unterwegs, dass die Geschwindigkeitsbegrenzungen unter allen Umständen eingehalten werden sollten. Nachts gelten dann noch strengere Tempolimits, da die größte Gefahr für die Tiere von den Autos ausgeht. Leider ist der Key-Weißwedelhirsch eine gefährdete Tierart; es gibt inzwischen kaum noch 1000 Tiere in freier Natur.

Key-Weißwedelhirsche können fast überall auf Big Pine beobachtet werden. Wer aber das offizielle Schutzgebiet besuchen will, folgt zunächst dem Key Deer Blvd, der am südlichen Ende von Big Pine vom Overseas Hwy abzweigt (an der Ampel rechts abbiegen). Ab dem MM 30,5 geht's dann noch 3,5 Meilen (5,6 km) weiter nach Norden.

ckigen Gebäude. Hier finden jeweils am ersten Donnerstag im Monat auch ein paar der besten Vernissagen in Key West statt. Neben öffentlichen Ausstellungen visueller Kunst organisiert das TSKW auch Lesungen, Workshops für Literatur und bildende Kunst, Konzerte, Vorträge und Diskussionsrunden.

Key West Cemetery FRIEDHOF
(www.friendsofthekeywestcemetery.com; Ecke Margaret & Angela St; ⏲7–18 Uhr; 👪) Mitten in dieser pastellfarbenen Stadt lädt ein düster anmutendes Labyrinth zu einem Bummel ein. Der 1847 angelegte Friedhof krönt den Solares Hill, den höchsten Punkt auf der Insel (immerhin fast 5 m hoch). Einige der ältesten Familien der Keys sind hier zu ihrer letzten Ruhe gebettet. Die Mausoleen und Grabsteine stehen ziemlich dicht beieinander. Aber auch hier zeigt sich der inseltypische Charakter: Muscheln und Flechtarbeiten schmücken Grabsteine mit Inschriften wie „Ich sagte dir doch, dass ich krank bin".

Die **Historic Florida Keys Foundation** (☎305-292-6718) veranstaltet Führungen (15 US$/Pers., normalerweise Di & Do 9.30 Uhr) über den Friedhof. Vorab anmelden.

Fort Zachary Taylor State Park STATE PARK
(☎305-292-6713; www.floridastateparks.org/forttaylor; 601 Howard England Way; Auto/Fußgänger/Radfahrer 7/2,50/2,50 US$; ⏲Park 8 Uhr–Sonnenuntergang, Fort 8–17 Uhr) „Amerikas südlichster State Park" punktet mit einem eindrucksvollen Fort, das Mitte des 19. Jhs. erbaut wurde und eine wichtige Rolle im Sezessionskrieg und im Spanisch-Amerikanischen Krieg spielte. Der hiesige **Strand** ist der beste, den Key West zu bieten hat: Auf dem weißen Sand kann man sich prima ausstrecken (in Teilen ist der Strand aber auch felsig), das Wasser ist tief genug, um zu schwimmen, und unter den Wellen tummeln sich tropische Fische. Wer mehr über das Fort erfahren will, sollte an der kostenlosen Führung um 11 Uhr teilnehmen.

Am hiesigen Strand lässt sich auch prima der Sonnenuntergang beobachten – eine gute Alternative zum chaotischen Mallory Sq. Allerdings wird man nicht lange bleiben und den in bunte Farben getauchten Himmel bestaunen können, denn alle Besucher müssen den Strand verlassen, wenn die Sonne im Meer versunken ist. Zu Fuß sind es vom Eingang zum Strand etwa 800 m (12 Min.) bis hierher.

Mel Fisher Maritime Museum MUSEUM
(www.melfisher.org; 200 Greene St; Erw./Kind 15/12 US$; ⏲Mo–Fr 8.30–17, Sa & So ab 9.30 Uhr) Das populäre Museum am Wasser gewährt einen faszinierenden Einblick in die komplizierte Geschichte von Key West. Es ist vor allem für die Sammlung von Goldmünzen, seltenen Juwelen und anderen Schätzen, die Mel Fisher und seine Crew aus spanischen Galeonen geborgen haben, bekannt. Bewegender ist die Ausstellung zum Sklavenhandel mit Artefakten aus dem Wrack des im Jahr 1700 gesunkenen Sklavenschiffs *Henrietta Marie*.

Key West First Legal Rum BRENNEREI
(☎305-294-1441; www.keywestlegalrum.com; 105 Simonton St; ⏲Mo–Sa 10–20, So bis 18 Uhr,

Führungen Mo–Fr 13, 15 & 17, Sa 13 & 15 Uhr) Die 2013 von einem Kitesurfing-Pionier eröffnete Brennerei macht ein paar starke gute Rums aus Florida-Zuckerrohr mit Kokos, Vanille und Key-Limetten. Für 11 US$ kann man in dem Laden bis zu acht Rumsorten im Schnapsglas probieren. In dem kleinen Betrieb mit nur einem Raum kann man sich selber mit einer Audiotour umschauen, werktags macht der Chef persönlich auch eine lebhaftere Führung.

Key West Distilling BRENNEREI
(☎305-295-3400; www.kwdistilling.com; 524 Southard St; ⌚Mo–Sa 10–17 Uhr) Die winzige Brennerei ist im Grunde ein Ein-Mann-Betrieb, der ein paar hervorragende Rums, zwei Wodka-Sorten (einer davon mit Meerrettich), einen Gin und einen Whiskey macht. Der Fokus liegt auf Qualität, nicht auf Quantität. Einen würzigeren Rum als den Rambunctious Rum wird man wohl in ganz Südflorida nicht finden. Einfach reinschauen und an einer Führung mit Gratisverkostung teilnehmen.

Fort East Martello Museum & Gardens MUSEUM
(☎305-296-3913; www.kwahs.org/museums/fort-east-martello/history; 3501 S Roosevelt Blvd; Erw./Kind 10/5 US$; ⌚9.30–16.30 Uhr) Diese alte Festung wurde im Stil der italienischen Martello-Türme zur Küstenüberwachung erbaut (daher der Name). Mit dem Aufkommen der Sprenggranaten verlor sie jedoch schnell ihren militärischen Nutzen. Heute hat das Fort eine neue Aufgabe: die Erhaltung des Historischen. Zu sehen gibt's Erinnerungsstücke, Artefakte, die volkstümliche Kunst von Mario Sanchez, die „Schrottskulpturen“ von Stanley Papio, der mit Altmetall arbeitete, und obendrein eine richtig schaurige Geisterpuppe.

„Robert the Doll“ ist das vielleicht gruseligste Ding von Key West. Die furchteinflößende Kinderpuppe aus dem 19. Jh. belegt angeblich jeden, der an ihrer Macht zweifelt, mit einem Fluch. Und, ehrlich gesagt, sieht sie auch so aus, als ob sie einem Roman von Stephen King entsprungen wäre (weitere Infos gibt's unter www.robertthedoll.org).

Little White House HISTORISCHES GEBÄUDE
(☎305-294-9911; www.trumanlittlewhitehouse.com; 111 Front St; Erw./Kind 5–12 Jahre/Senior 16/5/14 US$; ⌚9–16.30 Uhr) Hier weilte der ehemalige US-Präsident Harry S. Truman, wenn er mal nicht mit der geopolitischen Neuordnung nach dem Zweiten Weltkrieg beschäftigt war. Das gut erhaltene Haus kann man nur im Rahmen einer Führung besichtigen. Es gibt aber im Erdgeschoss eine kleine Galerie mit Fotos, historischen Exponaten und einem kurzen Video.

Key West Lighthouse LEUCHTTURM
(☎305-294-0012; www.kwahs.org/museums/lighthouse-keepers-quarters/history; 938 Whitehead St; Erw./Kind/Senior 10/5/9 US$; ⌚9.30–16.30 Uhr) Wer die 88 Stufen bis zur Spitze des 1846 erbauten, schneeweißen Leuchtturms erklimmt, wird mit einer netten Aussicht belohnt (vielleicht nicht ganz so nett wie zu jener Zeit, als es nebenan ein FKK-Resort gab, aber wir schweifen ab ...). Davon abgesehen kann man auch das Leuchtturmwärterhäuschen besichtigen, in dem Fotos und Artefakte mit historischen Einblicken in das Leben der Wächter des Lichts ausgestellt sind.

Key West Butterfly & Nature Conservatory NATURSCHUTZGEBIET
(☎305-296-2988; www.keywestbutterfly.com; 1316 Duval St; Erw./Kind 4–12 Jahre 12/8,50 US$; ⌚9–17 Uhr; 👪) Beim Bummel durch das gigantische Gewächshaus mit Kuppeldach kann man den zauberhaften Garten mit blühenden Pflanzen, kleinen Wasserfällen, bunten Vögeln und bis zu 1800 flatternden Schmetterlingen von mehr als 50 Arten, die aus aller Welt importiert wurden, bewundern.

Southernmost Point WAHRZEICHEN
(Ecke South & Whitehead St) Die rot-schwarze Boje ist das am häufigsten fotografierte Motiv auf der Insel. Dabei ist dies gar nicht der südlichste Punkt der USA – denn der liegt im für Besucher gesperrten Marinestützpunkt um die Ecke. Fazit: die am meisten überbewertete Attraktion von Key West.

Aktivitäten

Nomadic Standup Paddleboard WASSERSPORT
(☎305-395-9494; www.nomadicsup.com; Stehpaddel-Tour 3 Std. 65 US$) Auf keinen Fall darf man die Keys verlassen, ohne auf dem Wasser gewesen zu sein. Dieser Tourveranstalter bietet eine der besten Möglichkeiten, die überragende Schönheit zu genießen – und zwar bei einer geführten Tour auf dem Paddelbrett. Cody holt die Teilnehmer von ihrem Hotel ab und bringt sie zu hübschen Stellen, wo man auf friedlichen Wasserwegen inmitten unberührter Mangroven nordöstlich von Key West paddeln kann.

STRÄNDE AUF KEY WEST

Key West ist nicht gerade ein Badeort. Tatsächlich fahren die Einheimischen, wann immer möglich, lieber nach Bahia Honda. Dennoch sind die drei städtischen Strände im Süden der Insel ganz hübsch, wenn auch etwas schmal, und das Wasser ist ruhig und klar. Der winzige **South Beach** liegt am Ende der Simonton St. Am **Higgs Beach** (Reynolds St), am Ende von Reynolds St und Casa Marina Ct, gibt's Grillplätze, Picknicktische und einen großen Pier, wo man prima den Sonnenuntergang beobachten kann. Der weiter östlich gelegene **Smathers Beach** (S Roosevelt Blvd; P) ist ein längerer Sandstrand, allerdings zu Fuß nur schwer erreichbar. Der beste Strand hier ist aber der am Fort Zachary Taylor (S. 204); der weiße Sand und das relativ ruhige Wasser sind den Eintrittspreis wert.

Yoga on the Beach YOGA

(☎305-296-7352; www.yogaonbeach.com; Fort Zachary Taylor State Park; Yogastunde 18 US$; ⌚8.15–9.45 Uhr) Yoga-Fans sollten die Yogastunde am Strand des Fort Zachary Taylor State Park (S. 204) nicht versäumen. Die täglich stattfindenden 90-minütigen Sitzungen auf dem Sand mit Blick auf die sanft plätschernden Wellen sind schlichtweg belebend. Im Preis inbegriffen ist der Parkeintritt für diesen Tag. Yogamatten sind vorhanden.

Reelax Charters KAJAKFAHREN

(☎305-304-1392; www.keyskayaking.com; Sugarloaf Key Marina, Meile 17; Kajaktrip alles inkl. ab 240 US$) In Begleitung von Andrea Paulson gleitet man mit einem Paddel bewaffnet ganz sanft durch die Mangroven und Marschen der Lower Keys. Mit Sitz auf Sugarloaf Key, rund 17 Meilen (27 km) nordöstlich von Key West.

Keys Association of Dive Operators TAUCHEN

(www.divekeys.com) Die Website ist eine Fundgrube an Infos zu Tauchmöglichkeiten auf den Inseln. Der Verein engagiert sich auch in der Förderung umweltbewusster Unterwasseraktivitäten, z. B. beim Anlegen von künstlichen Riffen oder in der Unterstützung der Sicherheit beim Bootfahren und Tauchen.

Jolly Rover RUNDFAHRT

(☎305-304-2235; www.schoonerjollyrover.com; Schooner Wharf, Ecke Greene & Elizabeth St; Rundfahrt tagsüber Erw./Kind 45/25 US$, bei Sonnenuntergang 59/29 US$) Der 24 m lange, traumhafte Schoner mit rotbraunen Segeln lädt jeden Abend bei Sonnenuntergang zu einem zweistündigen Segeltörn ein. Mit ihren Kanonen am Heck wirkt die Jolly II Rover ein wenig wie ein Piratenschiff. Wer will, kann sich etwas zu essen und zu trinken (auch Alkohol) mitbringen – an Bord gibt's aber nur kleine Kühlboxen.

Geführte Touren

Conch Tour Train TOUREN

(☎888-916-8687; www.conchtourtrain.com; Ecke Front & Duval St; Erw./Senior/Kind bis 13 Jahre 32/29 US$/frei; ⌚Touren 9–16.30 Uhr; 👪) Dieser Veranstalter nimmt einen mit auf eine 90-minütige kommentierte Tour in luftigen Zugwaggons. Es gibt drei Haltestellen (darunter auch nahe dem Hemingway House), wo man aus- und wieder einsteigen kann. Teilnehmer erhalten Eintrittsrabatt im Hemingway House sowie bei den abendlichen Ghosts und Graveyards Tours. Am besten steigt man am Zugdepot Front St zu.

Old Town Trolley Tours TOUREN

(☎855-623-8289; www.trolleytours.com/key-west; Erw./Kind/Senior 32/11/29 US$; ⌚Touren 9–16.30 Uhr; 👪) Diese Stadtrundfahrten ab dem Mallory Sq (tgl. 9–16.30 Uhr, alle 15–30 Min.) sind eine hervorragende Einführung in die Stadt. Auf dem 90-minütigen kommentierten Rundkurs durch die ganze Stadt klappern die als Straßenbahn getarnten Busse insgesamt zwölf Stationen ab. Unterwegs kann man beliebig oft aus- und wieder zusteigen. Die Bordkommentare sind zwar etwas abgedroschen, geben aber einen guten Überblick über die Stadtgeschichte.

Key West Ghost & Mysteries Tour TOUREN

(☎786-530-3122; www.keywestghostandmysteries tour.com; tours depart from Duval & Caroline Sts; Erw./Kind 18/10 US$; ⌚Tour 21 Uhr) Die humorvoll-gruseligen Geistertouren sind so familienfreundlich, wie es in diesem Genre nur geht. Mit anderen Worten: keine extremen Schockeffekte oder plötzlichen Schreie.

Feste & Events

★ **Fantasy Fest** KULTUR

(www.fantasyfest.net; ⌚Ende Okt.) Vergleichbar mit dem zügellosen Mardi-Gras-Spektakel in New Orleans besteht das zehntägige Fantasy Fest aus Travestie-Partys, Umzügen, Straßenfesten, Konzerten und jeder Menge Kostümveranstaltungen. Die Bars und Gasthäuser überschlagen sich in der Dekoration ihrer Häuser, und alle hüllen sich in die schrägsten Kostüme, die sie zusammenschustern können (oder bleiben gleich nackt, nur mit Bodypainting überzogen).

Womenfest LGBT
(www.womenfest.com; ⌚ Sept.) Eines der größten lesbischen Feste in Nordamerika ist das viertägige Womenfest mit allen möglichen Festivitäten, Poolpartys, Kunstshows, Roller Derbys, Drag-Brunches, Segeltörns bei Sonnenuntergang, Flag Football und einem Tattoo-und-Schnurrbart-Radrennen. Es ist ein riesiger Spaß, der Tausende von Leuten aus allen Ecken der USA und der ganzen Welt anlockt.

Key West Literary Seminar LITERATUR
(www.kwls.org; ⌚ Jan.) Dieses viertägige Event ist jedes Jahr ein Fest für alle literarisch Interessierten, das Top-Autoren, Dichter und Historiker aus dem ganzen Land anlockt (obwohl die Teilnahme Hunderte von Dollar kostet). Die Signierstunden und Buchpräsentationen finden meistens im **San Carlos Institute** (☎ 305-294-3887; www.institutosancarlos.org; 516 Duval St; ⌚ Fr–So 12–17 Uhr) statt.

Goombay Festival KULTUR
(www.goombay-keywest.org; ⌚ Ende Okt.; 👪) Findet in der gleichen ungezügelten Woche wie das Fantasy Fest statt, nur dass sich hier alles um Essen, Kultur und Kunsthandwerk der Bahamas dreht. Das familienfreundliche Event dauert zwei Tage (meist Fr & Sa).

Hemingway Days Festival KULTUR
(www.fla-keys.com/hemingwaymedia/; ⌚ Ende Juli) Das seit Langem bestehende Fest umfasst Partys, einen Wettlauf über 5 km, ein Angelturnier, Wettkämpfe im Armdrücken, einen Hemingway-Ähnlichkeitswettbewerb und ein Stierrennen (mit unechten Tieren auf Rädern).

Conch Republic Independence Celebration KULTUR
(www.conchrepublic.com; ⌚ April) Zehntägige Feier zum Unabhängigkeitstag der Conch Republic mit arrangiertem öffentlichen Ungehorsam und einem Wettlauf von Drag Queens.

Schlafen

Hier, am Ende der USA, gibt's eine Menge Boutiquehotels, gemütliche B&Bs und Vier-Sterne-Resorts. Das Einzige, was leider fehlt, sind günstige Unterkünfte. Mal abgesehen vom einzigen Hostel in der Stadt gestaltet es sich nicht gerade einfach, in der Hauptsaison für unter 300 US$ pro Nacht eine Bleibe zu finden. Manche Unterkünfte sind zwar zentraler als andere, doch alle Hotels in der Old Town liegen in Gehweite zur ganzen Action.

Casablanca Key West PENSION $$
(☎ 305-296-0815; www.keywestcasablanca.com; 900 Duval St; Zi. 180–400 US$; ❄ 📶 🏊) Das Casablanca am ruhigeren Ende der Duval St ist eine freundliche Pension mit acht Zimmern von schöner tropischer Eleganz. Das einstmals private Anwesen wurde 1898 erbaut und hat im Laufe der Jahre schon einige Berühmtheiten beherbergt, z. B. Humphrey Bogart im Jahre 1937. Die hellen Zimmer haben lackierte Holzböden und bequeme Betten, manche auch einen kleinen Balkon.

Old Town Manor BOUTIQUEHOTEL $$
(☎ 305-292-2170; www.oldtownmanor.com; 511 Eaton St; 200–310 US$; ❄ 📶 🏊) Das Old Town bewirbt sich zwar selbst als B&B (Frühstück im Preis inbegriffen), wirkt aber mehr wie ein Boutiquehotel mit vielen Zimmern – 14, um genau zu sein –, die sich über einem üppigen Garten verteilen. Die hochwertig möblierten Quartiere sind im üblichen Tropenstil gestaltet – aber die limettengrünen Wände in einigen Zimmern sind vielleicht zu viel des Guten.

L'Habitation PENSION $$
(☎ 305-293-9203; www.lhabitation.com; 408 Eaton St; Zi. 200–250 US$; ❄ 📶) Das wunderschöne Cottage im klassischen Stil der Keys hat reizende Zimmer in hellen tropischen Tönen mit gemütlichen Steppdecken und Lampen, die aussehen wie moderne Kunstwerke. Der freundliche, zweisprachige Inhaber heißt seine Gäste auf Englisch oder Französisch willkommen. Die Vorderveranda im Schatten von Palmen eignet sich perfekt für eine Pause, um das Treiben der Leute zu beobachten.

Key West Bed & Breakfast B&B $$
(☎ 305-296-7274; www.keywestbandb.com; 415 William St; Zi. 90–280 US$; ❄ 📶) Sonnig, luftig und voller künstlerischer Details – handbemalte Töpferwaren hier, ein Webstuhl dort,

und in der Ecke steht eine echte Schiffsmastspitze. Dank der verschiedenen Zimmer findet jeder das Passende für sein Budget.

Key Lime Inn HOTEL **$$**
(☎800-549-4430; www.historickeywestinns.com; 725 Truman Ave; Zi. ab 200 US$; P ☰ ≋) Vor der Kulisse tropischer Hartholzbäume verteilen sich gemütliche, herrlich kühle Zimmer, die grüner sind als eine Jademine. Sie haben kleine Flachbildfernseher und Kunst an den Wänden und einige auch Balkone mit Fenstertüren. Der Morgen beginnt hier mit Kaffee und Frühstück am Pool.

Chelsea House HOTEL **$$**
(☎305-294-5229; www.historickeywestinns.com/the-inns/chelsea-house; 707 Truman Ave; Zi. Neben-/Hauptsaison ab 200/250 US$; P ❄ @ ☰ ≋) Dieses perfekte Paar viktorianischer Villen punktet mit großen, bequemen Betten und tollem Dekor. Das altmodische Villenflair prallt auf positive Art mit der fröhlichen Stimmung der Gäste und der Leuten an der Rezeption zusammen. Manche Zimmer sind recht klein und haben keine Fenster – daher vorher nachfragen. Der tropische Garten ist eine friedliche Oase nach einem langen Tag unterwegs.

Caribbean House PENSION **$$**
(☎305-296-0999; www.caribbeanhousekw.com; 226 Petronia St; Zi. ab 159 US$; P ❄ ☰) Das niedliche karibische Cottage mitten im Bahama Village ist wie ein Puppenhaus. Die zehn kleinen, bunt bemalten Gästezimmer sind nicht sehr modisch, dafür aber heiter und gemütlich und vor allem ein Schnäppchen für Key-West-Verhältnisse. Die besten Zimmer haben einen kleinen Balkon.

Key West Youth Hostel & Seashell Motel HOSTEL **$$**
(☎305-296-5719; www.keywesthostel.com; 718 South St; B 55 US$, DZ 120–240 US$; P ❄ ☰) Diese Jugendherberge gewinnt sicher keinen Preis für ihr Design, aber die Angestellten sind nett, und dies ist eine der wenigen preiswerteren Unterkünfte auf der Insel. Die Schlafsäle und Motelzimmer haben weiße Fliesenböden, aber die fröhliche Farbe (gelb oder blau-weiß) an den Wänden in manchen Zimmern lockert die Eintönigkeit etwas auf. Auf dem Hinterhof kann man prima mit anderen Travellern zusammen abhängen.

★ Mermaid & the Alligator PENSION **$$$**
(☎305-294-1894; www.kwmermaid.com; 729 Truman Ave; Zi. Winter 330–380 US$, Sommer 230–290 US$; P ❄ ☰ ≋) Um aus den Hoteljuwelen der Stadt hervorzustechen, bedarf es eines echten Edelsteins. Doch diese Pension in einem Herrenhaus von 1904 toppt alles. Alle neun Zimmer sind individuell mit einem Mix aus modernem Komfort, Verspieltheit und keys-typischem Kolonialflair gestaltet.

Tropical Inn BOUTIQUEHOTEL **$$$**
(☎888-611-6510; www.tropicalinn.com; 812 Duval St; Zi. 275–500 US$; ❄ ☰ ≋) Das historische Anwesen punktet mit hervorragendem Service und vielen individuell gestalteten Zimmern. Jedes davon kombiniert helle Pastellfarben mit Mango-, Limetten- und Türkistönen. Das leckere Frühstück ist im Preis inbegriffen und kann im wild bewachsenen Hof neben dem schönen abgesenkten Pool genossen werden.

Gardens Hotel HOTEL **$$$**
(☎305-294-2661; www.gardenshotel.com; 526 Angela St; Zi. 400–700 US$; P ❄ ☰ ≋) Bei dem Namen liegt es zwar auf der Hand, aber der Garten des Hotels ist wirklich sehr schön. Tatsächlich liegen die Zimmer im Peggy Mills Botanical Gardens, mit anderen Worten: in einem tropischen Paradies. Drinnen erwarten einen ein paar der verlockendsten Zimmer in Key West mit karibischen Akzenten, gepaart mit Antiquitäten, lackierten Holzböden, Designer-Bettwäsche und marmornen Badezimmern.

Saint Hotel BOUTIQUEHOTEL **$$$**
(☎305-294-3200; www.thesainthotelkeywest.com; 417 Eaton St; Zi. 360–700 US$; ❄ ☰ ≋) Trotz der Nähe zur Duval St wirkt das Saint Welten entfernt. Es bietet elegante Zimmer, ein schickes, minimalistisches Foyer, einen fotogenen Pool mit kleinem herabstürzenden Wasserfall und eine tolle Bar. Die besten Zimmer haben einen Balkon mit Blick auf den Pool.

Seascape Tropical Inn B&B **$$$**
(☎305-296-7776; www.seascapetropicalinn.com; 420 Olivia St; Zi. 250–425 US$; ❄ ☰ ≋) Wenn es dieses B&B schon zu Hemingways Zeiten gegeben hätte, wäre er sicher ab und an nach einem seiner Saufgelage hier reingestolpert, weil sein altes Haus gleich in der Nähe liegt. Die sieben Zimmer sind individuell mit geblümten Steppdecken und Kunst an den Wänden gestaltet. Die besten Zimmer haben eigene Terrassen mit Fenstertüren.

Silver Palms Inn BOUTIQUEHOTEL **$$$**
(☎305-294-8700; www.silverpalmsinn.com; 830 Truman Ave; Zi. 280–400 US$; P ❄ ☰ ≋)

Königsblau, Petrolgrün, helle Limettentöne und Zitronengelb prägen das Innere dieses Boutiquehotels mit Fahrradverleih, Meerwasserpool und Ökozertifikat der Umweltschutzbehörde Floridas. Alles in allem entspricht das Ganze aber eher einem modernen Großhotel mit bonbonfarbenem Schuss tropischer Keys-Atmosphäre.

Lighthouse Court Inn BOUTIQUEHOTEL **$$$**
(☎305-294-5229; www.historickeywestinns.com/the-inns/lighthouse-court; 902 Whitehead St; Zi. ab 260 US$; ❄📶🏊) Die Zimmer im Lighthouse zählen zu den schönsten der Stadt. Sie sind von schlichter Eleganz, wobei die warmen Erdtöne der Hartholzböden von tropischer Luftigkeit und kühlen Farben kontrastiert werden. Gehört zu Historic Key West Inns.

Mango Tree Inn B&B **$$$**
(☎305-293-1177; www.mangotree-inn.com; 603 Southard St; Zi. 235–400 US$; ❄📶🏊) Das bodenständige B&B mit Pool im Innenhof bietet eine Reihe hübscher, lässiger Zimmer, die jeweils mit viel tropischem Chic von Rattanmöbeln bis hin zu blühenden Hibissussträuchern eingerichtet sind. In der Nebensaison sinken die Preise bis auf 150 US$.

Santa Maria Suites Resort BOUTIQUEHOTEL **$$$**
(☎305-296-5678; www.santamariasuites.com; 1401 Simonton St; Zi. ab 450 US$; P❄📶🏊) Mit seiner wundervollen Art-déco-Fassade scheint das Santa Maria in South Beach, Miami, falsch abgebogen und in Key West gelandet zu sein. Die sonnendurchfluteten Suiten mit jeweils mit zwei Schlafzimmern, Designerküche und schickem Wohnzimmer samt Terrasse weisen Elemente der für Miami typischen Dekadenz auf.

Curry Mansion Inn HOTEL **$$$**
(☎305-294-5349; www.currymansion.com; 511 Caroline St; Zi. 250–390 US$; P❄📶🏊) In der Stadt gibt's zwar viele stattliche Häuser aus dem 19. Jh., aber das Curry Mansion ist besonders schön. Hier kommen alle Elemente eines amerikanischen Aristokratenhauses zusammen – von Südstaaten-Säulengängen aus der Zeit der großen Plantagen bis hin zu Dachterrassen im New-England-Stil und natürlich helle Florida-typische Zimmer mit Himmelbetten. Auf der Veranda lässt sich die Brise inmitten von Bougainvilleen genießen.

Truman Hotel HOTEL **$$$**
(☎305-296-6700; www.trumanhotel.com; 611 Truman Ave; Zi. 320–400 US$; P❄📶🏊) In der Nähe der Innenstadtmeile bietet dieses Hotel verspielte Zimmer mit großem Flachbild-TV, Kochnische, Teppichläufer im Zebramuster und modernistischen Möbeln der 1950er-Jahre. Die oberen Zimmer mit Blick auf den Pool (und weg von der Truman Ave) bekommen das beste Licht und den wenigsten Lärm ab. Der von Palmen gesäumte Pool ist besonders einladend.

Essen

BO's Fish Wagon SEAFOOD **$**
(www.bosfishwagon.com; 801 Caroline St; Hauptgerichte 12–19 US$, Mittagsspezialitäten 11–17 US$; ⏲11–21.30 Uhr) Das BO's mit alten Bojen, Rettungsringen und rostigen Nummernschildern auf den klapprigen Holzbalken sieht aus wie ein ramponiertes, altes Fischerboot, das ans Ufer geschmettert wurde. An manchen Stellen muss man nicht mal aus dem Schuppen heraustreten, um den Mond zu sehen. Nichtsdestotrotz sind die Meeresfrüchte hier fantastisch: Es gibt reichhaltige Muschelfleischkroketten, Sandwichs mit Butterkrebsfleisch sowie zarte Fisch-Tacos.

Date & Thyme GESUNDES ESSEN **$**
(☎305-296-7766; www.helpyourselffoods.com; 829 Fleming St; ⏲Café 8–16 Uhr, Markt bis 18 Uhr; 🖉) 🍃 Das Date & Thyme ist zu gleichen Teilen Markt und Café. Hier gibt's leckere und gesunde Frühstücks- und Mittagsgerichte, vitalisierende Smoothies und Säfte. Wie wär's mit einem Knuspermüsli mit Acai, Blaubeeren und Kokosmilch zum Frühstück oder mit thailändischem Kokos-Curry mit Gemüse und Quinoa zum Mittag? Vorne gibt's einen schattigen Hof mit frei herumlaufenden Hühnern (nicht füttern!).

5 Brothers Grocery & Sandwich Shop DELI **$**
(930 Southard St; Sandwichs 4–8 US$; ⏲Mo–Sa 6.30–15 Uhr) Dieser winzige Lebensmittel- und Delikatessenladen ist eine Key-West-Ikone und serviert den besten kubanischen Espresso diesseits von Miami. Am besten mischt man sich unter die Einheimischen, die frühmorgens ihren *cafe con leche*, Guaven-Leckereien und Brötchen mit Schinken und Ei und später am Tag köstliche Schweinefleisch-Sandwichs genießen.

Garbo's Grill FUSION **$**
(www.garbosgrillkw.com; 409 Caroline St; Hauptgerichte 10–14 US$; ⏲Mo–Sa 11–22 Uhr) Abseits ausgetretener Pfade bietet das Garbo's leckere Tacos mit kreativem Belag wie Shrimps

in Mango-Ingwer-Chili-Sauce, koreanisches Grillfleisch und frische *Mahi Mahi* (Makrele) mit allem Drum und Dran sowie Gourmet-Burger und Hotdogs. Serviert wird das Ganze aus einem schicken Airstream-Wohnwagen heraus, der an einem schattigen, mit Ziegelsteinen gefliesten Hof mit vielen Tischen steht.

Pierogi Polish Market OSTEUROPÄISCH **$**
(☎305-292-0464; 1008 White St; Hauptgerichte 5–11 US$; ⏰Piroggentheke Mo–Sa 11–19 Uhr, Shop Mo–Sa 10–20, So 12–18 Uhr; P) Auf die Keys kommen sehr viele Saisonarbeiter, die oft aus Mittel- und Osteuropa stammen. Hier können sie in Form von Piroggen, Klößen, Blinis und einer prima Auswahl an Sandwichs ein Stück Heimat genießen. Es heißt zwar „Polnischer Markt", aber es gibt auch ungarische, tschechische und russische Gerichte.

Glazed Donuts BÄCKEREI **$**
(☎305-294-9142; 420 Eaton St; Donuts 2–4 US$; ⏰Di–So 7–15 Uhr;) Donuts regieren die Welt – und diese nette Bäckerei hat ein paar exzellente Varianten davon. Die Geschmacksrichtungen sind so exzentrisch wie Key West selbst und spiegeln die Saison wider: Erdbeerkuchen, Blutorangen-Marmelade, Mango-Hibiskus und Key-Limetten. Guter Kaffee macht das Angebot perfekt.

★ **Thirsty Mermaid** SEAFOOD **$$**
(☎305-204-4828; www.thirstymermaidkeywest.com; 521 Fleming St; Hauptgerichte 12–28 US$; ⏰11–23.30 Uhr;) Der winzige Laden punktet nicht nur mit seinem tollen Namen, sondern auch mit hervorragenden Meeresfrüchten und stilvoll legerem Ambiente. Die Karte präsentiert kulinarische Schätze aus dem Meer samt Austernbar, Ceviche, Muscheln und sogar Kaviar. Unter den Hauptgerichten ragen vor allem von Tauchern geerntete, scharf gebratene Muscheln und mit Togarashi gewürzter Thunfisch mit Jasminreis hervor.

The Café VEGETARISCH **$$**
(☎305-296-5515; www.thecafekw.com; 509 Southard St; Hauptgerichte 12–22 US$; ⏰9–22 Uhr;) Das älteste vegetarische Lokal in Key West ist ein sonniger Mittagsimbiss, der sich abends in ein turbulentes, schummrig beleuchtetes Bar-Restaurant verwandelt. Die Küche ist hervorragend und bringt eine große Auswahl an Gerichten hervor: thailändische Curry-Gemüsepfannen, italienische Gemüsebällchen, Pizza mit gehobeltem Rosenkohl und den berühmten Veggie-Burger.

Mangia Mangia ITALIENISCH **$$**
(☎305-294-2469; www.mangia-mangia.com; 900 Southard St; Hauptgerichte 18–29 US$; ⏰17.30–22 Uhr) Das Restaurant an einem friedlichen Abschnitt der Southard St tischt frische, selbst gemachte Pasta und Delikatessen wie gemischte Meeresfrüchte, Hummer und Muscheln sowie gegrillten Fisch und Fleischgerichte auf. Das gemütliche Ambiente mit holzvertäfelten Wänden und tropisch anmutenden Gemälden hat eine altmodische Atmosphäre. Es gibt auch einen hübschen Nebengarten.

Six Toed Cat AMERIKANISCH **$$**
(☎305-294-3318; 823 Whitehead St; Hauptgerichte 12–21 US$; ⏰8.30–17 Uhr) Nur einen Steinwurf vom Hemingway House (S. 203), nach dessen sechszehigen Katzen das Lokal benannt ist, entfernt gibt's hier einfache, frische und sättigende Kost zum Frühstück und Mittag. Der Hummer Benedict mit Avocado dürfte Proteine für den ganzen Tag liefern. Mittags sollte man unbedingt das tolle Sandwich mit gebratenen Garnelen probieren.

Point5 FUSION **$$**
(☎305-296-0669; 915 Duval St; kleine Teller 5–17 US$; ⏰18–24 Uhr;) Das Point5 ist weitaus raffinierter als die typischen Kaschemmen an der Duval St. Es gibt Tapas im Fusion-Stil mit internationalen Einflüssen, angefangen von mariniertem Tintenfisch-Salat bis hin zu Sichuan-Auberginen- und Chipotle-Schweinefleisch-Tacos. Passend dazu gibt's offene Weine und eine kreative Cocktail-Auswahl.

Blue Macaw AMERIKANISCH **$$**
(☎305-440-3196; www.bluemacawkeywest.com; 804 Whitehead St; Hauptgerichte mittags 12–16 US$, abends 19–34 US$; ⏰9–22 Uhr;) Das Blue Macaw serviert hübsch angerichtete Fish&Chips, Champignon-Quesadillas, Rippchen und mit Sesam gewürzten Thunfisch. Allerdings kommen die meisten Gäste wohl wegen der Atmosphäre. Die Tische stehen unter freiem Himmel auf einem Patio voller tropischer Pflanzen, und ab 11 Uhr gibt's Livemusik. Ein Highlight ist auch, dass man sich seine Bloody Marys selber mixen kann – ein guter Einstieg in den Tag!

Croissants de France FRANZÖSISCH **$$**
(☎305-294-2624; www.croissantsdefrance.com; 816 Duval St; Hauptgerichte 12–19 US$; ⏰7.30–21 Uhr;) In dem hübschen Bistro trifft Frankreich auf die Karibik – und das Ergebnis ist

DIE „CONCH REPUBLIC" – ALLE MENSCHEN SIND EINE FAMILIE

Conchs (sprich: „konk", nicht „kontsch") sind Leute, die auf den Keys geboren und aufgewachsen sind. Davon gibt es nicht viele. Als Zugezogener kann man höchstens zum „Süßwasser-Conch" aufsteigen. Überall auf den Inseln hört man von der Conch Republic und sieht ihre Flagge. Dahinter steckt eine interessante Geschichte.

1982 richtete der US-amerikanische Grenzschutz gemeinsam mit der Zollbehörde eine Kontrollstelle auf Key Largo ein, um Drogenschmuggler und illegale Einwanderer zu fassen. Weil sich dadurch der Verkehr staute und es großen Ärger gab, blieben die Touristen irgendwann aus und fuhren lieber mit der Shark Valley Tram in die Everglades – sehr zum Ärger der Conchs. Um ihrer Wut Ausdruck zu verleihen, beschloss eine Gruppe hitzköpfiger Einheimischer, sich von den USA abzuspalten. Sie gründeten die Conch Republic und erklärten zuerst ihre Unabhängigkeit, dann gleich den USA den Krieg und unmittelbar darauf ihre Kapitulation, verbunden mit der Forderung um „Auslandshilfe" in Höhe von 1 Mio. US$. Der Kontrollpunkt wurde schließlich abgebaut, und jedes Jahr im Februar feiern die Conchs ihren Jahrestag mit Nonstop-Partys und dem Slogan „We Seceded Where Others Failed".

Heute ist die ganze Sache mit der Conch Republic mehr oder weniger ein PR-Gag, was aber dem offiziellen Motto „One Human Family" (Alle Menschen sind eine Familie) keinen Abbruch tut. Es sind die Toleranz und der Respekt vor dem Anderen, die dazu beitragen, dass die Leute auf den Keys ihren Kopf und ihr Herz auf dem richtigen Fleck haben, und vielerorts Schwule, Heteros und Menschen aller Hautfarben und Religionen ganz selbstverständlich akzeptiert werden.

lecker! Zum Frühstück gibt's Eggs Benedict, Arme Ritter aus Zimt-Brioche und gute Backwaren, mittags Baguettes, Quiche und mit Beeren gefüllte, süße Crêpes. Das Ambiente spiegelt die gemütlich schicke karibische Ästhetik von Key West wider.

Mo's Restaurant KARIBISCH $$
(☎305-296-8955; 1116 White St; Hauptgerichte 10–21 US$; ⏲Mo–Sa 11–22 Uhr) Wenn die Worte „karibisch" und „kochen wie daheim" in einem Satz fallen, ist das eigentlich schon beeindruckend genug. Doch es ist nicht allein die kulinarische Richtung, sondern vor allem die Zubereitung der Gerichte, die hier die Lorbeeren verdient.

Die Gerichte sind überwiegend haitianisch, und sie sind lecker! Die scharfen Pickles entfachen ein Feuer, das man mit reichhaltigem Gemüse-„Brei" auf Reis löschen kann. Zu empfehlen ist auch der sagenhafte Schnapper – das Markenzeichen des Restaurants.

El Siboney KUBANISCH $$
(☎305-296-4184; www.elsiboneyrestaurant.com; 900 Catherine St; Hauptgerichte 8–19 US$; ⏲11–21.30 Uhr) Uriges kubanisches Lokal, wo man große Portionen bekommt und aufwendige Nobelgarnierungen oder sonstigen Schnickschnack vergebens sucht. Hier kann man sich den Bauch mit typisch kubanischen Gerichten wie Reis, Bohnen, gegrilltem Zackenbarsch, Schweinefleisch, Grillhähnchen und Kochbananen vollschlagen.

Seven Fish SEAFOOD $$
(☎305-296-2777; www.7fish.com; 921 Truman Ave; Hauptgerichte 20–34 US$; ⏲Mi–Mo 18–22 Uhr) Das schlicht gestaltete Lokal an der geschäftigen Truman Ave hat sich auf kulinarische Schätze aus dem Meer spezialisiert: Es gibt köstlich und sorgsam zubereitete, frische Fisch- und Meeresfrüchtegerichte. Zu empfehlen sind z. B. die Pasta mit Krabbenfleisch und Shiitake-Pilzen, Meeresmuscheln oder einfach der frische Fang des Tages – hier kann man nichts falsch machen!

★ **Blue Heaven** AMERIKANISCH $$$
(☎305-296-8666; www.blueheavenkw.com; 729 Thomas St; Hauptgerichte früh & mittags 10–17 US$, abends 22–35 US$; ⏲8–22.30 Uhr; ✎) Das Blue Heaven gehört zu den schrägsten Adressen auf einer Insel voller Skurrilitäten und beweist, dass die Lage nahezu alles ist. Die Gäste (und frei laufende Hühner) futtern auf dem weitläufigen, mit tropischen Pflanzen bestückten Hof, wo sich Hemingway einst als Ringrichter bei Boxkämpfen betätigte. Scharen von Hungrigen laben sich an dem köstlichen Frühstück (mit Blaubeer-Pfannkuchen) und an der französisch angehauchten Keys-Küche (beispielsweise Gelbschwanz-Schnapper mit Zitronen-Beurre blanc).

ENTSPANNUNG PUR

Mit seinem Zentrum, entspannten Bars und netten Leuten ist Key West wie gemacht für ruhige Tage. Nach dem Sightseeing gönnt man sich einen Strandtag und genießt den Charme der Keys.

ENTSPANNEN AM STRAND

Key West ist vielleicht kein Strandparadies, bietet aber hübsche Plätzchen am Ozean. Im **Fort Zachary Taylor State Park** (S. 204) findet man einen schönen weißen Sandstrand mit klarem Wasser, Schnorchelausrüstungsverleih und Café.

NO NAME KEY

Eine einfache, 45-minütige Fahrt von Key West entfernt liegt **No Name Key** (S. 197), wo die gefährdeten Key-Weißwedelhirsche in den Wäldern nahe der Straße grasen. Kurze Wanderwege führen durch das **National Key Deer Refuge** (S. 197), zum Essen kann man im **No Name Pub** (S. 198) vorbeischauen.

BRUNCH & COCKTAILS

In Key West beginnt der Tag mit einem ausgedehnten Brunch. Man kann sich im **Blue Heaven** (S. 211) unter die Einheimischen mischen und etwas essen oder sich im **Blue Macaw** (S. 210) Bloody Marys mixen. Am besten isst und (trinkt) man hier in der **Pilar Bar** (S. 214).

HINTERHOF-OASE

In **Nancy Forrester's Secret Garden** (S. 203) stellt Nancy den Gästen gern ihre eigensinnigen Papageien und Sittiche vor. Wer musikalisch ist, kann ihnen etwas vorspielen – sie lieben das!

1. Fort Zachary State Park Beach
2. Hirsch im National Key Deer Refuge
3. Restaurant Blue Heaven

PISAPHOTOGRAPHY/SHUTTERSTOCK ©

FOTOLUMINATE LLC/SHUTTERSTOCK ©

Nine One Five FUSION $$$

(☎ 305-296-0669; www.915duval.com; 915 Duval St; Hauptgerichte mittags 14–22 US$, abends 26–45 US$; ⌚ Mo & Di 17–23, Mi–So 11.30–23 Uhr; ✎) Das erstklassige Restaurant ragt aus all dem Chaos der nahe gelegenen Duval-Meile mit all ihren Alkohol-Exzessen und Bandentattoos heraus. Am besten ignoriert man das alles und betritt einfach dieses moderne, elegante Restaurant, das kreative Gerichte der neuamerikanisch-asiatischen Küche serviert. Zu den reichhaltigen Speisen gehören u.a. Wilder Lachs mit Graupen, Porree mit *Beurre blanc*, Tortelloni mit Pecorino-Sahnesauce und schwarzen Trüffeln.

Café Solé FRANZÖSISCH $$$

(☎ 305-294-0230; www.cafesole.com; 1029 Southard St; Hauptgerichte 25–38 US$; ⌚ 17–22 Uhr) Wie wär's mit Meeresschnecken-Carpaccio mit Kapern oder mit Hummer-Bouillabaise? Einheimische und Kritiker loben gleichermaßen dieses Restaurant, das für seine innovative Küche und die gemütliche Hinterveranda berühmt ist. Der Chefkoch hat eine Ausbildung in südfranzösischer Küche und verwendet inseleigene Zutaten.

Ausgehen & Nachtleben

Im Prinzip ist Key West eine schwimmende Bar. „Nein, nein – eine facettenreiche, vielschichtige Insel mit einer stolzen maritimen und multikulturellen Geschichte…" Ach was! Es ist und bleibt eine schwimmende Bar. Die Bars hier schließen gegen 4 Uhr. Die berühmte Duval-Meile ist das Epizentrum des hiesigen Nachtlebens. Die Straße ist gesäumt mit allen möglichen Kaschemmen – von Studentenpartyschuppen bis hin zu dröhnenden Drag-Varietés. Livemusik gehört natürlich immer dazu.

★ Green Parrot BAR

(☎ 305-294-6133; www.greenparrot.com; 601 Whitehead St; ⌚ 10–4 Uhr) Als älteste Bar auf einer Insel voller Bars gibt's diesen Böse-Buben-Treff seit dem späten 19. Jh. Die klapprige Einrichtung mit regionaler Kunst an den Wänden und einem unter der Decke aufgespannten Fallschirm trägt genauso zum Lokalkolorit bei wie das bunt gemischte Publikum, das hier seinen Spaß hat.

Im Green Parrot treten ein paar der besten Bands aus Miami, New Orleans, Atlanta und anderen Orten auf, die funkigen Rock, brassigen Jazz, Juke-Joint-Blues und lateinamerikanische Grooves spielen. Und das alles ohne Eintritt!

Pilar Bar BAR

(☎ 305-294-3200; www.thesainthotelkeywest.com/pilar-bar; 417 Eaton St; ⌚ 13–23 Uhr) Die kleine, gesellige Bar im Saint Hotel verdient für ihre hervorragenden Bloody Marys besondere Erwähnung – sie zählen zu den besten im Land! Sie ist auch ein toller Ort für einen Cocktail und ein nobles Kneipenessen – zumal man vom Chaos der nahen Duval St hier nichts spürt.

Übrigens: Vom Barkeeper Paul Murphy, einem Expat aus London, stammt der Almighty: eine Bloody Mary mit viel australischem Wodka, begleitet von einer ganzen Mahlzeit, bestehend aus Yorkshire Pudding, etwas Rostbraten mit Meerrettichcreme, einem Stück Schinken im Pfeffermantel, einem mit Blauschimmelkäse gefüllten Fleischbällchen und anderen Zutaten und einer Key-West-Garnele oben drauf.

Porch BAR

(☎ 305-517-6358; www.facebook.com/theporchkw; 429 Caroline St; ⌚ 11–4 Uhr) Wer genug von den Studentenkneipen an der Duval-Meile hat, begibt sich am besten ins Porch. Die schick gestaltete Bar mit entspanntem Ambiente in einer hübschen Villa im karibischen Stil besteht aus zwei Teilen: Links werden Kleinbrauereibier und Wein ausgeschenkt, rechts einfallsreiche Cocktails.

Vinos on Duval WEINBAR

(☎ 305-294-7568; www.vinosonduval.com; 810 Duval St; ⌚ 13–1 Uhr) An dem weniger rüpelhaften Ende der Duval St bietet das Vinos eine gute Auswahl an Weinen aus aller Welt – spanische Tempranillos, argentinische Malbecs, kalifornische Cabernets – alles in gemütlichem Ambiente mit einem Hauch Key-West-Exzentrik. Wer einen Sitzplatz an der Theke ergattert, kann einen Plausch mit den kundigen Barkeepern halten. Oder man zieht sich an einen der Tische auf der Veranda zurück.

Captain Tony's Saloon BAR

(☎ 305-294-1838; www.capttonyssaloon.com; 428 Greene St; ⌚ 10–2 Uhr) Manche wollen einem einreden, die Bar im benachbarten Megabarkomplex des Sloppy Joe's sei Hemingways Stammkneipe gewesen. Doch in Wirklichkeit becherte der alte Mann genau hier, wo sich nämlich früher das ursprüngliche Sloppy Joe's befand (bevor es in die Studentenhölle an der Duval St umzog). Hemingways dritte Frau – eine Journalistin, die über ihn schreiben sollte – gewann ihn genau hier für sich.

SCHWULEN- & LESBENSZENE IN KEY WEST

Mit seiner Lage am Rande der USA zieht Key West schon seit eh und je Künstler und Exzentriker an – und mit ihnen weht ein erfrischender Wind der Toleranz hierher. Auf der Insel entstand eine der ersten Aussteiger-Gemeinden der USA, und für viele amerikanische LGBTQI war und ist der Trip nach Key West eine Art Initiation. Im Gegenzug hat diese Gemeinde die hiesige Kultur in erheblichem Maß mitgeprägt. Ein guter erster Anlaufpunkt für Besucher ist die Key West Business Guild, die viele der von Homosexuellen betriebenen Unternehmen repräsentiert. Die Gilde befindet sich im Gay & Lesbian Community Center (S. 217), wo man auch jede Menge Infos über die hiesige Schwulen- und Lesbenszene erhält. Details zu Schwulenpartys und Events findet man unter www.gaykeywestfl.com.

Das Nachtleben der Schwulen und Lesben überschneidet sich in vielen Fällen mit dem der Heteros – soll heißen: Heutzutage geht jeder überall hin. Der Kern der Schwulenszene trifft sich in zwei abgefahrenen Kneipen, die einander genau gegenüber liegen und kurz als „Karaokebars mit Drag Queens" zusammengefasst werden können: es hndelt sich um den Bourbon St Pub und die **801 Bourbon Bar** (☎305-294-4737; www.801bourbon.com; 801 Duval St; ⌚9–4 Uhr). Männer und Frauen, die es mit Tanz und Drag-Shows etwas peppiger mögen, sollten ins Aqua gehen. Lustig geht's auch im La Te Da zu, das vor allem für seine Tanzpartys am Sonntagnachmittag bekannt ist.

Die meisten Hotels in Key West sind schwulen- und lesbenfreundlich.

Conch Republic BAR

(☎305-294-4403; www.conchrepublicseafood.com; 631 Greene St; ⌚12–24 Uhr) Das weitläufige, seitlich offene Lokal samt Bar mit Blick aufs Wasser ist ideal, um in die richtige Key-West-Stimmung zu kommen. Dafür sorgen die lustige Happy Hour, das gesellige, entspannte Publikum, die Inselbrise und die Livemusik (tgl. 18–22 Uhr & Fr & Sa nachmittags). Auch die Meeresfrüchte sind ganz gut (Hauptgerichte 15–30 US$).

Vivez Joyeux WEINBAR

(☎305-517-6799; www.vivez-joyeux.com; 300 Petronia St; ⌚15–22 Uhr) Die von Franzosen betriebene Weinbar ist zwar winzig, dafür aber richtig schnuckelig. Die sowohl im Glas als auch in der Flasche erhältlichen samtigen Rotweine werden von ständig wechselnden französischen und amerikanischen Weinbauern bezogen. Passend dazu bekommt man auch hervorragenden Käse, Wurst und andere Snacks.

Bourbon St Pub SCHWULE & LESBEN

(☎305-294-9354; www.bourbonstpub.com; 724 Duval St; ⌚10–4 Uhr) Ein feierwütiges Publikum, ausgezeichnete DJs und umwerfende Tänzer (die ab 22 Uhr auch auf dem Tresen tanzen) halten in diesem kultigen Schuppen an der Duval St die Party am Laufen. Die Bar im hinteren Garten samt Pool und Jacuzzi ist Männern vorbehalten; manchmal finden dort auch FKK-Nachmittagspartys statt.

Garden of Eden BAR

(224 Duval St; ⌚12–4 Uhr) Auf der Dachterrasse des Gebäudes wartet der einzige Trinkpalast von Key West, der Gäste auch ohne Klamotten willkommen heißt. Um die Erwartungen zu senken: Kameras sind nicht gestattet, und die meisten Leute kommen bekleidet. Trotzdem: Die Aussicht ist toll, und das Publikum ist voll auf Spaß geeicht. Wenn man durch die Bars der Duval St zieht, sollte man unbedingt auch hier vorbeischauen!

Auf keinen Fall nur herkommen und schauen, sondern tanzen!

Aqua SCHWULE & LESBEN

(☎305-294-0555; www.aquakeywest.com; 711 Duval St; ⌚15–2 Uhr) Im Aqua finden ein paar der besten Drag-Shows der Insel statt, die alle möglichen Leute anziehen – Schwule, Lesben, Heteros, Junge, Alte, Paare, Gruppen. Mehrmals pro Woche (derzeit Mo–Mi) gibt's auch Karaoke-Abende – wer gerne singt, kann sich also aufs Mikro stürzen!

Hog's Breath BAR

(☎305-296-4222; www.hogsbreath.com; 400 Front St; ⌚10–2 Uhr) Guter Start für den berüchtigten Duval Pub Crawl ist diese Freiluftbar mit guten Livebands und noch besseren kalten Coronas.

☆ Unterhaltung

La Te Da CABARET

(☎305-296-6706; www.lateda.com; 1125 Duval St; ⌚Show 20.30 Uhr) In der Bar draußen treffen sich die Einheimischen auf ein Schwätzchen und ein Bier. Oben liegt der fabelhafte Crystal Room, wo am Wochenende (Eintritt 26 US$) erstklassige Drag-Shows mit großen Namen aus dem ganzen Land zu sehen sind. Bei den Cabaretnummern in der Lounge im Erdgeschoss geht's etwas maßvoller zu.

Der Sunday Tea Dance ist eine Nachmittags-Tanzparty (16–19 Uhr) am Pool – ein toller Ausklang der Woche.

Virgilio's LIVEMUSIK
(☎305-296-1075; 524 Duval St; ⏲19–3, Do–Sa bis 4 Uhr) Die Bühne in dieser Bar ist für die Keys untypisch und, offen gesagt, eine nette Abwechslung. Die Stadt braucht diese dunkle, mit Kerzen beleuchtete Martinilounge, in der man bei Blues und Jazz chillen und etwas Salsa tanzen kann. Der Eingang liegt an der Applerouth Lane.

Tropic Cinema KINO
(☎877-761-3456; www.tropiccinema.com; 416 Eaton St) Hinter der Art-déco-Fassade verbirgt sich ein tolles Kunstfilmkino.

Waterfront Playhouse THEATER
(☎305-294-5015; www.waterfrontplayhouse.org; 310 Wall St, Mallory Sq) Floridas ältestes Theaterensemble gibt hier hochklassige Musical- und Theaterinszenierungen. Spielzeit ist von November bis April.

Red Barn Theatre THEATER
(☎305-296-9911; www.redbarntheatre.com; 319 Duval St; ⏲Theaterkasse Di–Fr 13–20, Sa & So 16–20 Uhr) Gemütliche, kleine Spielstätte, die manchmal etwas abgedreht ist, aber immer viel Spaß bietet.

Shoppen

Salt Island Provisions GESCHENKARTIKEL & SOUVENIRS
(☎305-896-2980; 830 Fleming St; ⏲10–18 Uhr) In dem tollen, kleinen Laden kann man prima nach Geschenken stöbern. Man findet aufwendigen Schmuck lokaler Künstler, Bienenwachskerzen, Biokaffee, Florida-Bildbände und natürlich Salz in all seinen Formen – als Salz-Peeling oder Gourmet-Salzmischungen mit Zusätzen von Merlot, Sriracha, Curry und weißem Trüffel.

Petronia Island Store KUNST & KUNSTHANDWERK
(801 Whitehead St; ⏲Do–So 10–16 Uhr) Der kleine sonnendurchflutete Laden an einem mit Geschäften und Galerien gesäumten Abschnitt der Whitehead St hat ein auserlesenes Angebot an handgemachten Seifen, Schmuck, Kerzen, hübschem Briefpapier und Kinderkleidung aus Biobaumwolle mit Motiven wie Meerjungfrauen, Matrosen und Kraken. Betrieben wird der hippe kleine Laden von Künstlern. Dementsprechend findet man hier auch Einzelstücke, die den kreativen, künstlerischen Charakter von Key West widerspiegeln.

Books & Books BÜCHER
(☎305-320-0208; www.booksandbookskw.com; 533 Eaton St; ⏲10–18 Uhr) Miamis bester unabhängiger Buchladen hat auch eine Filiale in Key West und ist ein Magnet für Literaturfreunde. Hier findet man jede Menge Titel von Lokalinteresse (vor allem zu Key West und Kuba), hervorragende Leseempfehlungen und zum Nachdenken anregende Neuerscheinungen. Das ganze Jahr über finden auch Signierstunden und Autorenlesungen statt.

Kermit's ESSEN
(www.keylimeshop.com; 200 Elizabeth St; ⏲9–21.30 Uhr) In der alteingesessenen Institution am Wasser gibt's alles Mögliche mit Key-Limetten. Salsa, Barbecue Sauce, Bonbons, Eiscreme, Hundekuchen und sogar Weine – alles mit diesem speziellen Key-Lime-Aroma. Puristen bevorzugen vielleicht einfach nur den berühmten Key Lime Pie (den gibt's auch im Mini-Format) oder ein Key-Lime-Eis am Stil mit Schokoüberzug.

Key West Dream Collection BEKLEIDUNG
(☎305-741-7560; 613 Simonton St; ⏲10–15 Uhr) Der wundervoll zusammengewürfelte Laden ist ein Schaukasten der kreativen Seite von Key West mit auffälligen Vintage-Klamotten, afrikanischen Textilien und Glasperlen, Büchern und Kunstwerken lokaler Schriftsteller und Künstler und sogar CDs von Bands, die in Key West groß geworden sind.

Leather Master MODE & ACCESSOIRES
(418 Applerouth Lane; ⏲Mo–Sa 11–22, So 12–17 Uhr) Neben den Gladiatoren-Outfits, mit Nieten besetzten Tangas und S-M-Masken gibt's hier auch sehr schöne Taschen und Schuhe. Selbstverständlich kommt man nur wegen Letzterer…

Praktische Informationen

Key West Chamber of Commerce (☎305-294-2587; www.keywestchamber.org; 510 Greene St; ⏲9–18 Uhr) Exzellente Infoquelle.

Lower Keys Medical Center (☎305-294-5531; www.lkmc.com; 5900 College Rd, Mile 5, Stock

Island) Die Notaufnahme ist rund um die Uhr geöffnet.

Gay & Lesbian Community Center (☎305-292-3223; 513 Truman Ave; ⌚9–17 Uhr) Fungiert als Infocenter für LGBT-Traveller. Hat jede Menge guter Tipps zu Restaurants, Bars, Unterkünften und Freiluftaktivitäten in Key West.

ℹ An- & Weiterreise

Der **Key West International Airport** (EYW; ☎305-809-5200; www.eyw.com; 3491 S Roosevelt Blvd) befindet sich abseits des S Roosevelt Blvd im Osten der Insel. Flüge nach Key West gibt's ab einigen US-amerikanischen Großstädten wie Miami oder New York. Flüge aus Los Angeles und San Francisco legen in der Regel einen Zwischenstopp in Tampa, Orlando oder Miami ein. American Airlines (www.aa.com) hat mehrere Flüge am Tag. Vom Flughafen Key West kommt man am schnellsten und einfachsten mit dem Taxi in die Old Town (rund 22 US$).

Greyhound (☎305-296-9072; www.greyhound.com; 3535 S Roosevelt Blvd) betreibt täglich zwei Busse zwischen Key West und Downtown Miami. Start der 4¼-stündigen Fahrt ab Miami ist um 12.35 und 18.50 Uhr und ab Key West um 8.55 und 17.45 Uhr (einfach 10–40 US$).

Mit dem **Key West Express** (☎239-463-5733; www.seakeywestexpress.com; 100 Grinnell St, Key West; Erw./Senior/Jugendl./Kind hin & zurück 155/145/92/62 US$, einfach 95/95/68/31 US$) gelangt man auch auf dem Wasserweg von Miami zu den Keys. Abfahrt ab dem Strand von Fort Myers ist täglich um 8.30 Uhr; die Bootsfahrt nach Key West dauert 3½ Stunden. Rückfahrt ist um 18 Uhr. Jeweils 1½ Stunden vor Abfahrt da sein! Im Winter fährt der *Express* auch mehrere Male pro Woche ab Marco Island (Preise und Dauer wie ab Fort Myers).

ℹ Unterwegs vor Ort

Key West selbst lässt sich am besten mit dem Rad erkunden (Drahtesel bekommt man in der Gegend um die Duval St sowie in Hotels und Hostels ab 10 US$/Tag). In der Gegend um die Duval St kann man den kostenlosen Duval Loop Shuttle (www.carfreekeywest.com/duval-loop) von 18 bis 24 Uhr nutzen.

Eine andere Möglichkeit sind die farblich gekennzeichneten Busse des **Key West Transit** (S. 184), die etwa alle 15 Minuten fahren. Man kann auch ein Moped leihen, das in der Regel ab 35 US$ pro Tag (Zweisitzer 60 US$) kostet. Und dann gibt's dann noch die seitlich offenen Touristenwagen mit Elektroantrieb, die sogenannten Conch Cruiser, die mit 55 km/h durch die Stadt kurven (Viersitzer/Sechssitzer rund 140/200 US$ pro Tag).

A&M Scooter Rentals (☎305-896-1921; www.amscooterskeywest.com; 523 Truman Ave; Fahrrad/Motorroller/Elektroauto ab 10/35/140 US$ pro Tag; ⌚9–19 Uhr) vermietet Motorroller, Fahrräder und seitlich offene Elektrowagen mit zwei bis sechs Sitzen; Lieferung frei Haus.

Parken kann in der Stadt schwierig sein. Einen kostenlosen **Parkplatz** gibt's an der Fort St abseits der Truman Ave.

DRY TORTUGAS NATIONAL PARK

Nach all den Keys, die bequem über die Straße zu erreichen waren, erfordert die Anreise zu den schönsten Inseln des Archipels etwas mehr Aufwand.

Im Dry Tortugas National Park (☎305-242-7700; www.nps.gov/drto) kann man Tagesausflüge unternehmen und dort sogar campen. Hier findet man ein seltenes Phänomen: einen ruhigen Florida-Strand. Am besten reserviert man Monate im Voraus über die Yankee Freedom III. die Fähre zur Insel. Im kristallklaren Wasser lässt es sich prima schnorcheln und tauchen. Ein **Visitor Center** befindet sich im faszinierenden Fort Jefferson.

Der Dry Tortugas National Park ist der am schwersten zugängliche Nationalpark der USA. Dorthin gelangt man nur per Boot oder Wasserflugzeug. Belohnt wird man für die anstrengende Anreise mit unglaublich tollen Schnorchelmöglichkeiten inmitten von Korallenriffen mit artenreichem Meeresleben. Man kann auch einen Rundgang durch eine wunderbar erhaltene Backsteinfestung aus dem 19. Jh. machen. Sie liegt zwar 113 km vor der Küste von Key West, gehört aber zu den größten Befestigungsanlagen in den USA.

Auf dem Papier erstreckt sich der Dry Tortugas über ein gewaltiges Gebiet von mehr als 180 km². In Wahrheit liegen aber nur 1% des Parkgeländes (rund 58 ha) auf trockenem Land – der Großteil befindet sich also unter Wasser. Hier gibt's ein artenreiches Meeresleben, und man hat die Chance, Tarpune, große Zackenbarsche, jede Menge bunte Korallen- und kleinere tropische Fische sowie die ein oder andere durchs Wasser gleitende Meeresschildkröte zu Gesicht zu bekommen.

Wegen der vielen Schildkröten im Wasser benannte der Konquistador Ponce de León diese Inselkette aus sieben Inseln Las Tortugas (die Schildkröten). Durstige Seeleute, die hier durchkamen und kein Trinkwasser fanden, fügten dem Namen später noch ein „dry“ (für trocken) hinzu. Später legte die US-amerikanische Marine hier wegen der strategisch günstigen Lage am Golf von Mexiko einen Außenposten an. Im Bürgerkrieg wurde dann **Fort Jefferson**, das größte Bauwerk auf den Inseln, zu einem Gefängnis für Deserteure der Unionstruppen umgewandelt. Unter den Gefangenen gab es auch mindestens vier Personen, die wegen der Mittäterschaft an der Ermordung Abraham Lincolns hier einsaßen, darunter Dr. Samuel Mudd. Daher auch der neue Spitzname: Devil's Island. Der Name war ein böses Omen: Bei einem Gelbfieberausbruch 1867 starben 38 Menschen, und nach einem Hurrikan im Jahr 1873 wurde die Festung schließlich aufgegeben. 1886 wurde sie als Quarantänestation für Pocken- und Cholerakranke wiedereröffnet und 1935 von Präsident Franklin D. Roosevelt zum Nationaldenkmal erklärt. George Bush Senior verlieh den Inseln 1992 schließlich den Status eines Nationalparks.

Man kann sich hier tagsüber umschauen oder auch im Park campen. Auf Garden Key gibt's zehn Stellplätze (15 US$/Pers. & Nacht), die nach dem Prinzip „Wer zuerst kommt, mahlt zuerst“ vergeben werden. Reservieren muss man Monate im Voraus über die Fähre *Yankee Freedom III.*, mit der man auf die Insel und wieder zurück kommt. Auf dem Campingplatz gibt es Toiletten, aber keine Süßwasserduschen und auch kein Trinkwasser – also alles Nötige selbst mitbringen! Man darf hier bis zu vier Nächte bleiben. Das kristallklare Wasser eignet sich ideal zum Schnorcheln und Tauchen.

Im März und April kann man hier wunderbar Vögel beobachten, manchmal sieht man sogar, wie sie sich in der Luft zanken. Der herrliche Sternenhimmel hingegen betört einen das ganze Jahr über.

An- & Weiterreise

Wer ein eigenes Boot hat, findet die Dry Tortugas auf der Seekarte 11438 des National Ocean Survey. **Key West Seaplanes** (☎ 305-293-9300; www.keywestseaplanecharters.com; Erw./Kind halber Tag 330/265 US$, ganzer Tag 578/462 US$) nimmt bis zu zehn Passagiere (Flug hin & zurück je 40 Min.) mit auf einen Ausflug. Bei der vierstündigen Halbtagstour hat man 2½ Stunden auf der Insel. Bei der achtstündigen Ganztagstour verbringt man sechs Stunden dort. Auch hier muss man mindestens eine Woche vorher reservieren. Fluggäste ab 16 Jahren zahlen zusätzlich noch 10 US$ Eintritt für den Park (nur Barzahlung). Die Flüge starten vom West International Airport.

Yankee Freedom III. (☎ 800-634-0939; www.drytortugas.com; Key West Ferry Terminal, 100 Grinell St; Erw./Kind/Senior 175/125/165 US$) Betreibt eine Schnellfähre vom Historic Seaport am Nordende der Margaret St (Erw./Kind hin & zurück 170/125 US$). Reservierung empfohlen. Im Preis inbegriffen sind ein kontinentales Frühstück, ein Picknick zu Mittag, Schnorchelausrüstung und eine 45-minütige Führung durch das Fort Jefferson.

Miami & die Keys verstehen

MIAMI & DIE KEYS AKTUELL 220

Südflorida ist mit dem Klimawandel und vielen weiteren Bedrohungen seiner reichhaltigen und vielfältigen Ökosysteme direkt konfrontiert.

GESCHICHTE 223

Südfloridas Geschichte wurde geprägt von Eroberern, verheerenden Wirbelstürmen und Unruhen in Lateinamerika.

MULTIKULTURALISMUS & KUNST 233

Südflorida ist ein Hafen für Immigranten und ein sumpfiges Grenzgebiet; Schriftsteller, Musiker und Filmemacher rückten die Region ins Scheinwerferlicht.

NATUR & UMWELT 243

Prähistorische Reptilien, unberührte Feuchtgebiete und farbenfrohe Korallenriffe sind Bestandteile von Südfloridas außergewöhnlicher Kulisse.

ART-DÉCO-ARCHITEKTUR 254

Einst feierte sie die Zukunft, heute ist sie ein atemberaubendes Relikt der Vergangenheit: Mit tropischen Motiven würdigt die eindrucksvolle Art-déco-Architektur die opulente Szenerie Floridas.

Miami & die Keys aktuell

Florida floriert: Es hat eine multikulturelle, weltoffene Bevölkerung, niedrige Arbeitslosigkeit und eine starke Wirtschaft, die nach mehreren Wachstumsjahren bis 2018 eine Wirtschaftsleistung von 1 Billion US$ erreichen wird. Auf der anderen Seite stellt der Klimawandel für Miami Beach und die Keys eine ernste Bedrohung dar, und die wachsende Bevölkerung belastet ohnehin schon gefährdete Ökosysteme wie die Everglades. Doch die Einwohner Floridas arbeiten an Lösungen für die größten Herausforderungen der heutigen Zeit.

Top-Filme

Moonlight (2016) Erschütternde, mit dem Oscar ausgezeichnete Geschichte über das Erwachsenwerden in Sozialbauten in Miami.

Sumpf unter den Füßen (1958) Ungewöhnliche Story vom Kampf eines Wildhüters gegen einen Wilderer vor der Kulisse der Everglades.

Key Largo (1948) Bogart, Bacall und ein in Neonlicht getauchter Film noir.

Adaptation (2002) Surreale Adaption des Buches *The Orchid Thief*.

The Birdcage – Ein Paradies für schrille Vögel (1996) Robin Williams und Nathan Lane als schwules Paar.

Scarface (1983) Al Pacino verwandelt den *American dream* in einen Albtraum.

Top-Bücher

Birds of Paradise (Diana Abu-Jaber; 2011) Die Geschichte über ein gescheitertes Paar und die entfremdeten Kinder fängt Miamis Komplexität ein.

Swamplandia (Karen Russell; 2011) Tragikomische Familiensage einer Schaustellerfamilie in den Everglades, die mit Alligatoren kämpft.

Miami (Joan Didion; 1987) Das Leben von Kubanern im Miami der 1980er.

The Everglades: River of Grass (Marjory Stoneman Douglas; 1947) Gehaltvoller Tribut an die Everglades.

Shadow Country (Peter Matthiessen; 2008) Verlegt den amerikanischen Western in die Sümpfe Floridas.

Den Klimawandel angehen

Während die US-Regierung ihr Bestes tut, um den Klimawandel zu negieren, bekommt Süd-Florida bereits die Auswirkungen der höheren Temperaturen zu spüren. Im unteren Teil Floridas wird jetzt immer sichtbarer, wovor Wissenschaftler bereits vor Jahren warnten: dass mit dem Temperaturanstieg auch der Meeresspiegel steigen würde und es häufiger zu heftigen Stürmen kommen könnte. Die Küsten wären dabei besonders gefährdet.

Während die Bürokraten in Washington nach wie vor versuchen, die Fakten zu verschleiern, haben Floridas Bürger bereits mehr als genug Beweise für den Klimawandel gesehen: schon alltäglich gewordene Überflutungen in Straßen, die in der Vergangenheit immer trocken blieben, Auto und Grünflächen ruiniert vom Salzwasser, weil sich der Anstieg des Meeresspiegels im letzten Jahrzehnt verdreifacht hat. Miami Beach ist unter dem wachsenden Druck seiner Einwohner aktiv geworden und hat einen mit 400 Mio. US$ ausgestatteten Plan bekanntgegeben, der die Höherlegung von Straßen, den Bau größerer Ufermauern und die Anschaffung Dutzender neuer Pumpen, um mit den Überschwemmungen fertig zu werden, umfasst. Angesichts der Tatsache, dass Floridas Gouverneur Rick Scott sich weigert, die Existenz des Klimawandel anzuerkennen, ist dieser Plan besonders ambitioniert.

Zum Glück sieht der Bürgermeister von Miami Beach, Philip Levine, die Dinge anders und hat sich daher für diesen Plan eingesetzt, der seine Stadt vor dem auf lange Sicht steigenden Meeresspiegel schützen soll. Befürworter des Plans betonen nicht nur seine Bedeutung als Investition in eine widerstandsfähigere Stadt der Zukunft, sondern auch sein Potential als Jobmotor, der Arbeitsplätze bei der Sanierung der veralteten Infrastruktur schafft. Die große Frage ist jedoch, ob Süd-

Florida es schaffen wird, mit den Problemen, die auf es zukommen, mitzuhalten.

Die Rettung der Riffe

Wegen der Erwärmung der Ozeane sind auch die Korallenriffe der Welt ernsthaft gefährdet. Selbst geringe Temperaturschwankungen können dazu führen, dass Korallen großflächig von der Korallenbleiche befallen werden oder absterben. In zwei aufeinanderfolgenden Jahren (2015 und 2016) erlebten die Florida Keys ein nie dagewesenes Korallensterben, das selbst einige Korallen vernichtete, die 300 Jahre überlebt hatten. Riffe sind zwar klein, spielen aber eine außerordentlich große Rolle beim Schutz der Küsten vor Stürmen und zerstörerischen Wellen. Zudem beherbergen sie 25 % aller Meereslebewesen der Welt und schaffen Jobs im Fischfang, in der Freizeitindustrie und im Tourismus. Der National Oceanic and Atmospheric Administration (Nationale Ozean- und Atmosphärenbehörde; NOAA) zufolge haben die Florida Keys einen geschätzten Vermögenswert von über 7 Mrd. US$.

Mit diesem Wissen wird immer deutlicher, dass etwas unternommen werden muss, um die Korallenriffe der Welt zu erhalten. 2016 verkündete das in Florida ansässige Mote Marine Laboratory in Partnerschaft mit der gemeinnützigen Naturschutzorganisation The Nature Conservancy einen Plan, um genau dies zu tun. Es wird eine auf 15 Jahre angelegte Initiative starten, um mehr als 1 Mio. Korallen in der Region zu restaurieren. Das Mote, ein gemeinnütziges Meeresforschungsinstitut, war einer der Pioniere der Korallenforschung. Nachdem es eine bahnbrechende Methode des Korallenanbaus entwickelt hatte, pflanzte es über 200 000 Korallen auf erschöpften Riffen in den Florida Keys. Seine Forschungseinrichtung auf Summerland Key wird zukünftig eine entscheidende Rolle spielen, denn der Campus, der 2017 um über 1700 m² erweiterte wurde, soll als Basis der Arbeiten zur Restaurierung von Korallenkolonien überall in den Keys dienen.

Die Restaurierung der Everglades

Die Restaurierung der Everglades ist im Süden Floridas ein weiteres großes Thema. Eines von Floridas Ökosystemen mit der größten Artenvielfalt ist nach wie vor ernsthaft gefährdet. Der Zufluss von Wasser in die Everglades (das abgeleitet wurde, um Farmland zu gewinnen oder Straßendämme zu bauen) ist um 60 % geringer als noch vor 100 Jahren. Dies hat in Verbindung mit der Nährstoffbelastung zu einem Rückgang der Meereshabitate und der einheimischen Arten geführt. Heute sind die Everglades, die ursprünglich einmal über 10 000 km² umfassten, nur noch halb so groß. Etwa 90 % der dort heimischen Watvögel sind verschwunden, und über 70 Tier- und Pflanzenarten stehen auf der Liste der bedrohten oder gefährdeten Arten.

EINWOHNER: **860 000**

FLÄCHE: **27 454 KM²**

ANTEIL DER IM AUSLAND GEBORENEN EINWOHNER: **37 %**

MITTLERES HAUSHALTSEINKOMMEN: **41 900 US$**

ANTEIL DER HAUSHALTE UNTERHALB DER ARMUTSGRENZE: **21,3 %**

Hätte Miami nur 100 Einwohner, wären …

65 Hispanics
15 Weiße (außer Hispanics)
19 Schwarze
1 Asiaten

Religionen

(% der Bevölkerung)

Einwohner pro km²

≈ 90 Einwohner

Der langfristig angelegte Comprehensive Everglades Restoration Plan (CERP), im Jahr 2000 erstmals der Öffentlichkeit vorgestellt, soll mit einer Reihe technischer Großprojekte, die die Everglades zur richtigen Jahreszeit mit der richtigen Wassermenge versorgen würden, dazu beitragen, das bedrohte Feuchtgebiet zu retten. Seine Finanzierung war jedoch über den Zeitraum mehrerer aufeinanderfolgender Regierungen des Bundesstaats unsicher. Seit Anfang 2017 sieht es aber vielversprechender aus, denn Floridas Legislative debattiert über Pläne, etwa 24 000 ha Agrarland aufzukaufen und ein Reservoir für 295 Mrd. l Wasser zu bauen. Doch es bleiben noch große Herausforderungen, insbesondere, ob die Finanzierung die behördliche Genehmigung erhält. Doch immer mehr Menschen verstehen, wie wichtig die Everglades sind – unter ihnen auch Bürokraten, die früher gegen ihre Restaurierung waren.

Geschichte

Südflorida wurde in einer Reihe von Booms und Krisen aufgebaut, von Träumern, die das schöne Wetter ausnutzten, und von Opportunisten, die die Naturkatastrophen ausnutzen – schließlich sorgt ein Hurrikan besser alles andere dafür, dass man alte Immobilien schnell loswird. Jedes Kapitel in der Geschichte der Region endete mit einem Hurrikan, einem Bau-Boom oder einem Aufstand. Südflorida ist langsamem Wachstum traditionell mit Verachtung begegnet, und diese Haltung hat sich einerseits in Form von gewaltigen finanziellen Gewinnen ausgezahlt, andererseits aber zu wirtschaftlichen und Umweltkatastrophen geführt.

Spanien, Großbritannien & noch einmal Spanien

Die Spanier siedelten 1565 in Florida, mehrere Jahrzehnte vor der Landung von Pilgern am Plymouth Rock und bevor englische Aristokraten in Jamestown, Virginia, hungerten. Das Territorium ging 1763 von Spanien an Großbritannien (1763–1783) über und dann wieder zurück an Spanien. Anschließend kann die amerikanische Unabhängigkeit. Die Spanier mussten mit einer großen, landhungrigen Nation direkt nördlich ihres Gebietes klarkommen.

Die Beziehungen kühlten sich merklich weiter ab, als sich entflohene amerikanische Sklaven ins spanische Florida aufmachten, wo die Sklaverei verboten war und wo ehemalige Sklaven als ständige Mitglieder in Milizen aufgenommen wurden. Weiße amerikanische Südstaatler sahen eine bewaffnete schwarze Miliz und begannen, sich vor Sklavenaufständen in ihren eigenen Plantagen zu fürchten. 1821 hatten die USA Florida von Spanien gekauft, gleichzeitig erwarb der Geschäftsmann John W. Simonton die Insel Key West vom spanischen Artillerieoffizier Juan Pablo Salas.

Die Insel erhielt den Beinamen „Gibraltar des Westens", weil sie die Floridastraße, die zwischen dem Atlantik und dem Golf von Mexiko verläuft, beherrschte. 1823 übernahm Commodore David Porter von der US-Marine die Insel und machte sie zu einer Basis, von der aus illegale Sklavenschiffe verfolgt wurden.

ZEITLEISTE

10 000 v. Chr.

Nachdem sie schon etwa 50 000 Jahre zuvor die Beringstraße von Sibirien her überquert haben, treffen gegen Ende der letzten Eiszeit die ersten Menschen in Florida ein. Sie jagen Mastodonten und Säbelzahntiger.

2000 v. Chr.

Aus dieser Periode stammen die ältesten archäologischen Funde von gebrannten Töpferwaren auf dem Gebiet Floridas.

500 v. Chr.

Die Töpferei dieser Periode wird der Glades-Kultur zugeschrieben, die sich von den Keys bis zum heutigen Martin County nördlich von Miami erstreckt. Die Glades-Kultur überlebt den Kontakt mit den Europäern nicht.

Das unbezwungene Volk

Im späten 18. Jh. wanderten Teile des Volkes der Creek-Indianer aus Georgia und andere Stämme aus dem Norden nach Florida ein. Die Mitglieder dieser Stämme vermischten sich und heirateten untereinander, und im späten 18. Jh. kamen noch geflohene schwarze Sklaven hinzu. In der Regel waren Schwarze in der Gesellschaft der amerikanischen Ureinwohner willkommen, gelegentlich wurden sie auch als Sklaven gehalten, wobei diese Sklaverei eher einer Vertragsknechtschaft glich (die Sklaven hatten z. B. eigene Häuser, in denen sie mit ihren Familien wohnten).

Irgendwann kam für diese geflohenen Menschen gemischter Abstammung, die im Inneren Floridas lebten, der Begriff Seminolen auf, eine Abwandlung des spanischen Wortes *cimarrones,* das „freie Menschen" oder „wilde Menschen" bedeutet. Sie trotzten der europäischen Herrschaft und der Einordnung in ethnische Kategorien und galten bald als zu frei für die neuerdings unabhängigen Vereinigten Staaten, deren Hunger auf Land gleichzeitig immer mehr wuchs.

Als die Mehrzahl der Creek-Indianer 1817 gezwungen wurde, nach Westen auf die andere Seite des Mississippi zu ziehen, fanden die Amerikaner, dass ihnen nun das gesamte Gebiete östlich des Flusses zur Besiedlung zustünde. Doch die Seminolen hatten nicht vor, ihre Heimat zu verlassen.

Spannungen und sporadische Gewaltausbrüche zwischen den Amerikanern und den Seminolen gaben den USA schließlich einen Vorwand, um für den Erwerb Floridas zu bieten, das sie schließlich 1821 von Spanien kauften. Schon zuvor und auch danach unternahm das amerikanische Militär mehrere Feldzüge gegen die Seminolen und ihre Alliierten, die sich in die Sümpfe zurückzogen, drei Guerillakriege kämpften und mehrere beachtliche Siege gegen einen Feind errangen, der ihnen zahlenmäßig mehrfach überlegen war. Tatsächlich war der Zweite Se-

Websites über amerikanische Ureinwohner

- *Ah-Tah-Thi-Ki Museum (www.ahtahthiki.com)*
- *Tequesta Indians (www.floridiannature.com/tequesta.htm)*
- *Heritage of the Ancient Ones (www.ancientnative.org)*
- *Miccosukee Tribe (www.miccosukee.com/tribe)*

TEQUESTA-INDIANER

1998 wurden in Downtown Miami 24 in Gesteinsplatten gehauene Löcher entdeckt, die in einem perfekten Kreis angeordnet waren. Man vermutet, dass der sogenannte Miami Circle das Fundament eines permanenten Bauwerks war. Mit einem Alter von ca. 2000 Jahren ist dies die älteste archäologische Stätte an der Ostküste der USA.

Archäologen glauben, dass der Miami Circle von den ältesten bekannten Bewohnern Miamis, den Tequesta-Indianern, gebaut wurde, über die man so gut wie nichts weiß. Der Stamm wurde beim ersten Kontakt mit den Spaniern, die Gewalt und Krankheiten mitbrachten, fast vollständig ausgerottet; die Überlebenden mischten sich wahrscheinlich unter die Völker der Miccosukee und Seminolen.

500 n. Chr.

Die Caloosahatchee-Kultur entwickelt sich und gedeiht in einem Gebiet, das die heutigen westlichen Everglades und die 10 000 Islands umfasst. Die komplexe Gesellschaft besteht bis 1750.

1513

Ponce de León landet südlich von Cape Canaveral und „entdeckt" Florida, das er für eine Insel hält. Da dies um die Osterzeit herum geschieht, nennt er es La Florida, „Land der Blumen" oder „Fest der Blumen".

1702

In ihrem andauernden Streit mit Spanien und Frankreich über die Kolonien der Neuen Welt brennen die Briten St. Augustine nieder; zwei Jahre später zerstören sie 13 spanische Missionen in Florida.

1763

Nachdem Key West von den Briten eingenommen wurde, müssen die Einwohner – Spanier und Ureinwohner – nach Havanna ziehen. Über Jahre hat die Insel kaum echte Autorität.

minolenkrieg (1835–1842) der längste Krieg in der amerikanischen Geschichte in der Zeit zwischen der Amerikanischen Revolution und dem Vietnamkrieg.

Eigentlich waren die Seminolenkriege eine Version des Vietnamkriegs im 19. Jh.: eine nicht enden wollende Parade langer, sinnloser Patrouillen in den undurchdringlichen Sümpfen auf der Suche nach einem stets unsichtbaren Feind. Doch 1830 passierte der schockierende *Removal Act* den Kongress, der den amerikanischen Ureinwohnern befahl, ihre Sachen zu packen und quer durchs Land nach Oklahoma zu ziehen. Seminolen-Häuptling Osceola und sein Trupp (der nie mehr als 100 Krieger umfasste) weigerten sich, den Vertrag zu unterschreiben und flohen in die Everglades. Nachdem jahrelang Tausende Soldaten auf den geringsten Hinweis seiner Anwesenheit immer wieder losgezogen waren, wurde Osceola schließlich unter dem Vorwand eines Waffenstillstands 1837 gefasst. Doch der Widerstand ging weiter, bis die Seminolen schließlich den Kampf einstellten und die Regierung darauf verzichtete, sie zum Umzug nach Westen zu zwingen.

1842 hatte der Krieg aufgehört, es wurde aber niemals ein Friedensvertrag unterschrieben, und darum nennen sich die Seminolen bis heute *the unconquered people* (unbesiegtes Volk). Die Seminolen, die in Florida geblieben sind, werden heute von einer Stammesregierung verwaltet und betreiben das Museum Ah-Tah-Thi-Ki und das Hard Rock Café – nicht *ein* Hard Rock Café, sondern die gesamte Kette, die sie 2007 aus den Einnahmen aus dem Glücksspiel für 965 Mio. US$ gekauft hatten! Die Seminolen waren der erste Ureinwohnerstamm, der das Glücksspiel als Einnahmequelle für sich entdeckte. Sie begannen 1979 mit einer Bingo-Halle und führen heute ein Multimilliarden-Unternehmen. Nicht schlecht für eine Bevölkerungsgruppe von nur gut 3000 Menschen!

Ein Frost bringt Flagler & die Eisenbahn

Über Dekaden war Florida Farmland: Zucker, Zitrusfrüchte und trockengelegte Sümpfe sind die Stichworte. 1875 reisten Julia Tuttle und ihr an Tuberkulose erkrankter Ehemann aus Cleveland, Ohio, in dieses von der Landwirtschaft geprägte Gebiet. Nach dem Tod ihres Mannes zog Julia nach Südflorida, um das Land zu übernehmen, das sie von ihrem verstorbenen Mann geerbt hatte. Sie erwies sich als echte Einwohnerin Floridas, denn in den folgenden 20 Jahren kaufte sie immer mehr Land.

Derweil dämmerte Henry Morrison Flagler, einem Geschäftspartner von John D. Rockefeller, Floridas touristisches Potential. Flagler hatte Nordfloridas Küste in St. Augustine und Palm Beach bebaut, und er baute auch die Florida East Coast Railroad, die bis hinunter nach Palm Beach führte. Tuttle sah eine Möglichkeit für ein gutes Geschäfte und machte Flagler ein Angebot: Wenn Flagler seine Eisenbahn bis Miami

1776

Die Amerikanische Revolution beginnt, doch Floridas zwei Kolonien wollen nicht aufbegehren. Sie stehen loyal zur englischen Krone, und bald strömen englische Tories in den Süden, um vor den Kämpfen zu fliehen.

Ende des 18. Jhs.

Teile des Volkes der Creek-Indianer sowie einige geflohene schwarze Sklaven und ihre Nachfahren beginnen, sich in Südflorida niederzulassen und vertreiben die dort ansässigen Stämme der Calusa und Mayaimi.

1818

Andrew Jackson marschiert in Florida ein, als es zu Gewalt zwischen Siedlern und einer Koalition aus Ureinwohnern und Schwarzen gekommen ist. Der Erste Seminolenkrieg endet im Prinzip, als die USA Florida kaufen.

1822

Commodore Matthew C. Perry landet auf Key West, hisst die amerikanische Fahne und beansprucht die gesamte Inselkette der Keys für die USA.

ausbauen würde, bekäme er dafür die Hälfte ihres Landes. Miami? Irgendwo am Ende der Welt? Flagler war nicht im geringsten interessiert.

Dann kam es 1895 fast überall in Florida (aber nicht in Miami) zu einem Rekordfrost, der die Zitrusfrüchteernte zerstörte und die Feriengäste die Flucht ergreifen ließ. Der Legende nach ging Tuttle, die sowohl schnell von Begriff war als auch schnell mit einem „Ich hab's ja gesagt!“ zur Hand war, in den Garten, pflückte ein paar Orangenblüten und schickte sie an Flagler, der hinunter nach Miami eilte, um sich die Sache mit eigenen Augen anzusehen.

Nun hatte sie Flagler am Haken. Die beiden einigten sich, und alle Bewohner Floridas, deren Existenz durch den Frost zerstört worden war, folgten Flagler nach Süden. Vom 22. April 1896 an fuhren Passagierzüge nach Miami. In diesem Jahr wurde Miami offiziell zur Stadt ernannt, und zufällig begann in diesem Jahr John S. Collins, viele Grundstücke auf einem 8 km langen Streifen Land zwischen dem Atlantik und der Biscayne Bay zu verkaufen – ein Gebiet, das sich heute von der 14th bis zur 67th St von Miami Beach erstreckt, also den Großteil der City ausmacht.

Von den 502 ersten Einwohnern Miamis waren 100 Schwarze. Sie waren für schwere Arbeiten verpflichtet worden und mussten im Stadtviertel Colored Town im Nordwesten wohnen.

Während dieser Periode kam es zu hektischen Aktivitäten, um das südliche Florida für die Besiedlung im großen Stil vorzubereiten. 1900 veranlasste Gouverneur Napoleon Bonaparte Broward, dem ein „Reich der Everglades“ vorschwebte, den Bau zahlreicher Kanäle. In den folgenden 70 Jahren wurden etwa 2900 km Kanäle und Dämme in Floridas porösen Kalkstein gegraben. Diese Tiefbauarbeiten legten etwa die Hälfte der Everglades (über 6000 km^2) unterhalb des Lake Okeechobee tro-

FÜNF PERSÖNLICHKEITEN, DIE SÜDFLORIDA PRÄGTEN

Henry Morrison Flagler Der Unternehmer, dessen Florida East Coast Railroad Heerscharen von Besuchern in das sonnige Paradies brachte.

Julia Tuttle Die Frau hinter Flagler, die den skeptischen Unternehmer (angeblich) mit ein paar Orangenblüten nach Miami lockte.

Fidel Castro Die hiesigen Kubaner mögen ihn verabscheuen, doch hätte es den bärtigen kommunistischen Führer nicht gegeben, wären sie wohl gar nicht hier.

Morris Lapidus Das Fontainebleau, das Eden Roc, die Lincoln Rd Mall … Gibt es eigentlich etwas, das dieser Gott des MiMo (Miami Modern) nicht entwarf?

Pardon C. Greene Einer der Gründerväter von Key West; er war auch Mitglied des Stadtrats und für kurze Zeit Bürgermeister der Stadt.

1835

Unter ihrem Häuptling Osceola zerstören Seminolen am Weihnachtstag fünf Zuckerrohrplantagen und töten danach 100 US-Soldaten nahe Tampa. Dies löst den Zweiten Seminolenkrieg aus.

1845

Florida wird als 27. Staat in die Union aufgenommen. Da es ein Sklavenstaat ist, wird zum Ausgleich Iowa, ein sklavenfreier Staat, ebenfalls aufgenommen.

1861

Mit 62 zu 7 Stimmen tritt Florida aus der Union aus und hisst seine fünfte Flagge, die der Konföderation. Floridas Farmen und Rinder sind für die Versorgung der Soldaten im Bürgerkrieg sehr wichtig.

1868

Florida wird wieder in die USA aufgenommen, doch zwischen weißen Südstaatlern und befreiten Sklaven herrschen große Rassenspannungen, die die diskriminierenden Jim-Crow-Gesetze zur Folge haben.

cken. Auf dem gewonnenen Land entstanden Plantagen, Rinderfarmen, Orangenhaine, Zuckerrohrplantagen und Vororte.

Kariben & Konföderierte

In der zweiten Hälfte des 19. Jhs. war Key West die meiste Zeit über die größte und reichste Stadt Floridas. Wie hatte diese kleine Insel das geschafft? Mit dem Ausschlachten von Wracks *(wrecking)* und mit Schwämmen. *Wrecking* ist die Kunst, Schiffswracks zu plündern; einheimische Wrackplünderer stellten es gern als altruistischen Akt dar, denn es wurden auch viele Matrosen aus dem Meer gezogen, doch die Fracht auf ihren Booten wurde von Händlern der Keys verkauft. Und Schwämme sind genau das – Naturschwämme, die unter Wasser wachsen und für Jahrzehnte tatsächlich das Rückgrat der amerikanischen Schwammindustrie bildeten.

Die Bevölkerung auf den Inseln bestand hauptsächlich aus Einwanderern aus der Karibik, doch es kamen auch Bewohner vom Festland Floridas, angelockt von den Möglichkeiten, hier gute Geschäfte zu machen. Die Präsenz eines US-Marinestützpunkts sorgte zwar dafür, dass Key West während des Amerikanischen Bürgerkriegs in der Union blieb, viele Einwohner sympathisierten aber offen mit den Konföderierten.

Die ersten großen Booms

Die Chance, hier Geld zu machen, und die Erweiterung von Flaglers Eisenbahn waren der Motor für mehrere Zuwanderungswellen. Das Bevölkerungswachstum erreichte seinen Gipfel während des Ersten Weltkriegs, als das US-amerikanische Militär in Miami eine Luftfahrtausbildungseinrichtung gründete. Von den Tausenden, die zum Arbeiten herkamen, stellten viele fest, dass das Wetter sehr angenehm war, und Miamis Einwohnerzahl explodierte von 1681 im Jahr 1900 auf fast 30 000 im Jahr 1920. Die neuen Bewohner schrieben nach Hause und weckten bei ihren Verwandten Lust auf Florida, und nach dem Krieg begann der erste ausgewachsene Miami-Boom (1923–1925), als Coconut Gove und Allapattah an Greater Miami (das erstmals so genannt wurde) angeschlossen wurden.

Selbst damals drehte sich in Miami alles um ein gutes Leben. Die Leute wollten trinken, und sie liebten das Glücksspiel, und obwohl er illegal war, floss hier während der gesamten Periode der Prohibition der Alkohol in Strömen.

Die Große Depression, Art déco & ein weiterer Weltkrieg

Miamis Wachstum war monumental, und monumental war auch sein Niedergang: durch den Great Miami Hurricane, der 1926 220 Todesopfer

Die Hauptfiliale (in Downtown) der Miami-Dade Public Library hat eine umfangreiche Sammlung zu Florida, die eines der besten Archive zur Geschichte des Bundesstaats überhaupt bildet. Zur Sammlung gehören auch ca. 17 000 Fotografien von Gleason Romer, der Südflorida von 1925 bis in die 1950er-Jahre als Fotojournalist und als Amateurfotograf ablichtete.

1894/95

Der Große Frost vernichtet in Zentralflorida die Ernte. Südflorida, wo ganzjährig gute Bedingungen für die Landwirtschaft herrschen, gerät ins Visier der Farmer und Bauunternehmer.

1905

Der erste von vielen Versuchen, die Everglades trockenzulegen, beginnt. In den folgenden Jahrzehnten werden Tausende Hektar zerstört, weil Wasser von seinem natürlichen Lauf weggeleitet wird.

1912

„Flagler's Folly", Henry Flaglers 200 km lange Eisenbahnlinie, die übers Wasser bis zu den Florida Keys führt, erreicht Key West. Sie wird als achtes Weltwunder gefeiert, aber 1935 von einem Hurrikan zerstört.

1925

Coral Gables, eine der ersten Planstädte der USA, wird offiziell gegründet. Die „City Beautiful" wurde vom Bauunternehmer George Edgar Merrick entworfen.

forderte und 50 000 Menschen zu Obdachlosen machte, und durch die Große Depression. Doch es lag in Miamis Natur, dass es jeder Katastrophe mit einem noch größeren Wiederaufstieg begegnete, und in der Zeit zwischen den Weltkriegen erhob sich Miami in zwei Etappen wie Phönix aus der Asche. Zunächst brachte Franklin Roosevelts New Deal das Civilian Conservation Corps, neue Jobs und eine Reihe von Bauprojekten, die aus den Trümmern in die Höhe schossen.

Danach begann in den frühen 1930er-Jahren eine kleine Gruppe überwiegend jüdischer Bauunternehmen damit, an der Collins Ave und am Ocean Dr kleine, stilvolle Hotels zu errichten, und löste damit im Alleingang einen kleinen Bau-Boom aus, der schließlich zur Entstehung des berühmten Art-déco-Bezirks in Miami Beach führte. Dies hatte einen kurzzeitigen Anstieg des Antisemitismus zur Folge, als Miami Beach geteilt wurde und auf einmal Schilder mit der Aufschrift *Gentiles Only* (nur für Nichtjuden) auftauchten. Die Wahl eines Juden zum Gouverneur von Florida trug 1933 zur Verbesserung der Lage bei, ebenso wie die Zunahme von Passagierflügen, die jede Menge jüdische Besucher und Siedler aus dem Norden des Landes nach Südflorida brachten.

Während des Zweiten Weltkriegs war Miami ein wichtiges militärisches Ausbildungszentrum, und nach dem Krieg kehrten viele der GIs mit ihren Familien hierher zurück, um sich an den Sandstränden Floridas zu erholen. Dies war der eigentliche Beginn des Tourismus in Florida und besonders der Besiedlung Südfloridas in großem Stil.

Historische Häuser

Merrick House (Coral Gables)

Vizcaya Museum & Gardens (Coconut Grove)

Biltmore Hotel (Coral Gables)

Hemingway House (Key West)

Kuba kommt rüber

In den 1950er-Jahren schien der Fortschritt unaufhaltsam – Leroy Collins war 1954 der erste Gouverneur in den Südstaaten, der die Rassentrennung öffentlich als „moralisch falsch" verurteilte, und rund um Cape Canaveral (zwischen Daytona und Miami an der Ostküste) wurde eine ganze „Space Coast" (Raumfahrt-Küste) geschaffen, um die Entwicklung der National Aeronautics & Space Administration (NASA) zu unterstützen.

Dann trat 1959 Fidel Castro auf die Bühne der Geschichte und veränderte das Schicksal von Kuba und Miami ein für allemal.

Als die Kommunisten in Havanna einzogen, floh der Großteil der Ober- und der Mittelschicht nach Norden und fand sich dort zu einer Gemeinschaft erbitterter Castro-Gegner zusammen, die so wütend auf das Regime waren wie zuvor. Zu dieser Zeit wurde über konterrevolutionäre Maßnahmen diskutiert. Eine Gruppe von Exilanten bildete schließlich die Brigade 2506, gebilligt von der US-Regierung, die Waffen bereitstellte und für die Ausbildung durch die Central Intelligence Agency (CIA) sorgte, um einen Angriff der USA auf Kuba vorzubereiten.

Der schlecht durchgeführte Angriff, der dann geführt wurde, ist heute als Invasion in der Schweinebucht bekannt und wurde ein Fiasko. Die

1926

Der Great Miami Hurricane verwüstet Südflorida, fordert 220 Leben, macht 50 000 obdachlos und verursacht 100 Mio. US$ Schaden. Nach der Großen Depression erholt sich die Wirtschaft allmählich.

1928

Ernest Hemingway verfasst auf Key West *In einem andern Land*, angeblich, während er auf die Lieferung eines Autos wartete. Der Onkel seiner Frau schenkt den Hemingways 1931 ein Wohnhaus auf Key West.

1920er–1930er

Ein kleiner Streifen Land auf der anderen Seite der Biscayne Bay, der Miami Beach genannt wird, füllt sich mit Hotels und Resorts – ein Vorgeschmack auf seine spätere Entwicklung zum Touristen-Hotspot.

1933–1940

Bei Bauprojekten im Zuge des New Deal finden 40 000 Einwohner Floridas Arbeit. Dies trägt dazu bei, dass Florida von der Wirtschaftskrise verschont bleibt. Das Highlight ist der Overseas Hwy durch die Keys.

erste Welle der Konterrevolutionäre, die ohne Verstärkung oder Nachschub auf dem Strand zurückgelassen wurde, geriet komplett in Gefangenschaft oder wurde getötet. Kuba ließ alle Gefangenen etwa drei Monate später frei.

In der Zwischenzeit war es Castro gelungen, sowjetische Raketen in sein Land zu holen, doch sein Volk konnte er nicht halten. Allein 1965 verließen um die 100 000 Kubaner auf den sogenannten Freiheitsflügen von Havanna nach Miami ihre Heimat.

Rassenspannungen

In Miami kam es zu Aufständen und Scharmützeln zwischen Kubanern und Schwarzen sowie zwischen Schwarzen und Weißen. 1968 brachen Unruhen aus, nachdem bekannt geworden war, dass zwei weiße Polizisten einen 17-jährigen schwarzen Mann verhaftet, nackt ausgezogen und an seinen Fußgelenken an einer Brücke aufgehängt hatten.

1970 begann der sogenannte *rotten meat*-Aufstand: Schwarze Einheimische demonstrierten vor einem Geschäft, das einem Weißen gehörte, den sie beschuldigten, verdorbenes Fleisch zu verkaufen. Nach drei Tagen der Belagerung versuchten weiße Polizisten, die Menschenmenge aufzulösen, indem sie Tränengas in die Menge sprühte. In den 1970er-Jahren gab es 13 weitere rassistisch motivierte gewaltsame Auseinandersetzungen.

Die Rassenspannungen explodierten am 17. Mai 1980, als vier weiße Polizisten, die angeklagt waren, einen schwarzen Verdächtigen in ihrem Gewahrsam zu Tode geprügelt zu haben, von einer Jury, die nur aus Weißen bestand, freigesprochen wurden. Nach der Urteilsverkündung brachen überall in Miami Rassenunruhen aus, die drei Tage andauerten.

Die Entwicklung effektiver Insektensprays und bezahlbarer Klimaanlagen trug nach den Zweiten Weltkrieg mehr zur Entwicklung des Tourismus in Florida bei als irgendetwas anderes. Diese beiden Errungenschaften machten Floridas Klima endlich für die zarte Haut der Yankees erträglich.

Der Mariel Boatlift

Ende der 1970er-Jahre verkündete Fidel plötzlich, dass jeder, der Kuba verlassen wolle, ungehinderten Zugang zum Hafen von Mariel habe. Noch ehe die Tinte getrocknet war, verließ die größte Flotte, die je aus nichtmilitärischen Gründen Segel (oder Paddel) gesetzt hatte, Kuba. Die Kubaner stiegen in praktisch jedes Wasserfahrzeug, das die 145 km zwischen Kuba und den USA bewältigen konnte.

Der Mariel Boatlift, wie die größte Ausreisewelle per Boot später genannt wurde, brachte 125 000 Kubaner nach Florida, darunter 25 000 Strafgefangene und Insassen psychiatrischer Einrichtungen. Die Aktion warf das Stereotyp vom wohlhabenden Exil-Kubaner, der Batista-Anhänger war, über den Haufen. Die aus der Massenzuwanderung resultierende Belastung für die Wirtschaft und Infrastruktur Südfloridas verstärkte die noch immer schwelenden Rassenspannungen. 1990 waren schätzungsweise 90 % der weißen Bevölkerung Miamis Hispanics.

1941–1945

Die USA treten in den Zweiten Weltkrieg ein. 2 Mio. Menschen erhalten in Südflorida eine Grundausbildung. Zu Spitzenzeiten unterstehen 85 % der Hotels in Miami Beach dem Militär, das dort Personal unterbringt.

1942

Von Januar bis August versenken deutsche U-Boote über zwei Dutzend Tanker und Schiffe vor der Küste Floridas. Bei Kriegsende befinden sich fast 3000 deutsche Gefangene in 15 Arbeitslagern in Florida.

1947

Der Everglades National Park wird eingerichtet. Dies ist der Höhepunkt der 19 Jahre währenden, von Ernest Coe und Marjory Stoneman Douglas geleiteten Bemühungen, die Everglades vor Schäden zu schützen.

1961

Die Brigade 2506, eine 1300 Mann starke Freiwilligenarmee, landet am 16. April in Kubas Schweinebucht. Präsident Kennedy verweigert die Luftunterstützung – eine sofortige Niederlage ist die Folge.

Die Spannungen, die zunächst zwischen Hispanics und Angloamerikaners herrschten, griffen nun auf die Kubaner selbst über: Es bildeten sich neue Gräben zwischen den älteren Kubanern und den neuen *Marielitos*. Statt der weißen Mittelschicht- und Oberschicht-Kubaner der 1960er-Jahre kamen nun Tausende Afrokubaner und *santeros*, Anhänger der Santería, der kubanischen Version von Voodoo.

Das nicht so nette Miami

In den 1980er-Jahren wurde Miami für Drogendealer und ihre Waren das größte Tor in die USA an der Ostküste und erhielt den Spitznamen „Mi-Yay-Mi" – *yay* war ein Slangbegriff für Kokain. Viele Bausparkassen (Savings and Loans/S&Ls) eröffneten neu gebaute Hauptquartiere in Miami, als ob sie mit der Korruption mithalten wollten. Die Zeitschrift *Newsweek* bezeichnete Miami als „Amerikas Casablanca", die Einheimischen nannten sie die „Stadt mit der S&L-Skyline".

Überall in Miami wurden zahlreiche Unternehmen gegründet, legale ebenso wie drogenfinanzierte Scheinfirmen. Die Downtown wurde komplett modernisiert. Doch sie erlebte ihre Wiedergeburt in den Fängen der Drogenhändler: Schießereien waren alltäglich, ebenso wie die Bandenmorde der Cocaine Cowboys. In der schlimmsten Phase kamen pro Woche bis zu drei Menschen bei Auseinandersetzungen im Zusammenhang mit Kokain ums Leben.

Die Polizei, die Küstenwache, die Drug Enforcement Agency (DEA), die Border Patrol und das Federal Bureau of Investigation (FBI) taten ihr Bestes, um hinterherzukommen. Auf dem Overseas Hwy nach Key West wurden Straßensperren errichtet. (Das führte dazu, dass die unkonventionellen, eigenwilligen Einwohner dort eine Abspaltung forderten und die Polizei sich schließlich davonmachte).

Miami Vice schaffte es mit seinem coolen Soundtrack und der Bildmontage im Stil von Musikvideos, die den glamourösen Lebensstil der Reichen in Südflorida glorifizierte, im Alleingang, dass Miami Beach Mitte der 1980er-Jahre zu internationalem Ruhm gelangte. Es dauerte nicht lange, bis Menschen kamen, die das mit eigenen Augen sehen wollten, besonders der Fotograf Bruce Weber, der in den frühen 1980er-Jahren begann, South Beach als düstere, aber angesagte Kulisse für Mode-Fotoshootings zu nutzen.

Stars überwinterten in Miami, internationale Fotografen schossen hier Bilder, und der historische Art-déco-Distrikt, der unter dem Denkmalschutz der Bundesregierung stand, wurde renoviert und erlebte eine Wiedergeburt. Schwule Männer, die schon immer Trendsetter waren, entdeckten den schmuddeligen Glamour von South Beach. Die Stadt entwickelte sich immer mehr zu einer Bühne der Mode und der neuesten Trends.

Miamis Geschichte

Miami (1987; Joan Didion)

Die Leiche kam mir sehr vertraut vor (1987; Edna Buchanan)

Black Miami in the Twentieth Century (1997; Marvin Dunn)

This Land Is Our Land: Immigrants and Power in Miami (2003; Alex Stepick)

Miami, USA (2000; Helen Muir)

Mai 1980

Im McDuffie-Prozess werden weiße Polizisten von Fehlverhalten im Zusammenhang mit dem Tod eines Schwarzen freigesprochen, was zu Spannungen und Unruhen in Miamis Liberty City führt; 18 Menschen sterben.

1980

Castro „öffnet die Schleusen". Der darauffolgende Mariel Boatlift der USA bringt 125 000 *Marielitos* von Kuba nach Miami, wo sie starker Diskriminierung ausgesetzt sind.

1992

Am 24. August verwüstet Hurrikan Andrew Dade County. 41 Menschen sterben, über 200 000 verlieren das Dach über dem Kopf, der Schaden beläuft sich auf ca. 15,5 Mrd. US$.

1999

Zu Thanksgiving wird der fünfjährige Elián González auf dem Meer gerettet. Seine kubanische Mutter ist ertrunken. Trotz Protesten der Exilkubaner in Miami übergeben die USA Elián später an seinen Vater in Kuba.

Die 1990er & 2000er

Wegen der Folgen von Hurrikan Andrew und einer Welle der Kriminalität gegen Ausländer, besonders Autoentführungen, gingen die Besucherzahlen stark zurück. Schließlich gelang es, diesen Trend durch touristenorientierte, bürgernahe Polizeiarbeit und andere spürbar wirksame Programme umzukehren. Miami entwickelte sich von der US-amerikanischen Stadt mit den meisten Gewaltverbrechen zu einer Stadt, in der die Verbrechensstatistik bezogen auf die Einwohnerzahl im Durchschnitt lag. Von 1992 bis 1998 nahmen Straftaten im Zusammenhang mit Touristen um erstaunliche 80 % ab.

Die kubanisch-amerikanische Bevölkerung machte mit der albtraumhaften Elián-Gonzalez-Affäre erneut Schlagzeilen. Der internationale Sorgerechtsstreit endete damit, dass schwer bewaffnete Bundesbeamte das Haus in Little Havana stürmten, in dem der Siebenjährige sich aufhielt, um ihn auf ein Schiff zurück nach Kuba zu setzen, während in den Straßen von Miami kubanische Castro-Gegner protestierten.

Positiv zu vermerken war, dass die Korruption etwas eingedämmt wurde, nachdem Bürgermeister Xavier Suarez 1998 abgetreten war. Die Wahl wurde annulliert, nachdem viele gefälschte Stimmen entdeckt worden waren. Manuel „Manny" Diaz, einer der Anwälte der in Miami ansässigen Familie Gonzalez, folgte Suarez später ins Amt des Bürgermeisters und setzte sich stark dafür ein, die Beziehungen zwischen Miami und Lateinamerika zu stärken. Er sagte oft: „Wenn Venezuela oder Argentinien niesen, bekommt Miami eine Erkältung."

In den 2000er-Jahren erlebte die Innenstadt Miamis eine zunehmende „Manhattanization" (Manhattanisierung) – immer neue Wolkenkratzer veränderten die Skyline der Stadt. Gegenwärtig stehen in Miami 307 Hochhäuser, 59 davon höher als 121 m. Gleichzeitig begann Diaz, Kunstdistrikte (in den Stadtteilen Wynwood und Midtown) sowie Kunsteinrichtungen, darunter das Adrienne Arsht Center for the Performing Arts, zu nutzen, um verfallene Stadtgebieten wiederzubeleben.

Wasser bzw. Wasserknappheit waren eine beständige Sorge in Südflorida, einem der Gebiete der USA mit dem schnellsten Bevölkerungswachstum, doch in den 2000ern bekam dieses Thema eine neue Dringlichkeit. Ende der 1990er-Jahre schien die Trinkwasserversorgung durch den South Florida Aquifer in Gefahr zu sein. Der Comprehensive Everglades Restoration Plan (CERP), der im Jahr 2000 verabschiedet wurde, sollte dieses Problem lösen. Ziel des Plans ist es, den Wasserfluss vom Lake Okeechobee zu den Everglades wiederherzustellen, was dazu beitragen würde, den South Florida Aquifer wieder aufzufüllen und die berühmteste Wildnis Floridas zu erhalten. Zur Zeit der Recherche hatte der US National Research Council festgestellt, dass die Bemühungen zur

Richard Heyman, der für zwei Amtszeiten Bürgermeister von Key West war (1983–1985 & 1987–1989), war vielleicht auch der erste offen homosexuelle Bürgermeister einer nennenswerten US-amerikanischen Stadt (und vielleicht überhaupt einer US-amerikanischen Stadt). 2010 kam ein Dokumentarfilm über sein Leben, *The Newcomer*, heraus. Heyman starb 1994 an einer Lungenentzündung in Zusammenhang mit AIDS.

2000

Der Comprehensive Everglades Restoration Plan (CERP) tritt in Kraft. Der 30-Jahresplan zielt darauf ab, den natürlichen Wasserfluss zu den Everglades wiederherzustellen und die Reservoirs Südfloridas aufzufüllen.

2009

Tomas Regalado, ein früherer Journalist und gemäßigter Republikaner, wird mit 72 % der Stimmen zum 33. Bürgermeister von Miami gewählt.

2010

Die Ölkatastrophe durch die Explosion der Ölbohrplattform *Deepwater Horizon* von BP fordert elf Tote und führt dazu, das 780 Mio. l Öl in den Golf von Mexiko fließen.

2014

Überflutungen auf der Alton Rd veranlassen die Stadt Miami Beach dazu, Hilfsprogramme für die Flutopfer aufzulegen und Untersuchungen über den Einfluss des Klimawandels einzuleiten.

Restaurierung des Kerns der Everglades nur sehr langsam voranschritten und dass schnellere Aktivitäten vonnöten wären.

Auf den normalerweise friedlichen Keys kam es im Zusammenhang mit der Frage, wie sich die explodierten Lebenshaltungskosten auf einer Insel, auf der wenig Platz für den Bau neuer Häuser ist, eindämmen ließen, zu Protesten, hitzigen Debatten im Rathaus und diversen Masterplänen. Zu dieser Zeit waren die Pendlerbusse aus Homestead überfüllt mit Angestellten des Dienstleistungssektors, Lehrern und anderen unverzichtbaren Mitgliedern der Gemeinden, die sich auf den Keys keinen Trailer und kein Apartment mehr leisten konnten. Heute stehen neue Wohnungsbauprojekte, die bezahlbaren Wohnraum auf den Inseln schaffen sollen, unter hohem Druck.

Beste Bücher zu Floridas Geschichte

The New History of Florida (1996; Michael Gannon)

The Everglades: River of Grass (1947; Marjory Stoneman Douglas)

Dreamers, Schemers & Scalawags (1994; Stuart McIver)

The Enduring Seminoles (1998;Patsy West)

Miami Babylon (2009; Gerald Posner)

Die jüngste Vergangenheit

Der kubanisch-amerikanische Tomás Regalado, ein früherer Journalist, wurde 2009 in der Folge der Finanzkrise und der Rezession zum Bürgermeister gewählt (und 2013 wiedergewählt). Florida war im Osten der USA Spitzenreiter bei den Zwangsvollstreckungen, was in ganz Südflorida nicht zu übersehen war, denn der Prozentsatz der leer stehenden Häuser bewegte sich im zweistelligen Bereich. Doch für jede geplatzte Blase kommt eine neue Inflation, und zur Zeit der Recherche erlebte der Immobilienmarkt ein Comeback – von Miami bis Key West fanden Eigentumswohnungen neue Bewohner, und die Mieten für Eigentumswohnungen schossen ebenso schnell in die Höhe wie die Apartmentgebäude.

Miami ist nach wie vor die mit Abstand größte kubanische Stadt außerhalb Kubas, und die meisten Kubaner hier sind erbitterte Castro-Gegner. Als Fidel 2016 starb, war die Freude groß, besonders bei denen, die Besitz verloren hatten oder während der autoritärsten Tage des Castro-Regimes erleben mussten, dass Angehörige im Gefängnis saßen. Zwar ist in Kuba immer noch ein Castro am Ruder (Fidels Bruder Raúl), dennoch sind die Hoffnungen der kubanischen Auswanderer auf die Wiederaufnahme von Verbindungen zu ihrem Heimatland größer als je zuvor, zumal die diplomatischen Beziehungen zwischen Kuba und den USA wieder aufgenommen wurden.

Multikulturalismus & Kunst

In Südflorida begegnen sich Mittelamerika, Lateinamerika und die Karibik. Es ist ein Aufeinanderprallen von eigenwilligen Typen, die entschieden, dass Kilometer von Marschland, Stränden, Mangroven und Inselchen der Ort war, an dem der amerikanische Traum in subtropischer Perfektion realisiert werden konnte. Es ist auch ein Ort, der von Außenstehenden oft missverstanden wird, obwohl die aufkommende Kunstszene – Musik, Film, Literatur und plastische Kunst – dazu beiträgt, Licht auf seine vielschichtige Komplexität zu werfen.

Multikulturalismus in und um Miami

Südflorida ist mehr als nur Miami, aber falls die unverwechselbare regionale Identität in einer Stadt verankert ist, dann in Miami. Obwohl sich die Energie Miamis auf die Keys und die Glades auswirkt (insbesondere auf die Keys), sind diese anderen Gebiete dennoch demografisch homogener und, im Falle von Key West, haben ihre eigenen Geschichten der Besiedlung und der demografischen Veränderung.

Floridas Division of Cultural Affairs (www.florida-arts.org) ist eine fantastische Quelle für Informationen zu landesweiten Kunstorganisationen und -agenturen. Die Florida Artists Hall of Fame erinnert an das kreative Erbe des Sunshine State.

Miami

Miami ist Südfloridas kultureller Mittelpunkt. Was die Frage aufwirft: Was macht Miami zu Miami? Im Grund genommen ist es die Mischung: Dieses auffallende Wirrwarr aus Kubanern, Haitianern, Angloamerikanern, Juden, Asiaten und Süd- und Zentralamerikanern. Miami vereint das Beste und das Schlechteste seiner Ursprungskulturen: Immigranten- und Migrantengeschichten, die angenommen und abgelehnt, auseinander genommen und zusammengesetzt werden, und so ganz neue Paradigmen schaffen. Wie sonst kann ein kubanischer Amerikaner stolz seinen ererbten Matanzas-Akzent zur Schau tragen und gleichzeitig das Schwein und den Rum seiner Inselvorfahren gegen Vegetarismus und Yoga eintauschen? Nur in Miami, wie man hier sagt. Oder, wem das lieber ist: *solamente en Miami*.

Es ist schwierig, jemanden aus Miami kennenzulernen, dessen Verbindungen zur Stadt mehr als zwei Generationen zurückreichen. Einerseits kann sich diese fehlende Verbindung als ein Mangel an Ortsverbundenheit manifestieren und als Ablehnung gegenüber allen Neuankömmlingen. Zwischen Miamis vielen Gemeinschaften herrschen definitiv Spannungen. Andererseits gibt es Bewohner, die sich bemühen, eine Identität für ihre Stadt aufzubauen; diejenigen, die die lokalen Sport- und Kunstarten fördern und Neuankömmlingen aus ganz Amerika und dem Golf von Mexiko eine helfende Hand entgegenstrecken.

Man muss kaum hinzufügen, dass Miamis kulturelles Kapital, sogar unter asiatischen und angloamerikanischen Einwohnern, größtenteils aus dem karibischen und lateinamerikanischen Erbe herrührt: Hier herrscht eine freudige, laute und bunte Energie. Sie ist ansteckend und geht einem unter die Haut, ein bisschen mehr mit jedem Tag, den man hier verbringt.

Everglades

Das ländliche Florida erinnert noch immer an den Wilden Westen und die Everglades als wildester Teil des Bundesstaates sind weiterhin ein Hinterland, das von Siedlertypen oder Menschen, die sich als solche sehen, bevölkert wird. Das Bild des Wilden Westens wird noch verstärkt durch die Tatsache, dass Besiedler und Ureinwohner hier noch immer Seite an Seite leben: Die Seminole- und Miccosukee-Stämme machen einen Großteil der Bevölkerung der Glades aus. Ihre Nachbarn in Homestead und Everglades City stammen größtenteils von denen ab, die hier im 19. Jh. ankamen, nachdem der Westen überrannt worden war und Florida einer der letzte Orte wurde, wo Pioniere einfach Territorien abstecken und ein Leben auf angeblich unbeanspruchtem Land aufbauen konnten (nun ja, „unbeansprucht", wenn man kein Ureinwohner war).

Diese Pioniere wurden zu Floridas „Crackers", den armen ländlichen Bauern, Fischern, Farmgehilfen und Gesetzlosen, die den Komfort der Zivilisation gegen ein unabhängiges Leben zu ihren eigenen Bedingungen eingetauscht hatten. Viele Crackers kamen aus den altehrwürdigen Südstaaten und schufen eine Kultur, die nicht in geografischer und anderer Hinsicht allzu weit von der Konföderation entfernt war. In Teilen des südlichen Amerikas wird der Begriff „Cracker" abwertend verwendet, aber in Florida hat er eine bestimmte Bedeutung, die einer Auszeichnung gleichkommt. Dies wird auch beim alljährlichen Cracker Storytelling Festival deutlich und in *Crackers in the Glade,* einer klassischen illustrierten Erzählung vom Aufwachsen in der Everglades-Region inmitten anderer kultureller Eintagsfliegen.

Die Gastfreundschaft der Südstaaten und die Unabhängigkeit des Wilden Westens bilden eine angriffslustige Kombination, aber genau darin liegen die Wurzeln vieler Glades-Bewohner. Selbst die Ureinwohner teilen diese Eigenschaften. Es mag einen verwundern, riesige Konföderierten-Flaggen und Ford-F-250-Pickup-Trucks auf den Parkplätzen der Seminole zu sehen, dennoch behalten viele Seminole und Miccosukee auch Elemente ihrer indigenen Kulturen bei. Die meisten Einwohner der Glades, wie die ländliche Bevölkerung in anderen Teilen der USA, legen viel Wert auf ihre Unabhängigkeit und Freiheit von der Regierung.

Zu guter Letzt muss man natürlich noch die große Anzahl von Mexikanern erwähnen, die Homestead heute ihr Zuhause nennen. Die meisten kamen wegen ihrer Jobs hierher und arbeiten auf den umliegenden Farmen. Wer von Miami Richtung Süden fährt, wird den Wechsel von kubanischem zu mexikanischem Spanisch bemerken, selbst wenn man kein Sprachexperte ist.

Die Keys

Die Keys bilden eine faszinierende Kombination aus weißen Einwohnern Floridias, karibischen Inselbewohnern und allen anderen, die das Gefühl haben möchten, auf einer Insel zu leben und sich dennoch – technisch gesehen – innerhalb der Grenzen der USA aufzuhalten. Da die Keys schon länger von anderen als den Ureinwohnern Amerikas besiedelt wurden als Miami, hat sich eine einzigartige Kultur entwickelt, die in den Outer Keys etwas ländlicher und in Key West etwas exzentrischer ist. Egal, wo man herkommt, wer in den Keys geboren wurde, wird als „Conch" betrachtet, als ein Mitglied eines Stammes, der durch das Leben auf den Inseln zusammengehalten wird.

Die Einwohner der Keys sind stolz auf die Keys und ihre Unabhängigkeit vom Festland. Und während viele Einwohner – vor allem in den Outer Keys – konservative Einstellungen in Bezug auf die Waffenkontrolle und den Umweltschutz haben (d.h. weniger Regulierung in Bezug auf

EINFACH BRITTO

Wenn der beste Künstler einer Stadt bestimmt, wie diese Stadt sich selbst sieht, dann müssen wir davon ausgehen, dass Miami ein cartoonartiger, kubistischer, chaotischer Ort glücklicher, glänzender Freude ist.

Das ist das ästhetische Erbe, das Romero Britto seiner Stadt hinterlässt. Der scheinbar dauergrinsende brasilianische Auswanderer in seinen Jacken, die aus MTV-Videos der 1980er-Jahren zu stammen scheinen, war in den 2000er-Jahren das Gesicht der öffentlichen Kunst. Er entwarf das Wandbild des **Miami Children's Museum** (S. 82), die Welcome-Konstruktion an der Dadeland North Station, die zentrale Skulptur bei den Geschäften in Midtown und vieles andere. Man braucht vielleicht eine Sonnenbrille, um seine Werke zu schätzen, die den Inselbewohnern in uns allen gefallen: Samstagmorgen-Cartoons, scharfe geometrische Linien und verrückte Wellen, Charakterstudien über das innere Kind und – all dem zugrundeliegend– ein Hauch von blauen Meeren an sonnigen Tagen.

Gloria Estefan liebt den Typen, und der ehemalige Gouverneur Jeb Bush gab Tony Blair einen Original-Britto als der Ex-Premier Miami im Jahr 2006 besuchte. Nicht jeder liebt ihn jedoch, viele Kritiker haben Britto als einen kommerziellen Designer anstatt als Popkünstler tituliert (aber was ist schon Kunst?). Statt sich auf diese Diskussion einzulassen, sollte man selbst einen Blick auf eine Britto-Installation werfen oder in die Galerie **Britto Central** in der 818 Lincoln Rd gehen. Die Arbeiten des Mannes sind so allgegenwärtig wie Palmen, und wer 20 000 US$ zu viel hat, kann ein (kleines) Original erwerben, ehe er nach Hause fährt.

beides), gibt es dennoch eine große Toleranz für alternative Lebensstile – vielleicht einfach weil die Entscheidung hier draußen zu leben, selbst eine Entscheidung für einen alternativen Lebensstil ist.

Die Suche nach einem alternativen Lebensstil und die geografische Isolation haben viele Homosexuelle nach Key West gelockt. Richard Heynman, der Bürgermeister der Stadt von 1983–1985 und 1987–1989, war einer der ersten offen schwulen Bürgermeister einer amerikanischen Stadt. Der *Key West Citizen* hat sogar behauptet, dass Key West in Bezug auf LGBT-Politik bereits eine post-sexuelle Identität verkörpert. Hier gibt es alles schon so lange (wohlgemerkt zwischen Erwachsenen, in gegenseitigem Einvernehmen), dass nichts verboten ist.

Die Künste in Südflorida

Kunst, Musik und Literatur durchdringen den Alltag in Südflorida. Da diese Region von außen sehr schön ist, denken viele Leute, dass sie innen sehr einfach gestrickt ist. Das Vorurteil ist unfair, denn was Südflorida außen schön macht – von den Körpern am Strand zu der Struktur der Skyline – ist seine Vielfältigkeit. Die Energien der westlichen Halbkugel wurden in diesem Eintrittstor zu den verschiedenen Amerikas gebündelt und viel davon rührt aus der Kreativität und einer Suche nach Selbstausdruck.

Dieser künstlerische Impuls leitet sich vor allem aus dem Erlebnis der Immigration ab, das diese Region beherrscht. Der Schmerz des Exils, die Blüte des finanziellen Erfolgs und die Frustration, aus dem oft kaltschnäuzigen amerikanischen Traum ausgeschlossen zu sein, sind die Inspiration für die verschiedenen Künste. Dass man in einem Land lebt, in dem man für seinen öffentlichen Ausdruck nicht verhaftet werden kann, hilft natürlich. Miamis größte Qualität, seine angeborene Toleranz für Exzentrisches, bildet das Fundament für solche öffentlichen Erfindungen wie die arabische Fantastiearchitektur in Opa Locka, das modernistische Design im Art Deco Historic District und die Appartement-Wolkenkratzer in Brickell.

Darüber hinaus herrscht hier stets dieses Gefühl des Machbaren und Möglichen, vereint mit der Fantasie des Exzesses. Viele Leute tun Coral Gables und Vizcaya als kitschig ab, und durch das moderne Auge gesehen sind sie das vielleicht auch, aber zu ihrer Zeit waren sie revolutionär. Im frühen 20. Jh. wären Entwürfe wie ein Dorf im „Mediterranean-Revival"-Stil, das als Bollwerk gegen die Urbanisierung fungieren sollte, oder eine italienisch anmutende Villa am Meeresufer im ästhetisch konservativen Nordosten bestimmt kein Erfolg gewesen, aber hier unten wurden sie gefeiert.

Miami auf der künstlerischen Landkarte

Miamis Einwohner und ihre Erinnerungen, Realitäten und Visionen haben eine blühende Kunstszene geschaffen, die seit 2002 mit der Eröffnung der Art Basel Miami Beach (S. 108) Aufmerksamkeit erregt. Diese Ausstellung ist ein Außenposten einer jährlichen Versammlung von Kunstgebildeten in Basel (Schweiz). Schon im zweiten Jahr seines Bestehens sorgte das Event für so viel Begeisterung in der nationalen Kunstwelt, dass es 175 Aussteller, über 30 000 Besucher und jede Menge VIPs anzog, die sich in den Galerien, Clubs und Hotels in South Beach und im Design District tummelten. Seitdem wächst die Ausstellung jedes Jahr an Umfang und Bedeutung, und ihr Einfluss auf die lokale Kunstszene kann nicht genug betont werden. Heute ist die Art Basel Miami Beach das größte zeitgenössische Kunstfestival auf der westlichen Halbkugel.

Öffentliche Kunst

Diese Stadt war stets führend in Bezug auf öffentliche Kunst. Im Jahr 1973 gründeten Miami und Miami Beach das Programm Art in Public Places und stimmten damals dafür, 1,5 % des Bauetats der Stadt zur Förderung der öffentlichen Kunst auszugeben. Seitdem sind mehr als 700 Kunstwerke an öffentlichen Plätzen entstanden sowie Skulpturen, Mosaike, Wandbilder, Lichtinstallation und vieles mehr.

CARL HIAASEN: DEN WAHNSINN LIEBEN

In Carl Hiaasens Florida sind die Politiker korrupt, die weißen reaktionären Hinterwäldler gewaltbereit, die Touristen ahnungslos, die Frauen locker und die Atmosphäre düster. Einige würden sagen: Der Mann kennt seinen Heimatstaat.

Hiaasen arbeitete jahrzehntelang beim *Miami Herald* und wohnt jetzt in den Keys (er traf seine Frau, während er in einer Bar in den Keys, die sie leitete, las). Hiaasen ist sowohl ein Schriftsteller mit dem Talent für erfrischende Prosa als auch ein Journalist mit dem Instinkt eines Reporters für das Unkonventionelle. Sein Erfolg beruht auf seiner Fähigkeit, die übertriebene Realität Floridas zu nehmen und der Welt von ihr zu erzählen. Seine Literatur tut nichts anderes, als die alltäglichen Eigenheiten des Sunshine States zu nehmen und sie in Romane zu verpacken. In *Miami Terror* schreibt er über eine Terroristengruppe, die versucht, Touristen davon abzuhalten, nach Florida zu kommen und den Bundesstaat weiter zerstören – nämlich indem die Terroristen sie an ein Krokodil namens Pavlov verfüttern. Ein kompletter thematischer Gegensatz ist *Eulen*, eine (für Hiaasen seltene) herzerwärmende Geschichte für junge Erwachsene über einen zwölf Jahre alten Jungen, der gegen ein Unternehmen kämpft, das droht, eine Kolonie von Kanincheneulen in Coconut Grove zu zerstören. In *Stürmische Zeiten* dreht sich alles um Korruption, Bürokratie und desaströsen Tourismus, die das Vakuum der Zerstörung füllen, das von einem Hurrikan hinterlassen wurde.

Hiaasens Arbeit schwankt zwischen Satire und Thriller und zeigt ein kritisches Auge sowie eine tiefe Zuneigung für Floridas Eigenheiten. Was Hiaasen – Feind von fast jeder Interessengruppe in Florida – ironischerweise zum größten Förderer seines Bundesstaates macht. Er ist ein Mann, der Florida liebt, trotz all seiner Unarten, und das ist echte Romantik.

Barbara Neijnes *Foreverglades* in der Wartehalle J des Miami International Airport nutzt Mosaike und Texte aus Marjory Stoneman Douglas' *River of Grass* sowie Wellen, die die Bewegung von Wasser über Gras darstellen sollen, um Ankommenden ein Gefühl für das Zusammenspiel des einzigartigen Ökosystems Floridas zu vermitteln. Eine Reihe von Handdrucken, die Miamis viele Immigrantengemeinden darstellen sollen, verbinden sich in *Reaching for Miami Skies* von Connie Lloveras zu einer einzigen Gemeinde, die Pendler der Metromover in der Brickell Station begrüßen. In der Miami-Dade Library fordert der schwebende Text *Words Without Thought Never to Heaven Go* von Edward Ruscha Leser dazu heraus, sich in Gedankenprozessen zu verlieren, die von den Büchern, die sie umgeben, inspiriert werden, aber noch über diese hinausgehen. Das Team von Roberto Behar und Rosario Marquardt aus Argentinien gehört zu den fleißigsten Künstlern in der Stadt. Ihre Arbeiten sollen Vorstellungen davon, was öffentlicher Raum ist oder nicht ist, verzerren. Sie schufen das riesige rote *M* an der Metromover Riverwalk Station zur Hundertjahrfeier der Stadt im Jahr 1996.

Literatur

Schriftsteller müssen sich mit guten Geschichten umgeben, um ihre erzählerischen Sinne zu schärfen. Und kein anderer Ort bringt Geschichten hervor wie Südflorida, wo Farmer mit Umweltschützern zusammenstoßen, die wiederum Finanzbosse bekämpfen, während Immigranten aus hundert verschiedenen Ländern ankommen und jeden Sommer ein Hurrikan die Bevölkerung und das Land heimsucht. Die Nähe zum Drama des wirklichen Lebens bedeutet – nicht überraschend –, dass viele der besten Autoren Miamis sich dem Journalismus verschrieben haben. Viel Prosa in Miami spiegelt daher den knappen Witz des besten Zeitungsjournalismus, angefangen von den ehemaligen *Miami Herald*-Krimireportern Edna Buchanan und Carl Hiaasen bis hin zu neuen Namen wie Jeff Lindsay – Miamis Krimiautorenszene wächst und gedeiht.

Zu den „Zugvögeln", die ihren Winter in Florida verbrachten oder während dieser Zeit hier leben, zählen einige der besten Schriftsteller der USA, darunter Robert Frost, Isaac Bashevis Singer und Annie Dillard. Im Januar halten die amerikanischen Literaten Hof beim Annual Key West Literary Seminar.

Auf der anderen Seite haben lokale Immigrantengemeinden dem Literaturschatz der Stadt die Poesie von Exilzungen geschenkt, Erzählungen, die sich durch die Gassen der Diaspora weben, die Floridas Identität ausmachen. Man sollte Ausschau halten nach Carolina Garcia-Aguilera, Edwidge Danticat und Diana Abu-Jaber. Zudem hat die sanfte Schönheit von Südflorida Naturschriftsteller hervorgebracht, die in der Lage sind, die Nuancen der gezähmten Landschaft der Region einzufangen und dabei dennoch die komplizierten, wissenschaftlichen Vorgänge erläutern können, die ihr zugrunde liegen: Marjory Stoneman Douglas und Ted Levin sind hierfür ein Beispiel. Die Pulitzer-Prize-Finalistin Karen Russell kombiniert oft sinnliche Landschaftsbilder mit manchmal komischem, manchmal unheilvollem magischem Realismus.

Musik

Die verrückte Vielfalt Miamis verleiht auch der Musik ihre Anziehungskraft. Die südlichen Ausprägungen des amerikanischen Country Rock und Southern Rock, die nördlichen Ausprägungen der Rhythmen der Karibik und von Lateinamerika, und die einheimischen Klänge von Miamis afroamerikanischer Gemeinde verbinden sich zu einer Mischung Amerikas. Wer an die Klänge der obigen Einflüsse denkt, hört bestimmt einen roten Faden heraus: hüpfende und schlagende Beats mit einer Melodie, zu der man immer tanzen kann.

Die obigen Klänge, die ihre Wurzeln in der Neuen Welt haben, kämpfen gegen Eindringlinge, die von weit her kommen: Europa und seine Wellen von Techno, House und EDM. In der Geschichte der Immigranten Miamis darf man die Schwulenszene und die Euro-Expats nicht vergessen: Letztere haben eine starke Club-Music-Szene mitgebracht, die sich am besten in der jährlichen Winter Music Conference im März widerspiegelt, zu der tausende DJs und Produzenten in die Stadt kommen. Die Schwulenszene ist traditionell ein Publikum der Club-Music und viele Club-Nächte fallen mit Schwulen-Partys zusammen.

Miamis Herz und Seele sind lateinamerikanisch und das gilt auch für die Musik. Produzenten und Künstler aus ganz Lateinamerika kommen hierher wegen der qualitativ hochwertigen Studioeinrichtungen, der Verlockung des globalen Absatzes und den Billboard Latin Music Conference & Awards, die hier jedes Jahr im April abgehalten werden. Die magische Stadt war die Wiege von Stars wie Gloria Estefan, Ricky Martin und Albita. Es gibt hier wesentlich mehr spanischsprachige als englischsprachige Radiosender, die eine Mischung aus Salsa, *son* (einer afro-kubanisch-spanischen Mischung aus Musikstilen), Conga und Reggaeton spielen. Eine Nacht im La Covacha bietet eine gute Einführung in die Szene.

Naked Came the Manatee (1998) ist eine in Zusammenarbeit verfasste Rätselgeschichte einer Gruppe von berühmten Schriftstellern aus Florida, darunter auch Carl Hiaasen, Dave Barry, Elmore Leonard, James Hall und Edna Buchanan. Beim Lesen fühlt man sich, als würde man aus einer Schachtel Zyanid-beschichteter Pralinen naschen.

Unter „Miami-Songs (& wo man sie anhören sollte)" folgt ein Spickzettel für eine nächtliche Erkundung von Miamis Nachtclubszene.

Salsa ist das am häufigsten verwendete Wort für lateinamerikanische Musik und Tanz. Das macht Sinn, da es sich um einen generischen Begriff handelt, der Mitte der 1960er-Jahre bzw. in den frühen 1970er-Jahren entstand, um alle lateinamerikanischen Klänge in einem Begriff für Ausländer zusammenzufassen, die die feinen Unterschiede zwischen den Klängen nicht erkennen konnten. „Salsa" leitet sich aus dem spanischen Wort für „Sauce" ab und hat seine Wurzeln in der kubanischen Kultur. Der Klang wird durch Jazzstrukturen verstärkt. Musik, die sich zum Salsa-Tanzen eignet, hat vier Schläge pro Bar Musik.

Eine besondere Art des kubanischen Salsa ist *son* – ein Sound, der durch das Album *Buena Vista Social Club* im Jahr 1999 berühmt wurde. *Son* hat seine Wurzeln in afrikanischen und spanischen Kulturen. *Son* ist sehr melodisch und verbindet normalerweise mehrere Instrumente, z.B. die *tres* (eine Art Gitarre mit drei Chören), Standardgitarren und verschiedene Handtrommeln.

Merengue stammt aus der dominikanischen Republik und beschreibt einen sehr schnellen Beat (2 Schläge pro Bar). Merengue wird normalerweise auf der Tambura, der Güiro (einem zylindrischen Rhythmusinstrument aus Metall oder Holz oder – ursprünglich – Kürbis) und Akkordeon gespielt.

Aus Andalusien (Spanien) stammt der Flamenco, der aus Händeklatschen, Fingerschnippsen, Gesang, Gitarre und Ausdruckstanz besteht. Miamis Argentinier lieben den Tango, eine Erfindung aus Buenos Aires, die an den europäischen klassischen Tanz und die Immigrantenerfahrung der französischen, italienischen, afrikanischen und indigenen Enklaven Südamerikas angelehnt ist.

Der beliebte Reggae, der aus Jamaika stammt und rastafarische Wurzeln hat, ist eine Bewegung, die besonders mit Bob Marley in Verbindung gebracht wird. Reggae ist charakterisiert durch Rhythmusschläge zu einem Backbeat und, zumindest anfangs, einer politisch-aktivistischen Botschaft. Innerhalb des Reggae gibt es verschiedene Stile, darunter Roots (Marleys Sound), Dancehall (d.h. Yosexygirlwannagetboomshackalacka), Raga und Dub.

Man hört allerdings selten nur einen der obigen Stile. Miami ist eine Stadt mit vielen Sprachen und liebt es, Techno mit *son* zu mischen, Salsa einen Backbeat zu verpassen und alles mit Dub, Hip-Hop und *bomba* (afrikanisch beeinflusster puerto-ricanischer Tanzmusik) zu hinterlegen. Diese Mischehe bringt eine Menge musikalische Kinder hervor, und der moderne Sound mit dem absoluten Wiedererkennungswert, der aus all dem oben entsteht, ist Reggaeton: ein schneller Mischmasch, der sich

MIAMI-SONGS (& WO MAN SIE ANHÖREN SOLLTE)

Conga Gloria Estefan & the Miami Sound Machine – Ocean Dr

Rakata Wisin y Yandel – Little Havana

Moon Over Miami Joe Burke und Edgar Leslie – Julia Tuttle Causeway

Miami Will Smith – I-95 hinter Downtown

Miami U2 – Wynwood oder North Miami Beach

Save Hialeah Park Los Primeros – Hialeah

Swamp Music Lynyrd Skynyrd – Tamiami Trail nach Everglades City

Jaspora Wyclef Jean – Little Haiti

Your Love Outfield – A1A

anhört wie spanischer Rap, der durch einen Lautsprecher gepresst wird und aus dem nebenbei ein sexy Backbeat tönt. Pioniere des Genres sind Daddy Yankee, Don Chezina, Tito El Bambino, Wisin Y Yandel, Calle 13 und Produzenten wie Luny Tunes and Noriega. Obwohl er im Wesentlichen aus Puerto Rico kommt, ist Reggaeton einer der wenigen Musikstile, der Latinos aus ganz Amerika zusammenbringt, von Nicaraguanern bis zu Kolumbianern.

Miamis Hip-Hop hat sich in Zirkeln entwickelt, von Miami Bass in den frühen 1990er-Jahren (anrüchiger Tanzmusik, wie der von 2 Live Crew) zu einem aggressiveren Straßen-Rap, die sich zu den cluborientierten Titeln des Hier und Jetzt vermischt und entwickelt haben. Dieser moderne Sound bedient sich der Crunk Beats, dem Tonfall der Südstaaten und Atlantas Überproduktion des Dirty South Sound. Die Hit-Single *Low* von Flo Rida aus dem Jahr 2008 spiegelt das Genre wider, das in vielerlei Hinsicht wie das Club-Kind von Miami Bass und allem, was es seitdem gab, klingt. Lokale Hip-Hop-Helden arbeiten hart daran, Miami auf der Landkarte einen verdienten Platz zu sichern. Sie kommen vor allem aus Opa Locka, Liberty City und Overtown. Künstler, in die man reinhören sollte, sind DJ Smallz, Rick Ross, Flo Rida und Uncle Luke. Erwähnt werden muss natürlich auch Pitbull, der seinen Sound erfolgreich als Mischung aus Reggaeton, Hip-Hop and Pop verkauft.

Im letzten Jahrzehnt gab es ein kleines, aber starkes Indie-Rock-Revival, vor allem im Sweat Records und Churchill's in Little Haiti. Die Anzahl an lokalen Bands wächst, und Events wie Sweatstock eignen sich hervorragend, um einen Einblick in die Szene zu bekommen. Neben Churchill's lohnt ein Besuch im Bardot, Ball & Chain, Gramps und Lagniappe, um die aktuelle Rockszene Miamis kennenzulernen.

Kino & TV

Verbrechen werden in dieser Stadt ganz groß geschrieben – zumindest im Kino. Sam Katzman wählte Miami als Setting für zweitklassige Kinofilme über Bandenkriege und einige (intellektuell anspruchslose) Klassiker sowie die *Jackie Gleason Show* in den 1960er-Jahren. *Scarface,* Brian DePalmas übertriebene Erzählung der Exzesse des Kapitalismus in Miami, sind in das Hip-Hop-Lexikon der Stadt eingegangen. *Miami Vice,* eine TV-Serie aus den 1980er-Jahren über ein Cop-Duo in pastellfarbener Kleidung, das die Laster Miamis bekämpft, verschaffte Miami einen festen Platz auf der internationalen TV-Landkarte. Die Bilder von Morden, Vergewaltigungen und Drogenkriegen waren in keinster Weise positiv, und die Kräfte, die in der Stadt walteten, keine guten, aber in *Vice* ging es mehr um Ferraris, Schnellboote und hübsche Hinterteile als um Gruppenvergewaltigungen und – im Hinblick auf ihr Image – wurde die

DAS MULTKULTURELLE MIAMI ERLEBEN

Die folgende Übersicht hilft dabei, einige der wichtigsten ethnischen Gruppen Miamis zu verstehen.

Kubanisches Miami

Das kubanische Miami wird normalerweise mit Little Havana in Verbindung gebracht, aber um fair zu sein, so viel von Miami ist kubanisch, dass es richtiger ist, Kubaner als die Norm zu sehen. Dennoch befinden sich die wichtigsten kulturellen Symbole des kubanischen Miami in Little Havana, insbesondere nahe der 8th St/Calle Ocho. Ein anderer Teil der Stadt, der eindeutig kubanisch geprägt ist, ist Hialeah, wo über 90 % der Bevölkerung Spanisch als Muttersprache sprechen.

Little Havana (S. 89) Das alte Herz des kubanischen Miami.

Viernes Culturales (S. 109) Eine wiederkehrendes Latino-Straßenfest.

Versailles (S. 131) Eine berühmte Stütze des kulinarischen kubanischen Floridas.

Cubaocho (S. 143) Treffpunkt der kubanischen Diaspora, die für großartige intime Konzerte und Kunstausstellungen hierher kommt.

Máximo Gómez Park (S. 89) Hier kann man alte Kubaner beim Austauschen von Dominosteinen und Sticheleien beobachten.

Haitianisches Miami

Die Haitianer Miamis sprechen Kreolisch, das mit dem Französischen verwandt ist. Wer Französisch spricht, kann sich vielleicht mit den hiesigen Haitianern verständigen, aber Kreolisch ist eine eigenständige Sprache mit eigener Grammatik und Syntax; Französisch allein wird einen also nicht weit bringen. Little Haiti ist bei Weitem eines der buntesten Viertel der Stadt, aber nach Einbruch der Dunkelheit geht es etwas rauer zu, daher sollte man versuchen, tagsüber hierher zu kommen – es sei denn, die monatliche Straßenparty **Sounds of Little Haiti** (S. 105) findet statt.

Tap Tap (S. 124) Haitianische Küche, South-Beach-Ambiente.

Libreri Mapou (S. 146) Auf Haiti spezialisierte Bücherei.

Little Haiti Cultural Center (S. 89) Gemeindezentrum der Haitianer Miamis.

Chef Creole (S. 130) Traditionelles haitianisches Essen in Little Haiti.

Jüdisches Miami

Juden gehörten zu den ersten Entwicklern und Bewohnern von Miami Beach. Seit Jahrzehnten sind sie hier in großer Zahl vertreten, was erklärt, warum der Großraum Miami die zweitgrößte Gemeinde von Juden in den USA beheimatet. Obwohl viele dieser Juden von Familien aus dem Nordosten abstammen, sind viele die Kinder lateinamerikanischer Exilanten. Miami ist die Heimat einer großen Anzahl von Juden aus Kuba, Puerto Rico, Brasilien und Kolumbien. Die Gegend um die 41st St in North Miami Beach, die 95th und Harding in Surfside sind Straßen, in denen man zahlreiche jüdische Geschäfte und Gemeindeorganisationen findet.

Jewish Museum of Florida-FIU (S. 65) Zentrum zur Erforschung des Judentums in Florida.

Temple Emanu-El (S. 69) Eine der größten Synagogen in der Region.

Lots of Lox (S. 135) Traditionelles jüdisches Lebensmittelgeschäft.

Roasters 'n Toasters (S. 125) Beliebtes jüdisches Lebensmittelgeschäft.

Argentinisches Miami

Argentinier findet man überwiegend in Northern Miami Beach, aber auch im Rest der Stadt. In Südamerika werden Argentinier im Vergleich zu anderen Südamerikaner oft als hochnäsig betrachtet. Viele Spanisch sprechenden Einwohner Miamis, besonders aus Südamerika, mögen es, ihre argentinischen Freunde mit diesem Klischee aufzuziehen, aber die Kommentare sind fast immer gut gemeinte Neckereien und werden auch als solche verstanden. North Miami Beach ist auch die Heimat einer großen Anzahl von Uruguayern. Sie haben kulturelle und geografische Verbindungen zu ihren argentinischen Nachbarn.

Spanisches Miami

Wenn wir sagen, dass Miami die Hauptstadt der Spanisch sprechenden Welt ist, gilt das auch für die Heimat der Muttersprache. Spanier lassen sich seit vielen Jahrzehnten in großen Zahlen in Miami nieder. Die Einwanderer kommen aus ganz Spanien: In einem Teil Miamis trifft man Menschen aus dem Baskenland, die es nicht mögen, als Spanier bezeichnet zu werden, in einem anderen trifft man Katalanen in dem einen Restaurant und Kastilianer in dem anderen. Viele der besten Lebensmittelgeschäfte, Bäckereien, Käsereien und Fleischereien in Miami werden von Spaniern betrieben.

El Carajo (S. 132) Eine halb versteckte Tapasbar, die von spanischen Expats sehr geliebt wird.

Japanisches Miami

Miami hat keine große japanische Gemeinde, aber einige Japaner haben sich hier niedergelassen. Viele sind Geschäftsleute, die von der globalen Wirtschaft und dem internationalen Handel profitieren, aber auch eine große Anzahl an zeitgenössischen Künstlern und Designern, die von Miamis aufblühender kultureller Identität angezogen werden, leben hier. Es gibt jedoch kein japanisches Viertel als solches in Miami.

Matsuri (S. 134) Ein Sushi-Restaurant, das bei japanischen Expats beliebt ist.

Brasilianisches Miami

Miamis Brasilianer findet man zum Großteil in Northern Miami Beach, wo sie arbeiten, feiern und essen und mit Miami verschmelzen. Zumindest die Brasilianer, die im Großraum Miami leben. Es gibt darüber hinaus eine bemerkenswert große Anzahl von Brasilianern in der Stadt, darunter Menschen, die herkommen, um Elektronik und Kleidung zu kaufen, für die keine brasilianischen Einfuhrzölle erhoben werden, sowie eine Fülle von Designern, DJs, Musikern, Modefans, Models und ihre Gefolgschaft. Diese Brasilianer leben tendenziell in South Beach, zusammen mit den anderen Jet-Settern.

Boteco (S. 140) Beliebte brasilianische Bar.

Kolumbianisches Miami

In Northern Miami Beach trifft man viele Kolumbianer, aber auch in Coral Gables (wo sich das kolumbianische Konsulat befindet). Die ärmeren Kolumbianer leben in Downtown und in den riesigen Vorstädten Miamis. Die kolumbianische Exil-Politik ist schwer einzuordnen, da kolumbianische Migranten in die USA kamen, um sowohl rechten als auch linken Umstürzen zu entfliehen.

La Moon (S. 126) Restaurant, das bis spätnachts geöffnet ist und kolumbianisches Klientel anlockt.

San Pocho (S. 131) Klassisches kolumbianisches Lokal in Little Havana.

Nicaraguanisches Miami

Zentralamerikaner machen einen großen Prozentsatz der Bevölkerung der „kubanischen" Stadtteile wie Little Havana aus. Nicaragua ist dabei ganz vorne und stellt gegenwärtig fast die Hälfte der zentralamerikanische Einwohner Miamis.

Yambo (S. 131) Ein enorm gutes *fritanga*, einem nicaraguanischen Abendessen, zu sehr gutem Preis.

Stadt als ein Ort dargestellt, der mehr ist, als ein Slum mit hoher Verbrechensrate, in dem sich die Großeltern der Zuschauer zur Ruhe gesetzt haben. Wie es William Cullom, ein Präsident der Handelskammer von Miami, formulierte: „*[Miami Vice]* hat ein Bild von Miami in jungen Leuten erschaffen, die vorher nie daran gedacht hätten, Miami zu besuchen." Eine ziemlich durchschnittliche Hollywood-Verfilmung von *Miami Vice* mit Colin Farrell and Jamie Foxx aus dem Jahr 2006 wurde hier gedreht und verließ sich dabei gerne auf die Cop-Nostalgie der 1980er-Jahre. In Miami wurden zudem jede Menge Komödien gedreht, kein Kinofilm fängt die Fabelhaftigkeit und den Vibe von South Beach jedoch besser ein als *The Birdcage*.

Einer der besten amerikanischen Kinofilme der letzten Jahre wirft ein Licht auf eine Gemeinschaft, die in Miami oft übersehen wird: *Moonlight,* vorgeblich ein Film über das Erwachsenwerden, zeigt, was es heißt, arm, schwarz und schwul in einer der sozialen Wohnbaublöcke Miamis aufzuwachsen. Der Film zeigt wunderschöne Bilder, ist unfassbar intim und voller Schönheit und Komplexität (Drogendealer als Vaterfiguren und Busenfreunde als Verräter). Der Film wurde bei seiner Uraufführung im Jahr 2016 international gepriesen und gewann drei Oscars u.a. für den Besten Kinofilm.

Zwei der besten Filmfestivals Floridas sind das Miami International Film Festival (www.miamifilmfestival.com), auf dem insbesondere lateinamerikanische Kinofilme vertreten sind (März), und das aufstrebende Florida Film Festival (www.floridafilmfestival.com) in Orlando (April).

Mode

Miami ist ein Trendsetter in den Bereichen Küche, Nachtleben und Künste, daher würde es Sinn machen, dass die Stadt auch ein Trendsetter im Bereich Mode ist – und dem ist auch so. Die jährliche Miami Fashion Week zieht Besucher aus der ganzen Welt an. Im Moment liegt der Fokus auf Resort-Mode, die gut zur Ästhetik der Stadt passt, da Miami eine strandliebende Stadt ist. Das einwöchige Event wird von lateinamerikanischen Designern dominiert, die sowohl bekannte als auch aufsteigende Label vertreten.

Miami ist unter europäischen Designern gefeiert (ironischerweise seitdem Gianni Versace, einer von ihnen, hier ermordet wurde), und zieht Modegurus aus der gesamten alten Welt an, die sich von der Kombination aus der lateinamerikanischen Liebe fürs Äußere und der amerikanischen Liebe fürs Bequeme und den provokant-freizügigen Stilen, die von dem sonnigen Wetter inspiriert werden, angezogen werden. Heute ist Miami die Heimat von Perry Ellis International.

Was also charakterisiert den Miami-Look? Einerseits spürt (oder eher sieht) man das verzweifelte Verlangen nach Markennamen (à la Louis Vuitton); andererseits gibt es da die bewusst heruntergespielte Coolness, die aus all der Hitze rührt und sich in einer ungezwungenen Eleganz spiegelt, die die Einwohner Miamis hinbekommen, ohne sich dafür sichtlich anzustrengen. Ein gutes Beispiel dafür ist der ältere kubanische Mann, der in seinem *guayabera,* einem eleganten bestickten Männerhemd, abhängt. Er ist stilvoll, da er gut aussieht, ohne dass er es offensichtlich versucht.

Es gibt einen entschiedenen South-Beach-Stil und es gibt keinen bessern Ort, die Zutaten dafür zu kaufen, als von der Quelle. Allerdings sollte man mutig, ungeniert und gut rasiert bzw. gewachst sein, um einige der freizügigeren Outfits zur Schau zu stellen, die hier angeboten werden.

Natur & Umwelt

Die Naturforscherin Marjory Stoneman Douglas beschrieb Florida als „langen, spitzen Löffel", der „so bekannt ist, wie die Landkarte Nordamerikas selbst". Die formschöne Halbinsel ist eine der ökologisch vielfältigsten Regionen der Welt. Das Zusammenspiel aus porösem Gestein und subtropischem Klima hat eine von Wasser geprägte Welt hervorgebracht, deren Artenvielfalt und Schönheit ihresgleichen suchen. Dieses Ökosystem könnte der Menschen jedoch in einem erdgeschichtlichen Wimpernschlag auslöschen.

Geografie

Florida hat vieles zu bieten, doch Erhöhungen gehören nicht dazu. Der Staat ist flach wie ein Pfannkuchen oder, wie Douglas sagte, wie ein Löffel mit Süßwasser, der anmutig in einer Schüssel voller Salzwasser schwimmt. Es ist wie ein schwammartiger Kalksteinziegel, der vom Atlantik und dem Golf von Mexiko eingerahmt wird. Die höchste na-

Oben Everglades National Park (S. 158)

türliche Erhebung ist der Britton Hill auf dem Floridas Panhandle, der gerade einmal 105 m erreicht und damit nur halb so hoch ist wie die Gebäude in Miamis Innenstadt. Dies macht Florida offiziell zum flachsten Bundesstaat der USA, obwohl es mit einer Fläche von 152 000 km^2 größentechnisch nur Platz 22 erreicht.

Die Everglades nahmen einst ein Gebiet von etwa 28 500 km^2 ein, doch heute umfasst das Sumpfgebiet weniger als die Hälfte der Fläche von vor einem Jahrhundert.

Allerdings sind über 10 360 km^2 davon Wasser. Die Landkarte Floridas ist mit Seen und Quellen übersät wie ein Straßenschild mit Einschusslöchern. Im Süden befindet sich der Lake Okeechobee, der neuntgrößte Süßwassersee Nordamerikas. Dies hört sich eindrucksvoll an, der Grund des Sees liegt jedoch nur wenige Meter über dem Meeresspiegel und er ist so flach, dass man fast schon hindurchwaten kann.

Einmal im Jahr steigt der Lake Okeechobee leicht an, um die Südspitze der Halbinsel zu überfluten. Zumindest würde er das, wären da nicht die Kanäle, die den Großteil des Wassers entweder zur Bewässerung der Felder oder in die umliegenden großen Gewässer – den Golf von Mexiko oder den Atlantik – umleiten. Würde man zulassen, dass das Wasser seinem natürlichen Lauf folgt, so würde es nach unten fließen: Der Bundesstaat Florida neigt sich von seinem Zentrum gen Süden um etwa 16 cm pro 10 km, bis die Halbinsel irgendwann im Meer verschwindet. Die flache Ebene verläuft sich irgendwann in den 10 000 Islands und den Florida Keys und endet mit einem Schnörkel im Golf von Mexiko. Key West, das letzte Stückchen Land in der Reihe, ist der südlichste Punkt des US-amerikanischen Festlandes.

Wenn das Wasser des Lake Okeechobee gelegentlich doch die Ebenen im Süden Floridas überflutet, so verbindet es sich mit dem Grasland und dem Kalkstein der Gegend und sorgt so für eine einzigartige Wildnis: die Everglades. Es füllt auch die Grundwasserspeicher auf, die für die Bevölkerung des ständig wachsenden Stadtgebiets von Miami unverzichtbar sind. Heute gibt es zahlreiche Pläne, den ursprünglichen Wasserlauf von Mittel- nach Südflorida wieder herzustellen, was die Glades wiederbeleben und, bis zu einem gewissen Maß, eine Lösung für das Wasserproblem des Großraums Miami bieten würde. Es scheint jedoch, dass diese Pläne den zahlreichen privaten Interessen und den Bürokratieblockaden zum Opfer fallen werden.

Was Florida aber wirklich vom Rest des Landes unterscheidet, ist seine Lage in einer subtropischen Übergangszone zwischen einem nördlichen, gemäßigten und einem südlichen, tropischen Klima. Das ist auch der Schlüssel zu dem florierenden Korallenriffsystem an der Küste (dem größten Nordamerikas) sowie zu Floridas vielbeachteten, surrealen Sumpfgebieten, botanischen Kuriositäten und monströsen Kreaturen. Die Everglades erhalten die meiste Aufmerksamkeit in der Presse und sind ein internationales Biosphärenreservat, eine Welterbestätte sowie ein Nationalpark. Und der „Fluss aus Gras" hat sich das redlich verdient.

Aber auch die Keys sind von zentraler Bedeutung, lebensnotwendig und ein einzigartiger Schatz. Wer diese Inselwelt erkundet, findet sich in einem echten Dschungel wieder, obwohl man sich noch immer auf dem US-amerikanischen Festland befindet (weiter südlich geht allerdings auch nicht). Die türkisfarbenen und blauen Wasserwege, die die Keys voneinander trennen, sind so faszinierend wie die Inseln selbst. Das Wasser kann hier so seicht werden, dass man manchmal sogar von einem Key zum nächsten waten kann. Gepaart mit dem hellen Sonnenlicht Südfloridas ist dieser flache Festlandsockel eines der produktivsten aquatischen Ökosysteme der Welt.

Tiere

Sobald man den Großstadtdschungel Miamis verlässt, stellt sich das Gefühl ein, in einem echten Dschungel gelandet zu sein. Alligatoren

DIE HÜTER DER EVERGLADES

Keiner, der schon einmal durch das Sauergras und die Hartholzwälder des Everglades National Park gepaddelt ist, würde dem Mississippi-Alligator seinen in Florida gängigen Beinamen als „Hüter der Everglades" absprechen; seine Schnauze, Augäpfel und der Rückenpanzer sind so ruhig, dass sich die Wasseroberfläche kaum kräuselt. Alligatoren haben bereits seit über 200 Mio. Jahren ein wachsames Auge auf die Everglades.

Es ist unmöglich, die wilden Alligatoren Floridas zu zählen, es wird aber angenommen, dass in den Seen, Flüssen und Golfanlagen des Bundesstaates etwa 1,5 Mio. von ihnen leben. Sie gelten offiziell zwar nicht mehr als gefährdet, geschützt sind sie jedoch weiterhin, da sie dem noch immer gefährdeten Spitzkrokodil ähneln. Die Alligatoren, die in den Restaurants auf der Speisekarte stehen, stammen aus lizenzierten Zuchtfarmen. Seit 1988 gibt es in Florida eine jährliche Alligatorenjagd, bei der auch Nicht-Bewohner des Bundesstaates bis zu zwei Alligatoren pro Person erlegen dürfen.

Alligatoren sind Spitzenprädatoren, was bedeutet, dass sie den Rest der Nahrungskette im Gleichgewicht halten. Ihre Wasserlöcher sind in der Trockenzeit und während Dürreperioden wichtige Wasserquellen, die für das gesamte Ökosystem des Sumpfgebiets eine große Hilfe darstellen. Alligatoren werden etwa 30 Jahre alt und können bis knapp 4,5 m lang und 450 kg schwer werden.

Im April beginnt die lautstarke Brautwerbung, die Paarung findet im Mai und Juni statt. Ende Juni beginnen die Weibchen, zwischen 30 und 45 Eier in die Nester zu legen, die dann zwei Monate ausgebrütet werden, bevor die Jungtiere schlüpfen. Durchschnittlich überleben pro Nest nur vier Alligatoren bis ins Erwachsenenalter.

Alligatoren jagen im Wasser, oft in Ufernähe. Wenn sie an Land rennen, tun sie das nicht, um zu jagen, sondern um zu fliehen. In Florida kommt es pro Jahr zu etwa 15 bis 20 nichttödlichen Angriffen auf Menschen; seit 1948 wurden 22 tödliche Angriffe verzeichnet.

Einigen Schätzungen zufolge kann ein Alligator an Land auf kurzen Strecken eine Geschwindigkeit von bis zu 50 km/h erreichen, es ist allerdings eine Legende, dass man im Zickzack rennen sollte, um ihnen zu entkommen. Der beste Ratschlag ist es, die Beine in die Hand zu nehmen und so schnell wie möglich auf direktem Wege abzuhauen.

durchstreifen die Sümpfe, in den Keys nisten die einzigen in den USA lebenden Krokodile, an Flugsaurier erinnernde Vögel gleiten durch die Lüfte und unter der Wasseroberfläche tummelt sich eine sanfte Gigantin: die Seekuh.

Vögel

Fast 500 Vogelarten sind in Florida dokumentiert, darunter auch einige der weltweit großartigsten am Wasser lebenden Zugvögel: Ibisse, Reiher, Kanadareiher, Weißpelikane und Schreikraniche.

Fast 350 Arten leben dauerhaft oder vorübergehend in den Everglades, der Topdestination für Vogelbeobachter in Florida. Als der Naturschutz hier erstmals thematisiert wurde, galt dieser tatsächlich vor allem den in den Everglades lebenden Stelzvögeln, die oft illegalen Wilderern zum Opfer fielen; die wunderschönen Tiere wurden im frühen 20. Jh. gejagt, um mit ihren Federn modische Damenhüte zu schmücken.

Am Himmel über Florida ziehen aber auch Sing- und Raubvögel ihre Kreise. Im Bundesstaat leben über 1000 Paare von Weißkopfseeadlern (so viele wie nirgendwo sonst im Süden der USA), und Wanderfalken, die mit bis zu 240 km/h ins Wasser tauchen können, kommen hier im Frühling und Herbst auf ihrem Zug vorbei.

Die Everglades sind jedoch nicht der einzige Ort für Vogelbeobachtungen in der Region. Der 2006 fertiggestellte Great Florida Birding Trail (http://floridabirdingtrail.com) ist ein über 320 km langer Weg, der durch den gesamten Bundesstaat verläuft und fast 500 Vogelbeobachtungsstätten einschließt, darunter auch viele Orte in Südflordia au-

Audubon Florida (www.fl.audubon.org) ist die wohl wichtigste Umweltschutzorganisation Floridas. Sie hält Unmengen an Infos zum Vogelschutz und zur Natur bereit und veröffentlicht die Zeitschrift *Florida Naturalist*.

Kanadareiher

ßerhalb der Glades. Weitere gute Adressen zur Vogelbeobachtung in der Gegend:

- Oleta River State Park (S. 74)
- Arch Creek Park (S. 99)
- Haulover Beach Park (S. 75)
- Bill Baggs Cape Florida State Park (S. 96)
- Crandon Park (S. 97)
- Indian Key Historic State Park (S. 189)
- Lignumvitae Key State Botanical Site (S. 189)
- Curry Hammock State Park (S. 191)
- Crane Point Museum (S. 193)
- Bahia Honda State Park (S. 196)

An dieser Stelle soll auch unbedingt das Laura Quinn Wild Bird Sanctuary (S. 185) in den Upper Keys erwähnt werden, wo verletzte Vögel von einem reizenden Team aus Freiwilligen gesundgepflegt werden. Besucher sind eingeladen, über die Pfade zu schlendern, die an den verletzten Patienten vorbeiführen.

Lektüre zum Naturschutz

- *„The Swamp", Michael Grunwald*
- *„Losing It All to Sprawl", Bill Belleville*
- *„Zoo Story", Thomas French*
- *„Green Empire", Kathryn Ziewitz und June Wiaz*
- *„Manatee Insanity", Craig Pittman*

Landsäugetiere

Das am stärksten gefährdete Säugetier Floridas ist der Florida-Panther. Vor Ankunft der Europäer lebten etwa 1500 dieser Tiere im Bundesstaat. Die erste Pantherprämie wurde im Jahr 1832 ausgesetzt (5 US$ pro Skalp) und in den folgenden 130 Jahren wurden sie unerbittlich gejagt. Obwohl das Jagen 1958 verboten wurde, war es zu spät für die Tiere, um aus eigener Kraft zu überleben. Ohne das 1991 ins Leben gerufene

Aufzuchtprogramm wäre der Florida-Panther mittlerweile ausgestorben. Aber mit gerade einmal 120 lebenden Exemplaren ist er auch noch lange nicht gerettet.

Der größte Feind des Panthers sind Motorfahrzeuge. Jedes Jahr werden auf den Straßen eine Handvoll der Tiere getötet – manchmal auch mehr. Deshalb sollte man in Gebieten wie dem Tamiami Trail, der durch den Everglades National Park führt, und im Big Cypress Preserve besonders auf die Geschwindigkeitsbegrenzungen achten.

Ein häufiger Anblick sind Weißwedelhirsche, die ein echtes Problem für die Landschaft darstellen können. Die hier endemische Unterart – so etwas wie eine „Liebling-ich-habe-die-Huftiere-geschrumpft"-Version – ist der Key-Weißwedelhirsch. Er ist unter 1 m groß und wiegt weniger als ein dreijähriger Junge; am ehesten anzutreffen sind sie auf der Big Pine Key.

Obwohl Kojoten ursprünglich aus dem Westen der USA stammen, wurde das anpassungsfähige Tier auch schon in Florida gesichtet und hat es sogar bis ganz nach Süden auf die Florida Keys geschafft.

Scheu, ängstlich, aber kein Tier, mit dem man sich anlegen sollte, ist der Florida-Schwarzbär, von dem im Everglades National Park und im Big Cypress Preserve einige Hundert Exemplare leben.

Der Naturforscher Doug Alderson hat bei der Schaffung des Big Bend Paddling Trail mitgeholfen und in *Waters Less Traveled* (2005) beschreibt er seine Abenteuer: das Ausweichen vor Zwergklapperschlangen, ein Treffen mit Shitty Bill, eine Diskussion über Atlantik-Bastardschildkröten und das Grübeln über pupsende Seekühe.

Reptilien & Amphibien

Mit geschätzten 184 Arten besitzt Florida die größte Ansammlung an Reptilien und Amphibien im ganzen Land – und ihre Zahl wächst leider ständig weiter. Das hat nichts mit Reptilienfeindlichkeit zu tun, aber invasive Arten der schuppigen Kreaturen richten in Floridas empfindlichem Ökosystem verheerende Schäden an. Und jedes Jahr steigt die Zahl aufgrund ungebetener Gäste weiter an. Viele von ihnen wurden als ehemalige Haustiere einfach von ihren Besitzern freigelassen. Zu den gefährlichsten, problematischsten und invasivsten Arten zählen die Tigerpython, der Gemeine Schwarzleguan, der Grüne Leguan sowie der Nilwaran.

Der Mississippi-Alligator ist das Tier, mit dem Florida am liebsten wirbt und er ist in Mittel- und Südflorida tatsächlich überall anzutreffen. Für den Menschen stellen sie so gut wie keine Gefahr dar, außer man macht etwas hoffnungslos Dummes, etwa indem man sie füttert oder provoziert. Dennoch empfiehlt es sich, kleine Kinder und Haustiere von unbekannten Inlandgewässern fernzuhalten.

In Südflorida lebt zudem die einzige Population von Spitzkrokodilen in den USA. Ihre Anzahl wird im gesamten Bundesstaat auf etwa 1500 geschätzt. Sie bevorzugen Salzwasser, und um sie von den Alligatoren zu unterscheiden, muss man sich einfach ihr Lächeln anschauen: Die Schnauze eines Krokodils läuft viel spitzer zu und seine oberen und unteren Zähne sind zu sehen.

Schildkröten, Frösche und Schlangen lieben Florida, und nichts macht mehr Spaß, als die niedlichen, bunten Glattechsen, Eidechsen und Saumfingerechsen dabei zu beobachten, wie sie über Veranden und Gehwege huschen. Niedlich ist nicht unbedingt die passende Beschreibung für die 44 Schlangenarten, die hier im Bundesstaat anzutreffen sind – auch wenn Floridas Marketingspezialisten darauf verweisen, dass nur sechs Arten giftig und nur vier davon verbreitet sind. Ob das zur Beruhigung beiträgt? Unter den gefährlichen Arten sind drei Klapperschlangenarten (Diamant-, Zwerg- und Waldklapperschlange); hinzu kommen die Mokassinschlange, die Wassermokassin- sowie die Korallenotter. Die Diamantklapperschlange ist die größte (bis 2,1 m), aggressivste und gefährlichste unter ihnen. Man sollte sich aber nicht allzu verrückt machen. Während die Wassermokassinotter zwar am und im Wasser lebt, sind die meisten der Wasserschlangen Floridas nicht giftig. Puh!

FLORIDAS SEEKÜHE

Es ist kaum zu glauben, dass Floridas Karibik-Manatis (Seekühe) einst für Meerjungfrauen gehalten wurden, aber man erkennt schnell, warum sie so bezaubernd wirken: Diese sanften, neugierigen, kolossalen Säugetiere sind so liebenswert wie 3 m große, 400 kg schwere Teddybären. Sie sind verspielte Einzelgänger, die auch gerne mal auf Wellen „surfen", und jeden Winter, von November bis März, in die wärmeren Gewässer von Floridas Mündungsgebieten, Flüssen und Quellen wandern. Ähnlich wie Menschen sterben Seekühe nach 24 Stunden in 17 °C kaltem Wasser, und im Winter sind Floridas immer 22 °C warme Quellen die reinsten Wellnessoasen.

Die scheuen Pflanzenfresser tummeln sich seit über 45 Mio. Jahren in Floridas Gewässern, und außer ihrer Größe (sie können 4 m lang und 1400 kg schwer werden) haben sie keinerlei Verteidigungsmechanismen. Sie verbringen ihren Tag mit Faulenzen und fressen dabei Futter in Mengen, die 10 % ihres Körpergewichts entsprechen. Selten bewegen sie sich schneller als im trägen Bummeltempo, und selbst ihre Fortpflanzung verläuft langsam: Die Weibchen gebären nur alle zwei bis fünf Jahre ein Kalb. Die Ausnahme von dieser Sanftheit? Die Paarung. Seekuhmännchen sind berüchtigt für ihren aggressiven Geschlechtstrieb.

Floridas Manatis stehen seit 1893 unter Schutz und fanden sich auch 1967 auf der ersten Liste gefährdeter Arten des Bundesstaates wieder. Manatis wurden einst wegen ihres Fleisches gejagt. Heute werden jährlich 20 % der Tiere bei Zusammenstößen mit Booten getötet – das ist mittlerweile die Haupttodesursache. Von Propellern verursachte Narben sind bei lebenden Seekühen so häufig, dass sie von Wissenschaftlern als Hauptunterscheidungsmerkmal herangezogen werden.

Seekühe haben auch mit Umweltgefahren zu kämpfen. Im Jahr 2013 gab es im Südwesten Floridas vermehrt durch Algen hervorgerufene „Rote Tiden", aber auch verschiedene Krankheiten waren dafür verantwortlich, dass über 800 der Tiere verendeten. Dennoch gibt es, was die Seekuhpopulation anbelangt, auch gute Nachrichten; in den letzten Jahren ist ihr Bestand kontinuierlich gewachsen. Bei Zählungen aus der Luft wurden 2017 6600 Tiere gezählt – im Vergleich zu 6250 im Jahr 2016 und 6063 im Jahr zuvor. Infolge dieser vielversprechenden Entwicklungen wurde die Seekuh 2017 vom Fish and Wildlife Service der USA von der Liste der gefährdeten Tiere genommen und hat nun nur noch den Status „bedroht" inne.

Wen es nicht abschreckt, mit einigen der schuppigsten Einwohner Südfloridas auf Tuchfühlung zu gehen, der sollte im wunderbaren Skunk Ape Research Headquarters (S. 163) in den Everglades vorbeischauen. Im Zoo hinter dem Haus findet sich eine der besten Amateur-Reptiliensammlungen überhaupt. Und vielleicht bekommt man sogar den Skunk Ape zu Gesicht, die im amerikanischen Süden lebende Version des Bigfoot bzw. Yeti.

Meeresschildkröten

Auf dem Festland nisten die meisten Meeresschildkröten Floridas. Jährlich bauen vorwiegend drei Arten mehr als 80 000 Nester, vor allem an den Stränden der südlichen Atlantikküste, aber auch an den Stränden der Golfküste. Meist handelt es sich dabei um Unechte Karettschildkröten; deutlich seltener nisten hier Suppen- und Lederschildkröten. Aber auch Echte Karettschildkröten und Atlantik-Bastardschildkröten sind hier anzutreffen. Alle fünf Arten sind bedroht oder gefährdet. Die größte unter ihnen ist die Lederschildkröte, die eine Größe von bis zu 3 m und ein Gewicht von bis zu 900 kg erreichen kann.

Während der Nistzeit (Mai–Okt.) legen Meeresschildkröten in jedes Nest 80 bis 120 Eier. Die Eier reifen etwa zwei Monate lang heran, dann schlüpfen die Jungtiere alle zur gleichen Zeit und machen sich auf in Richtung Meer. Entgegen einer weit verbreiteten Annahme finden die Jungtiere auch ohne Mond ihren Weg zum Wasser. Allerdings können sie durch künstliches Licht und laute Zuschauer komplett aus dem Konzept gebracht werden. Am besten entscheidet man sich für eine genehmigte Beobachtungstour, die die Tiere in ihrem natürlichen Umfeld so wenig wie möglich beeinträchtigt. Listen mit Anbietern findet man auf www.myfwc.com/seaturtle – auf „Educational Information" und dann auf „Where to View Sea Turtles" klicken.

Die Keys haben ihr eigenes Turtle Hospital (S. 193), eine Rettungsstation für kranke und verletzte Exemplare der sanften, gepanzerten Riesen. Die Station freut sich sehr über Besucher. Wer also zufällig durch Marathon kommt, sollte unbedingt vorbeischauen.

Meeressäugetiere

Im Meer vor Florida leben 21 Delfin- und Walarten. Am weitaus häufigsten verbreitet ist der Große Tümmler, der extrem gesellig und intelligent ist und überall rund um die Halbinsel sehr oft anzutreffen ist. Auch in Gefangenschaft lebende Delfine sind vorwiegend Große Tümmler.

Der Winter ist die richtige Jahreszeit, um Seekühe zu beobachten, die ab November von Floridas warmen Quellen und den Ablaufkanälen der Energiekraftwerke angezogen werden. Diese reizenden, schwerfälligen Tiere sind eine weitere Spezies mit Kultstatus in Florida, an deren Schutz sich die Geister der Einwohner scheiden.

Pflanzen

Die Vegetationsvielfalt der Halbinsel, einschließlich der über 4000 Pflanzenarten, ist auf dem US-amerikanischen Festland unübertroffen. In Florida, und ganz besonders in Südflorida, vereinen sich die südlichen Ausläufer eines gemäßigten und die nördlichen Ausläufer eines tropischen Ökosystems, wodurch eine verblüffende taxonomische Vielfalt verschiedener Umgebungen entsteht. Interessanterweise befindet sich auf diesem Breitengrad an anderen Orten der Welt meist eine Wüste – was man von Florida nun wirklich nicht behaupten kann.

Feuchtgebiete & Sümpfe

In den feuchten, mit Wasser vollgesogenen und manchmal auch salzigen Sümpfen, Morasten, Schlammtümpeln, Flussbecken und Mooren Floridas gedeihen nur ganz bestimmte Pflanzen. Weite Teile der Everglades werden von Sauergras dominiert, eine Art Riedgras mit feinen, an Zähne erinnernden Kanten, das eine Höhe von bis zu 3 m erreichen kann. Südflorida ist eine Sinfonie aus Riedgräsern, Gras und Schilf. Die Samen dieser robusten, wassertoleranten Arten versorgen Vögel und Tiere mit ausreichend Nahrung. Zudem bieten sie Fischen in seichten Gewässern Schutz und sind in den Sümpfen ein weiches Polster für Vögel und Alligatoren.

Die sonderbarsten Pflanzen hier sind die Wasserpflanzen, die in, unter und aus dem Wasser heraus wachsen. Frei im Wasser schwimmende Pflanzen sind z. B. der Wasserschlauch und das Hornblatt, eine Art, die vollständig unter Wasser lebt, blüht und besamt wird. In den Sümpfen Floridas leben überall bewurzelte Pflanzen, deren Blätter an der Wasseroberfläche schwimmen, etwa die hübschen Amerikanische Lotusblumen, Wasserlilien und Zwergteichrosen (die englischen Bezeichnungen von Floridas Flora – etwa *spatterdock* – geben immer wieder Anlass zum Schmunzeln). Eine weitere verbreitete Wasserpflanze ist der Zweizahn, der ganze Ebenen in ein strahlendes Gelb tauchen kann.

In Florida beißen sogar die Pflanzen: Im Panhandle gibt es die höchste Anzahl an fleischfressenden Pflanzenarten in den USA, eine Folge des nährstoffarmen, sandigen Bodens.

Die Sumpfzypresse ist ein spektakulärer, wunderschöner Baum, der auch in Floridas Sumpfgebieten vorkommt und Überflutungen so gut standhält wie kein anderer Baum. Er kann bis zu 46 m hoch werden. Sein Stamm ist unten mit Brettwurzeln versehen, die aus dem durchnässten Boden herausschauen.

GEISTERJÄGER

Orchideen sind mit etwa 25000 Arten die größte Blütenpflanzenfamilie weltweit, und in Florida gibt es so viele Orchideenarten wie in keinem anderen Bundesstaat der USA. Auf der botanischen Faszinationsskala liegen Orchideen ganz weit oben, und die Art, die in Florida die größte Bewunderung hervorruft, ist die seltene Geisterorchidee.

Diese bizarre Blume wächst auf anderen Pflanzen, hat überhaupt keine Blätter und in der Regel nur eine Blüte. Sie ist selbstverständlich gespenstisch weiß und hat zwei lange, dünne, herabhängende Blütenblätter, die sich wie ein Schnauzbart aufzwirbeln. Die Geisterorchidee wird tief in der Nacht vom Großen Schwärmer bestäubt, dem einzigen Insekt, dessen Rüssel lang genug ist, um bis zum Ende des über 12 cm langen Nektarsporns der Blüte zu reichen.

Die genauen Fundorte der Geisterorchideen werden aus Angst vor Dieben geheim gehalten, die, wie Susan Orleans Buch *The Orchid Thief* zeigt, eine echte Bedrohung für das Überleben der Art darstellen. Die Standorte der Blumen kennt man aber trotzdem in etwa: Fast alle der geschätzt 2000 Exemplare Südfloridas wachsen im Big Cypress National Preserve und im Fakahatchee Strand Preserve State Park. Natürlich beherbergen diese Parks, ebenso wie der Everglades National Park, auch noch zahlreiche andere Exemplare von wunderschönen wilden Orchideen.

Wer noch mehr erfahren will, sollte im Internet auf der Seite von Florida's Native Orchids (www.flnativeorchids.com) und Ghost Orchid Info (www.ghostorchid.info) vorbeischauen.

Wälder, Buschland & Flatwoods

Die Wälder des Festlands sind vorwiegend in den Everglades zu finden, wo schon geringe Höhenunterschiede und eine Veränderung in der Bodenbeschaffenheit für den Übergang von Grasland in eine massive „Kuppel" mit kahlen Zypressen und hoch aufragenden Kiefern verantwortlich sein können. Zypressen-Kuppeln sind eine besondere Art von Sumpf und finden sich dort, wo in Kiefern-Flatwoods eine mit Wasser gefüllte Absenkung entsteht.

Buschland ist überall in Florida zu finden, typischerweise in Form alter Dünen mit einem gut entwässerten Sandboden. Es geht oft in sandige Kiefern-Flatwoods über, die typischerweise aus einem kargen Kronendach von Sumpf- oder Elliot-Kiefern und einem Unterholz aus Gras und/oder Sägepalmen bestehen. Sägepalmen sind für Florida von allergrößter Bedeutung: Ihre Früchte sind ein wichtiges Nahrungsmittel für Bären und Wild (und eine Kräutermedizin, die angeblich bei der Vorbeugung gegen Krebs helfen soll), sie bietet Schutz für Panther und Schlangen und ihre Blüte ist eine bedeutende Nektarquelle. Ihren Namen verdankt sie den scharfen, mit kleinen Zähnen übersäten Stielen ihrer Blätter.

Die Florida Keys entstanden durch das Zusammenspiel von Gezeiten, Korallen und Mangroven und beherbergen die besten (und in der Regel auch einzigen) Beispiele für Hammocks oder Wälder aus tropischen und subtropischen Harthölzern in den kontinentalen USA. Das Crane Point Museum ist ein hervorragender Ausgangspunkt, um mehr über dieses Nischen-Ökosystem zu erfahren.

Mangroven & Küstendünen

Dort, wo Südfloridas Küste nicht vom Sand weichgeschmirgelt ist, besteht die Vegetation oft aus Mangroven. Bei Mangroven handelt es sich nicht um eine einzelne Art – der Name bezieht sich auf alle tropischen Bäume und Sträucher, die sich an einen Lebensraum mit lockerem, feuchtem Boden, Salzwasser und wiederkehrenden Überschwemmungen angepasst haben. Bei Mangroven ist außerdem eine Art „Lebendgeburt" zu beobachten: Ihre Samen keimen noch während diese am Mutterbaum hängen. Von den über 50 Mangrovenarten, die es weltweit gibt, herrschen in Florida lediglich drei Stück vor: die Rote, Schwarze und Weiße Mangrove.

Mangroven spielen auf der Halbinsel eine entscheidende Rolle, und ihre Vernichtung setzt meist einen Dominoeffekt ökologischer Schäden in Bewegung. Mangroven stabilisieren das Küstenland, indem sie Sand, Schlamm und Ablagerungen festsetzen. Dadurch bildet sich neues Land, das den Bäumen selbst ironischerweise die Luft abschneidet. Mangroven schwächen auch die Kraft von Sturmfluten und die schadenbringenden Sturmböen von Hurrikanen ab. Zudem werden durch sie die Ästuar- und Flutgebiete gefestigt, was unentbehrliche Lebensräume für wilde Tiere schafft.

In den Küstendünen gedeihen typischerweise Gräser und Sträucher, Sägepalmen und gelegentlich auch Kiefern und Palmettopalmen (oder Sabalpalmen, der Baum des Bundesstaates Florida). Das Plattährengras am Ufer mit seinen langen Büscheln fängt den vom Wind davongewehten Sand ein, was für die Stabilisierung der Dünen von allerdgrößter Bedeutung ist. In den Küstenwäldchen findet sich der unregelmäßig wachsende Weißgummibaum, dessen rote, abblätternde Borke ihm den Spitznamen „Touristenbaum" eingebracht hat, da er an von der Sonne verbrannte Touris erinnert.

National, State & Regional Parks

Etwa 26 % der Fläche Floridas befindet sich in öffentlicher Hand. Dieses Gebiet setzt sich zusammen aus drei National Forests, elf National Parks, 28 nationalen Schutzgebieten (darunter Pelican Island, das erste überhaupt) und 160 State Parks, die allesamt viele Besucher verzeichnen (über 20 Mio. jährlich). Die State Parks Floridas wurden bereits zweimal zu den besten der USA gewählt.

Die Parks Floridas sind leicht zu erkunden. Die Florida Fish & Wildlife Commission (http://myfwc.com) verwaltet den Großteil der vorwiegend unerschlossenen Wildlife Management Areas (WMAs) des Bundesstaates. Auf der Website erfährt man alles über die Beobachtung von wild lebenden Tieren sowie Bootsfahrten, Jagd, Angeln und Genehmigungen.

Die Regionalgruppe der Nature Conservancy (www.nature.org) in Florida hat am Gesetzgebungsverfahren des Florida-Forever-Programms mitgewirkt. Online gibt es Aktuelles und Informationen rund um den Naturschutz.

Florida State Parks (www.floridastateparks.org)
National Forests, Florida (www.fs.usda.gov/florida)
National Park Service (www.nps.gov)
National Wildlife Refuges, Florida (www.fws.gov/refuges/refugelocatormaps/florida.html)
Recreation.Gov (www.recreation.gov) Reservierungen für Campingplätze auf Land, das vom Staat verwaltet wird.

Umweltprobleme

Floridas Umweltprobleme sind die unvermeidbare Folge einer jahrzehntelangen Liebe zur Bebauung, zum Bevölkerungswachstum und zum Tourismus – und gerade aufgrund der einzigartigen Vielfalt der Natur Floridas ist die Bekämpfung dieser Probleme von ganz besonderer Dringlichkeit. Zu den komplexen, miteinander verknüpften Umweltauswirkungen zählen u. a. die Erosion der Sumpfgebiete, die Verringerung des Grundwasserspeichers, hemmungslose Verschmutzung (besonders der Gewässer), invasive Arten, gefährdete Arten und eine weitverbreitete Zerstörung des Lebensraums. Es gibt nicht einen Hektar Land in Florida, um den man sich keine Sorgen machen müsste.

Seit der Jahrtausendwende hat Florida mehrere Umweltschutzanstrengungen unternommen. Im Jahr 2000 verabschiedete der Bundesstaat den *Florida Forever Act* (www.supportfloridaforever.org), ein auf zehn Jahre ausgelegtes, 3 Mrd US$ schweres Umweltschutzprogramm;

VOM SANFTEREN UMGANG MIT DER NATUR

Auch wenn sich die Sumpfbuggytouren und Alligatorenringkämpfe von früher inzwischen zu Ausflügen mit Glasbodenbooten und Seekuhbegegnungen weiterentwickelt haben, bleibt doch die Frage, ob man etwas tun sollte, nur weil man es kann. In Florida ist jeder in der Verantwortung abzuwägen, auf welche Weise er die Natur erleben kann, ohne ihr dabei zu schaden.

Für die meisten Aktivitäten gibt es darauf keine eindeutige Antwort, weil man ihre Auswirkungen durchaus diskutieren kann. Dennoch sind hier ein paar Richtlinien:

Sumpfboote und -buggys Auch wenn Sumpfboote einen viel kleineren „Fußabdruck" hinterlassen als die großrädrigen Buggys sind doch beide motorisiert (und laut) und haben auf die Feuchtgebiete viel größere Auswirkungen als Kanus. Grundsätzlich gilt: Nicht motorisierte Aktivitäten sind weniger schädlich.

Delfinbegegnungen Bei Begegnungen mit wildlebenden Delfinen im Ozean ist es gesetzlich verboten, sie zu füttern, zu verfolgen oder zu berühren. Man sollte immer bedenken, dass es zum Tod eines Wildtiers führen kann, wenn es an den Menschen gewöhnt wird, denn die Nähe zu Menschen führt häufig zu Konflikten und Unfällen (etwa mit Booten). Lonely Planet heißt Delfinshows und sonstige Aktivitäten (etwa da Schwimmen) mit diesen überaus intelligenten Säugetieren nicht gut. Und Delfine mögen das Leben in Gefangenschaft grundsätzlich nicht.

Schwimmen mit Seekühen Wer in der Nähe von Seekühen schwimmt, die eine behördlich geschützte gefährdete Spezies sind, sollte nur schauen, sie aber nicht anfassen. Die Richtlinie heißt „passive Beobachtung". Die Belästigung der Tiere ist ein häufig auftretendes Problem, das zu strikteren No-touch-Gesetzen führen könnte.

Wildtierfütterung Kurze, knappe Antwort: niemals! Friedliebende Tiere wie Hirsche und Seekühe könnten sich an menschliche Nahrung gewöhnen und anfangen, sich darauf zu verlassen (zu ihrem Schaden), und wer Bären und Alligatoren füttert, ermutigt sie nur zur Jagd auf den edlen Spender.

Brutstätten von Meeresschildkröten Es ist gesetzlich verboten, sich nistenden Schildkröten oder ausgeschlüpften Jungtieren zu nähern. An den meisten Niststränden stehen Warnschilder, und nachts darf hier kein Licht gemacht werden. Wer an einem Strand Schildkröten begegnet, sollte Abstand halten und beim Fotografieren kein Blitzlicht verwenden.

Korallenriffe Die Regel ist sehr einfach: Ein Korallenriff darf niemals berührt werden. Korallenpolypen sind lebende Organismen, und wer sie berührt oder zerbricht, öffnet Infektionen oder Krankheiten Tür und Tor.

2014 wurde sein jährliches Budget von 300 Mio US$ aber leider um über 95% gekürzt. Auch der mehrere Millionen teure Comprehensive Everglades Restoration Plan (CERP; www.evergladesrestoration.gov) wurde in diesem Zuge beschlossen.

Trotz des politischen Ringens gibt es auch Anzeichen für Fortschritte. Beispielsweise wurde die Phosphorkonzentration in den Everglades signifikant reduziert und bis 2010 erwarb der Bundesstaat von US Sugar 777 km^2 der Zuckerrohrplantagen am Lake Okeechobee, die er wieder in Sumpfgebiet verwandeln möchte. Neben der eventuellen Umsetzung von Plänen, dass der See ein 10,5 km langes Stück des Tamiami Trail überbrücken soll, könnte er irgendwann sogar wieder für die Bewässerung der Glades sorgen anstatt als stehendes Gewässer voller Algen und Bakterien vor sich hinzusiechen.

Mehrere Studien haben gezeigt, dass die Hälfte der Seen im Bundesstaat zu dreckig ist, um in ihnen zu angeln. Zwar konnte die industrielle Umweltverschmutzung eingedämmt werden, die Verschmutzung durch die Entwicklung von Wohnsiedlungen (Abwasser und der Abfluss von Düngemitteln) gleicht dies jedoch mehr als aus. Dies bringt die Süßwasserquellen Floridas mächtig in Bedrängnis, da diese durch Algen oft trüb werden. Weil das Grundwasser abgepumpt wird, um den „Durst" der Hausbesitzer zu stillen, schrumpfen zudem die Quellen und die austrocknenden Kalksteinwaben im Boden stürzen manchmal in sich zusammen, wodurch Senklöcher entstehen, die Autos und selbst ganze Häuser verschlingen. Im Jahr 2014 haben 15 Städte in Florida eine „Erklärung für Sauberes Wasser" abgegeben und eine Kampagne ins Leben gerufen, um Wasserverschmutzung zu vermeiden und Abwasser zu reinigen.

Die Siedlungsentwicklung schreitet unterdessen fast ungehindert voran. Der Streifen zwischen Miami, Fort Lauderdale und West Palm Beach (der sechstgrößte Ballungsraum der USA) ist mittlerweile an seine Bebauungsgrenzen gestoßen. Jeden Tag breitet sich der urbane bzw. landwirtschaftliche (im Falle von Homestead) Fußabdruck der städtischen Gebiete von Miami und Homestead weiter nach Westen aus, an den Rand der Everglades. Während Gesetze zum Umweltschutz den Nationalpark selbst schützen, haben die Abwässer und Nebenprodukte eines solch großen Ballungsraums automatisch einen Einfluss auf die äußerst fragile Umgebung der Glades.

Und dann ist da natürlich noch die drohende Apokalypse: der Anstieg des Meeresspiegels aufgrund der Erderwärmung. Die sehr tief gelegenen Florida Keys werden – wie ein „Kanarienvogel in einer Kohlegrube" – von der Welt sehr genau beobachtet. Einige scherzen, dass die Küste Südfloridas bis in 100 Jahren zu einem modernen Atlantis werden könnte, da dann die teuersten Immobilien unter Wasser liegen könnten.

Zum Thema Immobilien: Auf den Keys gibt es einen schier undurchdringbaren Dschungel von Bebauungsvorschriften. Deshalb ist es ein sehr mühsamer Prozess, für das Land eine Baugenehmigung zu erhalten, obwohl sich viele Anwaltskanzleien auf den Keys darauf spezialisiert haben, diesen Bürokratiemarathon zu absolvieren. Die Keys sind nicht immun gegen eine Zersiedelung, allerdings sind sie besser dagegen geschützt als der Rest Floridas.

Naturführer

„The Living Gulf Coast", Charles Sobczak

„Priceless Florida", Ellie Whitney, D Bruce Means und Anne Rudloe

Art-déco-Architektur

Art déco ist das, was South Beach wirklich ausmacht. Dieser unverwechselbare Stil entwickelte sich in den 1930er-Jahren und stand für Zukunftsvisionen. Er zeichnet sich durch gewagte Linien und eine auffällige Ikonografie aus, die an Autos, Kreuzfahrtschiffe und futuristische Raketenschiffe erinnert. Die Architekten bauten auf subtile Weise typische Merkmale von Miamis einzigartiger Landschaft mit ein: wogende Wellen, Palmen und geschwungene Muscheln. Während dieser Stadtteil heute geschützt ist, sollte das ganze Viertel in den 1970er-Jahren abgerissen werden. Sein Weiterbestehen ist ein paar wenigen Denkmalschützern zu verdanken, die für seine Erhaltung kämpften.

Der Deco District wird im Norden vom Dade Blvd, im Süden von der 6th St, im Osten vom Atlantik und im Westen von der Lenox Ave eingerahmt. Der 2,5 km² große Bezirk mutet wie ein kleines Dorf an – allerdings eines mit Freaks, Spinnern und einigen Reichen und Schönen. Aber das macht gerade seinen Charme aus.

Die Ironie des Schicksals: Der Art-déco-Stil sollte seinen Betrachter in die Zukunft versetzen. Heute nimmt er moderne Betrachter mit auf eine Reise in die Vergangenheit.

Art déco, Design & Träumereien

Die Designschule des frühen 20. Jhs. war das ästhetische Rückgrat des alten South Beach und Motor für seine Wiederauferstehung in den 1980er-Jahren. Durch eine nachhaltige Kampagne für den Schutz der wundervollen Art-déco-Hotels von Miami Beach entstand das, was viele Tausende Touristenbroschüren nicht schafften: eine Marke. Sonne, Sand und Meeresbrandung: Damit werben viele Städte, aber nur Miami Beach vermischt dies mit denkmalgeschützter Architektur in Pastellfarben.

Das Ende des Ersten Weltkriegs 1918 markierte den Beginn einer Ära gesteigerten Interesses an der Romantik und dem Zauber des Reisens, was bis weit in die 1930er-Jahre andauerte. Geschwindigkeit, Autos, Ozeandampfer, Züge und Flugzeuge faszinierten die Menschen, und so war es kein Zufall, dass die postindustrielle Revolution mit ihrer Massenproduktion hier auf fruchtbaren Boden fiel. Neue Materialien wie Aluminium, polierte Bronze und Edelstahl wurden auf neue und aufregende Weise eingesetzt. Die Amerikaner begannen, in die Zukunft zu schauen, und sie wollten ganz vorne mitspielen.

Unterdessen fand 1925 in Paris eine Designmesse mit dem offiziellen Namen *Exposition Internationale des Arts Décoratifs et Industriels Modernes* statt (dieser wurde schließlich mit Arts Déco abgekürzt), deren Schwerpunkt auf dekorativer Kunst lag und zu der die USA noch nichts beizusteuern hatten. Die Europäer experimentierten im Kubismus mit wiederkehrenden Mustern und wurden von alten Kulturen beeinflusst (das Grab Tutanchamuns wurde 1921 entdeckt), während die Amerikaner Mühe hatten, überhaupt nachzukommen.

Gerade einmal ein Jahr später fegte in den USA ein verheerender Hurrikan über Miami Beach hinweg und ließ nur wenige Gebäude unversehrt. Die Reichen, die hier vor dem Hurrikan gelebt hatten, beschlossen, fortzuziehen. Der zweite Tiefschlag für Miamis Wirtschaft kam dann in Form der Weltwirtschaftskrise, aber auch in jenen schweren Zeiten ließen neue Möglichkeiten nicht lange auf sich warten. Immobilien in Miami waren leicht zu haben und die Küste Südfloridas lud geradezu zum Experimentieren ein.

Während der 1930er-Jahre wurden in Miami Beach pro Jahr etwa 100 neue Hotels gebaut und viele Architekten arbeiteten bis zum Ausbruch des Zweiten Weltkriegs an 40 bis 50 Gebäuden gleichzeitig. Dies überschnitt sich mit einem Aufkeimen des Mittelklassetourismus zwischen 1936 und 1941, als Besucher anfingen, für einen ganzen Monat Urlaub zu machen.

Die Zeit nach der Weltwirtschaftskrise war von Optimismus geprägt, mit Hoffnungen und Träumen, die an die wissenschaftliche und technologische Revolution gekoppelt waren. Die Verehrung von Maschinen nahm fast schon spirituelle Ausmaße an und fand seinen ästhetischen Ausdruck sowohl auf symbolische als auch auf funktionelle Art.

Und was hat das mit Architektur zu tun? Alles. Die Grundsätze von Effizienz und Verschlankung wurden auf massenproduzierte, bescheidene Gebäude ohne überflüssige Ornamente übertragen – zumindest im Nordosten der USA.

Mit über 400 registrierten historischen Wahrzeichen kann man in dem Bezirk die verschiedenen Phasen des Booms von Miami Beach verfolgen: Der Bereich zwischen der 5th St und Mid-Beach wurde in den 1930er-Jahren entwickelt. Gebäude aus den späten 1930er- und frühen 1940er-Jahren finde man in der 27th. Geht man von dort nach Norden ist das Gebiet der Resorts, Hotels und Apartmentgebäude erreicht, die aus den 1950er-Jahren stammen.

Romantik, Reliefs & Rhythmus

In Miami Beach, dem durch und durch romantischen und glamourösen Urlaubsort, entwickelte sich ein Stil, der als tropisches Art déco bekannt wurde. Ursprünglich spiegelte er organisch die natürliche Umwelt der Gegend wider. So ließen etwa Glasbausteine das helle Licht Floridas in ein Gebäude hinein, hielten die glühende Hitze aber draußen. Zudem wurden sie einer geometrischen oder kubistischen Ästhetik gerecht. Auch Blumenreliefs, die während der Jugendstilära sehr beliebt waren, finden sich hier wieder. Friese, die in Fassaden oder Glas geritzt wurden, bildeten die natürliche Flora und Fauna wie Palmen, Pelikane und Flamingos ab. Sie orientierten sich, harmonisch und lyrisch, auch an der in Amerika einzigartigen Jazz-Bewegung. Die Art-déco-Architektur in Miami Beach ist von Wasser umgeben und hat somit auch ihre eigene rhythmische Sprache entwickelt, mit vielen wellenartigen Mustern und Brunnen.

Die Entwicklung des Miami Look

Während der Art déco im Nordosten industrielle, sozialistische Züge hatte, ließen die klaren Linien der Architektur von Miami Beach Raum für fröhliche, verspielte und hoffnungsvolle Akzente. Fortschrittsdenken und Zukunftsträumereien machten sich breit. Die Raumfahrt wurde im Design aufgegriffen: Gebäude begannen, Raketen zu ähneln, und die Dachlinien verkörperten Fantasien über Reisen durch das Universum. Geometrische und abstrakte Zickzackmuster oder abgestufte Formen standen nicht nur für die Kultur der Ägypter und der Azteken, sondern symbolisierten auch elektrische Blitzschläge. Sonnenstrahlen – auch dies eine von einer alten Kultur übernommene Bildsprache – wurden den dunklen Tagen der Depression als lebensbejahende Elemente entgegengesetzt.

Da alle Hotels auf Grundstücken derselben Größe erbaut waren, begannen die Architekten von South Beach damit, sich durch dekorative Kreuzblumen und Brüstungen von ihren Nachbarbauten zu unterscheiden. Auch Neonschilder halfen, den Gebäuden einen individuellen Touch zu verleihen. Der Art-déco-Stil von Miami Beach basierte auf nach hinten abgestuften Fassaden, die das harte, flache Licht unterbrachen und den Straßen etwas Rhythmus verliehen. Frei schwebende „Augenbrauen", die über Fenstern hervorragten, sollten das Innere vor der unerbittlichen Sonne schützen. Hotelgäste konnten unter Veranden mit Vordach im Kühlen sitzen. Um die Hitze abzustrahlen, wurden Gebäude früher weiß gestrichen, kleinere Elemente wurden mit fröhlichen Farben hervorgehoben. Erst später, in den 1980er-Jahren, entwickelte der Innenarchitekt Leonard Horowitz die Pastellfarbenpalette, die schnell zum Standard wurde.

Der Art déco wurde von modernistisch demontierter Ästhetik zwar inspiriert, doch er rebellierte teilweise auch gegen den Utilitarismus. Aufwendige Basreliefs und Friese schmücken die Fassaden vieler Hotels in South Beach.

Die Auswirkungen der Weltwirtschaftskrise waren noch überall zu spüren, und so beschränkte sich die Ausschmückung der Gebäude auf die Fassaden; im Inneren fand man nur das Nötigste. Dabei waren Arbeitskräfte billig und jederzeit verfügbar.

Miami Beachs Querstraßen werden über die Gebäudenummern bestimmt. Zwei Nullen hinter der ersten Zahl bedeuten, dass sich das Gebäude am Ende des Häuserblocks befindet. Somit liegt 700 Ocean Dr direkt an der Ecke 7th St und Ocean Dr, während 1420 Ocean Dr mitten im Häuserblock an der Kreuzung 14th St und Ocean Dr ist.

Die Ersten, die die in Florida so beliebten Terrazzoböden herstellten, waren Italiener. Dabei wird verschiedenfarbiges *terrazzo* – mit Beton vermischte zerstoßene Steine, Muscheln, Marmorsplitter oder Granit – in eine Form mit Mustern gegossen und poliert. Diese bemerkenswerte Verbindung von Form und Funktion sorgt für erfrischend kalte Füße.

Miami Beach benötigte sehr viele Zimmer, von denen die meisten am Ende eher von geringer Größe waren. Da niemand erwartete, dass sie so lange stehen würden, wurden die meisten Hotels mit billigem Beton und Mörtel gebaut, der mit zu viel Sand vermischt war. Das Äußere wurde vorwiegend mit Stuck verputzt, aber auch der hier abgebaute Korallenstein (ein heimischer Kalkstein) wurde verwendet. Abgesehen vom Korallenstein konnte keines der Materialien die Zeit mit Würde überdauern, was ein Grund dafür ist, dass dieser Stadtteil dem Verfall und der Verwahrlosung preisgegeben wurde. Dies ist auch der Grund, warum in dem Viertel ständig Renovierungen im Gange sind.

Restaurierung des Deco District

Der Art Deco Historic District ist das Herzstück von South Beach und er ist einer der größten historischen Viertel im National Register of Historic Places der USA. Tatsächlich ist seine Verjüngungskur und Wiedergeburt als wichtiges Touristenziel unmittelbar dem Schutzstatus als historische Stätte zu verdanken, den er seit 1979 innehat. In den 1980er-Jahren, als hier vorwiegend Kriminelle und von der Gesellschaft Verstoßene – alte Menschen, geistig Behinderte und Arme – lebten, war die Kriminalitätsrate extrem hoch, durch die Aufnahme in das National Register durften Bauunternehmer große Teile dieser Ansammlung an verfallenden Gebäuden aber nicht einfach abreißen. Diese Zeiten sind allerdings längst vorbei. Mittlerweile sind die Fassaden der Hotels und Apartments ausgesprochen farbenfroh und weisen architektonische Details in Pastellfarben auf. Je nach Sichtweise wird man von den bunten Gebäuden in die Goldenen Zwanziger zurückversetzt oder man fühlt sich einfach nur wie auf einer amerikanischen Kitschparade.

Die 1979 von Barbara Baer Capitman gegründete Miami Design Preservation League (MDPL) hatte sich für die Aufnahme in das National Register stark gemacht, nachdem sie voller Entsetzen von Plänen Wind bekommen hatte, dass mehrere historische Gebäude des heutigen Omni Center abgerissen werden sollten. Und ihr Einsatz war sehr energisch.

Der Mitbegründer der MDPL, Leonard Horowitz, spielte eine entscheidende Rolle dabei, South Beach wieder in den Fokus der Aufmerksamkeit zu rücken, indem er die damals noch farblosen Déco-Gebäude in knalligem Pink, Lavendel und Türkis anstrich – seine Farbauswahl wurde vom Sonnenaufgang, vom Sonnenuntergang, den sich ändernden Farben des Meeres und dem Farbspiel der Landschaft inspiriert. Nachdem es seine Restaurierung der Friedman's Pharmacy 1982 auf das Cover der Zeitschrift *Progressive Architecture* schaffte, waren die angehenden Hollywoodproduzenten von *Miami Vice* davon angetan – und der Rest ist Geschichte.

Eines der besten Merkmale der etwa 1000 Gebäude des Stadtviertels ist ihre Größe: Die meisten sind nicht höher als eine Palme. Und obwohl die Architektur längst nicht einheitlich ist – hier mischen sich Streamline-Moderne, mediterrane Revival-Architektur und tropische Art-déco-Designs –, mutet sie dennoch recht harmonisch an.

Interessanterweise beruht die Bedeutsamkeit dieser Déco-Gebäude in Miami Beach eher auf ihrer schieren Anzahl und ihrem Schutzstatus durch das National Register of Historic Places; einzeln gesehen wäre der Wert dieser kostengünstig erbauten Häuser weitaus geringer.

Tagträume im Art-déco-Stil

Manch einer wird sich fragen, was es mit diesem Art déco eigentlich auf sich hat. Der Begriff wird in Miami sicherlich übermäßig verwendet. Angesichts der Häufigkeit, mit der er für Marketingzwecke von Hotels eingesetzt wird, könnte man meinen, Art déco sei der Grundpfeiler von Miamis Architektur: „Das Resort besitzt eine reizende Déco-Fassade",

CONCH HOUSES – DIE MUSCHELHÄUSER VON KEY WEST

Miami hier, Miami da. Okay, die starke Übertreibung der Architektur der „Magic City" ist sicherlich gerechtfertigt. Aber was ist mit Key West? Dort stehen auf einer der hübschesten Inseln Amerikas und auf einem Gebiet, das leicht zu Fuß zu erkunden ist, zahllose großartige historische Gebäude. Worauf also warten?

Die traditionellen Wohnhäuser der Keys werden *conch houses* (Muschelhäuser) genannt. Ihren Namen verdanken sie den Muschelschalen, die aus Mangel an Stein und Holz als Baumaterial verwendet wurden. Heute werden sogar die Einheimischen der Keys „Conchs" genannt. Die Muschelhäuser zählen zu den besten Beispielen karibischer Kolonialarchitektur in den USA außerhalb von New Orleans. Es handelt sich dabei um elegante, offensichtlich europäische Wohnhäuser, und während sie alles andere als gleich aussehen, finden sich doch einige Gemeinsamkeiten. Fensterläden, rund um das Haus verlaufende Veranden, Schrägdächer und Pfeiler, auf denen die Gebäude stehen, sind alles Elemente, die zu Zeiten, in denen es noch keine Klimaanlagen gab, für möglichst viel Schatten und Durchzug sorgten.

Viele Muschelhäuser wurden Anfang des 20. Jhs. dem Verfall preisgegeben. Als sich in South Beach allerdings eine Gemeinschaft aus Künstlern, Schwulen und Lesben ansiedelte, wurde das Viertel saniert und somit ein Teil des amerikanischen Erbes gerettet. Gleichzeitig erhielt Key West auf diese Weise die unverwechselbare ästhetische Note, die es für Traveller unter anderem so attraktiv macht. Im Historic District von Key West (am Westende der Insel) sind zahlreiche Muschelhäuser zu bestaunen. Eine besonders schöne Auswahl auf relativ kleinem Raum findet man, wenn man auf der Eaton St die vier Häuserblöcke von der Ecke Eaton/William St bis zur Ecke Eaton/Whitehead St entlang geht.

„Unser Boutiqueanwesen besticht durch seine Déco-Veranden" oder „Sind Ihnen die Déco-Säulen unseres Salons aufgefallen?". Und so geht es immer weiter.

In Wirklichkeit verdankt Miami Beach dem Art déco eine Art Wiedergeburt. Dieser Architekturstil hat die Gebäude einzigartig gemacht und das Interesse Hollywoods geweckt, das eine amerikanische Romantik im Optimismus und in der Innovation eines Stils sah, der Kubismus, Futurismus, Moderne und ganz besonders Bewegung miteinander vereinte. Darüber hinaus war es jedoch auch eine Anspielung auf und teilweise vielleicht sogar ein Zeichen des Respekts vor den aufwendigen Verzierungen des europäischen Dekors. Art déco ist die Verbindung zwischen der aufwendigen Designästhetik des 19. Jhs. und der nackten Effizienz des 20. Jhs. Im Gegensatz zu Wolkenkratzern sind Déco-Hotels modern und doch zugänglich, mit ihren Freskenwänden und Vorsprüngen über den Fenstern sogar regelrecht freundlich.

Was an Miamis Art déco aber wirklich großartig ist, ist die Musterrolle, die er einnimmt. Der Art Deco Historic District von South Beach, eines der angesagtesten Touristenziele im Land, dient den Stadtvätern als ständige Erinnerung daran, dass es beim Schutz historischer Stadtviertel nicht nur um die akribische Detailtreue geht, sondern dass manchmal auch der sparsame und praktische Weg zum Ziel führt. In einer Stadt, deren Gebäude im Eiltempo erbaut wurden, ist es ganz amüsant zu sehen, dass das Herz des beliebtesten Viertels ein Produkt aus Denkmalschutz und intelligenter Planung ist.

Post-déco, MiMo & mehr

Miamis Architektur besteht aber nicht nur aus Art déco. Wie in allen Städten spiegelt auch der Baustil Miamis Geschmack und Gesinnung der Einwohner wider. Diese Einheimischen sind die Anhänger einer ästhetischen Philosophie, wie sie von Miami Beachs beliebtestem Architekten, Morris Lapidus, befürwortet wird: „Zu viel ist niemals genug." Die frühesten Beispiele dieses hausgemachten Verschönerungswahns sind die Herrenhäuser im mediterranen Revival-Stil von Coral Gables sowie das an Fabergé-Eier erinnernde Vizcaya. Die Wohnhäuser im Hochzeitstorten-Stil brachten Miami den Ruf als Stadt der Fantasien und Träume jenseits der Grenzen des konventionellen Geschmacks ein, in der Experimente ein Lächeln hervorriefen, solange sie nur schrill und auffällig waren. Sie sprachen auch eine ganz bestimmte Gesinnung Miamis an, die im Geschmack dieser Stadt bis heute tief verwurzelt ist: Protze mit dem was du hast und reibe es den anderen so oft wie möglich unter die Nase.

Die Art-déco-Bewegung kam im frühen 20. Jh. auf, als das Reisen für viele erschwinglich wurde. Schiffsreisen galten als Luxus pur und viele Art-déco-Gebäude haben Bullaugen als Fenster.

Diese Vorliebe für fantasievolles, dekoratives Flair in Kombination mit imposanten Hotels und Apartments der 1950er-Jahre brachten den Miami Modernism (MiMo) hervor. Der MiMo verabschiedete sich von den glatten Linien und der mächtigen Präsenz der internationalen Moderne, vermied unter der Leitung von Lapidus aber auch die Schmucklosigkeit zugunsten großartiger, theatralischer Inszenierung. Lapidus selbst beschrieb sein bekanntestes Bauwerk, das Fontainebleau, als ein Werk unter dem Einfluss der beliebtesten Massenmedien seiner Zeit: Hollywoods und des Kinos. Die Pracht, die Lapidus in seinen Gebäuden einfing, sollte Miamis ästhetische Zukunft bestimmen. Versace verwendete sie im Design seiner Kleidung und Ian Schrager hat die Ausstattung seiner Hotels an diese Art der märchenhaften Möglichkeiten angelehnt. Und das alles ergibt auch durchaus Sinn: Der Begriff „Glamour" bezeichnete ursprünglich eine Art Zauber, der Menschen dazu bewegt, die Dinge anders zu sehen, als sie in Wirklichkeit sind – eine angemessene Inspiration für die Gebäude der „Magic City" also.

Überall in Miami Beach gibt es hervorragend renovierte Art-déco-Gebäude, in denen moderne Ästhetik mit klassischen Déco-Details kombiniert wurde. In gewisser Hinsicht ist die moderne South Beach Designschule lediglich die natürliche Weiterentwicklung der in den 1930er-Jahren geschaffenen Grundsätze des Déco. Hoteliers wie Ian Schrager verbinden ihre Technikgläubigkeit – in diesem Fall Flachbild-TVs, Acrylstühle und computergesteuerte Lobbydisplays – mit Glamour. Das Design von Miami Beach wird noch immer von Zukunftsvorstellungen (eine Fantasie der bestmöglichen Zukunft) geleitet; hinzu kommt eine tiefe Verneigung vor dieser unvergleichlichen dekorativen Kunst. Aber auch neuere Hotels wie das 1 Hotel South Beach und das W spielen mit dem architektonischen Gefühl für Proportionen, indem sie in die (enormen) Dimensionen des MiMo-Stils Déco-Elemente integrieren. Während die Déco-Hotels in der Vergangenheit gerade einmal eine Parzelle eines Häuserblocks einnahmen, erstrecken sich die zukünftigen Megahotels von Miami Beach über einen gesamten Straßenblock.

GLOWIMAGES/GETTY IMAGES ©

Art déco in Miami

South Beach ist als Tummelplatz von Promis bekannt. Seine eigentliche Anziehungskraft verdankt das Viertel jedoch nicht den Stars und Paparazzi, sondern seiner wundervoll erhaltenen Architektur: Markant und kraftvoll prägt der Art-déco-Stil die Ästhetik von SoBe – in Form von weichen Linien, hellen Pastelltönen und interessant strukturierten Fassaden mit integrierten Neonschildern.

Inhalt

➜ Klassisch 260
➜ Verziert 262
➜ Kurios 264

Oben Detail eines Art-déco-Wandreliefs, Miami

1

2

1. Cardozo Hotel **2.** Rettungsschwimmerturm
3. Essex House Hotel

Klassischer Art-déco-Stil in South Beach

Früher profilierten sich Architekten in South Beach gern mit dekorativen Elementen, Geländern und Neonschildern. Der Miami-Beach-Déco durchbricht Floridas gleißendes Licht mit „gestaffelten" Fassaden. Herausstehende „Augenbrauen" über den Fenstern fungieren dabei als Sonnenschutz für die Innenräume.

Cardozo Hotel (S. 103)

Das hübsche Cardozo und das Carlyle Hotel waren die ersten Architekturperlen, die von der Miami Beach Preservation League gerettet wurden, als die Déco-Bauten von SoBe in den 1980er-Jahren abgerissen werden sollten. Die eleganten Linien und die beiden „Radkappen" im oberen Fassadenbereich erinnern an das Studebaker-Automodell von 1937. Das Hotel gehört heute Gloria Estefan.

Essex House Hotel (S. 116)

Bullaugenförmige Fenster verleihen dem Essex den Vibe eines noblen Kreuzfahrt-Kahns, während die Turmspitze nach Raumschiff aussieht – was davon zeugt, dass die Déco-Ästhetik einst den Modernismus und Industrialismus ergänzen sollte. Terrazzoböden kühlen die Lobby.

Rettungsschwimmertürme am South Beach (S. 69)

Diese kubistisch inspirierten Vertreter des klassischen Déco-Stils säumen den Strand zwischen der 1st und 17th St. Ihre attraktive Geometrie mit klaren Linien wird durch strahlende Farben unterstrichen.

Postamt (S. 65)

Die imposante Post prunkt mit einer abgerundeten Fassade, einer leuchtturmähnlichen Kuppel und déco-typischen Glasbausteinen über dem Eingang. Das Innere zieren geometrisch angeordnete Briefkästen in Goldtönen. Die Lampeninstallation an der großartigen Decke besteht aus einer prächtigen Déco-Sonne, die von Sternen umkreist wird.

Elemente & Verzierungen

Trotz ihrer Einzigartigkeit teilen die Gebäude von SoBe gewisse Konstruktionskonzepte und dekorative Elemente – darunter Veranden mit kühlenden Baldachinen. Zwecks Hitzeschutz wurden die Mauern zuerst weiß und später oft in Pastelltönen gestrichen, wobei man Details mit Farbakzenten hervorhob. Manche Hotels erinnern an mesoamerikanische Tempel, andere eher an Kreuzfahrtschiffe.

Room Mate Waldorf Towers (S. 113)

Der Déco-Guru L. Murray Dixon gestaltete den Turm dieses Hotels wie einen Leuchtturm – wahrscheinlich, um beschwipsten Nachtschwärmern heimzuleuchten.

Colony Hotel

Das älteste Déco-Hotel in Miami Beach (Karte S. 72; 736 Ocean Dr) war in Miami und eventuell sogar den ganzen USA das erste, bei dem das Namensschild als rechtwinkliges Neon-Schmuckstück in das Gesamtdesign integriert wurde. Saturnförmige Lampen und Aufzüge à la Flash Gordon machen die tolle Lobby zum Paradebeispiel für futuristische Gestaltung.

Cavalier South Beach (S. 112)

Dieses Hotel zeigt Anspielungen auf maritime Themen: Der Name Cavalier bedeutet so etwas wie „Reiter“, wobei in diesem Fall Seepferdchen als Reittiere fungieren und in stilisierter Form auf der Fassade abgebildet sind. Das Tropen-Thema setzt sich fort in ebenfalls stilisierten Palmen, deren Stämme die Fassade flankieren.

Wolfsonian-FIU (S. 64)

Die Lobby des Museums beherbergt ein grandioses Exemplar eines „Springbrunnens“. Die mit Blattgold überzogene Skulptur befand sich früher in einem Kino.

Crescent Resort

Das Crescent (Karte S. 67; 1420 Ocean Dr) hat eine der bekanntesten Neonfassaden von Miami Beach. Das Schild lenkt den Blick jedoch eher auf die Lobby als aufs Dach.

1

1. Cavalier Hotel **2.** Crescent Resort **3.** Room Mate Waldorf Towers

3

FELIX MIZIOZNIKOV/SHUTTERSTOCK ©

Avalon Hotel

Art-déco-Kuriositäten

Tropischer Art déco soll vor allem die Fantasie anregen: Die gemalten Akzente lassen Passanten möglicherweise an archäologische Stätten oder Reisen denken – oder vielleicht an Kreuzfahrten, was beispielsweise auch die bullaugenförmigen Fenster auf humorvolle Weise unterstützen. Fast alle erhaltenen Déco-Gebäude in Miami erwecken eine Art kindlichen Staunens.

Winter Haven Hotel (S. 116)

Das Äußere des Hotels ist geprägt von Schatten spendenden „Augenbrauen" und eindrucksvoller Geometrie: Eine elegante Kurve aus Fenstern bildet einen senkrechten Streifen in der Fassadenmitte. Der futuristische Stil der ungewöhnlichen Beleuchtungselemente im Inneren könnte vom Science-Fiction-Film *Metropolis* (1927; Regie: Fritz Lang) inspiriert sein.

Avalon Hotel

Das Avalon (Karte S. 72; ☎800-933-3306, 305-538-0133; www.avalonhotel.com; 700 Ocean Dr; Zi. 200–340 US$; ❄📶) ist ein herrliches Beispiel für den klassischen Art-déco-Stil: Die Fassade kombiniert klare Linien mit einem altmodischen Neonschild. Davor stehen grüne Topfpalmen und ein Oldsmobile-Oldtimer aus den 1950er-Jahren.

11th Street Diner (S. 123)

Mehr Déco geht wohl kaum: Hier speist man in einem klassischen Pullman-Wagen. Viele Gebäude in Miami Beach erinnern an Flugzeuge, Autos oder Züge – und dieses Diner ist tatsächlich in einem echten Bahnwaggon untergebracht.

Praktische Informationen

ALLGEMEINE INFORMATIONEN . . .266
Arbeiten in Florida 266
Botschaften & Konsulate 266
Essen & Trinken 267
Feiertage & Ferien 267
Frauen unterwegs 267
Freiwilligenarbeit 267
Gefahren & Ärgernisse . . 268
Geld 268
Gesundheit 269
Internetzugang 270
Öffnungszeiten 270
Post 270
Rechtsfragen 270
Reisen mit Behinderung . . 271
Schwule & Lesben 271
Strom 271
Telefon 271
Toiletten 272
Touristeninformation 272
Unterkunft 272
Versicherung 274
Visa 274
Zeit 274
Zoll 274

VERKEHRSMITTEL & -WEGE 275
AN- & WEITERREISE 275
Einreise 275
Flugzeug 276
Auf dem Landweg 276
Übers Meer 277
UNTERWEGS VOR ORT . . .277
Auto & Motorrad 277
Bus 279
Fahrrad 279
Flugzeug 279
Nahverkehr 280
Schiff/Fähre 280
Trampen 280
Zug 280

SPRACHE 281

Allgemeine Informationen

Arbeiten in Florida

Themenparks und touristische Strandorte bieten oft die Möglichkeit, saisonal im Servicebereich zu arbeiten. Solche Jobs lassen sich häufig leicht ergattern, sind aber schlecht bezahlt.

Achtung: Wenn man kein offizieller Einwanderer ist und nur ein normales Besucher- bzw. Touristenvisum besitzt, ist jegliche Lohnarbeit in den USA ausdrücklich untersagt! Ertappte illegale Arbeiter werden rigoros abgeschoben. Zudem müssen Arbeitgeber ein Bußgeld berappen, wenn sie nicht den Nachweis erbringen, dass alle Angaben ihrer Angestellten der Wahrheit entsprechen. Vor allem Südflorida ist einschlägig für große Scharen illegal arbeitender Ausländer bekannt. Somit sind die Einwanderungsbeamten hier besonders wachsam.

Infos im Internet

Um legal in den USA arbeiten zu können, müssen Ausländer bereits vor Abreise ein Arbeitsvisum beantragen. Austauschstudenten brauchen ein J1-Visum, das sich mithilfe folgender Organisationen erlangen lässt:

- American Institute for Foreign Study (www.aifs.com)
- BUNAC (www.bunac.org)
- Camp America (www.campamerica.aifs.com)
- Council on International Educational Exchange (www.ciee.org)
- InterExchange (www.interexchange.org) Camp- und Au-Pair-Programme
- Studieren in den USA (https://www.studieren-in-usa.de/)
- College Contact (https://www.college-contact.com/usa)

Für Festanstellungen (befristet oder unbefristet) benötigen Nicht-Studenten die Unterstützung eines Arbeitgebers, der ein Visum der Kategorie H beschafft. Solche Visa sind jedoch nicht leicht zu bekommen.

Botschaften & Konsulate

Die Website des US-Außenministeriums (Department of State; www.usembassy.gov) informiert über alle amerikanischen Auslandsvertretungen. Einige Länder wie die folgenden unterhalten neben ihrer jeweiligen Botschaft in Washington, D.C. auch ein (Honorar-) Konsulat in Miami:

Deutschland (☎305-358-0290; www.germany.info; 100 N Biscayne Blvd, Ste 2200)

Kanada (☎305-579-1600; www.can-am.gc.ca/miami/menu.aspx; 200 S Biscayne Blvd, Ste 1600)

PRAKTISCH & KONKRET

Fernsehen In Florida stehen alle großen US-Sender und Kabelprogramme zur Verfügung. Florida Smart (http://floridasmart.com/news) führt ein Gesamtverzeichnis, das nach Regionen sortiert ist.

Maße & Gewichte Die USA messen Längenwerte in *inches* (Zoll), *feet* (Fuß), *yards* (Yard) und *miles* (Meilen), Gewichte in *ounces* (Unzen), *pounds* (Pfund) und *tons* (Tonnen).

Rauchen In Florida ist in allen geschlossenen Arbeitsräumen (u. a. Restaurants, Läden) das Rauchen verboten; Ausnahmen: „reine" Bars ohne Restaurantbetrieb und spezielle Raucherzimmer in Hotels.

Zeitungen & Zeitschriften Zu Südfloridas großen Tageszeitungen zählen der *Miami Herald* (erscheint auch als *El Nuevo Herald* auf Spanisch), die *Miami New Times*, der *Key West Citizen* und der *South Dade News Leader* (www.southdadenewsleader.com).

Mexiko (☎786-268-4900; http://consulmex.sre.gob.mx/miami; 1399 SW 1st Ave)

Österreich (☎954-925-1100; office@austrianconsulatemiami.com; 2445 Hollywood Blvd, Hollywood)

Schweiz (☎404-870-2000; miami@honrep.ch; 1561 Agua Avenue, Coral Gables)

Essen & Trinken

Detaillierte Infos und wichtige Hinweise zu Südfloridas Gastroszene gibt's unter „Essen & Trinken" (S. 41) und „Trinkgeld" (S. 268).

PREISKATEGORIEN: ESSEN

Die folgenden Preisangaben gelten jeweils für ein normales Hauptgericht am Abend. In Miami kommen in allen Kategorien noch ca. 5 US$ hinzu.

**$** unter 15 US$

**$$** 15–25 US$

**$$$** über 25 US$

Feiertage & Ferien

An den folgenden öffentlichen Feiertagen sind Banken, Schulen und Behörden (inkl. Postämter) landesweit geschlossen. Bei Verkehrsmitteln, Museen und anderen Einrichtungen gelten die jeweiligen Sonntagszeiten. Viele Geschäfte haben dennoch regulär geöffnet. Falls Feiertage aufs Wochenende fallen, werden sie gewöhnlich auf den folgenden Montag gelegt.

Neujahr 1. Januar

Martin Luther King Jr. Day Dritter Montag im Januar

Presidents Day Dritter Montag im Februar

Memorial Day Letzter Montag im Mai

US-Unabhängigkeitstag 4. Juli

Labor Day Erster Montag im September

Columbus Day Zweiter Montag im Oktober

Veterans Day 11. November

Thanksgiving Vierter Donnerstag im November

Weihnachten 25. Dezember

Frauen unterwegs

Abgesehen von den üblichen betrunkenen Rüpeleien in Miami und Key West bereitet Florida allein oder in Gruppen reisenden Frauen keine speziellen Probleme.

Allerlei nützliche allgemeine Hinweise für weibliche Traveller gibt's u. a. hier:

- Die Community-Website www.journeywoman.com liefert neben Reisetipps von Frauen für Frauen auch Links zu weiteren Infoquellen.
- Hilfreich ist auch die PDF-Broschüre *Her Own Way* der kanadischen Regierung, die gratis unter https://travel.gc.ca/travelling/publications/her-own-way heruntergeladen oder online gelesen werden kann.

Ebenfalls von Nutzen könnten diese beiden landesweiten Interessenverbände sein:

National Organization for Women (www.now.org)

Planned Parenthood (www.plannedparenthood.org) Führt Verzeichnisse mit Gesundheitszentren in den ganzen USA.

In puncto Sicherheit gelten für alleinreisende Damen und Herren dieselben Vorsichtsmaßnahmen. Allerdings werden Frauen vergleichsweise öfter unerwünscht angesprochen oder belästigt. Manche haben daher gern eine Trillerpfeife, Reizgas oder Pfefferspray zur Selbstverteidigung dabei. Ausschließlich zu diesem Zweck dürfen solche Gase bzw. Sprays in Florida legal mitgeführt und benutzt werden. Ihre Mitnahme in Flugzeugen ist aber per US-Bundesgesetz strikt untersagt.

Opfer sexueller Übergriffe wenden sich am besten zuerst an eine Hotline für Vergewaltigungsopfer oder direkt an ein Krankenhaus – und erst dann an die Polizei (☎911): Nicht alle Polizisten haben genug Gespür oder Erfahrung für den Umgang mit Opfern von sexueller Gewalt. Kliniken oder spezielle Hilfszentren setzen sich dagegen für die Betroffenen ein und fungieren als Schnittstellen gegenüber anderen Einrichtungen (inkl. Polizei). Telefonbücher enthalten Verzeichnisse mit örtlichen Anlaufstellen. Zudem steht die National Sexual Assault Hotline (☎800-656-4673) des Rape, Abuse & Incest National Network (RAINN; www.rainn.org) rund um die Uhr gebührenfrei zur Verfügung.

Freiwilligenarbeit

Freiwilligenarbeit kann prima sein, um eine lange Reise zu unterbrechen und tolle Erfahrungen zu machen: Man lernt dabei Land und Leute in einer Weise kennen, wie es bei einer bloßen Durchreise niemals möglich wäre. Tierreservate und kleine Parks freuen sich immer über kurzzeitige Engagements.

Die State Parks in Florida würden ohne die Freiwilligen nicht funktionieren, und jeder Park koordiniert seine eigenen Helfer. Meist werden sie auch noch von ehrenamtlichen „Freundesorganisationen" (offiziell bekannt unter dem Namen Citizen Support Organizations) unterstützt. Die Website der Florida State Parks (www.floridastateparks.org/get-involved/volunteer) liefert Links, Infos und Kontaktadressen.

Everglades National Park (☎305-242-7700; www.nps.gov/ever; 40001 SR-9336, Homestead; Fahrzeugpass 25 US$; ⊙Visitor Center 9–17 Uhr; 👪) Freiwilligenprogramme für Einzelpersonen und Gruppen.

Florida Keys National Marine Sanctuary (☎305-809-4700; www.floridakeys.noaa.gov/volunteer_opportunities/welcome.html) Vermittelt Freiwillige an zahlreiche Umweltschutzprogramme auf den ganzen Keys.

Miami Habitat for Humanity (www.miamihabitat.org) In ganz Florida sehr aktiv (z. B. mit Wohnungsbau und Obdachlosenhilfe).

Shake a Leg Miami Kommunales Wassersportzentrum in Coconut Grove, das sich um finanziell und gesundheitlich benachteiligte Kinder kümmert.

Volunteer Florida (www.volunteerflorida.org) Ist die größte staatliche Organisation und koordiniert die Arbeit der einzelnen Zentren in ganz Florida. Die Hauptzielgruppe sind Einheimische, doch auch Besucher können nach passenden Programmen fragen.

Gefahren & Ärgernisse

- In einigen Teilen von Miami gibt es hohe Kriminalitätsraten, z. B. in Little Haiti und den typischen Orten zum Ausgehen wie Overtown gleich nördlich der Innenstadt. Dort besonders wachsam sein und auch Downtown selbst bei Dunkelheit möglichst meiden!
- South Beach leidet hauptsächlich entlang des feierwütigen Ocean Dr (zwischen 8th und 11th St) unter steigender Kriminalität.
- Vor allem spätnachts und am Wochenende ist Alkohol im Straßenverkehr ein großes Problem in ganz Südflorida.
- Vorsicht auch beim Schwimmen im Meer: Hierbei besteht mitunter Gefahr durch Brandungsströmungen und Quallen (vor allem Portugiesische Galeeren).

Hurrikane

September und Oktober sind die potenziell gefährlichsten Monate während Floridas Wirbelsturmsaison (Juni–Nov.). Allgemein entwickeln sich nur wenige Stürme über dem Atlantik oder Golf von Mexiko zu Hurrikanen. Noch seltener treffen diese dann auf Florida. Falls aber doch, können sie enorme Verwüstungen anrichten. Somit sollten Traveller unbedingt alle Alarmmeldungen, Warnungen und Evakuierungsmaßnahmen in Verbindung mit Hurrikanen äußerst ernst nehmen.

Die generell sehr frühe Sichtung von Hurrikanen lässt gewisse Zeit zur Vorbereitung. Bei akuter Sturmwarnung ist es ratsam, aktuelle Meldungen in Radio und Fernsehen genau zu verfolgen. Weitere wichtige Infos erteilen die folgenden Stellen:

Florida Division of Emergency Management (www.floridadisaster.org) Hinweise zur Vorbereitung auf Hurrikane.

Florida Emergency Hotline (☎800-342-3557) Aktuelle Infos bei Sturmwarnung.

Hurricane Hotline (☎305-468-5400)

National Weather Service (www.weather.gov)

STAATLICHE REISEINFORMATIONEN

Deutschland (www.auswaertiges-amt.de/de/ReiseUndSicherheit)

Österreich (www.bmeia.gv.at/reise-aufenthalt/)

Schweiz (www.eda.admin.ch/eda/de/home/vertretungen-und-reisehinweise.html)

USA (http://travel.state.gov)

Geld

Ausländisches Bargeld lässt sich an Südfloridas internationalen Flughäfen und bei den meisten großen Bankfilialen in Miami umtauschen.

An den vielen und gut funktionierenden Geldautomaten der Region wird beim Abheben mit ausländischen Karten jeweils eine Transaktionsgebühr (ca. 3 US$) fällig.

Bekannte Kreditkarten werden in Südflorida überall akzeptiert und sind für Mietwagen obligatorisch.

Die weite Verbreitung von Geldautomaten macht Reiseschecks heute größtenteils überflüssig. Die meisten Mittel- und Spitzenklassehotels akzeptieren aber immer noch Reiseschecks in US-Dollar als Alternative zu Bargeld. Bei Budgetunterkünften ist dies jedoch kaum der Fall.

Steuern

Wie in den übrigen USA enthalten Preisangaben in Südflorida keine Steuern. Bei Einkäufen, Restaurantrechnungen, Konzertkarten und geführten Touren ist daher immer eine extra hinzukommende Verkaufs- bzw. Dienstleistungssteuer (7–8 %; kommunal variierend) mit einzukalkulieren. Nur Lebensmittel sind davon ausgenommen.

Die separate Übernachtungssteuer auf Hotelrechnungen ist vergleichsweise höher (10–13 %).

Trinkgeld

Trinkgeld ist in den USA obligatorisch und daher nur bei ausgesprochen schlechtem Service zu verweigern!

Baristas in Cafés Etwas Kleingeld ins Glas werfen

Barkeeper 1 US$/Drink, bei aufwendigen Cocktails ab jeweils 2 US$/Drink

Friseure 10–15 %

Gepäckträger (Flughäfen & Hotels) 1 US$ pro Gepäckstück

Restaurantkellner Bei normalem/gutem/hervorragendem Service 15/18/20 %

Taxifahrer 10–15 %

Zimmerpersonal Ein paar US-Dollar nach Mehrfachübernachtung

Gesundheit

Dank der generell hohen US-Hygienestandards besteht auch in Florida zumeist kein hohes Risiko durch Infektionskrankheiten.

➜ Spezielle Impfungen sind nicht erforderlich; Leitungswasser kann bedenkenlos getrunken werden.

➜ Trotz vieler furchterregender Tiere drohen in Florida größtenteils nur Sonnenbrand und Moskitostiche.

➜ Dennoch bedingen potenzielle Unfälle wie überall eine ausreichende Reiseversicherung. Bei medizinischen Notfällen in den Everglades werden Patienten meist nach Miami transportiert.

➜ Auf den meisten großen Inseln der Keys (u. a. Marathon, Islamorada, Key Largo) gibt's Notfallpraxen.

Bevor es losgeht

KRANKENVERSICHERUNG

Die USA haben eines der besten Gesundheitssysteme der Welt. Allerdings sind viele Behandlungen ohne entsprechende Versicherung quasi unbezahlbar – insbesondere bei stationären Krankenhausaufenthalten! Schon ein einfacher Arztbesuch kann mehrere Hundert US-Dollar kosten!

➜ Man sollte aus diesem Grund unbedingt eine entsprechende Reisekrankenversicherung abschließen bzw. einen bereits vorhandenen Schutz angemessen erweitern.

➜ Außerdem gilt es herauszufinden, ob die eigene Versicherung direkt mit medizinischen Behandlungseinrichtungen im Ausland abrechnet. Andernfalls muss man bei späterer Rückerstattung zunächst selbst in Vorleistung gehen.

Wir müssen es ganz deutlich sagen: **Ein einfacher Arztbesuch kann Hunderte von Dollar kosten und ein Krankenhausaufenthalt tausende**, wenn die Versicherung die Kosten nicht trägt.

MEDIKAMENTE

➜ Alle benötigten Medikamente sollten deutlich beschriftet in ihren Originalverpackungen mitgebracht werden.

➜ Empfehlenswert ist auch ein datierter und unterschriebener Brief des eigenen Arztes, der umfassenden Aufschluss über den Gesundheitszustand und alle verordneten Arzneien (inkl. deren generischer Namen) gibt.

➜ US-Apotheken (*drugstores*) haben sehr große Sortimente. Achtung: Manche Medikamente sind im Ausland rezeptfrei erhältlich, in den USA aber verschreibungspflichtig – und selbst bei Deckung der Rezeptkosten durch eine Krankenversicherung teils extrem teuer!

INFOS IM INTERNET

Das Internet liefert zahllose Infos zur Gesundheit auf Reisen. Beispiele für empfehlenswerte Websites:

MD Travel Health (www.mdtravelhealth.com) Umfassende, aktuelle und kostenlose Gesundheitshinweise für alle Reiseländer.

Weltgesundheitsorganisation (World Health Organization, WHO; www.who.int/ith) Veröffentlicht per Gratis-Download den hervorragenden Ratgeber *International Travel and Health*.

Centrum für Reisemedizin (CRM; https://www.crm.de/)

Fit for Travel (CRM; https://www.fit-for-travel.de/)

Zudem empfiehlt sich stets ein Blick auf die Reisewebsite des eigenen Außenministeriums:

Deutschland (www.auswaertiges-amt.de/de/ReiseUndSicherheit)

Österreich (www.bmeia.gv.at/reise-aufenthalt/)

Schweiz (www.eda.admin.ch/eda/de/home/vertretungen-und-reisehinweise.html)

MEDIZINISCHE VERSORGUNG & KOSTEN

➜ Bei ernsthaften Gesundheitsproblemen heißt's schnellstmöglich die Notaufnahme des nächstgelegenen Krankenhauses aufsuchen.

➜ In weniger dringenden Fällen sollte man dort anrufen und sich einen örtlichen Facharzt empfehlen lassen – das ist normalerweise günstiger als ein Ausflug in die Notaufnahme.

➜ Alle Notfalldienste (Polizei, Feuerwehr, Rettungsdienst) sind von jedem Telefon aus gebührenfrei unter ☎911 erreichbar.

➜ Eigenständige, kommerzielle Notfallkliniken bieten einen guten Service, sind aber eventuell am teuersten.

INFEKTIONSKRANKHEITEN

Neben bekannten Krankheiten treten in Südflorida und den übrigen USA auch Infektionen auf, die im Ausland kaum oder gar nicht verbreitet sind. Die meisten davon werden durch Moskitostiche und Zeckenbisse übertragen.

Giardiasis Auch als Reisedurchfall bekannt und gut mit Antibiotika behandelbar. Dieser parasitäre Befall des Dünndarms wird zumeist durch fäkalienverseuchtes Süßwasser ausgelöst. Somit bitte niemals unbehandeltes Bach-, Fluss-, See- oder Teichwasser trinken!

HIV/AIDS Tritt wie alle anderen Geschlechtskrankheiten auch in den USA auf. Daher bei jeglichen sexuellen Kontakten grundsätzlich Kondome benutzen!

Lyme-Borreliose Kommt im US-Nordosten vergleichsweise häufiger vor, tritt aber auch in Florida auf. Überträger sind infizierte Hirschzecken; zu den Symptomen gehören eine sich ausbreitende Hautrötung (teils mit blassem Punkt bzw. *bull's-eye rash* in der Mitte) an der

Bissstelle und grippeähnliche Beschwerden. Die Krankheit sollte schnellstmöglich mit Antibiotika behandelt werden. Das Entfernen der Zecke nach spätestens 36 Stunden kann eine Infektion jedoch verhindern.

Tollwut Recht seltene Virusinfektion des Gehirns und Rückenmarks, die durch den Speichel kranker Tiere übertragen wird – typischerweise durch Bisse, aber prinzipiell auch über alle offenen Körperstellen, die mit infiziertem Speichel in Berührung kommen. Am häufigsten erfolgt eine Ansteckung durch Fledermausbisse, die oft kaum sichtbar sind. Beim geringsten Tollwutverdacht bzw. bei Tierbissen aller Art grundsätzlich sofort einen Arzt aufsuchen, da die Krankheit unbehandelt fast immer tödlich verläuft!

West-Nil-Virus Wird durch Culex-Stechmücken übertragen und ist medikamentös nicht behandelbar. Obwohl die meisten Infektionen harmlos oder symptomfrei verlaufen, sind auch schwere oder sogar tödliche Krankheitsformen bekannt. Das Virus tritt in Florida sehr selten auf; das US Geological Survey (http://disease maps.usgs.gov) gibt eine Online-Übersicht über aktuelle Risikogebiete.

Zika-Virus Wird von Moskitos übertragen und brachte Südflorida im Jahr 2016 mit einer regionalen Epidemie (über 260 Fälle) in die Schlagzeilen. Das Virus ist für ungeborene Kinder in der Schwangerschaft extrem gefährlich: Es kann Mikrozephalie (Kümmerwuchs des Kopfs bzw. Gehirns) und/oder schwere Geburtsfehler auslösen.

GEFAHR DURCH TIERE

Floridas Tiere können niedlich sein, aber auch beißen und stechen. Also z. B. Vorsicht vor:

Alligatoren & Schlangen Greifen Menschen jeweils nur an, wenn sie erschreckt oder bedrängt werden – daher bei Begegnungen einfach vorsichtig zurückziehen. In Florida leben mehrere Giftschlangenarten; Bissopfer sind sofort ärztlich zu behandeln.

Quallen & Stachelrochen Kommen gleichermaßen an Floridas Stränden vor; gegebenenfalls heißt's aufs Schwimmen verzichten (Rettungsschwimmer stellen oft Warnschilder auf). Die schmerzhaften Stiche sind ungefährlich, sollten aber dennoch sofort medizinisch behandelt werden.

Spinnen Mit der Schwarzen Witwe und der Amerikanischen Braunspinne beheimatet Florida zwei giftige Achtbeiner. Auch alle Spinnenbisse erfordern sofortige ärztliche Behandlung.

LEITUNGSWASSER

Südfloridas Leitungswasser kann bedenkenlos getrunken werden.

Internetzugang

Neben fast allen Hotels in Südflorida bieten auch viele örtliche Restaurants und Cafés einen Highspeed-Internetzugang. Größtenteils gibt's dabei Gratis-WLAN; einige teurere Hotels verlangen fürs Drahtlossurfen aber immer noch Gebühren.

Zu den WLAN-Hotspots gehören zudem einige öffentliche Verkehrsdrehscheiben (z. B. Busbahnhöfe) und Stadtparks – ebenso öffentliche Bibliotheken, die oft auch Internetterminals für Besucher ohne Laptop oder Smartphone haben.

Wer ausländische Mobilgeräte in den USA verwenden will, sollte sich einen Spannungswandler und einen Universaladapter für Steckdosen zulegen.

Öffnungszeiten

Allgemeine Öffnungszeiten in Südflorida (sofern nicht anderweitig vermerkt):

Banken Mo–Do 8.30–16.30, Fr 8.30–17.30, teils auch Sa 9–12.30 Uhr

Bars In Miami in der Regel 17–3 Uhr; in Miami Beach meist bis 5 Uhr; in Key West 17–4 Uhr; übriges Südflorida 17–2 Uhr. Bei wenig Betrieb schließen Bars in der ganzen Region aber teilweise schon früher.

Dienstleister Mo–Fr 9–19 Uhr

Läden & Geschäfte Mo–Sa 10–18, So 12–17 Uhr, Einkaufszentren länger

Postfilialen Mo–Fr 9–17, teils auch Sa 9–12 Uhr

Restaurants Frühstück Mo–Fr 7–10.30 Uhr; Brunch Sa & So 9–14 Uhr; Mittagessen Mo–Fr 11.30–14.30 Uhr; Abendessen 17–22 Uhr, Sa & So länger

Post

Der günstige, verlässliche US Postal Service (www.usps.com) verlangt für 1st-Class Mail innerhalb der USA folgende Tarife: 0,49 US$ pro Brief mit max. 1 Unze bzw. 28 g Gewicht (zzgl. 0,21 US$/ weitere Unze) und 0,34 US$ pro normaler Postkarte. Internationale Luftpostbriefe und -karten bis 1 Unze kosten jeweils 0,98 US$.

Rechtsfragen

Bei Polizeikontakt wegen alltäglicher Ordnungswidrigkeiten (z. B. im Straßenverkehr) sind Strafzettel und andere Bußgelder keinesfalls sofort zu bezahlen. Die Beamten erklären einem alle Möglichkeiten; normalerweise ist der Betrag innerhalb von 30 Tagen zu begleichen. Damit verbundene Formalitäten lassen sich meist postalisch regeln.

Bei einer Verhaftung hat man das Recht auf Aussageverweigerung und einen Anwalt. Achtung: Jegliches Weglaufen wird als Fluchtversuch gewertet und ist unbedingt zu unterlassen!

Bis zu einer rechtswirksamen Verurteilung gilt in den USA prinzipiell die Unschuldsvermutung.

Alle Verhafteten haben gesetzlichen Anspruch auf ein Telefonat und bekommen einen Pflichtverteidiger, falls sie sich keinen Anwalt leisten können. Touristen ohne Rechts- oder Familienbeistand sollten eine diplomatische Vertretung ihres Heimatlands kontaktieren. Deren Nummer wird auf Anfrage von der Polizei ermittelt.

Reisen mit Behinderung

Aufgrund der großen Zahl hier wohnhafter Senioren verfügen die meisten öffentlichen Gebäude Floridas über Rollstuhlrampen und behindertengerechte Toiletten. Auch die öffentlichen Verkehrsmittel sind allgemein barrierefrei gestaltet. US-Telefongesellschaften bieten spezielle Gehörlosenservices per Fernschreiber (Relay bzw. TTY) an. Die Geldautomaten vieler Banken liefern Bedienhinweise auch in Brailleschrift. Abgesenkte Bordsteine sind die Norm, während Fußgängerampeln an belebten Kreuzungen den freien Übergang oft auch akustisch signalisieren.

Infos im Internet

Beispiele für Organisationen, die sich speziell den Bedürfnissen von Reisenden mit Handicap widmen:

Access-Able Travel Source (www.access-able.com) Hervorragende Website mit vielen Links.

Flying Wheels Travel (http://flyingwheelstravel.com) Spezialisiertes Reisebüro mit Rundumservice.

Mobility International Schweiz (www.mis-ch.ch) Allgemeine Informationen.

Mobility International USA (www.miusa.org) Berät in Sachen Mobilität und betreibt internationale Austauschprogramme zur Weiterbildung.

MyHandicap Deutschland (www.myhandicap.de) Allgemeine Informationen.

MyHandicap Schweiz (www.myhandicap.ch) Allgemeine Informationen.

Nationale Koordinierungsstelle Tourismus für Alle e. V. (www.natko.de) Allgemeine Informationen.

Der Lonely Planet Führer Accessible Travel steht gratis unter http://lptravel.to/AccessibleTravel zum Download bereit.

Schwule & Lesben

Miami, die Keys und Key West sind sehr LGBT-freundlich: Homosexualität wird hier offen und ganzjährig gelebt. Lokale Events wie die White Party oder das Fantasy Fest sind feste Größen in Nordamerikas Szene-Kalender. Miamis Schwulenszene (beliebte Hotspots: South Beach, North Beach, Wynwood, Design District) ist so sehr integriert, dass man sie oft kaum von ihrem Hetero-Pendant unterscheiden kann. Ein paar kleinere Ortschaften in den Everglades sind vergleichsweise konservativer geprägt. Doch auch dort erregen homosexuelle Traveller kein großartiges Aufsehen.

Damron (https://damron.com) Spezialverlag für LGBT-Reiseliteratur, der auch eine Datenbank mit szenespezifischen Verzeichnissen (u. a. für LGBT-freundliche Unterkünfte) und Suchmaschine betreibt. Unter den bisherigen Veröffentlichungen sind *Women's Traveller*, *Men's Travel Guide*, *Damron Accommodations* und andere beliebte Reiseführer zu den ganzen USA.

Gay Key West (www.gaykeywestfl.com) Hauptquelle für LGBT-Infos in Key West.

Gay Yellow Network (www.glyp.com) Szenespezifische Gelbe Seiten für Großstädte (darunter sechs in Florida).

Miami-Dade Gay & Lesbian Chamber of Commerce (www.gogaymiami.com) Reisetipps plus Infos zu LGBT-freundlichen Unterkünften und Dienstleistern.

Out Traveler (www.outtraveler.com) Spezialmagazin für schwullesbische Reisende.

Purple Roofs (www.purpleroofs.com) Globales Verzeichnis mit LGBT-freundlichen Unterkünften, Reisebüros und Tourveranstaltern.

Strom

Typ A
120V/60Hz

Typ B
120V/60Hz

Telefon

- Einige gebührenfreie Servicenummern (z. B. ☎800, ☎888) funktionieren nur innerhalb der USA. Stets zuerst „1" wählen – auch bei landesweiten Ferngesprächen.
- Die örtliche Telefonauskunft erreicht man unter ☎411.

- Um aus den USA nach Übersee zu telefonieren, muss zuerst ☎011 gewählt werden. Dann folgen der jeweilige Ländercode ohne die „0" am Anfang (z. B. Deutschland ☎49, Österreich ☎43, Schweiz ☎41), die Ortsvorwahl (ebenfalls ohne „0") und die Anschlussnummer. Die internationale Telefonvermittlung ist unter ☎0 erreichbar.
- Auslandstelefonate in die USA beginnen stets mit dem US-Ländercode ☎1.
- Selbst in US-Großstädten sind öffentliche Telefonzellen (0,50 US$/Ortsgespräch) nunmehr eine Seltenheit.
- Prepaid-Telefonkarten gibt's in Gemischtwarenläden, Supermärkten und Drogerien.

Handys

Die meisten US-Mobilfunknetze sind inkompatibel mit dem europäischen Standard (GSM 900/1800). Wer hier sein eigenes Handy benutzen möchte, sollte daher beim jeweiligen Anbieter nachfragen, ob dies technisch möglich ist. Falls ja: Verizon hat das größte Netz; AT&T, Sprint und T-Mobile bieten aber auch eine anständige Abdeckung. Außer in den Everglades und Teilen von Floridas ländlichem Norden ist der Handyempfang generell hervorragend.

Toiletten

In Südflorida beschränken sich öffentliche Toiletten größtenteils auf ein paar wenige Parks und Stadtstrände. Anderswo benutzt man daher am besten die Toiletten von Cafés oder Tankstellen bzw. Raststätten (bei Autotouren).

Touristeninformation

Die vielen Handelskammern und Touristeninformationen der Region geben sich größte Mühe, Besuchern einen möglichst schönen Aufenthalt zu bereiten (u. a. mit zahllosen Broschüren und Gutscheinen).

Vor dem Start kann man sich umfangreiches Informationsmaterial bei Visit Florida (www.visitflorida.com) bestellen.

Örtliche Touristeninformationen

MIAMI

Coconut Grove Chamber of Commerce (Karte S. 92; ☎305-444-7270; www.coconutgrovechamber.com; 2701 S Bayshore Dr, Suite 300; ⌚Mo–Fr 9–17 Uhr)

Coral Gables Chamber of Commerce (Karte S. 94; ☎305-446-1657; www.coralgableschamber.org; 224 Catalonia Ave; ⌚Mo–Fr 9–17 Uhr)

Downtown Miami Welcome Center (Karte S. 78; ☎305-448-7488; www.downtownmiami.com; 100 NE 1st Ave; ⌚Mo 12–17, Di–Sa 10–17 Uhr) Stadtpläne, Broschüren und Tourinfos zu Downtown Miami.

Greater Miami & the Beaches Convention & Visitors Bureau (Karte S. 78; ☎305-539-3000; www.miamiandbeaches.com; 701 Brickell Ave, 27. Stock; ⌚Mo–Fr 8.30–18 Uhr) In einem seltsam einschüchternden Hochhaus.

Miami Beach Chamber of Commerce (Karte S. 66; ☎786-276-2763, Touristen-Hotline 305-674-1300; www.miamibeachguest.com; 1901 Convention Center Dr, Hall C; ⌚10–16 Uhr)

EVERGLADES

Big Cypress Swamp Welcome Center (☎239-695-4758; www.nps.gov/bicy/planyourvisit/big-cypress-swamp-welcome-center.htm; 33000 Tamiami Trail E; ⌚9–16.30 Uhr)

Ernest Coe Visitor Center (☎305-242-7700; www.nps.gov/ever; 40001 State Rd 9336; ⌚Mitte April–Mitte Dez. 9–17 Uhr, Mitte Dez.–Mitte April 8–17 Uhr)

Everglades Area Chamber of Commerce (☎239-695-3941; Ecke US Hwy 41 & Hwy 29; ⌚9–16 Uhr)

Homestead Chamber of Commerce (☎305-247-2332; www.southdadechamber.org; 455 N Flagler Ave, Homestead; ⌚Mo–Fr 9–17 Uhr)

Shark Valley Visitor Center (☎305-221-8776; www.nps.gov/ever/planyourvisit/svdirections.htm; Nationalparkzugang pro Auto/Fahrrad/Fußgänger 25/8/8 US$; ⌚9–17 Uhr)

KEYS

Islamorada Chamber of Commerce (☎305-664-4503; www.islamoradachamber.com; bei Meile 87 bayside; ⌚Mo–Fr 9–17, Sa 9–16, So 9–15 Uhr)

Key Largo Chamber of Commerce (☎305-451-1414, 800-822-1088; www.keylargochamber.org; bei Meile 106 bayside; ⌚9–18 Uhr)

Key West Chamber of Commerce (Karte S. 200; ☎305-294-2587; www.keywestchamber.org; 510 Greene St; ⌚9–18 Uhr)

Lower Keys Chamber of Commerce (☎305-872-2411; www.lowerkeyschamber.com; bei Meile 31 oceanside; ⌚Mo–Fr 9–17, Sa 9–15 Uhr)

Marathon Visitors Center Chamber of Commerce (☎305-743-5417, 800-262-7284; www.floridakeysmarathon.com; bei Meile 53,5, bayside; ⌚9–17 Uhr)

Unterkunft

Südflorida hat ein hervorragendes Unterkunftsangebot. Für die Hauptsaison in Touristenhochburgen (z. B. Miami, Key West) ist eine rechtzeitige Reservierung Pflicht.

Hotels Von einfachen, aber gut ausgestatteten Optionen bis hin zu Spitzenklasse-Strandhotels mit zahllosen Extras.

Hostels Schlichte Bleiben mit Schlafsälen (teils auch mit Bars und Innenhöfen).

Camping Einige zauberhafte Plätze in den Everglades und auf den Keys (bedingen jeweils rechtzeitige Reservierung).

B&Bs & Pensionen

Am unteren Ende dieser Kategorie stehen kleine, behagliche Häuser mit Gemeinschaftsbädern. Ganz oben rangieren historische Romantikdomizile und prächtige Villen, die mit vielen Antiquitäten und eigenen Bädern aufwarten.

➡ Bei Schwerpunkt auf luxuriöser Romantik sind Kinder mitunter unerwünscht.

➡ In der Hauptsaison gelten oft zwei oder mehr Mindestübernachtungen (an Feiertagen oder während großer Events teils noch mehr).

➡ Rechtzeitige Reservierung ist fast überall erforderlich. Immer vorab per Telefon nach der Hausordnung (z.B. bzgl. Kinder, Haustiere, Rauchen) und nach den Bädern fragen!

Buchungsservices

Everglades National Park Camping (www.nps.gov/ever/planyourvisit/camping.htm)

Florida Bed & Breakfast Inns (www.florida-inns.com)

Florida State Parks Camping (www.floridastateparks.org/staythenight/camping.cfm)

Greater Miami & the Beaches (www.miamiandbeaches.com/where-to-stay)

Key West Innkeepers Association (www.keywestinns.com)

Lonely Planet (https://www.lonelyplanet.com/usa/south-florida-the-keys/hotels/a/lod/1338357)

Camping

In Florida gibt's unerschlossene (10 US$/Nacht), öffentliche (25 US$/Nacht) und privat geführte Campingplätze (ab 30 US$/ Nacht), die jeweils generell recht sicher sind. Gemäß ihrer Bezeichnung sind unerschlossene Varianten primitiv und haben keinerlei Einrichtungen. Öffentliche Plätze warten meist mit Toiletten, Duschen und Trinkwasser auf.

➡ Stellplätze in State Parks lassen sich telefonisch (☎800-326-3521) oder online (www.reserveamerica.com) reservieren.

➡ Privat geführte Campingplätze zielen üblicherweise auf Wohnmobile (*motor homes* bzw. *recreational vehicles*; RV) ab, haben aber auch ein paar Zeltstellplätze. Zudem kann man dort mit vielen Extras rechnen.

➡ Als landesweites Netzwerk von Privatplätzen vermietet Kampgrounds of America (www.koa.com) auch sogenannte Kamping Kabins (Hütten) mit Küche und Klimaanlage. Auf vielen KOA-Geländen gibt's obendrein WLAN.

Hostels

➡ Die Schlafsäle der meisten Hostels sind nicht nach Geschlechtern getrennt. Normalerweise gibt's aber auch einen reinen Damensaal. Mitunter herrscht hier Alkoholverbot.

➡ Eine Handvoll Hostels in Südflorida gehört zu Hostelling International USA (www.hiusa.org). Gegen geringen Aufpreis können dort auch Gäste übernachten, die keine HI-Mitglieder sind. Ein Beitritt zu HI ist telefonisch, online oder über die meisten Jugendherbergen möglich.

➡ Die vielen eigenständigen Hostels des Bundesstaats (www.hostels.com) haben ähnliche Preise und Konditionen wie HI-Häuser, sind aber teilweise besser.

Hotels

In Südflorida gibt es viele eigenständige Unterkünfte. Mancherorts (z.B. in Homestead) stellen Kettenhotels aber die beste und mitunter einzige Alternative dar. Sie sind auch eine anständige Möglichkeit, wenn man in Miami nicht mehr als 100 US$ pro Übernachtung ausgeben will.

Der größte Pluspunkt von Kettenhotels ist Verlässlichkeit in Form von bequemen Betten, akzeptabler Sauberkeit und dezentem (wenn auch gesichtslosem) Dekor. Im Mittelklassebereich gehören TV, Telefon, Klimaanlage, Minikühlschränke, Mikrowellenöfen, Haartrockner und Zimmertresore zum Standard. Vor allem in Miami setzen nun immer mehr Mittelklasse-Kettenhotels zudem auf einen noblen Boutique-Stil mit einzigartigem Dekor und Design. In puncto Zimmer besteht dann kaum noch ein Unterschied zu Spitzenklasse-Ketten – es sind nur nicht so viele externe Extras vorhanden.

Spitzenklassehäuser verwöhnen ihre Gäste mit zahllosen Services. Beispielsweise in South Beach oder Key West befinden sich viele Boutique- und Spezialhotels. Alle großen Hotelketten haben gebührenfreie Reservierungshotlines. Ein direkter Anruf beim jeweiligen Hotel spart aber eventuell Bares.

Beispiele für Hotelketten:

Hilton (www.hilton.com)

Holiday Inn (www.holidayinn.com)

Marriott (www.marriott.com)

Radisson (www.radisson.com)

Ritz-Carlton (www.ritzcarlton.com)

Sheraton (www.starwoodhotels.com/sheraton)

UNTERKÜNFTE ONLINE BUCHEN

Weitere Unterkunftsbewertungen von Lonely Planet Autoren gibt's unter https://www.lonelyplanet.com/usa/south-florida-the-keys/hotels/a/lod/1338357. Dort findet man unabhängig recherchierte Infos und Empfehlungen zu den besten Adressen. Zudem kann online gebucht werden.

PREISKATEGORIEN: SCHLAFEN

Die folgenden Preisangaben gelten jeweils für ein normales Doppelzimmer in der Hauptsaison (je nach Region entweder Sommer oder Winter). In Miami können in allen Kategorien noch bis zu 50 US$ hinzukommen.

**$** unter 100 US$

**$$** 100–250 US$

**$$$** über 250 US$

Versicherung

Gesundheitsprobleme, Diebstähle oder Autounfälle in den USA verursachen hohe Kosten. Somit ist eine entsprechende Reiseversicherung mit ausreichendem Schutz ein absolutes Muss.

Diese sollte auch aus Leihwagen gestohlene Gegenstände abdecken, falls die eigene Hausratsversicherung oder die Versicherung des Autovermieters dafür nicht aufkommen.

Die weltweit gültige Reiseversicherung unter www.lonelyplanet.com/travel-insurance kann jederzeit online abgeschlossen, erweitert und in Anspruch genommen werden – selbst wenn man schon unterwegs ist.

Visa

Da sich die strengen amerikanischen Einreisebestimmungen jederzeit ändern können, sollte der aktuelle Stand unbedingt rechtzeitig vor dem Start ermittelt werden. Das US-Außenministerium (US State Department; www.travel.state.gov) liefert die umfangreichsten Details zu Visa (inkl. Konsulatsverzeichnisse und herunterladbare Antragsformulare). Unter www.usa.gov gibt's nur reine Visuminfos. Zusätzlich empfiehlt sich auch ein Blick auf die Website des eigenen Außenministeriums. Hinweis: Die US-Einbürgerungs- und Einwanderungsbehörde (US Citizenship & Immigration Services, USCIS; www.uscis.gov) ist prinzipiell für richtige Einwanderer und nicht für Touristen zuständig.

Dank des Visa Waiver Program (VWP) können sich Staatsbürger von drei Dutzend Ländern (u. a. Deutschland, Österreich, Schweiz; aktuelles Gesamtverzeichnis unter https://esta.cbp.dhs.gov) maximal 90 Tage lang visumfrei in den USA aufhalten. Voraussetzungen hierfür sind ein Rückflugticket ohne Erstattungsmöglichkeit und ein „elektronischer Reisepass" (*e-passport*) mit digitalem Chip.

Wer per VWP einreisen will, muss sich spätestens drei Tage vor Ankunft online beim ESTA-System (https://esta.cbp.dhs.gov) der amerikanischen Zoll- und Grenzschutzbehörde anmelden. Deutlich früher ist jedoch besser (die Registrierung ist zwei Jahre lang gültig): Im Ablehnungsfall ist ein normales Besuchervisum bei einer US-Auslandsvertretung zu beantragen.

Dies erfordert wiederum einen gültigen Reisepass, ein aktuelles Passfoto, detaillierte Angaben zur Reiseroute und oft auch den Nachweis ausreichender finanzieller Mittel. Studenten und männliche Erwachsene müssen zusätzliche Reisedokumente ausfüllen. Die Gültigkeitsdauer eines Besuchervisums hängt vom jeweiligen Heimatland ab. Die US-Beamten legen die konkrete maximale Aufenthaltszeit dann direkt bei der Einreise fest.

Visumverlängerungen sind bei örtlichen USCIS-Büros (www.uscis.gov) zu beantragen.

Zeit

In Südflorida gilt die Eastern Standard Time (MEZ -6 Std.). 12 Uhr in Miami bedeutet daher 9 Uhr in San Francisco und 18 Uhr in Berlin. Während der Sommerzeit (März–Nov.) sind die Uhren eine Stunde vorgestellt.

Zoll

Die Website der amerikanischen Zoll- und Grenzschutzbehörde (US Customs & Border Protection; www.cbp.gov) informiert über alle aktuellen Zollbestimmungen. Freimengen pro Person bei Einreise in die USA: 1 l Spirituosen (Mindestalter 21 Jahre), 200 Zigaretten (Mindestalter 18 Jahre) und Geschenke bzw. gekaufte Waren im Gesamtwert von 100 US$.

Verkehrsmittel & -wege

AN- & WEITERREISE

Fast alle Nicht-Amerikaner kommen mit dem Flugzeug nach Südflorida. Auch die US-Bürger fliegen oder nehmen das Auto. Die weit abgeschlagene dritte Option ist der Fernbus, mit dem Zug fährt so gut wie niemand. Miami ist ein bedeutender internationaler Verkehrsknotenpunkt, besonders für amerikanische Airlines, und die erste Zwischenstation für viele Flüge aus Lateinamerika und der Karibik. In den meisten Fällen wird der Miami International Airport (MIA) angeflogen, viele Flüge landen aber auch auf dem Fort Lauderdale–Hollywood International Airport (FLL). Aufgrund seiner Lage an der südlichen Spitze der USA ist der Großraum Miami eher die Endstation vieler Highways und Bahnlinien als eine Region mit wichtigen Umsteigebahnhöfen oder Straßenkreuzungen.

Flüge, Mietwagen und geführte Touren lassen sich online unter www.lonelyplanet.com/bookings buchen.

Einreise

Alle ausländischen Besucher brauchen einen Reisepass. Da EU-Bürger und Schweizer unter das Visa Waiver Program (VWP) fallen, benötigen sie für maximal 90-tägige Aufenthalte kein separates Touristenvisum (S. 274). Wer vor Ort ein Fahrzeug mieten bzw. steuern möchte und keine nationale Fahrerlaubnis mit englischsprachigen Angaben besitzt, sollte sich vor Anreise am besten einen internationalen Führerschein

REISEN & KLIMAWANDEL

Der Klimawandel stellt eine ernste Bedrohung für unsere Ökosysteme dar. Zu diesem Problem tragen Flugreisen immer stärker bei. Lonely Planet sieht im Reisen grundsätzlich einen Gewinn, ist sich aber der Tatsache bewusst, dass jeder seinen Teil dazu beitragen muss, die globale Erwärmung zu verringern.

Fast jede Art der motorisierten Fortbewegung erzeugt CO_2 (die Hauptursache für die globale Erwärmung), doch Flugzeuge sind mit Abstand die schlimmsten Klimakiller – nicht nur wegen der großen Entfernungen und der entsprechend großen CO_2-Mengen, sondern auch, weil sie diese Treibhausgase direkt in hohen Schichten der Atmosphäre freisetzen. Die Zahlen sind erschreckend: Zwei Personen, die von Europa in die USA und wieder zurück fliegen, erhöhen den Treibhauseffekt in demselben Maße wie ein durchschnittlicher Haushalt in einem ganzen Jahr.

Die englische Website www.climatecare.org und die deutsche Internetseite www.atmosfair.de bieten sogenannte CO_2-Rechner. Damit kann jeder ermitteln, wie viele Treibhausgase seine Reise produziert. Das Programm errechnet den zum Ausgleich erforderlichen Betrag, mit dem der Reisende nachhaltige Projekte zur Reduzierung der globalen Erwärmung unterstützen kann, beispielsweise Projekte in Indien, Honduras, Kasachstan und Uganda.

Lonely Planet unterstützt gemeinsam mit Rough Guides und anderen Partnern aus der Reisebranche das CO_2-Ausgleichs-Programm von climatecare.org. Alle Reisen von Mitarbeitern und Autoren von Lonely Planet werden ausgeglichen. Weitere Informationen gibt's auf www.lonelyplanet.com.

(International Driving Permit; IDP) besorgen.

Im Rahmen des Visa Waiver Program muss man sich spätestens drei Tage vor der Einreise beim Electronic System for Travel Authorization (ESTA; https://esta.cbp.dhs.gov) der US-Regierung registrieren. Dennoch empfiehlt sich ein früherer Zeitpunkt, denn bei Ablehnung ist ein normales Touristenvisum zu beantragen. Die ESTA-Registrierung ist zwei Jahre lang gültig.

Bei Ankunft in den USA haben sich alle Ausländer zusätzlich beim Office of Biometric Identity Management (OBIM) anzumelden (Orwell lässt grüßen!), wobei Fingerabdrücke von den beiden Zeigefingern genommen und ein Digitalfoto gemacht werden. Weitere Informationen finden sich auf der Webseite des Department of Homeland Security (www.dhs.gov/obim).

Flugzeug

Für alle, die nicht gerade in oder in der Nähe von Florida wohnen, ist die Kombination aus Flug und Mietwagen vor Ort die zeitsparendste Option.

Flughäfen & Fluglinien

Miami International Airport (MIA; ☎305-876-7000; www.miami-airport.com; 2100 NW 42nd Ave) Gehört zu Floridas geschäftigsten internationalen Flughäfen, bedient den Großraum Miami, die Everglades und die Keys und ist Drehscheibe von American und Delta Airways.

Key West International Airport (EYW; ☎305-809-5200; www.eyw.com; 3491 S Roosevelt Blvd) Viel ruhigerer Flughafen an der Ostküste der Insel abseits vom S Roosevelt Blvd.

Fort Lauderdale–Hollywood International Airport (FLL; ☎866-435-9355; www.broward.org/airport; 320 Terminal Dr) Ein ganz guter Flughafen für Reisen in Florida, 21 Meilen (34 km) nördlich von Downtown Miami.

Es gibt viele und auch direkte Flüge nach Miami, aus allen Ecken der USA, Europas, Lateinamerikas und der Karibik. Key West wird weitaus seltener angeflogen, und man muss oft umsteigen. Auch einige internationale Airlines fliegen nach Südflorida.

Ausreisesteuer

Die Ausreisesteuer ist im Preis des Flugtickets enthalten.

BUSVERBINDUNGEN

Beispielpreise für Fahrten zwischen Miami und einigen wichtigen US-Städten (einfache Strecke):

STADT	PREIS (US$)	DAUER (STD.)	TGL.
Atlanta	62–125	16–18	5–6
New Orleans	84–180	23–24	3–4
New York City	95–190	33–35	5–6
Washington, D.C.	95–190	27–29	5–6

ZUGVERBINDUNGEN

Beispielpreise für Fahrten zwischen Miami und einigen Großstädten (einfache Strecke):

START	ZIEL	PREIS (US$)	DAUER (STD.)
Miami	New York	152–198	18–20
Miami	Orlando	46–98	5
Miami	Tampa	44–96	5

Auf dem Landweg

Auto & Motorrad

Selbst nach Florida zu fahren ist einfach. Es gibt keine internationalen Grenzen oder Einreiseformalitäten. Der Bundesstaat ist oft Teil längerer Roadtrips durch die USA. Außerdem ist ein Auto in Florida oft ein Muss.

Beispiele für Entfernungen und Fahrzeiten von verschiedenen Orten in den USA nach Miami:

Stadt	Entfernung (Meilen/km)	Dauer (Std.)
Atlanta	660/1062	10½
Chicago	1380/2221	23
Los Angeles	2750/4226	44
NYC	1280/2060	22
Washington, D.C.	1050/1690	17

Bus

Der größte Anbieter von Fernbussen ist Greyhound (www.greyhound.com); Megabus (https://us.megabus.com), das Tampa und Orlando ansteuert, entwickelt sich aber mehr und mehr zu einer brauchbaren Alternative. Durch den Wettbewerb der beiden Anbieter sind auch die Preise für Busfahrten gefallen. Greyhound fährt Florida ab den meisten US-Großstädten an. Es verbindet außerdem Miami mit vielen großen Städten in Florida, kleine Orte sind allerdings nicht Teil des Streckennetzes.

Bei sehr langen Entfernungen (z. B. durch mehrere Bundesstaaten) können Billigflüge mitunter sogar günstiger sein. Bei kürzeren Distanzen sind Leihwagen manchmal billiger. Nichtsdestotrotz gibt's Fernbustickets bei Online-Vorabkauf (7–14 Tage) oft günstiger oder sogar zum halben Preis. In Florida kann man dann direkt vor Ort ein Auto mieten. Auch Buspässe mit mehrtägiger Gültigkeit sind eventuell interessant.

Zug

Von der Ostküste aus geht's mit Amtrak (www.amtrak.com) komfortabel und erschwinglich nach Florida. Der Silver Service (mit den Zügen *Silver Meteor* bzw. *Silver Star*) fährt zwischen New York und Miami; entlang der Strecke werden größere, aber auch einige kleinere Städte bedient. Von Los Angeles, New Orleans, Chicago und dem Mittleren Westen besteht leider keine direkte Bahnverbindung nach Florida mehr. Wer von dort aus anreist, muss unterwegs in den Silver Service umsteigen. Dadurch verlängert sich die Reisezeit jedoch um etwa einen Tag.

Tickets am besten im Voraus buchen! Kinder, Senioren und Angehörige des Militärs erhalten Rabatt.

Übers Meer

Florida ist fast ganz vom Meer umgeben und ein bedeutendes Kreuzfahrtziel. Wer mit dem Kreuzfahrtschiff nach Miami fährt, der geht wahrscheinlich im **Port of Miami** (☎305-347-5515; www.miamidade.gov/portmiami) an Land, so wie etwa 5 Mio. andere Passagiere pro Jahr. Mit dem **Key West Express** (☎239-463-5733; www.seakeywestexpress.com; 100 Grinnell St, Key West; Erw./Senior/Junior/Kind hin & zurück 155/145/92/62 US$, einfache Strecke 95/95/68/31 US$) gelangt man von Miami über den Seeweg zu den Keys. Er legt täglich um 8.30 Uhr am Fort Myers Beach und an der Marco Island ab und bewältigt die Fahrt nach Key West in dreieinhalb Stunden. Der Rückweg wird um 18 Uhr angetreten. Man sollte anderthalb Stunden eher da sein. Im Winter und Herbst fährt der *Express* auch von Marco Island ab.

UNTERWEGS VOR ORT

Auto & Motorrad

Sobald man einmal in Südflorida angekommen ist, kommt man mit dem Auto am besten voran. So kann man auch Orte besuchen, die von öffentlichen Verkehrsmitteln nicht angefahren werden.

Einzelne Ziele in Miami oder Key West lassen sich ganz gut ohne Auto besuchen. Ansonsten kann es aber selbst bei recht kurzen Fahrten innerhalb der Region sehr unpraktisch sein, wenn man auf öffentliche Verkehrsmittel angewiesen ist. Mit seinen flachen Straßen und dem warmen Wetter ist Florida auch bei Motorradfahrern sehr beliebt. Um die Everglades zu erkunden, kommt man um einen eigenen fahrbaren Untersatz praktisch nicht herum. Busse von Greyhound fahren auch auf den Keys, man kann aber nicht einfach am Straßenrand anhalten und den Duft der Rosen entlang des Overseas Hwy genießen. Und das macht schließlich 90 % der Reise aus.

Die Straßen befinden sich in einem guten Zustand.

Automobilclubs

Die American Automobile Association (www.aaa.com) kooperiert wechselseitig mit diversen ausländischen Automobilclubs (z. B. ADAC; dort nachfragen und eigenen Mitgliedsausweis mitbringen!). Die AAA bietet Mitgliedern z. B. Reiseversicherungen, Tourbuchungen oder Gebrauchtwageninspektionen an und hat relativ viele Regionalvertretungen. Politisch steht sie der Autoindustrie nahe.

Als ökobewusste Alternative spendet der Better World Club (www.betterworldclub.com) 1 % seines Gewinns für Umweltsäuberungsaktionen und steht auch politisch hinter Mutter Natur. Zudem bietet er umweltschonende Dienstleistungen sowie Pannenhilfe für Radler.

Hauptvorteil beider Organisationen ist der landesweite Pannenservice (24 Std.) – ergänzt durch Gratiskarten, Reisebürodienste, Autoversicherung, Hilfe bei der Routenplanung und verschiedene Rabatte (z. B. auf Mietwagen oder Hotelzimmer).

Führerschein

Ausländische Besucher können ihre heimische Fahrerlaubnis maximal zwölf Monate lang legal in den USA benutzen. Ein zusätzlicher internationaler Führerschein (International Driving Permit; IDP) dürfte allerdings die Kommunikation mit US-Verkehrspolizisten erleichtern – vor allem, wenn die eigene Version keine englischen Erklärungen umfasst. Heimischer und internationaler Führerschein sind grundsätzlich zusammen mitzuführen! In Deutschland und der Schweiz werden internationale Führerscheine von den Straßenverkehrsbehörden (Führerscheinstelle) ausgestellt, in Österreich von Automobilclubs (beispielsweise ÖAMTC). Sie sind ein Jahr gültig, und für ihre Ausstellung wird eine geringe Gebühr fällig. Deutsche und österreichische Antragssteller benötigen einen EU-Führerschein im Scheckkartenformat. Motorradfahrer brauchen entweder einen gültigen US-Motorradführerschein oder ein entsprechendes internationales Pendant speziell für Motorradfahrer.

Mieten

AUTO

Der US-Leihwagenmarkt ist heiß umkämpft. Die meisten Autovermieter bestehen auf einer bekannten Kreditkarte, einem gültigen Führerschein (die heimische Fahrerlaubnis genügt, empfohlen wird dennoch ein internationaler

Führerschein) und einem Mindestalter von 25 Jahren. Gegen Aufpreis akzeptieren manche landesweit tätigen Großunternehmen eventuell auch Kunden zwischen 21 und 24 Jahren. Jüngere Traveller haben allerdings fast immer Pech.

Car Rental Express (www.carrentalexpress.com) bewertet und vergleicht unabhängige Autovermietungen in verschiedenen Städten der USA. Besonders für langfristige Anmietungen hilfreich, um einen günstigen Preis zu erwischen.

Einige der nationalen Mietwagenfirmen sind:

Alamo (www.alamo.com)

Avis (www.avis.com)

Budget (www.budget.com)

Dollar (www.dollar.com)

Enterprise (www.enterprise.com)

Hertz (www.hertz.com)

National (www.nationalcar.com)

Rent-a-Wreck (www.rentawreck.com)

Thrifty (www.thrifty.com)

Mietwagen gibt's an jedem Flughafen und auch an vielen Stationen in den Innenstädten. Wer einen Kleinwagen mieten möchte und vorab reserviert, bezahlt pro Tag bei freien Kilometern manchmal nur 25 US$, während für eine Woche meist 200 bis 400 US$ plus zahllose Steuern und Gebühren fällig werden. Wer sein Auto nicht an einem Flughafenstandort anmietet, spart sich die exorbitant hohen Flughafengebühren.

Eine Alternative in Miami ist Zipcar (www.zipcar.com), ein Carsharing-Dienst, für den man pro Stunde/Tag bezahlt, inklusive Sprit, Versicherung und einem begrenzen Kilometerkontingent. Bezahlung vorab.

MOTORRAD

Für Harley-Trips durch Florida empfiehlt sich EagleRider (www.eaglerider.com), das auch in Miami Filialen hat. Es bietet verschiedene Modelle (ab 150 US$/Tag zzgl. Haftpflichtversicherung), abhängig von der Führerscheinklasse. Obwohl eine Helmpflicht in Florida nur für Minderjährige unter 21 Jahren besteht, sollten alle Biker ihren Kopf unbedingt schützen.

WOHNMOBIL

Wer braucht ein Hotel, wenn man sein eigenes einfach mitnehmen kann? Floridatouren mit dem Wohnmobil (*motorhome* bzw. *recreational vehicle*; RV) fallen so schlicht oder luxuriös aus, wie man es möchte.

Neben der Fahrzeuggröße sollten auch Spritkosten, Spritverbrauch, Zuschläge für Zusatzkilometer, die Versicherung und rückerstattungsfähige Kautionsbeträge mit einkalkuliert werden – da kommt schnell ganz schön was zusammen. Da es bei Wohnmobilen meist keine unbegrenzten Fahrtkilometer gibt, sollte die Routenlänge zwecks Einschätzung der Gesamtkosten vorab berechnet werden.

CruiseAmerica (www.cruiseamerica.com) Größter US-Wohnmobilvermieter; in ganz Südflorida vertreten.

Adventures On Wheels (www.wheels9.com) Filiale in Miami.

Recreational Vehicle Rental Association (www.rvda.org) Gute Quelle für Wohnmobilinfos und -tipps; hilft auch bei der Verleihersuche.

VERKEHRSREGELN

Neulinge auf Straßen in Florida bzw. den USA sollten Folgendes wissen:

- Das allgemeine Tempolimit auf Interstate Highways liegt bei 70 mph (112 km/h), rund um Ballungsgebiete reduziert es sich aber auf 65 mph (104 km/h) bzw. 55 mph (88 km/h) – immer die Schilder beachten! Stadtstraßen gestatten 15 mph (24 km/h) bis 45 mph (72 km/h). Rund um Schulen sind es 20 mph (32 km/h).
- Floridas Polizei setzt Tempolimits rigoros durch, und die Bußgelder für zu schnelles Fahren sind hoch.
- Für alle Autoinsassen besteht Gurtpflicht; bei Verstößen werden 30 US$ fällig. Alle Kinder unter drei Jahren gehören per Gesetz in einen Kindersitz.
- Wie in den übrigen USA herrscht auch in Florida Rechtsverkehr. Auf Highways sollte links überholt werden. Ungeduldige Fahrer nutzen aber oft jede Lücke.
- Wenn die Räder vorher vollständig zum Stillstand gekommen sind, ist Rechtsabbiegen an roten Ampeln erlaubt, sofern kein Schild etwas anderes besagt. An Kreuzungen mit vier Stoppschildern geht's in Ankunftsreihenfolge weiter. Kommen mehrere Fahrer gleichzeitig an, gilt „rechts vor links".
- Der maximale Blutalkoholspiegel für Fahrer liegt bei 0,08 %. Die meisten Menschen überschreiten diesen Wert bereits bei mehr als zwei Getränken.

VERSICHERUNG

- Wer ohne die gesetzlich vorgeschriebene Versicherung losfährt, riskiert im Fall eines Unfalls seinen finanziellen Ruin.
- Wenn eine Autoversicherung (auch außerhalb der USA) bereits vorhanden ist oder man eine Reiseversicherung neu abschließt, sollte unbedingt sichergestellt sein, dass die Police auch eine ausreichende Deckung für Mietwagen in Florida bietet.
- Autovermieter bieten Haftpflichtversicherungen an, berechnen diese aber meist extra. Deshalb unbedingt immer nachfragen! Eine Kaskoversicherung ist bei US-Mietwagen so gut wie nie im Preis enthalten. Stattdessen gibt's einen sogenannten Collision Damage Waiver (CDW) bzw. Loss Damage Waiver (LDW) mit einer Selbstbeteiligung

von meist 100 bis 500 US$. Gegen Aufpreis lässt sich eine Selbstbeteiligung normalerweise auch auf null reduzieren.

➡ Heutzutage bieten die meisten Kreditkartenverträge eine Kaskoversicherung für Leihwagen an, falls die Mietdauer maximal 15 Tage beträgt und die Gesamtrechnung per Plastikgeld bezahlt wird. Auf diese Weise sind Extragebühren bei Autovermietern ganz gut vermeidbar. Allerdings muss man im Schadensfall eventuell direkt mit dem Verleiher abrechnen und sich das Geld später von der Kreditkartenfirma zurückholen. Also den Kartenvertrag unbedingt vorher sorgfältig studieren! Die oben genannten zusätzlichen Versicherungen erhöhen den Mietwagenpreis um 10 bis 30 US$ pro Tag.

Bus

Greyhound (www.greyhound.com) ist das größte Busunternehmen, das Miami ansteuert. Der größte Greyhound-Busbahnhof ist der **Miami Greyhound Terminal** (☎305-871-1810; 3801 NW 21st) nahe dem Flughafen. Weitere Haltestellen in Miami sind u. a. der **North Miami Terminal** (☎305-688-7277; 16000 NW 7th Ave) und der **Miami Cutler Bay Terminal** (Cutler Bay; ☎305-296-9072; 10801 Caribbean Blvd). Megabus lädt seine Passagiere am Miami International Airport ein.

Fahrrad

Radtouren durch Florida sind sehr beliebt: Die flache Landschaft, die frische Brise entlang dem Overseas Hwy und eine immer besser werdende Radweginfrastruktur in Miami und Miami Beach ermöglichen tolle Radtouren. Allerdings muss man immer auf seine Umgebung achten, besonders nördlich von Downtown. Wenige Häuserblocks weiter im Norden ist die Lage recht angespannt. Für längere Ausflüge peilt man am besten die Zeit von Winter bis Frühling an, da es im Sommer unerträglich heiß und feucht wird.

In Südflorida ist es nicht schwer, sich ein Fahrrad zu leihen. Wer eine Tour durch die Glades machen möchte, fragt im Everglades International Hostel nach. In Key West finden sich an den Hauptstraßen Truman Ave und Simonton St unzählige Optionen. Auf dem flachen Terrain von Key West ist das Fahrrad wohl die beste Fortbewegungsmöglichkeit. Der Bikesharing-Anbieter **Citi Bike** (☎305-532-9494; www.citibikemiami.com; Verleih 30 Min./1 Std./2 Std./4 Std./1 Tag 4,50/6,50/10/18/24 US$) ist praktisch, wenn man nur mal schnell eine kurze Distanz zurücklegen möchte. Für Ganztagestouren sind die schwerfälligen Räder nicht ideal, da sie ohne Helm und Schloss vermietet werden. Zum Glück gibt's in Miami und Miami Beach aber jede Menge herkömmliche Fahrradvermietungen, die qualitativ hochwertige Räder zu guten Preisen anbieten.

Was sonst noch zu beachten ist:

Helmpflicht Besteht zwar nur für Radler bis 16 Jahre, aus Sicherheitsgründen sollten aber auch Erwachsene Helme tragen.

Verkehrsregeln Sind für Radler und Kraftfahrzeuge gleich; immer auf der rechten Straßenseite mit dem fließenden Verkehr fahren! In Miami ist das Radfahren auf Bürgersteigen erlaubt (immer Rücksicht auf Fußgänger nehmen!). Aufgrund des dichten, schnellen Verkehrs auf vielen Straßen (etwa dem Biscayne Blvd) wird das auch sehr gern angenommen.

Fahrradtransport nach Florida Als aufzugebendes Fluggepäck müssen Bikes oft in geeigneten Behältern verstaut werden; die Gebühren sind teilweise sehr hoch (über 200 US$).

Diebstahl Vor allem in Miami Beach keine Seltenheit; daher ein stabiles Schloss (am besten mit U-Bügel) mitbringen!

Organisationen mit weiteren Infos und Tipps:

League of American Bicyclists (www.bikeleague.org) Allgemeine Infos plus Verzeichnisse mit örtlichen Fahrradclubs und -werkstätten.

International Bicycle Fund (www.ibike.org) Ratschläge sowie eine umfassende Übersicht über Transportbestimmungen für Drahtesel (nach Fluglinien sortiert).

Better World Club (www.betterworldclub.com) Leistet Pannenhilfe für Radfahrer.

Flugzeug

Die zuverlässige, sichere US-Luftfahrtbranche deckt den ganzen Bundesstaat hervorragend ab. Allerdings haben die anhaltenden finanziellen Schwierigkeiten der Branche zu ein paar aufsehenerregenden Fusionen geführt. So gehört z. B. Midwest nun zu Frontier, Continental zu United und Air Tran aus Orlando zu Southwest.

Im Allgemeinen hat das zu weniger Flügen, volleren Maschinen, geringeren Rabatte und höheren Ticketpreisen bzw. Gebühren geführt. Zudem muss man für die umfangreichen Sicherheitskontrollen an US-Flughäfen jede Menge Extrazeit einplanen.

Fluglinien in Südflorida

Südflorida wird vorwiegend von folgenden heimischen Airlines angeflogen:

American (www.aa.com) Flüge zu und zwischen Großstädten innerhalb Floridas (Drehscheibe ist Miami).

Delta (www.delta.com) Internationale Fluglinie, die ab Miami Floridas Großstädte und Tampa bzw. Orlando bedient.

Frontier (www.frontierairlines.com) Verbindet Denver, Minneapolis und den Mittleren Westen mit Tampa, Orlando und Fort Lauderdale.

Southwest (www.southwest.com) Eine der führenden US-Billigfluglinien; kostenloser Gepäcktransport und teilweise sehr niedrige Preise.

Spirit (www.spiritair.com) In Florida ansässiger Billiganbieter; fliegt von der US-Ostküste, der Karibik, Mittel- und Südamerika aus regionale Großstädte an.

United (www.united.com) Internationale Flüge nach Orlando und Miami plus Inlandstrips zu bzw. zwischen den wichtigsten Städten in Florida.

Flugpässe

Wer als ausländischer Reisender viele Flüge in und ab Florida plant, für den könnte ein Flugpass in Frage kommen. Dies ist eine Option nur für Nichtamerikaner, die nur in Verbindung mit internationalen Flugtickets gekauft werden kann. Die Konditionen und die Preisgestaltung sind teilweise kompliziert. Alle Passvarianten gelten jedoch für eine bestimmte Anzahl von Inlandsflügen (3–10), die innerhalb eines festen Zeitraums (meist 60 Tage) wahrgenommen werden müssen. Zumeist ist die Reiseroute vorab festzulegen, während die genauen Termine (oder teilweise sogar die Ziele) manchmal erst später gewählt werden müssen. Über Reisebüros lässt sich individuell herausfinden, ob ein Flugpass eine Ersparnis bringt.

Die beiden größten Airline-Allianzen sind Star Alliance (www.staralliance.com) und One World (www.oneworld.com).

Nahverkehr

Bus

Miami hat ein verlässliches Linienbussystem sowie einen Metromover (eine Einschienenbahn, die nur in der Innenstadt verkehrt) sowie Pendlerzüge. Bei den relativ wenigen Buslinien, die es gibt, kann es ganz schön zeitaufwendig sein, von einem Viertel ins nächste zu kommen (wie etwa von Wynwood nach South Beach). In den Lower Keys ist das Angebot an Busverbindungen auch sehr beschränkt; zwischen Homestead und einem Teil der Everglades verkehrt ein Bus auch am Wochenende.

Mitfahrgelegenheiten

Fahrgemeinschafts-Apps wie Uber und Lyft sind in Miami recht beliebt. Unten auf den Keys ist die Verfügbarkeit aber beschränkt.

Taxi

Außer auf dem Flughafengelände, in South Beach und am Port of Miami, wo es Taxis wie Sand am Meer gibt, wird man sich meist telefonisch ein Taxi rufen müssen. Gute Optionen sind **Metro** (☎305-888-8888), **Sunshine** (☎305-445-3333) oder **Miami Yellow Cab** (☎305-400-0000).

Taxis in Miami haben sowohl Pauschalsätze als auch Taxameter. Für zusätzliches Gepäck oder Mitfahrer wird kein Aufpreis fällig, es wird jedoch ein zusätzliches Trinkgeld von 10 bis 15 % erwartet. Bei normalen Taxifahrten schlägt man etwa 10 % (aber mindestens 1 US$) drauf. Wer schlechte Erfahrungen macht, notiert sich die Lizenznummer des Fahrers und das Nummernschild und wendet sich an die **Taxi Complaints Line** (☎305-375-2460).

In Key West betreibt **Key West Taxis** (☎305-296-6666) pinkfarbene Taxis mit Taxameter.

Schiff/Fähre

Florida ist ein sehr beliebtes Ziel und häufiger Ausgangspunkt für Bootstouren und Kreuzfahrten aller Art. Der Port of Miami (www.miamidade.gov/portofmiami) bezeichnet sich selbst gern als „Kreuzfahrthauptstadt der Welt" – und das nicht ohne Grund: Es ist tatsächlich der größte Kreuzfahrthafen der Welt. Auch Port Everglades (www.porteverglades.net, www.fort-lauderdale-cruises.com) in der Nähe von Fort Lauderdale ist ein mögliches Tor zur Region.

Für vergünstigte mehrtägige Kreuzfahrten empfehlen sich folgende Anlaufstellen:

- www.cruise.com
- www.cruiseweb.com
- www.vacationstogo.com
- www.cruisesonly.com

Große Kreuzfahrtunternehmen:

Carnival Cruise Lines (www.carnival.com)

Norwegian Cruise Line (www.ncl.com)

Royal Caribbean (www.royalcaribbean.com)

Trampen

Trampen ist nirgendwo wirklich sicher, und wir empfehlen es nicht. Tramper müssen wissen, dass sie sich einem kleinen, aber ernsthaften Risiko aussetzen. Wer unbedingt trampen will, sollte dies mindestens zu zweit tun und jemanden wissen lassen, wohin er unterwegs ist. Den Fahrer immer fragen, wohin er fährt, bevor man selbst sagt, wohin man will!

Zug

Züge der Amtrak (www.amtrak.com) verkehren zwischen ein paar regionalen Großstädten, bedienen den Großteil Floridas aber nur äußerst begrenzt. Trotzdem können sie bei bestimmten Touren angenehm und günstig sein. Im Wesentlichen fahren Züge täglich zwischen Jacksonville, Orlando und Miami, wobei eine Strecke auch in Richtung Tampa abzweigt. Zudem gelangen Amtrak-Passagiere mit Thruway-Bussen (Motorcoach-Service) nach Daytona Beach, St. Petersburg und Fort Myers.

Sprache

Kanadier, Briten, Amerikaner, Australier und Neuseeländer, deutsche Geschäftsleute und norwegische Wissenschaftler, der indische Verwaltungsbeamte und die Hausfrau aus Kapstadt – fast jeder scheint Englisch zu sprechen. Und wirklich: Englisch ist die am weitesten verbreitete Sprache der Welt (wenn's auch nur den zweiten Platz für die am meisten gesprochene Muttersprache gibt – Chinesisch ist die Nr. 1).

Logisch, dass es bei einer solchen Verbreitung nicht *das* Englische gibt, sondern vielmehr eine Unmenge von lokalen Eigenheiten in der Aussprache und im Wortschatz.

Hier folgen nur die wichtigsten Begriffe und Wendungen, um sich in Miami und auf den Keys durchschlagen zu können.

Konversation & Nützliches

Wer einen Fremden nach etwas fragen möchte, sollte die Frage oder Bitte mit einer höflichen Entschuldigung einleiten („Excuse me, ...").

Hallo.	*Hello.*
Guten ...	*Good ...*
Tag	*day*
Tag (nachmittags)	*afternoon*
Morgen	*morning*
Abend	*evening*
Auf Wiedersehen.	*Goodbye.*
Bis später.	*See you later.*

NOCH MEHR INFOS?

Noch besser kommt man mit dem *Sprachführer Englisch* von Lonely Planet durch Südflorida. Man findet den Titel unter **http://shop.lonelyplanet.de** und im Buchhandel.

Tschüss.	*Bye.*
Wie geht es Ihnen/dir?	*How are you?*
Danke, gut.	*Fine. And you?*
Und Ihnen/dir?	*... and you?*
Wie ist Ihr Name?/ Wie heißt du?	*What's your name?*
Mein Name ist ...	*My name is ...*
Wo kommen Sie her?/ Wo kommst du her?	*Where do you come from?*
Ich komme aus ...	*I'm from ...*
Wie lange bleiben Sie/ bleibst du hier?	*How long do you stay here?*
Ja.	*Yes.*
Nein.	*No.*
Bitte.	*Please.*
Danke/Vielen Dank.	*Thank you (very much).*
Bitteschön/ keine Ursache.	*You're welcome.*
Entschuldigen Sie, ...	*Excuse me, ...*
Entschuldigung.	*Sorry.*
Es tut mir leid.	*I'm sorry.*
Verstehen Sie (mich)?	*Do you understand (me)?*
Ich verstehe (nicht).	*I (don't) understand.*
Könnten Sie bitte ...?	*Could you please ...?*
langsamer sprechen	*speak more slowly*
das wiederholen	*repeat that*
das aufschreiben	*write it down*

Fragewörter

Wer?	*Who?*
Was?	*What?*
Wo?	*Where?*
Wann?	*When?*

Wie?	*How?*
Warum?	*Why?*
Welcher?	*Which?*
Wie viel/viele?	*How much/many?*

Gesundheit

Wo ist der/die/das nächste ...?
Where's the nearest ...?

Apotheke	*chemist*
Arzt	*doctor*
Krankenhaus	*hospital*
Zahnarzt	*dentist*

Ich brauche einen Arzt.
I need a doctor.

Gibt es in der Nähe eine (Nacht-)Apotheke?
Is there a (night) chemist nearby?

Ich bin krank.	*I'm sick.*
Es tut hier weh.	*It hurts here.*
Ich habe mich übergeben.	*I've been vomiting.*
Ich habe ...	*I have ...*
Durchfall	*diarrhoea*
Fieber	*fever*
Kopfschmerzen	*headache*
(Ich glaube,) ich bin schwanger.	*(I think) I'm pregnant.*
Ich bin allergisch gegen ...	*I'm allergic to ...*
Antibiotika	*antibiotics*
Aspirin	*aspirin*
Penizillin	*penicillin*

Mit Kindern reisen

Ich brauche ...	*I need a/an ...*
Gibt es ...?	*Is there a/an ...?*
einen Babysitter	*babysitter*
eine Kinderspeise-karte	*children's menu*
einen Kindersitz	*booster seat*
einen Kinderstuhl	*highchair*
einen Kinderwagen	*stroller*
einen Wickelraum	*baby change room*
ein Töpfchen	*potty*
(Einweg-)Windeln	*(disposable) nappies*

Stört es Sie, wenn ich mein Baby hier stille?
Do you mind if I breastfeed here?

Sind Kinder zugelassen?
Are children allowed?

Notfall

Hilfe!	*Help!*
Es ist ein Notfall!	*It's an emergency!*
Rufen Sie die Polizei!	*Call the police!*
Rufen Sie einen Arzt!	*Call a doctor!*
Rufen Sie einen Krankenwagen!	*Call an ambulance!*
Lassen Sie mich in Ruhe!	*Leave me alone!*
Gehen Sie weg!	*Go away!*

Papierkram

Name	*name*
Staatsangehörigkeit	*nationality*
Geburtsdatum/-ort	*date/place of birth*
Geschlecht	*sex/gender*
(Reise-)Pass	*passport*
Visum	*visa*

Shoppen & Service

Ich suche ...
I'm looking for ...

Wo ist der/die/das (nächste) ...?
Where's the (nearest) ...?

Wo kann ich ... kaufen?
Where can I buy ...?

Ich möchte ... kaufen.
I'd like to buy ...

Wie viel (kostet das)?
How much (is this)?

Das ist zu viel/zu teuer.
That's too much/too expensive.

Können Sie mit dem Preis heruntergehen?
Can you lower the price?

Ich schaue mich nur um.
I'm just looking.

Haben Sie noch andere?
Do you have any others?

Kann ich es mir ansehen?
Can I look at it?

mehr	*more*
weniger	*less*
kleiner	*smaller*
größer	*bigger*

Nehmen Sie ...?	*Do you accept ...?*
Kreditkarten	*credit cards*
Reiseschecks	*traveller's cheques*
Ich möchte ...	*I'd like to ...*
Geld umtauschen	*change money*
Reiseschecks einlösen	*change traveller's cheques*

Ich suche ...	*I'm looking for ...*
einen Arzt	*a doctor*
eine Bank	*a bank*
die ... Botschaft	*the ... embassy*
einen Geldautomaten	*an ATM*
das Krankenhaus	*the hospital*
den Markt	*the market*
ein öffentliches Telefon	*a public phone*
eine öffentliche Toilette	*a public toilet*
die Polizei	*the police*
das Postamt	*the post office*
die Touristen-information	*the tourist information*
eine Wechsel-stube	*an exchange office*

Wann macht er/sie/es auf/zu?
What time does it open/close?

Ich möchte eine Telefonkarte kaufen.
I want to buy a phone card.

Wo ist hier ein Internetcafé?
Where's the local Internet cafe?

Ich möchte ...	*I'd like to ...*
ins Internet	*get internet access*
meine E-Mails checken	*check my email*

Uhrzeit & Datum

Wie spät ist es?	*What time is it?*
Es ist (ein) Uhr.	*It's (one) o'clock.*
Zwanzig nach eins	*Twenty past one*
Halb zwei	*Half past one*
Viertel vor eins	*Quarter to one*
morgens/vormittags	*am*
nachmittags/abends	*pm*

jetzt	*now*
heute	*today*
heute Abend	*tonight*
morgen	*tomorrow*
gestern	*yesterday*
Morgen	*morning*
Nachmittag	*afternoon*
Abend	*evening*

Montag	*Monday*
Dienstag	*Tuesday*
Mittwoch	*Wednesday*
Donnerstag	*Thursday*
Freitag	*Friday*
Samstag	*Saturday*
Sonntag	*Sunday*

Januar	*January*
Februar	*February*
März	*March*
April	*April*
Mai	*May*
Juni	*June*
Juli	*July*
August	*August*
September	*September*
Oktober	*October*
November	*November*
Dezember	*December*

Unterkunft

Wo gibt es ...?	*Where's a ...?*
eine Pension	*bed and breakfast guesthouse*
einen Campingplatz	*camping ground*
ein Hotel/Gasthof	*hotel*
ein Privatzimmer	*room in a private home*
eine Jugend-herberge	*youth hostel*

Wie ist die Adresse?
What's the address?

Ich möchte bitte ein Zimmer reservieren.
I'd like to book a room, please.

Für (drei) Nächte/Wochen.
For (three) nights/weeks.

Haben Sie ein ...?	*Do you have a ... room?*
Einzelzimmer	*single*
Doppelzimmer	*double*
Zweibettzimmer	*twin*

Wieviel kostet es pro Nacht/Person?
How much is it per night/person?

Kann ich es sehen?
May I see it?

Kann ich ein anderes Zimmer bekommen?
Can I get another room?

Es ist gut, ich nehme es.
It's fine. I'll take it.

Ich reise jetzt ab.
I'm leaving now.

Verkehrsmittel & -Wege

Wann fährt ... ab?
What time does the ... leave?

das Boot/Schiff	*boat/ship*
die Fähre	*ferry*
der Bus	*bus*
der Zug	*train*

Wann fährt der ... Bus?
What time's the ... bus?

erste	*first*
letzte	*last*
nächste	*next*

Wo ist der nächste U-Bahnhof?
Where's the nearest metro station?

Welcher Bus fährt nach ...?
Which bus goes to ...?

Straßenbahn	*tram*
Straßenbahnhaltestelle	*tram stop*
S-Bahn	*suburban (train) line*
U-Bahn	*metro*
(U-)Bahnhof	*(metro) station*

Eine ... nach (Kowloon).
A ... to (Kowloon).

einfache Fahrkarte	*one-way ticket*
Rückfahrkarte	*return ticket*
Fahrkarte 1. Klasse	*1st-class ticket*
Fahrkarte 2. Klasse	*2nd-class ticket*

Der Zug wurde gestrichen.
The train is cancelled.

Der Zug hat Verspätung.
The train is delayed.

Ist dieser Platz frei?
Is this seat free?

Muss ich umsteigen?
Do I need to change trains?

EIN ZIMMER RESERVIEREN

(per Brief, Fax oder E-Mail)

An ...	*To ...*
Vom ...	*From ...*
Datum	*Date*

Ich möchte reservieren ...
I'd like to book ...

auf den Namen ...	*in the name of ...*
vom ... bis zum ...	*from ... to ...*

(Bett-/Zimmeroptionen s. Liste Unterkunft)

Kreditkarte	*credit card*
Nummer	*number*
gültig bis	*expiry date*

Bitte bestätigen Sie Verfügbarkeit und Preis.
Please confirm availability and price.

Sind Sie frei?
Are you free?

Was kostet es bis ...?
How much is it to ...?

Bitte bringen Sie mich zu (dieser Adresse).
Please take me to (this address).

Wo kann ich ein ... mieten?
Where can I hire a/an ...?

Ich möchte ein ... mieten.
I'd like to hire a/an ...

Auto	*car*
Fahrrad	*bicycle*
Fahrzeug mit Automatik	*automatic*
Fahrzeug mit Schaltung	*manual*
Geländewagen	*4WD*
Motorrad	*motorbike*

Wieviel kostet es pro Tag/Woche?
How much is it per day/week?

Wo ist eine Tankstelle?
Where's a petrol station?

Benzin	*petrol*
Diesel	*diesel*
Bleifreies Benzin	*unleaded*

VERKEHRSSCHILDER

Danger	*Gefahr*
No Entry	*Einfahrt verboten*
One-way	*Einbahnstraße*
Entrance	*Einfahrt*
Exit	*Ausfahrt*
Keep Clear	*Ausfahrt freihalten*
No Parking	*Parkverbot*
No Stopping	*Halteverbot*
Toll	*Mautstelle*
Cycle Path	*Radweg*
Detour	*Umleitung*
No Overtaking	*Überholverbot*

Führt diese Straße nach ...?
Does this road go to ...?

Wo muss ich bezahlen?
Where do I pay?

Ich brauche einen Mechaniker.
I need a mechanic.

Das Auto hat eine Panne.
The car has broken down.

Ich habe einen Platten.
I have a flat tyre.

Das Auto/Motorrad springt nicht an.
The car/motorbike won't start.

Ich habe kein Benzin mehr.
I've run out of petrol.

Wegweiser

Können Sie mir bitte helfen?
Could you help me, please?

Ich habe mich verirrt.
I'm lost.

Wo ist (eine Bank)?
Where's (a bank)?

In welcher Richtung sind (öffentliche Toiletten)?
Which way are (public restrooms)?

Wie kann ich dort hinkommen?
How can I get there?

Wie weit ist es?
How far is it?

Können Sie es mir (auf der Karte) zeigen?
Can you show me (on the map)?

links	*left*
rechts	*right*
nahe	*near*
weit weg	*far away*
hier	*here*
dort	*there*
an der Ecke	*on the corner*
geradeaus	*straight ahead*
gegenüber ...	*opposite ...*
neben ...	*next to ...*
hinter ...	*behind ...*
vor ...	*in front of ...*

Norden	*north*
Süden	*south*
Osten	*east*
Westen	*west*

Biegen Sie ... ab.	*Turn ...*
links/rechts	*left/right*
an der nächsten Ecke	*at the next corner*
bei der Ampel	*at the traffic lights*

Zahlen

0	*zero*
1	*one*
2	*two*
3	*three*
4	*four*
5	*five*
6	*six*
7	*seven*
8	*eight*

SCHILDER

Police	*Polizei*
Police Station	*Polizeiwache*
Entrance	*Eingang*
Exit	*Ausgang*
Open	*Offen*
Closed	*Geschlossen*
No Entry	*Kein Zutritt*
No Smoking	*Rauchen verboten*
Prohibited	*Verboten*
Toilets	*Toiletten*
Men	*Herren*
Women	*Damen*

9	*nine*	**23**	*twentythree*
10	*ten*	**24**	*twentyfour*
11	*eleven*	**25**	*twentyfive*
12	*twelve*	**30**	*thirty*
13	*thirteen*	**40**	*fourty*
14	*fourteen*	**50**	*fifty*
15	*fifteen*	**60**	*sixty*
16	*sixteen*	**70**	*seventy*
17	*seventeen*	**80**	*eigthy*
18	*eighteen*	**90**	*ninety*
19	*nineteen*	**100**	*hundred*
20	*twenty*	**1000**	*thousand*
21	*twentyone*	**2000**	*two thousand*
22	*twentytwo*	**100 000**	*hundred thousand*

Hinter den Kulissen

WIR FREUEN UNS ÜBER EIN FEEDBACK

Post von Travellern zu bekommen, ist für uns ungemein hilfreich – Kritik und Anregungen halten uns auf dem Laufenden und helfen, unsere Bücher zu verbessern. Unser reiseerfahrenes Team liest alle Zuschriften ganz genau, um zu erfahren, was an unseren Reiseführern gut und was schlecht ist. Wir können solche Post zwar nicht individuell beantworten, aber jedes Feedback wird garantiert schnurstracks an die jeweiligen Autoren weitergeleitet, rechtzeitig vor der nächsten Nachauflage.

Wer Ideen, Erfahrungen und Korrekturhinweise zum Reiseführer mitteilen möchte, hat die Möglichkeit dazu auf **www.lonelyplanet.com/contact/guidebook_feedback/new**. Anmerkungen speziell zur deutschen Ausgabe erreichen uns über **www.lonelyplanet.de/kontakt**.

Hinweis: Da wir Beiträge möglicherweise in Lonely Planet Produkten (Reiseführer, Websites, digitale Medien) veröffentlichen, ggf. auch in gekürzter Form, bitten wir um Mitteilung, falls ein Kommentar nicht veröffentlicht oder ein Name nicht genannt werden soll. Wer Näheres über unsere Datenschutzpolitik wissen will, erfährt das unter www.lonelyplanet.com/privacy.

DANK DES AUTORS

Regis St. Louis

Ich danke den zahllosen Leuten, die mir in ganz Südflorida mit Tipps und Insiderinfos geholfen haben – darunter Unterkunftsbetreiber, Kellner, Barkeeper, Baristas und Guides in Nationalparks. Herzlichen Dank auch an Adam Karlin für seine großartige Arbeit bei den vorherigen Ausgaben. Weiterer Dank gebührt Cassandra sowie unseren Töchtern Magdalena und Genevieve, die meinen Miami-Trip noch schöner machten.

QUELLENNACHWEIS

Die Daten für die Klimakarten stammen von Peel MC, Finlayson BL & McMahon TA (2007), *Updated World Map of the Köppen-Geiger Climate Classification*, Hydrology and Earth System Sciences, 11, 163344.

Titelfoto: Rettungsschwimmerturm, South Beach, Miami; Alexander Demyanenko/Shutterstock ©

ÜBER DIESES BUCH

Dies ist die 1. deutsche Auflage von *Miami & die Keys*, basierend auf der 8. englischen Auflage von *Miami & the Keys*, recherchiert und geschrieben von Regis St. Louis. Autor der 6. und 7. Auflage war Adam Karlin. Dieser Lonely Planet Band wurde von folgenden Personen betreut:

Projektredakteurinnen Trisha Ping, Lauren Keith

Produktredakteurinnen Jessica Ryan, Catherine Naghten

Leitende Kartografen Corey Hutchison, Alison Lyall

Layoutdesign Gwen Cotter

Redaktionsassistenz Judith Bamber, Imogen Bannister, Pete Cruttenden, Melanie Dankel, Anita Isalska, Rosie Nicholson, Kristin Odijik

Umschlagrecherche Marika Mercer

Dank an Ronan Abayawickrema, William Allen, Tom Heywood, Sandie Kestell, Lauren O'Connell, Ellie Simpson, Angela Tinson, Maureen Wheeler

Register

10 000 Islands 167
11th Street Diner 264

A

A1A 69
Adrienne Arsht Center for the Performing Arts 142
Ah-Tah-Thi-Ki Seminole Indian Museum 162
airboats siehe Sumpfboote
Aktivitäten 23, 34 *siehe auch einzelne Aktivitäten & einzelne Orte*
Alderson, Doug 247
Alligatoren 9, **9**, **157**, 172, 245, 247
Alligatorfleisch 45
Amphibien 247
Angeln 101
An- & Weiterreise 275
Aquarien 80, 184, 192, 193
Arbeiten in Florida 266
Architektur 20, 254
Argentinische Kultur 240
Art Basel Miami Beach 23, 27, 108
Art-déco-Architektur 9, 70, **70**, 254, 259, **259**
Art Deco Historic District 9, 70, **70**, 259, **259**
Ausgehen & Nachtleben 18 *siehe auch einzelne Orte*
Auto, Reisen mit dem 17, 52, 276, 277 *siehe auch* Panoramafahrten & Road Trips
Avalon Hotel 264, **264**

B

Bahia Honda 14, **14**, 196
Behinderung, Reisen mit 271
Bevölkerung 221

Verweise auf Karten **000**
Verweise auf Fotos **000**

Big Cypress 162
Big Pine Key 196
Biltmore Hotel 13, **13**, 93
Biscayne National Park 175
Blue Hole 197
Boca Chica Key 198
Bootsfahrten 277, 280
- Everglades 166, 174, 175
- Florida Keys 185, 189, 206
- Miami 102

Botschaften & Konsulate 266
Brasilianische Kultur 241
Brennereien 204, 205
Brickell Key 81
Britto, Romero 235
Bücher 220
- Geschichte 230, 232
- Natur & Umwelt 246, 253

Bus, Reisen mit dem 276, 279, 280

C

Calle Ocho 13, **13**, 63
Camping 35
- Everglades 36, 165, 171, 174, 176
- Keys 14, 36, 186, 198
- Miami 36

Cardozo Hotel 261, **261**
Carnaval Miami 23, 24, 106
Casinos 100, 159
Castro, Fidel 226
Cavalier South Beach 112, 262, **262**
chickees 171
Chokoloskee Island 165
Coconut Grove 63, **92**
- Ausgehen & Nachtleben 141
- Essen 132
- Sehenswertes 90
- Shoppen 147
- Unterkunft 120

Colony Hotel 262
Conch Republic 211
Coral Castle **21**, 169
Coral Gables **13**, 63, **94**
- Ausgehen & Nachtleben 141
- Essen 133
- Sehenswertes 93
- Shoppen 147
- Unterhaltung 144
- Unterkunft 120

Crescent Resort 262, **262**

D

Dachterrassenbars 141
Darstellende Kunst 142
Deering, James 97
Delfine 193, 249
Design District 63, **84**
- Ausgehen & Nachtleben 139
- Essen 127
- Sehenswertes 83
- Shoppen 145
- Unterhaltung 143
- Unterkunft 119

Douglas, Marjory Stoneman 97, 160, 166
Downtown Miami **15**, 63, **78**
- Aktivitäten 101
- Ausgehen & Nachtleben 138
- Essen 126
- Sehenswertes 75
- Shoppen 145
- Unterhaltung 142
- Unterkunft 119

Dry Tortugas National Park 217
Duval Street 203

E

Einreise 275
Española Way Promenade 69
Essen **2**, 18, 41, 267 *siehe auch einzelne Orte*
- Alligatorfleisch 45
- *conch* 45, **46**
- Feste & Events 44
- Food Trucks 135
- Key Lime Pie 45, 192
- Kubanisches Sandwich 44, **46**
- Locavore-Bewegung 47
- Märkte 129
- Seafood 11, **11**, 42, 45
- Selbstversorger 124

Essex House Hotel 261, **261**
Everglades 9, 55, 151, **152**
- Aktivitäten 159
- Camping 36, 165, 171, 174, 176
- Essen 151
- Geschichte 160
- Highlights 152
- Klima 151, 173
- Reiserouten 154, **154**
- Reisezeit 151
- Umweltschutz & -probleme 160, 251
- Unterkunft 151
- Wandern & Trekken 164, 174

Everglades City 165
Everglades National Park **37**, 158, **243**

F

Fahrradfahren *siehe* Radfahren
Fantasy Fest 23, 26, 206
Feiertage & Ferien 267
Fernsehen 266
Feste & Events 23
- Essen 44
- Everglades 167
- Filme 242
- Florida Keys 194
- Key West 206
- Miami 105

Filme 220, 239
Flagler, Henry Morrison 225

Flamenco 238
Florida City 169
Florida Keys 55, 177, **178**
Camping 14, 36, 186, 198
Essen 177
Highlights 178
Klima 177
Reisezeit 177
Unterkunft 177
Flugzeug, Reisen mit dem 276, 279
Fly's Eye Dome 83
Fort Jefferson 218
Fort Lauderdale-Hollywood International Airport 149, 276
Frauen unterwegs 267
Freiwilligenarbeit 267
Friedhöfe 81, 204

G
Galerien *siehe* Museen & Galerien
Gefahren & Ärgernisse 268
Geld 16, 17, 268
Geldautomaten 268
Geografie 243
Geschichte
Britische Besiedlung 223
Bücher 227, 230
Große Depression 228
Kriminalität 230
Kuba, Beziehung zu 228, 229
Mariel Boatlift 229
Rassenunruhen 229
Schweinebucht 228
Seminolen-Kriege 224
Sklaverei 224
Spanische Besiedlung 223
Gesundheit 269
Getränke 41
Bier 139
Kaffee 138
Gewichte 266
Giardiasis 269
Grassy Key 191
Greene, Pardon C. 226
Großraum Miami 97, 135, 144

H
Haitianische Kultur 240
hammocks (Haine) 34
Handys 16, 271
Hell's Bay 14
Hemingway Days Festival 23, 26, 207
Hemingway, Ernest 26, 203, 228
Heyman, Richard 231
Hiaasen, Carl 236
Hibiscus Island 106
Hip-Hop 239
Hirsche 204
Historische Gebäude
Biltmore Hotel 13, **13**, 93
Black Archives Historic Lyric Theater 81
Coral Gables City Hall 95
Eden Roc Renaissance 75
Fontainebleau 75
Fort Jefferson 218
Freedom Tower 81
Hemingway House **183**, 203
Little White House 205
Merrick House 95
Miami-Dade County Courthouse 83
Pigeon Key National Historic District 193
Post Office (Miami) 65
Vizcaya Museum & Gardens 91
HIV/AIDS 269
Holocaust Memorial 65
Homestead 169
Hurrikane 231, 268

I
Infos im Internet 17, 233
Internetzugang 270
Islamorada 188

J
Japanische Kultur 241
Jüdische Kultur 69, 240

K
Kanu- & Kajakfahren 14, **14**, 36, 38
Everglades 14, **14**, 38, 166, 170, 174, 175
Florida Keys 38, 186, 194, 197, 206
Miami 38, 101, 102
Kasinos 100
Key Biscayne **15**, 63, **98**
Essen 134
Sehenswertes 96
Shoppen 148
Unterkunft 121
Key Largo 184
Key Lime Pie 45, 192
Keys *siehe* Florida Keys
Key West 10, **10**, 55, **178**, 199, **200**
Aktivitäten 205
An- & Weiterreise 217
Ausgehen & Nachtleben **19**, 214
Essen 209, 212
Feste & Events 206
Geführte Touren 206
Highlights 178
Klima 177
Praktische Informationen 216
Reiserouten 180, **180**
Reisezeit 177
Sehenswertes 203
Shoppen 216
Strände 206, 212
Unterhaltung 215
Unterkunft 207
Unterwegs vor Ort 217
Key West International Airport 217, 276
Kinderbetreuung 53
Kindern, Reisen mit 49, 187
Kinos 143, 144
Kirchen
Ancient Spanish Monastery 99
Coral Gables Congregational Church 95
Miami Beach Community Church 69
Kiteboarding 40, 104
Klassische Musik 142
Kleinbrauereien 139
Klima 16, 23, 59 *siehe auch einzelne Orte*
Kolumbianische Kultur 241
Konsulate 266
Kreditkarten 268
Krokodile 172
Kubanische Kultur 240
Kulturelle Vielfalt 22, 233, 240
Kunst 20, 233, 235, 238
Kurioses Florida 21

L
Landschaft 19
Lapidus, Morris 226, 257
Lateinamerikanische Musik 237
Lesbische Reisende 215, 271
Leuchttürme
Cape Florida Lighthouse 96, 110, **111**
Key West Lighthouse 205
LGBTQI 215 *siehe auch* Lesbische Reisende, Schwule Reisende
Lincoln Road 110, **110**
Literatur 237
Little Haiti 63, **88**
Ausgehen & Nachtleben 140
Essen 130
Sehenswertes 85
Shoppen 146
Unterkunft 119
Little Havana 63, **90**
Ausgehen & Nachtleben 140
Essen 131
Sehenswertes 89
Shoppen 146
Unterhaltung 143
Locavore-Bewegung 47
Looe Key 196
Lower Keys 195
Lyme-Borreliose 269

M
Malerei 236
Mallory Square **32**, 203
Manatis (Seekühe) **37**, 248
Mangroven 196, 250
Marathon 192
Märkte
Florida Keys 197
Miami 129
Maße & Gewichte 266
Medizinische Versorgung 269
Meeresschildkröten 248
Merengue 238
Merrick, George 93
Miami **2**, **12**, 55, 59, **60**, **62**
Aktivitäten 100, 105
An- & Weiterreise 148
Ausgehen & Nachtleben 12, 15, 136
Camping 36
Coconut Grove 63, 90, **92**, 120, 132, 141, 147
Coral Gables 13, 63, 93, **94**, 120, 133, 141, 144, 147

Design District 63, 83, **84**, 119, 127, 139, 143, 145
Downtown Miami 63, 75, 77, **78**, 101, 119, 126, 138, 142, 145
Essen 59, 121
Feste & Events 105
Geführte Touren 104
Großraum Miami 97, 135, 144
Highlights 60
Key Biscayne 15, 63, 96, **98**, 121, 134, 148
Kurse 104
Little Haiti 63, 85, **88**, 119, 130, 140, 146
Little Havana 63, 89, 90, **90**, 131, 140, 143, 146
North Beach 12, **12**, 62, 74, **76**, 101, 117, 125, 137, 142
Praktische Informationen 148
Radfahren 102
Reisezeit 59
Sehenswertes 64
Shoppen 110, 144
South Beach **58**, 64, **66**, **72**, 100, 108, 121, 136, 142, 145
Stadtspaziergang 103, **103**
Stadtviertel 62
Unterhaltung 141
Unterkunft 108
Unterwegs vor Ort 149
Upper East Side 63, 85, **88**, 119, 130, 140, 146
Wynwood 10, 63, 83, **84**, 110, **110**, 119, 127, 139, 143, 145
Miami-Dade Public Library 82
Miami Dolphins 144
Miami Heat 143
Miami International Airport 148, 276
Miami River 81, 82
Miccosukee Indian Village **51**, 159
Miccosukee-Kultur 159
Middle Keys 191
MiMo on BiBo (Miami Modern on Boscayne Boulevard) 120, 258

Verweise auf Karten **000**
Verweise auf Fotos **000**

Mode 242
Motorrad, Reisen mit dem 277
Multikulturalismus 22, 233, 240
Munroe, Eva 91
Muschelhäuser 257
Museen & Galerien 10
Ah-Tah-Thi-Ki Seminole Indian Museum 162
ArtCenter/South Florida 65
Art Deco Museum 64
Art Fusion 85
Bakehouse Art Complex 83
Big Cypress Gallery 163
Britto Central 235
Cisneros Fontanal Arts Foundation 82
Coral Gables Museum 96
Crane Point Museum 193
De La Cruz Collection **10**, 83
Florida Keys Eco-Discovery Center 203
Florida Keys History of Diving Museum 188
Fort East Martello Museum & Gardens 205
Gold Coast Railroad Museum 100
Jewish Museum of Florida-FIU 65
Little Haiti Cultural Center 89
Locust Projects 84
Lowe Art Museum 95
Margulies Collection at the Warehouse 83
Marjory Stoneman Douglas Biscayne Nature Center 97
MDC Museum of Art & Design 81
Mel Fisher Maritime Museum 204
Miami Center for Architecture & Design 82
Miami Children's Museum 82
Miccosukee Indian Village **51**, 159
Museum of Art & History at the Custom House 203
Museum of Contemporary Art North Miami 100
Museum of the Everglades 165
PanAmerican Art Projects 89
Patricia & Phillip Frost Museum of Science 80
Pérez Art Museum Miami 75
Rain Barrel Sculpture Gallery 189
Rubell Family Art Collection (Allapattah) 99
Smallwood Store 165
South Pointe Park 69
Studios of Key West 203
The Bass 65
Vizcaya Museum & Gardens 91
Wolfsonian-FIU 262
World Erotic Art Museum 68
Musik **2**, 19, 237, 239

N

Nachtleben 12, 15 *siehe auch einzelne Orte*
Nationalparks & Naturschutzgebiete *siehe auch* Parks & Gärten 21, 251
Anhinga Trail **19**, 172
Bahia Honda State Park 196
Barnacle Historic State Park 93
Big Cypress National Preserve 162
Bill Baggs Cape Florida State Park 96, 110
Biscayne National Park 175
Curry Hammock State Park 191
Dry Tortugas National Park 217
Everglades National Park **37**, 158, **243**
Everglades Outpost 169
Fakahatchee Strand Preserve 159
Fort Zachary Taylor State Park 204, 212, **212**
Great White Heron National Wildlife Refuge 197
Historic Virginia Key Park 97
Indian Key Historic State Park 189
John Pennekamp Coral Reef State Park 184
Key West Butterfly & Nature Conservatory 205
Kirby Storter Roadside Park 163
Laura Quinn Wild Bird Sanctuary 185
Lignumvitae Key Botanical State Park 189
Looe Key National Marine Sanctuary 197
National Key Deer Refuge Headquarters 197
Oleta River State Park 74
Pigeon Key National Historic District 193
Turtle Hospital 193
Virginia Key Beach North Point Park 96
Windley Key Fossil Reef Geological State Site 188
Naturschutz 245
Nicaraguanische Kultur 241
No Name Key 197
North Beach **12**, 62, **76**
Aktivitäten 101
Ausgehen & Nachtleben 137
Essen 125
Sehenswertes 74
Unterhaltung 142
Unterkunft 117
Notfall 17

O

Ocean Drive **9**, 71
Ochopee **157**, 162
Öffentliche Kunst 236
Öffnungs- & Geschäftszeiten 270
Old Florida 21
Orchideen 250
Overseas Highway 11, **11**

P

Palm Island 106
Panoramafahrten & Road Trips
Everglades 154, **154**
Key West 180, **180**
Panther 246

Parks & Gärten *siehe auch* Nationalparks & Naturschutzgebiete
  Arch Creek Park 99
  Bayfront Park 77
  Crandon Park 97
  Cuban Memorial Park 90
  Fairchild Tropical Garden 93
  Fort East Martello Museum & Gardens 205
  Fruit & Spice Park 169
  Harry Harris Park 185
  Haulover Beach Park 75
  Kampong 91
  Matheson Hammock Park 96
  Máximo Gómez Park 89
  Miami Beach Botanical Garden 74
  Morningside Park 89
  Nancy Forrester's Secret Garden 203, 212
  Peacock Park 92
  Pinecrest Gardens 99
  Royal Palm Visitor Center 173
  Shark Valley 158
  Skunk Ape Research Headquarters 163
  SoundScape Park 64
  South Pointe Park 69
  Vizcaya Museum & Gardens 91
Pflanzen 249
Pigeon Key National Historic District 193
Post 270
Postamt (Miami) 261
Postamt (Ochopee) **157**, 164
Primrose Hills 106

R
Radfahren 39, 279
  Florida Keys 185, 189
  Miami 107
Rauchen 266
Rechtsfragen 270
Regalado, Tomás 232
Reggae 238
Reisekosten 17
Reisepass 275
Reiseplanung
  Aktivitäten 34
  Grundwissen 16
  Infos im Internet 17
  Regionen im Überblick 55
  Reisekosten 17
  Reiserouten 28
  Reisezeit 16, 23
  Veranstaltungskalender 23
Reiserouten 28
  Everglades 154, **154**
  Key West 180, **180**
Religion 221
Reptilien 247
Rettungsschwimmertürme (South Beach) 261, **261**
Romer, Gleason 227
Room Mate Waldorf Towers 262, **262**

S
Salsa 238
Schiff, Reisen mit dem 277, 280
Schnorcheln *siehe* Tauchen & Schnorcheln
Schwimmen
  Florida Keys 186
  Miami 101, 110, 115
Schwule Reisende 215, 271
Seafood 11, **11**, 42, 45
Seekühe (Manatis) **37**, 248
Segeln 40
Shoppen 20
Sicherheit *siehe* Gefahren & Ärgernisse
South Beach **58**, **66**, **72**
  Aktivitäten 100
  Ausgehen & Nachtleben 136
  Essen 121
  Sehenswertes 64
  Shoppen 145
  Unterhaltung 142
  Unterkunft 108
Southernmost Point 205
Spanische Kultur 241
Spas 100, 101
Sprache 16, 281–286
Stadtspaziergänge
  Art Walks 143
  Miami 103, **103**
Star Island 106
Stehpaddeln
  Florida Keys 197, 205
  Miami 101, 102
Steinkrabbenscheren 42
Steuern 268
Stiltsville 100
Strände 18
  Anne's Beach 188
  Boardwalk 75
  Crandon Park Beach **32**, 97
  Fort Zachary Taylor State Park 204, 212, **212**
  Haulover Beach Park 75
  Higgs Beach 206
  North Beach (Miami) 12, **12**, 62, 74, **76**, 101, 117, 125, 137, 142
  Smathers Beach 206
  Sombrero Beach 193
  South Beach (Key West) 206
  South Beach (Miami) **58**, 64, **66**, **72**, 100, 108, 121, 136, 142, 145
Strom 271
Sugarloaf Key 198
Sumpfboote (*airboats*) 164
Sumpfbuggys (*swamp buggies*) 164
Sümpfe 249
Surfen 100
Synagogen 69

T
Tamiami Trail 158, 162
Tango 238
Tanz 142
Tauchen & Schnorcheln 38
  Everglades 175
  Florida Keys 185, 194, 197, 206
Tavernier 184
Telefon 16
Telefonauskunft 271
Tequesta-Indianer 224
Tierbeobachtung 193
Tiere & Pflanzen 20, 244 *siehe auch einzelne Tierarten*
Tierschutz 193
Toiletten 272
Tollwut 270
Touristeninformation 272
Trampen 280
Trinkgeld 268
Tuttle, Julia 226
TV 239

U
Umweltschutz 35, 160, 251
Unterkunft 272 *siehe auch einzelne Orte*
Upper East Side 63, **88**
  Ausgehen & Nachtleben 140
  Essen 130
  Sehenswertes 85
  Shoppen 146
  Unterkunft 119
Upper Keys 184

V
Venetian Pool 110, **111**
Verhaltensregeln 252
Versicherung 274
  Krankenversicherung 269
Visa 16, 274
Vögel 245
Vorwahlen 17, 271

W
Währung 16
Wakeboarding 40
Wandern & Trekken 35, 36
  Everglades 164, 174
Wechselkurse 17
Weingüter 169
Wetter 16, 23
Windsurfen 104
Winter Haven Hotel 264
Winter Music Conference 23, 24
Wolfsonian-FIU 262
Wynwood 63, **84**, 110, **110**
  Ausgehen & Nachtleben 139
  Essen 127
  Sehenswertes 83
  Shoppen 145
  Unterhaltung 143
  Unterkunft 119
Wynwood Walls 86, **86**

Y
Yoga
  Florida Keys 197
  Key West 206
  Miami 101, 104

Z
Zeit 16, 274
Zeitungen & Zeitschriften 266
Zoll 274
Zoos *siehe auch* Aquarien
  Jungle Island 82
  Monkey Jungle 99
  Sheriff's Animal Farm 199
  Zoo Miami **51**, 97

MARKO MAMULA

Kartenlegende

Sehenswertes

- Strand
- Vogelschutzgebiet
- buddhistisch
- Schloss/Palast
- christlich
- konfuzianisch
- hinduistisch
- islamisch
- jainistisch
- jüdisch
- Denkmal
- Museum/Galerie/historisches Gebäude
- Ruine
- schintoistisch
- sikhistisch
- taoistisch
- Weingut/Weinberg
- Zoo/Tierschutzgebiet
- andere Sehenswürdigkeit

Aktivitäten, Kurse & Touren

- bodysurfen
- tauchen
- Kanu/Kajak fahren
- Kurs/Tour
- Sento-Bad/Onsen
- Ski fahren
- schnorcheln
- surfen
- Schwimmbecken
- wandern
- windsurfen
- andere Aktivität

Schlafen

- Unterkunft
- Camping

Essen

- Lokal

Ausgehen & Nachtleben

- Bar/Kneipe
- Café

Unterhaltung

- Unterhaltung

Shoppen

- Shoppen

Praktisches

- Bank
- Botschaft/Konsulat
- Krankenhaus/Arzt
- Internetzugang
- Polizei
- Post
- Telefon
- Toilette
- Touristeninformation
- andere Einrichtung

Geografisches

- Strand
- Tor
- Hütte/Unterstand
- Leuchtturm
- Aussichtspunkt
- Berg/Vulkan
- Oase
- Park
- Pass
- Picknickplatz
- Wasserfall

Städte

- Hauptstadt (Staat)
- Hauptstadt (Bundesland/Provinz)
- Großstadt
- Kleinstadt/Ort

Verkehrsmittel

- Flughafen
- BART-Station
- Grenzübergang
- T-Station (Boston)
- Bus
- Seilbahn/Gondelbahn
- Fahrrad
- Fähre
- Metro/Muni-Station
- Einschienenbahn
- Parkplatz
- Tankstelle
- U-Bahn/SkyTrain-Station
- Taxi
- Bahnhof/Zug
- Straßenbahn
- U-Bahnhof
- anderes Verkehrsmittel

Achtung: Nicht alle der abgebildeten Symbole werden auf den Karten im Buch verwendet

Verkehrswege

- Mautstraße
- Autobahn
- Hauptstraße
- Landstraße
- Verbindungsstraße
- sonstige Straße
- unbefestigte Straße
- Straße im Bau
- Platz/Promenade
- Treppe
- Tunnel
- Fußgänger-Überführung
- Stadtspaziergang
- Abstecher (Stadtspaziergang)
- Pfad/Wanderweg

Grenzen

- Internationale Grenze
- Bundesstaat/Provinz
- umstrittene Grenze
- Region/Vorort
- Meerespark
- Klippen
- Mauer

Gewässer

- Fluss/Bach
- periodischer Fluss
- Kanal
- Wasser
- Trocken-/Salz-/periodischer See
- Riff

Gebietsformen

- Flughafen/Startbahn
- Strand/Wüste
- Friedhof (christlich)
- Friedhof
- Gletscher
- Watt
- Park/Wald
- Sehenswürdigkeit (Gebäude)
- Sportgelände
- Sumpf/Mangrove

DIE LONELY PLANET STORY

Ein ziemlich mitgenommenes, altes Auto, ein paar Dollar in der Tasche und eine Vorliebe für Abenteuer – 1972 war das alles, was Tony und Maureen Wheeler für die Reise ihres Lebens brauchten, die sie durch Europa und Asien bis nach Australien führte. Die Tour dauerte einige Monate, und am Ende saßen die beiden – pleite, aber voller Inspiration – an ihrem Küchentisch und schrieben ihren ersten Reiseführer *Across Asia on the Cheap*. Innerhalb einer Woche hatten sie 1500 Exemplare verkauft. Lonely Planet war geboren.

Heute hat der Verlag Büros in Melbourne, London und Oakland und mehr als 600 Mitarbeiter und Autoren. Und alle teilen Tonys Überzeugung: „Ein guter Reiseführer sollte drei Dinge tun: informieren, bilden und unterhalten."

DER AUTOR

Regis St. Louis

Regis wuchs im Mittleren Westen der USA auf – in der Art von Kleinstadt, die große Reiseträume nährt. Schon früh begeisterte er sich für die verschiedenen Sprachen und Kulturen der Welt. Während seiner prägenden Jahre lernte er Russisch und ein paar romanische Sprachen, was ihm bei seinen späteren Trips über den Großteil des Planeten sehr zugute kam. Bislang hat Regis an mehr als 50 Lonely Planet Bänden mitgewirkt und dabei über Ziele auf sechs Kontinenten geschrieben. Auf seinen Reisen hat er u. a. die Berge von Kamtschatka, entlegene Inseldörfer in Melanesien und viele Großstädte besucht. Wenn er nicht gerade unterwegs ist, lebt Regis in New Orleans.

Lonely Planet Global Limited

Digital Depot
The Digital Hub
Dublin D08 TCV 4
Ireland

Verlag der deutschen Ausgabe:
MAIRDUMONT, Marco-Polo-Str. 1, 73760 Ostfildern,
www.lonelyplanet.de, www.mairdumont.com
lonelyplanet-online@mairdumont.com

Chefredakteurin deutsche Ausgabe: Birgit Borowski

Übersetzung: Berna Ercan, Tobias Ewert, Stefanie Gross, Laura Leibold, Britt Maaß, Dr. Christian Rochow

Redaktion: Annegret Gellweiler, Olaf Rappold, Julia Wilhelm, Stephanie Ziegler (red.sign, Stuttgart)

Redaktionsassistenz: Helin Dag, Annika Häfner, Sara Kimmich, Sylvia Scheider-Schopf (red.sign, Stuttgart)

Satz: Gerhard Junker, Sylvia Scheider-Schopf (red.sign, Stuttgart)

Miami & die Keys

1. deutsche Auflage April 2018, übersetzt von *Miami & the Keys, 8th edition*, Januar 2018, Lonely Planet Global Limited

Printed in Poland